Sri Garib Dass Oriental Series No. 95

Nyāyasiddhāntamañjarī

Edited with Nilakantha Diksita's

Dipikatarkaprakasa

by

Gauri Nath Sastri

Foreword

Dr. V.N. Jha
Director
Centre of Advanced Study in Sanskrit
Univeristy of Poona,
Poona.

SRI SATGURU PUBLICATIONS
(A Division of Indian Books Centre)
DELHI - INDIA

Published by:
Sri Satguru Publications
Indological and Oriental Publishers
A Division of
INDIAN BOOKS CENTRE
40/5, SHAKTI NAGAR
DELHI - 110007
(INDIA)

First Edition: 1884,
Second Edition: 1990

ISBN 81-7030-207-2

Printed in India at
D.K. Fine Art Press, DELHI

Foreword

The Vaiśeṣika System and the system of Nyāya were distinct in early days. Kaṇāda Composed the Vaiśeṣika-sūtras and Gautama wrote the Nyāya-sūtras. Both the systems had distinct philosophical assumptions. Both grew independently through the tradition of commentaries and commentaries thereon. The most important commentary on the Vaiśeṣika-sūtra is the Prasāstapādabhāṣya. The commentaries on the Nyāyasūtras seem to be well-preserved—Vātsyāyana's Bhāṣya. Udayana's Parisūddhi, traditionally known as Nyāya-caturgranthika, assumed a very healthy document of philosophical dialogue with the Buddhist logicians. But Both the Systmes of Vaiśeṣika as well as Nyāya kept on influencing each other till they merged into one. We see Jayanta Bhaṭṭa (9th Century AD) observing that *Vaiśeṣika s tu asmad-anuyāyina eva.* The process of fusion had already started at the time of Vātsyāyana. Vātsyāyana already knows that the Six Categories (padārthas) of the Vaiśeṣika can accommodate all the sixteen of Gautama. In any case, by the time of Udayana the merger seems to be complete giving rise to the new system called Nyāya Vaiśeṣika system, which incorporated all the logically and philosophically relevent point of both the systems.

The era of Udayana is also considered to the beginning of what is known as Navya Nyāya. Fol all philosophical and Metaphysical assumptions, the Navya-Nyāya adopted the Nyāya Vaiśeṣika system only. Since the need of the time was to evolve a language of precise communication, the Navya Nyāyāikas decided to pay more serious attention to the epistemological analysis than philosophical analysis. This exercise gave birth to a full-fledged system of Navya Nyāya logic. After Udayana, it is Śaśadhara who records the progress in his Nyāya siddhānta-dīpa. The recent studies have revealed that Gaṅgeśa, the author of the Tattvacintāmaṇi, has developed a lot over Śasádhara, which is quite natural. The Tattvacintāmani gives a complete picture of the design of the Nyāya-Vaiśeṣika system which developed into what is known as Navya Nyāya system of logic. It was presented in four khaṇḍas-pratyakṣa, anumāna, upamāna and Śabda. Each khaṇḍa is a thorough analysis of the process through which a particular category fo knowledge arises. Thus, although the main concern seems to be the epistemological analysis, it has not left philosophical and metaphysical issues undiscussed. Needless to say, the entire exercise helped in evolving a precise language of unambiguous communication, called Navya Nyāya language.

The Tattvacintāmaṇi become a landmark and as it should happen, the post-Gaṅgeśa period flooded with commentaries on Tattvacintāmaṇi and on Commentaries thereon.

Now-and-then, the Logician philosophers also kept on writing monographs to introduce this Navya Nyāya system to those who want to have access to the system through an easy medium. The text of Jānakinātha is an outcome of that type of attempt. Nyāya-siddhānta-mañjarī is a work of a very mature hand and it has the credit of presenting in a very faithful and accurate manner the basic structure of the Nyāya Vaiśeṣika thought. It gives full grip over the system. It is presented like Tattvacintāmaṇi in four paricchedas-pratyakṣa, anumāna, upamāna and Śabda. He has devoted a lot of pages for Śabda, which is unique in itself. There are several views which are recorded here. It can be called a full introducation to the System of Gaṅgeśa.

The present Siddhāntamañjarī which is being made available through reprint was edited by Pandit Gaurinath Pathak with the Commentary called Tarkaprakāśa in Samvat 1941 (i.e. 1884 AD). For a long time the text had remained out of print. I am very happy that Indian Books Centre is making this unique text on Navya Nyāya available to scholars of Indian epistemology and Logic. Needless to say, the text needs a fresh edition. But when the text itself is not available, the present reprint will certainly make the scholars happy. Something is better than nothing. Nevertheless, I shall keep in mind the need of a Critical edition with English translation of this remarkable text.

Dr. V.N. Jha
Director
Centre of Advanced Study in Sanskrit
University of Poona
Poona

1/1/90

(श्रीः)

भूमिका ।

अथ दुःखवारिधिनिमग्नं कृत्स्नमेव जगदवेक्षमाणः कारुणिको भगवान् गौतमः पञ्चाध्याय्यात्मकमान्वीक्षिकीशास्त्रमुपनिबबन्ध यदुद्दिश्य तीर्थकाराः "प्रदीपः सर्वविद्यानामुपायः सर्वकर्मणाम् । आश्रयः सर्वधर्माणां विद्योद्देशे प्रकीर्त्तिता ॥" एवमाचक्षते तदिदमतिप्राचीनं न्यायशास्त्रं शिष्यप्रशिष्याचार्यपरम्परया बहुधा विवर्द्धितं भाष्यवार्त्तिकटीकातद्व्याख्यामादिरूपेण वात्स्यायनोद्द्योतकरादिभिः परमर्षिकुलप्रसूतैराधुनिकैश्च वाचस्पतिमिश्रप्रमुखैः, चिन्तामणिकृतो गङ्गेशोपाध्यायात्पूर्वं वैशेषिकशास्त्रात्प्रविभक्तमपीदं चिन्तामण्यादिकालमारभ्याविभक्तोपन्यासम् एकैकग्रन्थोपन्यस्तोभयरहस्यं सहस्रधारमभवत् । अधुनातु रघुनाथशिरोमणिप्रणीतदीधितिव्याख्यानैरतिगहनैः सुविस्तरैः सुसूक्ष्मधियामप्यगोचरतां गतं, साधारणधिषणानां तु भीषणतामुपयातमनतिप्रयोजनकमिवाभासीदित्यालोच्य अनतिप्रौढधियामप्युपचिकीर्षया श्रीजानकीनाथशर्मभिर्न्यायसिद्धान्तमञ्जरीनामायं प्राणायि, सुलभपदार्थावगतिर्ग्रन्थः, अयं च ग्रन्थकारो गङ्गेशोपाध्यायाच्चिन्तामणिकृत उत्तरकालसमुद्भवो, मञ्जर्यां तत्र तत्र मण्युपष्टम्भदर्शनात् । अयं ग्रन्थकारो वङ्गदेशीयोऽथ मैथिल इति नावधारकं हेतुमुपलभामहे अत एव तु दुर्निश्चयेऽमुष्मिन्नर्थे संशेरते प्रायः सर्वे । परमस्मदाचार्या अशेषदर्शनाचार्या बहुश्रुताः श्री ६ राममिश्रशास्त्रिणोऽमुं जानकीनाथभट्टाचार्यममुष्य लेखप्रणाल्या वङ्गदेशीयमाचक्षते । भवेदसौ वाङ्गोऽथवा मैथिलः परमुत्कृष्टमतिरयमनतिकठिनया रीत्या सुकठिनानर्थांस्तथाभ्यधासीद्, यथासाधारणमतिरप्यवगत्यामुं ग्रन्थं अधीयादपि परं ग्रन्थं, व्याचक्षीत चान्यदपि शास्त्रमितीमामुपयोगितामालोच्य चिरं मुद्रयितुं प्रायतिषि अस्मिंस्तु अवसरे सर्वशास्त्रप्रकाशनकृतोत्साहेन श्रीमतास्मन्मित्रेणाम्बिकाचरणचट्टोपाध्यायेनाभ्यर्थितः सोत्साहं प्रवृत्तोऽस्मि मञ्जरीमुद्रणे परमियं " मञ्जरी " तर्कप्रकाशाख्यां व्याख्यामपेक्षते इति तयैव सङ्कलितैषा प्रकाश्यते, प्रकाशकारश्चायं महाराष्ट्रकुलोद्भवो वाराणसेयो दशाश्वमेधप्रान्तान्तर्गतागस्त्यकुण्डवीथीनिवास्तव्य इति जनश्रुतिः । अत्र ग्रन्थे सीसकाक्षरयोजकप्रमादजाः सुलभा अशुद्धय इति न ताभिरहं गर्हणीय इति साञ्जलिबन्धमभ्यर्थये तत्र भवतो विदुषः ॥

काशीस्थ राजकीय संस्कृत प्रधानपाठशालायां समुपार्जितन्यायाद्यनेकविद्यः सुप्रसिद्ध ब्रह्मामृतवर्षिणीसभासभ्यः पाठकोपनामा ।

मिति आश्विन कृष्ण २ भानुवासरे संवत् १९४१ — गौरीनाथशास्त्री

अथ बृहत्तर्कप्रकाशः ।

॥ श्रीगणेशाय नमः ॥

प्रणम्य परमात्मानं जानकीनाथशर्मणा ॥
क्रियते युक्तिमुक्ताभिर्न्यायसिद्धान्तमञ्जरी ॥ १ ॥

श्रीगणेशाय नमः । सन्ध्यायाः प्रणतिच्छले गिरिजया सेर्ष्यं समालोकिते रोषं मानिनि मा कृथास्त्वदपरा नान्यास्ति वन्द्या मम ॥ किन्तु त्वामसमा-नमामि सततं ध्यात्वा तवैवाकृतीरित्थं हर्षितशैलराजतनया दृष्टः शिवः पातु नः ॥१॥ सिद्धान्तगूढशब्दैकभावनापरिशोधिता ॥ श्रीकण्ठनिर्मिता सेयं कृति-ज्ञातनुतां मुदम् ॥ २ ॥ सत्यं कस्मिन्नपि बाधके साधकसत्त्वस्याप्यकिञ्चित्क-रत्वेन प्रतिबन्धकाभावस्यावश्यमपेक्षिततया प्रकृतग्रन्थसमाप्तिप्रतिबन्धक-दुरितरूपविघ्नविघाताय कृतं भगवन्नमस्यात्मकं मङ्गलं शिष्यशिक्षार्थमादौ निबध्नाति । प्रणम्येति । मङ्गलस्य समाप्तिप्रतिविघ्नध्वंसद्वारा हेतुत्वमिति सिद्धान्तस्थितिः तत्रानन्यथासिद्धनियतपूर्ववृत्तित्वरूपकारणत्वघटकानन्य-थासिद्धत्वांशग्रहे व्यापकत्वरूपनियमांशग्रहे वा *स्वव्याप्येतराशेषकारण-सत्त्वे यत्सत्त्वेऽवश्यं यत्सत्त्वं यदभावेऽवश्यं यदभाव इति नियमघटितयोर्नि-यतान्वयव्यतिरेकयोः कारणत्वे मानाभावेऽप्यन्वयव्यतिरेकाभ्यां विशिष्टतद्रू-पकारणत्वग्रहेऽतिरिक्तकारणत्वग्रहे वा तयोर्हेतुतया तत्सत्त्वकृतप्रत्यक्षप्र-माणगम्यत्वस्य यद्यपि नात्र सम्भवः मङ्गलसत्त्वेऽपि समाप्त्यसत्त्वान्मङ्गलाभा-वेऽपि समाप्तिसत्त्वेत्यन्वयव्यतिरेकव्यभिचारात् तथापि मङ्गलस्य समाप्तिफलक-त्वे लाघवमिति लाघवज्ञानसहकृतं शिष्टाचारविषयत्वहेतुकं सफलत्वानुमा-

* अनन्यथासिद्धनियतपूर्ववृत्तित्वरूपकारणत्वघटकैकैकदलविषयकग्र-हहेतुत्वं नोक्तनियतान्वयव्यतिरेकग्रहयोरन्वयग्रहमात्रस्यैवानन्यथासिद्धत्व-ग्राहकत्वेन व्यतिरेकग्रहस्य तदग्राहकत्वात् एवमन्वयग्रहो नियमांशग्रहे न प्रयुज्यत इति नैकैकदलविषयकग्रहहेतुत्वमुभयस्मिन्निति विशिष्टकारणत्व-ग्रहोपयोगित्वमेव विशिष्टे इत्यभिसन्धिः ॥

नन्वेवाच मानं, जन्मान्तरीयमङ्गलसन्देहेन व्यतिरेकव्यभिचारसंशयेऽपि †"पाक्ष संशयस्यानुमित्यप्रतिबन्धकतया" समाप्तिकारणत्वेऽनुमिते समाप्तिरूपकार्येण जन्मान्तरीयमङ्गलानुमानान्न व्यतिरेकव्यभिचारः। मङ्गले सति समाप्त्यभावस्य तत्तन्मङ्गलानाश्यविघ्नसत्त्वादनन्तरोत्पन्नविघ्नसत्त्वाद्वेति नान्वयव्यभिचारोऽपि अत एव तच्छङ्कया मध्येऽपि मङ्गलमाचरन्ति एवञ्चाशुविनाशिनः कालान्तरभाविफलजनकत्वं व्यापारं विनाऽनुपपन्नमिति विघ्नध्वंसद्वारा मङ्गलं हेतुरिति सम्प्रदायः।

नव्यास्तु मङ्गलं विनापि नास्तिकग्रन्थसमाप्तेर्न तत्र तद्धेतुः नच चरमवर्णरूपायाश्चरमवर्णध्वंसरूपाया वा समाप्तेराकाशनिष्ठतयाऽऽत्मनिष्ठमङ्गलस्य तज्जन्यविघ्नध्वंसस्य वा व्यधिकरणतया कारणत्वासम्भवेन स्वप्रतियोगिचरमवर्णानुकूलकृतिमत्त्वसम्बन्धेन चरमवर्णध्वंसरूपसमाप्तिं प्रति स्वाश्रयतासम्बन्धेनात्मनिष्ठप्रत्यासत्त्या मङ्गले हेतुत्वस्यावश्यं वक्तव्यतया जन्मान्तरीयमङ्गलानुमानान्न व्यभिचार इति वाच्यम् जन्मान्तरीयसमाप्तिमुद्दिश्य शिष्टैस्तदनाचरणात् प्रारिप्सितसमाप्तेरेव तत्फलत्वं कारीरीवत् न तु जन्मान्तरीयसमाप्तेरपि, पुत्रेष्टिस्थले तु पुत्रमात्रफलकत्वश्रवणादैहिकामुष्मिकसाधारणफलकत्वम् तस्मादात्मनिष्ठप्रत्यासत्त्या कारणत्वे जन्मान्तरीयसमाप्तिमुद्दिश्यापि मङ्गलकरणापत्तेः स्वप्रतियोगिचरमवर्णावच्छेदकतासम्बन्धेन चरमवर्णध्वंसरूपसमाप्तिं प्रति स्वोत्पत्त्यवच्छेदकजातीयतासम्बन्धेन शरीरनिष्ठप्रत्यासत्त्या तत्कारणत्वस्यावश्यं वाच्यतया नास्तिकशरीरे अवच्छेदकतया मङ्गलस्य तज्जन्यविघ्नध्वंसस्य चाभावेन व्यतिरेकव्यभिचारान्न कारणत्वसम्भवः ननु विघ्नस्थलीयसमाप्तित्वमेव तज्जन्यतावच्छेदकं तत्र च न व्यभिचारः विघ्नस्थलीयत्वं च विघ्नवज्जातीयशरीरकर्तृकत्वं मङ्गलजन्यविघ्नध्वंसविशिष्टत्वं वा विशिष्टत्वं च स्वावच्छेदकावच्छिन्नप्रतियोगिकत्वस्वाव्यवहितोत्तरक्षणोत्पत्तिकत्वोभयसम्बन्धेन जन्मान्तरीयमङ्गलजन्यविघ्नध्वंसस्य च स्वावच्छेदकावच्छिन्नप्रतियोगिकत्वस्वाव्यवहितोत्तरक्षणोत्पत्तिकत्वोभयसम्बन्धेन नास्तिकसमाप्तावभावेन तस्याः कार्यतावच्छेदकानाक्रान्तत्वादिति चेन्न प्रथमसमाप्त्यव्यवहितपूर्वक्षणे विघ्नासत्त्वेन तस्य विशेषणत्वासंभवात् उपलक्षणत्वे तु प्रमत्तानुष्ठितसमाप्तेरप्युत्पत्स्यमानविघ्नवज्जातीयशरीरकर्तृकतया

† तद्विषयकप्रत्यक्षनिश्चयत्वावच्छिन्नम्प्रत्येव साध्यसंशयस्य प्रतिबन्धकत्वं न त्वनुमितित्वावच्छिन्नम्प्रतीत्यभिप्रायेण ॥

व्यभिचारस्य दुर्वारत्वात् अन्यविधस्य च विघ्नवज्जातीयशरीरनिष्ठजातिजन्यत्वरूपस्य तत्कर्तृकत्वस्य दुर्वचत्वात् द्वितीये तु समाप्त्यव्यवहितपूर्वक्षणं तत्तद्व्यक्तित्वेन निवेश्यैवाव्यवहितोत्तरत्वस्य वक्तव्यतयाऽननुगमात्, कारणस्य कार्यतावच्छेदकत्वानुपगमाच्च अन्यथा काशीमरणस्यापि स्वविशिष्टमुक्तिं प्रति हेतुत्वस्य सुवचतया "काशीमरणान्मुक्तिरिति" श्रुतेर्हेतुत्वपरतयैवोपपत्तौ प्रयोजकत्वपरतयोपवर्णनस्यासङ्गत्यापत्तेः। "नच तमेव विदित्वेति" श्रुत्या तत्त्वज्ञानस्यैव मुक्तिसामान्यहेतुत्वप्रतिपादनेन तस्य साक्षात्कारणत्वासम्भवात् श्रुतेः प्रयोजकत्वपरत्वमेवेति वाच्यम्। तावतापि तत्त्वज्ञान द्वारा हेतुत्वस्यादुष्टत्वाद् विघ्नध्वंसद्वारा समाप्तौ मङ्गलस्येव। नच स्वजन्यतत्त्वज्ञानविशिष्टमुक्तिं प्रति काशीमरणस्य हेतुत्वेऽन्यमतीत्याद्यन्यथासिद्धया न तन्मुक्तिहेतुरिति वाच्यम् स्वजन्यविघ्नध्वंसविशिष्टसमाप्तिं प्रति मङ्गलस्य हेतुत्वेऽपि तस्याः दुर्वारत्वात् तस्मादन्यथासिद्धतया मङ्गलं न समाप्तिहेतुः एतेन काशीमरणविशिष्टमुक्तौ काशीमरणस्य हेतुत्वे इष्टापत्तिः तत्त्वज्ञानमद्वारीकृत्य न तद्धेतुरिति सूचनार्थैव पञ्चम्याः प्रयोजकत्वपरत्वमितिनिरस्तम्। तथापि तद्वत्समाप्तिहेतुताबोधकप्रत्यक्षश्रुत्यभावेनोक्तदिशामङ्गलेऽन्यथासिद्धेर्दुर्वारत्वादिति नच निर्विघ्नं परिसमाप्यतामिति कामनया तदाचारात्समाप्तेरेव तत्फलत्वमिति वाच्यम् "नागृहीतविशेषणन्यायेन" विघ्नध्वंसकामनाया आवश्यकत्वात्तस्यैव तत्फलत्वात् नहि यदुद्दिश्य यत्क्रियते तत्र तद्धेतुः चैत्यवन्दनादेरपि स्वर्गफलकत्वापत्तेः तज्जनकीभूतज्ञानस्य भ्रमतया न तथेति चेत् अत्रापि समाप्तिजनकत्वज्ञानस्य भ्रमत्वमादाय विवादसम्भवात् पाकप्रवृत्तिकाले तृप्तिकामनावदुभयत्रेष्टसाधनताज्ञानेन समाप्तिकामनाया अप्युपपत्तेरिति न किञ्चिदेतत् अत एव नास्तिकसमाप्तिप्रतियोगिव्यावृत्तं वैजात्यं चरमवर्णे स्वीकृत्य विजातीयचरमवर्णध्वंसरूपसमाप्तिं प्रति मङ्गलं हेतुरिति निरस्तम्। पुरुषविशेषजन्यतावच्छेदकजातिव्याप्यानन्तजातिकल्पने प्रमाणाभावात् अन्यत्र क्लृप्तत्वाद्यन्यथासिद्धिसत्त्वाच्च। तस्माद्विघ्नध्वंस एव मङ्गलस्य फलं समाप्तिस्त्वन्यत्र क्लृप्तसामान्यसामग्रीत एवोपपद्यत इति प्राहुरिति कृतं पल्लवितेन।

अयं मत्त उत्कृष्टः अहमस्मादपकृष्ट इति ज्ञानविशेष एव नमस्कारपद वाच्यः तत्कुतो लभ्यते इत्यत आह। परमात्मानमिति। परमत्वं च नित्यज्ञानादिमत्त्वेन सर्वोत्कृष्टत्वं तथा च समानसम्वित्संवेद्यतया

सर्वस्मिंस्तदपेक्षया ऽपकृष्टत्वे जाते सर्वान्तःपातिनि स्वस्मिन्नप्यपकृ-
ष्टत्वज्ञानानन्तरं निवृत्ते इतिभावः महत्त्वम परममहत्परिमाणवत्त्वं परम-
त्वं तादृशपरिमाणविशिष्टात्मत्वस्य स्वापेक्षयाऽपकृष्टेपि सत्त्वेन महत्त्वाव-
तावच्छेदकत्वाभावात् यद्यपि नित्यस्य स्वरूपयोग्यत्वे फलावश्यम्भाव इति
नियमेन सुखसमवायिकारणतावच्छेदकतया सिद्धस्यात्मत्वस्येश्वरे स्वीकारे
सुखोत्पत्त्यापत्तिः तादृशनियमाभावेपि चात्यन्ताजनकव्यावृत्तरूपेणैव कारण-
ताया आवश्यकत्वादीश्वरे आत्मत्वजातिसत्त्वे प्रमाणाभावः तथापि आत्मपद-
शक्यतावच्छेदकतयापि आत्मत्वजातिस्तत्साधारणी सिध्यति कार्यतावच्छे-
दकतया कारणतावच्छेदकतया च जातिसिद्धिवदसति बाधके शक्यताव-
च्छेदकतयापि जातिसिद्धेरदुष्टत्वात् असति बाधक इति विशेषणाच्च नाभा-
वपदशक्यतावच्छेदकतयाऽभावत्वादिजातिसिद्धिः जन्यभावत्वावच्छिन्न-
कारणतानिरूपितकार्यतावच्छेदकतया ध्वंसत्वादेरपि जातित्वापत्त्या तद्वि-
शेषणस्य भवतोप्यावश्यकत्वादित्यास्तु स्वास्थ्यम् तथा सति विभुपदशक्य-
तावच्छेदकतया विभुत्वमपि जातिः सिद्ध्येत् नचेष्टापत्तिः एवंविधानेक-
जातिकल्पने प्रमाणाभावादिति कारणतावच्छेदकतया कार्यतावच्छेदक-
तया च जातिसिद्धिरित्यत्र वाङ्गीकरणीयम् एवं च सुखसमवायिकारणता
वच्छेदकात्मत्वजातेरीश्वरसाधारण्ये मानाभाव एव वस्तुतस्तु नहि शक्य-
तावच्छेदकतयाजातिसिद्धिरिति ब्रूमो येनोक्तानुपपत्तिरुद्भाव्येत अपि तु सु-
खसमवायिकारणतावच्छेदकत्वेन जीवात्मनि सिद्धस्यात्मत्वस्य श्रौतात्मव्य-
वहारबलेन तत्सम्बन्धमात्रमीश्वरे कल्प्यते नित्यत्वस्येत्यादिनियमस्य चाप्र-
योजकत्वात् अदृष्टरूपसहकार्यन्तराभावादेव कार्याभावस्योपपन्नत्वात् अ-
त्यन्ताजनकव्यावृत्तरूपेणैव कारणताकल्पनं च प्रमाणशून्यत्वप्रयुक्तं प्रकृते च
श्रौतात्मव्यवहारस्यैव प्रमाणत्वे नात्यन्ताजनकसाधारणरूपेणापि कारण-
त्वकल्पने क्षतिविरहात् नच सुखसमवायिकारणतावच्छेदकं द्रव्यत्वमेवा-
तिप्रसक्तत्वेपि आत्मत्वस्यैवावच्छेदकत्वे बाधकाभावादिति वाच्यम् कारण-
त्वानतिप्रसक्तस्यैव कारणतावच्छेदकतया गगनादिषु कारणत्वसम्बन्धकल्प-
नेगौरवात् अन्यथासत्त्वे नापि हेतुत्वापत्तेः संभवति व्याप्यधर्मे कारणतावच्छे-
दके व्यापकधर्मेणान्यथासिद्धावप्यतिप्रसक्तेरेवबीजत्वात् तस्यास्तु द्रव्यत्वेपि
तुल्यत्वात् आत्मत्वे तथात्वेपि श्रौतात्मव्यवहारबलादीश्वरेपि कारणत्वसम्ब-

इह खलुनिखिललोकविमोक्षमुख्योपायं

न्यस्य कल्पनीयतया अतिप्रसक्तेरभावात् इत्थं चात्मपदशक्यतावच्छेदकत्वमपि तस्यैवेति सारम् ।

मणीनान्तु नष्टएव पूर्वदेशसंयोगेउत्तरदेशसंयोगोत्पत्त्या उत्तरदेशसंयोगि पूर्वदेशसंयोगः प्रतिबन्धको वाच्यस्तच्च नतावत्पूर्वदेशत्वं उत्तरदेश भिन्नत्वम् उत्तरदेशभिन्नजतुरूपपूर्वदेशसंयुक्तस्यैवेषोरुत्तरदेशसंयोगात् किन्त्वात्मत्वं तत् तथाचात्मसंयोगत्वेन उत्तरदेशसंयोगि प्रतिबन्धकतेत्यायातम् एवंच प्रतिबन्धकतावच्छेदककोटिप्रविष्टत्वेनात्मत्वजातिसिद्धिः। विनिगमनाविरहेण तस्या ईश्वरसाधारण्यमपि नचैकस्मिन्नीश्वरे एव सा जातिरास्तां नत्वनन्तेषु जीवात्मस्विति वाच्यम् एकव्यक्तिकत्वेन तस्याजातित्वासंभवात् तादृशधर्मस्वीकारेपि प्रत्येकं जीवमादाय विनिगमनाविरहतादवस्थ्यात् नचात्मनिरूपितत्वविशिष्टसंयोगत्वेन प्रतिबन्धकत्वे आत्मनिरूपितत्वसंयोगत्वयोर्विशेष्यविशेषणभावे विनिगमनाविरहेण विजातीयसंयोगत्वेनैव तत्प्रतिबन्धकत्वं स्यात् तथाच तत्प्रतिबन्धकतावच्छेदककोट्यप्रविष्टत्वान्नात्मत्वजातिसिद्धिरिति वाच्यम् विजातीयसंयोगसम्बन्धेनात्मनोपि विनिगमनाविरहेण तत्प्रतिबन्धकत्वस्य दुर्वारत्वात् नचैवं तज्जातेरीश्वरइव गगनादिष्वपि सत्त्वप्रसङ्ग इति वाच्यम् गगनादीनामीश्वरानतिरिक्तत्वेन तत्साधारण्येपि क्षतिविरहादिति पुनर्नव्यलोकाः पन्याइति प्राहुः ।

प्रणम्येतिक्त्वान्तपदस्य क्रियत इत्यनेनान्वयः नमस्कारसिद्धेर्नमःपदेनैव सम्भवेपि प्रणामस्य कर्त्तव्यापेक्षया पूर्वभावे दर्शिते शिष्याअप्येवं कुर्वन्त्विति शिष्यशिक्षार्थमेव क्त्वान्तेन तन्निर्देशः अत्र प्रशब्देन भक्तिश्रद्धातिशयोद्योत्यते युक्तिमुक्ताभिरित्यनेन युक्तीनां मुक्तासादृश्यप्रदर्शनेन निर्दोषत्वं मञ्जरीपदेनच स्वीयवाक्यावलीकोमलत्वं सूचितम् ॥ १ ॥

प्रवृत्तिसामान्यं प्रति इष्टसाधनताज्ञानस्य हेतुत्वात्प्रयोजनज्ञानं विना कथमेतद् ग्रन्थे प्रवर्त्ततामित्यत आह 'इहेति' मननोपायमात्मनस्तत्त्वज्ञानं निखिललोकविमोक्षमुख्योपायमामनन्तीति योजना तथाच सकलपुरुषकामनाविषयीभूतापवर्गजनकतत्त्वज्ञानप्रयोजकतया। एतद्ग्रन्थे न प्रवृत्त्यनुपपत्तिरिति भावः मोक्षमुख्योपायत्वं च मुक्त्यभावप्रयोजकीभूताभावप्रतियो-

गित्वम् ॥ केचित्तु काशीमरणादितोपि श्रवणानधिकारिस्त्रीशूद्रादिलोकस्य मुक्तिसम्भवेन मननोपायकतत्त्वज्ञानाभावस्य तदभावे प्रयोजकत्वाभावाल्लोकपदं श्रवणाधिकारिलोकपरतया व्याख्येयं तथा च श्रवणाधिकारिलोकमुक्त्यभावे तत्त्वज्ञानाभावस्य प्रयोजकत्वलब्धा नोक्तदोष इति व्याचक्षते । तदसत्, श्रवणाधिकारिब्राह्मणादीनामपि काशीमरणादितो मुक्तिसम्भवेन तथाविधस्थितेप्यनुपपत्तेर्जागरूकत्वात् तस्मात्तत्त्वज्ञाने मोक्षमुख्योपायत्वं स्वाव्यवहितोत्तरक्षणोत्पत्तिकमुक्त्यभावप्रयोजकीभूताभावप्रतियोगित्वमेव वक्तव्यम् तत्र च नोक्तानुपपत्तिः तथा च लोकपदं यथाश्रुतमेव अत एव काशीमरणजन्यमुक्तौ मननोपायकतत्त्वज्ञानाजन्यत्वाद् 'विमोचेत्तरस्य' काशीमरणाद्यप्रयोज्यमोक्ष इत्यर्थ इति निपुणतरमूहनीयम् अत्र स्वसमानाधिकरणदुःखप्रागभावासमानकालीनदुःखध्वंसत्वं मुक्तित्वं दुःखध्वंसस्येदानीमपि सत्त्वेनास्मदादीनामपि मुक्तत्वापत्तिवारणाय कालीनान्तम् मुक्त्यात्मकदुःखध्वंसस्यान्यदीयदुःखप्रागभावसमानकालीनत्वाद्वामदेवादीनां मुक्तात्मनामप्यमुक्तत्वप्रसङ्गात् स्वसमानाधिकरणत्वं प्रागभावविशेषणम् नच दुःखासमानकालीनत्वेनैव सामञ्जस्ये प्रागभावेति व्यर्थमिति वाच्यम् यथासन्निवेशे वैयर्थ्याभावात् तथाप्यनतिप्रयोजनकत्वेन स्वसमानाधिकरणदुःखासमानकालीनदुःखध्वंसत्वमेव मुक्तित्वमित्यास्तां तल्लक्षणम् ननु स्वसमानाधिकरणदुःखासमानकालीनदुःखध्वंसत्वस्य मुक्तित्वरूपत्वे तस्य तत्त्वज्ञानजन्यतावच्छेदकत्वानुपपत्तिः स्वपदस्य दुःखध्वंससामान्यपरत्वे पुरुषान्तरीयदुःखध्वंससमानाधिकरणदुःखासमानकालीनदुःखध्वंसस्येदानीमप्रसिद्ध्यापत्तेः स्वपदस्य तत्तद्दुःखध्वंसपरत्वे च सामान्यतः मुक्तित्वस्यैकस्याभावेन मुक्तित्वावच्छिन्नं प्रति तत्त्वज्ञानत्वेन हेतुताया असम्भवदुक्तिकत्वापत्तेरिति चेन्न स्वसामानाधिकरण्यकालिकविशेषणतोभयसम्बन्धेन दुःखवान्यस्तद्भिन्नदुःखध्वंसत्वस्यैव मुक्तित्वरूपत्वात् अत्र च स्वत्वस्य परिचायकतया नोक्तविकल्पावसर इति यत्र च ज्ञानादीनां क्षणिकत्ववारणाय विभुसमवेतयोग्यविशेषगुणनाशत्वावच्छिन्नं प्रति स्वोत्तरोत्पन्नविशेषगुणत्वेन नाशकतया तत एव मुक्त्यात्मकदुःखध्वंससम्भवे तत्र तत्त्वज्ञानत्वेन हेतुतायां मानाभाव इति यदि विभाव्यते तदा दुरितवद्भिन्नदुरितध्वंसत्वमेव मुक्तित्वमवसेयम् नचायं दुरितानुत्पादात् दुरितवद्भिन्नदुरितध्वंसत्वस्यार्थसमाजग्रस्तत्वात् कथं जन्यतावच्छेदकत्वमिति वाच्यम् प्रमाणाभावस्यैवार्थसमाजग्रस्तधर्मस्य कार्यतानवच्छेदकत्वे बीजतया प्र-

ज्ञाते मुक्तितत्त्वज्ञानयोः कार्यकारणभावबोधकवेदस्यैव बीजत्वेनार्थसमाजग्र-
स्तत्वे पि कार्यतावच्छेदकत्वे बाधकाभावात् नच सुखदुःखाभावयोरन्यतरस्यै-
व पुरुषार्थत्वेन मुक्तेरपुरुषार्थत्वप्रसङ्ग इति वाच्यम् बलवद्द्वेषविषयाभावत्वेन
पुरुषार्थत्वस्य दुःखाभाव इव दुःखजनकदुरितध्वंसेपि सत्त्वादिति ननु तथा-
पि काशीमरणान्मुक्तिरिति वाक्येन काशीमरणस्यापि साक्षान्मुक्तिहेतुत्वप्रति-
पादनात् मुक्तित्वावच्छिन्नं प्रति तत्त्वज्ञानत्वेन हेतुत्वे व्यभिचारएवेति चेन्न
"तमेव विदित्वातिमृत्युमेति नान्यः पन्था विद्यते अयनायेति" श्रुत्या तत्त्वज्ञान-
स्य मुक्तिसामान्यं प्रति पूर्वभावे दर्शिते काशीमरणस्य तत्त्वज्ञानद्वारा मुक्ति-
प्रयोजकत्वमित्येव तदर्थत्वात् सयुक्तिकं चैतत् अन्यथा तयोः परस्परजन्यमु-
क्तौ व्यभिचारेणोभयत्राप्यव्यवहितोत्तरत्वनिवेशे गौरवात् नच काशीमरणस्य
तत्त्वज्ञानं प्रति हेतुत्वेपि श्रवणादिजन्यतत्त्वज्ञाने व्यभिचारवारणायाव्यवहि-
तोत्तरत्वनिवेशोऽविशिष्ट इति वाच्यम् गङ्गामरणादिजन्यतत्त्वज्ञाने व्यभिचार-
वारणाय श्रवणादिजन्यतावच्छेदककोटावव्यवहितोत्तरत्वनिवेशस्य भवतो-
प्यावश्यकत्वात् श्रवणादिजन्यतत्त्वज्ञाने व्यभिचारवारणाय परं काशीमरणज-
न्यतावच्छेदककोटावव्यवहितोत्तरत्वनिवेश इति तन्निवेशस्यैकधैव सत्त्वात् भ-
वन्मते काशीमरणजन्यमुक्तौ व्यभिचारभिया तत्त्वज्ञानजन्यतावच्छेदककोटा-
वव्यवहितोत्तरत्वनिवेशः एवं तत्त्वज्ञानजन्यमुक्तौ व्यभिचारवारणाय काशी-
मरणजन्यतावच्छेदककोटावव्यवहितोत्तरत्वनिवेश इत्युभयत्राव्यवहितोत्तर-
त्वनिवेशस्यावश्यकत्वेनातिगौरवादिति ननु तथा "उभाभ्यामेव पक्षाभ्यां-
यथा खे पक्षिणां गतिस्तथैव ज्ञानकर्मभ्यां प्राप्यते शाश्वती गति" रित्यनेन
कर्मणामपि मुक्तिहेतुत्वप्रतिपादनात् कथं तत्त्वज्ञानस्यैव मुक्तिहेतुत्वमिति
चेन्न तस्य तत्त्वज्ञानप्रतिबन्धकाधर्मध्वंसद्वारा तत्त्वज्ञानएवोपक्षयात् नतु मुक्तिं
प्रत्येव साक्षात्तस्य हेतुता "नान्यः पन्था विद्यतेऽयनायेति" श्रुतिविरोधात्
"तमेतं वेदानुवचनेन ब्राह्मणाविविदिषन्ति यज्ञेन दानेन तपसाऽनाशकेने-
ति" श्रुतिविरोधाच्च किंच यत्याश्रमविहितकर्मणएव हेतुत्वे गृहस्थस्या-
मुक्तत्वप्रसङ्गः "कर्मणैव हि संसिद्धिमास्थिता जनकादयः ॥ श्राद्धकृत्सत्य-
वादी च गृहस्थोपि विमुच्यतइति" गृहस्थस्यापि मुक्तिश्रवणात् गृहस्थस्या-
श्रमविहितकर्मणएव हेतुत्वे च यतेरमुक्तत्वप्रसङ्गात् नहि मुक्तौ वैजात्यमस्ति
येनोभयोरपि हेतुत्वमुपपादनीयमिति अतएव काशीमरणस्य कर्मणां वा
साक्षान्मुक्त्युपायत्वनिरासायमोक्षमुख्योपायमित्यत्र मुख्येत्युक्तम् सूतरमो-

मननोपायमात्मनस्तत्त्वज्ञानमामनन्ति तच्च प्रमाणाधीनमिति प्रमाणं निरूप्यते । तत्र प्रमायाः करणं प्रमाणम्

साक्षादसाधारणकारणभिन्नमित्यर्थः मुक्तित्वावच्छिन्नकार्यतानिरूपितकारणत्वं-साक्षादसाधारणकारणत्वं तेन प्रागभावादीनां तत्तद्व्यक्तित्वेन हेतुत्वेऽपि न क्षतिरिति दिक् ।

नन्वात्माशरीरादिभ्योभिन्न इत्याकारकं तत्त्वज्ञानमिदानीमपि सम्भवति तत्कथन्न मुक्तिहेतुरित्यत आह ॥ मननोपायमिति । मननमुपायो यस्येत्यर्थः तथा च श्रवणमनननिदिध्यासनप्रयोज्यतत्त्वज्ञानमेव मुक्तिहेतुः तच्च नेदानीं सम्भवतीति भावः यद्यपि श्रवणोपायमित्येव वक्तुं युक्तम् तथापि मकारानुप्रासवशात् मननोपायमित्युक्तम् युक्तिभिरनुचिन्तनम्मननम् साधकबाधकप्रमाणोपन्यासश्च युक्तिः । 'श्रोतव्यः श्रुतिवाक्येभ्यो मन्तव्यश्चोपपत्तिभिरिति' स्मरणात् श्रुतस्यार्थस्य नैरन्तर्येण दीर्घकालमनुसन्धानं निदिध्यासनमिति बोध्यम् ॥

तदिति तत्त्वज्ञानमित्यर्थः नीलपटो सुन्दरः स च मानीत्यादौ सर्वनाम्ना न नीलाद्युपस्थापकत्वं किन्तु मुख्यविशेष्यस्यैवेत्यतोऽत्रापि पूर्वोपस्थिततत्त्वज्ञानस्यैवोपस्थापनन्नतु तन्मननस्येत्यर्थः मननस्य मुख्यविशेष्यतया पूर्वमनुपस्थितत्वेन तद्बोधासम्भवादित्यवधेयम्॥प्रमाणाधीनमिति । प्रमाणज्ञानप्रयोज्यमित्यर्थः । श्रवणादिप्रयोज्यमात्मनीतरभिन्नत्वज्ञानमेव हि तत्त्वज्ञानं तच्च नेतरपदार्थतत्त्वज्ञानं विना तत्तु न प्रमाणज्ञानं विना प्रमेयव्यवस्थितेः प्रमाणाधीनत्वादिति प्रमाणनिरूपणमावश्यकमिति भावः । यद्वा तत्त्वज्ञानस्य मननद्वारा प्रमाणाधीनत्वसूचनाय मननोपायमित्युक्तम् वस्तुतस्तु बहुषु व्यवहितोपस्थितविशेषणस्यापि तच्छब्देन परामर्शदर्शनात् अव्यवहितोपस्थितमुख्यविशेष्यमात्रोपस्थापकत्वनियमस्यौत्सर्गिकत्वतात्पर्यस्य नियामकत्वाच्च नोक्तातिप्रसङ्गः एवंच । तच्च । मननंचेत्यर्थः । साधकबाधकप्रमाणोपन्यासरूपयुक्तिभिरनुचिंतनरूपमननस्यप्रमाणज्ञानं विनाऽसम्भवादितिभावः । प्रमाणं निरूप्यत इति । लक्षणस्वरूपादिप्रकारकवर्त्तमाननिरूपणविषयीभूतं प्रमाणमित्यर्थः । तत्रेति । प्रमाणे निरूपणीय इत्यर्थः । प्रमायाः करणमिति । अत्र प्रमाणपदवाच्यत्वं लक्ष्यतावच्छेदकं प्रमाकरणत्वं च लक्षणं । नातः प्रमा-

णत्वस्य प्रमाकरणत्वरूपत्वेन लक्षणलक्ष्यतावच्छेदकयोरभेदापत्तिः यथाच तयोरभेदेनेष्टापत्तिस्तथा विवेचनीयमुपरिष्टात्। ननु प्रमाकरणमिति विधाय प्रमायाः करणमित्युक्तौ किंबीजमिति चेन्न लक्षणवाक्याद्यादृशार्थस्य बोधस्तस्यैव लक्षणत्वेन प्रमानिरूपितकरणत्वस्य लक्षणत्वलाभाय तथोक्तेः अन्यथा तत्पुरुषे पूर्वपदलक्षणया प्रमासम्बन्ध्यभिन्नं करणमित्यर्थलाभे इतरभेदानुमाने हेतौ वैयर्थ्यस्य दुर्वारत्वाद् गुरुत्वाच्च लक्षणवाक्यतात्पर्यविषयीभूतार्थस्यैव लक्षणत्वोपगमेन प्रमानिरूपितकरणत्वएव तात्पर्येण तस्यैव हेतुत्वोपपादने तु प्रयासगौरवमिति। वस्तुतस्तु प्रमाकरणमित्यभेदेनान्वयभ्रमनिराकरणाय प्रमायाःकरणमित्युक्तिः । असाधारणधर्मो हि लक्षणम् यथा सास्नाशृङ्गवती गौरिति सास्नावत्त्वमात्रं सरटे शृङ्गवत्त्वमात्रं महिष्यादावतिव्याप्तमिति सास्नाशृङ्गोभयावच्छिन्नधर्मो लक्षणं तदितरावृत्तित्वे सति सकलतद्वृत्तित्वमसाधारणत्वं शृङ्गवत्त्वगगनकृष्णरूपवत्त्वादेर्गोलक्षणत्ववारणाय सत्यन्ततद्वृत्तित्वभागयोर्यथायथं सन्निवेशः। तदिदमुक्तम् "लक्षणे तान्येव पदानि ग्राह्याणि यैः पदैरतिव्याप्त्यव्याप्त्यसम्भवादयो दोषा निराक्रियन्ते" अलक्ष्ये लक्षणगमनमतिव्याप्तिः यथा शृङ्गवती गौरिति। लक्ष्यैकदेशे लक्षणस्यावर्त्तनमव्याप्तिः। यथा कृष्णा गौरिति। लक्ष्ये क्वाप्यवर्त्तनमसम्भवः। यथैकशफा गौरिति। इत्थं चात्र छिदिक्रियाकरणे कुठारादावतिव्याप्तेर्वारणाय 'मा'पदोपादानम्। दोषदुष्टचक्षुरिन्द्रिये भ्रमात्मकज्ञानकरणत्वादतिव्याप्तिवारणाय प्रपदम्। प्रमात्वप्रमाणमित्युक्तौ चक्षुरिन्द्रियेऽव्याप्तिरतःप्रमाकरणमिति विशिष्टमुपात्तम्। ननु दोषदुष्टचक्षुरिन्द्रियेणापि कदाचित्प्रमाजननात्तत्र प्रमाणव्यवहारोप्यतएव नच दुष्टतादशायां तादृशव्यवहारापत्तिरिति वाच्यम् न ह्येककालघटितं लक्षणं येन तस्मिन्काले आपत्तिः स्यात् किन्तु तत्तदिन्द्रिये आपादनीयं तत्र तु दोषशून्यतादशायामिष्टापत्तेरिति चेन्न। यत्र घर्षणादिना दुष्टचक्षुरुत्पन्नं भ्रममेवोत्पाद्य तन्नाशोपि तत्र प्रमाया अजनके केनापि प्रमाणव्यवहारस्यास्वीकारादतिव्याप्त्या प्रपदस्यावश्यकत्वात् दोषवशेनान्यदीयेदन्त्वस्यैव भानसम्भवेन सर्वांशे भ्रमस्यापि सम्भवात् यदि च "सर्वं ज्ञानं धर्मिण्यभ्रान्तं प्रकारे तु विपर्यय" इति नियमात्सर्वांशे न भ्रमसम्भवः तथापि तत्तदर्थमादायैव प्रमाणव्यवहारात्। पीतः शङ्ख इति भ्रमजनके पीतत्वांशे प्रमाणत्ववारणाय तत्तत्प्रमात्वलाभाय प्रपदस्यावश्यकत्वात् अनुभवस्यापि संस्कारद्वारा स्मृतिरूपज्ञानकरणत्वादतिव्याप्तेश्च प्रपदमिति।

प्रमा चयथार्थानुभवः। "तदाहुराचार्याः," यथार्थानुभवो मानमिति ननु किमिदं याथार्थ्यं किंवानुभवत्वमिति। उच्यते। तद्वति तदवगाहित्वं याथार्थ्यं भवति हि रजते इदं रजतमिति ज्ञानं तद्वति तदवगाहीति यथार्थम्। शुक्ताविदं रजतमिति ज्ञानं तु नतद्वति तदवगाहीति न यथार्थम् ।

ननु विशिष्टबुद्धिं प्रति विशेषणज्ञानस्य हेतुत्वात्प्रमाज्ञानं विना-कथं प्रमाकरणत्वज्ञानमित्यत आह । प्रमा चेति । यद्वा ननु प्रमात्वं यथार्थज्ञानत्वं तथाच स्मृतेरपि प्रमात्वेन तत्करणेऽनुभवे प्रपदोपादा-नेऽप्यतिव्याप्तितादवस्थ्यमित्यत आह । प्रमा चेति । तथाचानुभवत्वघटितप्र-मात्वस्य च स्मृतावसत्त्वेन न तत्करणेऽनुभवेऽतिव्याप्तिरिति भावः। अत्र चानुभ-वत्वस्यैव प्रमात्वरूपत्वे भ्रमेऽतिव्याप्तिः। यथार्थत्वस्यैव तद्रूपत्वे च स्मृताव-तिव्याप्तिरित्युभयोपादानम्। ननु प्रमात्वस्यानुभवत्वघटितत्वे प्रमाणाभावः। नचेत्थं स्मृतिरूपप्रमाकरणतयाऽनुभवस्य प्रमाणत्वापत्तिः इष्टत्वात् अनु-मित्युपमितिशाब्दभिन्नप्रमितिकरणत्वेन च प्रत्यक्षप्रमाणविभजनान्न विभा-गव्याघातोपीत्यत आह । तदाहुरिति । मानमित्यादि । यथार्थानुभवो मा-नमपेक्षतयेष्यतइति यावत्। भावल्युटा मानंमितिः प्रमितिरिति यावत्। अनपेक्षतया इतरप्रामाण्यानधीनप्रामाण्यकतया। स्मृतेःप्रमात्वं हि अनुभव-प्रमात्वाधीनमिति स्मृतेरप्रमात्वमित्यर्थः । यदसाधारणंसहकार्यासाद्य म-नोबहिर्गोचरां प्रमां जनयति तस्यैव प्रमाणान्तरत्वमितिनियमेनानुभव-सहकारिण मनसः स्मृतिरूपप्रमाजनकत्वादनुभवस्य प्रमाणान्तरत्वापत्तिरतः स्मृतिव्यावृत्तमेवानुभवत्वघटितं प्रमात्वमवश्यं वाच्यम्। एवं प्रत्यक्षं निवेश्यानु-मिति मनिवेश्य प्रत्यक्षोपमिति शाब्दभिन्नप्रमितिकरणत्वेनानुभवस्यानुमाने-ष्यन्तर्भावापत्तिः विनिगमनाविरहादितिभावः ।

तद्वतीति । तद्विशेष्यकत्वेसतीत्यर्थः । नचैवंवन्हिगुञ्जापुञ्जयो-रिमौगुञ्जापुञ्जवन्ही इति विपरीतभ्रमे वन्ह्यंशे वन्हित्ववद्विशेष्यकत्वस्य गुञ्जापुञ्जांशे च वन्हित्वप्रकारकत्वस्य सत्त्वात् तत्रापिप्रमात्वापत्तिरिति-वाच्यम् । तद्वद्विशेष्यकत्वावच्छेदेन तत् प्रकारकत्वस्य विवक्षित-त्वात् । तद्वन्निष्ठविशेष्यतानिरूपिततन्निष्ठप्रकारताशालित्वमितितन्नि-

नन्वेवं रजते इदं रजतं नवेति संशयोऽपि प्रमा स्यादिति चेन्न । रजतत्वांशे प्रमैव । "तद्वति तदनुभवस्तत्प्रमेति प्रामाणिकाः" । ननु शाखावच्छेदेन कपिसंयोगवति वृक्षे मूले वृक्षः कपिसंयोगीति प्रत्ययोऽपि प्रमा स्यात् । कपिसंयोगवति वृक्षे

-ष्कर्षः । तथाच तत्सम्बन्धावच्छिन्नतद्वन्निष्ठविशेष्यतानिरूपिततत्सम्बन्धावच्छिन्नतन्निष्ठप्रकारताशालिज्ञानत्वं तत्सम्बन्धावच्छिन्नतत्प्रकारकप्रमात्वमिति फलितम् । तत्सम्बन्धावच्छिन्नतद्वत्त्वनिवेशात् तेन सम्बन्धेन तद्विरहिण्यपि कालिकादिसम्बन्धेन तद्वत्त्वस्य सत्त्वेऽपि न भ्रमेऽतिव्याप्तिः । एवं रजते एव संयोगादिसम्बन्धेन रजतत्वप्रकारकज्ञानस्यापि समवायसंसर्गकरजतत्वप्रमात्वापत्तिरित्युभयत्र तत्सम्बन्धावच्छिन्नत्वनिवेशः । लक्ष्ये लक्षणं ग्राहयति । भवतीति । तद्वति । रजतत्ववति । तदवगाही । रजतत्वावगाही । अलक्ष्ये लक्षणासत्त्वप्रदर्शनव्याजेन तद्वतीत्यस्य व्यावृत्तिमाह । शुक्ताविव्यादिना । तद्वतीति । रजतत्ववतीत्यर्थः किन्तु रजतत्वाभाववति रजतत्वावगाहित्वाद् भ्रम इति भावः एतेन तदभाववति तत्प्रकारकं ज्ञानं भ्रम इति भ्रमलक्षणं सूचितम् । ननु वृक्षः कपिसंयोगीति ज्ञानस्यापि मूलावच्छेदेन संयोगाभाववति संयोगप्रकारकत्वात् भ्रमत्वापत्तिरिति चेन्न प्रतियोगिव्यधिकरणतदभाववत्त्वस्य विवक्षितत्वात् वृक्षे संयोगाभावस्य न प्रतियोगिव्यधिकरण इति नानुपपत्तिः ।

नं चैवं मूले वृक्षः कपिसंयोगीति ज्ञानस्य भ्रमत्वानुपपत्तिरिति वाच्यम् । तत्रावच्छेदकत्वांश एव भ्रमत्वाङ्गीकारात् न तु संयोगांशेऽपीति ।

ननु तद्वति तत्प्रकारकज्ञानत्वस्यैव प्रमात्वरूपत्वे संशयेऽतिव्याप्तिरतः निश्चयत्वघटितमेव तद्वाच्यमित्याशयेनाशङ्कते । नन्वेवमिति । एवं । निश्चयत्वाघटितस्यैव प्रमात्वरूपत्वे रजतत्वांश इति । एकधर्मिकविरुद्धनानाकोटिकं ज्ञानं संशय इति रजतत्वसंशये रजतत्वरजतत्वाभावौ कोटी तत्र रजतत्वाभाववति रजतत्वाभावप्रकारकत्वाभावात् रजतत्वाभावांशेऽप्रमात्वेऽपि रजतत्ववति रजतत्वावगाहित्वात्तदंशे प्रमात्वमिष्यत एवेति भावः । निश्चयत्वाघटितमेव प्रमात्वमित्यत्र प्राचीनसम्मतिमाह । तद्वतीति । स्मृतिव्यावर्त्तनायानुभवत्वघटितं परमङ्गीकुर्वन्ति न तु संशयव्यावर्त्तनाय निश्चयत्वघटितमपीति भावः । शङ्कते । शाखेति । क्वचिन्नन्वित्येव पाठः कपिसंयोगसहिते

तदवगाहित्वादिति चेन्न । वृक्षे कपिसंयोगप्रत्ययः प्रमैव । मूले अवच्छेदकत्वप्रत्ययस्तु न तथा । तस्य तदनवच्छेदकत्वादिति । स्मृतिभिन्नज्ञानत्वमनुभवत्वं जातिविशेषो वा । अनुभवामीत्यनुगतप्रतीतेर्बाधकं विना जातिविषयकत्वात् ।

वृक्षे कपिसंयोगवत्त्वाभावाच्च प्रमात्वसम्भव इत्यतः कपिसंयोगवति वृक्ष इति । तथापि मूलावच्छेदेन कपिसंयोगसत्त्वे प्रमात्वे इष्टापत्तिरतः शाखावच्छेदेनेति सावधारणं शाखावच्छेदेनैव न तु मूलावच्छेदेनापीत्यर्थः । वृक्षः कपिसंयोगीतिप्रत्ययस्य प्रमात्वे अविवादान्न्यूनमिति । मूलावच्छेदेनात्मगगनादिसंयोगस्य सत्त्वात् मूले वृक्षः संयोगीतिप्रत्ययस्य प्रमात्वं सर्वसंमतमित्यतः कपिसंयोगीति । अवच्छेदकत्वप्रत्ययस्तु । कपिसंयोगावच्छेदकत्वप्रत्ययस्तु । न तथा । न प्रमा । तस्य । मूलस्य तदनवच्छेदकत्वात् । कपिसंयोगानवच्छेदकत्वात् । कपिसंयोगवति वृक्षे कपिसंयोगप्रकारकत्वात् कपिसंयोगांशे प्रमात्वमेव । अवच्छेदकत्ववति अवच्छेदकत्वप्रकारकत्वाभावाच्च न तदंशे प्रमात्वमिति भावः । ननु स्मृतिभिन्नज्ञानत्वमनुभवत्वमित्यत्र संस्कारजन्यज्ञानत्वमेव स्मृतित्वं वाच्यं तच्च प्रत्यभिज्ञाद्यतिप्रसक्तमनुगतं दुर्वचं संस्कारत्वेन तज्जन्यत्वं च स्मृतित्वस्य जातित्वमन्तरा संस्कारत्वेन जनकतायां मानाभावेनासम्भवि तस्य जातित्वे च संस्कारजन्यत्वघटितत्वाद् गुरुतरं लक्षणं स्यात् । यदि च स्मृतित्वं जातिः तदवच्छिन्नप्रतियोगिताकभेदस्यैवं च निवेशान्न गौरवमिति विभाव्यते तदाऽनुभवत्वमपि जातिः तादृगिष्टत्वमेव च लक्षणमास्तां कृतमेतावत्क्लेशेनेत्याशयेनाह । जातिविशेषो वेति ।

नन्वत्र किं मानमत आह । अनुभवामीति । अनुगतप्रतीतेरनुगतधर्मं विनानुपपत्तेरनुगतधर्मोऽभ्युपेयस्तस्य चोपाधिरूपत्वे गौरवाज्जातित्वमेव न्याय्यमिति भावः । अभाव इत्यनुगतप्रतीत्याऽभावत्वरूपजातिसिद्ध्यापत्तिरतो बाधकं विनेति । तत्र तु जातिबाधकस्यैव सत्त्वात् नित्यानेकसमवेतस्यैव जातित्वादिति भावः । तथा चोक्तम् । व्यक्तेरभेदस्तुल्यत्वं सङ्करोऽथानवस्थितिः । रूपहानिरसम्बन्धो जातिबाधकसंग्रहः ।। व्यक्तेरभेदः स्वाश्रयव्यक्तेरैक्यम् । यथाऽऽकाशत्वादि । व्यक्तेस्तुल्यत्वम् । अन्यूनानतिरिक्तव्यक्तिकत्वम् । यथा घ*टत्वकलशत्वादि । परस्परात्यन्ताभावसमानाधिकरणयोर्धर्मयोरेकत्र समा-

* प्रामाणिकास्तु इत्थमेव पठन्ति ।

करणत्वं च व्यापारवदसाधारणकारणत्वम् । घटं प्रति कपाल-संयोगवारणाय व्यापारवदिति । ईश्वरज्ञानादिवारणायाऽसाधारणेति । नन्वेवं ज्ञानं प्रति आत्मापि करणं स्यात् आत्ममनःसंयोगस्य व्यापारस्य सत्त्वात् । तज्जन्यत्वे सति तज्जन्य-जनकोऽवान्तरव्यापारः भवति चात्ममनःसंयोग आत्मजन्यः आत्मजन्यज्ञानजनकश्चेति चेत् । स्यादेव ।

वेशः सङ्करः यथाभूतत्वमूर्त्तत्वादि अनवस्था यथाजातित्वादि । विशेषत्व-जातिस्वीकारे रूपहानिः रूपस्य लक्षणस्य सामान्यभिन्नत्वे सति समवेतत्वे-ऽसति सामान्यरहितत्वरूपविशेषलक्षणस्य हानिः विशेषत्वरूपजातेरिवे-तरव्यावर्त्तकत्वात् स्वत एव व्यावृत्तत्वरूपविशेषस्वरूपहानिरितिवार्थः । अ-सम्बन्धः । असमवेतत्वम् यथा कम्बुग्रीवादिमत्त्वादीति । केचित्तु स्मृतौ व्यभिचा-रवारणाय विशिष्टवैशिष्ट्यावगाह्यनुभवस्यैव विशेषणतावच्छेदकप्रकारक-निर्णयजन्यतावच्छेदकत्वमुपेयम् । तथा च तज्जन्यतावच्छेदककोटिप्रविष्टत्वे-नानुभवत्वजातिसिद्धिरित्याहुः । अत्र च स्वर्गाद्यनुमिति शाब्दबोधानन्तरं स्व-र्गादिकमनुभवामीति प्रत्ययापत्तेः साक्षात्कारत्वमेव अनुभवत्वमनुभवामी-ति प्रत्यक्षविषय इति न तादृशप्रत्यक्षविषयतया प्रत्यक्षादिचतुष्टयसाधारण-जातिसिद्धिः । यदपि विशेषणतावच्छेदकप्रकारकनिर्णयजन्यतावच्छेदकतया* तत्सिद्धिरिति । तदपि न । नित्यव्यावर्त्तनाय जन्यानुभवत्वमेव तत्कार्यता-वच्छेदकमुपगन्तव्यं तत्र जन्यत्वं ध्वंसप्रतियोगित्वं प्रागभावप्रतियोगित्वं †वा कालिकसम्बन्धेन घटत्वादिमत्त्वं वेति निर्वक्तुमशक्यतया जन्यप्रत्यक्षमात्र-वृत्तिवैजात्यमेव कार्यतावच्छेदकं वाच्यं तथा च कुतः सकलप्रत्यक्षादि साधा-रणानुभवत्वजातिसिद्धिरित्यास्तामसदाग्रहेण ।

प्रमाकरणत्वघटकं करणत्वं लक्षयति । व्यापारवदिति । कपालेति । तत्राप्यसाधारणकारणत्वसत्त्वादितिभावः । असाधारणेति । असा-धारणकारणत्वं च कार्यत्वानवच्छिन्नकार्यतानिरूपितकारणताश्रयत्वम् । ईश्वरज्ञानस्य तु उपादानप्रत्यक्षविधया कार्यत्वावच्छिन्नं प्रत्येव हेतुत्वान्ना-

* जन्यतावच्छेदककोटिप्रविष्टतयेत्यपि पाठान्तरम् ।

† घटादिमत्त्वं वेत्यपि पाठान्तरम् ।

उपाधीनां करणत्वादीनां भेदाच्च व्यवहारभेदः । अतएव विवक्षातः कारकविभक्तयो नाना भवन्तीति शाब्दिकाः । अतएवात्मानमात्मना वेत्सीति तृतीया । शिवादित्यमिश्रास्तु करणाद्याकारानुगतमतेः करणत्वादिकमखण्डोपाधिरूपसामान्यमङ्गीचक्रुः । तच्च प्रमाणं चतुर्विधमित्याह भगवान्सूत्रकारः "प्रत्यक्षानुमानोपमानशब्दाः प्रमाणानीति" तत्र साक्षात्काररूपप्रमाकरणं प्रत्यक्षम् । साक्षात्कारत्वं च साक्षात्करोमीत्यनुगतप्रतीतिसाक्षिको जातिविशेष एव । न चेयमिन्द्रियजन्यज्ञानत्वविषया ज्ञानमात्रस्य मनोरूपेन्द्रियजन्यत्वात् । इन्द्रियाऽप्रतीतावपि तथा प्रतीतेश्च । नापि चाक्षुषत्वादिजातिविषया ।

तिव्याप्तिरितिभावः । ननु कार्यत्वावच्छिन्नकार्यतानिरूपितकारणताशून्यत्वात् तथासति कार्यमात्रं प्रति कालस्य हेतुत्वेन कालोपाधिविधया चक्षुरादीनामपि कार्यमात्रं प्रति हेतुतया प्रसङ्गत्यापत्तेरिति ध्येयम् । ननु फलायोगव्यवच्छिन्नं कारणमेव करणम् अतएवात्मा न ज्ञानकरणं तस्य नित्यत्वेन फलायोगव्यवच्छेदाभावादित्यभिप्रायेणाशङ्कते । नन्वेवमिति । एवम् । एवंविधलक्षणकरणे । व्यापारस्य सत्त्वादिति । जन्यज्ञानत्वावच्छिन्नं प्रत्यसाधारणकारणत्वाच्चेत्यपि द्रष्टव्यम् । तज्जन्यत्वे सतीति । तज्जन्यत्वस्य फलेऽपि सत्त्वात्तज्जन्यजनक इति । तज्जन्यजनकत्वस्य चेश्वरज्ञानादावपि सत्त्वात्तज्जन्यत्वे सतीति । स्यादेवेति । सहकारिविरहे फलायोगव्यवच्छेदस्यासम्भवित्वात् सहकारिसमवधाने फलायोगव्यवच्छेदस्य चात्मन्यपि सत्त्वेन त्वन्मतेऽप्यगतेरिति भावः ।

नन्वेकस्यैव कर्तृत्वकरणत्वस्वीकारे कर्ता करणमिति नानाविधव्यवहारोऽनुपपन्नः व्यवहर्तव्यभेदस्यैव व्यवहारभेदनियामकत्वादित्यत आह । उपाधीनामिति । तथा च "उपाधिसङ्करेऽप्युपाधेरसङ्करादिति" न्यायेन व्यवहर्तव्याभेदेऽपि व्यवहर्तव्यतावच्छेदकभेदादेव व्यवहारभेदः

यथा घटरूपव्यवहर्त्तव्याभेदेऽपि घटत्वद्रव्यत्वादिरूपव्यवहर्त्तव्यतावच्छेदकभेदादेव घटो द्रव्यमित्यादिव्यवहारभेदः एवं पाचकपाठकादिव्यवहारभेदोऽपीति भावः । अतएवेति । एकस्यैव कर्तृत्वकरणत्वस्वीकारादेवेत्यर्थः । अतएव । आत्मनः करणत्वकर्तृत्वस्वीकारादेव । तृतीयेति तृतीयायाः करणत्वार्थकत्वादिति भावः । अङ्गीचक्रुरित्यस्य स्वरसोद्भावनं तद्बीजन्तु सर्वत्रैवाखण्डोपाधिरेवानुगतप्रतीतिविषयत्वे सखण्डोपाधेरुच्छेदापत्तिः । न च कर्त्रादिव्यावृत्तकरणत्वनिर्वचनानुपपत्त्या तस्याखण्डोपाधिरूपत्वमेव न्याय्यमिति वाच्यम् । तस्य तत्साधारण्येऽप्यक्षतेः, व्यवहारभेदस्य व्यवहर्त्तव्यतावच्छेदकभेदादेवान्यथाप्युपेयत्वादिति । नन्वेवमप्यात्मनः प्रमाणत्वापत्तिरिति चेन्न । अनुभवत्वव्याप्यजात्यवच्छिन्नप्रमावृत्तिकार्यतानिरूपितकारणताशालित्वे सति व्यापारवत्त्वस्यैव प्रमाणत्वरूपत्वेनात्मनि तदसम्भवादिति । अनुभवत्वव्याप्यत्वं च तन्निष्ठभेदप्रतियोगितावच्छेदकत्वं स्मृतित्वरूपजातिमादायानुभवेऽतिव्याप्तिवारणाय प्रमापदम् । यत्तु तमोभिन्नचाक्षुषत्वस्यालोकजन्यतावच्छेदकत्वादालोकेऽतिव्याप्तिर्जात्यवच्छिन्नेत्यत्रावच्छेदकतापर्याप्तिनिवेश आवश्यकः इत्थं च जन्यज्ञानत्वावच्छिन्नं प्रत्यात्मत्वेन हेतुतया ज्ञानत्वजातेरवच्छेदककोटिप्रविष्टत्वेऽपि कार्यतावच्छेदकतापर्याप्त्यधिकरणत्वाभावात्ततएव वारणेऽनुभवत्वव्याप्येति नोपादेयमिति । तन्न । तथापि नित्यवृत्तिधर्मस्यापि कार्यतावच्छेदकत्वोपगमेन ज्ञानत्वावच्छिन्नं प्रत्येवात्मत्वेन हेतुतया ज्ञानत्ववारणाय तदावश्यकत्वादिति । चार्वाकमते प्रत्यक्षस्यैव प्रमाणत्वात् भट्टानां चानुपलब्धेरपि प्रमाणत्वात्तन्निरासायाह । चतुर्विधमिति । तत्रेति । चतुर्विधप्रमाणमध्ये इत्यर्थः । तत्र प्रथमोद्दिष्टं प्रत्यक्षप्रमाणं लक्षयति । साक्षात्काररूपेति । साक्षात्कारेति, अनुमानादावतिव्याप्तिवारणाय साक्षात्कारप्रमेत्युक्तौ साक्षात्कारस्य प्रमेतिभ्रमः स्यात् साक्षात्कारिप्रमेत्युक्तावपि तथेत्यतो रूपेति । इयं । साक्षात्करोमीतिप्रतीतिः । इन्द्रियेति । तथा च न साक्षात्कारत्वरूपजातिसिद्धिरिति भावः । ज्ञानमात्रस्येति । तथा च मनोरूपेन्द्रियजन्यत्वस्यानुमित्यादावपि सत्त्वेन तत्रापि साक्षात्करोमीति प्रतीत्यापत्तिरिति भावः । ननु इन्द्रियत्वावच्छिन्नजनकतानिरूपितजन्यताशालिज्ञानत्वमेव तद्विषयः मनसस्तु मानसज्ञान एव इन्द्रियत्वेन हेतुत्वम् अनुमित्यादिकं प्रति तु मनस्त्वेन इत्यरुचेराह । इन्द्रियाप्रतीतावपीति । इन्द्रियत्वा-

अननुगतत्वात् । यद्वाजन्यधीजन्यमात्रवृत्तिजातिशून्यज्ञानत्वम् भवति हि जन्यधीजन्याभाववृत्त्यनुमितित्वादि तच्छून्यत्वं साक्षात्कारमात्रे ।

प्रतीतावित्यर्थः । तथाचेन्द्रियत्वज्ञानं विना तद्घटितधर्मज्ञानाभावान्न तादृशधर्मस्य विषयत्वसम्भव इति भावः । वस्तुतस्तु साक्षात्कारत्वरूपजात्यभावे इन्द्रियत्वेन कार्यकारणभावासम्भवितयेन्द्रियजन्यत्वे नेन्द्रियजन्यज्ञानत्वस्य साक्षात्कारत्वरूपत्वासम्भवान्नेत्यमवतारणीयं परन्तु ननु इन्द्रियनिष्ठजनकतानिरूपितविषयतासम्बन्धावच्छिन्नजन्यताशालिज्ञानत्वमेवानुमित्यादिव्यावृत्तं तद्विषय इत्यत आह । इन्द्रियेति । इन्द्रियाज्ञानेऽपीत्यर्थः । तथाप्रतीतेः । साक्षात्करोमीतिप्रतीतेरित्यर्थः । एतेन ज्ञानाकरणकं ज्ञानं प्रत्यक्षमित्यपि निरस्तम् । तदज्ञानेऽपि तत्प्रतीतेर्जायमानत्वादिति ।

अवश्याभ्युपेयचाक्षुषत्वादिजातिरपि नास्याः विषय इत्याशयेनाह । नापीति । अननुगतत्वादिति । अनुगतप्रतीतेश्चानुगतधर्मं विनानुपपत्तेरिति भावः । ननूपनीतभानानन्तरं साक्षात्करोमीत्यप्रतीतेर्लौकिकविषयतायास्तद्घटकत्वेनावश्यकत्वाल्लौकिकविषयताशालिज्ञानत्वमेव साक्षात्करोमीतिप्रतीतिविषयः एवमनुगतप्रतीत्यैव जातिसिद्धौ विभुर्विभुरित्यनुगतप्रतीत्या विभुत्वरूपजातिसिद्धिः स्यात् किन्तु कारणतावच्छेदकतया कार्यतावच्छेदकतया वा तत्सिद्धिः । नचात्र तत्सम्भवात नचेन्द्रियत्वावच्छिन्नकारणतानिरूपितकार्यतावच्छेदकतया तत्सिद्धिरिति वाच्यम् । इन्द्रियत्वस्यैकस्याभावात् इन्द्रियनिष्ठेष्वेकत्वेषु वैजात्यं स्वीकृत्य विजातीयैकत्वरूपस्य तस्य सम्भवेऽपि कार्यमात्रवृत्तिधर्मस्यैव कार्यतावच्छेदकत्वेन साक्षात्कारत्वस्य नित्यानित्यवृत्तितया जन्यतावच्छेदकत्वासम्भवात् । जन्यत्वनिवेशे च जन्यत्वस्य ध्वंसप्रतियोगित्वप्रागभावप्रतियोगित्वादिविकल्पग्रासेन निर्वक्तुमशक्यतया जन्यसाक्षात्कारमात्रवृत्तिवैजात्यं स्वीकृत्य तस्यैव जन्यतावच्छेदकत्वावश्यकतया कुतस्तत्कोटिप्रविष्टतया साक्षात्कारत्वरूपजातिसिद्धिः । एवं चाक्षुषस्यापि नादौ विशिष्य चक्षुरादीनां हेतुत्वावश्यकतया तादृशसामान्यकार्यकारणभावे मानाभावादित्यत आह । यद्वेत्यादि । जन्यधीत्यादि । जन्या या धीस्तज्जन्यमात्रवृत्तिर्या जातिस्तच्छून्यज्ञानत्वं साक्षात्कारत्वमित्यर्थः । लक्ष्ये लक्षणङ्गमयति । भव-

नच निदिध्यासनजन्यमात्रवृत्तिमोक्षजनकतावच्छेदकजाति-

सिद्धेरिति । अनुमितित्वाद्युपमितित्वशाब्दत्वादिपरिग्रहः । तत्र हि जन्यं, ज्ञानं व्याप्तिज्ञानम्, अतिदेशवाक्यार्थज्ञानं पदज्ञानादि, तज्जन्य-मनुमित्यादि, तन्मात्रवृत्त्यनुमितित्वादि तच्छून्यत्वं साक्षात्कारेऽस्तीत्यर्थः । अत्र च ज्ञानत्वं साक्षात्कारत्वमित्युक्तावनुमित्यादावतिव्याप्तिरतः शून्यान्तम् । जाति-शून्यज्ञानत्वं साक्षात्कारत्वमित्युक्तावसम्भवः ज्ञानत्वादिजातेरेव तत्र सत्त्वादित्य-तो जन्यधीजन्यमात्रवृत्तीति जातिविशेषणम् ज्ञानत्वस्य च जन्यधीजन्यभिन्नेश्वरसाक्षात्कारे निर्विकल्पके च वृत्तित्वान्न तन्मात्रवृत्तित्वमिति नासम्भवः । जन्यधीजन्यवृत्तीत्युक्तावपि तथा ज्ञानत्वादेर्जन्यधीजन्ये सविकल्पके वृत्ति-त्वादतो मात्रेति । जन्यधीजन्याभिन्नावृत्तित्वे सति जन्यधीजन्यवृत्तित्वं तन्मात्रवृत्तित्वं चाक्षुषत्वादिजातेरपि धीजन्यमात्रवृत्तित्वादव्याप्तिरतः प्रथमजन्यपदोपादानम् तस्य च जन्यज्ञानाजन्यनिर्विकल्पकवृत्तित्वान्न तन्मात्रवृत्तित्वम् । जन्यजन्यमात्रवृत्तीत्युक्तावपि निर्विकल्पकस्य जन्यशरीरादिजन्यत्वेन चाक्षुषत्वादेर्जन्यजन्यमात्रवृत्तित्वादव्याप्तिरतो धीपदोपादानम् । जन्यधीमात्रवृत्तीत्युक्तावपि चाक्षुषत्वस्य जन्यज्ञानमात्रवृत्तित्वादतो द्वितीयजन्यपदोपादानम् । जन्यमात्रवृत्तीत्युक्तावपि तथेत्यतो जन्यधीति धीमात्रवृत्तीत्युक्तौ ज्ञानत्वादिकमादायासम्भव इति समुदितमुपात्तम् । जन्यधीजन्यमात्रवृत्तिधर्म-शून्यत्वमित्युक्तौ सविकल्पकत्वस्य तन्मात्रवृत्तित्वेनाव्याप्तिरतो जातिपदम् । स-विकल्पकत्वन्तु न जातिः चाक्षुषत्वादिना सङ्करात् । समवायसम्बन्धावच्छिन्न-जातिशून्यत्वं चात्र बोध्यम् । अन्यथा कालिकादिसम्बन्धेनानुमितित्वादेरपि प्रत्यक्षादौ सत्त्वेनासम्भवापत्तेः एतदर्थमेव च जातिपदम् । घटादावतिव्याप्तिवारणाय ज्ञानत्वमिति । ननूपादानप्रत्यक्षस्य कार्यमात्रे हेतुतया कपालविषयकोपादानप्रत्यक्षरूपजन्यज्ञानजन्यमात्रवृत्तिघटत्वादिजातिसत्त्वात्तत्रनातिव्याप्तिरिति चेन्न । सर्गादौ कुलालीभूय ईश्वरेणैव घटोत्पादनादीश्वरकपालप्रत्यक्षस्य चाजन्यतया घटत्वादेर्जन्यधीजन्यमात्रवृत्तित्वाभावाद् घटादावतिव्याप्तिसम्भवात् सामान्यादावतिव्याप्तिसम्भवाच्चेतिदिक् ।

निदिध्यासनेत्युपलक्षणम् काशीमरणस्थले तारकोपदेशजन्यज्ञानेत्यपि द्रष्टव्यम् । निदिध्यासनेत्यादिना जन्यधीजन्यमात्रवृत्तित्वं सूचितम् । ननु तत्त्वसाक्षात्कारत्वं श्रवणादिप्रयोज्यात्मविषयकशरीरादिभिन्नत्वप्रकारक-

मति तत्त्वसाक्षात्कारेऽव्याप्तिः। मानसाऽष्टम्सितु न जातिविशेषणीयत्वात् मानसत्वं जातिविशेषइत्यास्तांविस्तरः। नास्तिकास्तु वैशिष्ट्यानवगाहिज्ञानं साक्षात्कारः। अयंघटइत्यादिज्ञानेच साक्षात्कारत्वप्रत्ययोभ्रान्तिः घटत्वाद्यलीकविषयकत्वादि त्याहुः। तन्न। बाधकं विनाभ्रान्तित्वाऽयोगात्। न-

---

साक्षात्कारत्वं तत्तु विशिष्टस्यानतिरेकात् साक्षात्कारत्वमेव तच्च न अन्यधीजन्यमात्रवृत्तीति कुतोऽव्याप्तिरित्यतआह। मोक्षेति। तथाच मुक्तित्वावच्छिन्नकार्यतानिरूपितकारणतावच्छेदकतयासिद्धस्य तत्त्वज्ञानवृत्तिवैजात्यस्यनिदिध्यासनादिजन्यतत्त्वसाक्षात्कारमात्रवृत्तित्वात् तच्छून्यत्वाभावेनाव्याप्तिरितिभावः। मानसेति। तथाच मानसावृत्त्यनुमितित्वादिकमेव तच्छून्यज्ञानत्वस्यसत्त्वान्नान्याप्तिरिति भावः। इदमुपलक्षणम् आराध्यत्वप्रकारकज्ञानरूपभक्तिवृत्तिभक्तित्व फलावच्छिन्नभावनिष्ठयरूपश्रद्धानिष्ठश्रद्धात्वरूपजात्योर्जन्यधीजन्यमात्रवृत्तित्वान्मानसावृत्तीति जातिविशेषणमावश्यकमितिध्येयम्। ननुमानसत्वंमनोजन्यत्वं तथाचानुमितित्वादेरपि मानसावृत्तित्वाभावादनुमित्यादावतिव्याप्तिः नचतादृशजात्यप्रसिद्धिः देवदत्तप्रभवतावच्छेदकशब्दवृत्तिजातेरेवतादृशत्वादित्यतआह। मानसत्वं चेन्नि। ननुमानसत्वस्य जातित्वेप्रमाणाभावइत्यतआह। आस्तांविस्तरइति। आत्ममानसत्वावच्छिन्नं प्रति विजातीयमनःसंयोगत्वेन हेतुतयातज्जन्यतावच्छेदकतयामानसत्वजातिसिद्धिरितिभावः। नास्तिकास्तु वैशिष्ट्यानवगाहिज्ञानं निर्विकल्पकं तदेवसाक्षात्कारः। अयंघटइति। वैशिष्ट्यविषयकइतिशेषः। घटत्वाद्यलीकेति। तन्मतेऽनुगतधर्मी घटत्वादिरतद्व्यावृत्तिरूपएव। व्यावृत्तिरन्योन्याभावः। अभावश्चतन्मतेतुच्छः। अलीकइतियावत्। तथाचाभावरूपघटत्वस्यालीकस्य विशिष्टज्ञाने भानात्तद्मतोऽसम्बन्धाभावाद्विशिष्टोप्यलीकएव असद्विषयकं ज्ञानंच भ्रमइतिसविकल्पकंज्ञानं भ्रमः। निर्विकल्पकेच घटत्वादेरभानात्पारमार्थिकविषयकत्वेन तत्रैव साक्षात्कारत्वप्रमा अर्थजस्यैवप्रत्यक्षत्वादितिभावः। बाधकं विनेति। विषयविसंवाद एव हि प्रमात्वे बाधकः यथाच

चालौकविषयकत्वं बाधकं घटत्वादेरलौकवि*षयत्वाऽसिद्धेः । स च साक्षात्कारोद्विविधः । नित्योऽनित्यश्च । नित्यो भगवतः । अनित्योऽन्यः । अनित्योद्विविधः । निर्विकल्पकः सविकल्पकश्च । तत्र वैशिष्ट्यानवगाहिज्ञानं, निष्प्रकारकं†, वा ज्ञानं, निर्विकल्पकम् ॥

शौरजतत्वस्य प्रकृते घटत्वस्याविसंवाद एवेतिभावः । ननुविषयविसंवादस्य बाधकत्वं नब्रूमः अपित्वलौकविषयकत्वस्येत्यभिप्रेत्याह । नचेति । अलौकत्वासिद्धेरिति । अभावस्यापि घटादिपदार्थवदनुभूयमानतयाऽलौकत्वमसिद्धमिति कुतोऽतद्व्यावृत्तिरूपघटत्वस्यालौकत्वम् एवमघटव्यावृत्तिरित्यघटभिन्नं यत्किञ्चित्तत्प्रतियोगिकभेदस्यपटेऽपि सत्त्वात् घटभिन्नं यावत्तत्तद्व्यक्तित्वावच्छिन्नप्रतियोगिताकभेदकूटएवघटत्वं वाच्यं तथा च यावत्प्रतियोगिज्ञानाभावाद् घटत्वबुद्धेरुच्छेदएवस्यात् यदिचाभावत्वेनाभावज्ञानेएव प्रतियोगि ज्ञानापेक्षा अन्तुस्वरूपतएवघटत्वभानान्नानुपपत्ति रितिविभाव्यते तथापि घटत्ववानितिबुद्धेरुच्छेदापत्तिः तत्रघटत्वत्वेनघटत्वस्यभानस्य च भवन्मते यावत्प्रतियोगिज्ञानंविनाऽसम्भवादिति । किञ्चातद्व्यावृत्तिभिन्नस्यैव घटत्वादेरुपलम्भान्नाभावरूपत्वमिति कुत अलौकत्वसम्भावनेतिभावः ।

भट्टादिभिरीश्वरानङ्गीकारेण तज्ज्ञानस्य सुतरामसम्भवितत्वेन साक्षात्कारस्यैकविधत्वमेवाङ्गीक्रियत इत्यतस्तन्मतंनिराकुर्वन्नाह । सचेति । कार्यमात्रं प्रत्युपादानप्रत्यक्षस्य हेतुतया परमाण्वादिरूपोपादानप्रत्यक्षं विना द्व्यणुकादिरूपकार्यस्यानुत्पत्त्या ईश्वरोऽवश्यमङ्गीकार्यः । तथा च तज्ज्ञानसत्त्वेन द्वैविध्यमेव तस्येतिभावः । द्वैविध्यमेव विवृणोति नित्यइत्यादिना । नित्यत्वं चात्र प्रागभावाप्रतियोगित्वे सति ध्वंसाप्रतियोगित्वम् । सत्यन्तनिवेशात्र ध्वंसेऽतिव्याप्तिः । प्रागभावेऽतिव्याप्तिवारणाय विशेष्यदलनिवेशः । अनित्यत्वंच प्रागभावप्रतियोगित्वं ध्वंसप्रतियोगित्वंवा । अन्यइति । भगवद्भिन्नस्यास्मदादेरित्यर्थः । अस्मदादिसाक्षात्कारइति यावत् । तत्र । निर्विकल्पकसविकल्पकयोर्मध्ये । वैशिष्ट्यानवगाहीति । वैशिष्ट्यविषयताशून्यज्ञानत्वमित्यर्थः । निर्विकल्पके विशेषणज्ञानसंपत्त्यर्थं घटत्वविषयकत्वमावश्यकम् । व्यक्तिभानमन्तरा च जातिभानासम्भवात् घटविषयकत्वमपि तस्याङ्गीक्रियते । वैशि-

---

* घटत्वादेरलौकत्वासिद्धेरितापिपाठान्तरम् ॥

† निराकारंचेत्यपिपाठान्तरम् ॥

तच्च यद्यपि न प्रत्यक्षसिद्धम् अतीन्द्रियत्वाऽभ्युपगमात्। तथा-
प्ययं घटइति विशिष्टज्ञानरूपकार्यानुमेयम्। तथाहि जन्यतद्वि-

ष्ट्यविषयकत्वे तु न किञ्चिद्बाधकमिति वैशिष्ट्यानवगाहित्वमप्यतमेव। स-
विकल्पके च वैशिष्ट्यस्यापि विषयत्वान्न तत्रातिव्याप्तिरिति भावः। निष्प्रका-
रकज्ञानस्वीकारे तु तन्निरूपितवैशिष्ट्यविषयताशून्यज्ञानत्वं तन्निर्विकल्प-
कत्वमिति ध्येयम्। ननु चक्षुःसंयोगचक्षुःसंयुक्तसमवायरूपकारणबलात् घट-
घटत्वयोर्भानवत् चक्षुःसम्बद्धविशेषणतारूपकारणबलात्तत्सम्बन्धस्यापि भा-
ने बाधकाभावः। प्रतिबध्यप्रतिबन्धकभावकल्पने च गौरवं तथाचेदं लक्ष-
णमसम्भवग्रस्तमित्यत आह। निराकारञ्चेति। निष्प्रकारकञ्चेत्यर्थः। क्वचि-
त्तथैव पाठः। वस्तुतस्तु वैशिष्ट्यानवगाहीत्यस्य संसर्गमर्यादया वैशिष्ट्यान-
वगाहीत्यर्थः वैशिष्ट्यनिष्ठसांसर्गिकविषयताशून्यत्वं तत्त्वमिति निष्कर्षः। ननु
प्रकारतासामान्यशून्यत्वं विशेष्यतासामान्यशून्यत्वमपि लक्षणं कर्तुं शक्यत-
एवेति तत्कथं नोक्तमित्यत इष्टापत्त्या तथैवाह। निराकारञ्चेति। निष्प्रकारकं-
निर्विशेष्यकञ्चेत्यर्थः। आकारस्याशा व्यवस्थितविकल्पे द्रष्टव्यइति पुनर्निर्व्य-
लीकः पन्थाः॥

नन्वयं घटइति ज्ञानोत्तरं घटत्वेनेमं जानामीत्येवानुव्यवसायः। तत्र च
वैशिष्ट्यस्य तृतीयार्थत्वे घटत्वविशिष्टविषयकज्ञानवानिति, प्रकारत्वस्य तृती-
यार्थत्वे च घटत्वप्रकारकज्ञानवानित्याकारस्तथाच तादृशानुव्यवसायबलात्सवि-
कल्पकस्य प्रत्यक्षसिद्धत्वेपि निर्विकल्पकस्य अनुव्यवसायगम्यत्वाभावान्न तत्र
प्रत्यक्षं प्रमाणम् नाप्यनुमानमप्रयोजकत्वादिति मीमांसकमतं हृदि स्थीकृ-
त्य शङ्कते। तच्चेति। निर्विकल्पकञ्चेत्यर्थः। प्रत्यक्षसिद्धम्। अनुव्यवसायात्मक-
प्रत्यक्षप्रमितिगम्यम्। अभ्युपगमादिति। नैयायिकैरिति शेषः। अनुमेयम्।
अनुमानगम्यम्। तच्चायं घटइत्याकारकः जन्यघटत्वविशिष्टसाक्षात्कारः जन्य-
घटत्वज्ञानपूर्वकः जन्यघटत्वविशिष्टज्ञानत्वात्। यद्यद्विशिष्टज्ञानं भवति
तत्तज्ज्ञानपूर्वकं भवतीति सामान्यमुखव्याप्तौ दण्डीपुरुषइति प्रत्यक्षं
दृष्टान्तः। नन्वत्र कार्यकारणभावादिरूपानुकूलतर्काभावादप्रयोजकत्वमि-
त्यत आह। तथाहीत्यादि। जन्येति। जन्यतद्विशिष्टज्ञानत्वावच्छिन्नं प्रति
जन्यतद्विशेषणज्ञानत्वेन हेतुत्वमिति कार्यकारणभावएवानुकूलतर्कइति
भावः। घटत्वज्ञानाद्दण्डविशिष्टज्ञानवारणाय तत्तदन्तर्भावः। नित्यव्यावर्त्त-
नाय च कार्यतावच्छेदके जन्यत्वप्रवेशः। नित्यस्य स्वरूपयोग्यत्वे फलाव-

**शिष्टज्ञानं प्रतिजन्यतद्विशेषणज्ञानं कारणमिति निर्विवादं
भवति च प्राथमिकमस्माकमयं घटइति ज्ञानजन्यघटत्वविशि-
ष्टज्ञानम्। अतस्तत्रापि घटत्वज्ञानं कारणम्। नच तदानीं घटत्व-
विशिष्टज्ञानमस्ति। विशेषणीभूतस्य घटत्वस्याऽज्ञानात्
तद्वैशिष्ट्यानवगाहि तद्वाच्यं तदेवच निर्विकल्पकम्। नच
जन्मान्तरीयं घटत्वविशिष्टज्ञानं तत्र कारणम्। अव्यवहितपूर्व-
कालवर्तिनएव विशेषणज्ञानस्य तत्र हेतुत्वात्। नच भागवतं**

स्वभावइति नियमात् कारणतावच्छेदकेपि जन्यत्वप्रवेशः। वस्तुतस्तु सा-
मानाधिकरण्यप्रत्यासत्त्या तस्य हेतुत्वबोधनाय कारणतावच्छेदके जन्यत्व-
निवेशनमिति बोध्यम्। निर्विवादमिति। यथाच नविवादस्तथोपरिष्टाद्व-
क्ष्यते। तथाच कार्यकारणभावरूपानुकूलतर्कसत्त्वान्नाप्रयोजकत्वमनुमानस्ये-
ति भावः। पक्षेहेतुं सङ्गमयति। भवतिचेति। धारावाहिकस्थले द्वितीयादि-
विशिष्टज्ञानस्य पूर्वपूर्वविशिष्टज्ञानजन्यत्वसम्भवान्ननिर्विकल्पकसिद्धिरित्यतः
प्राथमिकमिति। तत्रापि। घटत्वविशिष्टज्ञानेपि। ननु घटत्वप्रकारकज्ञान-
मेवाङ्गीक्रियतामित्याशङ्कांनिराचष्टे। नचेति। तदानीम्। प्राथमिकघटत्व-
विशिष्टज्ञानात्पूर्वम्। अज्ञानादिति। तथाच विशेषणज्ञानं विना न तस्य
विशिष्टज्ञानत्वमिति भावः। अतइति। विशेषणज्ञानाभावेन तस्यविशि-
ष्टज्ञान*त्वाभावादित्यर्थः। तदिति। घटत्वविषयकं ज्ञानमित्यर्थः। ननु वैशि-
ष्ट्यानवगाहिघटत्वविषयकज्ञानसिद्धावपि न निर्विकल्पकसिद्धिरित्यत आह।
तदेवचेति। अनन्यथासिद्धपूर्ववर्त्तिनएव कारणत्वाज्जन्मान्तरीयघटत्वविशिष्ट-
ज्ञानस्य पूर्ववर्तित्वादेव कारणत्वमस्त्वित्याशङ्कते। नचेति। अव्यवहितेति। न-
हि पूर्ववृत्तित्वमात्रं कारणत्वघटकमपित्वव्यवहितपूर्ववृत्तित्वं तच्च न तत्रेति-
भावः। कार्यमात्रं प्रति ज्ञानत्वेन हेतुत्वादीश्वरीयज्ञानस्यैव हेतुत्वमस्त्वि-
त्याशङ्कते। नचेति। तज्जनकं। घटत्वविविशिष्टज्ञानजनकं। सामानाधि-
करण्येति। एकस्य दण्डज्ञाने पुरुषान्तरस्य दण्डविशिष्टज्ञानवारणाय सम-
वायसम्बन्धेन तद्विशिष्टबुद्धिं प्रति समवायसम्बन्धेन तद्विशेषणज्ञानस्य
हेतुत्वमिति सामानाधिकरण्यप्रत्यासत्या तस्य हेतुत्वेन भगवज्ज्ञानस्य न
हेतुत्वमिति भावः। व्याधिकरणत्वात्। अस्मदीयघटत्वविशिष्टज्ञानव्यधिकर-
णत्वात्। तत्रकारणमिति। घटत्वविशिष्टानुभवे कारणमित्यर्थः। तदेव।

---

* सप्रकारकत्वाभावादिति भावइत्यपि पाठान्तरम्॥

घटत्वज्ञानं तज्जनकं सामानाधिकरण्यप्रत्यासत्त्या तस्य हेतुत्वात् । भागवतज्ञानस्य च वैयधिकरण्यात् । नन्वस्तु घटत्वविशिष्टस्मरणमेव तत्र कारणम् । नच विशेषणज्ञानं विना तदेव विशिष्टज्ञानं कथमिति वाच्यम् । विशिष्टानुभवे हि विशेषणज्ञानं कारणं । नतु स्मरणेपि तेन विनापि तदुपपत्तेः । अन्यथा ऽनवस्थानात् ॥

अस्तु वा निर्विकल्पकं घटत्वस्मरणमिति चेन्न अपूर्वं चैत्रत्वादिविशिष्टबुद्धौ तदसम्भवात् नहि चैत्रत्वादिकं पूर्वं-

---

स्मरणात्मकविशिष्टज्ञानमेव । पूर्वानुभवस्य समावायसम्बन्धेन स्मरणपूर्वमसत्त्वाद्विशिष्टज्ञानत्वस्य विशेषणज्ञानकार्यतानवच्छेदकत्वेन विशिष्टानुभवत्वमेव कार्यतावच्छेदकं वाच्यमित्याह । विशिष्टानुभवे हीत्यादिना । नतु स्मरणेपि । नतु विशिष्टस्मरणेपि । तेन विना । विशेषणज्ञानेन विना । तदुपपत्तेरिति । विशिष्टस्मरणोपपत्तेरित्यर्थः । कदाचिदपि दण्डज्ञानासत्त्वे संस्काराभावेनैव दण्डविशिष्टस्मरणाभावात्तत्र विशेषणज्ञानहेतुत्वस्य निरर्थकत्वात्पूर्वानुभवस्य विनष्टत्वाद्विशेषणज्ञानस्य स्मरणजनकत्वासम्भवाच्चेति भावः । ननु पूर्वानुभवस्य नष्टत्वाद्विशेषणज्ञानस्य स्मरणजनकत्वासम्भवेपि विशिष्टस्मरणमेवस्मरणात् पूर्वंकल्पनीयमित्यत आह । अन्यथेति । अन्यथा विशिष्टस्मरणं प्रत्यपि विशेषणज्ञानस्य हेतुत्वे पूर्वमनुभवस्यासत्वात्तज्जनकमपिस्मरणमेव वाच्यमेवन्तत्रापि स्मरणान्तरमित्यनवस्थेत्यर्थः ॥

नन्वनुभवत्वजातौ मानाभावेन स्मृत्यन्यज्ञानत्वरूपस्य तस्य निवेशे गौरवाद्विशिष्टज्ञानमात्रे विशेषणज्ञानस्य हेतुत्वेन विशिष्टस्मरणं प्रत्यपि विशेषणज्ञानं हेतुः नचानवस्था तत्पूर्वंनिर्विकल्पकात्मकस्मृतेरेवोपगमात् नच ममापि घटत्वविशिष्टानुभवपूर्वं घटत्वविशिष्टस्मरणस्य तत्पूर्वंच घटत्वनिर्विकल्पकस्मरणस्य कल्पनेन न दोषइति वाच्यम् तत्पूर्वं ज्ञानद्वयकल्पने गौरवात् तदपेक्ष्य घटत्वनिर्विकल्पकानुभवस्यैव स्वीकर्त्तुमुचितत्वादित्यत आह । अस्तुवेति । तथासति ममापि घटत्वविशिष्टानुभवपूर्वं घटत्वनिर्विकल्पकस्मरणमेव कल्प्यतइति न ज्ञानद्वयकल्पने गौरवमिति भावः नच निर्विकल्पकात्मकस्मृतिस्वीकारान्निर्विकल्पकात्मकं ज्ञानं सिद्धमेवेति ऽविवादइति वाच्यम् तथा-

मनुभूतं यतःस्मरेत् । नचानुभवं विनैव तस्य स्मरणं । तस्य तद्धेतुत्वात् ॥

पि निर्विकल्पकानुभवस्यासिद्धत्वादिति । ननु निर्विकल्पकात्मकस्मरणमेवानुपपन्नम् तद्विशेष्यकतत्प्रकारकस्मृतिं प्रति तद्विशेष्यकतत्प्रकारकसंस्कारत्वेन हेतुत्वाज्जायमानं सप्रकारकमेव स्यान्नतु निष्प्रकारकमिति चेत् तद्विषयकस्मृतिं प्रति तद्विषयकसंस्कारत्वेनापि सामान्यकार्यकारणभावकल्पनाद्विशेषणज्ञानं विनाजायमानं ज्ञानं निर्विकल्पकमेव जायतइति दिक् । ननु सर्वत्र विशिष्टानुभवपूर्वं विशिष्टस्मरणस्य निर्विकल्पकात्मकस्मरणस्य वा हेतुत्वकल्पने तत्स्मरणे ऽनुभवः कारणं तदनुभवे च स्मरणान्तरमित्यनवस्था किञ्चपूर्वाननुभूतपदार्थस्य आद्यानुभवे स्मरणमेव कारणं वाच्यम् तच्च न सम्भवति तज्जनकानुभवाभावात् जन्मान्तरीयानुभवबलादेव स्मरणोपगमे च जन्मान्तरानुभूतानां घटादिपदार्थानामपि स्मृतिप्रसङ्गादिति चेन्न आद्यानुभवजनकस्मरणस्य जन्मान्तरीयानुभवादेवानायत्या अदृष्टविशेषरूपोद्बोधकसहकृतादुपपत्तेः नच पटादिस्मृतिप्रसङ्गः तत्र फलोत्पत्तेरभावेनादृष्टस्योद्बोधकत्वाकल्पनात् अनवस्थायाश्च प्रामाणिकत्वेनादुष्टत्वादिति न किञ्चिदेतत् । तदसम्भवात् । स्मरणासम्भवात् । नन्वदृष्टविशेषरूपोद्बोधकवशाज्जन्मान्तरानुभूतचैत्रत्वादिकमपिर्य्यस्मतामित्यतआह । नहीति । पूर्वमिति । जन्मान्तरइत्यर्थः । अनभूतमिति । चैत्रत्वादिजातेस्तत्तच्छरीरवृत्तित्वेन चैत्रशरीरस्य च जन्मान्तरेऽभावेन तद्वृत्तिचैत्रत्वादेर्ग्राहकाभावादनुभवासम्भवेन नस्मृतिसम्भवः तत्स्मरणस्य तदनुभवपूर्वकत्वनियमादितिभावः । नन्वप्रयोजकोयं नियमोनादरणीयइत्यतआह । नचेति । तस्य । अनुभवस्य । तद्धेतुत्वात् । स्मरणहेतुत्वात् । तथाच स्मृतित्वावच्छिन्नं प्रत्यनुभवस्य हेतुतया न तादृशनियमस्याप्रयोजकत्वमिति भावः नचेदृशकार्यकारणभावेमानाभावइति वाच्यम् तथासति कदाचिदननुभूतस्यानुभूतस्य वा तदंशे उपेक्षात्मकज्ञानविषयस्य स्मरणापत्तेरुपेक्षान्यज्ञानत्वेन तद्धेतुताया आवश्यकत्वात् नच संस्काराभावान्नियमापत्तिरिति वाच्यम् । संस्काररूपव्यापारद्वारातस्यापि हेतुत्वात् व्यापारेण व्यापारिणोऽन्यथासिद्ध्यभावेन संस्कारेणानुभवान्यथासिद्धेरसम्भवात् उपजीव्यविरोधाच्च तथाहि आशुविनाशिनः कालान्तरभाविफलं प्रति कारणत्वं व्यापारं विनाऽनुपपन्नमित्यनुपपत्तिज्ञानाच्चिरध्वस्तानुभवस्य कालान्तरीयस्मृतिहेतुत्वोपपत्त्यर्थं व्यापारे कल्पनीये संस्कारएव व्यापारः कल्प्यतइत्यनुभ-

किञ्च यत्र घटत्वं न स्मृतं तत्र विशिष्टज्ञानसामग्र्यभावा-द्घटघटत्वयोः साक्षात्कारसामग्रीतः साक्षात्कारोत्पत्तौ

तस्य कारणत्वमुपजीव्यैव संस्कारसिद्धिरिति । ननु तर्हि क्लृप्तत्वादनुभवध्वंसस्य व्यापारत्वमास्तां कृतं क्लृप्तसंस्कारकल्पनेन नच कारणीभूताभावप्रतियोगित्वस्यैव प्रतिबन्धकत्वपदार्थत्वात्स्मृतिकारणीभूतानुभवध्वंसप्रतियोगित्वस्यानुभवे सत्त्वात्तत्प्रतिबन्धकत्वापत्त्या न तस्य तद्धेतुत्वमिति वाच्यम् प्रतिबन्धकसंसर्गाभावत्वेनैव कार्यमात्रे हेतुतया संसर्गाभावत्वावच्छिन्नकारणताया एव प्रतिबन्धकत्वशरीरघटकत्वात् स्वावच्छिन्नप्रतियोगिताकत्वसम्बन्धेन संसर्गाभावत्वावच्छिन्न कारणतावच्छेदकीभूतधर्मवत्त्वस्यैव प्रतिबन्धकत्वपदार्थत्वात् तद्धर्मावच्छिन्नकार्यतानिरूपितसंसर्गाभावत्वावच्छिन्नकारणतानिरूपितस्वावच्छिन्नप्रतियोगिताकत्वसम्बन्धावच्छिन्नावच्छेदकताश्रयधर्मवत्त्वस्य तद्धर्मावच्छिन्नप्रतिबन्धकत्वपदार्थत्वादितिनिष्कर्षः तथा चानुभवध्वंसस्य ध्वंसत्वेन कारणतयाऽभावत्वेनाकारणत्वान्न प्रतिबन्धकत्वापत्तिरिति चेत् तर्हि सर्वांशेउपेक्षात्मकज्ञानादपि स्मरणापत्तेः अस्मन्मते चोपेक्षान्यज्ञानत्वेन संस्कारहेतुतया तदभावादेवास्मरणात् नच स्मरणं प्रत्येव तेन रूपेण हेतुत्वमस्तु कृतं मन्तर्गडुना संस्कारेणेति वाच्यम् उपेक्षात्वस्यैकस्याभावेन तत्तद्व्यक्तित्वावच्छिन्नप्रतियोगिताकभेदकूटस्यैव निवेशनीयतया स्मृतिजनकतायां सर्वांशेउपेक्षाभेदानामांशिकोपेक्षाभेदानामिकत्र निवेशप्रसङ्गेन तेषां मिथो विशेषणविशेष्यभावे विनिगमनाविरहेण कार्यकारणभावानन्त्यप्रसङ्गात् मन्मते च संस्कारजनकतावच्छेदककोटौ सर्वांशेउपेक्षाभेदानामांशिकोपेक्षाभेदानां च स्मृतिजनकतावच्छेदककोटौ निवेशनेऽत्र तेषामनिवेशाल्लाघवमखण्डितमेवेति संस्कार सिद्धेरावश्यकत्वादिति सूक्तं पल्लवितेन ॥

ननु प्रमेयवानित्यनुभवे प्रमेयत्वेन चैत्रत्वविशिष्टस्यापि पूर्वमनुभूतत्वाददृष्टविशेषस्य च प्रमेयत्वांशे उद्बोधकत्वाकल्पनेन केवलं चैत्रत्वविशिष्टस्मरणोपपत्तिः तदंशेऽन्याप्रकारकतत्प्रकारकस्मृतिं प्रति तदंशेऽन्याप्रकारकत्वेन तु नानुभवस्य हेतुत्व जातिमानित्यनुभवोत्तरं सवटइतिस्मरणापत्तेश्च । जातित्वांशे उद्बोधकत्वाभावस्य कल्पनेनैव वारणात् उद्बोधकलाभालाभयोः फलोन्नेयत्वादिति अनयैव च दिशा श्रदृष्टदशरथादिमनः पदादिशक्तिग्रहोपीत्यत आह । किंचेति । नस्मृतमिति । उद्बोधकविरहादिति शेषः । विशिष्टज्ञानसामग्र्यभावात् । घटत्वज्ञानरूपघटत्वप्रकारकज्ञानसामग्र्यभावात् । सा-

न किञ्चिद्बाधकमस्ति। तदेवास्माकन्निर्विकल्पकमिति सङ्क्षेपः॥ ननु विशेषणज्ञानस्य हेतुतासिद्धौ सर्वमेतदेवं स्यात्तन्नैव तुमानन्नपश्यामइति चेन्न ॥ अन्वयव्यतिरेकाभ्यान्तदवधारणात् विस्तरस्तुमणिमरीच्यादावनुसन्धेयः ॥ वैशिष्ट्यावगाहि-

क्षात्कारसामग्रीतः । चक्षुःसंयोगचक्षुःसंयुक्तसमवायरूपचाक्षुषप्रत्यक्षसामग्रीतः । साक्षात्कारोत्पत्तौ । चाक्षुषप्रत्यक्षोत्पत्तौ । नन्वेतावतासाक्षात्कारोत्पत्तावपि न निर्विकल्पकसिद्धिरित्यतआह । तदेवचेति । घटत्वज्ञानशून्यकाले जायमानं प्रत्यक्षमेवेत्यर्थः । अस्माकन्नैयायिकानां । निर्विकल्पकमिति । तथाच घटत्वज्ञानाभावाज्जायमानं घटत्वज्ञानन्निष्प्रकारकमेव भविष्यतीति सिद्धन्निर्विकल्पकात्मकं ज्ञानमितिभावः ॥

ननु रक्तो दण्डोनवेति संशये रक्तत्वविशिष्टदण्डवैशिष्ट्यावगाहिज्ञानानुदयाद्विशिष्टवैशिष्ट्यावगाहिबुद्धिं प्रति विशेषणतावच्छेदकप्रकारकनिर्णयत्वेन हेतुतायाआवश्यकत्वात्तत एव दण्डज्ञानशून्यकाले दण्डविशिष्टपुरुषज्ञानानुत्पत्तिनिर्वाहेऽलंविशिष्टबुद्धिं प्रति विशेषणज्ञानस्य हेतुतया नच विशिष्टस्य वैशिष्ट्यमिति, न्यायेन विषयता*शालिबुद्धिं प्रत्येव विशेषणतावच्छेदकप्रकारकनिर्णयस्य हेतुत्वेन दण्डज्ञानशून्यकाले विशेष्ये विशेषणन्तत्रापि विशेषणान्तरमिति, न्यायेन दण्डविशिष्टज्ञानापत्तिवारणाय तद्धेतुत्वमावश्यकमिति वाच्यम् तथापि तद्धेतोरेवेति न्यायेन, विशेषणविशेष्येन्द्रियसन्निकर्षादेव विशिष्टप्रत्यक्षोपपत्तेः अनुमित्यादौ तु परामर्शादेरेव नियामकइत्याशयेन मीमांसकआशङ्कते। नन्विति। हेतुतासिद्धौ। विशिष्टज्ञानं प्रति हेतुतासिद्धौ। सर्वमेतत्। निर्विकल्पकादिसाधनम्। एवं स्यात्। पूर्वोक्तन्यायेन सयुक्तिकं स्यात्। तन्नैवचेति। विशेषणज्ञानस्य विशिष्टज्ञानहेतुत्वएवचेत्यर्थः। मानमिति। विशेषणविशेष्येन्द्रियसन्निकर्षादेव तदुपपत्तेस्तत्र प्रमाणाभावइत्यर्थः । प्रमाणाभावस्य च प्रमेयाभावव्याप्यत्वादिति भावः । अन्वयव्यतिरेकाभ्यामिति । विशेषणज्ञानसत्त्वे विशिष्टज्ञानं विशेषणज्ञानाभावे विशिष्टज्ञानाभावइत्येवंरूपान्वयव्यतिरेकाभ्यामित्यर्थः। तदवधारणात्। विशेषणज्ञानस्य विशिष्टबुद्धिहेतुत्वावधारणात् । यथान्वयव्यतिरेकाभ्यां दण्डे घटकारणत्वग्रहस्तथा प्रकृतेपीति भावः। ननु न केवलमन्वयव्यतिरेकावेव कारणताग्राहकावतिप्रस-

* विशिष्ट ज्ञानीय विषयताशालि बुद्धिं प्रतीत्यर्थस्तेन निर्विकल्पकेतुरीयविषयतासत्त्वेपिनदोष इतिभावः ॥

सप्रकारकं, वा ज्ञानं सविकल्पकम्॥ प्रकारतायाश्चकुटद्रू-त्यादिज्ञाने विशेषणस्य घटत्वादेर्विशेषणत्वापरनामाविष-

---

ज्ञादपित्वनन्यथासिद्धान्वयव्यतिरेकावेव प्रकृते च विशेषणविशेष्येन्द्रियसन्निकर्षेण विशेषणज्ञानस्यान्यथासिद्धत्वान्न तथाविधयोस्तयोस्सम्भवइत्यत आह। विस्तरस्त्विति। अनुसन्धेयइति। कदाचिद्घटइति स्वरूपतोघटत्वप्रकारकज्ञानस्य, कदाचिच्च जातिमानिति जातित्वरूपेणघटत्वप्रकारकज्ञानस्योत्पत्तिरिति नियमनिर्वाहाय स्वरूपतोघटत्वविशिष्टबुद्धिं प्रति स्वरूपतोघटत्वज्ञानत्वेन, जातित्वेन घटत्वविशिष्टबुद्धिं प्रति च जातित्वेन, घटत्वज्ञानस्य हेतुतायाआवश्यकतया विशेषणज्ञानस्यहेतुतासिद्धिः। अथ घटत्वज्ञानसत्त्वेपि कदाचिदयङ्घटइत्याकारकघटत्वप्रकारकज्ञानस्य कदाचित्वाचघटत्वमित्याकारकघटत्वविशेष्यकज्ञानस्योत्पत्त्या तन्निर्वाहायानायत्त्यातत्तज्ज्ञानेऽदृष्टविशेषस्यैव नियामकत्वकल्पनमावश्यकं तथाच प्रकृतेप्यदृष्टविशेषेणैव तथाविधकादाचित्कज्ञानद्वयोपपत्तेरलं विशेषणज्ञानस्य हेतुतयेति चेन्मैवं तत्र गत्यन्तराभावेनादृष्टस्य नियामकत्वकल्पनेपि प्रकृते दर्शितरीत्या गतिसम्भवेऽदृष्टविशेषस्यैव नियामकत्वकल्पनाया अन्याय्यत्वात् एकत्रादृष्टस्य नियामकत्वकल्पनादन्यत्रापि तस्यैवनियामकत्वकल्पने कार्यकारण भावमात्रोच्छेदापत्तेरिति। ननु तथापि स्वरूपतो घटत्वविशिष्टबुद्धित्वं नाम घटत्वांशेऽन्याप्रकारकघटत्वप्रकारकबुद्धित्वं तत्र जातित्वादिभासकसामग्रीसत्त्वे जामानं ज्ञानं घटत्वांशेऽन्यप्रकारकमेवोत्पद्यते तदंशे जातित्वादिभासकसामग्र्यसत्त्वे च घटत्वांशेऽन्याप्रकारकमेव जायतइति तादृशधर्मस्य नीलेतरघटत्वादिवदार्थसमाजग्रस्तत्वेन जन्यतानवच्छेदकत्वात्कथं तादृशज्ञानं प्रति स्वरूपतो घटत्वज्ञानस्य हेतुत्वङ्कल्पयित्वा विशेषणज्ञानस्य हेतुत्वसिद्धिरिति चेन्न। जातित्वभासकसामग्रीसत्त्वेऽपि जातिमान् घटइति स्वरूपतोघटत्वविशिष्टबुद्ध्युदयाद्घटत्वांशे निरवच्छिन्नप्रकारताशालिबुद्धित्वमेव स्वरूपतो घटत्वविशिष्टबुद्धित्वं तदवच्छिन्नंप्रति च स्वरूपतोघटत्वज्ञानस्यहेतुत्वं कल्पनंविना आपत्तिवारणासम्भवादिति। ननु नितरव्यावर्त्तनाय जन्यविशिष्टज्ञानत्वमेव विशेषणज्ञानकार्यतावच्छेदकं वाच्यं तत्र जनातं ध्वंसप्रतियोगित्वं प्रागभावप्रतियोगित्वं वा कालिकसम्बन्धेन घटादिमत्त्वं वेतरत्र विनिगमनाविरहइति चेन्न नितरवृत्तिधर्मस्यापि कार्यतावच्छेदकत्वे क्षतिविरहात्। अथैवं कारणतानु-

पपत्तिः कारणत्वं हि कार्याव्यवहितपूर्वक्षणावच्छेदेन कार्याधिकरणदेशनिष्ठाभावप्रतियोगितानवच्छेदकधर्मवत्त्वं तच्च घटाधिकरणकपाले यत्किञ्चिद्घटाव्यवहितपूर्वक्षणावच्छेदेन दण्डाभावसत्त्वात्कारणत्वानुपपत्तिरिति तत्तत्कार्याव्यवहितपूर्वक्षणावच्छेदेन तत्तत्कार्याधिकरणवृत्त्यभावप्रतियोगितानवच्छेदकधर्मवत्त्वं वाच्यं तथा सति घटत्वावच्छिन्नं प्रति रासभत्वेनापि कारणत्वप्रसङ्गः यत्किञ्चिद्घटाव्यवहितपूर्वक्षणावच्छेदेन कपाले तस्य सत्त्वात् तथा च कार्यतावच्छेदकावच्छिन्नयावद्व्यक्तीस्तत्तद्व्यक्तित्वेन धृत्वा तत्तत्कार्याव्यवहितपूर्वक्षणावच्छेदेन तत्तत्कार्याधिकरणवृत्त्यभावेतरत्व वाच्यम् एवं च नित्यवृत्तिधर्मस्य कार्यतावच्छेदकत्वे कार्यतावच्छेदकावच्छिन्नयावन्मध्ये नित्यव्यक्तेरपि प्रविष्टतया तदव्यवहितपूर्वक्षणाप्रसिद्धेरिति चेन्न कार्यकारणभेदेन कारणताया भिन्नतया प्रकृते नित्यव्यक्त्यतिरिक्तव्यक्तीनामेव तत्तद्व्यक्तित्वेनोपादानात्तत्साधारणरूपेण कार्यत्वेऽपि कारणत्वे बाधकाभावात् एवं समवायकालिकविशेषणतोभयसम्बन्धेन विशिष्टज्ञानत्ववत्त्वस्य कार्यतावच्छेदकत्वेन नित्यसाधारण्याभावाच्च वस्तुतस्तु जन्यप्रत्यक्षमात्रवृत्तिवैजात्यं स्वीकृत्य विजातीयविशिष्टज्ञानत्वस्यैव तत्कार्यतावच्छेदकत्वाच्चाक्षुषत्वादिना सङ्करभयाच्च निर्विकल्पकेऽपि तद्वैजात्यस्वीकारः अतएव जन्यधीजन्यमात्रवृत्त्येतादृशवैजात्यशून्यत्वाभावाज्जन्यसाक्षात्कारे प्रागुक्तसाक्षात्कारलक्षणस्याव्याप्तिरितिपरास्तम् तस्य निर्विकल्पकसाधारण्येन जन्यधीजन्यमात्रवृत्तित्वाभावात् मानसावृत्तित्वाभावाच्च तल्लक्षणे मानसावृत्तित्वेन जातेर्विशेषणीयत्वादित्युक्तत्वादितिदिक् ॥

निर्विकल्पकन्निरूप्य क्रमप्राप्तं सविकल्पकन्निरूपयति । वैशिष्ट्यावगाहीति । सम्बन्धविषयकमित्यर्थः । नन्विन्द्रियसम्बद्धविशेषणतारूपकारणताबलान्निर्विकल्पकेऽपि सम्बन्धभाने बाधकाभावात्तस्यापि वैशिष्ट्यावगाहित्वमस्तीत्यति व्याप्तिरित्यस्वरसादाह । सप्रकारकं चेति । किञ्चिन्निष्ठप्रकारताशालीत्यर्थः । निर्विकल्पके च प्रकारतया घटत्वादेरभानान्न तत्रातिव्याप्तिरितिभावः वस्तुतस्तु वैशिष्ट्यावगाहीत्यस्य संसर्गमर्यादया वैशिष्ट्यावगाहीत्यर्थः किञ्चिन्निष्ठसांसर्गिकविषयताशालित्वमितिपर्यवसितोऽर्थः । ननु किञ्चिन्निष्ठप्रकारताशालित्वमित्यपि वक्तुं शक्यत एवेति तत्कुतो नोक्तमित्यत इष्टापत्त्या तथैवाह । सप्रकारकमिति । इदमुपलक्षणम् किञ्चिन्निष्ठविशेष्यताशालित्वमित्यपि तत्त्वमिति बोध्यम् । ननु सप्रकारकमित्यत्र प्रकारत्वनिवेशात्किन्तत्प्रकारत्वमित्यतस्तन्निरूपयति । प्रकारता चेति । ज्ञान-

यताविशेषः विषयता च विषयाकारप्रतीतिसाक्षिकः स्व-रूपसम्बन्धविशेषः ॥

पदार्थान्तरमित्येकदेशिनः ॥

इति । निरूपितत्वं सप्तम्यर्थः । घटत्वादेरिति । निष्ठत्वं षष्ठ्यर्थः । ज्ञाननिरूपितो घटत्वनिष्ठो विषयता विशेष इत्यर्थः । विषयताविशेष इति । विशेष्यताख्यविषयताप्रकारताख्यविषयतासांसर्गिकविषयतारूपत्रिविधविषयताभेद इत्यर्थः । ननु किन्तद्विषयत्वमत आह । विषयता चेति । विषयेति । घटो ज्ञानविषय इत्यनुगतप्रतीतिसाक्षिक इत्यर्थः । स्वरूपसम्बन्धविशेष इति । ज्ञानविषयरूपस्वरूपसम्बन्ध इत्यर्थः ॥

ननु विषयतायाः स्वरूपसम्बन्धत्वाङ्गीकर्तृप्राचीनमते तस्या ज्ञानस्वरूपत्वं विषयस्वरूपत्वं वा न तावदाद्यः ज्ञानरूपघटभूतलवृत्तिविषयतयोरैक्येन घटवद्भूतलमिति ज्ञानोत्तरं घटनिष्ठप्रकारतानिरूपितभूतलनिष्ठविशेष्यताशालिज्ञानवानहमित्याद्यनुव्यवसायवद्भूतलनिष्ठप्रकारतानिरूपितघटनिष्ठविशेष्यताशालिज्ञानवानहमित्याद्यनुव्यवसायापत्तेः घटपटाविति समूहालम्बनज्ञानस्य भ्रमत्वापत्तेश्च तज्ज्ञानस्यैक्येन तत्स्वरूपघटपटादिविषयताया अप्यभेदेन घटत्वाभाववन्निष्ठविशेष्यतानिरूपितघटत्वनिष्ठप्रकारताशालिज्ञानत्वरूपभ्रमत्वस्य तत्र सत्त्वात् । न द्वितीयः घटभूतलसंयोगाः घटवद्भूतलमिति समूहालम्बनविशिष्टबुद्ध्योर्विषयाणामैक्येन विषयकृतवैलक्षण्याभावाद्विषयताकृतमेव वैलक्षण्यं वाच्यं तच्च विषयताया विषयस्वरूपत्वेन तत्स्वरूपाणां तासामपि वैलक्षण्याभावात्समूहालम्बनविशिष्टबुद्ध्योर्वैलक्षण्यानुपपत्तिर्जागरूकैव न च समूहालम्बनाविषयस्य घटप्रतियोगिकत्वभूतलानुयोगिकत्वरूपसम्बन्धसम्बन्धस्यापि विशिष्टबुद्धिविषयत्वान्न लक्षण्यानुपपत्तिरिति वाच्यम् । घटभूतलसंयोगप्रतियोगित्वानुयोगित्वानीतसम्बन्धसम्बन्धविषयकस्यापि समूहालम्बनस्य सम्भवात् न च समूहालम्बने संयोगत्वेन संयोगभानान्नानुपपत्तिरिति वाच्यम् घटवद्भूतलं संयोगश्चेति विशिष्टज्ञानस्य तादृशसमूहालम्बनाद्वैलक्षण्यानुपपत्तेरिति तस्याः स्वरूपसम्बन्धरूपत्वं दुर्वचमित्यत आह । पदार्थान्तरमिति । तथा चातिरिक्ताया विषयताया विषयभेदेन भिन्नतया न पूर्वोक्तानुपपत्तिरिति भावः । केचित्तु । स्वरू-

भट्टास्तु ज्ञातोघटइतिप्रतीतेर्ज्ञानजन्यो विषयनिष्ठः प्राकट्यापरनामा पदार्थो ज्ञातता सैव च विषयता ज्ञानविषययोः सम्बन्धस्वरूपा युक्तञ्चैतत् कथमन्यथा ज्ञानकर्मत्वं घटादेः क्रियाजन्यफलशालित्वाभावादित्याहुः ॥ तन्न ॥ विनष्टे घटे ज्ञातोघटइतिप्रतीतेः । नहि तत्र ज्ञानं किञ्चिज्जनयितुं शक्नोति तस्यैवासत्त्वात् न च समवायिकारणं विना भावका-

---

पसम्बन्धरूपाया विषयताया अननुगमेनानुगतप्रत्ययानुपपत्तिरित्यत आह । पदार्थान्तरमित्याहुः । तदसत् । तस्यातिरिक्तत्वेऽपि तत्तद्विषयभेदेन भिन्नतयाऽनुगतप्रत्ययानुपपत्तितादवस्थ्यात् न चानुगतप्रत्ययानुपपत्तिः कथं वारणीयेति वाच्यम् विषयतात्वमेकमङ्गीकृत्येत्यवेहि अतएव घटत्वविशिष्टबुद्धिं प्रति घटत्वविषयकज्ञानत्वेन हेतुतायां विषयतायाः प्रकारताविशेष्यतादिभेदेन भिन्नतया एकस्याः निविशेऽन्यविधविषयताशालिज्ञानाद्विशिष्टबुद्ध्यनुत्पत्त्यापत्तिरपि निरस्ता । तत्र विषयतात्वेन प्रकारताविशेष्यतयोरनुगमेनानुपपत्त्यभावादित्यास्तां विस्तरः ॥

घटं जानातीत्यादौ ज्ञानजन्यं घटनिष्ठं ज्ञातताख्यं पदार्थान्तरमङ्गीकार्यम् अन्यथा घटस्य कर्मत्वानुपपत्तेः क्रियाजन्यफलशालित्वस्यैव कर्मत्वरूपत्वात् तत्र च ज्ञानं, निमित्तकारणं, समवायिकारणञ्च, घटस्तदेव च विषयत्वमिति निष्कृष्टभट्टमतमादर्शयति । भट्टास्त्विति । ज्ञानजन्यः । निमित्तकारणविधया ज्ञानजन्यः । विषयनिष्ठइति । समवायेन विषयवृत्तिरित्यर्थः । सैव च । ज्ञाततैव च । सम्बन्धस्वरूपेति । अतिरिक्तसम्बन्धस्वरूपेत्यर्थः । युक्तं । सयुक्तिकम् । एतत् । ज्ञानजन्यविषयनिष्ठज्ञाततारूपपदार्थान्तराङ्गीकरणम् । अन्यथेति । ज्ञानजन्यविषयनिष्ठज्ञाततारूपपदार्थान्तरानङ्गीकारे इत्यर्थः । ज्ञानकर्मत्वमिति । घटं जानातीत्यादौ घटादेः क्रियाजन्यफलशालित्वरूपकर्मत्वमित्यर्थः । क्रियेति । ज्ञानरूपधात्वर्थजन्यफलवत्त्वाभावादित्यर्थः । विनष्टइति । घटस्य नष्टत्वेन तत्र ज्ञानजन्यज्ञाततायाः असम्भवादिति भावः । तदेवोपपादयति । नहीति । तत्र । विनष्टे घटे । तस्यैव । घटस्यैव । असत्त्वात् । नष्टत्वात् । ननु यथा मनसा नष्टे घटेऽपि विषयतासम्बन्धेन ज्ञानमुत्पद्यते तथा ज्ञानेनापि तत्र तदुत्पादने बाधकाभाव इत्यत आह । नचेति । समवायिकारणस्य कार्यसहभावेन हेतुत्वाद् घटनाशेन तदुत्पत्तिसम्भवः अन्यथा समवायिकारणनाशस्य समवेत-

र्यौत्पत्तिः सम्भवति तच्च स्वरूपसम्बन्धएव प्रतीतेर्विषयइति-
चेदन्यत्रापि सएवास्तु कृतमधिकेन कर्मविभक्तेरपि तद्वदे-
वोपपत्तेरिति सङ्क्षेपः ॥

अन्ये तु भासमानवैशिष्ट्यप्रतियोगित्वं प्रकारत्वम् अयंच

नाशे हेतुत्वाज्ज्ञाततोत्पत्तिद्वितीयक्षणएव तस्यानाशापत्त्याचाक्षणिकत्वप्रसङ्ग-
इति भावः। ननुतत्र विषयतायाज्ञाततारूपत्वाभावेपि स्वरूपसम्बन्धरूप-
त्वमेवास्तामितशङ्कते । तत्रेत्यादिना । तत्र । नष्टघटस्थले । प्रतीतेः ।
ज्ञातोघटइति प्रतीतेः । अन्यत्रापीति । विद्यमानघटस्थलेपीत्यर्थः । सए-
वास्त्विति । स्वरूपसम्बन्धएवविषयोस्त्वित्यर्थः । अधिकेनेति । स्वरूपसम्ब-
न्धातिरिक्तज्ञाततारूपविषयत्वस्वीकारेणेत्यर्थः । ननुसर्वत्र स्वरूपसम्बन्धस्य
विषयत्वरूपत्वे तस्य ज्ञानजन्यत्वाभावाद्घटस्य क्रियाजन्यफलशालित्व-
रूपमुख्यकर्मत्वाभावेन(कर्मणिद्वितीयेति) सूत्रेण घटंजानातीत्यादौघटपदो-
त्तरं द्वितीयाविभक्त्यनुपपत्तिरित्यतआह । कर्मविभक्तेरपीति । द्विती-
याविभक्तेरपीत्यर्थः । तद्वदेव । नष्टघटस्थलवदेव । तथाचत्वयानष्टघट
स्थलेघटपदोत्तरंद्वितीयोपपत्त्यर्थंगौणमुख्यसाधारणकर्मत्वविशिष्टपरत्वं (क-
र्मणि द्वितीयेति) सूत्रस्थकर्मपदस्यावश्यमङ्गीकार्यं ममापि च तेनैव विद्य-
मानघटस्थलेपिघटपदोत्तरंद्वितीयोपपत्तिरितिभावः । एवंचक्रियाजन्यफलशा
लित्वरूपमुख्यकर्मत्वाभावेपि सविषयवाचकधातुसमभिव्याहारस्थले वि-
षयत्वरूपगौणमेव कर्मत्वमिति नानुपपत्तिरिति हृदयम् । ननु तन्मतेऽभा-
वोज्ञातइति प्रतीत्या अभावेपि ज्ञाततायाअवश्यमङ्गीकारात्समवायि-
कारणं विना भावकार्योत्पत्त्यसम्भवइति न नियमस्तथाच नष्टघटस्थलेपि
नानुपपत्तिरित्यत आह । सङ्क्षेपइति । समवायस्यातिरिक्तस्य तैरनङ्गी-
काराद्विलक्षणस्वरूपसम्बन्धेन तस्याश्रयत्वमेव समवायिकारणत्वम् एवंच वि-
लक्षणस्वरूपसम्बन्धेन स्वाश्रयं विना स्वस्यानुत्पत्तिरित्येव नियमः अभावस्थले
च विलक्षणस्वरूपसम्बन्धेन स्वाश्रयत्वमभावस्याङ्गीक्रियते । विलक्षणस्वरूप-
सम्बन्धेन स्वाश्रयघटस्यासत्त्वाच्च नष्टघटस्थलेऽनुपपत्तिर्जागरूकैवेति भावः
स्वमतावष्टम्भेनेदन्दूषणमित्यपि केचित् । वस्तुतस्तु गौणकर्मत्वेनाप्युपपत्ते-
रतिरिक्तज्ञाततायां प्रमाणाभावान्न तद्रूपत्वंविषयतायाइत्येव दूषणं सा-
रम् ।

प्रकारतानविषयताविशेषः किन्तुप्रतियोगित्वमेवेत्यङ्गीकर्तॄणां केषांचिन्म-
तमाह । अन्येत्वित्यादिना । भासमानं यद्वैशिष्ट्यं सम्बन्धस्तत्प्रति-

इत्यत्र हि घटत्वस्य वैशिष्ट्यम्भासते तत्प्रतियोगि च घटत्वमित्याहुस्तन्न । दण्डपुरुषसंयोगादिति समूहालम्बने दण्डी पुरुष इतिवद्दण्डस्य प्रकारतापत्तेः संयोगोऽपि दण्डस्य वैशिष्ट्यम्भासते तत्प्रतियोगी च दण्ड इति दिक् ॥

तच्च प्रत्यक्षमिन्द्रियात्मकं द्वेधा द्रव्यग्राहकन्तदग्राहकञ्च द्र-

---

योगित्वमित्यर्थः । पुरुषे दण्ड इति ज्ञानेऽपि दण्डस्य प्रकारतापत्तिः संयोगप्रतियोगित्वस्य दण्डे सत्त्वादतो भासमानेति तज्ज्ञाने च दण्डप्रतियोगिकसंयोगाभानान्नातिव्याप्तिः । प्रतियोगित्वं च स्वरूपसम्बन्धविशेष एव । इदमेव सङ्गमयति । अयमिति । घटत्वस्य वैशिष्ट्यम् । घटत्वनिरूपितः समवायः । संयोगोऽपीति । वस्तुगत्या भासमानो यः संयोगस्तत्प्रतियोगित्वस्य दण्डे सत्त्वात्प्रकारत्वापत्तिरित्यर्थः । ननु तत्प्रतियोगिकत्वेन भासमानं यद्वैशिष्ट्यं तत्प्रतियोगित्वमित्यर्थः समूहालम्बनविशिष्टबुद्ध्योर्भेदानुपपत्त्या विशिष्टज्ञाने प्रतियोगित्वानुयोगित्वरूपसम्बन्धसम्बन्धोऽपि भासत इत्युपेयते समूहालम्बने च दण्डप्रतियोगिकत्वेन संयोगस्याभानान्नातिव्याप्तिरित्यत आह । दिगिति । तथापि दण्डपुरुषदण्डप्रतियोगिकसंयोगा इति समूहालम्बनेऽतिव्याप्तिः नचात्र दण्डप्रतियोगिकत्वस्य सम्बन्धसम्बन्धविधया न भानमिति वाच्यम् तथा सति सांसर्गिकविषयताया अतिरिक्तत्वाभ्युपगमे किमपराद्धं प्रकारतया । सम्बन्धसम्बन्धस्य विशिष्टज्ञानविषयत्वे गौरवञ्च विषयत्वगतवैलक्षण्याभावेऽपि विषयतागतवैलक्षण्येनैव ज्ञानानां वैलक्षण्योपपत्तेरित्यादूह्यम् ।

तच्चेति । साक्षात्काररूपप्रमाकरणञ्चेत्यर्थः । तृतीयानुव्यवसायरूपप्रमाकरणत्वस्य व्यवसाये सत्त्वाद्धानोपादानोपेक्षादिप्रमाकरणत्वस्य च निर्विकल्पके सत्त्वात्सविकल्पकादिरूपप्रमाकरणत्वस्य चक्षुरादिसंयोगे सत्त्वात्तस्य बहुविधत्वमिति मतनिराकरणायाह । इन्द्रियात्मकमिति । चक्षुरादिकमेव प्रत्यक्षप्रमाणमन्येषां तु व्यापारत्वमिति भावः वस्तुतस्तु प्रत्यक्षप्रमाभ्रमनिराकरणायाह । इन्द्रियेति । द्रव्यग्राहकत्वम् । द्रव्यविषयकलौकिकसाक्षात्कारजनकतावच्छेदकधर्मवत्त्वम् तेनोपनीतभानमादाय न रसनेन्द्रियादावतिप्रसङ्गः अनुपधायकखण्डचक्षुः सङ्ग्रहाय जनकतावच्छेदकधर्मव-

व्यग्राहकाणि चक्षुस्त्वङ्मनांसि ॥ अन्यद् घ्राणं रसनं श्रवणं च ननु मनसो द्रव्याग्राहकत्वे सत्यन्धस्यापि विप्रकृष्टघटोपलब्ध्यापत्तिः ॥ न च तदात्ममात्रग्राहकं सर्वविषयकसिद्धान्तव्याघातात् ॥

उच्यते मनः सर्वविषयकमपि बहिर्विषयज्ञानजनने परतन्त्रं परं चचक्षुरादयु पस्थितिर्योगजधर्मः सामान्यलक्षणा च न पुनश्चक्षुरादिमात्रं स्मृतपदार्थानां मनसा संसर्गग्रहाच्च

त्वनिवेशः । तद्ग्राहकाश्च । द्रव्याग्राहकाश्चेत्यर्थः । द्रव्याग्राहकत्वं च द्रव्यविषयकलौकिकसाक्षात्कारजनकतावच्छेदकधर्मशून्यत्वम् तेनानुपधायकचक्षुषि नातिप्रसङ्गः तत्रापि चक्षुष्ट्वस्य सत्त्वादिति । अन्यत् । द्रव्यग्राहकेतरत् । नन्वन्धस्य घटसन्निकर्षे स्पार्शनं जायतएवेत्यतोविप्रकृष्टेति । दूरवर्तीत्यर्थः । तत् । मनः । आत्ममात्रग्राहकमिति । तथा च मन आत्मभिन्नाग्राहकत्वान्न तेन घटादिग्रहापत्तिरिति भावः ।

सर्वेति । मनः सर्वविषयकज्ञानजनकमिति सिद्धान्तभङ्गप्रसङ्गादित्यर्थः । सर्वविषयकमपि । सर्वविषयकज्ञानजनकमपि । तथा च नतादृशसिद्धान्तभङ्ग इति भावः । परतन्त्रमिति । स्वेतरबहिर्विषयकज्ञानजनकसामग्रीसापेक्षमित्यर्थः । तथाचान्धस्यविप्रकृष्टघटादीनांमनसानग्रहापत्तिस्तत्सहकारिचक्षुरादेरभावादिति भावः । किन्तत्परमतमाह । परमिति । मीमांसकैर्ज्ञानलक्षणासामान्यलक्षणायोगजधर्माद्यस्वीकारान्मनसश्चक्षुरादीन्द्रियमात्रसहकारित्वमेवोपेयते अतएवात्मामनसा संयुज्यते मन इन्द्रियेण इन्द्रियमर्थेन इन्द्रियाणां वस्तुप्राप्यप्रकाशकारित्वनियमादितिसङ्गच्छतेइत्यतस्तन्मतन्निराकर्तुमाह । नपुनरिति । चक्षुरादिमात्रमिति । चक्षुरादिकमेव परमिति न पुनरित्यन्वयः । मात्रपदेन ज्ञानलक्षणादिव्यवच्छेदः तथाच चक्षुरादिव्यापारं विनापि ज्ञानलक्षणादिसहकारेण कदाचिन्मनसा ज्ञानजननात्तेषामपि सहकारित्वमावश्यकमुपदर्शितनियमस्तु लौकिकप्रत्यक्षस्थलेएवेति भावः । ननु ज्ञानलक्षणासहकारेण मनसा ज्ञानजनने मानाभावइत्यत आह । स्मृतेति । संसर्गेति । परस्परसम्बन्धग्रहादित्यर्थः । ननु परस्परसंसर्गाग्रहे काक्षतिरत आह । कथमन्यथेति । अन्यथा । ज्ञानलक्षणासहकारेण मनसास्मृतपदार्थानां परस्परसंसर्गग्रहेइत्यर्थः । कविकाव्यादीति । कविना स्मृतिविषयीभूतपदार्थानां

कथमन्यथा कविकाव्यादि योगिनां योगजधर्मप्रत्यासत्त्या मनसा सर्वसाक्षात्काराच्च ॥ प्रमेयत्वादिसर्वसामान्यलक्षणाप्रत्यासत्त्या सर्वविषयग्रहणाच्च ॥ क्व तर्हि मनःस्वतन्त्रम् अबाह्यवस्तुषु कान्यवाह्यानि ॥ आत्मातद्योग्यगुणास्तदभावस्तद्वृत्तिजातिस्तत्समवायश्चेतियोग्यगुणाः सविकल्पकज्ञाने च्छा

परस्पर संसर्गग्रहे काव्यं विरच्यते नान्यथा वाक्यप्रयोगे वाक्यार्थज्ञानस्य हेतुत्वात् तथाच तदस्वीकारे संसर्गग्रहाभावेन काव्यरचनोच्छेदप्रसङ्ग इति तत्स्वीकारआवश्यकइति भावः । इदमुपलक्षणम् लौकिकसन्निकर्षं विनापि घटोनास्तीत्यादावभावांशे घटस्य भानात् एवंसौरभे लौकिकसन्निकर्षं विनापि सुरभिचन्दनमिति चाक्षुषोदयाच्च तत्स्वीकारस्यावश्यकत्वमिति ध्येयम् । लौकिकान्यतद्विषयताशालिप्रत्यक्षत्वावच्छिन्नं प्रति किञ्चिद्विषयत्वावच्छिन्नतन्निष्ठविषयताशालिज्ञानत्वेन हेतुतेति कार्यकारणभावाबाध्यः कार्यतावच्छेदके लौकिकान्यत्वनिवेशात्प्राथमिकविशिष्टबुद्धौ लौकिकसन्निकर्षजन्यनिर्विकल्पके च न व्यभिचारःकारणतावच्छेदके किञ्चिद्विषयत्वावच्छिन्नत्वनिवेशाच्च न निर्विकल्पकोत्तरमुपनीतभानापत्तिः निर्विकल्पकस्याप्युपनायकत्वाङ्गीकारे तु तद्विषयताशालिज्ञानत्वेनैव हेतुतेतिबोध्यम् । सामान्यलक्षणाजन्यज्ञाने व्यभिचारवारणन्तद्व्यक्तिवृत्तीतरत्वसम्बन्धेन कारणवैशिष्ट्यं निवेश्यैव तद्वृत्तिधर्मप्रकारकज्ञानजन्यत्वनिवेशितवृत्तिघटत्वद्रव्यत्वादिनानाधर्मप्रकारकज्ञाननिरूपितजन्यतानामनुगमकरूपाभावादिति । इत्थं च कार्यतावच्छेदके लौकिकान्यत्वानिवेशेपि न क्षतिरितिध्येयम् । योगजधर्मसामान्यलक्षणाप्रत्यासत्तिस्वीकारेऽनुभवमेव प्रमाणयति । योगिनामिति । योगिनां योगजधर्मसहकारिणा मनसा चक्षुरादिव्यापारंविनापि सर्वविषयकालौकिकसाक्षात्कारोदयात्तस्य सहकारित्वमावश्यकमिति भावः । मेयत्वादीति । सर्वत्रप्रमेये चक्षुरादिव्यापारं विनापि प्रमेयत्वेन प्रमेयसामान्यविषयकालौकिकसाक्षात्कारोदयात्तस्या अपि सहकारित्वमावश्यकमिति भावः । स्वतन्त्रमिति । बहिर्विषयकज्ञानजनकसामग्र्यानपेक्षमित्यर्थः । अबाह्येति । अबाह्यविषयकज्ञानजनने इत्यर्थः । अबाह्यानीति । योग्यानीतिशेषः । तद्योग्येति । आत्मयोग्यगुणाइत्यर्थः । तदभावः । आत्मयोग्यगुणाभावः । तद्वृत्तीति । आत्मतत्समवेतयोग्यगुणवृत्तिजातिश्चेत्यर्थः । साक्षात्मत्वज्ञानत्वादिः । तदेकत्वेति । आत्मे-

प्रयत्नसुखदुःखद्वेषास्तदेकत्वपरिमाणे च ॥ तदेकत्वपरिमाणे न योग्ये इति टीकाकृतः ॥

नन्वित्थं परात्मा परेण गृह्येत तद्गुणाश्च गृह्येरन्निति चेन्न ॥ परात्मतद्गुणानां परायोग्यत्वात् ॥ स्यादेतत् चक्षुर्यदि द्रव्यग्राहकं तदा परमाण्वादयोऽपि गृह्येरन्निति

कत्वपरममहत्परिमाणे चेत्यर्थः । द्रव्यसाक्षात्कारसामग्रीसत्त्वे तद्गतसङ्ख्यापरिमाणादिग्राहकसामग्र्या अपि सत्त्वाद्द्रव्यसाक्षात्कारस्य सङ्ख्यापरिमाणविषयकत्वनियमेनात्ममानसे तयोरपि भानसम्भव इति भावः । नयोग्ये । न लौकिकमानससाक्षात्कारविषयीभूते इत्यर्थः । अत्र च मनःसंयुक्तसमवायरूपकारणबलाज्ज्ञानादीनामिव तयोरपि मानसे बाधकाभावः नच तथासति संस्कारादीनामपि मानसापत्तिः सामग्रीसत्त्वादिति वाच्यम् तज्ज्ञानायत्या संस्कारस्य प्रातिस्विकरूपेण, विजातीयगुणत्वेन, वा प्रतिबन्धकत्वकल्पनात्तद्वत्सङ्ख्यापरिमाणयोरपि प्रातिस्विकरूपेण प्रतिबन्धकत्वे प्रतिबन्धकतावच्छेदकवैजात्यस्वीकारे वा गौरवास्पदत्वे न किञ्चिद्बाधकम् नच ज्ञानादियोग्यगुणेष्वेव संस्कारव्यावृत्तं वैजात्यं स्वीकृत्य विजातीयगुणविषयकमानसं प्रति विजातीयगुणत्वेन हेतुत्वात्तादृशवैजात्यस्य तत्सङ्ख्यापरिमाणयोः स्वीकारे गौरवात्तयोरप्ययोग्यत्वमिति वाच्यम् मनःसंयुक्तसमवायेन विजातीयगुणं विनापि आत्मत्वमानसजननाद्विजातीयगुणस्य विशेषसामग्रीत्वासम्भवेन सामान्यसामग्रीबलात्संस्कारप्रत्यक्षापत्तिवारणाय विजातीयगुणभेदत्वेन हेतुताया आवश्यकत्वादात्ममानसे आत्मत्वेनापि हेतुत्वं कल्पयित्वा सामान्यसामग्र्या फले जननीये विजातीयगुणात्मत्वयोरन्यतरस्य सहकारित्वकल्पनेन संस्कारप्रत्यक्षापत्तिवारणे इति गौरवात्तदपेक्षया विजातीयगुणभेदत्वेन कारणताया एवौचित्यादिति तयोः प्रत्यक्षस्वीकार एवौचित इत्यस्वरसष्टीकाकृत इत्यनेन सूचितः । इत्थमिति । आत्मनः आत्मसमवेतगुणानां च मनसो योग्यत्वे इत्यर्थः । परात्मा । पुरुषान्तरीयात्मा । तद्गुणाश्च । परात्मसमवेतगुणाश्चेत्यर्थः । चकारेण गुणसमवेतजात्यादीनां तदभावानां च सङ्ग्रहः । समाधत्ते । नेति । परायोग्यत्वात् । पुरुषान्तरीयमनसोयोग्यत्वात् । आत्ममानसत्वावच्छिन्नं प्रति विजातीयमनःसंयोगत्वेनात्मसमवेतमानसं प्रति विजातीयमनः

चेन्न ॥ तेषां चक्षुरयोग्यत्वात् ॥ किन्तावच्चक्षुर्योग्यत्वं- महदुद्भूतरूपवद्द्रव्यम् ॥ परमाणुश्च न महानात्माद- यश्च नोद्भूतरूपवन्तस्तद्रूपस्यानुद्भूतत्वादुद्भूतत्वञ्च जाति विशेष इत्येके ॥ अनुद्भूतत्वरूपजात्यभाव इत्यपरे ॥

संयुक्तसमवायत्वेनात्मसमवेतसमवेतमानसत्वावच्छिन्नं प्रति विजातीयमनः संयुक्तसमवेतसमवायत्वेनेत्यादिनानाकार्यकारणभावकल्पनात्पुरुषान्तरीयात्मान्यदीयमनसोः संयोगे च वैजात्यानभ्युपगमेन न तत्प्रत्यक्षापत्तिरिति भावः। स्वद्येरन्निति। परमाण्वादिषु चक्षुःसंयोगसत्त्वादिति भावः तेषाम्। परमाण्वादीनाम्। चक्षुरयोग्यत्वादिति। चक्षुर्जन्यलौकिकसाक्षात्कारायोग्यत्वादित्यर्थः। वक्ष्यमाणलौकिकचाक्षुषसामग्र्यसत्त्वादितिभावः। महदित्यादि। द्रव्यवृत्तिलौकिकविषयतासम्बन्धेन चाक्षुषं प्रति समवायेन महत्त्वत्वेन, उद्भूतरूपत्वेन, च हेतुतेत्यर्थः। परमाणौ महत्वाभावात् आत्मनि रूपाभावात् पिशाचादेश्चोद्भूतरूपवत्त्वाभावान्न प्रत्यक्षमिताखण्डलार्थः। तदेवाह। परमाणुश्चेत्यादिना। तद्रूपस्य। पिशाचादिरूपस्य। अनुद्भूतत्वात्। उद्भूतभिन्नत्वात्। यद्यपि पिशाचादिशरीरस्य वायवीयत्वेन तत्र रूपाभावात्तद्रूपस्यानुद्भूतत्वादित्यसङ्गतम् तथापि पिशाचादिपदेन तन्निमित्तकारणपार्थिवोपष्टम्भकभागो बोध्यः। ननु लाघवाद्विजातीयचक्षुः संयोगत्वेनैव द्रव्यचाक्षुषं प्रति हेतुत्वं परमाण्वादिचक्षुःसंयोगे च वैजात्यानभ्युपगमान्न तत्प्रत्यक्षापत्तिरिति किम्महदुद्भूतरूपादिहेतुतया न च विजातीयचक्षुः संयुक्तविशेषणतायाअभावचाक्षुषे हेतुतयावाय्वादावुद्भूतरूपाभावप्रत्यक्षानुरोधेन तत्र विजातीयचक्षुः संयोगस्यावश्यकतया वायोश्चाक्षुषापत्तिरिति तत्र तद्धेतुत्वमावश्यकमिति वाच्यम्। द्रव्यचाक्षुषजनकतावच्छेदकतया वैजात्यान्तरस्वीकारात्तस्य च तत्रानङ्गीकारात् न च तथापि विजातीयचक्षुः संयोगस्य चक्षुष्यपि सत्त्वात्तच्चाक्षुषापत्तिरित्युद्भूतरूपहेतुत्वमावश्यकमिति वाच्यम् स्वप्रतियोगिकसंयोगस्य स्वस्मिन्नभावेन चक्षुषि चक्षुः प्रतियोगिकसंयोगाभावादिति चेन्न विजातीयक्रियाया एव विजातीयसंयोगनियामकत्वेन यत्रैकयैव चक्षुः क्रियया घटेपरमाणौ च युगपत्संयोगस्तत्र परमाणावपि विजातीयसंयोगस्यदुर्वारतया तत्प्रत्यक्षापत्तेर्वारणासम्भवात्। न च तत्तद्व्यक्तिविशेषस्यापि विजातीयसंयोगनियाम-

योग्यगुणाः योग्यद्रव्यगतरूपरसगन्धस्पर्शसङ्ख्यापरिमा-
णपृथक्त्वसंयोगविभागपरत्वापरत्वस्नेहद्रवत्ववेगाः ॥ मात्र
पदं घटाकाशसंयोगवारणाय ॥ कर्म च योग्यद्रव्यसमवेतम् ॥
जातिश्च योग्यवस्तुगता द्रव्यत्वरूपत्वादिः समवायश्च ॥ त्वचो
महदुद्भूतरूपस्पर्शवद्योग्यं द्रव्यम् ॥ तेन परमाणुवायुप्रदीप-
प्रभादयस्त्वचा न गृह्यन्ते ॥ परमाणोरमहत्त्वाद्वायोर्नीरूप-
त्वात् प्रभाया उद्भूतस्पर्शाभावात् ॥ योग्यगुणाश्च रूपातिरि-

मकतया परमाण्वादिरूपान्तरदेशस्य तत्र नियामकत्वाकल्पनेन न तत्र विजातीयसंयोग इति वाच्यम् अनन्तान्तरदेशानां विजातीयसंयोगानियामकत्वकल्पनापेक्षया महदुद्भूतरूपादिहेतुताया एवोचितत्वादित्यादिक् । एकैतानेनास्वरसः सूचितः । स चोद्भूतत्वस्य जातित्वे नीलत्वादिना सङ्करप्रसङ्गः । न च नीलत्वादिव्याप्यनानैवोद्भूतत्वमिति वाच्यम् । तथा सति चाक्षुषत्वावच्छिन्नं प्रत्युद्भूतरूपत्वेन कारणत्वानुपपत्तेः कारणाननुगमेन व्यभिचारादिति । अनुद्भूतत्वमिति । न च नीलत्वादिना साङ्कर्यमत्रापीति वाच्यम् । नीलत्वादिव्याप्यनानानुद्भूतत्वस्यैव स्वीकारात् । अनुद्भूतत्वाभावकूटविशिष्टरूपत्वेन च प्रत्यक्षं प्रति हेतुत्वेन व्यभिचाराभावादिति भावः ॥

प्रसङ्गाच्चक्षुर्योग्यगुणानाह । योग्यगुणा इत्यादिना । चक्षुर्योग्या इति शेषः । योग्यद्रव्यरूपमिति । चक्षुर्योग्यद्रव्यवृत्तिरूपमित्यर्थः । तन्मात्रवृत्तीति । योग्यद्रव्यमात्रवृत्तीत्यर्थः । ननु तन्मात्रवृत्तीत्यत्र मात्रपदमनर्थकमित्यत आह । मात्रपदमिति । घटाकाशसंयोगस्याकाशेऽपि वृत्तित्वान्न योग्यद्रव्यमात्रवृत्तित्वमिति भावः । ननु त्वाचप्रत्यक्षे त्वक्संयोगस्य हेतुत्वात् परमाणुवायुप्रभादीनां स्पार्शनापत्तिरिति त्वगिन्द्रिययोग्यमेव द्रव्यं त्वचा गृह्यते तदेवं वाच्यं तत्र किन्तद्योग्यमिति हृदिस्थाशङ्कायामाह । त्वच इति । महदित्यादि । तथाच द्रव्यवृत्तिलौकिकविषयतासम्बन्धेन त्वाचप्रत्यक्षं प्रति समवायेन महत्त्वत्वेनोद्भूतरूपत्वेनोद्भूतस्पर्शत्वेन च हेतुत्वान्नतत्प्रत्यक्षापत्तिरिति भावः । सामान्यतो बहिर्द्रव्यप्रत्यक्षत्वावच्छिन्नं प्रत्युद्भूतरूपत्वेन हेतुत्वात् त्वाचप्रत्यक्षेऽपि रूपं हेतुः तेन न वायोः प्रत्यक्षमिति हृदयम् । यथाक्रमं परमाण्वादिप्रत्यक्षं वारयति । तेनेत्यादिना । प्रभाया इति । न च प्रभाऽपि तेजस्तोरूपमित्यनेन प्रभाया रूपवत्त्वमेव न तु द्रव्य

त्वाच्चक्षुषोयोग्याः महदुद्भूतस्पर्शवन्मात्रवृत्तयोमहदुद्भूतस्प-
र्शस्य॥ अतएव वायुपरिमाणादयस्त्वचा न गृह्यन्ते तच्चक्षु-
रयोग्यत्वात् नवा दीपप्रभापरिमाणादय उद्भूतस्पर्शवद्वृत्ति
त्वान्नवा घटप्रभासंयोगादय उद्भूतस्पर्शवन्मात्रावृत्तित्वा-
त् तत्र हि अनुद्भूतस्पर्शादयोविद्यन्ते॥ कर्मचयोग्यद्रव्यसम-
वेतं, योग्यवस्तुगतं सामान्यं, च समवायश्च॥

मीमांसकास्तु महदुद्भूतस्पर्शवद्द्रव्यत्वेनैव त्वचोयोग्यता
लाघवान्न तु महदुद्भूतरूपमपि तत्प्रयोजकङ्गौरवाद-
तोवायुरपि स्पार्शनप्रत्यक्षः नच बहिरिन्द्रियजन्यद्रव्यसा-

त्वमिति वाच्यम्। तदन्यमतानुसारेणैतदुक्तत्वादिति। प्रसङ्गात्त्वगिन्द्रिय-
योग्यगुणानाह। गुणाश्चेत्यादिना। त्वचोयोग्याइति शेषः चक्षुर्योग्यस्यापि
रूपस्यत्वचा ग्रहणप्रसङ्गाद्रूपातिरिक्ताइति। महदुद्भूतस्पर्शवन्मात्रेति। तन्मा-
त्रवृत्तित्वंचतदितरावृत्तित्वे सतितद्वृत्तित्वम्। महदुद्भूतस्पर्शस्येति। सामाना-
धिकरण्येन महत्त्वविशिष्टोद्भूतस्पर्शस्येत्यर्थः। ननु चक्षुर्योग्याइतिव्यर्थमत
आह। अतएवेति। अतएव चक्षुर्योग्यत्वविशेषणादेव। वायुपरि-
रिमाणस्य चक्षुरयोग्यत्वादितिभावः। ननूद्भूतस्पर्शवद्वृत्तेश्चक्षुर्योग्यगु-
णस्यैवाप्रसिद्धत्वात्तेनैवप्रत्यक्षापत्तिवारणे कृतं मदितरादि विशेषणेने-
त्यत आह। नवेति। तथाच प्रभा परिमाणस्य चक्षुर्योग्यत्वात्तस्यापि त्वा-
चप्रत्यक्षापत्तिरतस्तद्विशेषणमावश्यकमिति भावः। नच चक्षुर्योग्यत्व
विशेषणेनैव परमाणुगुणप्रत्यक्षवारणेऽत्र पृथक् महदिति विशेषणवैयर्थ्य
मितिवाच्यम्। त्रुटिपरिमाणस्पार्शनवारणाय प्रकृष्टमहत्त्वपरतया तदुपा
दानस्यावश्यकत्वात्। मात्रपदव्यावृत्तिमाह। नवाघटेति। उद्भूतस्पर्श
वन्मात्रावृत्तित्वात्। उद्भूतस्पर्शवदितरवृत्तित्वात्। तथाच न तदित-
रावृत्तित्वस्वरूपन्तन्मात्रवृत्तित्वन्तस्येति भावः। तत्र हि। प्रभायांहि। क-
र्मचेति। त्वग्योग्यद्रव्यसमवेतङ्कर्मत्वग्योग्यमित्यर्थः॥

वायोरपि स्पार्शनप्रत्यक्षवादिमीमांसकमतन्दर्शयति। मीमांसकास्त्वि-
त्यादिना। लाघवात्। त्वाच प्रत्यक्षे रूपस्य हेतुताकल्पनेन लाघवात्। मह-
दिति। महत्त्वविशिष्टोद्भूतरूपमित्यर्थः। तत्प्रयोजकं। त्वाचप्रत्यक्षप्रयोजकं।

साक्षात्कारत्वावच्छेदेनोद्भूतरूपस्य हेतुत्वाद्वायौ तदभावान्नव-
मितिवाच्यम् ॥ लाघवाद्द्रव्यचाक्षुषत्वावच्छेदेनैव तद्धेतुत्वा
दित्याहुः ॥

गौरवात् । प्रभास्पार्शनवारणायोद्भूतस्पर्शस्य स्पार्शनंप्रति हेतुत्वस्यावश्यक-
तया त्वाचप्रत्यक्षं प्रति रूपस्य हेतुत्वे गौरवात् । नवेति । उद्भूतरूपस्य
त्वाचप्रत्यक्षाप्रयोजकत्वादित्यर्थः । बहिरिन्द्रियेति । आत्मप्रत्यक्षव्यभिचा-
रवारणाय बहिरिन्द्रियजन्यत्वनिवेशः अतएव न नित्यसाधारण्यमपीति
भावः । तदभावात् । उद्भूतरूपाभावात् । नैवमिति । न वायोः स्पार्शनप्रत्यक्ष
मित्यर्थः । लाघवादिति । बहिरिन्द्रियजन्यद्रव्यसाक्षात्कारत्वापेक्षया द्रव्य
चाक्षुषत्वस्यैव कार्यतावच्छेदकत्वे लाघवादित्यर्थः । अत्र मीमांसकानाम-
यमाशयः । आत्मप्रत्यक्षे व्यभिचारवारणाय बहिरिन्द्रियजन्यद्रव्यप्रत्यक्षत्वस्य
कार्यतावच्छेदकत्वे गौरवादुद्भूतरूपस्य कार्यतावच्छेदकं बहिर्द्रव्यप्र-
त्यक्षत्वं वाच्यम् तत्र बहिष्ट्वम् आत्मान्यत्वं मानसविषयान्यत्वं वेति
विनिगमनाविरहः । अथ मूर्तप्रत्यक्षत्वमेव तत्कार्यतावच्छेदकं स्पन्दसम-
वायिकारणतावच्छेदकतया च मूर्त्तत्वं जातिरितिचेत् । तथापि प्रभायाः
स्पार्शनवारणायोद्भूतस्पर्शस्य स्पार्शनं प्रति हेतुत्वावश्यकतया चाक्षुषत्व-
मेव रूपजन्यतावच्छेदकमुपेयते । नतुमूर्तप्रत्यक्षत्वं वायोः प्रत्यक्षसन्देहेन
तस्य सन्दिग्धव्यभिचारकत्वात् तदुक्तम् (परित्यज्य च निश्चिताव्यभिचारकं
रूपङ्गृह्यमाणव्यभिचारकेण कारणत्वकल्पनायाश्च कार्यत्वकल्पनाया अयो-
गादिति) । तथाच वायोः स्पार्शनेबाधकाभावः । साधिकाच समीरोयं
मन्दो वहतीत्यादिप्रतीतिः । नचोद्भूतस्पर्शेनैव वायोरनुमानान्न तादृशप्र-
तीतेरनुपपत्तिरिति वाच्यम् । व्याप्तिज्ञानादिकं विनापि तादृशप्रतीतेर्जा-
यमानत्वात् । अन्यथा घटं स्पृशामीत्यादिप्रतीतेरप्यनुमानेनैवोपपत्तौ घटा
दीनामपि स्पार्शनोच्छेदापत्तेरिति । अत्राहु नैयायिकाः । कारणाभावात्का
र्याभावइति प्रतीत्या कार्यसामान्याभावे कारणाभावस्य प्रयोजकत्वन्तत्र च
मूर्तप्रत्यक्षत्वावच्छिन्नं प्रत्युद्भूतरूपत्वेनाकारणत्वे च तदवच्छिन्नाभावस्य प्र-
योजकत्वासम्भवात् । प्रत्यक्षसामान्याभावेउद्भूतरूपाभावस्योद्भूतस्पर्शाभावस्येति
विशेषाभावकूटस्य प्रयोजकत्वं वाच्यमिति गौरवम् । मन्मते चोद्भूतरूपाभा-
वस्यैवेति लाघवम् उद्भूतरूपत्वेनाकारणत्वे च तदवच्छिन्नाभावस्य प्रयोजक-
त्वासम्भवात्तद्धेतुत्वमावश्यकमेव । ननु तर्ह्युद्भूतस्पर्शत्वेनहेतुत्वमादाय-

विनिगमनाविरहः । भवन्मते वायोरिव मन्मते प्रभायाः प्रत्यक्षानङ्गीकारादिति चेन्न । इहोपरिदेशे विहङ्गमइत्यत्र प्रभामण्डलस्यैवोपरिदेशतयाभानस्य च प्रत्यक्षानङ्गीकारे इह विहङ्गमइति प्रतीत्यनुपपत्तेः । संयोगप्रत्यक्षेयावदाश्रयप्रत्यक्षस्य हेतुत्वात् । एवं संयोगविभागलिङ्गकं चन्द्रतारादौ गत्यनुमानञ्च स्यात् नच पूर्वोत्तरदेशयोश्चन्द्रादेरुपलम्भानुपलम्भाभ्यां संयोगविभागयोरनुमानात्ताभ्याङ्गत्यनुमानमिति वाच्यम् । प्रभामण्डलरूपयोस्तयोर्भवन्मतेऽप्रत्यक्षत्वात्तस्याश्चाभायाश्चाक्षुषाङ्गीकारस्यावश्यकत्वादुद्भूतस्पर्शत्वेन कारणत्वासम्भवः । नच मूर्तप्रत्यक्षत्वस्य नित्यसाधारण्यात् कथं जन्यतावच्छेदकत्वमिति वाच्यम् । समवायकालिकविशेषणतोभयसम्बन्धेन प्रत्यक्षत्वस्यैव जन्यतावच्छेदकत्वात् । एवंरीत्या सिद्धे कार्यकारणभावे वायौ रूपाभावेनन तत्प्रत्यक्षमिति । वायुर्वातीति प्रतीतिरनुमानेनैवोपपादनीया घटादौ चोद्भूतरूपसत्त्वेन तत्प्रतीतेः प्रत्यक्षत्वमेवेति । ननु गगनघटसंयोगस्पार्शनवारणाय विजातीय सत्स्पार्शनं प्रतिसामानाधिकरण्यसम्बन्धेनस्पार्शनाभावस्य प्रतिबन्धकत्वावश्यकतयावायोस्स्पार्शने वायुस्पर्शस्पार्शनानुपपत्तिः । चतुरणुकस्पार्शने व्यभिचारणाय सतिविजातीय विलक्षण धर्मवत्व* निवेशः । वैजात्यञ्चेदं द्रव्यव्याप्तगुणकर्मसाधारणम् । नचप्रतिबध्यतावच्छेदककोटौ विजातीयसति स्पर्शान्यत्वनिवेशान्नानुपपत्तिरिति वाच्यम् । तथासति विजातीयसत्त्वस्पर्शान्यत्वयोर्विशेषणविशेष्यभावे विनिगमनाविरहप्रसङ्गात् । एवं त्वक्संयुक्तसमवायरूपसामान्यसामग्र्या स्पार्शनाभावाभावरूपकारणं विनापि वायुस्पर्शस्पार्शनजननात्तस्य विशेषसामग्र्यासम्भवेन त्वक्संयुक्तसमवायरूपसामान्यसामग्रीबलाद्गगनघटसंयोगस्पार्शनापत्तेर्दुर्वारत्वाच्च नच स्पर्शस्पार्शनं प्रतिस्पर्शत्वेनापि हेतुत्वङ्कल्पयित्वा सामान्यसामग्र्या द्रव्यसमवेत स्पार्शनत्वावच्छिन्नेजननीये स्पार्शनाभावाभावस्पर्शयोरन्यतरस्यसहकारित्वकल्पनान्नानुपपत्तिरिति वाच्यम् तथासति प्रतिबध्यतावच्छेदककोटौ स्पर्शान्यत्वनिवेशेन स्पर्शत्वेन हेतुत्वकल्पनेन च वायोरप्रत्यक्षत्ववादिमते गौरवादिति वायुप्रत्यक्षत्वस्वीकारएवोचित इतिचेन्नैवं । तादृशप्रतिबन्धकाभावंविनापित्वक् संयुक्तसमवायेन द्रव्यत्वस्पार्शनजननात् तस्य विशेषसामग्र्यासम्भवेन सामान्यसामग्रीबलात् गगनघटसंयोगस्पार्शनापत्तेर्दुर्वारत्वात् । सन्निकृष्टद्रव्यसमवेतस्पार्शनं प्रति सन्निकृष्टत्वेनापि का-

* विजातीयत्वनिवेश इत्यपि पाठान्तरम्

रणत्वं कल्पयित्वा सामान्यसामग्र्याफले जननीये तादृशप्रतिबन्धका-
भावसङ्क्षिप्रयोरन्यतरस्य सहकारित्वकल्पनादापत्तिवारणेऽपि गौरवा-
त्तदपेक्षया गगनघटसंयोगस्पार्शनवारणाय स्पार्शनाभावविशिष्टविजाती-
यसत्त्वेनैव तादात्म्येन प्रतिबन्धकत्वौचित्यात् विजातीयसत्त्वे स्पार्शना-
भाववैशिष्ट्यं च * सामानाधिकरण्यसम्बन्धेन । नच विजातीयसत्त्वस्पा-
र्शनाभावयोर्मिथो विशेषणविशेष्यभावे विनिगमनाविरह इति वाच्यम् । वि-
जातीयसत्त्वविशिष्टस्पार्शनाभावत्वेन प्रतिबन्धकत्वे सामानाधिकरण्य-
स्यैव प्रतिबन्धकतावच्छेदकसम्बन्धतया गौरवात् स्पार्शनाभावविशिष्टवि-
जातीयसत्त्वेन प्रतिबन्धकत्वे तु तादात्म्यस्यैव प्रतिबन्धकतावच्छेदकस-
म्बन्धतया लाघवात् । प्रतिबध्यतावच्छेदकं च स्पर्शान्यस्पार्शनत्वम् । तेन वा-
योरप्रत्यक्षत्वेऽपि न तत्स्पर्शस्पार्शने व्यभिचारः । नच तादृशप्रतिबन्धकाभावं
विनापि वायुस्पर्शस्पार्शनजननात् तस्य विशेषसामग्रीत्वासम्भवेन सामान्यसा-
मग्रीत्वाद्गगनघटसंयोगस्पार्शनापत्तिरिति वाच्यम् । स्पर्शस्पार्शनंप्रति स्प-
र्शत्वेनापि हेतुताकल्पनेन सामान्यसामग्र्या फले जननीये स्पर्शत-
थाविधप्रतिबन्धकाभावयोरन्यतरस्य सहकारित्वोपगमात् । नच प्रतिबध्य
तावच्छेदककोटौ स्पर्शान्यत्वनिवेशेन स्पर्शत्वेन हेतुत्वकल्पनेन च वायोः
प्रत्यक्षत्वानङ्गीकारे गौरवाद्वायुप्रत्यक्षतास्वीकारएवोचितइति वाच्यम् ।
वायुप्रत्यक्षानङ्गीकारे प्रकारान्तरेण लाघवसम्भवात् । तथाहि परमाण्वा-
दिघटितसन्निकर्षबलाद्द्रव्यत्वस्पार्शनवारणाय द्रव्यसमवेतस्पार्शनंप्रति त्वक्
संयुक्तस्पार्शनवत्समवायत्वेन हेतुत्वं वाच्यम् तन्न चतुरणुकस्पार्शने
व्यभिचारवारणाय द्रव्यान्यद्रव्यसमवेतस्पार्शनत्वं कार्यतावच्छेदकमुपेयं । त-
स्य च सङ्क्षिप्तद्रव्यसमवेतस्पार्शनत्वस्य कार्यतावच्छेदकत्वमादाय विनिगम-
नाविरहः । वायोरप्रत्यक्षत्वे तु वायुस्पर्शस्पार्शने व्यभिचारेणद्रव्यान्यद्रव्यसम
वेतस्पार्शनत्वस्य कार्यतावच्छेदकत्वासम्भवेन सङ्क्षिप्तद्रव्यसमवेतस्पार्शनत्व-
स्यैव कार्यतावच्छेदकतया विनिगमनाविरहासम्भवात् । नचैवमसन्निकृष्ट-
गुणकर्मस्पार्शनापत्तिरिति वाच्यम् । एकाश्रयघटितसन्निकर्षाद्द्वित्वा-
दिप्रत्यक्षवारणाय विजातीयसत्स्पार्शनंप्रति सामानाधिकरण्यसम्बन्धेन त्व-
क्संयोगाभावस्य प्रतिबन्धकत्वावश्यकतया तेनैव सन्निकृष्टगुणकर्मस्पार्शना-
पत्तिवारणसम्भवात् । नचैवं त्वक्संयुक्तसमवायहेतुतायामेव बीजाभावः ।
येन तत्कार्यतावच्छेदके विनिगमनाविरहो वायुप्रत्यक्षतावादिमते प्रस-

* सामानाधिकरण्यघटितसामानाधिकरण्यसम्बन्धेनेत्यपि पाठान्तरम् ॥

वैशेषिकास्तु समवायोनप्रत्यक्षः सम्बन्धप्रत्यक्षो यावदा-

ज्येतेति वाच्यम् असन्निकृष्टद्रव्यत्वादि स्पार्शनवारणाय त्वक्संयुक्तस्पार्शनवत्स-
मवायत्वेन सन्निकृष्टद्रव्यसमवेतस्पार्शनत्वावच्छिन्नं प्रतिहेतुता तच्च द्रव्यान्य
द्रव्यासमवेतस्पार्शनत्वमादाय न विनिगमनाविरहः। वायोरप्रत्यक्षत्वेनवा-
युस्पर्शस्पार्शने व्यभिचारात्। वायुप्रत्यक्षत्ववादिमते तु द्रव्यान्यद्रव्यासम-
वेतस्पार्शनमादाय विनिगमनाविरहेणानन्तपुरुषभेदभिन्नानन्तसन्निकर्ष-
हेतुत्वकल्पनापत्तेर्वायोरप्रत्यक्षत्वाङ्गीकारएवोचितः । एतन्मते उक्तरूपस्य
स्पर्शान्यत्वनिवेशेन स्पर्शत्वेनहेतुत्वकल्पनेन च कियद्गौरवसम्भवेऽपि पुरुषभेद-
भिन्नसन्निकर्षहेतुत्वकल्पनापेक्षयालाघवानपायादिति सिद्धान्तानुयायीपन्थाः
नव्यास्तु असन्निकृष्टद्रव्यत्वस्पार्शनवारणाय पुरुषभेदभिन्नसन्निकर्षहे-
तुत्वन्नोपेयते अपितु सन्निकृष्टद्रव्यसमवेतस्पार्शनं प्रति स्ववृत्तिप्रागभावप्र-
तियोगित्वविशिष्टं यत्स्ववृत्तिस्पार्शनंविषयतासम्बन्धेन तद्व्यक्तिसमवेतत्व-
सम्बन्धेन कृतित्वेनैव कारणत्वं स्ववृत्तित्वं च कालिकसम्बन्धेन एवञ्चवायु-
प्रत्यक्षत्वस्वीकारे पुरुषभेदभिन्नसन्निकर्षहेतुतायास्तत्कार्यतावच्छेदकेउपद-
र्शितगौरवस्यानवकाशात्तद्धेतुत्वस्यैवाकल्पनात् । नच कृतिकार्यताव-
च्छेदके द्रव्यान्यद्रव्यासमवेतस्पार्शनत्वमादाय विनिगमनाविरहसम्भवइति
वाच्यम् । भवन्मते स्पर्शान्यत्वनिवेशेनस्पर्शत्वेन हेतुत्वकल्पनेन च गौरव-
स्यातिस्फुटत्वात् । वस्तुतस्तु व्यापकधर्मेण कारणतायाइव कार्यतायाअप्य-
कल्पनाद्द्रव्यान्यद्रव्यासमवेतस्पार्शनत्वे नकार्यतावच्छेदकत्वासम्भवात्सन्निकृष्टद्र-
व्यसमवेतस्पार्शनत्वस्यैव वायुप्रत्यक्षतावादिमतेऽपि सन्निकर्षकार्यताव-
च्छेदकत्वादित्याहुः । वस्तुतस्तु गुरुत्वाद्यतीन्द्रियप्रत्यक्षवारणायतेषा-
न्तत्तद्व्यक्तित्वेन प्रतिबन्धकत्वे गौरवाल्लाघवेन विषयत्वेनैव लौकिकप्रत्य-
क्षहेतुत्वं विषयत्वं च लौकिकविषयतया साक्षात्कारवत्त्वमेव । तथाच तन्नैव
गगनघटसंयोगस्पार्शनवारणे न तदनुरोधेन स्पार्शनं प्रतिस्पार्शनाभावप्र-
तिबन्धकत्वमिति न वायुस्पर्शस्यस्पार्शनानुपपत्तिः। नचैवं विषयत्वाभा-
वादेव नीरूपप्रत्यक्षवारणे रूपहेतुत्वमनावश्यकमिति वाच्यम् । घटा-
देः पाकादिनानीरूपतादशायां लौकिकप्रत्यक्षतापत्तेः रूपहेतुत्वस्या-
वश्यकत्वादित्यलमनल्पजल्पनेन ॥

समवायातीन्द्रियत्ववादिवैशेषिकमतं दूषयितुमुपन्यस्यति । वैशेषि-
कास्त्विति । न प्रत्यक्षः । नेन्द्रियजन्यलौकिकसाक्षात्कारविषयः । स-

श्रयप्रत्यक्षस्य हेतुत्वात् कथमन्यथा घटाकाशसंयोगोऽपि न प्रत्यक्षः नचसमवायस्यसर्वैश्चाश्रयाः प्रत्यक्षाः परमाण्वादेरयोग्यत्वादित्याङ्कस्तन्न तथा हेतुतायाम्मानाभावात् नच घटाकाशसंयोगस्य प्रत्यक्षतापत्तिः योग्यमात्रसमवेतगुणस्यैव योग्यत्वात् किञ्च लाघवात् संयोगप्रत्यक्षत्वावच्छेदेनयावदाश्रयप्रत्यक्षस्य हेतुता युज्यते नतु सम्बन्धप्रत्यक्षत्वावच्छेदेन सम्बन्धत्वं हि संयोग समवायान्यतरत्वमिति गौरवात्। घ्राणयोग्यो महत्त्वसमानाधिकरणोद्भूतोगन्धस्तद्वृत्तं सामान्यं तयोः समवायश्च अतएव परमाणुषुगन्धो न गृह्यते महत्त्वासमानाधिकरणत्वान्न वा घ्राणमणिवन्हादिगन्धस्तस्यानुद्भूतत्वात् रसनयोग्यो महत्त्वसमानाधिकरणोद्भूतो रसस्तद्वृत्तं सामान्यं तयोः समवायश्च तेनपरमाणुषुरसो न गृह्यते महत्त्वासमानाधिकरणत्वान्नवा मण्यादिरसोगृह्यते अनुद्भूतत्वात्। श्रवणयोग्यः शब्दस्तद्-

---

म्बन्धप्रत्यक्षेइति । सम्बन्धत्वस्य समवायसाधारणत्वादिति भावः । ननु तादृशकार्यकारणभावेमानाभावइत्यत आह । कथमन्यथेति । अन्यथा । तादृशकार्यकारणभावाकल्पने । नप्रत्यक्षइति । तत्रापि चक्षुः संयुक्तसमवायरूपकारणसत्त्वेन द्रव्यसमवेतचाक्षुषापत्तेरिति भावः । नचेति । नहीत्यर्थः । तथा हेतुतायामिति । सम्बन्धप्रत्यक्षे यावदाश्रयप्रत्यक्षत्वेन हेतुतायामित्यर्थः । घटाकाशसंयोगप्रत्यक्षापत्तिरेव मानमित्याशङ्कांनिराचष्टे । नचेत्यादिना । योग्येति । द्रव्यत्वादिजातेर्योग्यमात्रसमवेतत्वाभावाद् योग्यत्वन्न स्यादतोगुणेति । योग्यत्वादिति । घटाकाशसंयोगस्य चायोग्याकाशवृत्तित्वेनायोग्यत्वादिति भावः । नन्वेवं वायुस्पर्शस्य शब्दस्यच प्रत्यक्षं न स्यात्तयोरयोग्यवृत्तित्वादित्यत आह । किञ्चेति । लाघवात् । सम्बन्ध प्रत्यक्षत्वापेक्षया लाघवात् । लाघवमेवाह । सम्बन्धत्वं हीति । संयोगत्वस्य जातिरूपतया लाघवम्-

ताज्जातिस्तयोः समवायश्चेति सङ्क्षेपः ॥ तस्येन्द्रियसन्नि-
कृष्टार्थग्राहकत्वात्सन्निकर्षाः सहकारिणः के ते सन्निक-
र्षाः संयोगः संयुक्तसमवायः संयुक्तसमवेतसमवायः स-
मवायः समवेतसमवायः विशेषणता च ॥

अथ केन सन्निकर्षेण किं गृह्यते द्रव्यं संयोगेन गृह्यते । शब्दे-
तरगुणाः कर्म द्रव्यगता जातिः संयुक्तसमवायेन । भवति हि

स्त्येवेति भावः । घ्राणग्राह्यगुणमाह । घ्राणेति । तद्गतं । गन्धगतं सामान्यं ।
गन्धत्वादि । तयोः । गन्धगन्धत्वयोः । अतएव । गन्धे महत्त्वसामानाधि-
करण्यविशेषणादेव । उद्भूतत्वविशेषणव्यावृत्तिमाह । नवेति । रसन योग्य-
गुणमाह । रसनेति । श्रवणयोग्यगुणमाह । श्रवणेति । ननु चक्षुरादीनां
द्रव्यग्राहकत्वे निमीलितनयनस्यापि तद्ग्रहापत्तिरत आह । तस्येति ।
सन्निकृष्टार्थग्राहकत्वात् सन्निकृष्टार्थमात्रग्राहकत्वात् । असन्निकृष्टार्था
ग्राहकत्वादिति यावत् । सहकारिणः । प्रत्यक्षे जननीये अपेक्षणीयाः ।
तथाचेन्द्रियसंयोगादेरपि प्रत्यक्षहेतुतयानिमीलितनयनस्य प्रत्यक्षाप-
त्तिरिति भावः । नन्विन्द्रियत्वस्य तेजस्त्वादिना सङ्कराज्जातित्वास
म्भवेन कथं द्रव्यलौकिकप्रत्यक्षत्वावच्छिन्नं प्रतीन्द्रियतत्संयोगयोर्हेतु-
त्वमिति चेन्न । इन्द्रियनिष्ठेष्वेकत्वेषु वैजात्यं स्वीकृत्य विजातीयैकत्व
वत्त्वेनैव तद्धेतुत्वात् । नच चक्षुः संयोगदशायां स्पार्शनवारणाय त्वक्संयोग-
दशायां च चाक्षुषवारणाय चक्षुस्त्वक्संयोगयोश्चाक्षुषस्पार्शनहेतुत्वस्या-
वश्यकतयेन्द्रियसंयोगादेः प्रत्यक्षसामान्यहेतुत्वे मानाभाव इति वा-
च्यम् । प्रत्यक्षसामान्यानुत्पादे चक्षुः संयोगाभावत्वक् संयोगाभावादीनां
प्रयोजकत्वे गौरवाल्लाघवेनेन्द्रियसंयोगाभावस्यैव प्रयोजकत्वेनेन्द्रियसं-
योगहेतुत्वावश्यकत्वात् । * कारणविरहस्य कार्यविरहप्रयोजकत्वात् ।
इन्द्रियसंयोगस्य संयोगेनेन्द्रियस्य वा हेतुत्वमिति विनिगमनाविरहादि-
न्द्रियत्वेनापि तद्धेतुत्वमिति ॥

ननु सर्वेषामेव सन्निकर्षाणां द्रव्यादिग्राहकत्वे आत्मनः प्रत्यक्षानुपपत्ति-
स्तत्र संयुक्तसमवायाभावात् एवं रूपादेरपि तत्र संयोगाभावादिति प्रत्ये-
कमेव द्रव्यादि ग्राहकतावाच्या तत्र केन किं गृह्यते इति पृच्छति । अथ

---

* अकारणविरहस्य कार्यविरहाप्रयोजकत्वादित्यपिपाठान्तरम्

घटादिकं चक्षुरादिसंयुक्तं तत्र समवेतं रूपादि स्पन्दोद्रव्यत्वादिजातिश्च शब्देतरगुणकर्मगताजातिः संयुक्तसमवेतसमवायेन भवतिहि चक्षुरादिसंयुक्तो घटादि स्तत्समवेतं रूपादि तत्र समवायोरूपत्वादेः । शब्दः समवायेन गृह्यतेकर्णशष्कुल्यवच्छिन्ने नभसि शब्दस्य समवायात् ॥ शब्दगता तु जातिः समवेतसमवायेन श्रवणसमवेते शब्दे शब्दत्वस्यसमवायात् । विशेषणतया समवायोऽभावश्चगृह्यते तत्र संयोगसमवाययोरभावात् । सा च विशेषणता द्विविधा । इन्द्रियविशेषणता इन्द्रियसन्निकृष्टविशेषणता च । तत्रे न्द्रियविशेषणतया शब्दाभावो गृह्यते इन्द्रियरूपे श्रवणे तस्य विशेषणत्वात् । इन्द्रियसन्निकृष्टविशेषणतया भूतलादौ घटाभावादि इन्द्रियसन्निकृष्टे भूतले तस्य विशेषणत्वात् इन्द्रियसन्निकृष्टविशेषणतापि बहुविधा । सन्निकर्षस्य बहुत्वादवसेया । ननु संयोगो न प्रत्यासत्तिः संयुक्त-

---

केनेति । उत्तरयति । द्रव्यमिति । संयुक्तसमवायस्य गुणमात्रग्राहकत्वे शब्दग्रहो न स्यात् स्वस्मिन्स्वप्रतियोगिकसंयोगाभावेन श्रोत्रसंयुक्तसमवायस्य शब्देऽसत्त्वादतआह । शब्देतरेति । जातिः । द्रव्यत्वादिः । संयुक्तसमवेतसमवायस्यशब्दत्वेऽसत्त्वाच्छब्दत्वग्रहानुपपत्तेः । शब्देतरगुणेति । शब्देतरेति गुणविशेषणं । तत्र । समवायेऽभावे च । तथा च पञ्चविधसन्निकर्षाभावेन विशेषणतयैव तद्ग्रहइतिभावः । तस्य ।शब्दाभावस्य । अग्रे च तस्य घटाभावस्येत्यर्थः । नन्विन्द्रियसन्निकृष्टविशेषणतेन्द्रियसंयुक्तविशेषणता तथा च रूपादौरसत्वाभावग्रहानुपपत्तिरत आह । इन्द्रियसन्निकृष्टेति । बहुविधेति । इन्द्रियसन्निकृष्टविशेषणता इन्द्रियसंयुक्तविशेषणता इन्द्रियसंयुक्तसमवेतविशेषणतेत्यादिरीत्याबोध्या । इन्द्रियसंयुक्तसमवेतविशेषणतया रूपादौरसत्वाभावग्रहसम्भवान्नानुपपत्तिरितिभावः । बहुत्वात् । संयुक्तसमवायादिभेदेन बहुवि-

समवायेनैव घटादिग्रहसम्भवात् इन्द्रियसंयुक्ते कपालादौ तेषां समवायात् । नैवम् आत्मनि तदसम्भवात् तस्या-समवेतत्वादिति सङ्क्षेपः ॥ सत्यादेतत् अन्धकारस्थघटादिः कि-मिति चक्षुषा नोपलभ्यते संयोगप्रत्यासत्तेः सत्त्वात् ॥

उच्यते चक्षुषा द्रव्यग्रहे महदुद्भूतरूपालोकसंयोगः स-हकारी न चान्धकारस्थघटे सोऽस्ति ॥ न च महदुद्भूतेति व्यर्थं

त्वात् । ननु रूपादिग्रहार्थमवश्यमभ्युपेयतया संयुक्तसमवायादि-प्रत्यासत्त्यैव घटादिग्रहोपपत्तेरलं संयोगस्य प्रत्यासत्तित्वेनेत्याशङ्कते । न । न्विति । न प्रत्यासत्तिः । न द्रव्यग्राहकप्रत्यासत्तिः । मानाभावा-दिति शेषः । ननु घटादिग्रहान्यथानुपपत्तिरेव मानमत आह । सं-युक्तेति । तदसम्भवात् । संयुक्तसमवायासम्भवात् । तस्य । आत्मनः । तथा-चात्मप्रत्यक्षे संयोगहेतुताया आवश्यकत्वेन तत्रैव द्रव्यप्रत्यक्षत्वमेव तज्जन्य-तावच्छेदकमुपेयतइति भावः । ननु द्रव्यसमवेतचाक्षुषत्वावच्छिन्नं प्रति चक्षुःसंयुक्तसमवायस्य हेतुत्वेन ततएवोपपत्तेरलं चक्षुःसंयोगहेतुत्वेन । यदि चात्मप्रत्यक्षे लृप्तत्वात्सामान्यतोद्रव्यप्रत्यक्षत्वमेव तज्जन्यतावच्छेदकमु-ररीक्रियते तदा सत्प्रत्यक्षत्वमेव तथा स्तु । न च सत्प्रत्यक्षत्वस्य तथात्वे रूपादिचाक्षुषानुपपत्तिरित्यन्यथानुपपत्तिरेव तत्र बाधिकेति वाच्यम् । त-थासति चक्षुःसंयुक्तसमवायेनैव घटादिचाक्षुषोपपत्तेर्न द्रव्यप्रत्यक्षत्वं जन्यताव-च्छेदकं साधकाभावस्यैव प्रकृते बाधकत्वादित्यत आह । सङ्क्षेपइति । चक्षुःसंयुक्तसमवायस्य द्व्यणुकादिरूपेऽपि सत्त्वाच्चाक्षुषापत्तेश्चक्षुः संयु-क्तचाक्षुषवन्निरूपितसमवायत्वेन तद्धेतुत्वं वाच्यं तत्र त्रुटिचाक्षुषे व्यभि-चारवारणाय द्रव्यान्यसच्चाक्षुषत्वस्य विजातीयसच्चाक्षुषत्वस्य वा तज्ज-न्यतावच्छेदकत्वमुपेयम् । एवं च त्रुटिचाक्षुषस्यासङ्गृहीततया चक्षुः सं-योगहेतुतावश्यकीति हृदयम् । संयोगप्रत्यासत्तेरिति । परमाणौ महत्त्व-नास्तीति प्रत्ययात्परमाणाविव घटेऽप्यालोको नास्तीति प्रत्ययाद् घटेऽपि चक्षुः संयोगस्यावश्यकत्वाच्चक्षुःसम्बद्धविशेषणतायाएवाभावग्राहकत्वादितिभावः ॥

महदुद्भूतेति । महत्त्वविशिष्टोद्भूतरूपविशिष्टालोकनिरूपितसंयोगः द्रव्यचाक्षुषप्रत्यक्षे कारणमित्यर्थः । सइति । महदुद्भूतरूपालोकसंयो-

तेजःपरमाणु चक्षुरादिसंयोगयोर्विद्यमानत्वात् ॥ नन्वेवं चक्षुषा तेजःप्रत्ययो न स्यात् तत्र तेजःसंयोगाभावात् प्रदीपे तत्प्रभासंयोगोऽस्तीति चेन्न मणिप्रभादौ तदभावात् ॥ दृश्यते च महान्धकारे चन्द्रकान्तमणिविशेषप्रभा । अथालोकेतरद्रव्यचाक्षुषं प्रत्यालोकसंयोगः सहकारीति चेन्न । महान्धकारे सुवर्णरूपतेजःसाक्षात्कारापत्तेः ॥ अत्रोच्यते द्रव्यचाक्षुषमात्रे आलोकसंयोगः सहकारी । नचालोकचाक्षुषे व्यभिचारः आलोकाकाशसंयोगस्यालोकेऽपि सत्त्वात् तस्य द्विनिष्ठत्वात् नचैवमन्धकारे सुवर्णसाक्षात्कारापत्तिः

गइत्यर्थः । नन्वेवमिति । एवम् । आलोकप्रतियोगिकसंयोगस्य हेतुत्वे । तेजःसंयोगाभावात् । तेजोऽन्तरप्रतियोगिकसंयोगाभावात् । स्वस्मिन्स्वप्रतियोगिकसंयोगानभ्युपगमादिति भावः । तत्प्रभा । प्रदीपप्रभा दीपप्रभायां दीपसंयोगस्यैव सत्त्वादतो मणिप्रभादाविति । मणेः पार्थिवत्वेन तत्संयोगस्याहेतुत्वादिति भावः । ननु मणिप्रभादौ सौरालोकसंयोगस्यैव सत्त्वादत आह । दृश्यते चेति । महान्धकार इत्यनेन सौरालोकव्यवच्छेदः । अन्धकारे घटादिप्रत्यक्षापत्तिवारणाय तत्रालोकसंयोगस्य हेतुत्वमास्ताम् आलोकप्रत्यक्षे तु तद्धेतुत्वे माना भावः । अन्धकारेऽपि तत्प्रत्यक्षोदयादत आलोकभिन्नद्रव्यचाक्षुषत्वावच्छिन्नं प्रत्येव तस्य हेतुत्वमतो न व्यभिचार इत्याशङ्कते । अथेति । सुवर्णेति । सुवर्णस्यालोकभिन्नत्वाभावेन तच्चाक्षुषस्यालोकसंयोगकार्यतावच्छेदकानाक्रान्तत्वादिति भावः । आलोकसंयोग इति । आलोकनिष्ठसंयोगो हेतुरित्यर्थः । यत्रालोकवति भूतले घट आनीतस्तत्रालोकप्रतियोगिकसंयोगाभावादालोकवृत्तिसंयोगत्वेनैव हेतुत्वादिति भावः । तस्य । आलोकसंयोगस्य । द्विनिष्ठत्वात् । आलोकालोकभिन्नोभयवृत्तित्वात् । एवम् । उक्तरीत्या आलोकसंयोगस्यालोकेऽपि सत्त्वे । सुवर्णेति । तत्राप्यालोकाकाशसंयोगस्य सत्त्वादिति भावः अनभिभूतेति । अनभिभूतं रूपं यस्येति व्युत्पत्त्याऽनभिभूतरूपविशिष्टालोकसंयोगस्य हेतुतया सुवर्णे तदसम्भवः सुवर्णरूपस्याभिभूतत्वात् तथाच

अनभिभूतरूपालोकसंयोगस्यैव हेतुत्वात् सुवर्णरूपन्त्वभिभूतमन्यथा सुवर्णरूपालोकसंयोगाद्द्रव्यान्तरग्रहापत्तिः ॥

सम्प्रदायविदस्तु सुवर्णभिन्न तेजोभिन्नद्रव्यचाक्षुषेऽऽलोकसंयोगो हेतुः भवति च सुवर्णमपिसुवर्णभिन्नं यत्तेजस्तद्भिन्नं मतस्तद्ग्रहेऽयालोकसंयोगो हेतुस्तेनान्धकारे न सुवर्णसाक्षात्कारइत्याहुः ॥ तथापि पूर्वस्यां दिशि आलोकसंयोगवतः परस्यां तदसंयुक्तस्य भित्त्यादेः परदिगवस्थितपुरुषेण साक्षात्कारःस्यात् । आलोकसंयोगस्य पूर्वदिगवच्छेदेन सत्त्वात् । नैवं यदवच्छेदेनालोकसंयोगस्तदवच्छिन्नचक्षुःसंयोगस्य हेतुत्वात् इह च तदभावात् ॥

द्रव्यचाक्षुषत्वावच्छिन्नं प्रत्यनभिभूतोद्भूतरूपविशिष्टालोकसंयोगस्य हेतुत्वमिति भावः । अन्यथा । सुवर्णरूपस्यानभिभूतत्वे । द्रव्यान्तरेति । अन्धकारे घटादौ सुवर्णसंयोगाद् घटग्रहापत्तिरितरभिभूतत्वं तस्येतिभावः । बलवत्सजातीयग्रहणकृतमग्रहणञ्चाभिभवइति ॥

संप्रदायविदस्त्वित्यादि । आलोकेतरद्रव्यचाक्षुषे आलोकसंयोगस्य हेतुत्वेऽन्धकारे सुवर्णसाक्षात्कारापत्तिरितःअतः सुवर्णभिन्नत्वमालोकविशेषणम् तथाच सुवर्णभिन्नंयत्तेजस्तद्भिन्नद्रव्य सुवर्णघटादिच तत्प्रत्यक्षे आलोकप्रतियोगिकसंयोगोहेतुरतोनान्धकारे सुवर्णादिसाक्षात्कार इत्यखण्डलार्थः कार्यतावच्छेदके गौरवमिशात्रास्वरसः । केचित्तु । द्रव्यचाक्षुषे आलोकसंयोगस्य प्रभासंयोगत्वेनैवहेतुता । प्रभात्वं च सुवर्णादिव्यावृत्तमित्याहुः । सुवर्णादिसंयोगव्यावृत्तं वैजात्यमुपेत्याविजातीयालोकसंयोगत्वेनैव हेतुत्वमित्यपि कश्चित् । आलोकसंयोगानवच्छेदकावच्छेदेन चक्षुःसंयोगेघटादिग्रहः स्यात्तत्रालोकसंयोगस्य चक्षुः संयोगस्य च परस्परानवच्छेदकावच्छेदेन सत्त्वादित्याशङ्कते । तथापीति । तथापि आलोकसंयोगस्य हेतुत्वेपि । परस्याम् । परदिगवच्छेदेन । तदसंयुक्तेति । आलोकासंयुक्तेत्यर्थः । पुरुषेणेति । परदिगवच्छेदेन चक्षुः संयोगवतेति शेषः । यदवच्छेदेनेति । आलोकसंयोगावच्छेदकावच्छिन्न चक्षुः

स्यादेतत् । विशेषणता न प्रत्यासत्तिः समवायाभावयो-रेवासत्त्वात् नहि तयोर्मानमस्ति । नन्वयं घटोऽयं रूपवानयं

संयोगत्वेन हेतुत्वादिति भावः । अथ मूर्तयोः समानदेशताविरोधाद् घटादावेकावच्छेदेन संयोगसम्बन्धेनालोकचक्षुषोरसम्भवादालोकसंयोगावच्छेदकावच्छिन्नचक्षुः संयोगः कथमुपपद्यतइति चेन्न । निबिडयोरेव मूर्तयोः समानदेशतानङ्गीकारात् । आलोकचक्षुषोस्तैजसत्वेन निबिडत्वाभावात् । वस्तुतस्तु वृत्तितानियामकसम्बन्धेनैव मूर्तयोर्विरोधः । नतु यथाकथंचित्सम्बन्धेनापि चक्षुःसंयोगस्य वृत्त्यनियामकत्वादालोकसंयोगावच्छेदकावच्छेदेनापि तत्सत्त्वमव्याहतमेव । नच तथाप्यालोकसंयोगस्य कारणतावच्छेदककोटिप्रविष्टत्वान्न कारणत्वमिति वाच्यम् । तादृशचक्षुःसंयोगत्वेन चक्षुः संयोगावच्छेदकावच्छिन्नालोकसंयोगत्वेन वा हेतुत्वमिति विनिगमनाविरहेण तस्यापि कारणत्वात् । नचालोकसंयोगं विनापि बिडालादेः साञ्जनचोरादेश्चान्धकारे प्रत्यक्षोदयात्कथं तस्य कारणत्वमिति वाच्यम् । विजातीयचाक्षुषं प्रत्येवालोकसंयोगस्य हेतुत्वात् । बिडालादिसाञ्जनपुरुषीयचाक्षुषव्यावृत्तं चैतद्वैजात्यमिति । केचित्तु अञ्जनाभावविशिष्टालोकसंयोगाभावत्वेन द्रव्यचाक्षुषत्वावच्छिन्नं प्रति प्रतिबन्धकत्वं तदभावत्वेन च कारणता अञ्जनाभावश्च स्वसंयुक्तचक्षुःसंयोगित्वसम्बन्धावच्छिन्नप्रतियोगिताकः । आलोकसंयोगाभावेञ्जनाभाववैशिष्ट्यञ्च सामानाधिकरण्येन आलोकसंयोगाभावश्च स्वसमानाधिकरणैकत्वसम्बन्धावच्छिन्नप्रतियोगिताको बोध्यः । तेन संयोगस्याव्याप्यवृत्तित्वेपि न क्षतिः । स च विशिष्टाभावः । क्वचिद्विशेषणाभावप्रयुक्तः क्वचिद्विशेष्याभावप्रयुक्तः साञ्जनपुंसोञ्जनाभाव विरहप्रयुक्तो विशिष्टाभावः । आलोकसंयोगस्थले चालोकसंयोगाभावविरहप्रयुक्त इत्युभयथापि प्रतिबन्धकाभावसत्त्वमव्याहतं । बिलाडादिचाक्षुषेव्यभिचारवारणाय च तत्पुरुषीयत्वं निवेशनीयमित्याहुः ॥

समवायाभावग्रहार्थमेव विशेषणता प्रत्यासत्तिरित्युक्तं तत्तु समवायाभावयोः प्रमाणसत्त्वे एव सम्भवति तदेव नेत्याशङ्कते । स्यादेतदिति । समवायाभावग्राहकत्वेनैव तत्प्रत्यासत्तित्वं स्यादित्यत आह । समवायेति । प्रमाणसत्त्वे कथं तयोरसत्त्वमतआह । नहीति । तथाच प्रमाणाभावस्य प्रमेयाभावव्याप्यत्वात्तयोरसत्त्वमिति भावः । नन्वयं घटइतरादिप्रतरञ्च घट

चलतीति प्रत्यक्षमेव घटत्व रूप चलन सम्बन्धविषयकं समवाये मानं नहि घटादौ तेषामन्यः सम्बन्धोऽस्तीति चेन्न स्वरूपसम्बन्धस्यैवाधाराधेयभावाख्यस्य सत्त्वात् नहि समवायएव घटत्वस्याधारता पटादावपि सत्त्वात् एकएव हि घटत्वपटत्वयोः समवायः ॥ एवं घटे घटत्वं रूपं च समवेतं तन्तुषु पटः समवेतः इह कर्म समवेतमित्यनुगतसमवायाकारप्रतीत्या तत्सिद्धेः ॥ नचाऽभावोऽसन् घटोनास्तीतिप्रतीत्यातत्सिद्धेः ॥

घटत्वयोः सम्बन्धविषयकं तच्च च समवायातिरिक्तसंयोगादीनां बाधात्समवायसिद्धिः । तथा चेतरबाधसहकृतप्रत्यक्षप्रमाणस्यैव सम्भवात् कथं प्रमाणाभावइत्याशङ्कते । अयङ्घटइत्यादि । ननु समावायातिरिक्तस्यैव कस्यचित्सम्बन्धस्यैव सत्त्वान्नेतरबाधइत्यतआह । नहीति । तेषां । घटत्व रूप चलनादीनाम् । अन्यः सम्बन्धः । संयोगादिः । सत्त्वादिति । तथा च समवायातिरिक्तस्याधाराधेयभावाख्यस्वरूपसम्बन्धस्य सत्त्वात्तद्विषयकत्वेनैव प्रतीतेरुपपत्तेर्न तदन्यथानुपपत्त्या समवायसिद्धिरिति भावः । नन्वाधारता समवायइति पर्यायइति सिद्धं समवायेनेत्यत आह । नहीति । पटादावपीति । सत्त्वात् । समवायस्य सत्त्वात् । तथा च समवायस्यैवाधारतात्वे पटादावपि समवायरूपघटत्वाधारतासत्त्वेन तत्रापि घटत्वविशिष्टबुद्ध्यापत्तेः समवायातिरिक्तैवाधारता स्वीकार्या तथा च किं समवायेनेति भावः । ननु पटे घटत्वसमवायाभावादेव न तथा प्रतीत्यापत्तिरतआह । एकएवहीति । तत्सिद्धेरिति । तथाच समवेतमितिप्रतीतेः स्वरूपसम्बन्धविषयकत्वेनोपपादयितुमशक्यत्वात्समवायस्वीकारइति भावः वस्तुतस्तु अयंघटइत्यादिप्रतीतीनामनन्तस्वरूपसम्बन्धविषयकत्वे गौरवाल्लाघवेनातिरिक्तसमवायविषयकत्वमितिध्येयम् । समवाये प्रमाणमुक्त्वाऽभावे तदाह । नचेति । असन्निति । अप्रामाणिकइत्यर्थः । तत्सिद्धेः । अभावसिद्धेः ॥

अथ प्राभाकराः नाभावोऽधिकः किन्तु केवलाधिकरणस्वरूप एव अतः किं तद्ग्रहाय प्रत्यासत्त्यन्तरकल्पनेन । ननु किमिदं कैवल्यं भूतलरूपं चेत् सघटभूतलस्यापि तत्त्वापत्तिः घटाभाववत्त्वं चेत् सिद्धमभावेनेति चेन्न । यत्राधिकरणे भवद्भिरभावोऽङ्गीक्रियते तदधिकरणस्यैवाभावत्वाङ्गीकारात् नचाभेदे आधाराधेयभावानुपपत्तिः । घटाभावे घटो नास्तीति प्रतीतेरभेदेऽपि त्वया घटाभावे तथाभावाङ्गीकारात् । नचान्य एव घटाभावे घटाभावः अनवस्थापत्तेरपसिद्धान्ताच्च । अत्रोच्यते यदि भूतलविशेष एव घटाभावस्तदा भूतले घटाभाव इत्याधारताप्रत्ययो न स्यात् नहि भूतलं भूतलाधिकरणं भूतले भूतलमिति प्रतीत्यापत्तेः । किञ्च यत्रेदानीं घट आनीतस्तदाधिकरणं घटाभावो नवा आद्ये इदानीं घटो नास्तीति प्रतीतिः स्यात् । अन्त्ये अन्यदापि घटो नास्तीति प्रत्ययो न स्यात् ॥

ननु वयमभावो नास्तीति न ब्रूमः किन्तु तस्याधिकरणस्वरूपत्वेनैवोपपत्तेरतिरिक्तत्वे मानाभाव इति प्राभाकरमतमुपन्यस्यति । अथ प्राभाकरा इति । अतिरिक्तः । अधिकरणादतिरिक्तः । तद्ग्रहाय । अभावग्रहाय । प्रत्यासत्तीति । विशेषणतारूपप्रत्यासत्त्यन्तरकल्पनेनेत्यर्थः । यद्यपि समवायग्रहार्थमवश्यं तत्प्रत्यासत्तेरङ्गीकारः । तथाप्यभावग्राहकत्वेन तत्प्रत्यासत्तित्वं यन्नैयायिकैरुपेयते तदेव खण्ड्यत इति भावः । इदम् । अभावप्रतीतिविषयीभूतं । तत्त्वापत्तिः । अभावस्वरूपत्वापत्तिः तथाच तत्रापि घटाभाववत्ताबुद्धिप्रसङ्ग इति भावः । अभाव इति । अभावाधिकरणमित्यर्थः । यत्रेति । यत्कालावच्छेदेन घटाभावाधिकरणता भूतले उपेयते तस्यैव तत् स्वरूपत्वमङ्गीक्रियत इति भावः । नचाभेद इति । अभेदे । अभावाधिकरणयोरभेदे । तथा भावः । आधाराधेयभावः । अनवस्थापत्तेरिति । घटाभावेऽतिरिक्ताभाववद् घटाभावत्वाभावेऽप्यतिरिक्तः कल्पनीयस्तथाचानवस्थेत्यर्थः । ननु यद्धर्मविशिष्टे यद्धर्मावच्छिन्नवत्ता न प्रतीयते तद्धर्मावच्छिन्ने तद्धर्मावच्छिन्ननिरूपिताधिकरणता नोपेयते । एवंच भूतले भूतलत्वावच्छिन्ननिरूपिताधिकरणत्वाभावान्न भूतले भूतलमिति प्रतीत्यापत्तिः । भूतले घटाभावत्वावच्छिन्ननिरूपिताधिकरणतायाः स्वीकाराच्च भूतले

किञ्च कपाले घटो भविष्यति घटो नष्ट इति प्रतीतेः अस्ति कपाले पूर्वं घटप्रागभाव उत्तरकाले घटध्वंसः स यदि कपालात्मा तदा सर्वदा तत्प्रतीतिः स्यात् कपालस्य सत्त्वात् अन्यथा कपालप्रतीतिरपि न स्यात् । किञ्चैवं मोक्षो दुःखाभावः आत्मस्व-

---

घटाभाववदिति प्रतीतिरुपपन्नैवेत्यस्वरसादाह । किंचेति । आद्ये । तदधिकरणस्य घटाभावस्वरूपत्वे । इदानीमित्यनन्तरमिहेति शेषः । अन्त्ये । तदधिकरणस्य घटाभावास्वरूपत्वे । अन्यदापीति । घटे नीतेपीत्यर्थः ॥

नन्वतिरिक्ताभाववादिमते घटे आनीते घटाभावो न नश्यति नवा गच्छति तस्य नित्यत्वादभावत्वाच्चेति कुतो न घटाभाववत्ताबुद्धिः । कथं वा भावाभावयोरेकाधिकरणावृत्तित्वरूपो विरोधस्तत्रैवोभयोःसत्त्वात् । अथ घटानधिकरणकालावच्छिन्नत्तद्भूतलादिकमेव घटाभावस्य सम्बन्धः तथाच घटवद्भूतले अनेन सम्बन्धेन घटाभावस्याविद्यमानत्वान्न घटाभाववत्ताबुद्धिः घटाभावस्य तेनसम्बन्धेनाविद्यमानत्वाच्च न विरोधिताघटकसम्बन्धेन तदधिकरणावृत्तित्वरूपविरोधव्याघातोपीतिचेत् । तर्हि विशिष्टसत्ताया अनतिरिक्तेपि यथा विशिष्टनिरूपिताधिकरणताया गुणेऽसत्त्वात् गुणो गुणकर्मान्यत्वविशिष्टसत्तावानिति न प्रत्ययस्तथा सघटभूतलेपि तत्कालावच्छेदेन घटाभावाधिकरणताया अनङ्गीकारान्न घटाभाववत्ताबुद्धिप्रसङ्ग इत्यस्वरसादाह । किञ्चकपालइति । केचित्तु ननुत्पादविनाशशालिनी एकातिरिक्ताऽधिकरणतापेयते तस्याश्च घटे आनीते नाशोपगमेन न तद्वत्ताबुद्धिप्रसङ्ग इत्यस्वरसमाहुः । तदसत् प्रतिक्षणम् प्रामाणिकानन्ताधिकरणत्वतन्नाशाद्युपगमे गौरवेणातिरिक्ताभावस्यैव कल्पयितुमुचितत्वात् । नच त्वदुक्तेप्येष दोषइतिवाच्यम् । मन्मते घटाभावाधिकरणताया घटाधिकरणकालस्यावच्छेदकत्वानभ्युपगमेनानुपपत्त्यभावात् । सइति । घटप्रागभावो घटध्वंसश्चेत्यर्थः । सर्वदेति । प्रागभावनाशकालेध्वंसानुत्पत्तिक्षणेचेत्यर्थः । कपालस्यावइतय्यर्थइतिकश्चित् । अन्यथा । प्रागभावध्वंसयो घटकाले सत्त्वेपि प्रतीत्यस्वीकारे । कपालप्रतीतिरपीति । कपालस्वरूपप्रागभावध्वंसयोरप्रतीतौ कपालमपि कथं प्रतीयेत त्रयाणामैक्येनेकस्याप्रतीतौ न कस्यापि प्रतीतिः स्यात् । कस्यचित्प्रतीतौ सर्वस्यैव प्रतीयेतेति भावः । अन्यथा । कपालासत्त्वइत्यर्थइति कश्चित् । नन्व

पः स्यात् तथाच असाध्यतापत्तिस्तस्य नित्यत्वादिति सङ्क्षेपः । स्यादेतत् एवं घटाभावो नास्तीति प्रतीत्या घटाभावाभावोप्यधिकः स्यात् स्यादेवेति चेत्तर्हि तदभावोप्यधिकः स्यादित्यनवस्था केवलाधिकरणं तदभाव इति चेत्तर्हि सर्वत्र स एवाभावोस्तु कृतमधिकेन भवदुक्तदूषणगणप्रसङ्गश्चैवं स्यात् ।

नापि घटकालावच्छेदेन घटप्रागभावध्वंसाधिकरणताया अनभ्युपगमान्न तत्काले तद्वत्ताबुद्धिरित्यस्वरसादाह । किञ्चाभावश्चेति । नन्त्पादविनाशशालिनी मधिकरणतामङ्गीकृत्य घटकाले घटप्रागभावाधिकरणताया नाशाद् ध्वंसाधिकरणताया अनुत्पत्तेश्च न तद्वत्ताबुद्धिरित्यस्वरसात्किञ्चेतीति केचित् । तत्तु पूर्वमेव दूषितत्वादनादेयम् । असाध्यत्वेति । इष्टापत्तौ तु श्रवण मनन निदिध्यासन ध्यान धारणा समाधिकृतमनेकविधं दुःखं कोपि*नानुभूयादिति बोध्यम् । ननु नित्यसुखाभिव्यक्तेरेव मुक्तित्वेनना साध्यतापत्तिरित्यत आह । सङ्क्षेप इति । तैरीश्वरानङ्गीकारादीश्वरीयनित्यसुखमप्रसिद्धं जीवस्य तु नित्यसुखे प्रामाणाभावेन नित्यसुखाभिव्यक्तिर्मुक्तिरिति मुक्तिलक्षणमसम्भवि । तस्माद्दुःखध्वंसरूपमुक्तेरसाध्यत्वापत्तिरस्त्येवेतिभावः । इदन्तु चिन्त्यम्तन्मते दुःखध्वंसनिरूपिताधिकरणतायाः साध्यत्वं सम्भवत्येव मेरुत्वाधिकरणतायाः साध्यत्वोपगमादिति प्राभाकरमते न कश्चिद्दोषः । वस्तुतस्तु भूतले घटोनास्ति पर्वते घटोनास्तीत्यादिप्रतीतीनामनन्ताधिकरणभेदेन तत्तदधिकरणस्वरूपाभावविषयकत्वकल्पने गौरवादेकातिरिक्तघटत्वावच्छिन्नप्रतियोगिताकाभावविषयकत्वमेव समुचितम् । एवं घटवत्ताबुद्धिं प्रति घटाभाववत्ताज्ञानत्वेन प्रतिबन्धकतायां सघटभूतलेपि यत्किञ्चिद्घटाभावस्य सत्त्वाद्घटाभावकूटवत्ता ज्ञानत्वेनैव प्रतिबन्धकत्वं वाच्यम् । तदपेक्षया घटत्वावच्छिन्नप्रतियोगिताकाभाववत्ता ज्ञानत्वेनैव प्रतिबन्धकस्यौचित्यमित्यादिरीत्या अतिरिक्ताभावसिद्धिरिति निपुणतरमूहनीयम् । तदभाव इति । घटाभावाभावस्याप्यभाव इत्यर्थः । केवलाधिकरणमित्यादि । केवलाधिकरणम् । घटाभावानधिकरणं भूतलं । तदभावः । घटाभावाभावः । सर्वत्र । घटाभावस्थलेपि । सएव । अधिकरणस्वरूप एव । ननु सर्वत्राधिकरणस्वरूपत्वे पूर्वं दूषणन्दत्तमेवेत्यत आह । भव-

* नानु भवेदितिपाठोयुक्तः ॥

प्राचाहुः घटाभावाभावो घट एव तत्सत्त्वे घटाभावो नास्तीति प्रतीतेः न च केवलाधिकरणरूपः उक्तयुक्तेरिति सम्प्रदायः ॥ नव्यास्तु घटाभावाभावोऽधिक एव अभावत्वेन प्रतीतेः न-चायं भ्रमः बाधकाभावात् तदभावस्तु घटाभाव एव नाधिक इति नानवस्थानमित्याहुः । स्यादेतत् भूतलं घटभेदभिन्नन्नवा अन्त्ये आयातं भूतलमेव घटभेद इत्यनेन । आद्ये तद्भेदभेदोऽप्यधिकः स्यात् स एवेति चेत्तद्भेदभेदोऽप्यधिकः स्यादित्यनवस्था । अथानवस्थाभयाद्भेदभेदो नाधिकः किन्त्वधिकरणरूप इति चेन्न भवदुक्तदूषणगणप्रसङ्गात् । अत्राहुः भेदभेदोऽप्यधिक एव न चैवं तद्भेदोऽप्यधिकः स्यादिष्टत्वात् न चेयमनवस्था दोषाय प्रामाणिकत्वात् । तदाहुः "सर्वतो बलवती ह्यन्यथानुपपत्तिरिति" सङ्क्षेपः । स चायमभावो द्विधा अन्योन्याभावः संसर्गाभावश्च । तत्रेदमिदन्न भवति इदमेत-

---

दुक्तेति । एवम् । घटाभावाभावस्याधिकरणस्वरूपत्वे । तथाच यानि दूषणानि घटाभावस्याधिकरणस्वरूपत्वे त्वयोक्तानि तानि त्वन्मतेऽप्यविशिष्टानीति भावः । तत्सत्त्वे । घटसत्त्वे । उक्तयुक्तेरिति । आधाराधेयभावानुपपत्तिरूपदूषणादित्यर्थः ॥

सम्प्रदायमतेऽस्वरसं वदन्नव्यमतमाह । नव्यास्त्विति । अयम् । अभावत्वेन प्रत्ययः । बाधकाभावात् । प्रमात्वे बाधकाभावात् । अन्योन्याभावस्थलेप्याशङ्कते । स्यादेतदिति । अन्त्ये । भूतले घटभेदभिन्नत्वाभावे । आद्ये । भूतलस्य घटभेदभिन्नत्वे । तद्भेदोपीति । घटभेदस्य भेदोपीत्यर्थः । भवदुक्तेति । आधाराधेयभावानुपपत्तिरूपदूषणगणप्रसङ्गादित्यर्थः । । प्रामाणिकत्वादिति । बीजाङ्कुरानवस्थायामिव प्रमाणसिद्धत्वादित्यर्थः । सङ्क्षेप इति । घटभेदाभावो घटत्वस्वरूप इत्यादि बोध्यम् । स चायमिति । प्रागुक्तयुक्त्या अतिरिक्तत्वेन सिद्धोऽभावश्चेत्यर्थः । तत्र प्रथमोद्दिष्टमन्योन्याभावं लक्षयति । तत्रेति । प्रतीतिसाक्षिक इति । इदम्प्रतीतिसिद्धमखण्डोपाधिरूपमन्योन्याभावत्वमेवान्योन्याभावलक्षणमित्यर्थः । प्राचीनोक्तमन्योन्याभावलक्षणन्दर्शयति । यदिदमाहुरित्यादिना । तादात्म्येति । तदात्मनो भावस्तादात्म्यम् घटतादात्म्यं हि घटत्वं तथाच घटान्योन्याभावबोधे घटत्वं सम्बन्धविधया प्रकारतया च प्रतियोगितावच्छेदकं भासत इति द्विविधत-

द्भिन्नमिति प्रतीतिसाक्षिकोऽभावोऽन्योन्याभावः यदिदमाहुः "तादात्म्यसम्बन्धावच्छिन्नप्रतियोगिताकोऽभावः" इति तदन्योऽभावः संसर्गाभावः। सोऽपि त्रिविधः अत्यन्ताभावप्रागभावप्रध्वंसाभावभेदात्। नास्तीत्यनुभवसिद्धो नित्यः संसर्गाभावोऽत्यन्ताभावः॥

योघटत्वस्यभानं। नच संयोगितादात्म्यं संयोग एवेति संयोगावच्छिन्नप्रतियोगिताकसंयोग्यत्यन्ताभावेऽतिव्याप्तिरिति वाच्यम्। तादात्म्यसामान्यसम्बन्धावच्छिन्नेति तदर्थात्तादात्म्यत्वादिविशिष्टत्वस्यैव हि तादात्म्यसामान्यत्वं तादात्म्यं च सम्बन्धताविशेषः प्रतीतिसाक्षिकः घटत्वादिरूपतादात्म्यं तादात्म्यत्वेनैव घटान्योन्याभावप्रतियोगितावच्छेदकमिति लक्षणसमन्वयः। संयोग्यत्यन्ताभावे च संयोगत्वेनैव सम्बन्धत्वं न तु तादात्म्यत्वेनेति नानुपपत्तिः। अत्र ध्वंसप्रागभावयोरिवान्योन्याभावस्य प्रतियोगितावच्छेदकसम्बन्धे मानाभावः। नचात्यन्ताभावस्यापि तथास्त्विति वाच्यम्। संयोगसम्बन्धावच्छिन्नघटात्यन्ताभाववत्ताज्ञाने सत्यपि समवायादिसम्बन्धेन घटवत्ताज्ञानोदयात्संयोगसम्बन्धावच्छिन्नघटनिष्ठप्रकारताशालिज्ञानं प्रति संयोगसम्बन्धावच्छिन्नप्रतियोगिताकघटाभावप्रकारकज्ञानत्वेन प्रतिबन्धकत्वात्। अत्यन्ताभावस्य प्रतियोगितावच्छेदकसम्बन्धावश्यकत्वात् अन्योन्याभावस्य च नानासम्बन्धावच्छिन्नप्रतियोगिताकत्वाभावेन समवायेन घटत्ववत्ताज्ञानं प्रति घटान्योन्याभाववत्ताज्ञानत्वेनैव प्रतिबन्धकतयाऽन्योन्याभावस्य तथानावश्यकत्वादित्यखण्डोपाधिरूपत्वमेव तस्य सम्यगित्यस्वरसमाहुरित्यनेनसूचितः। तदन्यइति। अन्योन्याभावान्यइत्यर्थः। तथाचान्योन्याभावभिन्नाभावत्वंसंसर्गाभावत्वमिति तल्लक्षणमितिभावः। अत्र च यद्यपि नास्तीति प्रतीतिसाक्षिकोऽभावः संसर्गाभावस्तदन्योऽभाव अन्योन्याभावइत्यपि वक्तुमुचितम्। तथापि नास्तीतिप्रतीतेरत्यन्ताभावविषयकत्वेनैवोपपत्तेरतिरिक्तसंसर्गाभावत्वे मानाभावान्न तथोक्तम्। सोऽपि। संसर्गाभावोऽपि। अत्र नास्तीत्यनुभवेत्यादि ध्वंसे च विनष्टइत्यादिप्रतीतिप्रदर्शनमत्यन्ताभावध्वंसयोः प्रमाणदर्शनाय न तु लक्षणेऽपि तन्निवेशइति बोध्यम्। नित्यत्वमात्रोक्तौ गगनादौ संसर्गाभावमात्रोक्तौ च प्रागभावध्वंसयोरतिव्याप्तिरित्युभयोपादानं। नित्यत्वं चात्र प्रागभावाप्रतियोगित्वे सति ध्वंसाप्रतियो

विनष्ट इति प्रतीतिसाक्षिकोत्पत्तिमानभावो ध्वंसः । स च न विनाशशाली तद्विनाशकल्पनायां मानाभावात् नहि विनाशो विनष्ट इति प्रत्येति कश्चित् तत्प्रागभावस्य घटादिरूपप्रतियोगी तत्प्रागभावस्य उभयत्र । ध्वंसो भविष्यतीति प्रत्ययात् । विनाश्यभावः प्रागभावः स च भविष्यतीत्यनुगतानुभवसाक्षिको दुरपह्नवः ॥ तस्य च ध्वंसः घटादिरूपप्रतियोगी त-

---

गित्वम् । ध्वंसस्य प्रागभावप्रतियोगित्वात् प्रागभावस्य ध्वंसप्रतियोगित्वाच्च तत्रातिप्रसङ्गः । एकतरमात्रोक्तौ चान्यतरातिव्याप्तिरिति ध्येयम् ॥

उत्पत्तिमानिति । उत्पत्तिमत्त्वमात्रोक्तौ घटादावभावत्वमात्रोक्तौ चात्यन्ताभावादावतिव्याप्तिवारणायोभयोपादानम् । आद्यक्षणसम्बन्ध उत्पत्तिः । स्वाधिकरणक्षणवृत्ति प्रागभावप्रतियोगिक्षणसम्बन्ध उत्पत्तिरिति यावत् । अध्वस्तक्षणयोगस्य क्षणयोगो जनिर्मतेति वा तदर्थः । स्वाधिकरणक्षणध्वंसानधिकरणक्षणसम्बन्ध एवोत्पत्तिरिति । महाप्रलयाङ्गीकर्तृमते तु क्वचिदपि यदीयसमयसम्बन्धे यत्समयवृत्तिध्वंसप्रतियोगित्वं नास्ति तस्य तत्समयसम्बन्ध उत्पत्तिरिति तदर्थः । स्ववृत्तिपदार्थप्रागभावानधिकरणत्वं स्ववृत्तिध्वंसप्रतियोग्यनधिकरणत्वं वा क्षणत्वमिति बोध्यम् । स च । ध्वंसश्च । ननु प्रतीतिरेव मानमत आह । नहीति । ध्वंसस्य ध्वंसाप्रतियोगित्ववत्प्रागभावाप्रतियोगित्वमपि स्यादिति भ्रमं निराकर्तुमाह । तत्प्रागभावस्येति । ध्वंसप्रागभावस्येत्यर्थः । अग्रे च प्रतियोगिप्रागभाव एव तत्प्रागभावपदेन ग्राह्यः । अत्र प्रतीतिं प्रमाणयति । उभयत्रेति । प्रतियोगिदशायां प्रतियोगिप्रागभावदशायां चेत्यर्थः इदमुपलक्षणं । ध्वंसप्रागभावानधिकरणकालस्य प्रतियोग्यधिकरणत्वनियमेन ध्वंसस्य ध्वंसस्वीकारे घटोन्मज्जनप्रसङ्गाद् ध्वंसस्य ध्वंसः । एवं घटप्रागभावकाले ध्वंसोन्मज्जनप्रसङ्गाद् घटप्रागभावस्य घटध्वंसप्रागभावरूपत्वमपि द्रष्टव्यम् । प्रागभावं लक्षयति । विनाशीति । घटादौ अत्यन्ताभावादौ चातिव्याप्तिवारणाय यथाक्रमं विशेषणद्वयोपादानं । ननु प्रागभावाङ्गीकारे मानाभाव इत्यत आह । स चेति । तथा च भविष्यतीति प्रतीतिविषयतया प्रागभाव आवश्यक इति भावः । ननु भविष्यत्त्वस्य वर्तमानप्रागभावप्-

ध्वंसस्य उभयत्र विनष्टः प्रागभाव इति प्रतीतिः । अत्यन्ताभावान्योन्याभावौ च नित्यौ ॥

नित्यस्याभावो द्विविधः । एकमात्रवृत्तिधर्मावच्छिन्नप्रतियो-

गित्वरूपत्वे प्रागभावसिद्धिः । तदेव न किन्तु वर्तमानकालोत्तरकालोत्पत्तिकत्वमेव तत्त्वम् । नच यत्सामग्र्यव्यवहितोत्तरोयः क्षणः स तदुत्पत्तिमानिति सामग्रीव्याप्तेः घटादिद्वितीयक्षणे घटादेरुत्पत्तिवारणाय प्रागभावहेतुत्वमावश्यकमिति वाच्यम् । उत्पत्त्यन्तर्भावेन सामग्रीव्याप्तेरनुपगमात् अपितु तदधिकरणत्वान्तर्भावेनैव अस्तु वा तथातथापि जन्यद्रव्यत्वावच्छिन्नं प्रति समवायेन द्रव्यत्वेन प्रतिबन्धकत्वोपगमेनानुपपत्तेरभावात् अनन्तप्रागभावकल्पनामपेक्ष्यैकप्रतिबध्यप्रतिबन्धकभावकल्पनाया एवोचितत्वादिति चेत् । अत्राहुः । सहस्रतन्तुकपटस्थले स्वानधिकरणतन्त्वादौ पटोत्पत्तिवारणाय तावत्संयोगानां तत्तत्तन्तूनां वा तत्तद्व्यक्तित्वेन कारणत्वमपेक्ष्यैकप्रागभाव कारणत्वमेव वक्तुमुचितं । प्रागभावस्य च प्रतियोगिसमानदेशत्वनियमेन पटादीनां देशनियमोपपत्तिः । नच त्रिचतुःषु[*]त्पन्नेषु संयुक्तेषु च तन्तुषु तत्पटोत्पत्तिवारणाय तत्तत्तन्तूनां तत्तत्तन्तुसंयोगानां वा हेतुत्वमावश्यकमिति वाच्यम् । चरमतन्तुसंयोगव्यक्तेरेव तद्व्यक्तित्वेन हेतुत्वोपगमात् । चरमसंयोगानधिकरणतन्तावपि तत्पटोत्पत्त्या तादृशहेतुत्वस्य तन्त्वन्तरे तत्पटोपादानवारणासम्भवात् प्रागभावस्यैकारस्यावश्यकत्वात् । चरमसंयोगस्य च तत्पट प्रति समवायेन न हेतुता चरमसंयोगानधिकरणतन्तावपि तत्पटोत्पत्तेः किन्तु समवायसम्बन्धेन तत्पटं प्रति कालिकसम्बन्धेन चरमसंयोगो हेतुरित्यलमप्रकृतविचारेण । तस्य चेति । प्रागभावस्य चेत्यर्थः । तद्ध्वंसस्य । प्रतियोगिध्वंसस्य । प्रतीतिं प्रमाणयति । उभयत्रेति । प्रतियोगिदशायां प्रतियोगिध्वंसदशायां चेत्यर्थः । इदमुपलक्षणं । प्रागभावोन्मज्जनप्रसङ्गोऽपि द्रष्टव्यः ॥

नित्याविति । नित्यत्वं चात्र प्रागभावाप्रतियोगित्वे सति ध्वंसाप्रतियोगित्वं ग्राह्यम् अतएव ध्वंसप्रागभावयोर्न विभाग इति भावः । प्रसङ्गाद् व्यासज्यवृत्तिधर्मावच्छिन्नप्रतियोगिताकाभावमतिरिक्तं साधयितुं प्रणालीमारभते । नित्यस्येत्यादिना । एकमात्रेति । एकमात्रपर्याप्तवृत्तिकेत्यर्थः ।

---

* त्रिचतुरेषु इतिपाठं सम्यक् प्रतिपद्ये ॥

गिताकोऽन्यश्च । न चान्यत्र मानाभावः । घटवति घटपटौ नस्तः घटो न घटपटौ । एकघटवति न घटौ । एको न द्वावित्यादि-प्रतीतिः एकघटवति द्वित्वावच्छिन्नतदत्यन्ताभावस्यैक-च्छिन्नोभयान्योन्याभावस्य च सत्त्वात् । नच प्रतियोगिमति

अन्यश्चेति । एकमात्रापर्याप्तवृत्तिकधर्मावच्छिन्नप्रतियोगिताकश्चेत्यर्थः । मथा-न्ये । एकमात्रापर्याप्तवृत्तिकधर्मावच्छिन्नप्रतियोगिताके अभावे । घटवती-त्यादिप्रतीतिद्वयप्रदर्शनमत्यन्ताभावान्योन्याभावभेदेन । घटवतीति । व्या-सज्यवृत्तिधर्मावच्छिन्नाभावानभ्युपगमे तादृशप्रतीत्यनुपपत्तिरिति भावः । नच तादृशप्रतीतेः पटाभावविषयकत्वेनैवोपपत्तेर्नातिरिक्ताभावसाधकत्व-मिति वाच्यम् । तथासति क्वचिद् घटाभावः क्वचित्पटाभावो विषय इति तादृशानुगतप्रतीत्यनुपपत्तेः । अनुगतधर्मं विनाऽनुगतप्रतीत्यभावात् । न-न्वायातु द्वित्वावच्छिन्नप्रतियोगिताकाभावस्तथापि क्लृप्तानामेव द्वित्वस-मानाधिकरणघटत्वपटत्वाद्यवच्छिन्नप्रतियोगिताकाभावानां प्रतियोगिता-वच्छेदकत्वमुपेयते । तथाच तस्यातिरिक्तत्वे मानाभाव एवेत्यत आह । एकघटवतीति । घटौ न स्त इति प्रतीतेर्यदि घटप्रतियोगिताकाभावो वि-षयस्तर्हि घटद्वयवत्यपि यत्किञ्चिद् घटप्रतियोगिकाभावसत्त्वात् तादृशप्र-तीत्यापत्तिः । यदि च घटत्वावच्छिन्नाभावो विषयस्तदा एकघटवत्यपि घटौ न स्त इति प्रतीत्यनुपपत्तिरित्यगत्या अतिरिक्तोऽभावोऽभ्युपेयत इति भा-वः । ननु तद्घटवति तद्घटान्यघटत्वावच्छिन्नाभावः घटान्तरवति च तदन्य-घटत्वावच्छिन्नाभावो विषयो वक्तुं शक्यत एवेति चेन्न । तथाप्यनुगतधर्मं वि-नानुगतप्रतीतेरुपपादयितुमशक्यत्वमित्यादेः प्रागेव निवेदितत्वात् । ननु यत्किञ्चिद् घटवति घटपटौ न स्त इति प्रतीतेर्द्वित्वसामान्यं न प्र-तियोगितावच्छेदकं तथाविधयत्किञ्चिद् घटासत्त्वेन तदवच्छिन्नाभा-वासम्भवात् । नापि द्वित्वविशेषः । तत्तद्द्वित्वत्वेनाप्यनुपस्थितेः । तत्तद्द्वि-त्वाद्यनुपस्थितिदशायामपि तादृशाभावप्रतीतेः । केवलघटादिमत्यपि तथा प्रत्ययेन प्रत्येकघटत्वपटत्वादिकमपि न तथेति त्वन्मतेप्यनुगतप्रत्य-योनुपपन्न एवेति चेन्न । द्वित्वं द्वित्वधर्मितावच्छेदकीभूतं घटत्वं पटत्वं च तथा । प्रतियोगितावच्छेदकताचात्र व्यासज्यवृत्तिग्राह्या प्रतियोगितावच्छे

कथं तदभाव स्तयोर्विरोधादिति वाच्यम् । प्रतियोगितावच्छेदकावच्छिन्नेनैवाभावस्य विरोधात् । नचैकोद्वित्वावच्छिन्न एकोद्वावित्यप्रतीतेः । अतएव दण्डिपुरुषाद्दण्डे अपनीते पुरुषे सत्यपि दण्डीपुरुषो नास्तीति धीबलाद् विशिष्टाभावो विशेषणावच्छिन्नविशेष्याभावरूपो भ्युपेयते । नचेयं दण्डाभाव विषया । दण्डवत्यपि तथा प्रतीतेः । नच पुरुषाभावविषया तस्य सत्त्वात् । तस्माद्यत्र विशेषणाभावो विशेष्याभाव उभयाभावो वा तत्र विशिष्टाभावोऽधिकोऽवसेयः ॥

दकावच्छिन्नंच घटपटोभयमिति नानुपपत्तिलेशोपीति ध्येयम् । तयोरिति । प्रतियोग्यभावयो रेकाधिकरणावृत्तित्वरूपविरोधादित्यर्थः । नन्वेकस्मिन्नपि समवायेन द्वित्वमस्त्येवेत्यत आह । एकोद्वाविति । एकस्मिन्समवायेन द्वित्वस्य सत्त्वे न एकोद्वाविति प्रतीत्यापत्तिरतः समवायेनतत्सत्त्वेपि पर्याप्तिसम्बन्धेन तदसत्त्वान्न तथा प्रतीतिरित्युपेयम् । एवंच प्रतियोगितावच्छेदकपर्याप्त्यधिकरणेनैवाभावस्य विरोधान्नतदनुपपत्तिरिति भावः । प्रतियोगितावच्छेदकावच्छिन्नेनैवाभावस्य विरोधात्प्रतियोगिमत्यपि नातिरिक्तविशिष्टाभावोनिरुक्तहेतोरत आह । अतएवेति । प्रतियोगितावच्छेदकावच्छिन्नेनैवाभावस्य विरोधादेवेत्यर्थः । इयं । दण्डीपुरुषोनास्तीति धीः । तस्य । पुरुषस्य । न च क्वचिद्दण्डाभावोविषयः क्वचित्पुरुषाभावोविषयइति वाच्यम् । विषयानुगमंविनाऽनुगतप्रतीत्यनुपपत्तिरित्यस्यसकृदावेदितत्वात् ॥

नन्वायातु उपदर्शितरीत्या अतिरिक्तोऽभावः । तथापि तद्ग्राहिका न विशेषणता प्रत्यासत्तिः किन्तु चक्षुरादिना वन्ह्यादिज्ञानासम्भवात् यथाऽनुमानादेः प्रमाणान्तरत्वं तथाऽभावग्रहे क्लृप्तानांसंयोगादिसन्निकर्षाणामभावेनेन्द्रियादेर्ग्राहकत्वासम्भवात् प्राप्तस्यैवेन्द्रियस्य ग्राहकत्वात् । अन्यथा निमीलितनयनस्यापि घटादिग्रहापत्तेरित्यनुपलब्ध्याख्यं प्रमाणान्तरमभावग्राहकमेषितव्यम् । नच विशेषणतैव सन्निकर्षः । तस्यास्तत्वेनाक्लृप्तत्वात्समवायानङ्गीकारेण समवायग्राहकत्वेनाप्यक्लृप्तत्वाच्च । तथाच

भट्टास्तु अभावो नेन्द्रियग्राह्यः क्लृप्तसन्निकर्षाणामभावात् किन्त्वनुपलब्धिरूपप्रमाणगम्य इत्याहुः । तन्न । प्रमाणान्तरकल्पनातः सन्निकर्षान्तरकल्पनाया लघुत्वात् । अन्यथा संयोगादीनां क्लृप्तानां सन्निकर्षाणामभावात् शब्देऽपि प्रमाणान्तरकल्पनापत्तेः । तच्च शब्दं साक्षात्करोमीति प्रतीतेः प्रत्यक्षएवायमिति चेत् । इहापि पश्यामि घटाभावमिति प्र-

---

घटाभावस्यानुपलब्धिरूपप्रमाणजन्यमनुपलब्धिरूपमेव ज्ञानं नतु साक्षात्कारः साक्षात्कारत्वस्येन्द्रियजन्यत्वव्याप्यत्वात् । नचैवं निमीलितनयनस्यापि घटाभावग्रहापत्तिः । सञ्ज्ञामभावोनिरूप्यइति नियमात् । अभावग्रहेऽधिकरणप्रत्यक्षस्य जनकतया तज्जननार्थमिन्द्रियापेक्षणात् अतएवतज्जनकतयाऽन्यथासिद्धमिन्द्रियं नाभावग्रहे हेतुः । नचाधिकरणप्रत्यक्षस्य व्यापारतया न तेन तदन्यथासिद्धिः । व्यापारेण व्यापारिणोऽन्यथासिद्ध्यसम्भवात् । अन्यथा चक्षुः सन्निकर्षेण चक्षुषोप्यन्यथासिद्धिः प्रसज्येत इति वाच्यम् । इन्द्रियस्य जनकत्वसम्भवेपि अधिकरणप्रत्यक्षस्य तद्व्यापारत्वं तदेव न क्लृप्तसन्निकर्षाभावात् । एवंचानुपलब्धिरूपप्रमाणस्यापि सत्त्वासत्त्वायैव प्रमाणानीत्यप्यसङ्गतमिति निष्कृष्टं भट्टमतं दूषयितुं तन्मतमुपन्यस्यति । भट्टास्त्वित्यादिना । नेन्द्रियग्राह्यः । नेन्द्रियजन्यलौकिकसाक्षात्कारविषयः । क्लृप्तसन्निकर्षाणां । संयोगादिषण्णांसन्निकर्षाणाम् । अभावात् । अभावे असम्भवात् । ननु तर्हि अभावग्रहानुपपत्तिरत आह । किन्त्विति । इष्टग्रमाणान्तरजन्यज्ञानेच न सन्निकर्षापेक्षेति नेन्द्रियसमानतेति भावः । प्रमाणान्तरेति । धर्मिकल्पनातोधर्मकल्पनायालघीयस्त्वमिति न्यायादनुपलब्धेरक्लृप्तविजातीयप्रमां प्रति करणत्वकल्पनामपेक्ष्य क्लृप्तप्रत्यक्षप्रमाहेतुतया विशेषणता रूपसन्निकर्षकल्पनमेव लघीयइत्यर्थः । तथाचेन्द्रियेणैव तद्ग्रहइति भावः । अन्यथेति । सन्निकर्षकल्पनयोपपत्तावपि प्रमाणान्तरकल्पनेइत्यर्थः । अन्यथा सन्निकर्षान्तराकल्पने इत्यर्थइत्यपि कश्चित् । क्लृप्तानां संयोगादित्रयाणां सन्निकर्षाणां शङ्के । तच्चेति । प्रत्यक्षएव । प्रत्यक्षविषयएव । अयं । शब्दः । तथाच जन्यसाक्षात्कारत्वावच्छिन्नं प्रति सन्निकर्षत्वेन हेतुतया शब्देपि सन्निकर्षकल्पनमावश्यकं । सन्निकर्षत्वंचसंयोगाद्यन्यतमत्त्वमिति भावः । अध्यक्षतएवेत्यनन्तरमभावइति शेषः । त-

तीतेः प्रत्यक्ष एवेति तुल्यम् । किञ्चानुपलब्धेः प्रमाजन-
नेव्यापाराभावात् कथं प्रमाकरणत्वम् । व्यापारवद्धि का-
रणं करणमित्युक्तम् । नन्वेवं घटाभाववति घटोपलब्धा-
वपि घटाभावप्रत्ययः स्यात् इन्द्रियसम्बद्धविशेषणतायाः स-
त्त्वादिति चेन्न । योग्यानुपलब्धेरभावग्रहे हेतुत्वात् ।
अथ केयं योग्यानुपलब्धिः योग्यस्य प्रतियोगिनोऽनुपलब्धिः

घाचात्राप्यभावग्रहार्थं सन्निकर्षापेक्षणमावश्यकमिति भावः । ननुशब्देऽपि
प्रमाणान्तरापत्तेरित्ययुक्तं प्रतिबन्देरनुत्तरत्वादित्यस्वरसादाह । किञ्चेति
ननु व्यापाराभावेऽपि फलायोगव्यवच्छिन्नकारणत्वरूपकरणत्वमुपपद्यतएव ।
अतएव "साधकतमं करणमिति" सूत्रमपीत्यतआह । व्यापारवदिति । नि-
मीलितनयनदशायामन्धकारे च चक्षुषोऽपि फलायोगात् स्वेतरयावत्कारण
समवधाने यदव्यवहितोत्तरक्षणे कार्योत्पत्तिस्तत्त्वमेव फलायोगव्यवच्छिन्नत्वं
वाच्यम् । एतस्य च यावत्कारणघटिततया गुरुत्वेन व्यापारवत्कारणत्वस्यैव
करणत्वरूपत्वौचित्येनानुपलब्धेः प्रमाणत्वव्याघातइति भावः । उक्तमिति ।
उक्तप्रायमित्यर्थः । वस्तुतस्तु । धर्मिकल्पनातोधर्मकल्पनालघीयसीति न्यायेनैव सन्निकर्षकल्पनं न-
तु प्रमाणान्तरकल्पनमिति पूर्वोक्तयुक्तिरतिरमणीयेति हृदयम् ॥

अनुपलब्ध्याख्यप्रमाणानङ्गीकारे घटाभाववति घटभ्रमदशायां घटाभाव-
सत्त्वादिन्द्रियसम्बद्धविशेषणतया घटाभावप्रत्यक्षापत्तिः । मन्मते च घटोपल-
म्भसत्त्वेनानुपलब्धेरभावान्न तत्प्रत्यक्षापत्तिरित्यनायत्या प्रमाणान्तरकल्प-
नमावश्यकमित्याशयेन मीमांसकः शङ्कते । नन्वेवमिति । एवम् । अनुपल-
ब्ध्याख्यप्रमाणमनङ्गीकृत्येन्द्रियसम्बद्धविशेषणताया अतिरिक्तायाः प्रत्यास-
त्तित्वे । योग्यानुपलब्धेरपीति । चक्षुषा घटाभावप्रत्यक्षेजननीये भवताम-
तिरिक्तप्रमाणत्वेनाभ्युपगतायाः योग्यानुपलब्धेः सहकारित्वं कल्प्यते । घ-
टाभाववति च घटोपलम्भेन योग्यानुपलब्ध्यभावादेव न घटाभावप्रत्यक्षा-
पत्तिरिति भावः । नन्वेवं किमविशिष्टमनुपलब्धेः प्रमाणत्वेन प्रत्युतेन्द्रिय-
स्य कारणत्वे विशेषणतारूपप्रत्यासत्तिकल्पनमधिकमिति चेन्न । विजा-
तीय प्रमाणकल्पनापेक्षया प्रत्यासत्त्यन्तरकल्पनायान्याय्यत्वात् । व्यापारव-
त्त्वाभावेन प्रमाणत्वासम्भवस्य पूर्वमेव दर्शितत्वाच्चेति । अभावग्रहे । अभाव-
लौकिकप्रत्यक्षे । अथ केयमिति । इयम् । अभावग्रहे हेतुः । योग्यस्यानुपल-

सहकारिणीतिमतं तन्न । पृथिवीत्वाभावस्य जलपरमाणौ ग्रहापत्तेः भवति हि पृथिवीत्वं चक्षुर्योग्यं तदनुपलब्धिश्च जलपरमाणौ किञ्च स्तम्भे पिशाचभेदग्रहानुपपत्तेः पिशाचस्य भेदप्रतियोगिनोऽयोग्यत्वात् । अथ योग्येऽधिकरणे प्रतियोगिनोऽनुपलब्धिः सहकारिणीति चेन्न । भूतले पिशाचात्यन्ताभावग्रहापत्तेः । परमाणौ महत्त्वाभावग्रहानापत्तेश्च ॥ यत्तु अत्यन्ताभावग्रहे योग्यप्रतियोग्यनुपलब्धिरन्योन्याभावग्रहे च योग्येऽधिकरणे प्रतियोगितादात्म्यानुपलब्धिः सहकारिणी ति मतं तन्न । जलपरमाणौ पृथिवीत्वात्यन्ताभावग्रहापत्तेः । वायावुद्भूतरूपवद्भेदग्रहानापत्तेश्च । नचेष्टापत्तिः । अनुभवविरोधात् ॥

अत्रोच्यते योग्या सहकारिसम्पन्नानुपलब्धिः कारणम् । अतएवान्धकारे न घटाभावग्रहश्चक्षुषा । तथालोकाधिकरणसन्निकर्षस्यापि हेतुत्वात् नवा जलपरमाणौ पृथिवीत्वाभावग्रहः योग्यसन्निकर्षाभावात् । कः सन्निकर्षो योग्यः पृथि-

---

ब्धिरिति वा योग्येऽनुपलब्धिरिति वा योग्यानुपलब्धिशब्दार्थ इत्यर्थः । तत्राद्यमाशङ्कते । योग्यस्येति । जलपरमाणाविति । महत्त्वाभावप्रत्यक्षानुरोधेन विजातीयचक्षुःसंयुक्तविशेषणतया अवश्यमङ्गीकार्यतया पृथिवीत्वाभावस्यापि ग्रहापत्तिरिति भावः । दूषणान्तरमाह । स्तम्भेति । द्वितीयमाशङ्क्य निराचष्टे । अथयोग्येति । स्वैकदेशिमतं दूषयितुं तन्मतमुपन्यस्यति । यत्त्विति । वायाविति । वायोरयोग्यत्वादिति भावः । परमाणौ महत्त्वाभावग्रहानापत्तेश्चेत्यत्रापि द्रष्टव्यम् । अनुभवेति । वायुर्नरूपवान् परमाणुर्न महानित्यादि प्रत्यक्षप्रतीतीनां विलोपप्रसङ्गादित्यर्थः ॥

योग्या चासावनुपलब्धिश्चेति कर्मधारयमभिप्रेत्याह । अत्रोच्यत इति । योग्येत्यस्य विवरणं सहकारीति । तथाचाभावप्रत्यक्षसामग्री विशिष्टा प्रतियोग्यनुपलब्धि रेवयोग्यानुपलब्धिरित्यर्थः । अतएव । सहकारिसम्पन्नत्वरूपयोग्यत्वविशेषणदानादेव । योग्येति । योग्यसन्निकर्षस्यैव अभावप्र-

वीत्वाभावग्राहकइति चेत् इन्द्रियसन्निकृष्टमहत्त्वोद्भूतरूपविशेषणता। उद्भूतरूपाभावे तु इन्द्रियसन्निकृष्टमहत्त्ववद्विशेषणता योग्यः सन्निकर्षोऽतो मनसि न तद्ग्रहः। भवति च महति वायावेव मन्यत्रापि योग्य सन्निकर्षाः कार्यवशादुन्नेयाः। पिशाचात्यन्ताभावस्तु योग्यत्वादेव न गृह्यते। का पुनरत्यन्ताभावे योग्यता। योग्यमात्रप्रतियोगिकेति

तत्प्रत्यक्षसामग्रीघटकत्वेन परमाणौ न पृथिवीत्वाभावग्रह इति भावः। ननु महत्त्वोद्भूतरूपवद्विशेषणतायाः पृथिवीत्वाभावग्राहकत्वेऽपि नोद्भूतरूपाभावग्राहकत्वमुद्भूतरूपाभाववति वायौ तस्या असम्भवादिति तत्रेन्द्रियसम्बद्धविशेषणतायाएव योग्यसन्निकर्षत्वमुपेयम्। एवंच मनस्यपि उद्भूतरूपाभावप्रत्यक्षं स्यादित्यत आह। उद्भूतरूपाभावे त्विति। उद्भूतरूपाभावग्रहे त्वित्यर्थः। तथाच प्रकृते रूपमनिवेश्य महत्त्वं निवेशनीयमिति भावः। अतः। महत्त्वविशेषणात्। तद्ग्रहः। उद्भूतरूपाभावग्रहः। वायावित्यत्र तद्ग्रह इत्यनुषज्यते। ननु महत्त्वाभावग्रहे कः सन्निकर्षो योग्यः। एवं गुणादौ पृथिवीत्वाभावप्रत्यक्षानुपपत्तिस्तत्रेन्द्रियसन्निकृष्टमहत्त्वादिमद्विशेषणता विरहात्। एवमन्योन्याभावग्राहकः योग्यः कः सन्निकर्ष इत्यत आह। एवमन्यत्रापीति। महत्त्वाभावादावपीत्यर्थः। सन्निकर्षा इति। महत्त्वाभावे इन्द्रियसन्निकृष्टोद्भूतरूपवद्विशेषणतायोग्यः सन्निकर्षः गुणादौ पृथिवीत्वाभावग्रहे त्विन्द्रियसन्निकृष्टविशेषणतैव योग्यः सन्निकर्षः। अन्योन्याभावे तु पृथिवीभेदादौ इन्द्रियसन्निकृष्टमहत्त्वादिमद्विशेषणता योग्यः सन्निकर्ष इत्यर्थः। ननु कुत्रचिदिन्द्रियसन्निकृष्टमहत्त्वादिमद्विशेषणता कुत्रचिदिन्द्रियसन्निकृष्टविशेषणता योग्यः सन्निकर्ष इत्यत्र किं नियामकमत आह। कार्यवशादिति। तत्र तत्र तत्तदभावग्रहानुरोधादित्यर्थः। ननु पिशाचात्यन्ताभावादीनामपि प्रत्यक्षापत्तिस्तत्र योग्यसन्निकर्षसत्त्वेन योग्यानुपलब्धिसत्त्वादत आह। पिशाचात्यन्ताभावस्त्विति। अयोग्यत्वादिति। प्रत्यक्षे विषयस्य हेतुतया अभावप्रत्यक्षे योग्याभावत्वेन हेतुत्वोपगमादिति भावः। अयोग्यप्रतियोगिकस्यापि स्तम्भे पिशाचभेदस्य प्रत्यक्षोदयादत्यन्ताभाव एव पृच्छति। का पुनरत्यन्ताभावे योग्यतेति। उत्तरमपि तत्रैव बोध्यम्। योग्यमात्रेति। पिशाचस्यायोग्यत्वे-

**योग्यधर्मावच्छिन्नप्रतियोगिताकत्वविशेषणम् एवमन्यत्रा-
प्यनुभवानुसारेण योग्यता वाच्या । सर्वाभावसाधारणं किं
योग्यत्वमिति चेन्न । किञ्चिदिति गृहाण । तत्किं नानैवा-
भावयोग्यतेति चेदोम् । गुणयोग्यतावदननुगतस्यैव त-
त्त्वादिति संक्षेपः ॥**

नयोग्यप्रतियोगिकत्वाभावादेव न तदभावप्रत्यक्षमिति भावः । घटपि-
शाचान्यतराभावप्रत्यक्षवारणाय । मात्रेति । अतीन्द्रियावृत्ति प्रतियोगि-
ताकत्वमिति तदर्थः । ननु वायौ रूप सामान्याभावप्रत्यक्षानुपपत्तिस्तस्या-
तीन्द्रियरूपप्रतियोगिकत्वेन योग्यमात्रप्रतियोगिकत्वाभावात् । एवमे-
तद्गुरुत्ववदत्यन्ताभाव प्रत्यक्षापत्तिश्चेत्यस्वरसादाह । योग्यधर्मेति । पिशा-
चत्वघटपिशाचान्यतरत्वादीनां योग्यधर्मत्वाभावेन न तदवच्छिन्नाभाव-
प्रत्यक्षमिति भावः । वस्तुतस्तु योग्यमात्रप्रतियोगिके .योग्यधर्मावच्छिन्न-
प्रतियोगिताकत्वं विशेषणमित्येव पाठः । योग्यमात्रप्रतियोगिकेऽभा-
वे योग्यधर्मावच्छिन्नप्रतियोगिताकत्वं विशेषणं योग्यतेत्यर्थः । योग्यमात्र-
प्रतियोगिताकत्वे सति योग्यधर्मावच्छिन्नप्रतियोगिताकत्वं योग्यतेतिया-
वत् । तत्र च भूतले द्रव्यसामान्याभावप्रत्यक्षवारणाय योग्यमात्रवृत्तिप्र-
तियोगिताकत्वम् । एतद्गुरुत्ववदत्यन्ताभाववारणाय योग्यधर्मेति । वायौ
रूपसामान्याभावप्रत्यक्षं नेष्यत एवेति तदसङ्ग्रहो न दोषाय । एतद्रूपैतद्गु-
रुत्वान्यतरावच्छिन्नाभाववारणाय च योग्यधर्मेत्यस्य योग्यधर्ममात्रावच्छि-
न्नप्रतियोगिताकत्वमिति तदर्थ इत्यवधेयम् । ननु पिशाचवदन्योन्याभावो-
प्ययोग्यत्वादेव न गृह्यते इति वाच्यम् । तत्रान्योन्याभावे का योग्यता न
तावत् योग्यप्रतियोगिकत्वं स्तम्भे पिशाचभेदग्रहानापत्तेः पिशाचवद्भे-
दग्रहापत्तेश्चेत्यत आह । एवमन्यत्रापीति । अन्योन्याभावेपीत्यर्थः ।
अनुभवानुसारेणेति । तत्तद्धर्मावच्छिन्नप्रतियोगिताकत्वमेव तत्तदन्योन्या-
भावयोग्यत्वमित्यर्थः । अतएव कापुनरत्यन्ताभावे योग्यतेति सामान्यतएवा-
त्यन्ताभावे योग्यता निरुक्तान्योन्याभावे तु अननुगतैव सेति ध्येयम् । सर्वेति ।
अत्यन्तान्योन्याभावेत्यर्थः । तत्किमिति । अत्यन्ताभावे योग्यमात्रेत्यादिरू-
पान्योन्याभावे तत्तद्रन्योन्याभावत्वमितरवंरूपा नानैवाभावेयोग्यतेत्यर्थः ।
ओमित्यङ्गीकारार्थकमव्ययं । गुणयोग्यतावदिति । यथा रूपरसादौ तत्तदि-
न्द्रिययोग्यत्वं नैकं तथा प्रकृतेपीत्यर्थः ॥

अथ किमिदं चक्षुरादि उच्यते। तैजसमिन्द्रियं रूपग्राहकं महदिन्द्रियं वा चक्षुः। वायवीयमिन्द्रियं स्पर्शग्राहकं महदिति वा त्वक्। आप्यमिन्द्रियं रसग्राहकं महदिन्द्रियं वा

केचित्तु विजातीयचक्षुःसंयोगाश्रयविशेषणतया अभावग्राहकत्वेन न परमाणौ पृथिवीत्वाभावग्रहः। पिशाचान्तरत्वाभावादिप्रत्यक्षवारणं तु गुरुत्वादिवत्तादात्म्येन तत्तदभावत्वेन साक्षात्कारंप्रतिप्रतिबन्धकत्वाङ्गीकारेणेत्याहुः। तदसत्। परमाणौ महत्त्वाभावप्रत्यक्षानुरोधेन विजातीयचक्षुःसंयोगस्यावश्यकतया तेन तत्र पृथिवीत्वाभावप्रत्यक्षवारणासम्भवात्। पूर्वोक्तं चक्षुरादिकं लक्षयितुं पृच्छति। अथकिमिदमिति। तैजसमिति। आलोकघ्राणादावतिव्याप्तेर्यथायथमुभयोपादानम्। चक्षुषस्तैजसत्वे विवादादाह। रूपग्राहकमिति। रूपग्राहकत्वमात्रोक्तौ मनस्यतिव्याप्तिरतो महदिति। महत्त्वमात्रोक्तौ घ्राणादावतिव्याप्तिरतो रूपग्राहकमिति। रूपग्राहकं महदित्युक्तौ चात्मन्यतिव्याप्तिरत इन्द्रियमिति। अत्र केचित् चक्षुषःप्राप्यकारित्वे चन्द्रमसोग्रहणानुपपत्तेः। शाखाचन्द्रमसोस्तुल्यकालं ग्रहणानुपपत्तेश्च अप्राप्यकार्य्येव तद्वाच्यम् एवं चाप्राप्यकारित्वाविशेषात् गोलकमेव तदिति पार्थिवत्वमेव तस्य तत्राहुः। तदसत्। चक्षुषोऽप्राप्यकारित्वे निमीलितनयनस्यापि चाक्षुषापत्तेः प्राप्यकार्य्येव तद्वाच्यम्। चक्षुषस्तैजसत्वेनातिशीघ्रगामितया चन्द्रमसा संयोग उपपद्यते। शाखाचन्द्रमसोस्तुल्यकालग्रहणं त्वसिद्धं यथा मया युगपच्छतं शतपत्राणि च्छिन्नानीति वत्। तथाच गोलकस्यच घटादौ संयोगाभावेनातिरिक्तं तैजसं चक्षुः स्वीकार्यमिति। एवमन्यत्रापिबोध्यम्। वायवीयमिति। वायवीयत्वमात्रं वायाविन्द्रियत्वमात्रं चक्षुरादावतिव्याप्तमिति मिलितोपादानं। त्वचोवायवीये विवादादाह। स्पर्शग्राहकमिति। चक्षुर्मनआत्मनां वारणाय विशेषणद्वयोपादानम्। आप्यमिति। जलचक्षुरादावतिव्याप्तिवारणाय विशेषणद्वयोपादानम्। रसनस्याप्यत्वे विवादादाह। रसग्राहकमिति। चक्षुर्मनआत्मनां वारणाय यथा यथं विशेषणत्रयोपादानम्। पार्थिवमिति। व्यावृत्तिः पूर्ववत्। इन्द्रियत्वं च शब्देतरोद्भूतविशेषगुणानाश्रयत्वे सति ज्ञानकारणमनःसंयोगाश्रयत्वम्। आत्मन्यतिव्याप्तिवारणाय सत्यन्तनिवेशः। शब्दरूपविशेषगुणसत्त्वाच्छ्रोत्रेऽव्याप्तेः शब्देतरेति गुणविशेषणं। चक्षुषि तादृशरूपस्य सत्त्वात्। उद्भूतेति। उद्भूतत्वं च नीलत्वादिव्याप्यानुद्भूतत्वाभावकूटवत्त्वमेव तस्य च संयोगसाधारणतया चक्षु-

रसनं । पार्थिवमिन्द्रियं गन्धग्राहकं महदिन्द्रियं वा घ्राणं महत्पदं मनोवारणाय । कर्णशष्कुल्यवच्छिन्नं नभः श्रोत्रं । शब्दग्राहकं महदिन्द्रियं वा । निःस्पर्शमणु मनः । निःस्पर्शपदं पार्थिवाद्यणुवारणाय अणुपदं विभुवारणाय ॥ २८

अत्र मीमांसकाः मनो नाणु किं तु विभु निःस्पर्शद्रव्यत्वात् आत्मवत् मनस्त्वं च आत्मान्यत्वे सति ज्ञानासमवायिकारणसंयोगाश्रयत्वमित्याहुः । तन्न । विभुत्वे मनसा सहात्मनः

रादावव्याप्तेरतो विशेषेति । चक्षुरादेः सत्त्वादु गुणेति । कालादावतिव्याप्तेर्ज्ञानकारणेति । इन्द्रियावयवार्थावयवसंयोगस्यापि प्रत्यक्षकारणतया इन्द्रियावयवेऽतिव्याप्तिवारणाय मनः संयोगीति । श्रोत्रं लक्षयति । कर्णेति । घटावच्छिन्ननभसोऽपि श्रोत्रत्वापत्तेः कर्णशष्कुलीति । नभसः श्रोत्रत्वे विवादादाह । शब्दग्राहकमिति । मनो लक्षयति । निःस्पर्शमिति ॥

मनोवैभववादिनां मीमांसकानां मतमादर्शयति । अत्र मीमांसका इति । अणुत्वभावसिद्धेऽपि विभुत्वासिद्धिरत आह ॥ किन्त्विति । निःस्पर्शत्वं गुणादौ व्यभिचारीति । द्रव्यत्वादिति । द्रव्यत्वं च घटादौ व्यभिचारीति विशिष्टहेतूपादानं । नन्वेतन्मते मनस्त्वस्य निःस्पर्शाणुत्वरूपत्वासम्भवेन पक्षतावच्छेदकासिद्धिरत आह । मनस्त्वञ्चेति । आत्मन्यतिव्याप्तिवारणायात्मान्यत्वे सतीति । संयोगाश्रयत्वं कालादावपीति ज्ञानासमवायिकारणेति । चक्षुर्मनोयोगस्य ज्ञानकारणत्वाज्ज्ञानकारणसंयोगाश्रयत्वं चक्षुरादावतिव्याप्तमितरत आह । असमवायीति । ज्ञानासमवायिकारणं चात्ममनःसंयोग एवेति नातिव्याप्तिः । केचित्तु नवीनमतेऽदृष्टविशेषाकृष्टत्रुटेर्मनस्त्वेन पक्षतावच्छेदकस्यैक्याभावात् कथं पक्षतावच्छेदकावच्छेदेनानुमितिः त्रुटौ विभुत्वस्य बाधेन कथं वा तत्र विभुत्वानुमितिरत आह । मनस्त्वञ्चेति । ज्ञानासमवायिकारणेति । पुरुषान्तरीयात्मप्रत्यक्षवारणाय तत्तदात्ममानसत्वावच्छिन्नं प्रति तत्तदात्ममनःसंयोगत्वेन हेतुतया मनस्त्वत्रुटीनामवच्छेदककोटौ निवेशे गौरवेण लाघवेनैकैकमनःसिद्धिः । न च विजातीयसंयोगत्वेन तस्य हेतुतया न तत्र मनसो निवेश इति वाच्यम् । तथापि स्वसमवायेन विजातीयसंयोगस्य विजातीयसंयोगसम्बन्धेन म-

संयोगाऽनुपपत्तेः। तथाहि द्विविधः संयोगः कर्मजोऽवयवसंयोगजश्चेति। न चविभोरात्मनः कर्मास्ति मनोपि च यदि विभु तदा तस्यापि कर्माभावात् कुतः कर्मजसंयोगसम्भवः। न च तयोरवयवोस्ति येन तत्संयोगजः स्यात्संयोगः। नच नित्य एव विभ्वोः संयोगः। अजसंयोगनिषेधात् कुतो निषेधइति चेन्मानाभावात्। संयोगत्वावच्छेदेन द्रव्यजन्यत्वावधारणाच्च। अप्रयोजकं चेदमनुमानमिति संक्षेपः॥

नसो वा हेतुत्वमिति विनिगमनाविरहादिति भाव इत्याहुः। विभुत्वे। मनसो विभुत्वे। संयोगानुपपत्तेरिति। तथाचोपदर्शितानुमाने पक्षतावच्छेदकासिद्धि र्बाधश्चेति भावः। कर्मजः। यथाश्येनक्रियया श्येनस्य वृक्षे संयोगः। अवयवसंयोगजः। कारणाकारणसंयोगात् कार्याकार्यसंयोगः। यथा हस्ततरुसंयोगात् कायतरुसंयोग इत्यर्थः। नच विभोरिति। मूर्तेतरद्रव्यत्वं विभुत्वं स्पन्दत्वावच्छिन्नं प्रति मूर्त्तद्रव्यत्वेन कारणतया मूर्तत्वाभावेनात्मनि न कर्मोत्पत्तिरिति भावः।। अनयोः। आत्ममनसोः। तत्संयोगजः। अवयवसंयोगजः। मानाभावादिति। नित्यसंयोगग्राहक प्रत्यक्षादेरभावादनुमानस्यचाप्रयोजकत्वादित्यर्थः। साधकाभावमुक्त्वा बाधक मप्याह। संयोगत्वावच्छेदेनेति। संयोगत्वावच्छिन्नं प्रति द्रव्यत्वेन हेतुतायां तत्कार्यतावच्छेदकं जन्यसंयोगत्वमेव नित्यसंयोगाङ्गीकर्त्रा वाच्यम् कार्यमात्रवृत्तिधर्मस्यैव कार्यतावच्छेदकत्वात्। तथाच जन्यत्वनिवेशे गौरवमेव प्रतिकूलतर्कइति भावः। ननु समवायेन रूपादिकं प्रति सामानाधिकरण्यसम्बन्धेनावयवरूपादीनां हेतुतया कपालगन्धादावपि रूपोत्पत्त्यापत्ते र्जन्यसत्त्वावच्छिन्नं प्रति द्रव्यत्वेन हेतुत्वावश्यकतया संयोगत्वावच्छिन्नं प्रति तद्धेतुत्वे मानाभावइति न दर्शितगौरवमत आह। अप्रयोजकञ्चेदमिति। यद्वा नित्यवृत्तिधर्मस्यापि कार्यतावच्छेदकत्वे क्षतिविरहादत आह। अप्रयोजकञ्चेदमिति। इदं। विभुत्वसाधकमनुमानमित्यर्थः। अनुकूलतर्काभावादितिभावः। संयोगत्वावच्छेदेनेति। संयोगत्वस्य द्रव्यजन्यत्वव्याप्यत्वेन नित्यसंयोगस्वीकारे तादृशनियमभङ्गप्रसङ्गादिति

इति श्रीभट्टाचार्यचूडामणिकृतायां न्यायसिद्धान्तमञ्जर्यां प्रत्यक्षपरिच्छेदः ॥

भावः । ननु तादृशनियमे मानाभाव इत्यत आह । अप्रयोजकश्चेतीत्यपरे

नानातर्कविचारणैकमतिना यत्किञ्चिदुक्तं मया तद्गृह्णन्तु हृदा विभाव्य सुधियः सारार्थसङ्ग्राहकाः । हृद्येतद्यदि धारयेदपि जनः सञ्जायते सोऽचिराद्वादीन्द्रः परवादिदूषणशताधामैकदक्षः कृतौ ॥ १ ॥

इति श्रीमद्विद्वन्मुकुटमाणिक्यराजिनीराजनाराजितपदद्वन्द्वन्यायवागीश श्रीदीक्षितशितिकण्ठशर्मविरचितायां न्यायसिद्धान्तमञ्जरीदीपिकायां प्रत्यक्षखण्डः समाप्तः ॥

अथानुमानं निरूप्यते । तत्रानुमितिकरणमनुमानम् । अ-
नुमितित्वं चानुमिनोमीत्यनुभवसिद्धोजातिविशेषः । अन्य-

श्रीगणेशायनमः ।प्रत्यक्षनिरूपणानन्तरमुपजीव्योपजीवकभावसङ्गत्या ऽनु-
माननिरूपणं † प्रतिजानीते । अथेति । अथ शब्दोऽत्रानन्तर्यवचनः । तत्र च
प्रत्यक्षनिरूपणस्यार्थादवधित्वमवगम्यते । अतएव च सिद्धत्वमपि । नि-
रूप्यतइति वर्त्तमानार्थकलट्प्रत्ययेन चानुमाननिरूपणस्य साध्यत्वला-
भः । एवंच सिद्धसाध्यसमभिव्याहारे सिद्धं साध्यायोपयुज्यतइति न्यायेन
मलिनं तैवपुःन्यायादित्यनेनात्रापि प्रत्यक्षानुमाननिरूपणयोरुपजीव्योपजी-
वकभावलाभः । तथाचोपजीवकत्वसङ्गत्याऽनुमाननिरूपणमिति भावः । यद्य-
प्यनुमितिकरणत्वेनानुमानज्ञाने न प्रत्यक्षज्ञानापेक्षेति तन्निरूपणयोरुपजी-
व्योपजीवकभावासम्भवः । तथापि सविशेषणे हीति न्यायेन* निरूप्य प्रत्य-
क्षानुमानयोरेवोपजीव्योपजीवकभावलाभः । अत्र क्वचिदुपजीवकन्निरू-
प्याप्युपजीव्यनिरूपणादुपजीवकत्वादिसङ्गतेरानन्तर्यानियामकत्वेपि स्व-
तन्त्रस्येति न्यायेन इच्छाया एव नियामकत्वान्न पौर्वापर्यनियम इति ध्येय-
म् । ननु निरूपणप्रतिज्ञायाः विषयान्तरसञ्चारराहित्यरूपशिष्यावधानप्र-
योजकत्वेप्युक्तप्रज्ञपितत्वादिशङ्कानिरासाय सङ्गताभिधानस्यैवोचित-
त्वम् । ननु सङ्गतिप्रदर्शनस्यापि व्यर्थत्वादिति चेन्न । द्विविधं हि शिष्याव-
धानमनुपेक्षणीयत्वरूपं विषयान्तरसञ्चारराहित्यरूपं च तत्रासङ्गतत्व
ज्ञानेनोपेक्षासम्भवात् सङ्गतिप्रदर्शनमावश्यकं तथाच सङ्गतिज्ञाने सत्य
सङ्गतत्वज्ञानासम्भवान्नासङ्गतत्वज्ञानप्रयुक्तमुपेक्षणीयत्वं । द्वितीयं च निरूप-
णप्रतिज्ञयेति परमरहस्यमत्रानुसन्धेयम् । ग्रन्थमध्येपि मङ्गलाचरणात् अथ
शब्दोमङ्गलार्थकएवेत्यपि कश्चित् । आनन्तर्यं चात्र ध्वंसाधिकरणक्षण वृत्तित्वं
तथाच प्रत्यक्षनिरूपणध्वंसाधिकरणक्षणवृत्ति वर्त्तमाननिरूपणविषयोऽनुमा-
नमिति शाब्दबोधः । तत्र । लक्षणस्वरूपप्रामाण्यादिप्रकारकनिरूपणवि-
षयेऽनुमाने । करणत्वमात्रस्य कुठारादौ मितिकरणत्वस्य च प्रत्यक्षादावति-
व्याप्तेर्वारणायानुमितिकरणमिति विशिष्टोपादानम् । नन्वनुपस्थाप्मिति-

† अनुमानंनिरूपयन् । शिष्यावधानाय प्रतिजानीते इत्यपिपाठान्तरम् ।

* स विशेषणे हि विधिनिषेधौ विशेषणमुपसङ्क्रामतः सतिविशेष्ये बाध
इति न्यायस्वरूपम् ॥

ज्ञानमिति व्युत्पत्त्या किञ्चिज्जन्यज्ञानकरणत्वं लक्षणं लब्धं तच्चातिप्रसक्त-मेवेत्यत आह । अनुमितित्वञ्चेति । तथाच न किञ्चिज्जन्यज्ञानत्वमनुमिति-त्वमपितु जातिविशेषएव तदवच्छिन्नकरणत्वं च न प्रत्यक्षादाविति ना-तिव्याप्तिरिति भावः । यद्वा ननु व्यावृत्तिर्व्यवहारोवा लक्षणस्य प्रयोजन-मिति नियमेनेतरभेदानुमापकमेवैतल्लक्षणं वाच्यम् । इतरभेदानुमानं चा-नुमानं प्रत्यक्षादिभ्योभिद्यते अनुमितिकरणत्वात् यन्नैवं तन्नैवं यथा प्रत्यक्षा-दीत्याकारकं । तत्र चानुमितेः प्रत्यक्षप्रमितिवैलक्षण्याज्ञाने प्रत्यक्षप्रमा-णेप्यनुमितिकरणत्वग्रहसम्भवेन प्रत्यक्षे प्रत्यक्षभेदासत्त्वेन च व्यभिचार-ज्ञानापत्तेरिति लक्षणप्रयोजनमनुपपन्नमित्यत आह । अनुमितित्वञ्चेति । प्रत्यक्षप्रमित्यनन्तरमनुमिनोमीत्यनुव्यवसायानुदयात्प्रत्यक्षव्यावृत्तमनुमिति-त्वमेव तद्विषयः । तच्च [न प्रत्यक्षे इति प्रत्यक्षप्रमितिविलक्षणप्रमितिकर-णत्वहेतुकमितरभेदानुमानं सुकरमेवेति न कोपि दोषइति सारम् । केचि-त्तु व्याप्तिविशिष्टपक्षधर्मताज्ञानजन्यज्ञानकरणत्वमेवानुमितिकरणत्वं वाच्यं तत्र च व्याप्तिज्ञानत्वादेरेव गमकत्वसम्भवेनाधिकस्य वैयर्थ्यमितीतरभेदानु-मानमनुपपन्नमित्यत आह । अनुमितित्वंचेति । तथाच जातिरूपानुमिति-त्वावच्छिन्नकरणत्वमेव तल्लक्षणं नतूक्तरूपमिति न व्यर्थत्वशङ्कापीत्याहुः ।

नन्वनुमानत्वमनुमितिकरणत्वं तथाचेतरभेदानुमाने पक्षतावच्छेद-कहेत्वोरभेदेनान्वयव्याप्तिज्ञानस्यैवानुमितिहेतुतया हेतौ साध्याधिकरण-वृत्तित्वरूपव्याप्तिज्ञाने जायमाने एव तुल्यवित्तिवेद्यतया साध्येपि हेत्वधि-करणवृत्तित्वग्रहसम्भवेन पक्षतावच्छेदकाश्रये साध्यसिद्धेः सिद्धसाधनापत्ति-रिति तयोर्भेद आवश्यकः । यदि च हेतौ साध्याधिकरणवृत्तित्वे ज्ञातेपि पक्षतावच्छेदकावच्छेदेन साध्यसिद्धेरनुदयान्न सिद्धसाधनावकाशः । अन्यथा पृथिवी इतरभेदवती पृथिवीत्वादित्यत्रापि पृथिवीत्वाधिकरणे घटादावि-तरभेदस्य निश्चितत्वादनुमितेरुच्छेद एव स्यात् । किञ्च व्यतिरेकव्याप्तिज्ञान-स्याप्यनुमितिकरणतया साध्यसामानाधिकरण्यस्य तत्राघटकत्वेन न सिद्ध-साधनमिति विभाव्यते । तथाप्युद्देश्यतावच्छेदकविधेययोरैक्येन शाब्दबो-धानुपपत्तिरेव । अन्यथा दण्डवान् दण्डवानित्यादेर्निराकाङ्क्षत्वानुपपत्ते-रिति चेन्नैवम् । अनुमानपदवाच्यत्वस्य लक्ष्यतावच्छेदकत्वेन कुत्राप्यनु-पपत्तेरभावादिति । केचित्तु नामार्थयोः साक्षादभेदातिरिक्तसम्बन्धेना-न्वयबोधानभ्युपगमादनुमितिकरणमित्यत्रानुमितिसम्बन्ध्यभिन्नकरणमर्थः ।

ज्ञानजन्यत्वाव्यभिचारि जन्यशब्दधीजन्यत्वव्यभिचारि जा-
तिमदनुभवत्वं वा । प्रत्यक्षत्ववारणाय जन्यज्ञानजन्यत्वाव्य-
भिचारीति ज्ञानाजन्ये नित्ये निर्विकल्पके च तद्धीजन्यत्वं
व्यभिचरति । तत्रापि प्रथमजन्यपदं चाक्षुषत्वादिवारणा-
य । तद्धीश्वरज्ञानजन्यत्वाव्यभिचारि । सर्वेषां तदाश्रया-

ऽनुपूर्वकमाधातुनाऽनुमितिकरणल्युटा च करणं बोध्यते । तथाचानु-
मितिकरणमनुमितिसम्बन्ध्यभिन्नकरणमिति शाब्दबोधो नानुपपन्नः क-
रणतायाः कार्यघटितत्वेनानुमितिकरणस्य करणपदार्थत्वेऽप्यनुमिति-
करणमनुमितिसम्बध्यभिन्नानुमितिकरणमिति शाब्दबोधोऽपि नानुपपन्नः ।
विधेयतापर्याप्त्यधिकरणोद्देश्यतावच्छेदकयोरैक्य एव शाब्दबोधानभ्युपग-
मात् अन्यथा दण्डवान् रक्तदण्डवानिति बोधानुपपत्तेरित्याहुः ॥ १

नन्वनुमितित्वस्यैवानुमितिलक्षणत्वेन लक्षणलक्ष्यतावच्छेदकयोरैक्यमित्य-
त आह । जन्यज्ञानेति । जन्यज्ञानजन्यत्वाव्यभिचारिणी जन्यशब्दधीज-
न्यत्वव्यभिचारिणी च या जातिस्तद्वदनुभवत्वमनुमितित्वमिति लक्षणार्थः ।
जन्यज्ञानं व्याप्ति ज्ञानं तज्जन्यत्वाव्यभिचारिणी तज्जन्यत्वव्याप्या जन्य-
शब्दधीजन्यत्वव्यभिचारिणी च या जातिरनुमितित्वं तद्वत्त्वमादाय ल-
क्षणसमन्वयः । तथाच तस्य स्वरूपतो लक्ष्यतावच्छेदकत्वेन तादृशजाति-
त्वेन च लक्षणत्वेन न तयोरैक्यमिति भावः । ननु जन्यशब्दधीजन्यत्वव्य-
भिचारिजातिमदनुभवत्वमेव लक्षणमस्तु किमेतावद्विशेषणेनेत्यत आह ।
प्रत्यक्षत्वेति । अतिव्याप्तिं निराकरोति । ज्ञानाजन्य इति । जन्यज्ञा-
नाजन्य इत्यर्थः । नित्ये । ईश्वरसाक्षात्कारे । तद्धीति । तत्प्रत्यक्षत्वं । धी-
जन्यत्वं । जन्यज्ञानजन्यत्वं । तथाच प्रत्यक्षत्वस्य जन्यज्ञानजन्यत्वाव्या-
प्यत्वान्नाति व्याप्तिरिति भावः । तत्रापि । जन्यज्ञानजन्यत्वाव्यभिचारि-
त्वदलेऽपि । अतिव्याप्तिमुपपादयति । तद्धीति । चाक्षुषत्वं हीत्यर्थः । त-
दाश्रयाणामिति । चाक्षुषत्वाश्रयाणामित्यर्थः । जन्यपदोपादाने च चा-
क्षुषत्वस्य जन्यज्ञानाजन्ये निर्विकल्पके सत्त्वेन जन्यज्ञानजन्यत्वाव्यभि-
चारित्वाभावान्न तदादाय* प्रत्यक्षेऽतिव्याप्तिरिति भावः । जन्यजन्यत्वा-
व्यभिचारीत्युक्तावपि चाक्षुषत्वस्य जन्यशरीरादिजन्यत्वव्याप्यत्वात्तत्रैवा-

---

* तदाश्रये प्रत्यक्षे इत्यपि पाठान्तरम् ।

णामीश्वरधीजन्यत्वात् । उपमितित्वशाब्दत्ववारणाय व्यभिचारीत्युक्तम् । तद्भिन्नयथोक्तज्ञानजन्यत्वव्यभिचारि । उपमितीनां सर्वासां शब्दविषयकातिदेशवाक्यार्थज्ञानजन्यत्वात् । शाब्दानुभवानां च सर्वेषां शब्दज्ञानजन्यत्वात् । नच

तिव्याप्तिरित्यत आह । ज्ञानेति । यदि च ज्ञानपदोपादानेऽपि कालोपाधिविधया जन्यज्ञानजन्यत्वं निर्विकल्पकेऽपीति चाक्षुषत्वमादायोक्तदोषतादवस्थ्याज्जन्यज्ञाननिरूपितासाधारणजन्यताऽवश्यं निवेशनीया । तथा च ज्ञानपदानुपादानेऽपि जन्यज्ञानत्वावच्छिन्नं प्रत्येव शरीरत्वेन हेतुतया जन्यशरीरादिनिरूपितासाधारणजन्यत्वं न निर्विकल्पके इति तद्वैयर्थ्यमिति विभाव्यते । तथापि चाक्षुषत्वावच्छिन्नं प्रति चक्षुष्ट्वेन हेतुतया जन्यं चक्षुरादि तज्जन्यत्वव्याप्यत्वं चाक्षुषत्वस्येति तद्दोषवारणाय ज्ञानपदनिवेशः । तथाच जन्यज्ञाननिरूपितासाधारणजन्यत्वमित्यर्थ इति न काप्यनुपपत्तिः । ज्ञानत्वाव्यभिचारीत्युक्तौ प्रत्यक्षत्वादेरवारणात् जन्यत्वाव्यभिचारिज्ञानजन्यत्वाव्यभिचारीत्युक्तावपि चाक्षुषत्वादेरवारणात् जन्यज्ञानजन्यत्वाव्यभिचारीत्युक्तम् । जन्यज्ञानजन्यत्वसमानाधिकरणेत्युक्तौ सत्त्वज्ञानत्वप्रत्यक्षत्वादेरवारणात् अव्यभिचारीति । ननु तथापि जन्यज्ञानजन्यत्वाव्यभिचारिजातिमदनुभवत्वं तत्त्वमित्यास्तामलं व्यभिचारीत्यन्तेनेत्यत आह । उपमितित्वेति । उपमितित्वशाब्दत्वयोरतिदेशवाक्यार्थज्ञानपदज्ञानादिरूपजन्यज्ञानजन्यत्वाव्यभिचारित्वेनातिव्याप्तिरिति भावः । अतिव्याप्तिं निराकरोति । तद्धीति । उपमितित्वं शाब्दत्वं हीत्यर्थः । यथोक्तज्ञानेति । जन्यशब्दज्ञानेत्यर्थः । तदेवोपपादयति । उपमितीनामिति । अतिदेशेति । गोसदृशो गवयपदवाच्य इत्याकारकशब्दविषयकज्ञानजन्यत्वादित्यर्थः । सर्वासामिति । अनेनोपमितित्वस्य सादृश्यज्ञानजन्यत्वव्याप्यत्वं लब्धम् । एवं च तदव्यभिचारित्वस्य तत्रासम्भवान्नातिव्याप्तिरिति भावः । शाब्दानुभवानां । शाब्दबोधात्मकानुभवानां । क्वचित् शब्दानुभवानामिति पाठः । तत्र शब्दप्रयोज्यानुभवानामित्यर्थः । अन्यत्र प्रथमजन्यत्वोपादानवैयर्थ्यमित्याशयेन शङ्कते । नचेति । व्यभिचा-

शब्दज्ञानजन्यत्वव्यभिचारीत्यपि सत्यम् । अनुमितित्वस्य ईश्वरीयशब्दज्ञानजन्यत्वाव्यभिचारित्वेनासम्भवात् । नच मोक्षजनकतावच्छेदकं तत्त्वज्ञानवृत्ति सामान्यं जन्यज्ञानजन्यमात्रवृत्तीत्यतिव्याप्तिः । तस्य शब्दविशेषविषयकमननजन्यमात्रवृत्तित्वेन जन्यशब्दज्ञानजन्यत्वाव्यभिचारित्वात् । जातिपदं वा मानसात्वृत्तिजातिपरम् । अतएव भ-

---

णीति । व्यभिचारीत्यपि कारेणच प्रथमजन्यत्वव्यवच्छेदः । उत्तरयति । अनुमितित्वस्येति । असम्भवादिति । तथाच तादृशजात्यप्रसिद्धया तद्घटितमादाय न लक्षणगमनसम्भव इति भावः । अतिव्याप्तिं शङ्कते । नचेति । निषेधति । तस्येति । तत्त्वज्ञानवृत्तिवैजात्यस्येत्यर्थः । शब्देति । आत्मा शरीरादिभ्यो भिन्नः तत्त्वमसीत्यादिवाक्यविशेषविषयकेत्यर्थः । इदं च मनने शब्दस्याप्युपनीतभानमभिप्रेत्य । अव्यभिचारित्वादिति । तथा च तस्य शब्दज्ञानजन्यत्वव्यभिचारित्वाभावादेव वारणमिति भावः । ननु निदिध्यासनोपयोगं मननं न तत्त्वज्ञानजनकमत स्तस्यापि शब्दज्ञानजन्यत्वव्यभिचारित्वमेवत्यत आह । जातिपदंवेति । वाकारस्य तत्त्वज्ञानस्य मननजन्यत्वानङ्गीकारेपि न क्षतिरिति सूचनाय । यद्वा । ननु शरीरादिभिन्नत्वेन श्रुतस्यात्मनः युक्तिभिरनुचिन्तनं मननं । तदुक्तं । "श्रोतव्यः श्रुतिवाक्येभ्यो मन्तव्यश्चोपपत्तिभिरिति" । तच्चानुमानादिजन्यमनुमित्यात्मकमेव । अनुमितावुपनीतभाननिषेधेन च तस्य शब्दविषयकत्वासम्भवाल्लिङ्गोपहितलैङ्गिकभाने प्रमाणाभावेन लिङ्गविधयापि शब्दस्यानुमितौ भानासम्भवाच्च । तथाच जन्य शब्दज्ञानजन्यत्वव्यभिचारित्वं तस्याक्षतमेवेत्यत आह । जातिपदं वेति । वाकारश्चात्र मननस्य शब्दविषयकत्वानभ्युपगमेपि न क्षतिरित्येतत्सूचनायेति । केचित्तु शब्दविशेषविषयकेति । "श्रोतव्यो मन्तव्यश्चेत्यादि" श्रुतिवाक्यरूपशब्दज्ञानेत्यर्थः । जन्यशब्देत्यादि । जन्यत्वं प्रयोज्यत्वं जन्यशब्दज्ञानप्रयोज्यत्वाव्यभिचारित्वादित्यर्थः । तथाच जन्यशब्दधीजन्यत्वव्यभिचारित्वपदेनजन्यशब्दज्ञानप्रयोज्यत्वव्यभिचारित्वमेवविवक्षणीयं तत्त्वज्ञानवृत्तिवैजात्यस्य च जन्यशब्दज्ञानप्रयोज्यत्वव्याप्यत्वादेव नातिव्याप्तिरिति भावः । ननु

क्तित्वश्रद्धात्वादिव्युदासः। अनुभवपदं स्मृतिवारणायेति दिक्

भक्तित्वादिवारणाय जातिपदस्य मानसावृत्तिजातिपरत्वावश्यकत्वे अत एवा-
व्याप्यतिप्रसङ्गवारणे किं जन्यत्वपदस्य प्रयोज्यत्वपरत्वमङ्गीकृत्य तादृशा-
तिव्याप्तिवारणेनेत्यत आह । जातिपदं वेति । वाकारस्य जन्यत्वपदस्य
प्रयोज्यत्वपरत्वाभावेऽपि न क्षतिरिति सूचनायेत्याहुः । तदसत् । जन्यशब्द-
ज्ञानप्रयोज्यत्वव्यभिचारित्वविवक्षणे वेदादिवाक्यरूपशब्दज्ञानजन्यादृष्ट-
जन्यत्वस्यानुमितावपि सत्त्वेनानुमितित्वस्यापि तत्प्रयोज्यत्वव्यभिचारित्वा-
भावादसम्भवापत्तेरिति । अत एवेति । जातिपदस्य मानसावृत्तिजातिपर-
त्वादेवेत्यर्थः । भक्तित्वेति । आराध्यत्वेन ज्ञानं भक्तिः आराधना च गौर-
वितप्रीतिहेतुभूता क्रिया फलावश्यं भावनिश्चयश्च श्रद्धेति तल्लक्षणे बोध्ये ।
आराध्यव्यक्तिज्ञानं विना आराध्यत्वेन ज्ञानासम्भवात् एवं फलज्ञानं विना
फलावश्यं भावनिश्चयासम्भवाच्च । भक्तित्वश्रद्धात्वयोर्जन्यज्ञानजन्यत्वाव्य-
भिचारित्वस्य सत्त्वात् जन्यशब्दधीजन्यत्वव्यभिचारित्वस्यापि सत्त्वाच्च त-
त्रातिव्याप्तिः । जातिपदस्य मानसावृत्तिजातिपरत्वे चैतयोर्मानस-
वृत्तित्वेन नातिप्रसङ्ग इति । ननु भक्तित्वश्रद्धात्वादेर्जातित्वे मानाभावा-
देव नातिव्याप्तिरित्यत आह । आदेरिति । आदिना आपत्तित्वपरिग्रहः ।
आपाद्यत्वस्य विधेयत्वातिरिक्तत्वे मानाभावेन वह्न्यनुमित्यनन्तरमपि वह्नि-
मापादयामीति प्रतीत्यापत्तेः । तादृशानुव्यवसायं प्रति वह्निविधेयका-
पत्तित्वेनैव हेतुतया आपत्तित्वजातेरावश्यकत्वेन तद्वारणाय जातिप-
दस्य मानसावृत्तिजातिपरत्वमावश्यकमिति हृदयम् । अनुभवपदव्यावृत्ति-
माह । अनुभवपदमिति । स्मृतिवारणायेति । स्मरामीत्यनुगतप्रतीत्या
अनुभवसामग्रीप्रतिबध्यतावच्छेदकतया वा सिद्धं स्मृतित्वमादायातिव्या-
प्तिवारणायेत्यर्थः । अनुभवपदोपादाने च स्मृतिभिन्नज्ञानत्वरूपानुभवत्व-
स्य स्मृतावसत्त्वान्नातिव्याप्तिरिति भावः । ननु तथाप्ये तादृशपरोक्षत्व-
जातिमादायैतल्लक्षणस्य शाब्दबोधादावतिप्रसङ्गः । नच तादृशजातौ मा-
नाभावः । अनुमित्यादिस्वकीयबाधादिप्रतिबध्यतायामाहार्यप्रत्यक्षे व्य-
भिचारवारणाय प्रत्यक्षान्यज्ञानत्वस्यावश्यं निवेशनीयतया तयोर्मिथो-
विशेषणविशेष्यभावे विनिगमनाविरहेण गौरवात्तदपेक्ष्य परोक्षत्वजाते-
रेव प्रतिबध्यतावच्छेदकत्वौचित्यादित्यत आह । दिगिति । अनुभवत्वं वि-

दाय परोक्षत्वं स्मृतौ परोक्षत्वं विहायानुभवत्वं प्रत्यक्षे अनुमितौ चोभयोः समावेश इति अनुभवत्वेन सङ्करात् परोक्षत्वं जातिः । एवं भिन्नविषयकानुमित्साविशिष्टानुमितिसामग्रीप्रतिबध्यतावच्छेदकतया सिद्धानुमित्यन्यज्ञानत्वरूपजातिमादाय सङ्कराच्च । विधेयताया आपत्तिसाधारण्येन बाधप्रतिबध्यतावच्छेदकतासम्भवेप्यनुमित्यादौ विशिष्यानुमितित्वादिकं निवेश्यैव बाधबुद्धेः प्रतिबन्धकत्वमिति नाहार्यप्रत्यक्षे व्यभिचारः । अतएव शाब्दबोधे बाधबुद्धेः प्रतिबन्धकत्वस्याक्लृप्ततया बाधबाधोग्यताज्ञानं शाब्दहेतुरिति सिद्धान्तः । अनायत्त्या प्रत्यक्षान्यज्ञानत्वं निवेश्यैव वाहार्यप्रत्यक्षे व्यभिचारो वारणीयः । वस्तुतस्तु जन्यतासम्बन्धेन बाधविशिष्टान्यज्ञानत्वावच्छिन्नं प्रति बाधाभावस्य हेतुत्वोपगमेन प्रत्यक्षानुमित्यादिसाधारणैककार्यकारणभावेनैवोपपत्तेः । परोक्षत्वनिवेशस्यानर्थक्यात् । इच्छाविशिष्टत्वावच्छिन्नं प्रति इच्छात्वेन हेतुतया च नेच्छाशून्यकाले बाधकाले विशिष्टबुध्यापत्तिः । अन्यथेच्छाया उत्तेजकत्वेऽप्रामाण्यज्ञानाभावादिभिर्विशेषणविशेष्यभावे विनिगमनाविरह इत्यादिकं बहुतरमूहनीयं । नन्वनुमितित्वजातौ मानाभावेन लक्षणमसम्भवि । नचानुमिनोमीत्यनुव्यवसायविषयतया तत्सिद्धिः । योग्यात्मविशेषगुणानां विषयविनिर्मोकेण भानानुपगमात् । केवलमनुमिनोमीत्यनुव्यवसायस्यासिद्धेः । नच पर्वते वह्निमनुमिनोमीत्यनुव्यवसायविषयतया तत्सिद्धिरिति वाच्यं । वह्निप्रकारकानुमितित्वस्य तद्विषयत्वे वह्निमान् पर्वतो घटवान् इत्यनुमित्यनन्तरं तादृशानुव्यवसायापत्तेः । वह्निनिष्ठविधेयताशालिज्ञानत्वस्य तद्विषयत्वावश्यकत्वेऽनुमितित्वस्यानिवेशात् तद्विषयतया तत्सिद्धेरभावात् । नच पर्वतोद्देश्यकवह्निविधेयकानुमितित्वस्य धूमपरामर्शजन्यतावच्छेदकतया तत्कोटिप्रविष्टत्वेन तत्सिद्धिरिति वाच्यं । साधनादिभेदेन व्याप्तेर्भिन्नतया आलोकपरामर्शजन्यानुमितौ व्यभिचारवारणाय स्वाश्रयवह्नितोत्तरक्षणोत्पत्तिकत्वस्वसामानाधिकरण्योभयसम्बन्धेन धूमपरामर्शविशिष्टानुमितित्वस्य तत्कार्यतावच्छेदकत्वावश्यकत्वे तत्रानुमितित्वमनिवेश्य धूमपरामर्शविशिष्टज्ञानत्वस्यैव तत्त्वोपगमात् तत्कोटिप्रविष्टतया तत्सिद्धेरसम्भवात् । एवंसिध्यभावविशिष्टज्ञानत्वस्यैव सिध्यभावकार्यतावच्छेदकतया तत्कार्यतावच्छेदकतयापि न तत्सिद्धिरिति चेन्नैवं । वह्निनिष्ठविधेयताशालिज्ञानत्वस्य वह्निमनुमिनोमीत्यनुव्यवसायविषयत्वे पर्वतो वह्निमान् स्यादित्यापत्त्यनन्तरमपि तादृशानुव्यवसायापत्तेः । तथाहि व-

न्हिमापादयामीत्यनुव्यवसायस्य वह्निप्रकारकापत्तिविषयकत्वे वह्निमान् पर्वतो घटवान् स्यादित्यापत्त्यनन्तरमपि तादृशानुव्यवसायापत्त्या अन्यापाद्यकापत्तित्वमेव तद्विषयो वाच्यः । तत्र चापाद्यत्वस्यापाद्यभेदेन भिन्नस्यातिरिक्तस्य कल्पने गौरवादनुमित्यादिसाधारणविधेयत्वमेवापाद्यत्वं तथाचानुमित्यनन्तरमापादयामीत्यनुव्यवसायापत्त्या आपत्तित्वस्येवापत्त्यनन्तरमनुमिनोमीत्यनुव्यवसायापत्तेरनुमितित्वस्यापि सिद्धेः । एवं पर्वते वह्निरित्यादिशाब्दबोधानन्तरमपि तादृशानुव्यवसायापत्तिः । शाब्दबोधे प्राङ्निर्दिष्टस्यैवोद्देश्यत्वेन चरमनिर्दिष्टस्य च विधेयत्वेन तत्र वह्नौ विधेयताया आवश्यकत्वात् । अन्यथा तत्र वह्निपर्वतवृत्तित्वयोरेवोद्देश्यविधेयभावस्वीकारे पर्वते वह्निः वह्निः पर्वते इति शाब्दबोधयोरुद्देश्यविधेयभावावैलक्षण्येनावैलक्षण्यप्रसङ्गात् । अथ विधेयतायामनुमितित्वे च मानाभावः वह्निप्रकारकज्ञानत्वस्यैव वह्निमनुमिनोमीत्यनुव्यवसायविषयत्वात् विषयतया तादृशानुव्यवसायं प्रति तत्तदनुमितिसामग्रीविशिष्टज्ञानत्वेन तादात्म्यप्रत्यासत्त्या हेतुत्वं । कार्यतावच्छेदकं च वह्निप्रकारकतत्तदनुमितिसामग्रीविशिष्टज्ञानविषयकमानसत्वमेव । तत्तदनुमितिसामग्री च बाधाभावसिद्ध्यभावतत्तत्परामर्शादिरूपा । सामग्रीवैशिष्ट्यं च स्वसामाधिकरण्य स्वाव्यवहितोत्तरक्षणोत्पत्तिकत्वसम्बन्धेन । नचतदपेक्ष्य वह्निनिष्ठविधेयताशाल्यनुमितित्वेन हेतुत्वे लाघवाद्विधेयताया अनुमितित्वस्य च सिद्धिरिति वाच्यं । लाघवमात्रेणातिरिक्तविषयता सिद्धौ अव्यवहितोत्तरत्वादेर्निवेशे गौरवेण धूमपरामर्शजन्यतावच्छेदककोटिप्रविष्टत्वेनाप्यतिरिक्तविषयतासिद्धिप्रसङ्गात् । एवमनुमितिं प्रति विलक्षणविषयताशालिज्ञानत्वेन हेतुतयैवोपपत्तौ व्याप्त्यादिविषयतानिवेशे प्रयोजनाभावाच्चेति लाघवमात्रेणातिरिक्तविषयतासिद्धेरभावात् विधेयतायां मानाभावेन सामग्रीविशिष्टज्ञानत्वेन हेतुत्वस्यावश्यकत्वे विधेयतायामिवानुमितित्वेऽपि मानाभाव इति चेन्न । लाघवेनातिरिक्तविषयताया अनभ्युपगमेपि आपत्त्यनन्तरं तादृशानुव्यवसायवारणाय बाधाभावस्यावच्छेदककोटौ निवेशे गौरवात् । तदघटितानुमितिसामग्रीविशिष्टवह्निप्रकारकानुमितित्वेन हेतुत्वेनैवापत्त्यनन्तरं तादृशानुव्यवसायवारणे लाघवेनानुमितित्वजातेरावश्यकत्वात् । वस्तुतस्तु सामग्रीजन्यत्वानुपस्थितिदशायामपि वह्निं नानुमिनोमीत्यनुव्यवसायोद-

ननु किमिदं तत्करणमिति चेत्। व्याप्तिविशिष्टपक्षध-
र्मताघटकलघुपदार्थज्ञानमिति गृहाण।
॥ ननु केयं व्याप्तिः न तावत्साध्यात्यन्ताभाववदवृत्तित्वं पर्व-
तीयवह्न्यत्यन्ताभाववति धूमस्य सत्त्वात्। नच साध्यवदन्या-

यात्सामग्रीजन्यज्ञानत्वावच्छिन्नाभावस्य तद्विषयत्वाभावेन वह्निनिष्ठविधेय-
यताया अनुमितित्वावच्छिन्नाभावस्य तद्विषयत्वावश्यकत्वात्। वह्निनिष्ठ-
विधेयताया अनुमितित्वजातेश्च सिद्धिः। नच स्वव्याप्यवत्तापरामर्शादि-
घटितसामग्रीविशिष्टज्ञानत्वसम्बन्धावच्छिन्नसाध्यनिष्ठप्रतियोगितावच्छेद-
कताकज्ञानाभाव एव तद्विषय इति वाच्यं। तस्य सम्बन्धत्वे मानाभावा-
त् तादात्म्यातिरिक्तवृत्त्यनियामकसम्बन्धस्याभावप्रतियोगितानवच्छेदकत्वव-
द्वृत्त्यनियामकसम्बन्धस्याभावप्रतियोगितावच्छेदकतानवच्छेदकत्वाच्चेति कृतं
पल्लवितेन ॥ १

ननु ज्ञायमानलिङ्गस्यानुमितिकरणत्वेऽतीतानागतहेतुकानुमितेर-
पलापस्तस्यानुमितेः पूर्वमसत्त्वात् अन्यस्य च व्याप्यत्वेनाज्ञानात् व्याप्ते-
रैक्याभावेन यत्र विशेष्ये विशेषणमिति न्यायेन परामर्शस्तत्र परामर्शपूर्वं
व्याप्तिज्ञानस्यासम्भवेन च व्याप्तिज्ञानत्वेनापि न करणत्वसम्भव इत्याशयेन
पृच्छति। नन्विति। लघुपदार्थेति। हेतुसाध्याभावज्ञानादिकमित्यर्थः।
नचाभावज्ञानत्वेन चानुमितिहेतुत्वे परामर्शादिशून्यकालेऽप्यनुमित्या-
पत्तिरिति वाच्यं। विशेषसामग्रीसहकृताया एव सामान्यसामग्र्याः
फलोपधायकत्वेन परामर्शाद्यभावेनापत्त्यभावादिति वक्ष्यति। अत्र य-
द्यपि व्याप्तिघटकेत्येव वक्तुमुचितं तथापि व्याप्तिविशिष्टपक्षधर्मताज्ञानरूप-
परामर्शद्वारा तस्य करणत्वसूचनाय तथोक्तम्। ननु व्याप्तेर्निर्वक्तुमश-
क्यतया कथं तद्घटकपदार्थज्ञानं करणमित्याशयेन पृच्छति। ननु केय-
मिति। साध्यात्यन्ताभाववदिति। वह्निमान् धूमादित्यादौ वह्न्यभावव-
ति जलह्रदादौ धूमस्याविद्यमानत्वाल्लक्षणसमन्वयः। धूमवान् वह्नेरि-
त्यत्र धूमाभाववति अयोगोलकादौ वह्नेर्विद्यमानत्वान्नातिव्याप्तिः।
पर्वतीयेति। पर्वतीयवह्नेस्तद्व्यक्तित्वेनात्यन्ताभाववतीत्यर्थः। पूर्वक्षण-
वृत्तित्वविशिष्टवह्न्यभाववह्निघटोभयाभावसमवायसम्बन्धावच्छिन्नवह्न्यभा-
वादीनां वैशिष्ट्यव्यासज्यवृत्तिधर्मावच्छिन्नसाध्यतावच्छेदकसम्बन्धावच्छि-

न्नप्रतियोगिताकत्वेन साध्याभावविशेषणेन वारणं सम्भवतीति तत्परित्यागः । ननु साध्यतावच्छेदकसम्बन्धावच्छिन्नसाध्यतावच्छेदकावच्छिन्नप्रतियोगिताकाभावाधिकरणनिरूपितहेतुतावच्छेदकसम्बन्धावच्छिन्नवृत्तित्वसामान्याभाववत्त्वं व्याप्तिः । समवायसम्बन्धावच्छिन्नवह्नित्वावच्छिन्नप्रतियोगिताकवह्न्यभाववारणाय साध्यतावच्छेदकसम्बन्धावच्छिन्नत्वसाध्यतावच्छेदकावच्छिन्नत्वनिवेशः । अतएव पर्वतीयवह्न्यभावस्यापि निरासः । नच पर्वतीयवह्नित्वं पर्वतीयत्वविशिष्टवह्नित्वं तथाच विशिष्टस्यानतिरेकाद् वह्नित्वावच्छिन्नप्रतियोगिताकत्वमस्त्येवेति वाच्यं । साध्यतावच्छेदकावच्छिन्नेत्यस्य साध्यतावच्छेदकपर्याप्तावच्छेदकताकत्वार्थकत्वेन पर्वतीयत्ववह्नित्वोभयपर्याप्तावच्छेदकतायाः शुद्धवह्नित्वपर्याप्तत्वाभावेनानुपपत्त्यभावात् । यदि चोभयादेः प्रत्येकानतिरिक्ततया पर्वतीयत्ववह्नित्वोभयपर्याप्तावच्छेदकताया अपि शुद्धवह्नित्वादुक्तदोषस्तदवस्थ एवेति विभाव्यते । तदा साध्यतावच्छेदकभिन्ननिष्ठावच्छेदकत्वानिरूपकत्वे सति किञ्चिदवच्छेदकत्वानिरूपितसाध्यतावच्छेदकनिष्ठावच्छेदकतानिरूपकप्रतियोगिताकत्वमिति निष्कर्षो बोध्यः । सत्यन्तनिवेशात् पर्वतीयत्ववह्नित्वोभयावच्छिन्नप्रतियोगिताकमादाय विशेष्यदलनिवेशाच्च पर्वतीयत्वविशिष्टवह्नित्वावच्छिन्नाभावमादाय यथायथं नाप्रसङ्गः । वह्न्यभाववति धूमावयवे धूमस्य समवायेन सत्त्वात् हेतुतावच्छेदकसम्बन्धनिवेशः । धूमाभाववज्जलह्रदवृत्तित्वाभावस्य वह्नौ सत्त्वात् धूमवान् वह्नेरित्यादावतिव्याप्तिवारणाय सामान्याभावेति । इत्थं चायोगोलकवृत्तित्वस्यापि सामान्यान्तर्गततया तदभावस्य हेतावसत्त्वान्नातिव्याप्तिः । नच तथाप्ययोगोलकवृत्तित्वघटोभयाभावस्य हेतौ सत्त्वादतिप्रसङ्गतादवस्थ्यमिति वाच्यं । तादृशवृत्तित्वत्वावच्छिन्नाभावस्य सामान्याभावपदेन लाभात् । अथ कालिकसम्बन्धेन वह्न्यभाववति पर्वतादौ धूमस्य सत्त्वात् साध्याभाववत्त्वमभावीयदैशिकविशेषणताविशेषेणैव वाच्यम् एवं घटत्वाभाववान् घटत्वादित्यादौ घटत्वाभावाभावस्य घटत्वरूपस्य समवायेनैव सत्त्वादभावीयविशेषणतया तदधिकरणाप्रसिद्धिः ।

अत्र केचित् । भूतले घटो नास्तीत्यत्रेव घटाभावो नास्तीति प्रतीतावपि अभावीयदैशिकविशेषणताविषयकत्वमनुभूयत इति भावाभावसाधारणीं विशेषणतामङ्गीकृत्याप्रसिद्धिं परिहरंति । तदसत् । तथा सति

कालिकसम्बन्धावच्छिन्नप्रतियोगिताकस्याकाशाभावाभावस्य साध्यतया-
मात्मत्वादिहेतावव्याप्तिः आकाशाभावरूपसाध्याभावीयविशेषणतया आ-
त्मनि वृत्तेः एवं भावाभावसाधारणविशेषणतास्वीकारेऽभावीयविशेषणतया
भूतलवृत्तिर्घट इति प्रतीत्यापत्तिश्चेति चेन्नैवं । साध्यवत्ताग्रहविरोधि-
तानियामकसम्बन्धेन साध्याभाववत्त्वस्य विवक्षितत्वात् घटत्वाभाववान्
पटत्वादित्यादौ समवाय एव घटत्वाभाववत्ताग्रहविरोधितानियामक इ-
त्यप्रसिद्धेरसम्भवात् । ननु तथापि जातिमान् सत्त्वादित्यादौ जात्यभा-
ववत्सामान्यादिनिरूपितहेतुतावच्छेदकसमवायेन वृत्तित्वाप्रसिद्धयाऽव्या-
प्तिरिति चेन्न । स्वाधिकरणावृत्तिसाध्याभाववत्त्वमित्यस्य तदर्थत्वात् ।
अथैवमपि धूमाधिकरणे कालिकसम्बन्धेन वन्ह्यभावसत्त्वादव्याप्तिः । अ-
भावीयविशेषणतया ऽवृत्तित्वनिवेशे च घटत्वाभाववान् प्रमेयत्वादित्यत्राति-
व्याप्तिः । घटत्वाभावाभावस्य घटत्वस्य विशेषणतया वृत्तेः तथाच सा-
ध्यवत्ताग्रहविरोधितानियामकसम्बन्धेन वृत्तित्वस्यावश्यं निवेशनीयतया
सत्ताभाववान् जात्यभावादित्यत्राव्याप्तिः जात्यभावाधिकरणसामान्या-
दिनिरूपितसाध्यवत्ताग्रहविरोधितानियामकसमवासम्बन्धावच्छिन्नवृत्तित्वा-
प्रसिद्धेरिति चेन्न । स्वाधिकरणावृत्तिसाध्याभावाधिकरणताकत्वस्य वि-
वक्षितत्वात् । साध्याभावाधिकरणता च साध्यवत्ताग्रहविरोधितानि-
यामकसम्बन्धावच्छिन्ना बोध्या । अत्र वृत्तित्वं स्वरूपसम्बन्धेनैव ग्राह्यम् ।
इत्थं च जात्यभावाधिकरणसामान्यादिनिरूपितस्वरूपसम्बन्धावच्छिन्न-
वृत्तित्वस्य प्रमेयत्वादौ प्रसिद्धत्वात् तदभावस्य च सत्ताभावाभावाधि-
करणत्वे सत्त्वेनानुपपत्त्यभावादिति । अव्याप्यवृत्तिसाध्यकेऽव्याप्तिवारणा-
य प्रतियोगिवैयधिकरण्यमप्यत्र निवेशनीयम् । केचित्तु हेतुतावच्छे-
दकसम्बन्धावच्छिन्नवृत्तित्वीयस्वरूपसम्बन्धावच्छिन्नप्रतियोगिताकः साध्या-
भाववद्वृत्तित्वसामान्याभावो व्याप्तिः । तेन सत्तावान् जातेरित्यादौ न
कापि दोष इत्याहुः । अपरे तु साध्याभाववदवृत्तित्वमित्यत्र सत्तावान्
जातेरित्यादावप्रसिद्धिवारणाय हेतुतावच्छेदकसम्बन्धसामान्ये साध्या-
भाववदनुयोगिकत्वस्वप्रतियोगिकत्वैतदुभयाभावविशिष्टत्वं व्याप्तिरि-
त्याहुः । इति न काप्यनुपपत्तिरिति चेत् । अत्रोच्यते । तथापि केवला-
न्वयिनि साध्याभावाप्रसिद्ध्या व्याप्तिलक्षणमव्याप्तमेव । नन्वव्याप्तिर्नाम
अनुमितिकरणत्वेनाभिमतस्य व्याप्तिज्ञानस्य व्यतिरेकव्यभिचार एव स
च न सम्भवति वस्तुगत्या वाच्यत्वाभावाप्रसिद्धावपि प्रतियोगितया वा-

वृत्तित्वं वह्निमत्पर्वतान्यचत्वरवृत्तित्वाद् धूमस्य । अथ साध्यवत्त्वावच्छिन्नान्योन्याभाववदवृत्तित्वं विवक्षितं । नच धूमवति

च्यत्वीयोऽभाव इत्याकारकभ्रमात्मकज्ञानमादायानुमितेरुपपन्नत्वात् । तथाहि साध्यनिष्ठविषयतानिरूपिताभावनिष्ठविषयतानिरूपित अधिकरणनिष्ठविषयतानिरूपितवृत्तित्वनिष्ठविषयतानिरूपिताभावनिष्ठविषयतानिरूपितहेतुतावच्छेदकावच्छिन्न हेतुनिष्ठविषयतानिरूपितपक्षनिष्ठविषयताशालिज्ञानत्वेनैवानुमितिहेतुत्वं तच्च भ्रममादायोपपद्यत एव । अथ अभावो न वाच्यत्वीय इत्येतादृशविशेषदर्शनकाले तदनुपपत्तिरेव । न च तदानिष्यत एवानुमितिरिति वाच्यं । तस्या स्तदाप्यनुभूयमानत्वादिति चेत् तथापि निर्धर्मितावच्छेदकज्ञानस्य बाधबुद्धप्रतिबन्धकतयाऽभावो न वाच्यत्वीय इति ज्ञानकालेपि प्रतियोगितया वाच्यत्वीय इति निर्धर्मितावच्छेदकज्ञानोत्पत्तौ बाधकाभावेनानुमितेरुपपत्तेः । अभावत्वमनिवेश्य साध्यीयवदवृत्तित्वज्ञानस्यैव चानुमितिहेतुत्वादिति चेन्नैवम् । अवृत्तित्वज्ञानस्य निर्धर्मितावच्छेदकज्ञानं प्रत्यपि प्रतिबन्धकतया प्रतियोगितया वाच्यत्वमवृत्तीति ज्ञानकाले वाच्यत्वीयवदवृत्तित्वज्ञानस्याप्यसम्भवेनानुमित्युपपादनस्य दुरुद्धरत्वादिति निपुणतरमालोचनीयं सूक्ष्मदर्शिभिरिति ॥

ननु नीलघटे यत् किञ्चिद्घटप्रतियोगिकभेदसत्त्वेन नीलघटो घटान्य इत्यादिवाक्यस्यापि प्रामाण्यापत्तिरित्य न्वयितावच्छेदकावच्छिन्नप्रतियोगिताकान्योन्याभावबोधं प्रत्येव किञ्चित्पदसमभिव्याहृतान्यादिपदज्ञानत्वेन हेतुत्वमुपेयम् । एवं च प्रकृतेपि साध्यवत्पदसमभिव्याहृतान्यादिपदज्ञानस्य साध्यवत्त्वावच्छिन्नप्रतियोगिताकान्योन्याभावबोधकत्वमेव तथाच साध्यवत्त्वावच्छिन्नप्रतियोगिकान्योन्याभाववदवृत्तित्वमेव लक्षणं लभ्यते । तत्र च नोक्तदोष इत्याशयेनाशङ्कते । अथेति । साध्यवत्त्वेति । साध्यतावच्छेदकावच्छिन्नसाध्यवत्त्वेत्यर्थः । अन्यथा साध्यवत्त्वस्य साध्यस्वरूपत्वेन पर्वतीयवह्निमदन्योन्याभावावारणात् । साध्यतावच्छेदकनिष्ठावच्छेदकतानिरूपितसाध्यनिष्ठावच्छेदकतानिरूपकप्रतियोगिताकान्योन्याभाववदवृत्तित्वमिति तु निष्कर्षः । साध्यतावच्छेदकावच्छिन्नप्रतियोगिताकसाध्याभावविलक्षणेन पूर्वोक्तलक्षणेपि चालनीन्यायेनाव्याप्तिनिराससंभवेप्यत्यन्ताभावस्याव्याप्यवृत्तितया संयोग

वह्निमत्त्वावच्छिन्नान्योन्याभावो वर्तते। धूमवान्वह्निमानि-
त्यप्रतीतेरिति चेन्न। केवलान्वयिसाध्यकाव्याप्तेः। अथ मी-
मांसकाः केवलान्वयिसाध्यकमनुमानमेव न क्व तावदव्या-
प्त्यवकाश इत्याहुस्तन्न। इह मेयत्वमनुमिनोमीत्यनुभवाप-
लापापत्तेः। नच कारणबाधाद्भ्रान्तिरियं। व्यभिचारे
णैव तद्बुद्धेः कारणत्वासिद्धेः॥ सौगतास्तु केवलान्वयिनि

द्रव्यत्वादित्यादावव्याप्तिः। इह चान्योन्याभावस्य व्याप्यवृत्तितया संयोग-
वदन्योन्याभावस्य द्रव्येऽसत्त्वेनैव नाव्याप्तिरिति पूर्वत्र प्रतियोगिवैयधि-
करण्यादिनिवेशाद्गौरवमिति न तत्र तथा विवेचितमिति ध्येयम्। अव्याप्तिं
निरस्यति। नचेति। नहीत्यर्थः। केवलान्वयीति। इदं प्रमेयं वाच्यत्वादित्यादा
वित्यर्थः। अत्यन्ताभावाप्रतियोगित्वं केवलान्वयित्वं प्रमेयत्वस्य च सार्वत्रिक-
त्वेन तद्वदन्याप्रसिध्याऽव्याप्तिरिति भावः। लाघवात्साध्यवदन्यावृत्तित्वरू-
पव्याप्तिज्ञानमेवानुमितिहेतु केवलान्वयिनि च तादृशज्ञानासंभवेनानुमि-
तिरेवानोपेयते एवं च न क्वाप्यव्याप्तिरिति मीमांसकमतमुपदर्शयति। अथ
मीमांसका इति। इहमेयत्वमिति। साध्यवदन्यावृत्तित्वज्ञानाभावेनानुमि-
त्यसंभवादनुमिनोमीत्याकारकतल्लौकिकप्रत्यक्षानुदयापत्तिरित्यर्थः। नचा-
न्योन्याभावे प्रमेयत्ववत्प्रतियोगिकत्वभ्रमदशायामेव तादृशानुभवोपपत्ति-
रिति वाच्यं। तथापि प्रमेयत्वस्य केवलान्वयित्वज्ञानदशायां तादृशप्रतीत्यनुपप
त्तितादवस्थ्यात्। कारणबाधात्। विशेषदर्शनदशायां साध्यवदन्यावृत्ति
त्वज्ञानस्यानुमितिकारणत्वेनाभिमतस्य बाधात्। असंभवात्। भ्रान्तिरि-
ति। इयं। मेयत्वमनुमिनोमीति प्रतीतिः। मेयत्वविधेयकानुमितिरेव ता-
दृशानुव्यवसायविषयः कारणबाधेन च प्रमेयत्वविधेयकानुमितेरनुत्पत्त्या विष
यबाधेन तादृशप्रतीतेर्भ्रमत्वमित्यर्थः। व्यभिचारेण। व्यतिरेकव्यभिचारेण
तद्बुद्धेः। साध्यवदन्यावृत्तित्वरूपव्याप्तिबुद्धेः। कारणत्वासिद्धेरिति। सिद्धे
तस्य कारणत्वे तदभावेन न तथानुमितिरित्युपेयं तादृशानुमितावेवव्य-
भिचारेण च तस्यैव कारणत्वमसिद्धं। न च परेण तादृशानुमितिरेव नेष्यत
इतिवाच्यं। तत्रानुभवस्य प्रमाणत्वेन दर्शितत्वात्। यथाकथञ्चित् प्रतीतेः
प्रमात्वस्य शक्योपपादनत्वे प्रतीतेर्भ्रमत्वकल्पनाया अन्याय्यत्वाच्च। अन्यथा
क्वापि विषयव्यवस्था न स्यादिति भावः। साध्यवदन्यवत्। प्रमेयत्ववदन्यवत्
अलीकमित्यनेन प्रमेयत्वशून्यत्वं सूचितम्। नन्वलीकस्यज्ञान विषयत्वेमाना

साध्यवदन्यदलीकमेव असत्ख्यातिसिद्धं तत् । तदवृत्तित्वज्ञानादेवानुमितिरित्याहुः । तन्न ॥ असत्ख्यातेरसिद्धेः । किंच ज्ञेयत्वसाध्यके इत्थमप्यव्याप्तिर्दुर्वारा । न ह्ययमलीकमज्ञेयं भवद्भिरिष्यते । अन्ये तु कार्त्स्न्येन सम्बन्धो व्याप्तिरित्याहुः । अत्र वदन्ति । कोयं कार्त्स्न्येन सम्बन्धः । कृत्स्नेन साध्येन हेतोः सम्बन्धः । कृत्स्ने हेतौ साध्यसामानाधिकरण्यं वा । कृत्स्ने हेतुमति साध्यवत्त्वं वा । नाद्यः प्रसिद्धानुमानेऽव्याप्तेः । नहि धूमे सकलवन्हिसामा-

---

भाव इत्यत आह । असदिति । शशशृङ्गमिति । प्रतीतिविषयस्य शशीयशृङ्गस्यापारमार्थिकत्वेनालीकत्वमेवेति भावः । असत् ख्यातेरिति । ज्ञानविषयत्वस्य कालसम्बन्धित्वव्याप्यत्वादित्यर्थः । तेन न सिद्धासिद्धिव्याघातः । असतोपि भाने कालसम्बन्धित्वस्यालीक एव ज्ञानविषयत्वसत्त्वेन न तद्व्याप्यत्वं तस्य सम्भवतीत्यर्थस्तन्निरासात् । शशशृङ्गमित्यादिप्रतीतेश्च शृङ्गस्य शशीयत्वेन भानोपगमेनान्यथाख्यात्यैवोपपत्तेरिति न तदन्यथानुपपत्त्या तत्सिद्धिरिति भावः । ननु मास्त्वसत्ख्यातिस्तथापि प्रमेयत्वसाध्यकाव्याप्तिपरिहारेपि ज्ञेयत्वादिसाध्यके सा दुर्वारेतिचेत् "तुष्यतु दुर्जन" इति न्यायेनाह । किञ्चेति । कश्चित्तु सिद्धासिद्धिव्याघातादाह । किञ्चेतीति । तदसत् । उक्तरीत्या तत्परिहारात् । इत्थमपीति । असत्ख्यातिस्वीकारेपीत्यर्थः । अव्याप्तिः । साध्यवदन्याप्रसिद्धिनिबन्धनाव्याप्तिः । तथा व्याप्तिमेव दर्शयति । नहीति । भवद्भिः । असत्ख्यातिवादिभिः । विरोधादिति शेषः । लीलावतीकारमतमाशङ्कते । अन्ये त्विति । सम्बन्धः । साध्यसामानाधिकरण्यं । धूमवान् वन्हेरित्यादौ वन्हौ धूमसामानाधिकरण्यसत्त्वादतिव्याप्तिरतः । कार्त्स्न्येनेति । अयोगोलकीयवन्हौ धूमसामानाधिकरण्याभावेन कार्त्स्न्येन सम्बन्धाभावान्नदोषः । अत्रास्वरसमाह । तत्रेति । तत्र । लक्षणवाक्ये । वदन्ति । दूषणं वदन्ति । कार्त्स्न्यं साध्ये साधने साधनवतिवेति प्रश्नमुखेन तदेवाह । कोयमिति । साध्ये कार्त्स्न्यं दूषणेनैव साधनवति कार्त्स्न्यविवक्षणे दूषणसम्भवेन पृथक् तन्नोद्भावितं । प्रसिद्धानु-

नाधिकरण्यमस्ति । अयःपिण्डीयवह्नेः सामानाधिकरण्याभावात् न द्वितीयः एकव्यक्तिकहेतावव्याप्तेः । न तृतीयः एकमात्रवृत्तिहेतावव्याप्तेः ॥

माने । वह्निमान् धूमादित्यादौ । अव्याप्तिमेव विवृणोतीति । नहीति । अयःपिण्डीयवह्नेरिति । अत्र निरूपितत्वं षष्ठ्यर्थः । अयःपिण्डीयवह्निनिरूपितसामानाधिकरण्याभावादित्यर्थः । एकव्यक्तीति । द्रव्यं पृथिवीत्वादित्यादावित्यर्थः । अत्र हेतोरैक्येन अनेकाशेषत्वरूपत्वकार्त्स्न्यासम्भवादव्याप्तिरिति भावः । एकमात्रवृत्तीति । एतद्रूपवान् एतद्रसादित्यादावित्यर्थः । तत्र हेतुमत ऐक्येन हेतुमति उक्तरूपकार्त्स्न्यासम्भवादिति भावः ॥

ननु हेतावेव कार्त्स्न्यं विवक्षितं तथाच प्रकृते कार्त्स्न्यस्य व्यापकत्वरूपतया हेतुतावच्छेदकव्यापकसाध्यसामानाधिकरण्यवत्त्वमिति निष्कर्ष इतिचेन्न । द्रव्यं सत्त्वादित्यादौ सत्ताया एकव्यक्तिकत्वेन सत्तात्वव्यापकद्रव्यत्वसामानाधिकरण्यसत्त्वादतिव्याप्तेः । ननु तथापि हेतुमति कार्त्स्न्यं विवक्षितं तथा च हेतुव्यापकसाध्यसामानाधिकरण्यं तत्त्वं । व्यापकत्वं चावच्छेदकतया यत्र यत्र धूमस्तत्र तदवच्छेदकतया वह्निसामानाधिकरण्यसत्त्वाद् वह्निमान् धूमादित्यादौ लक्षणसमन्वयः । पर्वते धूमे वह्निसामानाधिकरण्यमिति प्रतीतेः । अथवा हेत्वधिकरणताव्यापकसाध्याधिकरणताकत्वं तत्त्वमिति चेन्न साध्याधिकरणवृत्तित्वरूपसाध्यसामानाधिकरण्यस्य तत्तदाधेयभेदेन भिन्नतया तद्वन्निष्ठाभावाप्रतियोगित्वरूपव्यापकत्वस्यासम्भवात् प्रथमस्य दुष्टत्वात् द्वितीये चैतदपेक्ष्य हेतुव्यापकं यत्साध्यं तत्सामानाधिकरण्यस्यैव लघुत्वात् तस्यापि च वक्ष्यमाणव्याप्त्यपेक्षया गुरुत्वेन हेयत्वादिति न किञ्चिदेतत् । ननु साध्यसमानाधिकरणाः स्वसमानाधिकरणाः यावन्तस्तत्त्वं व्याप्तिरित्यनेन यावन्तः साध्यसमानाधिकरणास्ते सर्वेऽपि हेतुसमानाधिकरणा इत्यर्थलाभः स्यात् । तत्र चायं गौरश्वत्वादित्यादौ गोत्वसमानाधिकरणद्रव्यत्वादीनामश्वत्वसमानाधिकरणत्वादतिव्याप्तिवारणाय यावत्पदनिवेशः इत्थं च गोत्वप्रकारकप्रमाविशेष्यत्वादीनामपि यावदन्तःपातितयाऽश्वत्वसामानाधिकरण्याभावेन च नातिव्याप्तिः

अथोच्यते साध्यसमानाधिकरणस्वसमानाधिकरणयावत्त्वं व्याप्तिः । यत्समानाधिकरणायावन्तः साध्यसमानाधिकरणास्तत्त्वं व्याप्तिरिति यावत् । भवति च धूमसमानाधिकरणायावन्तो वह्निसमानाधिकरणा इति धूमे वह्निव्याप्तिः । नतु वह्नौ धूमस्य नहि वह्निसमानाधिकरणा यावन्तो धूमसमानाधिकरणाः । अयःपिण्डत्वस्य वह्निसमानाधिकरणस्य धूमासमानाधिकरणत्वात् ।

इदं तु न सङ्गच्छते । इदं वाच्यं ज्ञेयत्वादित्यत्र वाच्यत्वसमानाधिकरणानां यावतां ज्ञेयत्वसमानाधिकरणत्वात् लक्षणसम्भवेपि वह्निमान् धूमादित्यादौ वह्निसमानाधिकरणानामयोगोलकत्वादीनां धूमसामानाधिकरण्याभावादव्याप्तेः धूमवान् वह्नेरित्यादावतिव्याप्तेश्चेत्यत आह । यत्समानाधिकरणा इति । वह्निसमानाधिकरणद्रव्यत्वादीनां धूमसमानाधिकरणत्वाद्व्यभिचारिण्यतिव्याप्तिवारणाय यावन्त इति । इदमेव समुन्नयति । भवति चेत्यादिना । धूमस्येति । निरूपितत्वं षष्ठ्यर्थः । धूमनिरूपितावह्निनिष्ठा व्याप्तिर्नेत्वित्यर्थः । अथ द्रव्यं गुणकर्मान्यत्वे सति सत्त्वादित्यादौ विशिष्टसत्तायाः शुद्धसत्तायाश्चैक्येन सत्तासमानाधिकरणानां गुणत्वादीनां द्रव्यत्वसामानाधिकरण्याभावादव्याप्तिः । एवं गुणकर्मान्यत्वविशिष्टसत्तावान् जातेरित्यत्रातिव्याप्तिश्च । जातिसमानाधिकरणानां सर्वेषां सत्तासामानाधिकरण्यादिति चेन्न । विशिष्टस्यातिरिक्तत्वमङ्गीकृत्यैतल्लक्षणाभिधानात् । विशिष्टसत्तायाः शुद्धसत्तायाश्चैक्ये गुणः सत्तावानिति प्रतीतिवद् गुणो गुणकर्मान्यत्वविशिष्टसत्तावानिति प्रतीत्यापत्ते र्विशिष्टस्यातिरिक्तत्वमेवोपेयते । एवंच नोक्ताव्याप्त्यतिव्याप्ती । ननु विशिष्टस्यातिरिक्तत्वेपि सत्ताधिकरणतायाः विशिष्टसत्ताधिकरणतायाश्चैक्येन गुणो गुणकर्मान्यत्वविशिष्टसत्तावानिति प्रतीत्यापत्तिवारणाय विशिष्टस्यातिरिक्तत्वाङ्गीकर्त्रापि विशिष्टनिरूपिताधिकरणताया अतिरिक्तत्वमवश्यमङ्गीकार्यम् एवं च किं विशिष्टस्यातिरिक्तत्वेनेति पूर्वोक्तदोषस्तदवस्थएवेत्य

यद्विशिष्टसमानाधिकरणा यावन्तः साध्यसमानाधिकरणा

तो विशिष्टस्यानतिरिक्तत्वेऽपि लक्षणमाह । यद्विशिष्टेति । यद्विशिष्टसमानाधिकरणाः यावन्तः साध्यसमानाधिकरणास्तद्वत्त्वं वेति पाठः । यत्पदं हेतुतावच्छेदकपरं । केचित्तु । विशिष्टस्यानतिरिक्तत्वे पूर्वोक्ताव्याप्त्यतिव्याप्ती इत्यत आह । यद्विशिष्टेति । तथाच पूर्वलक्षण एव हेतुतावच्छेदकसाध्यतावच्छेदकनिवेश इति भाव इत्याहुः । तदसत् । तद्वत्त्वं वेत्यनेन लक्षणान्तरत्वकथनस्यासङ्गतत्वापत्तेः । तस्मादस्मदुक्तरीतिरेवात्रानुसर्त्तव्या । द्रव्यं गुणकर्मान्यत्वे सति सत्त्वादित्यत्र विशिष्टस्यानतिरिक्तत्वेनाव्याप्तिरतो यद्विशिष्टेत्युक्तं । नचैवमपि गुणकर्मान्यत्वविशिष्टसत्तावान् जातेरित्यत्रातिव्याप्तिः साध्यतावच्छेदकस्यापि निवेश आवश्यक इति वाच्यं । विशिष्टसत्तायाः विशिष्टनिरूपिताधारतासम्बन्धेन साध्यतायां जातिसमानाधिकरणगुणत्वादीनां विशिष्टनिरूपिताधारतासम्बन्धेन विशिष्टसत्ताधिकरणद्रव्यवृत्तित्वाभावेनातिव्याप्तेरभावात् । समवायेन तस्याः साध्यत्वे तु सद्धेतुत्वादेवोक्तदोषाभावादित्यभिप्रायात् । यदि च समवायेनैव तत्साध्यता गुणे गुणकर्मान्यत्वविशिष्टसत्ता नास्तीति धीबलात् गुणकर्मान्यत्वविशिष्टसत्ताभावस्य गुणे सत्त्वेन विशिष्टसत्तात्वावच्छिन्नाभाववद्वृत्तितया व्यभिचारित्वं । नच विशिष्टसत्ताभावो न प्रतियोगिव्यधिकरण इति वाच्यं । प्रतियोगितावच्छेदकावच्छिन्नप्रतियोगिव्यधिकरणसाध्याभाववद्वृत्तित्वस्यैव व्यभिचारतया तस्य तत्रापि सत्त्वात् अन्यथा भूतत्वमूर्त्तत्वोभयवान् मूर्त्तत्वादित्यादौ व्यभिचारित्वानुपपत्तेः । लाघवेन निरवच्छिन्नसाध्याभाववद्वृत्तित्वस्यैव व्यभिचारत्वाच्चेति । समवायेन विशिष्टसत्तायाः साध्यतायामपि अतिव्याप्तिरिति विभाव्यते । तदा साध्यतावच्छेदकमपि निवेश्यम् । अतएव यद्विशिष्टसमानाधिकरणा यावन्तः साध्यतावच्छेदकावच्छिन्नसाध्यसमानाधिकरणास्तद्वत्त्वं वेति । तेन द्रव्यं गुणकर्मान्यत्वे सति सत्त्वादित्यत्र विशिष्टसत्ताया अनतिरिक्तत्वेऽपि नाव्याप्तिः । तत्र स्वानतिरिक्तत्वेऽपीत्यपिना विशिष्टस्यातिरिक्तत्वमङ्गीकृत्य पूर्वलक्षणं सूचितमिति न काप्यनुपपत्तिः । नवा गुणकर्मान्यत्वविशिष्टसत्तावान् जातेरित्यादावतिव्याप्तिरिति पुस्तकेषु तू त्तोलितः पाठो दृश्यते । इदमेव लक्षणं

स्तद्वत्त्वं वा । भवति च धूमत्वविशिष्टसमानाधिकरणायावन्तो वह्निसमानाधिकरणास्तद्वत्त्वं च धूमे । नचेदृशं धूमं प्रति

सङ्गमयति । भवतिचेति । नचेदृशमिति । स्वविशिष्टसमानाधिकरणं सर्वं धूमसमानाधिकरणमिति नेत्यर्थः । वह्नित्वविशिष्टसमानाधिकरणयावदन्तर्गतायोगोलकत्वादेर्धूमासमानाधिकरणत्वादिति भावः । धूमव्याप्तिः । धूमनिरूपिता व्याप्तिः । अत्र च साधनतावच्छेदकसम्बन्धेन साधनाधिकरणत्वं बोध्यम् । अन्यथा समवायेन धूमाधिकरणवृत्तिधूमावयवत्वादीनां वह्निसामानाधिकरण्याभावादव्याप्तेः । एवं साध्याधिकरणत्वमपि साध्यतावच्छेदकसम्बन्धेन अन्यथा वह्निसमानाधिकरणायोगोलकत्वादीनामपि कालिकसम्बन्धेन धूमाधिकरणायोगोलकवृत्तित्वादतिप्रसङ्गापत्तेः । धूमसमानाधिकरणानां संयोगेन वह्न्यधिकरणपर्वतादिवृत्तित्वात् समवायेन वह्निसाध्यके संयोगेन धूमहेतुकेऽतिव्याप्तेश्च । एवं साधनाधिकरणवृत्तित्वघटकसम्बन्धेन साध्याधिकरणवृत्तित्वं वाच्यम् । अन्यथा वह्निसमानाधिकरणायोगोलकत्वादीनामपि धूमाधिकरणमहानसादौ कालिकसम्बन्धेन वृत्तित्वादतिव्याप्तिः तादवस्थ्यमिति । नन्वत्र साधनाधिकरणवृत्तित्वं यदि साधनतावच्छेदकसम्बन्धेन विवक्षितं तदा इदमेतद्रूपभिन्नं गुणत्वादित्यादौ गुणत्वाधिकरणसमवेतानां यावतामेतद्रूपभिन्नसमवेतत्वादतिव्याप्तिः । एतद्रूपमात्रसमवेतस्याप्रसिद्धेः नापि साध्यतावच्छेदकसम्बन्धेन । जातिमान् मेयत्वादित्यत्र मेयत्वाधिकरणसमवेतानां यावतां जातिमत्समवेतत्वादतिप्रसङ्गात् । नच विषयतया तद्वृत्तित्वं विवक्षणीयं वह्निमान् धूमादित्यादौ विषयतया धूमाधिकरणवृत्तीनां धूमवन्मात्रविषयकज्ञानादीनां वन्ह्यधिकरणे विषयतया वृत्तेर्लक्षणसमन्वयः । धूमवान् वन्हेरित्यादावयोगोलकमात्रविषयकज्ञानादीनां धूमासमानाधिकरणत्वान्नातिव्याप्तिरिति वाच्यं । घटभिन्नं मेयत्वादित्यत्र मेयत्वाधिकरणवृत्तिज्ञानानां घटभिन्नघटत्वसमानाधिकरणत्वादतिव्याप्तिः । घटमात्रविषयकज्ञानस्य चाप्रसिद्धत्वात् । नच येन केनचित्सम्बन्धेन साधनाधिकरणवृत्तित्वं विवक्षितमिति वाच्यं । द्रव्यं सत्त्वादित्यादौ सत्ताधिकरणवृत्तीनां यावतामेव कालिकसम्बन्धेन द्रव्यत्वाधिकरणमहाकालवृत्तित्वादतिव्याप्तिरितिचेन्न । येन येन सम्बन्धेन साधनाधिकरणवृत्तयो या-

वह्नित्वं नातो वह्नौ धूमव्याप्तिः । अस्ति चेदं केवलान्वयिनि अभिधेयत्वविशिष्टसमानाधिकरणानां यावतां मेयत्वसमानाधिकरणत्वात् । एवं च लाघवात् साध्यवदन्यावृत्तित्वे सति साध्यसमानाधिकरणत्वं व्याप्तिः । नचेदं केवलान्वयिन्यस्ति । अतो नेदमनुमानमिति मीमांसकमतमपास्तं । ततो-

---

वन्तस्तेन तेन सम्बन्धेन साध्याधिकरणवृत्तयस्त त्त्वस्य विवक्षितत्वात् । यदिचैवमननुगम इति विभाव्यते तदा विशेषणताविशेषेण साधनाधिकरणवृत्तयो यावन्तः विशेषणताविशेषसम्बन्धेन साध्याधिकरणवृत्तयस्तत्त्वमिति बोध्यं । धूमवत्त्वप्रकारकप्रमाविशेष्यत्वादीनां वह्निसमानाधिकरणत्वाल्लक्षणसमन्वयः । अयोगोलकत्वप्रकारकप्रमाविशेष्यत्वस्य च धूमासमानाधिकरणत्वान्न व्यभिचारिण्यतिव्याप्तिरिति निगर्वः । केवलान्वयिनि लक्षणमुपपादयति । अस्तिचेदमिति । इदं । निरुक्तव्याप्तिलक्षणं केवलान्वयिनि । केवलान्वयिसाध्यके । प्रमेयमभिधेयत्वादित्यादौ । एवमिति । मतमपास्तमित्यनेनान्वयः । एवं च । एतादृशस्य व्याप्तित्वे च । लाघवादिति । हेतुव्यापकसाध्यसामानाधिकरण्यरूपव्याप्त्यपेक्षया लाघवादित्यर्थः । तत्र प्रतियोगिवैयधिकरण्यादिनिवेशेन गौरवादिति भावः । साध्यवदिति । साध्यवदन्यावृत्तित्वस्य गगनादावपि सत्त्वेन वह्निसाध्यकगगनादावतिव्याप्तिरतः साध्यसामानाधिकरण्यमिति । नच तत्र व्याप्तिसत्त्वेपि पक्षधर्मताज्ञानविरहेणैवानुमितिवारणे किं तद्वारणाय विशेषणोपादानेति वाच्यं । गगनमवृत्तीत्यवृत्तित्वज्ञानस्य गगनं पर्वतवृत्तीति ज्ञाने ग्राह्याभावावगाहितया प्रतिबन्धकत्वेन तदनुत्पत्तावपि भिन्नविषयकस्य गगनवान् पर्वत इति ज्ञानस्योत्पत्तौ बाधकाभावेन पक्षधर्मताज्ञानस्यापि सम्भवेन तद्वारणाय विशेषणोपादानस्यावश्यकत्वात् । एवं इदं द्रव्यं घटत्वपटत्वोभयस्मादित्यत्र विरुद्धेऽतिव्याप्तिवारणाय तस्यावश्यकत्वम् । इदं तु साध्यसामानाधिकरण्यज्ञानस्याप्यन्वयव्यतिरेकाभ्यां कारणत्वाभिप्रायेण अन्यथा तु वृत्तिमत्त्वनिवेशेनापि गगनादिवारणसम्भव इति बोध्यम् । नचेदमिति । साध्यवदन्यावृत्तित्वमित्यर्थः । नेदमनुमानमिति । न केवलान्व-

प्यस्य लघुत्वात् । अत्र चार्वाकाः । भवत्वियं व्याप्तिः नचेयं शक्यग्रहा किंचिद् धूमसमानाधिकरणं वह्न्यसमानाधि-

---

यिसाध्यकानुमानमित्यर्थः । व्याप्तिज्ञानाभावात्तादृशानुमितेरसिद्ध्या न तत्करणतया तदनुमानस्वीकार इति भावः । ततोपीति । साध्यवदन्यावृत्तित्वविशिष्टसाध्यसामानाधिकरण्यरूपव्याप्तिस्वरूपतोपि । अस्य । निरुक्तव्याप्तिस्वरूपस्य । लघुत्वात् । अभावाद्यप्रवेशेन लघुत्वात् ॥ ४

ननु यावत्त्वस्य व्यापकत्वादन्यस्य दुर्वचतया व्यापकत्वस्याभावघटितत्वेन गुरुतया कुतोऽस्य लघुत्वमिति चेन्न । अपेक्षाबुद्धिविशेषविषयत्वरूपस्यैव यावत्त्वस्यात्र प्रवेशनीयत्वात् । वस्तुतस्तु साध्यवदन्यावृत्तित्वस्य साधिकरणावृत्तिसाध्याभावकत्वरूपस्यावश्यं विवक्षणीयत्वेन वृत्तित्वस्य च साध्यवत्तायहविरोधितानियामकसम्बन्धेनावश्यं वक्तव्यतया विरोधितानियामकत्वस्य समवायाभावीयविशेषणतासाधारणस्यानुगतस्याभावाद्गौरवेण निरुक्तव्याप्तिस्वरूपस्यैव लघुत्वात् । निरुक्तव्याप्तिस्वरूपे च विशेषणताविशेषेणैव सामानाधिकरण्यनिवेशेन व्यापकत्वांशे प्रतियोगिवैयधिकरण्याद्यप्रवेशेन लाघवस्यातीवस्फुटत्वात् । एवं गुरुधर्मावच्छिन्नसाध्यके साध्यतावच्छेदकावच्छिन्नाभावाप्रसिद्ध्याऽव्याप्तिवारणाय साध्यतावच्छेदकावच्छिन्नवन्निष्ठाभावप्रतियोगितानवच्छेदकधर्मावच्छिन्नाभाववद्वृत्तित्वं व्याप्तिरिति वक्तव्यं । तत्र च तादृशप्रतियोगितानवच्छेदकत्वस्य तादृशप्रतियोगितावच्छेदकत्वावच्छिन्नप्रतियोगिताकभेदनिवेशनं न सम्भवति घटत्वावच्छिन्नवन्निष्ठात्यन्ताभावप्रतियोगितावच्छेदकत्वापेक्षया कम्बुग्रीवादिमत्त्वावच्छिन्नवन्निष्ठाभावप्रतियोगितावच्छेदकत्वस्य गुरुत्वात्तादृशाभावाप्रसिद्धेः किन्तु तादृशप्रतियोगितावच्छेदकं तत्तद्व्यक्तित्वेनोपादाय तत्तद्व्यक्तित्वावच्छिन्नप्रतियोगिताकभेदकूट एव निवेश्यत इति गौरवाद् दुर्ज्ञेयत्वाच्च न तादृशव्याप्तिज्ञानं हेतुरिति ध्येयम् । इदमुपलक्षणं । प्रमेयत्वमनुमिनोमीत्यनुव्यवसायबलादेव तत्स्वीकारस्यावश्यक इति प्रागेवोक्तमिति । सर्वत्र व्यभिचारशङ्कासम्भवेन व्याप्तिग्रहानुदयात् कारणाभावेनानुमितेरसिद्ध्या न तत्करणतयाऽनुमानप्रामाण्यमिति चार्वाकमतं दूषयितुं तन्मतमुपन्यस्यति । अत्र चार्वाका इति । अत्रानुमितिकरणत्वेन व्याप्तिनिश्चयस्याप्रमाणत्वे चार्वाकाः पूर्वपक्षयन्तीति शेषः । किञ्चिदिति । धूमस

कारणं भविष्यतीति शङ्काया दुर्वारत्वात् । नचेदृशशङ्कायां व्याप्तिनिश्चयो भवितुमर्हति । तस्यास्तत्प्रतिबन्धकत्वात् । नच भूयो दर्शनात्तन्निवृत्तिः । अतश्च सहचरितयोरपि व्य-

---

मानाधिकरणत्वसामानाधिकरण्येन वन्हिसामानाधिकरण्याभावसंशये धूमसमानाधिकरणत्वावच्छेदेन वन्हिसमानाधिकरणत्वरूपव्याप्तिग्रहानुदयादित्यर्थः । ननु तादृशशङ्कायामपि व्याप्तिग्रहे किं बाधकमत आह । नचेति । नहीत्यर्थः । ईदृशशङ्कायां । धूमसमानाधिकरणत्वसामानाधिकरण्येन वन्हिसामानाधिकरण्याभावशङ्कायां । तस्याः । तादृशशङ्कायाः । तत्प्रतिबन्धकत्वात् । तादृशव्याप्तिग्रहप्रतिबन्धकत्वात् । ननु भूतलत्वसामानाधिकरण्येन घटाभाववत्ताज्ञानस्य निर्णयात्मनः भूतलत्वावच्छेदेन घटवत्ताज्ञाने बाधनिर्णयविधया प्रतिबन्धकत्वेपि तादृशशङ्कायाः कथं तत्प्रतिबन्धकत्वं ग्राह्यसंशयस्यापि प्रतिबन्धकत्वे च पर्वतो वन्हिमान् वेति संशयेऽनुमित्यादेरनुत्पत्त्यापत्तिरिति चेन्न । "यद्वी सामग्रीप्रतिबन्धिका यत्र विशेषादर्शने तद्वीरपि तत्रेति" न्यायेन विशिष्टप्रत्यक्षे विशेषदर्शनाभावविशिष्टतदभावप्रकारकज्ञानत्वेन संशयस्यापि प्रतिबन्धकत्वाङ्गीकारात् । अन्यथा स्थाणुर्वा पुरुषो वेति संशयोत्तरं विनैव विशेषदर्शनं संशयोत्तरप्रत्यक्षापत्तेः । तत्र बाधनिर्णयस्याभावात् संशयस्य च तव नये अप्रतिबन्धकत्वादिति । यदि चाप्रामाण्यज्ञानाभावादिभिर्विशेषणविशेष्यभावे विनिगमनाविरहेण विशेषदर्शनस्योत्तेजकत्वासम्भवान्न विशेषदर्शनाभावविशिष्टतदभावप्रकारकज्ञानत्वेन संशयस्य प्रतिबन्धत्वं विशेषदर्शनशून्यकाले संशयोत्तरप्रत्यक्षानुत्पत्तिश्च संशयोत्तरप्रत्यक्षे विशेषदर्शनस्य हेतुत्वकल्पनेन तदभावादेवोपपन्नेति विभाव्यते तदा तादृशसंशयसामाग्री प्रतिबन्धिका बोध्येति निगर्वः । ननु बहुषु धूमाग्न्योः सामानाधिकरण्यदर्शनमेव तादृशशङ्काविरोधीत्याशयेनाह । नचेति । भूयो दर्शनात् । बहुषु साध्यसाधनयोः सहचारदर्शनात् । तन्निवृत्तिः । व्यभिचारशङ्कानिवृत्तिः । अतश्चेति । घटादिरूपापृथिवी लोहलेख्या पार्थिवत्वादित्यादौ घटादिषु पार्थिवत्वलोहलेख्यत्वयोः सामानाधिकरण्यग्रहेपि हीरके व्यभिचारग्रहादित्यर्थः । तथाच व्यभिचारेण भूयो दर्शनस्य न तादृशशङ्काप्रतिबन्धकत्वमिति भावः । ननु धूमवन्ह्योः कार्यकार्यकारण

भिचारोपलब्धेः। नच तर्कात्तन्निवृत्तिः। तस्य व्याप्तिनिश्चयमूलकत्वेनानवस्थानात्। इत्थं च ग्राहकाभावाद् व्याप्तेरग्रहे कुतोऽनुमानं स्यादित्याहुः। तन्न। व्यभिचारज्ञानविर-

---

भावात्। धूमो यदि वह्निव्यभिचारी स्यात्तर्हि वह्निजन्यो न स्यादिति तर्क एव धूमो वह्निव्यभिचारी नवेति शङ्कानिवर्त्तकः। पार्थिवत्वलोहलेख्यत्वयोस्तु कार्यकारणभावाद् यदि लोहलेख्यत्वं न स्यात्तदा पार्थिवत्वं न स्यादिति तर्कासम्भवान्न तत्र व्यभिचारशङ्काविरह इत्याशङ्कते। नच तर्कादिति। धूमो यदि वह्निव्यभिचारी स्यात्तर्हि वह्निजन्यो न स्यादितितर्कादित्यर्थः। तन्निवृत्तिः। व्यभिचारशङ्कानिवृत्तिः। व्याप्तिग्रहमूलकत्वेन। आपाद्यापादकयोर्व्याप्तिग्रहमूलकत्वेन। अनवस्थानादिति। तर्कमूलभूतव्याप्तावपि व्यभिचारशङ्कानिरासार्थं तर्कान्तरापेक्षायामनवस्थेत्यर्थः। तथाच मूलशैथिल्यान्न तर्कस्य तच्छङ्कानिवर्त्तकत्वमिति भावः। अत्र विपर्यये तत्कोटिमात्रापर्यवसानं, इष्टापत्तिः, मूलशैथिल्यं, चेति तर्के त्रयो दोषाः। विपर्यये तत्कोटिमात्रपर्यवसान एव तर्कस्य तदभावशङ्कानिवर्त्तकत्वात्।

तदितरकोटिपर्यवसाने च तदसम्भवाद् विपर्यये तत्कोटिमात्रापर्यवसानस्य दूषकत्वं बोध्यम्। इष्टापत्तेश्च तर्ककारणीभूतापाद्यव्यतिरेकनिर्णयविघटकत्वेन। मूलशैथिल्यस्य च तत्कारणीभूतापाद्यापादकयोर्व्याप्तिग्रहप्रतिबन्धकत्वेन यथायथं दूषकता बोध्या। उपसंहरति। इत्थं चेति। व्यभिचारशङ्काप्रतिबन्धकस्याभावेन जागरूके व्यभिचारसंशये चेत्यर्थः। ग्राहकाभावात्। व्यभिचारज्ञानाभावरूपग्राहकाभावात्। कुत इति। कुतो हेतोरनुमानं प्रमाणं स्यादित्यर्थः। अनुमितिकरणतयैवानुमानस्य प्रामाण्यं व्याप्त्यनिश्चये चानुमितेरभावात् तत्करणतयाऽनुमानस्य प्रामाण्यं दूरापास्तमिति भावः। व्यभिचारज्ञानविरहादिकमिति। तद्वत्ताज्ञानं प्रति तदभाववत्ताज्ञानाभावस्य हेतुतया अव्यभिचाररूपव्याप्तिग्रहे साध्याभाववद्वृत्तित्वादिरूपव्यभिचारज्ञानाभावो हेतुरित्यर्थः। आदिना सहचारज्ञानपरिग्रहः। नच साध्याभाववद्वृत्तित्वांशे संशयात्मकव्यभिचारज्ञानसत्त्वे

ह्यादिकमेव व्याप्तिग्राहकं । न च तच्छङ्काविरहो दुःशकः । क्वचित्तर्कात्क्वचित्तन्मूलभूतव्याप्त्यादौ कोटिस्मरणाद्यभावादपि तन्निवृत्तेः । नहि सर्वदा व्यभिचारशङ्काकोटिस्मृतिर्वास्ति अनुभूयते वेति दिक् ॥

व्याप्तिग्रहे संशयनिश्चयसाधारणव्यभिचारज्ञानाभाव एव हेतुर्वाच्यस्तथाच पक्षीयसाधनसन्देहात्मकव्यभिचारज्ञानस्यापि प्रतिबन्धकत्वप्रसङ्गादनुमानमात्रोच्छेदप्रसङ्ग इति वाच्यं । साधनाभाववत्त्वांशे निश्चयात्मकवृत्तित्वांशे संशयनिश्चयसाधारणव्यभिचारज्ञानाभावस्यैव हेतुत्वात् ननु ज्ञानादीनामव्याप्यवृत्तितया व्यभिचारज्ञानसत्त्वेऽपि घटावच्छेदेनात्मनि समवायेन तदभावसत्त्वाद् व्याप्तिग्रहापत्तिरिति चेन्न । समवायसम्बन्धावच्छिन्नप्रतियोगिताकव्यभिचारज्ञानविशिष्टात्मत्वाभावस्य स्वसमानाधिकरणैकत्वसम्बन्धेन व्यभिचारज्ञानाभावस्य वा हेतुत्वात् । तस्य च व्याप्यवृत्तित्वादिति । अथ तथापि धूमवह्न्योः सहचारज्ञानस्य व्याप्तिग्रहहेतुत्वे मानाभावः । न च विरहे सहचारभ्रमाद् व्याप्तिभ्रमदर्शनादन्वयव्यतिरेकाभ्यान्तस्य कारणत्वमिति वाच्यं । ग्राहकसामग्री क्रमयौगपद्याभ्यामेव सहचारग्रहव्याप्तिग्रहक्रमयौगपद्ययोरुपपत्तेः । तयोः परस्परहेतुत्वे मानाभावादिति चेन्मैवं । यत्समानाधिकरणाः यावन्तो धर्मा इत्यत्र धर्मे हेतुसामानाधिकरण्यरूपसहचारज्ञानस्य विशेषणज्ञानत्वेन हेतुतया तस्यैवादिपदेन सङ्गृहीतत्वात् ननु साध्यसाधनसहचारज्ञानस्यापि एवं प्रतिबन्धकाभावान्तरस्यापि आदिपदेन सङ्गृहीतत्वादिति दिक् ॥

ननु व्यभिचारज्ञानविरहः संशयनिश्चयसाधारणज्ञानाभावः सर्वत्र तत्संशयसत्त्वे च कथं सङ्घटते इत्याशङ्क्य निराचष्टे । नचेति । तर्कात् । धूमो यदि वह्निव्यभिचारी स्यात् तर्हि वह्निजन्यो न स्यादिति तर्कात् । अनवस्थां निरस्यति । क्वचित्तन्मूलभूतेति । तर्कमूलभूतेत्यर्थः । तन्निवृत्तेः । व्यभिचारशङ्कानिवृत्तेः । ननु सर्वत्र व्यभिचारशङ्काकोटिस्मृतिर्वास्त्वत आह । अनुभूयते वेति । तथाच प्रमाणाभावेन संशयसामग्र्येव न कल्प्यत इति भावः ।

ननु तर्कस्य व्यभिचारशङ्कानिवर्त्तकत्वे मानाभावः । अनाहार्यशङ्कायास्तर्ककारणीभूतज्ञानेनैव निरस्तत्वात् । तथाहि आपत्तिं प्रति पक्षधर्मतांशे आहार्यरूपमापाद्यव्याप्यापादकवत्ताज्ञानमापाद्यव्यतिरेकनिश्चयश्च हेतुः व्याप्तिश्चान्वयतो व्यतिरेकतश्च । तथा च धूमो यदि वह्निव्यभिचारी स्यात्तर्हि वह्निजन्यो न स्यादित्यत्र वह्निव्यभिचारित्वं वह्निजन्यत्वाभावव्याप्यमिति अन्वयव्याप्तिज्ञाने वह्निजन्यत्वाभावे वह्निव्यभिचारित्वव्यापकत्वग्रहाद् वह्निव्यभिचारित्वव्यापको वह्निजन्यत्वाभाव इति ज्ञानसम्पत्त्या आपाद्यव्यतिरेकनिर्णयविधया तदभावज्ञानस्य च सत्त्वाद् वह्निव्यभिचारित्वव्यापकाभाववत्ताज्ञानसम्भवादनाहार्यव्यभिचारित्वशङ्कासम्भवः । एवं वह्निजन्यत्वव्यापकीभूताभावप्रतियोगिवह्निव्यभिचारित्वमिति व्यतिरेकव्याप्तिग्रहेऽपि वह्निव्यभिचारित्वाभावे वह्निजन्यत्वव्यापकत्वग्रहे तुल्यवित्तिवेद्यतया वह्निजन्यत्वेऽपि वह्निव्यभिचारित्वाभावव्याप्यत्वग्रहे वह्निव्यभिचारित्वाभावव्याप्यं वह्निजन्यत्वमिति ज्ञानसम्भवेन तद्वत्ताज्ञानस्य चापाद्यव्यतिरेकनिर्णयविधया सत्त्वेन तदभावव्याप्यवत्ताज्ञानस्य सत्त्वान्न तादृशशङ्कोदयः । नचान्वयिनि आपादकव्यापकमापाद्यं तदभाववांश्चायमिति ज्ञाने विद्यमानेऽपि तद्व्यापकाभाववत्ताज्ञानस्य विशिष्टवैशिष्ट्यावगाहिन एव तद्वत्ताज्ञानप्रतिबन्धकतया कथं तस्य विरोधित्वम् । एवं व्यतिरेकिणि आपादकाभावव्याप्यः आपाद्याभावः तद्वांश्चायमिति ज्ञानसम्भवेऽपि तदभावव्याप्यवत्ताज्ञानस्यापि विशिष्टवैशिष्ट्यावगाहिन एव तत्र प्रतिबन्धकत्वात् तदसम्भव एवेति वाच्यं । धूमव्यापको वह्निः वह्न्यभाववांश्चायमिति ज्ञानद्वयसाधारण्याय तद्धर्मावच्छिन्नविशेष्यकव्यापकत्वग्रहकालीनतद्धर्मावच्छिन्नाभाववत्तानिश्चयत्वेनैव तद् व्यापकाभाववत्ताज्ञानस्य प्रतिबन्धकत्वात् । एवं पुरुषत्वव्याप्यं करादि तद्वांश्चायमिति ज्ञानद्वयसाधारण्याय तद्धर्मावच्छिन्नविशेष्यकव्याप्यत्वग्रहकालीनतद्धर्मावच्छिन्नवत्तानिश्चयत्वेनैव तदभावव्याप्यवत्ताज्ञानस्य प्रतिबन्धकत्वादुक्तज्ञानद्वयसत्त्वे तत्संशयाभावात् । यदि च व्यतिरेके आपादकाभावे आपाद्याभावव्यापकत्वग्रहेऽपि आपाद्याभावे

आपादकाभावव्याप्यत्वभानस्य न नैयत्यं । तुल्यवित्तिवेद्यत्वे मानाभावात् ; एवं व्यापकाभावज्ञानस्य तदभाववद्व्याप्यवत्ताज्ञानस्य च विशिष्टवैशिष्ट्यावगाहिन एव लाघवात् प्रतिबन्धकत्वम् । उक्तज्ञानद्वयस्याप्रतिबन्धकत्वेऽपि तदुत्तरोत्पन्नविशिष्टज्ञानादेव प्रतिबन्धइति प्रकृते आपादकसंशयोत्पत्तौ बाधकाभावइति विभाव्यते तथापि आपाद्याभाववत्तानिश्चयस्यापादकज्ञाने व्यावर्त्तकधर्मदर्शनविधया प्रतिबन्धकत्वमव्याहतमित्यनाहार्यव्यभिचारित्वसंशयासम्भवात् आहार्यशङ्कायाःस्वविरोधित्वात्तर्कस्य वैयर्थ्यमिति चेत् । अत्रोच्यते । अनाहार्यशङ्कानिवृत्त्यसम्भवेऽप्याहार्यशङ्कानिवर्त्तकत्वेनैव तर्कस्योपयोगः तस्या अप्रतिबन्धकत्वे तु तत्सामग्र्याः प्रतिबन्धकत्वमेव । नच तथापि तर्कस्याहार्यज्ञानरूपस्य कथमाहार्य शङ्काप्रतिबन्धकत्वम् आहार्यज्ञानस्याप्रतिबन्धकत्वादप्रतिबध्यत्वाच्चेति वाच्यम् । अनिष्टप्रसञ्जनात्मकतर्केण आपादकज्ञाने आपाद्यज्ञानरूपानिष्टसाधनत्वज्ञानजनने आपादकज्ञानेन द्वेषोत्पत्त्या तदिच्छानुत्पत्तादिच्छारूपकारणाभावेनाहार्यशङ्कानुदयात् । तर्के तन्निवर्त्तकत्वस्यार्थवशसंपन्नत्वात् । अतएवापादकांशे संशयनिश्चयसाधारणज्ञानमपि तर्के हेतुः । अन्यथा तन्निर्णयस्यैवहेतुत्वे कारणीभूते आपादकनिर्णय एव तर्कात्मकानिष्टसाधनताज्ञानसम्भवेऽपि संशये द्विष्टसाधनताज्ञानाभावेन तदिच्छोत्पत्तौ बाधकाभावेनाहार्यशङ्का निवर्त्तकत्वासम्भवात् । केचित्तु । तदापादकापत्तित्वेनाहार्यानाहार्यसाधारणतद्विशिष्टबुद्धित्वेन प्रतिबध्यप्रतिबन्धकभावः समानविषयकत्वाभावेऽपि फलबलात्कल्पनीय इति तर्कोपयोगित्वमाहुः । अन्येतु व्यभिचारशङ्कायामुत्तेजकतयातर्कोपयोग इत्याहुः । यद्यपि बाधकालीनेच्छाजन्यं ज्ञानमाहार्यं तथापि प्रकृते इच्छाजन्यत्वमात्र मापादकांशे आहार्यत्वं वाच्यं । तर्कश्च द्विविधः । व्याप्तिग्राहको विषयपरिशोधकश्च । आद्यश्चोक्त एव । द्वितीयस्तु पर्वतो यदि निर्वह्निः स्यात्तर्हि निर्धूमः स्यादित्याकारकः विषयस्यानुमितिविषयस्य साध्यस्य परिशुद्धिः विरोधिशङ्काविधूननम् । ननु साध्यव्याप्यवत्तापरामर्शेसति साध्यसंशयस्यानवतारात् कुतस्तस्य विरोधित्वं ग्राह्यसंशयस्याप्रतिबन्धकत्वाच्चेति तर्केणापि वा कथं तन्निरास इति चेन्नैवम् । स्वरसवाहिनः संशयस्य विशेषदर्शनप्रतिबध्यत्वेऽपि अनु-

नमु सेयं व्याप्तिर्दृष्टान्तवृत्तिधूमादौ गृहीता। नच पक्षीयेऽपि तथाच कथं तदनुमितिः पक्षवृत्तिधूमे व्याप्तिग्रहस्यानुमितिहेतुत्वादिति चेत् अत्राहुः उक्ता व्याप्तिर्दृष्टान्तवृत्तिहेतौ धूमत्वेन गृहीता पर्वते धूमं दृष्ट्वा स्मर्यते ततो विशेषणज्ञानरूपान्तस्मादसति बाधके व्याप्तिविशिष्टत्वेन पक्ष-

---

मित्यप्रतिबन्धकत्वेऽपि चान्याहितस्य तस्याप्रतिबध्यत्वात् प्रतिबन्धकत्वाच्च। तथाच यथा धूमाद्वन्हिमताऽनेन भवितव्यं तथा कुतश्चिद्वन्ह्यभावसाधकाद् वन्ह्यभाववताऽपि भवितव्यमिति शङ्का तदत्र किं वन्हिविरहसाधकमिति जिज्ञासा जायते विरोधिप्रमाणजिज्ञासया च बाधकप्रमाणशङ्का तयाच साध्याभावशङ्काजन्यते। साच सत्यपि परामर्शेऽन्याहितत्वादुत्पद्यते। अप्रामाण्यशङ्काहिते चार्थशङ्का सत्यप्यर्थनिश्चये निर्वन्हिः स्यात्तर्हि निर्धूमः स्यादिति तर्केण चानिष्टप्रसञ्जनात्मना विरोधिप्रमाणजिज्ञासानुत्पत्तौ बाधकप्रमाणशङ्कानिवृत्तौ तदाहितसाध्याभावशङ्काया अपि निवृत्तिः अन्यविधायास्तु साध्यशङ्कायाः सति परामर्शे ऽसम्भवात् अप्रतिबन्धकत्वाच्चेति सर्वमवदातम्। दृष्टान्तेति। महानसीयधूमवन्ह्योः सन्निकर्षेण तत्रैव व्याप्तिग्रहो नतु पर्वतीयधूमेऽपि पर्वतीयवन्हेरसन्निकर्षेण तन्निरूपितव्याप्तिग्रहासम्भवादिति भावः। स्मर्यत इति। महानसीयधूमे धूमत्वं धर्मितावच्छेदकीकृत्य व्याप्त्यनुभवः ततः पर्वतीयधूमे धूमत्वज्ञानात् एकसम्बन्धिज्ञानमपरसम्बन्धिस्मारकमिति न्यायेन तादृशव्याप्तेः स्मरणं जायते ततो * व्याप्तिस्मरणरूपविशेषणज्ञानाद् वन्हिव्याप्योयं धूमः पर्वतवृत्तिरिति व्याप्त्यंशे उपनीतभानात्मकं प्रत्यक्षं ततस्तानुमितिरित्याखण्डलार्थः। नच महानसीयधूमवृत्तिव्याप्तेः पर्वतीयधूमेऽसत्त्वात् कथं तत्र तत्प्रत्यक्षमिति वाच्यं। यद्विशिष्टसमानाधिकरणाः सर्वे साध्यसमानाधिकरणास्तद्धर्मवत्त्वमित्यत्र तद्धर्मवत्त्वं तद्धर्म एवेत्यर्थपर्यालोचनया धूमत्वस्यैव व्याप्तित्वलाभात् तस्य च पर्वतीयधूमेऽपि सत्त्वात्। नचैवं

---

* जाते च व्याप्ति स्मरणइतरापिपाठान्तरम्॥

धर्मिधूमज्ञानं जायते यद्वा दृष्टान्ते व्याप्तिज्ञानं जायमानं धूमत्वरूपसामान्यलक्षणाप्रत्यासत्त्या सकलधूमगोचरमेव जायत इत्यदोषः ॥

धूमत्वस्यैव व्याप्तित्वे तस्य व्याप्यतावच्छेदकत्वानुपपत्तिः । अभेदे अवच्छेद्यावच्छेदकभावानभ्युपगमादिति वाच्यं । घटकारणतात्व घटकारणतावच्छेदकत्वयोर्दण्डत्व इव उपस्थितानुपस्थितभेदादेव तस्य समर्थनीयत्वात् । अतएव परामर्शग्रन्थे स्मृतव्याप्तिः पक्षधर्मधूमे सत्त्वादिकैव हि सा व्याप्तिरित्यनेन चिन्तामणिकारेणापि तथाभिहितम् । नच यो यत्र पूर्वमवगतः स एव तत्र संस्कारवशात् यथार्थप्रत्यक्षे भासत इति नियमात् पर्वतीयधूमे पूर्वं व्याप्तेरनवगमात् कथं तत्र व्याप्तेरुपनीतभानं यथा यत्र चन्दने सौरभं घ्राणेनोपलब्धं तत्रैव चक्षुषा सुरभिचन्दनमित्युपनीतभानमन्यत्र त्वनुमानादिति वाच्यं । यद्धर्मावच्छेदेन यद्वस्तु गृहीतं तद्धर्मावच्छेदेन तदुपनीतभानमित्येव नियमात् । अस्ति चात्र धूमत्वेनैव व्याप्तेर्ग्रहाद् धूमत्वेनैव व्याप्तेरुपनीतभानमिति । इदं तु सामान्यलक्षणानङ्गीकारेणोक्तं । वस्तुतस्तु सामान्यलक्षणाङ्गीकारेण व्याप्तेर्नानात्वेपि तादृशनियमाभ्युपगमेपि च नक्षतिः । महानसीयधूमे धूमत्वेनैव वह्निव्याप्तिज्ञानं जायमानं धूमत्ववह्नित्वसामान्यलक्षणया यावद्धूमवह्निभाने यावद्वह्निनिरूपितयावद्धूमनिष्ठं व्याप्तिज्ञानमेव जायत इति पर्वतीयधूमेपि व्याप्तेः पूर्वं गृहीतत्वेन तदुपनीतभाने बाधकाभावात् अनुमितिरुपपन्नैवेत्याशयेनाह । यद्वेति । केचित्तु उक्तेत्यादिमहानसीयधूमनिष्ठाव्याप्तिः तत्रैव गृहीता ततः पर्वतीयधूमे धूमत्वदर्शनात् महानसीयधूमनिष्ठव्याप्तेरेव स्मरणं ततः पक्षवृत्तिधूमे महानसीयधूमनिष्ठव्याप्तेरुपनीतभानं ततोऽनुमितिरित्यर्थः । तथाच भ्रमात्मकपरामर्शादेवानुमितिरिति भावः । ननु सन्निकृष्टपरामर्शस्यैव प्रमात्मकानुमितिहेतुतया यथार्थपरामर्शाभावेन कथं प्रमात्मिकानुमितिरत आह । यद्वेत्याहुः । तदसत् । धूमत्वस्यैव व्याप्तित्वेन सन्निकृष्टपरामर्शस्यैव पूर्वकल्पेपि सम्भवात् ! यद्यपि यत्समानाधिकरणात्यन्त तत्त्वं व्याप्तिरित्युक्तौ व्याप्तेर्नानात्वमपि अन्य

कादभिमतं तथापि यद्विशिष्टेति द्वितीयलक्षणस्यैव निर्दुष्टत्वेन तदभिप्रायेण सन्निकृष्टकपरामर्शमादायैव योजयितुं शक्यत्वे भ्रमात्मकपरामर्शमादायोक्तकुसृष्टेरनादरणीयत्वादिति न किञ्चिदेतत् । धूमत्वसामान्यलक्षणाप्रत्यासत्त्येति । अत्र च ज्ञायमानं सामान्यं प्रत्यासत्तिर्बोध्या । तच्चेन्द्रियसम्बद्धं तथा तेन निमीलितनयनस्य न सामान्यलक्षणाप्रत्यासत्तिजन्यज्ञानापत्तिः । तथाचेन्द्रियसंयुक्ते धूमे धूम इति ज्ञानानन्तरं धूमत्वसामान्यलक्षणया यावद्धूमविषयकं धूमा इत्याकारकं ज्ञानं जायते इन्द्रियसम्बन्धश्च न संयुक्तसमवायः धूलीपटले धूमत्वभ्रमानन्तरं धूमा इति ज्ञानानुदयापत्तेः । तथाच तदुत्तरं धूलीपटले धूमत्वेन व्याप्तिग्रहात् जायमानायाः वह्न्यनुमितेरुच्छेदप्रसङ्गात् पर्वतीयधूमे व्याप्त्यग्रहात् किंतु इन्द्रियसम्बद्धविशेष्यकज्ञानप्रकारत्वरूपो वैज्ञानिकः सम्बन्धः । इन्द्रियसम्बन्धश्चात्र लौकिको ग्राह्यः । तेन निमीलितनयनस्य न तदापत्तिः । ज्ञानं च तदिन्द्रियजन्यं ग्राह्यं तेन पुरोवर्तिनि दोषवशाद्गृह्यमाणेन स्मर्यमाणघटत्वेन न यावद्घटचाक्षुषापत्तिः । इदं च बहिरिन्द्रियस्थले बोध्यं । तेन तथाविधमानसोदयेपि न क्षतिः । अत्र च ज्ञायमानसामान्यस्य प्रत्यासत्तित्वे यत्र नानाकपालेषु एक एव घटः प्रत्यासन्नस्तत्र तद्घटनाशदशायां तद्घटसत्त्वसामान्यलक्षणया यावद्घटवतां ज्ञानं न स्यात् । सामान्यस्यतदानीमभात् । नच तत्र घटत्वमेव तद्व्यक्तिघटितसम्बन्धेन परम्परयाप्रत्यासत्तिरितिवाच्यम् । यत्र परम्परया तद्व्यक्तिसम्बन्धेन घटत्वादिकं न भातं किंतु तद्व्यक्तित्वेन (तद्व्यक्तिप्रकारेण तद्व्यक्तिमतां) ज्ञानं तत्र गत्यभावात् । नच तत्र परम्परया तद्व्यक्तित्वमेव प्रत्यासत्तिरिति वाच्यं । तद्व्यक्तित्वस्य तद्व्यक्तिरूपाद्यात्मकतया तस्यापि नष्टत्वादिति तथाविधसामान्यज्ञानं प्रत्यासत्तिर्बोध्या । तत्र च न तावद् घटत्वाश्रययावद्व्यक्तिप्रत्यक्षे इन्द्रियसम्बद्धविशेष्यकज्ञानप्रकारीभूतघटत्वत्वेन तथाविधघटत्वज्ञानत्वेन वा हेतुता यावद्विषयकत्वस्य कार्यतानवच्छेदकत्वेपि विनिगमनाविरहेण यावद्विषयकत्वस्यार्थसम्पन्नत्वेन तन्निवेशे प्रयोजनाभावात् ॥

अथ संयोगाजन्यस्वविषयकज्ञानाजन्यघटत्वातिरिक्तघटवृत्तिधर्माप्रकारकघटप्रत्यक्षं प्रति तथाविधघटत्वत्वेन तथाविधघटत्वज्ञानत्वेन वा हेतुता नि-

ननु सामान्यं यदि प्रत्यासत्तिस्तत्प्रकारकतदाश्रयलौकिकसाक्षात्कारजनिका तदा विमुद्रितनयनस्यापि धूमत्वेन

विकल्पकोत्तरोत्पन्नघटप्रत्यक्षे व्यभिचारवारणाय संयोगाजन्यत्वनिवेशः। पटत्वेन घटभ्रमानन्तरं यत्र पटवदित्युपनीतभानं तत्र पटत्वेन घटप्रत्यक्षोदयात्तत्र घटवज्ज्ञानाभावाद्व्यभिचारवारणाय स्वविषयकज्ञानाजन्यत्वनिवेशः। द्रव्यत्वसामान्यलक्षणाजन्यप्रत्यक्षवारणायघटत्वातिरिक्तेत्यादीति चेन्न। तथासति घटत्वद्रव्यत्वोभयसमूहालम्बनस्थले परापरकार्यकारणभावापत्तेः किंतु घटत्वादिप्रकारतानिरूपितलौकिकान्यघटादिमुख्यविशेष्यताशालिचाक्षुषत्वाद्यवच्छिन्नं प्रति चाक्षुषप्रकारीभूतघटत्वत्वादिना घटत्वादिप्रकारताशालिचाक्षुषत्वादिना वा हेतुता वोध्या। प्रथमे विषयत्वसमवायोभयघटितसामानाधिकरण्यं प्रत्यासत्तिः। द्वितीये समवायसमवायोभयघटितसमाधिकरण्यं प्रत्यासत्तिः। विशेष्यतायां घटत्वादिप्रकारतानिरूपितत्वनिवेशाद् द्रव्यत्वादिना सामान्यलक्षणाजन्यज्ञाने न व्यभिचारः। निर्विकल्पकानन्तरोत्पन्नघटमुख्यविशेष्यकलौकिकचाक्षुषे व्यभिचारवारणाय लौकिकान्यत्वनिवेशः। घटत्वप्रकारकतद्घटस्मरणजन्ये घटाद्युपनीतभाने घटत्वप्रकारकचाक्षुषरूपकारणविरहाद् व्यभिचारवारणाय विशेष्यतायां मुख्यत्वनिवेशः मुख्यविशेष्यतात्वं च प्रकारतान्यविशेष्यतात्वं। वहिरिन्द्रियजन्यज्ञाने उपनीतं विशेषणतयैव भासते मानसेत्वनियम इति नियमाद् विशेषणत्वेनैव घटादेर्भानन्न मुख्यविशेष्यत्वमिति कारणतावच्छेदककोटौ घटत्वादिप्रकारताकत्वनिवेशान्न निर्विकल्पकोत्तरसामान्यलक्षणाजन्ययावद्घटप्रत्यक्षापत्तिः। पुरोवर्त्तिनि दोषवशान्नयनेनागृह्यमाणेन स्मरणप्रकारीभवता घटत्वेन यावद्घटचाक्षुषवारणाय चाक्षुषत्वनिवेशः। समवायेन घटत्वप्रकारकज्ञानबलात् कालिकादिसम्बन्धेन घटत्वाश्रययावत्प्रत्यक्षापत्तिवारणाय सम्बन्धविशेषोपि निवेशनीय इति प्राचीनमतनिगर्वः। नवीनमतं दर्शयितुं शङ्कते। नन्विति। तदाश्रयेति। सामान्याश्रयेत्यर्थः। साक्षात्कारः स्यादिति। चाक्षुषसाक्षात्कारः स्यादित्यर्थः। तेन मानससा-

सकलधूमसाक्षात्कार: स्यात् इति चेन्न । यत्सामान्यं प्रत्यासत्तिस्तत्प्रकारकतदाश्रयस्य लौकिकसाक्षात्कारजनकसामग्र्या अपि सामान्यलक्षणप्रत्यासत्तौ सहकारित्वात् ।

क्षात्कारोदयेपि न क्षति: । नवीनमतमभिप्रेत्य सिद्धान्तयति । यत्सामान्यमिति । यदित्यस्य सामान्यमित्यनेनाभेदान्वय: । तत्प्रकारकतदाश्रयेति । मानससाक्षात्कारसामग्रीसत्त्वाल्लौकिकेति । सामग्री च तत्तत्सन्निकर्षालोक संयोगादिरूपा । सहकारित्वादिति । बहिरिन्द्रियजन्यज्ञाने सहकारित्वादित्यर्थ: । निमुद्रितनयनस्यापि चक्षु: संयोगादिरूपसामग्र्यसत्त्वान्न प्रत्यक्षमिति भाव: । नच धूलीपटले धूमत्वभ्रमानन्तरं धूमा इति ज्ञानं न स्यात् धूम त्वाश्रयलौकिकप्रत्यक्षसामग्र्यसत्त्वादिति वाच्यं । तदाश्रयेत्यस्य तद्धर्मनिष्ठप्रकारतानिरूपितविशेष्यताश्रयेत्यर्थात् । धूमत्वनिष्ठप्रकारतानिरूपितविशेष्यताश्रये धूलीपटले लौकिकप्रत्यक्षसामग्रीसत्त्वेनादोषात् । ननु प्राचीनमते तत्पुरुषीयधूमत्वाश्रयविषयकालौकिकचाक्षुषत्वावच्छिन्नं प्रति तत्पुरुषीयचक्षु:सन्निकृष्टयत्किञ्चिद्विशेष्यकतत्पुरुषीयचाक्षुषप्रकारीभूतधूमत्वत्वेन हेतुतया तेनैव विमुद्रितनयनस्यापि प्रत्यक्षापत्तिवारणे गुरुतरसामग्र्या: सहकारित्वकल्पने नव्यमते गौरवमिति चेन्नैवम् । अन्धतमसे सौदामिनीसम्पातजनितद्रव्यविषयकचाक्षुषोत्तरमालोकसंयोगविगमेपि तादृशकारणसत्त्वात् सकलद्रव्यसाक्षात्कारधाराया आपत्ते: तादृशसामग्र्या: सहकारित्वकल्पनस्यावश्यकत्वात् । एवं च धूमत्वाश्रयप्रत्यक्षे ज्ञानप्रकारीभूतधूमत्वत्वेनैव हेतुत्वं नत्विन्द्रियभेदेन पुरुषभेदेन वा कार्यकारणभाव इत्यपि लाघवम् । अथैवं चक्षु:सन्निकृष्टपुरोवर्त्तिनि घटत्वग्रहप्रतिबन्धकदोषसत्त्वे घटत्वस्मरणबलात् यावद्घटचाक्षुषापत्ति: । नच तदाश्रयेत्यस्य तद्धर्मविशिष्टेत्यर्थस्तथाच तद्धर्मविशिष्टलौकिकप्रत्यक्षसामग्र्या: सहकारित्वात्तद्धर्मांशेपि लौकिकप्रत्यक्षसामग्री सहकारित्वलब्धा प्रकृते च घटत्वांशे दोषाभावघटितसामग्र्यसत्त्वान्न घटत्वाश्रययावत्प्रत्यक्षापत्तिरिति वाच्यं । तथासति धूलीपटले धूमभ्रमात् * धूम इति ज्ञानानुदयापत्ते: धूमत्वांशे लौकिक-

---

* धूम भ्रमानन्तरं धूमा इति ज्ञानानुदयापत्तेरितरपि पाठान्तरम् ॥

प्रत्यक्षसामग्र्यसत्त्वादिति चेन्न। तत्र यावद्घटचाक्षुषस्वीकारे त्विष्टापत्ति-
रिति नव्यमतनिगर्वः। अत्र केचित् ज्ञानलक्षणाप्रत्यासत्त्यस्वीकारे सुर-
भिचन्दनमित्यादौ सौरभत्वादेर्भानानिर्वाहात् तत्स्वीकार आवश्यकः
सौरभत्वसामान्यलक्षणया सौरभभाननिर्वाहेऽपि सौरभत्ववृत्तिधर्मज्ञाना-
भावेन सौरभत्वभानस्य सामान्यलक्षणया निर्वाहासम्भवात् अतएव
दीधितिकारः "अतएव सुरभिचन्दनमित्यादौ सौरभत्वादेरपि भान"
मित्याह। तत्तु न सङ्गच्छते। सौरभत्वप्रकारक सौरभनिष्ठविशेष्यताशा-
लिलौकिकप्रत्यक्षत्वावच्छिन्नं प्रति सौरभत्वप्रकारकज्ञानत्वेन सामान्यलक्ष-
णाप्रत्यासत्ते र्हेतुत्वोपगमेन सौरभत्ववृत्तिधर्मज्ञानाभावेऽपि सौरभत्वज्ञान-
बलादेव सौरभत्वभानोपपत्तेरिति ज्ञानलक्षणाप्रत्यासत्तिस्वीकारो निरर्थ-
कः। अथ सामान्यलक्षणया प्रत्यक्षे जननीये तद्धर्मप्रकारतानिरूपितवि-
शेष्यताश्रये लौकिकप्रत्यक्षसामग्र्याः सहकारित्वात्तां विना कथं
सामान्यलक्षणया सुरभिचन्दनमित्यादौ सौरभस्य सौरभत्वस्य वा
भानमिति ज्ञानलक्षणास्वीकार आवश्यक इति चेन्न। सामान्य
लक्षणया तद्धर्माश्रयमुख्यविशेष्यताशाल्यलौकिकप्रत्यक्षे जननीय एव
तदाश्रयलौकिकप्रत्यक्षसामग्र्याः सहकारित्वात् प्रकृते च तदभावेऽपि सौर-
भविशेषणकालौकिकप्रत्यक्षे * जननीये बाधकाभावादित्याहुः। तन्न। यत्र
सौरभत्वांशे उपनीतभानात्मकं सौरभत्वप्रकारकं चन्दनविशेष्यकं सौरभं
चन्दनमिति भ्रमात्मकं ज्ञानं तत्र सौरभत्वज्ञानरूपसामान्यलक्षणया न नि-
र्वहति सौरभत्वप्रकारतानिरूपितसौरभनिष्ठविशेष्यताशालिज्ञानत्वस्यैव-
सौरभत्वज्ञानरूपसामान्यलक्षणाप्रत्यासत्तेः कार्यतावच्छेदकत्वात्। तदु-
क्तं दीधितिकृता। "इयं च धर्मविषयकं ज्ञानं धर्मिणां प्रत्यासत्तिरितरा
तु यद्विषयकं ज्ञानं तस्यैवेति"। तथाच चन्दनस्य सौरभत्वानाश्रयत्वेन तत्र
सौरभत्वभानार्थं ज्ञानलक्षणा स्वीकार आवश्यकः। नच तत्र दोषबलादेव
सौरभत्वांशस्य भानमिति वाच्यं। प्रत्यक्षस्य विषयेन्द्रियसन्निकर्षजन्यत्वनियमेन
सौरभत्वांशेऽन्द्रियसन्निकर्षस्यावश्यकत्वात्। अतएव रजतत्वांशे लौकिक-

---

* सौरभविशेषणकालौकिकप्रत्यक्षजनने बाधकाभावादिति पाठान्तरम्॥

ननु व्याप्तिज्ञानस्यानुमितिहेतुत्वे यत्र धूमो वह्निव्याप्य इति ज्ञानं तत्राप्यनुमितिः स्यात्। नच पक्षवृत्तिधूमे व्याप्तिज्ञानं कारणं तच्चात्र नास्तीति वाच्यं। धूमत्वेन सामान्यलक्षणाप्रत्यासत्तिभूतेन सर्वत्रैव धूमे व्याप्तिज्ञानात्। नच हेतोः पक्षधर्मताज्ञानमपि सहकारीति वाच्यं। धूमो वह्निव्याप्यो द्रव्यं पर्वतवृत्तीति ज्ञानादप्यनुमित्यापत्तेः द्रव्यत्वेन रूपेण पर्वते धूमज्ञानस्यापि सत्त्वात्॥

सन्निकर्षाभावात् अलौकिकसन्निकर्षस्य चाक्लृप्तत्वान्नान्यथाख्यातिरिति प्राभाकराः। तथाच तादृशनियमस्य सर्वसिद्धत्वात्सौरभत्वभानार्थं ज्ञानलक्षणास्वीकार इति। ननु व्याप्तिज्ञानस्यानुमितिहेतुत्वसम्भवेऽपि केवलव्याप्तिज्ञानकालेऽप्यनुमित्यापत्तिरित्याशङ्कते। नन्विति। ननु पक्षवृत्तिधूमविशेष्यकं व्याप्तिज्ञानं कारणं तच्च पक्षवृत्तिर्धूमो वह्निव्याप्य इत्याकारकं तत्सत्त्वे चानुमित्युत्पत्तौ न कस्यापि विवाद इत्याशयेनाशङ्कते। नचेति। सर्वत्रैव धूम इति। पक्षवृत्तित्वावगाहिज्ञानं कारणमिति तावद्वक्तव्यं वह्निव्याप्य धूमवान् पर्वत इति ज्ञानादप्यनुमित्यनापत्तेः। तत्राधेयताया भाने मानाभावात्। किंतु वस्तुगत्या पक्षवृत्तिविषयकं तत्त्वंच धूमो वह्निव्याप्य इत्यत्रापि धूमत्वेन पर्वतीयधूमविषयकत्वादक्षतमिति ततोऽनुमित्यापत्तिरिति भावः। यत्तु दृष्टान्ते धूमो वह्निव्याप्य इति ज्ञानाद् दृष्टान्तेऽनुमित्यापत्तिरित्याशङ्कते। नन्विति। तत्तुच्छं। दृष्टान्ते महानसादौ वह्निमत्ताज्ञानसत्त्वेन पक्षताविरहादेवानुमितेरनुदयात् अन्यथा सिद्धान्तेऽप्यगतेः नहि व्याप्यत्वरूपेण पक्षताविशिष्टे हेतुमत्तानिश्चयः कारणमिति तदर्थः। तथासति पक्षतायाः परामर्शकुक्षिनिक्षेपापत्त्या कारणतावच्छेदकतापत्त्या कारणत्वानुपपत्तेः। किंतु पक्षत्वं साध्याधिकरणत्वमेव तथाच व्याप्तिविशिष्टवैशिष्ट्यावगाहिज्ञानं कारणमित्यर्थो लभ्यते तत्तु महानसादावपि सम्भवत्येवेति पक्षताविरहान्न तत्रानुमितिरित्येवोपेयमिति। द्रव्यत्वे-

उच्यते व्याप्यत्व प्रकारेण पक्षे हेतुनिश्चयोऽनुमितौ हेतुः ॥

नेति । एकरूपावच्छिन्नव्याप्तिपक्षधर्मतावगाहिज्ञानत्वेन हेतुत्वोक्तौ तु वह्निव्याप्यवानिति ज्ञानादनुमित्यनापत्तिरिति भावः । व्याप्यत्वप्रकारेणेति । व्याप्तिविशिष्टवैशिष्ट्यावगाहिज्ञानं कारणमित्यर्थः । नन्वेवं खण्डशः अव्यभिचारसहचारयोर्ग्रहे वह्न्यव्यभिचरितवह्निसहचरितधूमवानिति ज्ञानात् एवं "विशेष्ये विशेषणं तत्रापि च विशेषणान्तरमिति" न्यायेन वह्निव्याप्यधूमवानिति ज्ञानाच्चानुमित्यनुदयापत्तिरिति चेन्न । व्याप्तिविशिष्टवैशिष्ट्यावगाहिनिश्चयत्वेन लाघवात् कारणत्वे सिद्धे ततोऽनुमित्यभावे इष्टापत्तेः लाघवं च व्याप्त्यंशे निश्चयत्वानिवेशादेव । अन्यथा वह्निव्याप्तिवह्निव्याप्त्यभाववद् धूमवान् पर्वत इति व्याप्त्यंशे संशयात्मकज्ञानादनुमित्यापत्तेः व्याप्त्यंशे निश्चयात्मकतादृशज्ञानत्वेन कारणता वाच्येति गौरवात् । मन्मते च विशिष्टवैशिष्ट्यावगाहिबोधे विशेषणतावच्छेदकप्रकारकनिश्चयत्वेन विशेषणतावच्छेदकाभावप्रकारकज्ञानाभावत्वेन कार्यकालवृत्तितया वा कारणत्वेन व्याप्त्यंशे संशयात्मकतादृशज्ञाने विशिष्टवैशिष्ट्यविषयकत्वाभावेनैवापत्त्यभावादिति दिक् । व्याप्तिविशिष्टवैशिष्ट्यावगाहित्वं च व्याप्त्यवच्छिन्नप्रकारतानिरूपितपक्षनिष्ठविशेष्यताशालित्वम् । न च व्याप्यपक्षोभयवैशिष्ट्यावगाहित्वं तत् व्याप्त्यवच्छिन्नविषयतानिरूपितपक्षनिष्ठविषयताशालित्वमिति यावत् । एवं च वह्निव्याप्यो धूमः पर्वते इत्याधेयतासंसर्गकपर्वतप्रकारकज्ञानस्यापि सङ्ग्रह इति वाच्यम् । अप्रामाण्यज्ञानाभावद्वयस्योत्तेजकत्वानुरोधेन निश्चयत्वद्वयनिवेशानुरोधेन च तयोः पृथगेव हेतुताया आवश्यकत्वात् अन्यथा एकविधपरामर्शसत्त्वेऽन्यविधाप्रामाण्यज्ञानसत्त्वेऽनुमित्यनापत्तेः सिद्धौ विशेषणविशेष्यभावे विनिगमनाविरहाच्च नानासम्बन्धावच्छिन्ननानाधर्मावच्छिन्नावच्छेदकतायाः ऐक्यासम्भवेनावच्छेदकताया व्यासज्यवृत्तित्वासम्भवात् । नन्वेवं वह्निव्याप्यो धूमः पर्वते इति ज्ञानादनुमित्यनुदयापत्तिः तत्रोक्तविशिष्टवैशिष्ट्यावगाहिज्ञानाभावादिति चेन्न । तस्यापि स्वातन्त्र्येण हेतुत्वोपगमात् अव्यवहितोत्तरत्वनिवेशेन च परस्परजन्यानुमितौ न व्यभिचारः ।

ननु व्याप्तिज्ञानमात्रं ॥ नच धूमो वह्निव्याप्यो द्रव्यं पर्वतश्चेतीति ज्ञानं व्याप्यत्वेन पर्वते धूममवगाहते येन ततोऽनुमितिः स्यात् ॥ पर्वतो* धूमवान्नवेति संशयवारणाय निश्चयपदम् ॥

वस्तुतस्तु अनुमितेः पक्षविशेष्यकत्वनियमेन। "गुणैरपि विशेषोऽध्यवसायकर" इति न्यायेन पक्षविशेष्यक परामर्श एव हेतुः नतु व्याप्यविशेष्यकोपीति ध्येयम्। उक्तातिप्रसङ्गं वारयति। नचेति। नचैवं वह्निव्याप्यो धूमः धूमवान् पर्वत इति ज्ञानादनुमित्यनुदयापत्तिरिति वाच्यं। तदुत्तरं परामर्शाङ्गीकारेण तदुपपत्तेरिति भावः। निश्चयपदमिति। निश्चयत्वं च तदभावा प्रकारकत्वे सति तत्प्रकारकत्वं तथाच शुद्धपर्वतत्वावच्छिन्नविशेष्यतानिरूपितवह्निव्याप्यधूमाभाव प्रकारताशून्यत्वे सति शुद्धपर्वतत्वावच्छिन्नविशेष्यतानिरूपितवह्निव्याप्यधूमप्रकारताशालिज्ञानत्वेन पर्वतोद्देश्यकवह्निविधेयकानुमितौ हेतुत्वं नीलपर्वतो वह्निव्याप्यधूमाभाववान् पर्वतो वह्निव्याप्यधूमवांश्चेति निर्णयसङ्ग्रहाय प्रथमशुद्धत्वनिवेशः। नीलपर्वतो वह्निव्याप्यधूमवान्नवेति संशयवारणाय द्वितीयशुद्धत्वनिवेशः। नीलपर्वतो वह्निव्याप्यधूमवानिति निश्चयस्य तादृशानुमितौ स्वातन्त्र्येण हेतुतया न ततोऽनुमित्यनुपपत्तिः। अथ पर्वतत्वसामानाधिकरण्येन धूमधूमाभावावगाहि वह्निव्याप्यधूमवान् वह्निव्याप्यधूमाभाववांश्च पर्वत इति ज्ञानादनुमित्यनापत्तिरिति चेन्न। धर्मितावच्छेदकसामानाधिकरण्येनोभयकोट्यवगाहिज्ञानं समुच्चयः। धर्मितावच्छेदकावच्छेदेनान्यतरकोट्यवगाहिज्ञानं संशय इति नियमात्। तथाच पर्वतत्वसामानाधिकरण्येन वह्निव्याप्यवत्ताज्ञानस्य हेतुतायां पर्वतत्वव्यापकत्वविशिष्टदैशिकविशेषणतासम्बन्धावच्छिन्नधूमाभावप्रकारताशून्यत्वनिवेशः। पर्वतत्वावच्छेदेन वह्निव्याप्यवत्ताज्ञानस्य हेतुतायां च शुद्धदैशिकविशेषणतासम्बन्धावच्छिन्नधूमाभावप्रकारताशून्यत्वनिवेश इति। अनुमितिं प्रति परामर्शत्वेन हेतुत्वे कारणत्वघटकानन्यथासिद्धत्वनियतपूर्ववृत्तित्वरूपधर्मद्वयं विशिष्टपरामर्शत्वावच्छेदेन कल्प-

---

* पर्वतो वह्निव्याप्यधूमवान्नवेति संशयादनुमितिर्माभूदिति निश्चयपदमिति पुस्तकान्तरस्थः पाठः ॥

मीमांसकास्तु व्याप्यतावच्छेदकप्रकारकपक्षधर्मताज्ञानं व्याप्तिज्ञाने सहकारि व्याप्यतावच्छेदकं च धूमत्वं तद्रूपेण व्याप्तिग्रहात् न तु द्रव्यत्वं । नातो द्रव्यं पर्वतवृत्तीति ज्ञानादनुमितिः । एवं च धूमो वह्निव्याप्यो धूमवान् पर्वत इति ज्ञानद्वयादप्यनुमितिरित्याहुः । तन्न । व्याप्यप्रकारकपक्षधर्मताज्ञानस्य हेतुतायां लाघवात् । किञ्चैवं वह्नि-

---

नीयं वह्निव्याप्यो धूमः धूमवान् पर्वत इति ज्ञानद्वयस्यानुमितिहेतुत्वे तु परामर्शे हेतुत्वेन क्लृप्तनियतपूर्ववृत्तिताकस्य तस्यैवानन्यथासिद्धत्वमात्रकल्पनं तथाच विशिष्टपरामर्शत्वेन हेतुत्वमसम्भवदुक्तिकमिति निष्कृष्टमीमांसकमतं दर्शयति । मीमांसकास्त्वित्यादिना । व्याप्यतावच्छेदकेति । व्याप्यतावच्छेदकत्वेन गृहीतो यो धर्मस्तत्प्रकारकं पक्षधर्मताज्ञानमित्यर्थः । अत एवानुपदं तद्रूपेण व्याप्तिग्रहादिति वक्ष्यति यथाश्रुते व्याप्यंशे भ्रमात्मकज्ञानादनुमित्यनुदयापत्तेः । तत्र वस्तुगत्या व्याप्यतावच्छेदकत्वाभावात् । व्याप्तिज्ञाने । व्याप्यतावच्छेदकप्रकारकव्याप्तिज्ञाने । सहकारि । तादृशव्याप्तिज्ञानेनानुमितौ जननीयायां सहकारि । धूमो वह्निव्याप्यो द्रव्यं पर्वतवृत्तीतिज्ञानादनुमित्यापत्तिं वारयति । व्याप्यतावच्छेदकमिति । व्याप्यतावच्छेदकतया गृहीतमित्यर्थः । स्वमते लाघवं दर्शयति । एवञ्चेति । ज्ञानद्वयादपीत्यपिना वह्निव्याप्यधूमवान् पर्वत इति ज्ञानसङ्ग्रहः । तथाच नैयायिकमते ज्ञानद्वयात्परामर्शं कल्पयित्वा अनुमितिस्वीकारे गौरवमिति भावः । लाघवादिति । विशिष्टनिश्चयत्वरूपलघ्वेकधर्मावच्छेदेनानन्यथासिद्धत्वनियतपूर्ववृत्तित्वकल्पनायाः गुरुधर्मद्वयावच्छेदेनानन्यथासिद्धत्वकल्पनापेक्षया लघुत्वादित्यर्थः । ननु कारणतावच्छेदकलाघवेऽपि यत्र धूमो वह्निव्याप्यो धूमवान् पर्वत इति ज्ञानं ततोऽनुमितिस्तत्र भवता विशिष्टपरामर्शं कल्पयित्वाऽनुमितिकल्पनेन तज्ज्ञानतद्ध्वंसादिकल्पने गौरवं क्षणापलापश्चेत्यत आह । किञ्चेति । वह्निव्याप्यवानिति । व्याप्य-

व्याप्यवानयमिति ज्ञानादनुमितिर्न स्यात् ॥ धूमत्वेन पक्ष-

तावच्छेदकधूमत्वादीनां तत्राभानादित्यर्थः । तथाच लाघवाद् विशिष्टवैशिष्ट्यावगाहिज्ञानत्वरूपलघुकधर्मावच्छेदेन कारणत्वे सिद्धे यत्रैतादृशज्ञानद्वयं तत्राप्यन्तरा विशिष्टपरामर्शं कल्पयित्वाऽनुमितिस्वीकारः । लाघवानुरोधेन क्षणापलापस्यापि न्याय्यत्वात् फलमुखगौरवस्यादोषत्वात् मीमांसकमते तु व्याप्त्यंशे निर्धर्मितावच्छेदकाद् वह्निव्याप्यवानिति शाब्दपरामर्शात् सर्वथैवानुमित्यपलाप इति । वस्तुतस्तु व्याप्यतावच्छेदकप्रकारकव्याप्तिज्ञान व्याप्यतावच्छेदकप्रकारकपक्षधर्मताज्ञानयोर्हेतुत्वेपि वह्निव्याप्यो धूम आलोकवान् पर्वत इति ज्ञानादनुमित्यापत्तिः । आलोकत्वस्य वस्तुगत्या व्याप्यतावच्छेदकत्वात् व्याप्यतावच्छेदकत्वेन गृह्यमाणधर्मप्रकारकपक्षधर्मताज्ञानत्वेन हेतुत्वेपि तथा । आलोकत्वस्यापि कदाचिद् व्याप्यतावच्छेदकत्वेन ग्रहात् तत्कालीनतत्पुरुषीयव्याप्यतावच्छेदकत्वप्रकारकग्रहविषयधर्मेत्युक्तौ तु तत्कालीनतत्पुरुषीयत्वनिवेशे गौरवात् । एतेन गृह्यमाणव्याप्यतावच्छेदकधर्मप्रकारकपक्षधर्मताज्ञानत्वेन पक्षधर्मताग्रहप्रकारीभवद्धर्मावच्छिन्नविशेष्यकव्याप्तिज्ञानत्वेन वा एकधर्मेण मयापि कारणत्वं कल्प्यत इत्यपि परास्तं । कालादिप्रवेशेन गौरवादिति । धूमत्वप्रकारकव्याप्तिज्ञानत्वेन धूमत्वप्रकारकपक्षधर्मताज्ञानत्वेन वा हेतुत्वं वाच्यं । तथाच वह्निव्याप्यो धूमः धूमवान् पर्वत इति ज्ञानद्वयस्य न तावत् पर्वतोद्देश्यकवह्निविधेयकानुमितिसामान्ये नियतपूर्ववर्त्तित्वं क्लृप्तं । वह्निव्याप्यालोकवान् पर्वत इति परामर्शजन्यतादृशानुमितौ तयोःपूर्ववर्त्तित्वाभावात् । किंतु अनुमितिविशेषे तथात्वं वक्तव्यं तत्तु विशिष्टपरामर्शस्यापि वह्निव्याप्यवानिति शाब्दपरामर्शजन्यानुमितावस्त्येवेति किं लाघवमेतन्मते न जानीम इति दिक् । ननु व्यभिचारज्ञानकालेपि निर्धर्मितावच्छेदककव्याप्यवत्तापरामर्शसम्भवेनानुमित्यापत्तेर्व्यभिचारस्य हेत्वाभासत्वानुपपत्त्या हेतुतावच्छेदकमनिवेश्य विषयत्वनिर्वचनानुपपत्त्या व्याप्तेर्निर्वक्तुमशक्यतया च हेतुतावच्छेदकगर्भव्याप्यवत्ता

धर्मतानवगाहनात् ॥ तस्माद्वह्निव्याप्यवानयमित्येवंरूपाद्व्याप्तिविशिष्टपक्षधर्मताज्ञानात्तृतीयलिङ्गपरामर्शत्वेन प्रसिद्धादेवानुमितिः ॥ तृतीयत्वं कथमिति चेत् ॥ प्रथमं दृष्टान्ते धूमदर्शनं ततो व्याप्तिज्ञानं ततस्तद्विशिष्टपक्षधर्मताज्ञानमित्येवं रूपेणेति गृहाण ॥ तृतीयकं प्रापकमित्युक्तं ननु तेन रूपेण हेतुत्वं गौरवाद्व्यभिचाराच्चेति ध्येयम् । सोऽयं प-

---

परामर्श एव हेतुर्वाच्यः । तथाच वह्निव्याप्यवानिति शाब्दपरामर्शस्थले कथमनुमितिरित्यस्वरसादाह । तस्मादिति । वह्निव्याप्यवानित्येवं रूपादिति । वह्निव्याप्यधूमवानित्येवं रूपादित्यर्थः । प्रसिद्धादेवेत्येवकारेण मीमांसकाभिप्रेतज्ञानद्वयव्युदासः । व्याप्त्यंशे संशयात् पक्षधर्मतांशे संशया चानुमित्यापत्तिवारणाय व्याप्त्यंशे निश्चयत्वं पक्षधर्मतांशे च निश्चयत्वं निवेश्यं नैयायिकमते च व्याप्त्यंशे निश्चयत्वमनिवेश्य व्याप्तिविशिष्टवैशिष्ट्यावगाहिनिश्चयत्वेनैव हेतुत्वमुपेयते व्याप्त्यंशे संशयात्मकज्ञाने च विशिष्टवैशिष्ट्यविषयकत्वाभावेनैवापत्त्यभावादिति पूर्वमेवावेदितवान् एवं धर्मद्वयावच्छेदेन हेतुत्वकल्पनात् एकधर्मावच्छेदेनैव तत् कल्पनमित्यास्तां विस्तरेण । तृतीयमिति । अनुमितिकारणीभूतलिङ्गपरामर्शस्य तृतीयत्वं कथमित्यर्थः । प्रथममिति । दृष्टान्ते यद्धूमदर्शनं तत्प्रथममित्यन्वयः । तत इति । पर्वते धूमदर्शनानन्तरं धूमो वह्निव्याप्य इति स्मरणात्मकव्याप्तिज्ञानं द्वितीयमित्यर्थः । तद्विशिष्टेति । व्याप्तिविशिष्टेत्यर्थः । स्मृतायां व्याप्तौ वह्निव्याप्यधूमवान् पर्वत इति ज्ञानमेव तृतीयमिति भावः । केचित्तु दृष्टान्ते धूमदर्शनं प्रथममित्यर्थः । व्याप्तिज्ञानं । दृष्टान्तीयधूमस्य व्याप्तिमत्तयाज्ञानं द्वितीयमित्यर्थः । तद्विशिष्टेति । दृष्टान्ते प्रागनुभूतव्याप्तिविशिष्टस्य हेतोः । पक्षवृत्तित्वावगाहिज्ञानं तृतीयमित्यर्थ इति व्याचक्षुः । गौरवादिति । लिङ्गपरामृष्टत्वापेक्षया तृतीयलिङ्गपरामर्शत्वेन हेतुत्वे तु गौरवादित्यर्थः । ननु प्रामाणिकगौरवं न दोषायेत्यत आह । व्यभिचाराच्चेति । महानसादौ

रामर्शो नानुमितेः करणं व्यापाराभावात् । नच प-
रामर्शध्वानं लिङ्गपरामर्शव्यापारकं भूतभाविभ्यां लिङ्गाभ्या
मनुमित्यनुदयाप्रसक्तेः । अनन्यथासिद्धनियतपूर्ववृत्तिका-

रित्वसत्त्वेऽपि सिषाधयिषाधीनानुमित्युत्पत्त्या तत्र तृतीयलिङ्गपराम
र्शाभावेन व्यभिचारादित्यर्थः । फलायोगव्यवच्छिन्नकारणत्वरूपकरणत्वम-
भिप्रेत्य परामर्श एवानुमानमिति केचित् । एवं लिङ्गपरामर्शयोरनुमि-
तिहेतुत्वे लिङ्गस्यापि तत्त्वं विशिष्टे कारणताग्राहकप्रमाणमसति बा-
धके विशेषणस्यापि कारणत्वं गृह्णातीति न्यायाद् विशेषणीभूतलिङ्गस्या-
पि कारणत्वप्रत्यक्षत्वादेरपि घटकारणत्वापत्त्या सत्यन्तनिवेशः त-
दान्यथासिद्धेरेव बाधकत्वात् । एव विनिगमनाविरहेणापि लिङ्गस्या-
नुमितिकारणत्वमित्याममन्त्याचार्याः , तदुभयमतं निराकुर्वन् स्वमत-
माह । सोयमिति । व्यापाराभावादिति । फलायोगव्यवच्छिन्नकर-
णत्वस्य च व्यापारवदसाधारणत्वापेक्षया गुरुत्वेन हेयत्वादितिभावः ।
यथाचैतत्तथा प्रत्यक्षपरिच्छेदे विवेचितम् । ननु यत्र परामर्शोत्तरं सिद्धि-
नाशस्ततस्तदनुमितिस्तत्र योग्यविभुविशेषगुणनाशत्वावच्छिन्नं प्रति स्वोत्तरोत्प
न्नगुणत्वेन नाशकतया परामर्शस्यापि सिद्धिनाशरूपव्यापारसत्त्वात्करण-
त्वं संभवत्येवेति चेन्न । यं जनयित्वैव यस्य यज्जनकत्वं तस्यैव त
द्व्यापारत्वमिति नियमेन तस्यातीये अन्यत्र तथात्वासंभवेन तस्या-
नुमानत्वाङ्गीकारस्यासंभवितत्वादिति । लिङ्गमिति । अनुमिति-
करणमित्यनुषज्यते । परामर्शव्यापारकमित्यनेन करणलक्षणसत्त्वं सूचि-
तम् । भूतेति । अतीतानागतधूमविषयको यत्र मानसो धर्म्याप्यवसा-
परामर्शस्तत्रानुमित्यनुदयापत्तेरित्यर्थः । नच तत्र तत्रागभावादीना-
मेव लिङ्गत्वमास्तामिति वाच्यम् तेषां तदा तद्व्याप्यत्वेनावगाह्यमान-
त्वादिति भावः । ननु अतीतलिङ्गस्थलेऽनुमितिपूर्वं तस्य सत्त्वेन हेतु-
त्वमत्रतमत आह । अनन्यथेति । अनुमित्यव्यवहितपूर्वक्षणावच्छेदेन
न तत्सत्त्वमिति भावः । ननु कारणत्वं कार्याव्यवहितपूर्वक्षणावच्छेदेन
कारणतावच्छेदकसंबन्धावच्छिन्नकार्याधिकरणवृत्त्यभावप्रतियोगितानवच्छे-
दकधर्मवत्त्वं तथातीतानागतधूमस्थले ऽनुमित्यव्यवहितपूर्वं धूमाभावेऽपि

तत्संबन्धावच्छिन्नप्रतियोगिताकाभावस्यासंभवादलक्षणमेव । तथाहि न तावत्तादृगभावौ ध्वंसप्रागभावौ भवतः तयोः संबन्धावच्छिन्नप्रतियोगिताकत्वे सामान्यधर्मावच्छिन्नप्रतियोगिताकत्वे च मानाभावेन तथात्वासंभवात् । तत्त्वे वा प्रमाणसत्त्वे च एकविशेषवति सामान्यधर्मावच्छिन्नप्रतियोगिताकध्वंसप्रागभावयोरनभ्युपगमेन धर्माधिकरणे तयोस्तथात्वासंभवात् । नाप्यत्यन्ताभावः प्रतियोगिवद्ध्वंसप्रागभावयोरत्यन्ताभावविरोधित्वादिति चेन्न । तयोर्विरोधित्वे मानाभावात् । अन्यथा अन्तराळेऽपि रक्तं रूपं नास्तीति प्रतीत्यनुपपत्तेः । तथा ध्वंसादिविषयकत्वे भूतभाविरक्तघटेऽपि तदापत्तेरिति । एवञ्च ध्वंसप्रागभावयोरत्यन्ताभावविरोधित्वे भग्नेऽन्यत्रापि तयोस्तत्सामानाधिकरण्ये बाधकाभावः इत्थं चातीतभाविधूमवत्यपि धूमो नास्तीति प्रतीत्या धूमात्यन्ताभावसत्त्वे नानुमितिरूपकार्यसमानाधिकरणाभावप्रतियोगितानवच्छेदकधर्मवत्त्वरूपकारणत्वासंभवान्न व्याप्यमानलिङ्गमनुमानमिति दिक् । ननु धूमवति धर्मात्यन्ताभावसत्त्वेऽपि अव्याप्यवृत्तिक्रियादीनां संयोगादीनां संयोगादिकं प्रति हेतुत्वोपपत्तये कारणतालक्षणे कार्याधिकरणवृत्त्यभावे त्वभावे प्रतियोगिवैयधिकरण्यं दुःसमवं वा हेतुतावद्विरोधितानियामकसंबन्धेनावश्यं विवक्षणीयम् । एवं च धूमाधिकरणे धूमात्यन्ताभावसत्त्वेऽपि तस्य प्रतियोगिवैयधिकरण्याभावात् धूमवत्त्वाप्रतिविरोधितानियामकसंबन्धेन वृत्तिमत्त्वाभावाच्च न तादृशत्वं किन्त्वन्य एव तादृशोऽभावस्तत्प्रतियोगितानवच्छेदकधर्मवत्त्वं धूमे अक्षुण्णमेव । नच धर्मानधिकरणकालावच्छेदेन धूमाभावोऽपि प्रतियोगिव्यधिकरण एवेति वाच्यम् । प्रतियोगिव्यधिकरणत्वं हि न प्रतियोग्यधिकरणावृत्तित्वं सामानाधिकरण्यस्याव्याप्यवृत्तित्वे मानाभावात् किंतु प्रतियोग्यनधिकरणवृत्तित्वम् । अन्योन्याभावस्य व्याप्यवृत्तितया प्रतियोग्यधिकरणे न प्रतियोग्यनधिकरणत्वसंभवः अन्यथा अव्याप्यवृत्त्यसङ्ग्रहतादवस्थ्यादिति धूमाभावस्य प्रतियोगिव्यधिकरणत्वाभावात् । नन्वेवं रासभसंयोगादीनामपि घटकारणत्वापत्तिः त्वदुक्तरीत्या तस्यापि प्रतियोगिवैयधिकरण्याभावादिति वाच्यम् । अनन्यथासिद्धपदेनैव तद्वारणात् । न च रासभादीनामपि तेनैव वारणे कारणतालक्षणे नियतपदवैयर्थ्यमिति वाच्यं । रासभसामान्यस्य घटसामान्यं प्रति हेतुत्ववारणाय तत्सार्थक्यादिति स्वयमेव तावद्विभावनीयम् । नच रासभसंयोगादिव्यक्तिगतस्यापि अन्यथासिद्धत्वमिति वाच्यम्।

अन्यथासिद्धेरेकस्या निर्वक्तुमशक्यतया तत्तद्व्यक्तिभेदकूटस्यैव निवेशनी-
यतया गौरवेण धूमव्यक्तिभेदानिवेशात् । विशिष्टे कारणताग्राहकं प्र-
माणमसति बाधके विशेषणस्यापि कारणत्वं गृह्णातीति नियमस्य साधक-
स्य सत्त्वाच्च । अन्यथा इन्द्रियसंयोगादीनां हेतुत्वे इन्द्रियस्यापि हेतु-
त्वानुपपत्तेः एवं विषयितया लिङ्गविशिष्टज्ञानं करणं विषयतया ज्ञान-
विशिष्टलिङ्गं वेत्यत्र विनिगमनाविरहोऽपि तद्धेतुत्वसाधकः । ननु परामृश्यमा-
नलिङ्गस्यानुमितिसामान्ये न हेतुत्वं धूलीपटलादपि भ्रमानुमित्युदयेन
तत्र लिङ्गाभावात् । न च प्रमानुमितौ तद्धेतुः अनुमितिसामान्ये तु परा-
मर्श एव हेतुरिति वाच्यं । यत्सामान्ये यत्सामान्यं प्रयोजकं तद्विशेषे
तद्विशेषस्यैवासति बाधके प्रयोजकत्वात् परामर्शप्रमात्वस्यैवानुमिति-
प्रमात्वे प्रयोजकत्वौचित्यादिति चेन्न । लिङ्गत्वं न तावद्व्याप्तिपक्षधर्मतावत्त्वं
येन धूलीपटले धूमभ्रमानन्तरं तन्न स्यात् किंतु तद्धेतुत्वं तस्य च तत्राप्यक्षत-
त्वादिति न किञ्चिदेतत् इत्याचार्यमतमखण्डितमेवेति चेन् मैवं । कार्याधिक-
रणवृत्तिर्या स्वप्रतियोग्यधिकरणता तदवच्छेदककार्याव्यवहितपूर्वक्षणा-
वच्छेदेन कार्याधिकरणवृत्त्यभावप्रतियोगितानवच्छेदकधर्मवत्त्वे सति कार्या-
धिकरणे सत्त्वस्यैव कारणत्वपदार्थत्वात् तस्य चातीतानागतलिङ्गस्थले-
ऽसत्त्वादिति दिक् । नवीनास्तु नहि वयं लिङ्गज्ञानत्वेन कारणतां ब्रूमो ये-
नोक्तनियमावकाशो विनिगमनाविरहो वा भवेत् किन्तु ज्ञानत्वेनैवेति
न लिङ्गस्य हेतुत्वं व्याप्तिप्रकारकपक्षधर्मताज्ञानरूपपरामर्शात्मकविशे-
षसामग्रीविरहाच्च न यत्किञ्चिज्ज्ञानादनुमित्यापत्तिरित्याहुः । ननु यत्र
विशेष्ये विशेषणं तत्र च विशेषणान्तरमिति न्यायेन परामर्शादनुमितिस्तत्र
व्याप्तिज्ञानस्य परामर्शद्वारा कारणत्वासंभव इत्यत आह । साध्यज्ञा-
नं वेति । ननु साध्यत्वं सिद्धिकर्मत्वादिरूपतया गुरुतरमत आह । लि-
ङ्गज्ञानं वेति । लिङ्गनिवेशेऽपि गौरवादाह । अन्यज्ञानेति । अन्यपदं
नित्यस्य स्वरूपयोग्यत्वे फलावश्यंभाव इति नियममभिप्रेत्य तदङ्गीकारे
तु नोपादेयमेव तत् । अतिप्रसङ्ग इति । परामर्शशून्यकालीनघटज्ञानाद-
नुमितिप्रसङ्ग इत्यर्थः । व्यापारेण । परामर्शरूपव्यापारेण । तन्निरासात् । अ-
तिप्रसङ्गनिरासात् । न चैवं घटज्ञाने पर्वतो वह्निमानित्यनुमितिजनकत्व
व्यवहारापत्तिरिष्टत्वात् । कार्यत्वेन ज्ञानत्वेन कार्यकारणभावात् भव-
न्मतेऽपि तज्जनकत्वव्यवहारस्याङ्गीकृतत्वात् । न चानुमितित्वावच्छिन्नजनक

रणं किंतु व्याप्तिज्ञानं साध्यज्ञानं वा लिङ्गज्ञानं वा अन्यज्ञानमात्रं वा परामर्शव्यापारकं । नचातिप्रसंगः । व्यापारेण तन्निरासात् । ज्ञानपदं च सविषयकमात्रपरं नातः स्मरणात्मकपरामर्शस्थले व्यभिचारः तत्र व्याप्तिविषयकसंस्कारस्य परामर्शव्यापारकस्य करणत्वात् पूर्वानुभवएवकरणमिति संक्षेपः ॥ तच्चानुमानं त्रिविधं । केवलान्वयिकेव-

---

त्वव्यवहारो नानुभूयत इति वाच्यं । तावतापि तत्त्वाभावादिति । नन्वेतावता परामर्शरूपव्यापारद्वारा ज्ञानमनुमितिकारणमिति सिद्धं तथाच यत्र वह्निव्याप्यधूमवानिति स्मरणात्मकपरामर्शस्तत्रानुमितिर्न स्यात् । परामर्शव्यापारकस्य ज्ञानस्य तत्राभावादित्यत आह । ज्ञानपदमिति । सविषयकेति । तथाच सविषयकत्वेनैवानुमितिकारणत्वेन संस्कारस्यैव स्मरणात्मकपरामर्शद्वारा कारणत्वसंभवान्नानुपपत्तिरिति भावः । ननु सविषयकत्वस्य ज्ञानत्वापेक्षया गुरुत्वेन ज्ञानत्वमेव तज्जनकतावच्छेदकं नचोक्तानुपपत्तिः । तथापि स्वजन्यसंस्कारजन्यस्मरणरूपपरामर्शस्यैव व्यापारत्वसंभवादित्यभिप्रेत्याह । पूर्वानुभवएवेति । इयता प्रबन्धेनानुमानस्वरूपं निरूप्य तद्विभागमाह । तच्चेति । अनुमानम् । अनुमितिकारणं । ननु केवलान्वयित्वमत्यन्ताभावाप्रतियोगित्वम् इत्थं च इदं वाच्यं ज्ञेयत्वादित्यत्रानुपपत्तावपि इदं वाच्यं घटत्वादित्यादेरतथात्वप्रसङ्गादित्यतः पारिभाषिकं केवलान्वयिपदार्थमाह । तत्रेति । तेषु मध्ये इत्यर्थः । केवलान्वयिसाध्यकेति । केवलान्वयिसाध्यविधेयकानुमितिजनकत्वं तत्त्वमित्यर्थः । इत्थं च इदं वाच्यं घटत्वादित्यत्रापि केवलान्वयिवाच्यत्वरूपसाध्यकत्वान्नासङ्गइति भावः । साध्यविशेषणीभूतं केवलान्वयित्वं दर्शयति । तत्रयइति अत्यन्ताभावाप्रतियोगित्वं केवलान्वयित्वमित्यर्थः । नन्वेवमाकाशाभावादीनां केवलान्वयित्वानुपपत्तिः । आकाशादिरूपाभावप्रतियोगित्वादिति चेन्न । वृत्तिमदत्यन्ताभावाप्रतियोगित्वस्य विवक्षितत्वात् । आकाशस्य न वृत्तिमदभाव इति न दोषः । केचित्तु घटाभावो नास्तीति प्रतीत्या घटाभावाभावसिद्धावपि आकाशाभावो नास्तीति प्रतीतेरभावादाकाशाभावाभावे मानाभावः प्रतियोगित्वं च स्वरूपसंबन्धविशेष एव नतु स्वाभावविरहात्मकमिति आकाशे नाकाशाभावप्रतियोगित्वानुपपत्तिः एवं च वृत्तिमत्वविशेष-

**व्यतिरेक्यन्वयिव्यतिरेकिभेदात् तत्र केवलान्वयिसा-
ध्यकमनुमानं केवलान्वयि तत्र यो धर्मः सर्वत्रैव वर्तते**

यानुपादानेपि न क्षतिरित्याहुः। वस्तुतस्तु अत्यन्ताभावाप्रतियोगित्वं तत्त्व
संयोगाभावादीनां केवलान्वयित्वोपपत्तये प्रतियोगिवैयधिकरण्यमप्य-
पनिवेशनीयं। प्रतियोगिवैयधिकरण्यं चात्र प्रतियोग्यनधिकरणवृत्ति-
त्वं न तु प्रतियोग्यधिकरणावृत्तित्वं तथा सति अधिकरणभेदेन अभाव
भेदे नानाभावात्संयोगाभावस्य संयोगाधिकरणावृत्तित्वाभावेन तादृशा-
भावान्तराप्रतियोगित्वात्संयोगस्यापि केवलान्वयित्वापत्तेः तथा विव-
क्षिते तु संयोगानधिकरणवृत्तित्वविशिष्टसंयोगाभावप्रतियोगित्वान्नोक्तानुप-
पत्तिः इत्थं चाकाशरूपाभावस्य निरुक्तप्रतियोगिवैयधिकरण्याभावेनैवा-
काशाभावस्य केवलान्वयित्वोपपत्तेर्वृत्तिमत्त्वमत्यन्ताभावे न देयम्। न चैवमप्या-
काशाभावस्य प्रतियोगिवैयधिकरण्याप्रसिद्ध्या तादृशाभावान्तराप्रतियोगित्वं द्व
काशेऽतिव्याप्तिरिति वाच्यम् यादृशप्रतियोगितावच्छेदकसंबन्धसामान्ये यत्प्रति-
योगिप्रतियोगिकत्वयादृशाभावाधिकरणयत्किञ्चिदनुयोगिकत्वोभयाभाव
स्तादृशप्रतियोगिताशून्यत्वस्य विवक्षितत्वात् तत्र चाकाशाभावसाधारणवृ-
त्तिनियामकसंयोगादिरूपाधिकरणसंबन्धावच्छिन्नप्रतियोगिताक एवाका-
शाभावः केवलान्वयी तथा च वृत्तिनियामकसंयोगे आकाशप्रतियोगिप्रतियो-
गिकत्वाभावेनोभयाभावसत्त्वात् सोऽपि प्रतियोग्यधिकरण एवेति नातिव्या-
प्तिः इत्थं च वृत्तिमत्त्वमत्यन्ताभावे न देयमेव आकाशाभावाभावस्याकाशस्य
निरुक्तप्रतियोगिवैयधिकरण्याभावेनैवाकाशाभावस्य केवलान्वयित्वोपपत्ति-
रिति। अन्योन्याभावप्रतियोगितानवच्छेदकत्वे सति वृत्तिमत्त्वं वा तत्त्वमि-
तिदिक्॥

लक्ष्यं दर्शयति। यथेति। नन्वभिधाविषयत्वमभिधेयत्वम् अभिधा चा-
स्माच्छब्दादयमर्थो बोद्धव्य इत्याकारिकेच्छा सा चास्माकीनैव तथा चास्मा-
कीनयावत्तादृशेच्छाविषयत्वं वा यत्किञ्चित्तादृशेच्छाविषयत्वं वा तत्त्वं त-
न्नाद्यः यावदिच्छाविषयत्वस्य कुत्राप्यसंभवात्। नाप्यन्त्यः अस्मदीययत्किं-
चिदिच्छाविषयत्वस्य सर्वत्रासत्त्वादत आह। अभिधेयत्वमिति। भगवदि-
च्छायाः सर्वविषयकत्वेन तद्विषयत्वस्य सर्वत्र सत्त्वादिति भावः। एतदेवो-

स केवलान्वयी यथा अभिधेयत्वज्ञेयत्वप्रमेयत्वादि अभिधेयत्वं च भगवदिच्छारूपशब्दशक्तिविषयत्वं तच्च सर्वत्रैव वर्तते सर्वस्यैव भगवदिच्छारूपपदशक्तिविषयत्वात् वस्तुपदशक्यत्वाच्च एवं ज्ञेयत्वं ज्ञानविषयत्वं तच्च सर्वत्रैवास्ति सर्वस्यैव भगवज्ज्ञानविषयत्वात एवं प्रमेयत्वं प्रमाविषयत्वं तच्च सर्वत्रैवास्ति सर्वस्यैव भगव-

---

पपादयति । तच्चेति । तादृशशक्तिविषयत्वं चेत्यर्थः । अभिधेयत्वस्य तादृशेच्छारूपशब्दशक्तिरूपत्वे विषयतासंबन्धस्य वृत्त्यनियामकत्वेन इहाभिधेयत्वमित्याधेयत्वावगाहिप्रतीत्यनुपपत्तेः । तादृशशब्दशक्तिविषयत्वरूपत्वमेव तन्त्राभिहितमिति ध्येयम् । ननु सामान्यतस्तत्पदजन्यत्वप्रकारकतद्बोधविशेष्यत्वेच्छाविषयत्वमेको धर्मो नास्त्येव सर्वसाधारणतत्त्वस्याभावात् किंतु विशिष्यघटपदजन्यत्वप्रकारकघटबोधविशेष्यत्वेच्छाविषयत्वादिकमेव तत्त्वं तच्च न प्रत्येकं केवलान्वयि इत्यत आह । वस्तुपदेति । तथाच वस्तुपदजन्यत्वप्रकारकवस्तुबोधविशेष्यत्वेच्छाविषयत्वं सर्वसाधारणं संभवत्येवेति नोक्तानुपपत्तिरित्यर्थः । भगवज्ज्ञानविषयत्वादिति । प्रमेयत्वादिसामान्यलक्षणाप्रत्यासत्तिजन्यास्मदादिज्ञानविषयत्वस्यापि केवलान्वयित्वमित्यपि बोध्यम् । अनुमितिं प्रति साध्यसन्देहरूपपक्षतायाः कारणतया केवलान्वयिसाध्यकस्थले साध्यसन्देहाभावेनानुमितिसामग्र्यभावात् नेदमनुमानमिति मीमांसकमतं दर्शयति । अत्र केचिदिति । पक्षतायाः हेतुत्वे युक्तिमाह । यत्रेति । साध्यवत्त्वेनेति । सन्दिग्धसाध्यवत्त्वं पक्षत्वमिति प्राचीनमते लक्षणस्य यदि सन्देहविषयीभूतसाध्यवत्त्वमर्थः तदातीतानागतसाध्यकानुमितेरुच्छेद इति साध्यप्रकारकसन्देहविषयत्वमेव पक्षत्वमिति भावः । अतः कथमिति । तथाच न पूर्वोक्तो विभाग इत्यर्थः । सिषाधयिषेति । अत्र साध्यनिश्चयस्य सिषाधयिषाविरहवैशिष्ट्यमेककालावच्छेदेनैकात्मवृत्तित्वम् अतो विभिन्नकालीनपुरुषान्तरीयसिषाधयिषाविरहसत्त्वेपि न सिषाधयिषाधीनानुमित्यनुपपत्तिः केवलान्वयिनि पक्षतामुपपादयति । साचेति ॥

इहापि । केवलान्वयिसाध्यकस्थलेपि ॥ संशय इत्यनन्तरं पक्षतेति शेषः संशयं विनेति । घनगर्जितेन मेघानुमानस्थले इत्यादिः । यत्र च संशयोऽस्ति तत्रापि लिङ्गदर्शनव्याप्तिस्मरणादिना तदागमान्न तस्यानुमितिव्यवहि-

ष्टमाविषयत्वात्। अत्र केचित् यत्र साध्यनिश्चयोऽस्ति तत्रानुमिते-
रनुत्पत्तेः पक्षतानुमितेरङ्गं। सा च साध्यवत्त्वेन सन्दिह्यमानत्वं
न च मेयत्वे न संशयो भवितुमर्हति व्यतिरेककोटेरप्रसिद्धेः।
अतः कथमिदमनुमानमिति। तन्न। सिषाधयिषाविरह-
विशिष्टसाध्यनिश्चयाभावो हि पक्षता साऽत्राप्यस्ति न-
तु संशयः संशयं विनाप्यनुमितेरानुभविकत्वात्। साध्य-
निश्चये सत्यपि अनुमित्सायां सत्यामनुमितेरुत्पत्तेस्तत्र प-

तपूर्वत्रुटित्वमिति भावः। ननु साध्यनिश्चयेऽनुमित्यनुत्पत्त्या साध्यनिश्चयाभाव-
स्यैव पक्षतात्वमस्तु कृतं विशिष्टान्तेनेत्यत आह। साध्येति। विशिष्टा-
न्तमिति। सिषाधयिषाविरहविशिष्टत्वं साध्यनिश्चयविशेषणमित्यर्थः तथा
विवक्षिते तु न दोष इत्याह। तच्चेति। विशेषणाभावप्रयुक्तो विशिष्टाभा-
वस्तत्राप्यस्त्येवेति भावः सिषाधयिषाविरहाभावस्य सिषाधयिषाया एव
पक्षतात्वे सिषाधयिषाशून्यकाले ऽसति च साध्यनिश्चयेऽनुमित्यनुत्पत्त्या-
विशेष्यनिवेशेन विशिष्टाभावस्यैव पक्षतात्वमवधेयम् नतु पर्वतोद्देश्यक व-
ह्निविधेयकानुमितिं प्रति सिषाधयिषाविरहविशिष्टवह्निप्रकारकपर्वतवि-
शेष्यकनिश्चयत्वावच्छिन्नाभावरूपपक्षतायाः हेतुत्वे पाषाणमयो वह्निमा-
न्पर्वतस्तेजस्वीत्यादिवह्निप्रकारकपर्वतविशेष्यकनिश्चयसत्त्वे पर्वतो वह्निमा-
नित्यनुमित्यनुपपत्तिः। एवं पर्वतो वह्निमानिति सिद्धिसत्त्वे द्रव्यं वह्नि-
मत् पर्वतो द्रव्यवानित्यनुमित्यनुदयापत्तिरत आह। संक्षेप इति। पर्वतत्वाव-
च्छिन्नोद्देश्यतानिरूपितवह्नित्वावच्छिन्नविधेयताशालि संयोगसंसर्गकानुमि-
तिं प्रति पर्वतोद्देश्यकवह्निविधेयकानुमितिगोचरेच्छाविरहविशिष्टपर्वतत्वा-
वच्छिन्नविशेष्यतानिरूपितवह्नित्वावच्छिन्नप्रकारतानिरूपितसंयोगनिष्ठसां-
सर्गिकविषयताशालिनिश्चयत्वावच्छिन्नाभावत्वेन हेतुत्वान्नोक्तानुपपत्तिरि-
ति भावः। अत्र च घटानुमितीच्छासत्त्वे पर्वतो वह्निमानित्यनुमितिवा-
रणाय पर्वतोद्देश्यकवह्निविधेयकानुमितिगोचरेच्छात्वेनेच्छायाः निवेशः
अनुमितिर्जायतामित्याद्यननुगतेच्छानां तु तत्तद्व्यक्तित्वेन पर्वते वह्निम-
नुमिनुयामित्यनुगतेच्छानां तु पर्वतोद्देश्यकत्वप्रकारतानिरूपितवह्निवि-
धेयकत्वप्रकारतानिरूपितसंयोगादिनिष्ठसांसर्गिकविषयकत्वप्रकारतानिरू-
पितधूमलिङ्गकत्वप्रकारताकानुमितिगोचरेच्छात्वेनोत्तेजकत्वं बोध्यं ननु-
सर्वसाधारणपर्वतोद्देश्यकवह्निविधेयकानुमितिगोचरेच्छात्वेन तथासति घ

सत्यां संपत्तौ विशिष्टान्नमात्र सिषाधयिषाविरहसहितसाध्यनिश्चयोऽस्ति न तु तद्विरहसहित इति संक्षेपः । असत्पक्षः केवलव्य

टानुमितिसामग्रीसत्त्वे पर्वतो वह्निमानिति सिद्धिसत्त्वेऽनुमितिर्जायता-
मितीच्छासत्त्वे वह्न्यनुमित्यापत्तेः । भिन्नप्रतिबध्यीभूतघटानुमित्युत्पत्त्यादि-
इच्छायाः विषयसिद्ध्या इष्टापत्तेरयोगात् । तासां नानाव्यक्तित्वेन उत्तेजकत्वे
तु अन्यानुमितिसामग्रीसमवधानकालीनानामेव तथाविधेच्छानामुत्तेजक-
तया घटानुमितिसामग्रीकालीनायास्तस्या अनुत्तेजकत्वात् । अनुगतेच्छानां
तु बाधकाभावात् पूर्वोक्तानुगतरूपेणैवोत्तेजकत्वमिति । ननु धूमपराम-
र्शसत्त्वे पर्वतो वह्निमानिति सिद्धिसत्त्वे अत्र चालोकेन वह्निमनुमिनुया-
मिति इच्छायां पर्वतो वह्निमानित्यनुमित्यापत्तिरिति चेन्न । धूमलिङ्ग-
कानुमितिं प्रति धूमलिङ्गकत्वप्रकारकेच्छाविरहविशिष्टसिद्ध्यभावत्वेन हे-
तुत्वात् । एवं आलोकादिस्थलेऽपि । तदुक्तं दीधितिकृता । ''लि-
ङ्गविशेषेणापि नियमितं पक्षत्वमिति,, अथ वह्निव्याप्यधूमवान् वह्निव्या-
प्यालोकवांश्च पर्वत इति समूहालम्बनात्मकपरामर्शकाले सिद्धिसत्त्वे आ-
लोकेन वह्निमनुमिनुयामितीच्छाकाले आलोकलिङ्गकानुमित्युत्पत्त्या त-
स्याश्च धूमपरामर्शजन्यत्वेन धूमलिङ्गकत्वात् पूर्वं धूमलिङ्गकत्वप्रकारके-
च्छाविरहविशिष्टसिद्ध्यभावरूपकारणाभावाद्व्यभिचार इति आलोकलिङ्गक
परामर्शविशिष्टालोकलिङ्गकेच्छाया अपि तथोत्तेजकत्वमावश्यकम् एवं रूप-
लिङ्गकपरामर्शविशिष्टरूपलिङ्गकेच्छाया अपि एवं च धूमलिङ्गकेच्छाया अ-
पि धूमपरामर्शाविशिष्टाया एव लाघवेनोत्तेजकत्वेन एकस्यानुमितिप-
क्षतयोः कार्यकारणभाव इति लिङ्गभेदेन पक्षतायाः कारणत्वे मानाभाव
इति चेन्न । स्वाव्यवहितोत्तरक्षणोत्पत्तिकत्वसम्बन्धेन धूमलिङ्गकेच्छाविरह
विशिष्टसिद्धिविशिष्टं यत्तदन्यानुमितिं प्रति धूमलिङ्गकेच्छाविरहविशिष्टसि-
द्ध्यभावस्य हेतुत्वोपगमात् । उक्तसमूहालम्बनस्थले च धूमलिङ्गकेच्छावि-
रहविशिष्टसिद्धिविशिष्टानुमितित्वस्य व्यभिचाराभावात् । तथोक्तस्थले
धूमलिङ्गकेच्छाविरहविशिष्टसिद्ध्यभावं विनापि यादृशसामग्रीबलाद् धूम
लिङ्गकानुमितिरुत्पन्ना तादृशसामग्रीबलाद् धूमलिङ्गकपरामर्शकाले सि-
द्धिसत्त्वेऽप्यनुमित्यापत्तिरिति वाच्यं धूमलिङ्गकेच्छाविरहविशिष्टसिद्ध्यभाव-
धूमपरामर्शोभयघटितसामग्री आलोकलिङ्गकेच्छाविरहविशिष्टसिद्ध्यभावा-

तिरेकी तत्त्वं च पक्षातिरिक्ताऽनिश्चितसाध्यसाधनसहचारकत्वं तथाहि पृथिवी इतरेभ्यो भिद्यते पृथिवीत्वात् यन्नेतरेभ्यो भिद्यते तन्न पृथिवी यथा जलं नचेयं पृथिवी तथा तस्मादितरेभ्यो भिद्यत इति व्यतिरेकिणमुदाहरंति नच पक्षातिरिक्ते जलादौ साध्यसाधनयोः साहचर्यमस्ति निश्चीयते वा नचानिश्चितसाध्यकत्वमेवसम्यक् घटादौ सा-

लोकपरामर्शे। अघटितसामग्र्योरन्यतरस्यैव तत्र नियामकत्वात् अन्यथा तत्तल्लिङ्गकपरामर्शविशिष्टतत्तल्लिङ्गकेच्छानामुत्तेजकत्वे तादृशाभावकूटस्यैकत्र निवेशे तेषां मिथो विशेषणविशेष्यभावे विनिगमनाविरहप्रसङ्गात्। ननु पर्वतादृश्यकवह्निविधेयकानुमितिं प्रति स्वीयव्याप्तिप्रकारतानिरूपितविशेष्यतावच्छेदकीभूतधर्मवल्लिङ्गकत्वप्रकारकत्वस्वसामानाधिकरण्योभयसम्बन्धेन वह्निव्याप्यवत्तानिर्णयविशिष्टा या सिषाधयिषा तद्विरहविशिष्टसिद्ध्यभावत्वेन कारणत्वे एकरूपेणैवेच्छाया उत्तेजकत्वं। ननु लिङ्गभेदेन समूहालम्बनस्थले चालोकलिङ्गकपरामर्शविशिष्टालोकलिङ्गकेच्छाया एव तथात्वेन व्यभिचारानवकाशादिति चेन्न। तथापि अनुमितिर्जायतामित्यननुगतेच्छानामनुगमकरूपाभावेन तत्तदिच्छाभावकूटस्यैव एकत्र निवेशनीयतया तेषां मिथो विशेषणविशेष्यभावे कामचारात्। अवच्छेदकताया व्यासज्यवृत्तित्वस्य निरस्तत्वात्। तत्तल्लिङ्गकपरामर्शकालीनतत्तदिच्छाभावं निवेश्य तत्तल्लिङ्गभेदेन पक्षतायाः हेतुत्वमेवोचितमितिदिक्॥ ॥ ॥

केवलव्यतिरेकिणं लक्षयति। असत्सपक्षइति। सिद्धसिद्ध्याघातादाह। तत्त्वंचेति। असत्सपक्षत्वं चेत्यर्थः। पक्षातिरिक्ते इति। अनिश्चितसाध्यसाधनसहचारकत्वमिति स्वरूपकीर्त्तनं नतु विवक्षितं तथा निवेशे प्रयोजनाभावात्। किंतु अनिश्चितसाध्यकत्वं तत्त्वं। साध्यसाधनयोः। इतरभेदपृथिवीत्वयोः। ननु साहचर्यसत्त्वेपि भ्रमात्मकतन्निश्चयसत्त्वात् नानिश्चितसाध्यकत्वमत आह। निश्चीयतेवेति। साधनसहचारनिवेशे प्रयोजनाभावेन तदनिवेश्याऽनिश्चितसाध्यकत्वमेव तदस्तु लक्षणं पक्षातिरिक्ते

घटस्येतरभेदस्य प्रत्यक्षत एव निश्चितत्वात् । अन्यथा साध्याप्रसिद्धौ तद्घटितव्याप्तिनिरूपणानापत्तेः । नच घटे साध्यनिश्चये तस्य कथं पक्षत्वमिति वाच्यम् । पृथिवीत्वावच्छेदेन साध्यनिश्चयस्यैव तदवच्छेदेन पक्षताविरोधित्वात् । नचैव-

---

इति विशेषणेनेति शङ्कते । नचेति । एवकारेण पक्षातिरिक्त इत्यस्य व्यवच्छेदः । उत्तरयति । घटादाविति । प्रत्यक्षत एवेति । घटो न जलादिरिति प्रतीतेः । नच परमाणुसंसर्गाभाववत् अतीन्द्रियप्रतियोगिकत्वेन कथमितरभेदः प्रत्यक्षः योग्यानुपलब्धिविरहात् स्तंभे पिशाचान्योन्याभावोपि न प्रत्यक्षः किंतु वायुर्नातीतिवत् तस्य लिङ्गपरामर्शोपजीव्यत्वात् इति वाच्यं । तत्कितं यत्सत्त्वमनुपलब्धिविरोधि तदभावस्यैव योग्यत्वात् । नत्वैन्द्रियकप्रतियोगिकाभावत्वम् । अन्यथा जलपरमाणौ पृथिवीत्वाग्रहापत्तेः । इत्थं च पिशाचभेदस्येवेतरभेदस्यापि प्रत्यक्षत्वोपपत्तिः । निश्चितत्वादिति । तदुपादाने च घटस्य पक्षत्वात्तत्र तन्निश्चयेपि पक्षातिरिक्ते निश्चितसाध्यकत्वमस्त्येवेति भावः । पक्षतावच्छेदकावच्छिन्नातिरिक्तत्वं बोध्यं । नातो घटादेरपि यत्किञ्चित्पक्षातिरिक्तत्वादुक्तदोषः । अन्यथेति । घटादावितरभेदानिश्चये इत्यर्थः । तद्घटितेति । साध्यघटितेत्यर्थः । विशिष्टबुद्धिं प्रति विशेषणज्ञानस्य हेतुतया साध्यज्ञानं विना साध्यघटितव्याप्तिज्ञानासम्भवादिति भावः । साध्यनिश्चये । इतरभेदस्य निश्चये । तस्य । घटस्य । पक्षत्वमिति । सिध्यभाववत्त्वादिरूपं पक्षत्वमित्यर्थः घटे इतरभेदनिश्चयेनेतरभेदनिश्चयाभावरूपपक्षत्वाभावात् कथं पृथिवीसामान्यस्य पक्षत्वमिति भावः । पृथिवीत्वेति । पक्षतावच्छेदकावच्छेदेन अनुमितौ पक्षतावच्छेदकावच्छेदेन साध्यसिद्धेरेव प्रतिबन्धकतया प्रकृते पृथिवीत्वसामानाधिकरण्येन घटादावितरभेदनिश्चयेपि पृथिवीत्वावच्छेदेनानुमितौ न क्षतिरिति भावः । नचैवमंशतः सिद्धसाधनस्य दूषकत्वविलोपप्रसंग इति वाच्यं । पक्षतावच्छेदकैक्ये तद्दूषकत्वस्येष्टत्वात् । पक्षतावच्छेदकनानात्व एव तद्दूषकत्वानङ्गीकारात् । यथा वाङ्मनसे ऽनित्ये मूर्तत्वादित्यत्रानितरां वागिति बुधैरूह्ये आयाः सिद्धसाधनोभयधर्मा

सोऽस्ति सर्वत्र पृथिव्यां तन्निश्चयाभावात् अन्वयव्यतिरेक-
योः सहचारात् उक्तव्याप्तिर्गृह्यत इति प्राञ्चः । साध्याभाव
हेत्वभावयो र्व्याप्तिग्रहादनुमितिः नत्वन्वयव्याप्तिग्रहात् अथ-

---

वच्छेदेनानित्यत्वानुमितिरिति । तदवच्छेदेन । पृथिवीत्वावच्छेदेन । पक्षतेति । इतरभेदनिश्चयाभावरूपपक्षताविरोधित्वादित्यर्थः । विरोधित्वं च सहानवस्थानरूपं बोध्यम् । इह । घटे । सः । पृथिवीत्वावच्छेदेन इतरभेदनिश्चयः । सर्वत्रेति । परमाण्वादिरूपपृथिव्यामित्यर्थः । तन्निश्चयेति इतरभेदनिश्चयाभावादित्यर्थः । परमाण्वादेरयोग्यतया प्रत्यक्षेण तत्र तस्य निश्चेतुमशक्यत्वात् । तथा च पृथिवीत्वसामानाधिकरण्येन निश्चयसत्त्वेऽपि अवच्छेदकावच्छेदेन निश्चयाभावसत्त्वात् घटादेः पक्षत्वमव्याहतमेवेति भावः । इदं च घटादौ पृथिवीत्वेनेतरभेदनिश्चयमभिप्रेत्य । वस्तुतस्तु घटत्वेनैव तत्रेतरभेदनिश्चयेन पृथिवीत्वेन तदनिश्चयात् पृथिवीत्वधर्मितावच्छेदककानुमित्युत्पत्तौ बाधकाभावः तद्धर्मधर्मितावच्छेदककानुमितौ तद्धर्मधर्मितावच्छेदककसिद्धेरेव प्रतिबन्धकत्वादिति ध्येयम् । अन्वेति । व्यतिरेकयोः । साध्याभावहेत्वभावयोः । सहचारात् । उक्तेति । अन्वयव्याप्तिर्गृह्यत इत्यर्थः । लाघवेनानुमितिसामान्येऽन्वयव्याप्तिज्ञानस्यैव हेतुत्वादिति भावः । नचैवमितरव्यापकीभूताभावप्रतियोगिपृथिवीत्ववती पृथिवीति परामर्शात् इतरभेदज्ञानशून्यकाले पृथिव्यामितरभेद इति इतरभेदविशेष्यकानुमितेरुच्छेदः । एवं स्वातन्त्र्येणेतरभेदज्ञान सत्त्वे तादृशपरामर्शात् पृथिवी इतरभेदवतीत्यनुमितेरप्यनुदयप्रसङ्ग इति वाच्यम् । अन्वयव्याप्तिज्ञानस्यैवानुमितिहेतुत्वमित्यादिनामाचार्याणां तदनुत्पादे इष्टापत्तेः । प्राञ्च इत्यनेनाऽस्वरसः सूचितः स च विशेषणज्ञान विधया सहचारज्ञानस्यान्वयव्याप्तिग्रहे हेतुतया साध्याभावहेत्वभावयोः सामानाधिकरण्यस्यान्वयव्याप्त्यघटकतया विशेषणत्वाभावेन तज्ज्ञानस्य कथं तादृशव्याप्तिग्रहे हेतुत्वमिति । नच व्यभिचारज्ञानविरोधिसहचारज्ञानत्वेनोभयसहचारज्ञानयोरपि हेतुत्वमिति वाच्यं । साध्याभावासमवगाहितया व्यतिरेकसहचारज्ञानस्य व्यभिचारज्ञानविरोधित्व भा

वात् । अत्र केचित् प्राचीनमतेऽन्वयव्याप्तिज्ञाने, विभिन्नधर्मिकत्वेपि व्यतिरेकसहचारज्ञानस्यान्वयव्यतिरेकाभ्यां यथा हेतुत्वं अन्वयव्याप्तिज्ञानमेव चानुमितिसामान्ये हेतुरिति उपेयते तथा अन्वयसहचारज्ञानं व्यतिरेकव्याप्तिज्ञाने हेतुः तज्ज्ञानमेव चानुमितिसामान्ये हेतुरित्युच्यतां विनिगमकाभावात् । नचैवमन्वयव्याप्त्यवगाहिवह्निव्याप्यधूमवत्तापरामर्शादनुमितेरनुदयापत्तिरिति वाच्यं । भवतामितरभेदाभावव्यापकीभूताभावप्रतियोगिपृथिवीत्ववती पृथिवीति व्यतिरेकव्याप्त्यवगाहिपरामर्शादनुमितेरनुदये इष्टापत्तिरिव ममापि तच्च तदनुत्पादस्येष्टत्वादिति । तन्न । अन्वयव्याप्तिज्ञानस्य हेतुत्वे लाघवस्यैव विनिगमकत्वात् । तथाहि व्यतिरेकयोर्व्याप्तिरभावनिष्ठा धूमे तद्वत्ता च स्वाश्रयव्यापकीभूताभावप्रतियोगित्वसम्बन्धेन स्वनिरूपकाभावप्रतियोगित्वसम्बन्धेन वा । तथा चेदृशगुरुतरसम्बन्धेन व्याप्तिविशिष्टधूमवत्तावगाहिपरामर्शत्वेन हेतुत्वे गौरवं । सामानाधिकरण्यादिरूपान्वयव्याप्तिज्ञानस्यानुमिति । हेतुत्वे स्वरूपसम्बन्धेन वह्निनिरूपितव्याप्तिविशिष्टहेतुमत्ताविषयस्यैव तत्त्वमिति लाघवं । किञ्चैवं साध्याभावाप्रसिद्धौ व्यतिरेकव्याप्तिज्ञानासम्भवेन केवलान्वय्यनुमानमात्रोच्छेदप्रसङ्ग इति दिक् ॥

अन्वयव्याप्तिज्ञानमिव व्यतिरेकव्याप्तिज्ञानमप्यनुमितिहेतुः । नच केवलान्वय्यनुमित्यनुरोधेन आवश्यकहेतुभावेनान्वयव्याप्तिज्ञानेनैवोपपत्तौ तस्य पृथक्कारणत्वकल्पने गौरवमिति वाच्यम् । इतरभेदज्ञानशून्यकाले इतरव्यापकीभूताभावप्रतियोगिपृथिवीत्ववती पृथिवीत्यादिपरामर्शादितरभेदविशेष्यकानुमितेः स्वातन्त्र्येण इतरभेदज्ञानसत्वे तादृशपरामर्शात् इतरभेदविशेषणकानुमितेरपलापप्रसङ्गेन तद्धेतुत्वस्य न्याय्यत्वात् । प्रामाणिकगौरवस्यादोषत्वात् । नचैवं परस्परव्यतिरेकेपि रसरेण कार्योत्पादनात् परस्परजन्यानुमितौ तयोर्व्यभिचार इति वाच्यं । भवन्मतेऽन्वयसहचारज्ञानव्यतिरेकसहचारज्ञानयोरन्वयव्याप्तिज्ञानहेतुत्वे तत्र व्यभिचारवारणायाव्यवहितोत्तरत्वनिवेश इव मन्मतेऽपि परस्परजन्यानुमितौ व्यभिचारवारणायाव्यवहितोत्तरत्वस्य निवेशनीयत्वादिति । अन्वयव्यतिरेकाभ्यामुभयविधव्याप्तिज्ञानस्यानुमितिहेतुत्वमिति मणिकारमता-

मन्यानुमितिरतिप्रसङ्गादिति वाच्यं । साध्याभावव्यापकाभावप्रतियोगित्वेन पक्षधर्मतानिश्चयः साध्यानुमापक इत्यभ्युपगमात् इत्यन्ये उभयान्योऽन्वयव्यतिरेकी यथा प्रसिद्धानुमानमिति संक्षेपः ॥ एवं हेतावभिहिते तदाभासान्निरूपयति । तत्र

दर्शयति । साध्याभावेत्यादिना । अनुमितिः । साध्यविधेयानुमितिः । ननु हेत्वभावनिरूपितसाध्याभावनिष्ठव्याप्तिज्ञानं हेत्वभावविधेयकानुमितिं जनयतु न तु साध्यविधेयकानुमितिम् । अनुमितौ व्यापकतावच्छेदकरूपेणैव व्यापकस्यैवाभावनियमात् । अन्यथा वह्निव्याप्तिज्ञानाद् घटानुमित्यापत्तिरित्याशङ्कते । नचेति । अन्यव्याप्तिग्रहात् । अन्यनिरूपितव्याप्तिज्ञानात् । हेत्वभावनिरूपितव्याप्तिज्ञानादिति यावत् । अन्यानुमितिः । साध्यविधेयकानुमितिः । नन्वन्यव्याप्तिज्ञानस्यान्यविधेयकानुमितिजनकत्वे बाधकाभाव इत्याह । अतिप्रसङ्गादिति । घटनिरूपितव्याप्तिज्ञानात् पटविधेयकानुमितिप्रसङ्गादिति भावः । पक्षधर्मतेति । स्वाश्रयव्यापकीभूताभावप्रतियोगित्वसम्बन्धेन साध्याभावनिष्ठव्याप्तिविशिष्टहेतुमत्तावगाहिनिश्चय इत्यर्थः । साध्यानुमापक इति । साध्यविधेयकानुमितिविशेषे हेतुरित्यर्थः । व्यतिरेकव्याप्त्यवगाहिपरामर्शाव्यवहितोत्तरानुमितिजनक इति यावत् । व्यापकतावच्छेदकरूपेण व्यापकस्य भानमिति नियमस्तु अन्वयव्याप्त्यवगाहिपरामर्शाव्यवहितोत्तरजन्यानुमितिस्थले एवेति द्रष्टव्यं । ननु घटादावितरभेदस्य निश्चितत्वेन पृथिवी इतरेभ्यो भिद्यते पृथिवीत्वाद् घटवदित्यन्वय्येवास्तु न तु व्यतिरेकीति निश्चितसाध्यवत्त्वमेव दृष्टान्तत्वे प्रयोजकं न तु पक्षान्यत्वमिति चेन्न । अन्वयसहचाराग्रहदशायां व्यतिरेकसहचारेणैव व्याप्तिग्रहोदयात् । तदुक्तमाचार्यैः "अस्तु तावदयं सुहृदुपदेशः केवलव्यतिरेकिलक्षणं तावदिदमिति" । अन्वयव्यतिरेकिणं लक्षयति । उभयान्य इति । केवलान्वयि केवलव्यतिरेक्यन्य इत्यर्थः । प्रसिद्धानुमानमिति । वह्निमान् धूमादित्यादावित्यर्थः । केचित्तु । अन्वयसहचारमात्रगृहीतव्याप्तिकत्वं केवलान्वयित्वं व्यतिरेकसहचारमात्रगृहीतव्याप्तिकत्वं केवलव्यतिरेकित्वम् । उभयसहचारगृहीतव्याप्तिकत्वम् अन्वयव्यतिरेकित्वं । दशाविशेषे धूमस्यापि केवलान्वयित्ववत्केवलव्यतिरेकि-

सव्यभिचारविरुद्धसत्प्रतिपक्षासिद्धबाधिताः पञ्च हेत्वाभासाः।

त्वे दृष्ट एव। नचैवं विभागव्याघातः उपधेयसंकरेऽपि उपाधेरसंकरा-
दिति अतएवाह संक्षेप इतीत्याहुः। नन्विदं ज्ञायमानलिङ्गस्यानुमान-
त्ववादिनये उपपद्यते नतु लिङ्गज्ञानस्यानुमानत्ववादिनये अतएवा-
नुपदमेव एवं हेतावभिहिते इति वक्ष्यतीति चेन्न। तथानुमानं त्रिविध-
मित्यस्य अनुमितिजनके लिङ्गज्ञानविषयीभूतं लिङ्गं त्रिविधमित्यर्थः। न-
चानुमितिकरणस्यैव विभागौचित्यात् लिङ्गस्य त्रिविधत्वोक्तिरनम-
ञ्जसमिति वाच्यं। केवलान्वयिसाध्यकानुमितिजनकत्वकेवलव्यतिरेकि-
साध्यकानुमितिजनकत्वान्वयव्यतिरेक्युभयसाध्यकानुमितिजनकत्वभेदेन
लिङ्गज्ञानस्य त्रिविधत्वेन लिङ्गस्यापि त्रिविधत्वसम्भवात् वस्तुतो लिङ्ग-
ज्ञानस्यैव त्रिविधत्वं लिङ्गस्य तु तद्विषयत्वेन तत्त्वं। केवलान्वयिसाध्य-
कानुमानमित्यस्य केवलान्वयिसाध्यकानुमितिजनकज्ञानविषय इत्यर्थः। एवं
पक्षातिरिक्तेऽनिश्चितसाध्यकत्वमित्यस्य पक्षातिरिक्ते अनिश्चितसाध्यविधेय-
कानुमितिजनकविषय इत्यर्थः। उभयान्य इत्यस्य च केवलान्वयिकेवलव्यति-
रेकिसाध्यभिन्नसाध्यविधेयकानुमितिजनकज्ञानविषय इत्यर्थः। एवं हेता-
वभिहिते इत्यस्य तादृशज्ञानविषयीभूते हेतावभिहिते इत्यर्थः इति ना-
शङ्कापङ्ककलङ्कलेशोऽपीति। तत्त्वनिर्णयविजयरूपैककार्यकारित्वात् प्र-
सङ्गाद्धेत्वाभासान्निरूपयति। एवमिति। तदाभासाः। हेत्वाभासाः।
हेतुवदाभासन्ते इति हेत्वाभासा इति योगादुष्टा धर्म्येव हेत्वाभासपदवाच्य
इति ध्येयम्। अनुमितितत्करणान्यतरप्रतिबन्धकयथार्थज्ञानविषयत्वं
हेत्वाभासत्वं बाधतदभाववत्त्वव्याप्यवत्त्वज्ञानादीनां साक्षादेवानुमितिप्रतिब-
न्धकत्वात् बाधसत्प्रतिपक्षयोर्लक्षणसमन्वयः व्यभिचारज्ञानादीनामनु-
मितिकरणव्याप्तिज्ञानादिप्रतिबन्धकत्वेन तद्विषयत्वेन व्यभिचारादेर्है-
त्वाभासत्वोपपत्तेः। अतएव व्यभिचारादिसङ्ग्रहाय अनुमितिप्रतिबन्धके-
ति विहायानुमितितत्करणान्यतरेत्युक्तं। नच तद्धेतोरेव तदस्तु तद्धेतुत्वं
किं तेनेति न्यायेन व्यभिचारज्ञानस्यानुमितिप्रतिबन्धकत्वमेवास्त्विति
वाच्यं। धूमपरामर्शकाले आलोके वह्निव्यभिचारीति व्यभिचारज्ञानकाले
अनुमित्यनुदयप्रसङ्गात्। नच तद्धर्मावच्छिन्नलिङ्गकानुमितौ तद्धर्मावच्छिन्न-
विशेष्यकव्यभिचारज्ञानस्यैव प्रतिबन्धकत्वमिति वाच्यं। गौरवात्। सा-
क्षादविरोधिनो ज्ञानस्य तत् जनकज्ञानविघटकत्वेनैव विरोधित्वाच्च।

स व्यभिचारस्त्रिविधः। साधारणासाधारणानुपसंहारभेदात् तत्र साधारणत्वं साध्यवदन्यवृत्तित्वं। यथा धूमवान्वह्नेरित्यत्र धूमवदन्यस्मिन् तप्तायःपिण्डे वह्निसत्त्वात्। साध्यासमा-

---

नचैवं धूमो वह्निव्याप्य इति ज्ञानकाले ऽभग्नेन्द्रियादिजन्य व्यभिचारज्ञानकालेप्यनुमित्युदयापत्तिरिति वाच्यम् इष्टत्वात्। तदुक्तं। "करणे पूर्णे किं प्रसिद्धेरिति"। व्यभिचारभ्रममादायातिप्रसङ्गभङ्गाय यथार्थेति। विभजते। तत्रेति। तत्र त्रिविधव्यभिचारे निरूपणीये। साध्यवदन्येति। साध्याभाववद्वृत्तित्वमिति कृते धूमाभाववदयोगोलकवृत्तित्वेन धूमवान् वह्नेरित्यादौ लक्षणसमन्वयेऽपि कपिसंयोगी एतद्वृक्षत्वादित्यत्र कपिसंयोगाभाववद्वृत्तित्वादेतद्वृक्षत्वस्यापि तत्त्वापत्तिः। प्रतियोगिवैयधिकरण्यादिनिवेशे चातिगौरवमिति तत्परित्यागः। अन्योन्याभावस्य च व्याप्यवृत्तित्वान्नदोषः। नच कपिसंयोगिघटोभयभेदवारणाय प्रतियोगिवैयधिकरण्यनिवेश आवश्यक इति वाच्यम्। साध्यतावच्छेदकावच्छिन्नसाध्यवत्त्वावच्छिन्नप्रतियोगिताकभेदवत् वृत्तित्वस्य विवक्षणात्। नहि कपिसंयोगनिष्ठावच्छेदकतानिरूपितकपिसंयोगवत्त्वावच्छिन्नकपिसंयोगवदन्यत्वस्यैतद्वृक्षे सत्त्वमिति। यदि चान्योन्याभावस्याप्यव्याप्यवृत्तित्वं विभाव्यते तथापि प्रतियोग्यवृत्तित्वस्यैव लाघवेन निवेशनीयत्वात्। प्रतियोगिवैयधिकरण्यापेक्षया लाघवस्य अति स्फुटत्वात्। नच द्रव्यं गुणकर्मान्यत्वविशिष्टसत्तानतिरिक्तत्वेन सत्तायाः द्रव्यभिन्नगुणादिवृत्तित्वादतिप्रसङ्ग इति वाच्यं। साध्यवदन्यनिष्ठाधिकरणतानिरूपकतावच्छेदकहेतुतावच्छेदकावच्छिन्नत्वस्य तदर्थत्वात्। लक्ष्ये लक्षणं योजयति। यथेत्यादिना। यद्यन्योन्याभावोऽप्यव्याप्यवृत्तिः तदा कपिसंयोगी एतद्वृक्षत्वादित्यत्रातिव्याप्तिः प्रतियोग्यवृत्तित्वनिवेशे त्वतिगौरवमिति चा-[illegible]। साध्यसमानाधिकरणसामानाधिकरण्येति। साध्याधिकरणावृत्तित्वमत्र साध्यासामानाधिकरण्यं नतु साध्यानधिकरणवृत्तित्वमन्यथा वह्न्यधिकरणवृत्तिद्रव्यत्वादिसामानाधिकरण्यस्य धूमसत्त्वेन वह्निमान्धूमादित्यादौ अतिप्रसंगापत्तेः। अत्र च साध्याधिकरणावृत्तित्वं येनसंबंधेनतेन संबंधेन तदधिकरणत्वं, विशेषणताविशेषेणाऽवृत्तित्वं तदधिकरणत्वं च बोध्यम्। एतेनयत्किञ्चित्संबंधेन वृत्तित्वात्तु-

नाधिकरणसमानाधिकरणत्वं वा । भवति हि धूमास-
मानाधिकरणं यद्धूमवदन्यत्वं तत्समानाधिकरणो वह्निः ।
साध्यव्यापकीभूताभावप्रतियोगित्वम् असाधारणत्वम् । इद-
मेव सपक्षव्यावृत्तत्वं गायन्ति । उदाहरणं तु शब्दो नि-
त्यः शब्दत्वादिति शब्दत्वं हि नित्यत्वव्यापकोयः शब्दत्वा-
भावः तत्प्रतियोगि । नचाऽनित्यः शब्दः शब्दत्वादि-
त्यत्राव्याप्तिः । तस्य सद्धेतुत्वात् एतज्ज्ञानं चानुमिति

संयोगादिना वृत्तिपर्वतत्वसामानाधिकरण्यमादायधूमादावतिव्या-
प्तिः । संबन्धसामान्येनावृत्तित्वोक्तौ धूमवदन्यघटादेरपि कालिकसंबन्धेन
धूमवृत्तितयातदवृत्तिर्गगनादिरेव तत्सामानाधिकरण्यस्य च वह्नावसंभ-
वात् असंभवापत्तेरिति परास्तं तत्समानाधिकरण्यं चतदधिकर-
णे हेतुतावच्छेदकसंबन्धेन संबन्धित्वं नातः कालिकादिसंबन्धमादाय धू-
मादावतिव्याप्तिः । यद्यप्यसाधारणादिसाधारणमेतत्तथापि उपधेय-
संकरेप्युपाधेरसंकरात् इतिन्यायेन तत्साधारण्येपिक्षतिविरहः । असा-
धारणत्वाद्यज्ञानेपि एतज्ज्ञानेनानुमितिप्रतिबन्धादिति सपक्षविपक्षव्या-
वृत्तत्वमसाधारणत्वं । निश्चितसाध्यवद्व्यवृत्तत्वे सति निश्चितसाध्याभाव-
वद्व्यावृत्तत्वमिति यावत् यथा शब्दो नित्यः शब्दत्वादित्यादौ सर्वेभ्यो नि-
त्येभ्योऽनित्येभ्यश्च शब्दत्वस्य व्यावृत्तत्वाल्लक्षणसमन्वयः । नच शब्दोऽनित्यः
शब्दत्वादिति सद्धेतौ शब्देऽनित्यत्वानिश्चयदशायां निश्चितसाध्यवद्व्यावृत्त-
त्वादसाधारण्यापत्तिः । इष्टत्वात् । असाधारणसत्प्रतिपक्षयोरनित्य-
दोषत्वादिनां प्राचां मतेनैतल्लक्षणादिति तन्मतं दूषयितुं स्वयं लक्षणमा-
ह । साध्येति । ननु सपक्षव्यावृत्तत्वमसाधारणत्वमित्यस्य कागतिरि-
त्यत आह । इदमेवेति । पूर्वनिरुक्तार्थकमेव नतु निश्चितसाध्यवद्व्यावृ-
त्तत्वं तत् येन शब्दोनित्यः शब्दत्वादित्यस्य संग्रहः स्यादिति ।

अव्याप्तिरिति । अनित्ये शब्दे शब्दत्वस्य सत्वेनाऽनित्यत्वव्यापकाभावप्रतियोगि-
त्वस्य शब्दत्वेऽसत्त्वादिति भावः । सद्धेतुत्वादिति । ननु असाधारणसत्प्रति-
पक्षयोरनित्यदोषत्वावादिप्राचीनमते सद्धेतावपि तत् सम्भव इति चेन्न ।
बाधभ्रमेणानुमितिप्रतिबन्धाद्बाधस्यापि अनित्यदोषतापत्तेः । यदि च

साक्षात्प्रतिबन्धकं । व्यतिरेकिसत्प्रतिपक्षरूपत्वात् । नचैवं सत्प्रतिपक्षत्वमिति वाच्यम् । हेतुभेद एव तदङ्गीकारात् । कथमस्य व्यतिरेकिसत्प्रतिपक्षरूपतेति चेदाकलय शब्दत्वं तु नान्वयहेतुः क्वचिदपि शब्दे नित्यत्वस्याऽदृष्टेः किन्तु व्यतिरेकि । तथाचानित्यत्वाभावव्यापको यः शब्दत्वाभावस्तत्प्रतियोगितया यथा साध्यं साधयेत् । तथा नित्यत्वव्यापकीभूताभावप्रतियोगितया साध्याभावमपि साधयेत् । न च द्वयोर्विरुद्धयोरेकत्र निर्णयः । किन्तु परस्परप्रतिबन्धकत्वात् द्वयोरनिर्णय इति ध्येयम् । यद्यपि सा-

---

बाधबुद्ध्या प्रतिबन्धः स्यानुमितिः तत्र हेतुस्तु न दुष्ट इति विभावनीयं तदा प्रकृतेऽसाधारणसत्प्रतिपक्षस्थले तदभाववद्व्याप्यवत्ताज्ञानेनानुमितिप्रतिबन्धनात् न तु तत्र हेतुरपि दुष्ट इति तुल्यत्वादिति भावः । एतज्ज्ञानम् । असाधारणत्वज्ञानं । साक्षात् । साध्याभावव्याप्यावगाहित्वात् । व्यतिरेकीति । व्यतिरेकव्याप्तिमत्सत्प्रतिपक्षरूपत्वात् । तथा च तदभाववद्व्याप्यवत्ताज्ञानमुद्रया अनुमितिविरोधित्वमिति भावः । ननु साध्यव्याप्यवत्ताज्ञानं साध्याभावव्याप्यवत्ताज्ञानं चात्र संवृत्तमिति रूपप्रतिपक्षाभेदप्रसङ्ग इत्यत आह । नचैवमिति । एवं । सत्प्रतिपक्षरूपत्वे । सत्प्रतिपक्षत्वमिति । तथा चैतस्य तदन्तर्गतत्वेन सव्यभिचारस्त्रिविध इति विभागव्याघात इति भावः । हेत्विति । साध्यव्याप्यहेतुसाध्याभावव्याप्यहेत्वोर्भेद एव सत्प्रतिपक्षत्वं । यथा ह्रदो वह्निमान् धूमात् ह्रदो वह्न्यभाववान् जलत्वादित्यादौ प्रकृते चैकस्य शब्दत्वस्योभयसाधकत्वेन न सव्योभयलिङ्गकत्ववति तत्सत्प्रतिपक्षत्वमिति भावः । अदृष्टेरिति । तथा च साध्यसाधनयोः सहचाराऽग्रहेणान्वयव्याप्त्यग्रहान्नान्वयित्वमिति भावः । तथाचेति । नित्यत्वाभावव्यापकीभूताभावप्रतियोगित्वरूपव्यतिरेकव्याप्त्यवगाहिनित्यत्वव्याप्यशब्दत्ववत्तापरामर्शात् साध्यमनित्यत्वाभावः नित्यत्वमेव तथा च नित्यत्वव्यापकीभूताभावप्रतियोगित्वरूपव्यतिरेकव्याप्त्यवगाह्यनित्यत्वव्याप्यशब्दत्ववत्तापरामर्शात् साध्याभावोऽपि साधनीयः नच विरुद्धोभयसाधनं सम्भवतीति परस्परानुमितिप्रतिबन्ध एव फलमित्याशयः-

व्यहेत्वन्यतरकत्वं अवृत्तिसाध्यकत्वं वा अनुपसंहारित्वं

त्वार्थः । विरुद्धयोः । साध्यसाध्याभावयोः । अनिर्णयइति । अनुत्पत्तिरित्यर्थः । अनिर्णयइत्यनेन सत्प्रतिपक्षस्थले संशयात्मकानुमित्यङ्गीकर्तृरत्नकोशकारमतमादर्शितं । तदभावव्याप्यवत्ताज्ञानस्य तत्प्रकारकविशिष्टबुद्धिसामान्ये विरोधितया सत्प्रतिपक्षस्थले न संशयाकारानुमितिः किंतु परस्परानुमितिप्रतिबन्ध एवेति सिद्धान्तिमतं तत्र प्रत्यक्षस्थले तदभावव्याप्यवत्ताज्ञानस्य प्रतिबन्धकत्वेप्यनुमितौ तत्प्रतिबन्धकत्वाकल्पनेन संशयानुमितौ बाधकाभावः संशयत्वस्यार्थसमाजग्रस्तत्वेपि साध्यतदभावव्याप्यवत्तापरामर्शाभ्यां साध्यतदभावानुमितौ जायमानायां फलतः संशयानुमितेरुपपत्तेः प्रत्यक्षस्थले तदभावव्याप्यवत्ताज्ञानस्य प्रतिबन्धकत्वे कल्पनीये प्रत्यक्षत्वमनिवेश्य तत्प्रकारकबुद्धित्वमेव तत्प्रतिबध्यतावच्छेदकं तच्चानुमितिसाधारणमिति कथमनुमित्यनुत्पत्तिरितितु नाशङ्कनीयम् । इच्छाया उत्तेजकत्वानुरोधेन विशिष्यैव प्रमाहार्यप्रत्यक्षत्वं निवेश्य प्रतिबध्यप्रतिबन्धकभावस्यावश्यकत्वात् । नच शाब्दस्थले इच्छाया अनुत्तेजकत्वात्तत्रैव प्रत्यक्षान्यज्ञानत्वं तत्प्रतिबध्यतावच्छेदकं तच्चानुमितिसाधारणमिति वाच्यं । प्रत्यक्षान्यत्वज्ञानत्वयोर्मिथो विशेषणविशेष्यभावे विनिगमनाविरहेण तदपेक्ष्य शाब्दत्वस्य तत्प्रतिबध्यतावच्छेदकत्वात् । परोक्षत्वजातेरनुभवत्वेन संकरात् न तस्यापि तत्त्वमित्यनुमितौ तत्प्रतिबन्धकत्वस्याक्लृप्ततया संशयानुमितौ नकिञ्चिद्बाधकमित्याहुः । तदभावव्याप्यवत्ताज्ञानविशिष्टान्यज्ञानत्वावच्छिन्नं प्रति तदभावव्याप्यवत्ताज्ञानस्य प्रतिबन्धकत्वम् इच्छाविशिष्टत्वावच्छिन्नं प्रति इच्छात्वेन हेतुत्वमित्याहार्यानुमितेरनङ्गीकारेण तदभावव्याप्यवत्ताज्ञानसत्त्वे नेच्छाबलात् । नापि तदभावव्याप्यवत्ताज्ञानाभावरूपकारणबलात् संशयानुमित्युत्पत्तिरितिदिक् ।

लाघवादाह । अवृत्तिसाध्यकत्वमिति । नचैवं धूमवानाकाशादित्यादेरसङ्ग्रह इतिवाच्यं । स्वरूपासिद्धावेव तन्निवेशात् । केचित्तु । केवलान्वयिधर्मावच्छिन्नपक्षकत्वमनुपसंहारित्वम् उदाहरणं च सर्वमनित्यं प्रमेयत्वादित्यादौ व्यतिरेकव्याप्तिग्रहप्रतिबन्धस्यैव दूषकताबीजमित्याहुः । साध्येति । साध्यतावच्छेदकसंबन्धेन साध्याधिकरणे हेतुतावच्छेदकसंबन्धेनावृत्तित्वमित्यर्थः । तेन समवायेन वह्नेः साध्यतायां संयोगेन धूमहेतोः संयोगे

यथा पर्वतमाकाशवान् धूमादित्यादौ । साध्यासमानाधिकरणत्वं विरुद्धत्वं यथा गौरश्वत्वादिति । यद्यप्यसाधारण्यमप्यस्ति साधारण्यं च । तथाप्युपाधिभेदाद्भेदः । पक्षे साध्यधीप्रतिबन्धकपरामर्शः सत्प्रतिपक्षः यथा जलमुष्णं स्पर्शवत्वादित्यादौ नेदमुष्णमतैजसत्वादित्यादि च

नवन्ह्यधिकरणावृत्तित्वेऽपि गोत्वाधिकरणे अश्वत्वस्य कालिकादिसंबन्धेन वृत्तित्वेऽपि न क्षतिः । साध्यतावच्छेदकावच्छिन्नाधिकरणनिष्ठाधिकरणतानिरूपकतानवच्छेदकहेतुतावच्छेदकावच्छिन्नत्वमिति निष्कर्षः । तेन गुणकर्मान्यत्वविशिष्टसत्तावान् गुणत्वात् गुणे गुणकर्मान्यत्वविशिष्टसत्वादित्यादौ यथायथं नाव्याप्तिः । उपाधीति । असाधारणत्वविरुद्धत्वाद्युपाधीनांभेदादित्यर्थः । विरुद्धत्वज्ञानेऽसाधारणत्वाद्यज्ञानेऽप्यनुमितिप्रतिबन्धादिति भावः । सत्प्रतिपक्षः साध्यज्ञानविरोधी परामर्शः तद्वांश्च हेतुः सत्प्रतिपक्षित इति योगार्थमभिप्रेत्याह । पक्षइति । पक्ष साध्यधीप्रतिबन्धकं परामर्शः सत्प्रतिपक्ष इत्येतावतैव सामंजस्ये पक्ष इति संपातायातमिति कश्चित् । तन्न । पक्षविशेष्यकसाध्याभावव्याप्यवत्ताज्ञानस्यान्यविशेष्यकसाध्यवत्ताज्ञानविरोधितया पक्षविशेष्यकत्वलाभाय तत्पदस्यावश्यकत्वात् । इदं च सत्प्रतिपक्षस्यानित्यदोषत्वाङ्गीकर्तृप्राचीनमते लक्षणं बोध्यं । बाधभ्रमादनुमितिप्रतिबन्धाद्बाधस्याप्यनित्यदोषतापत्तेः सद्धेतोर्नाभासत्वमिति सत्प्रतिपक्षस्य नानित्यदोषत्वमिति । स्वमते तु पक्षे साध्याभावव्याप्यहेतुत्वं सत्प्रतिपक्षत्वम् अतएव उभयमतसाधारण्याय सद्धेतुमेव यथा जलमित्यादिनोदाहृतवान् । नेदमुष्णमिति । उष्णत्वाभावव्याप्यतैजसत्ववदिदमिति ज्ञानमुष्णत्वरूपसाध्यज्ञानप्रतिबन्धकमिति भावः । सत्प्रतिपक्षफलं तु परस्परप्रतिबन्धेन परस्परानुमितिप्रतिबन्ध एव । तथाहि पर्वतो वह्निमान् धूमात् पर्वतो वन्ह्यभाववान् पाषाणमयत्वादित्यादौ वह्निव्याप्यवत्तापरामर्शसत्वान्न वन्ह्यभावानुमितिः वन्ह्यभावव्याप्यवत्तापरामर्शसत्वाच्च वन्ह्यनुमितेरनुत्पत्तिः । तद्विशिष्टबुद्धित्वावच्छिन्नं प्रति तदभावव्याप्यवत्ताज्ञानस्य प्रतिबन्धकत्वादिति । निबन्धकृतस्तु प्रकृतसाध्यसाधकहेत्वोः किंतत्वमितिजिज्ञासैव सत्प्रतिपक्षफलम् । अतएव प्रकृतसाध्यसाधकहेत्वोः किं तत्वमिति जिज्ञासाजनिका व्याप्तिप्रका

सिद्धिस्तु व्यभिचाराद्यपरामर्शप्रतिबन्धकतावच्छेदक-

रूपपक्षधर्मत्वोपस्थितिः प्रकरणसम इति तल्लक्षणमपीत्याहुः ॥ रत्नकोशकारास्तु । तत्प्रकारकप्रत्यक्षे तदभावव्याप्यवत्ताज्ञानस्य प्रतिबन्धकत्वेऽपि प्रयोजनाभावेनानुमितौ तत्प्रतिबन्धकत्वस्याकल्पनात् । संशयत्वस्यार्थसमाजग्रस्तत्वेऽपि साध्यतदभावव्याप्यवत्तापरामर्शाभ्यां जायमानानुमितिः संशयरूपैव जायते उभयप्रकारकत्वे निश्चयत्वायोगात् संशयानुमितिरेव सत्प्रतिपक्षफलमिति । ननु तदभावव्याप्यवत्ताज्ञानकाले तत्प्रकारकप्रत्यक्षानुदयेन तत्र तत्प्रतिबन्धकत्वे कल्पनीये प्रत्यक्षत्वमनिवेश्य तत्प्रकारकबुद्धित्वमेव तत्प्रतिबध्यतावच्छेदकं तच्चानुमितिसाधारणमिति कथमुभयपरामर्शकाले उभयविधेयकानुमितिरिति चेन्न । इच्छाकाले बाह्यार्थप्रत्यक्षोत्पत्त्या चाक्षुषत्वस्पार्शनत्वादिप्रकारकेच्छानामुत्तेजकत्वानुरोधेन विशिष्य प्रतिबन्धकतायाः आवश्यकत्वात् । घटस्पार्शनसामग्रीसत्त्वे घटचाक्षुषेच्छायां सत्यामसत्यां च घटचाक्षुषसामग्र्यां घटस्पार्शनापत्तेः सामान्यतश्च निवेशायोगात् । तत्तत्सामग्रीविशिष्टतत्तदिच्छाकूटस्योत्तेजकत्वे चातिगौरवमिति । न च शाब्दस्थले इच्छाया अनुत्तेजकत्वात् तत्रैव प्रत्यक्षान्यज्ञानत्वं तत्प्रतिबध्यतावच्छेदकं तच्चानुमितिसाधारणमिति वाच्यं । प्रत्यक्षान्यत्वज्ञानत्वयोर्मिथो विशेषणविशेष्यभावे विनिगमनाविरहेण तदपेक्ष्य शाब्दत्वस्यैव तत्प्रतिबध्यतावच्छेदकत्वात् परोक्षत्वजातेरनुभवत्वेन सङ्करात् तस्या अपि तत्त्वमिति तत्प्रतिबन्धकत्वस्याक्लृप्ततया न संशयानुमितौ किञ्चिद्बाधकमिति । अत्र केचित् । इच्छाया उत्तेजकत्वानुपगमेन तदभावव्याप्यवत्ताज्ञानविशिष्टान्यज्ञानत्वावच्छिन्नं प्रति तदभावव्याप्यवत्ताज्ञानत्वेनैकमेव प्रतिबन्धकत्वं इच्छाविशिष्टत्वावच्छिन्नं प्रति इच्छात्वेन हेतुतया एककार्यकारणभावेनैव निर्वाहे तस्यानुमितिसाधारणतया न संशयानुमितिरुत्पत्तुमर्हति तदभावव्याप्यवत्ताज्ञानस्य विरोधिनः सत्त्वात् । आहार्यानुमितेरङ्गीकारेण इच्छाकालेऽपि तदुत्पत्तिसम्भवादिति निगर्वः । असिद्धिं निरूपयति । असिद्धिस्त्विति । परामर्शेति । व्याप्तिप्रकारकपक्षधर्मिताज्ञानं परामर्शः । तत्प्रतिबन्धकत्वं च व्याप्यत्वासिद्धेर्व्याप्तिज्ञानविघटकत्वेन स्वरूपासिद्ध्याश्रयासिद्ध्योस्तु पक्षधर्मताज्ञानविघटकत्वेन व्यभिचारज्ञानस्यापि व्याप्तिज्ञानविघटकत्वेन तद्विषये व्यभिचारादावतिप्रसङ्गात् व्यभिचाराद्यन्यत्वं प्रतिबन्धकतावच्छेद

धर्मवत्त्वं सा च त्रिधा । स्वरूपासिद्धिराश्रयासिद्धिर्व्याप्यत्वा-
सिद्धिश्च । पक्षे हेत्वभावः स्वरूपासिद्धिः यथा घटः पृथिवी प-
टत्वादित्यत्र घटरूपपक्षे हेत्वभावः पक्षे पक्षतावच्छेदका-
सिद्धिराश्रयासिद्धिः । गगनकमलं सुरभि कमलत्वादि-
त्यत्र पक्षे कमले गगनीयत्वाभाव एतदुभयाभिन्नासिद्धिर्व्या-
प्यत्वासिद्धिः । यथा धूलीपटले धूमनिष्ठव्याप्यत्वाभावः । सा-

कधर्मविशेषणं । परामर्शप्रतिबन्धकज्ञानविषयत्वमित्युक्तौ घटपटादेरपि
समूहालम्बनात्मकज्ञानविषयत्वादतिव्याप्तिरतः प्रतिबन्धकतावच्छेदक
पर्यन्तानुधावनम् । अवच्छेदकत्वं च विषयितया तत्प्रतिबन्धकतावच्छेदका
तापर्याप्त्यधिकरणत्वं । तेनासिद्ध्यादिघटकैकदेशे नातिव्याप्तिरिति । स्वरू
पासिद्ध्याद्यन्यतमत्वमेव तत्त्वमित्यपि केचित् । सा । असिद्धिः । यथा क्रमं
लक्षणान्याह । पक्षइत्यादिना । पक्षतावच्छेदकविशिष्टे हेतुतावच्छेदका
वच्छिन्नहेतोरभावः स्वरूपासिद्धिरित्यर्थः । तेनोत्पत्तिकालीनो घटः पृथिवी
गन्धप्रागभावादित्यादौ नातिप्रसङ्गः । नवा गुणो द्रव्यं सत्त्वादित्यादौ
विशिष्टस्यानतिरिक्ततया विशिष्टसत्ताभावप्रतियोगिनि सत्त्वेऽप्यतिव्याप्तिः त
थाप्युत्पत्तिकालीनत्वरूपपक्षतावच्छेदकविशिष्टे गन्धप्रागभावस्य वि
द्यमानत्वेन हेत्वभावासंभवात् सत्तात्वावच्छिन्नाभावस्य गुणेऽसत्त्वाच्च
यथोक्तौ न क्षतिः । पक्षइति । पक्षे पक्षतावच्छेदकस्याभाव इत्यर्थः ।
गगनीयत्वेति । गगनीयकमलाप्रसिद्धेरिति भावः । एतदुभयेति । स्वरूपा
सिद्ध्याश्रयासिद्धिभिन्नत्वविशिष्टासिद्धित्वं व्याप्यत्वासिद्धित्वमित्यर्थः । ए
तदुभयवारणायोभयभिन्नेति । घटादिवारणाय विशेष्यदलं । धूलीपटल
इति । पर्वतो वह्निमान् धूलीपटलादित्यादौ धूलीपटले वह्निव्याप्यस
त्त्वेन धूमादिनिष्ठवह्निव्याप्यभावकूटस्य सत्त्वादिति भावः । यथाश्रुते तु
धूमनिष्ठव्याप्यभावस्यालोकेऽपि सत्त्वात्तस्यापि व्याप्यत्वासिद्धिप्रसङ्गः सा
ध्यसाधनभेदेन व्याप्तेर्भिन्नत्वादिति । ननु पर्वतः काञ्चनमयवह्निमान्धू
मात् एवं पर्वतो वह्निमान् काञ्चनमयधूमात् इत्यादौ साध्ये साध्यताव
च्छेदकस्याभावः साध्याप्रसिद्धिः । एवं हेतौ हेतुतावच्छेदकस्याभावो हे
त्वप्रसिद्धिरित्येवं रूपयोः साध्याप्रसिद्धिहेत्वप्रसिद्ध्योरपि आश्रयासिद्धि
वदतिरिक्तत्वसम्भवेनासिद्धेस्त्रिविधत्वमनुपपन्नमत आह । साध्याप्रसिद्धि-

ध्याप्रसिद्धिर्हेत्वप्रसिद्धिर्वा पक्षे साध्यशून्यत्वं बाधः । यथा

रिति । वा शब्दो चार्थकः तथा च साध्याप्रसिद्धिर्हेत्वप्रसिद्धिरपि व्याप्यत्वा
सिद्धिरित्यर्थः । हेतुतावच्छेदकावच्छिन्ने साध्यतावच्छेदकावच्छिन्ननिरू-
पितनियतसामानाधिकरण्यमेव व्याप्तिः । साध्यतावच्छेदकहेतुतावच्छे
दकयोरप्रसिद्धौ तादृशव्याप्तेरसंभावितत्वेन तयोरपि व्याप्यत्वासिद्ध्य-
न्तर्गतत्वमेव आश्रयासिद्धेस्तु तथात्वासंभवात् अतिरिक्तत्वमेवेति ना
सिद्धेस्त्रैविध्यानुपपत्तिरिति भावः । अत्र पर्वतो वह्निमान्नीलधूमादित्या-
दौ नीलरूपविशेषणस्य सङ्कोचाविशेषणत्वेन नीलधूमत्वेन व्याप्यता
वच्छेदकं व्यभिचारावारकत्वात् व्याप्तिग्रहानौपयिकत्वाच्च किंतु धूमत्व-
मेव तथा स्वसमानाधिकरणव्याप्यतावच्छेदकधर्मान्तराऽघटितधर्मस्यैव व्या
प्यतावच्छेदकत्वनियमात् । धूमप्रागभावत्वसङ्ग्रहाय स्वसमानाधिकरणे-
ति स्वस्यापि स्वघटितत्वादन्तरेति । तदघटितत्वं च तदविषयक-
प्रतीतिविषयत्वमेव । तथा च नीलधूमत्वावच्छिन्ने व्याप्त्यभावाद्
व्याप्यत्वासिद्धावन्तर्भावः अतएव तदुद्भावने वादिनिग्रहोऽपि । ननु
व्यापके व्यर्थविशेषणं न दोषाय व्याप्ये तु दोष इति नियमे किंविनि
गमकमिति चेत्तदवेहि हेतुतावच्छेदकावच्छिन्नहेतुसमानाधिकरणाभा-
वप्रतियोगितावच्छेदकत्वत्वावच्छिन्नप्रतियोगिताकाऽभावविशिष्टसाध्यता-
वच्छेदकावच्छिन्नसाध्यसामानाधिकरण्यमेव व्याप्तिः । एवं च समनियत-
लघुधर्मेऽवच्छेदके संभवति गुरौ तदभावादिति न्यायेन स्वरूपसं
बन्धरूपावच्छेदकत्वस्य गुरुधर्मेऽनङ्गीकारात् नीलधूमत्वावच्छिन्नसमा-
नाधिकरणाभावप्रतियोगितावच्छेदकत्वत्वस्य धूमसमानाधिकरणाभाव
प्रतियोगितावच्छेदकत्वत्वापेक्षया गुरुत्वेन प्रतियोगितावच्छेदकत-
या तादृशाभावाप्रसिद्ध्या न तेन रूपेण व्याप्तिरिति । केचित्तु कम्बु-
ग्रीवादिमान्नास्तीति प्रतीतेरविशेषात् गुरुधर्मोऽपि प्रतियोगितावच्छेद-
कः । एवं स्वसमानाधिकरणतादृशधर्मान्तराघटितधर्मस्यैव व्याप्यताव-
च्छेदकत्वमिति नियमस्याप्रयोजकत्वात् नीलधूमत्वमपि व्याप्यतावच्छे-
दकमेव अतएव नीलधूमत्वादेर्धारणीयत्वन्त्विति दीधितिकारोऽप्याह । न
चैवं तदुद्भावने वादिनिग्रहानुपपत्तिः । मन्मते तेन रूपेण व्याप्यत्वासिद्ध्यैव
तन्निग्रहोपपत्तिरिति वाच्यम् । धूमादिति वक्तव्ये नीलधूमादित्युक्तिर-
नुचितेति अधिकोक्त्या वादिनिग्रहादित्याहुरिति कृतं पल्लवितेन ॥

जलादिपक्षे वह्न्यभावः । नचात्र धूमस्य हेतोरसिद्धिरेवास्ति स एव दोषोऽस्त्विति कृतं बाधेनेति वाच्यम् । असिद्धिर्हि परामर्श प्रतिबन्धकतया दोषः । तथाच यत्र भ्रमात्मकः परामर्शो जातः तत्र बाधे सति अनुमितेरनुत्पत्तेर्बाधस्यानुमितिप्रतिबन्धकतया दोषत्वात् । आद्यकालावच्छिन्नो घटो रूप-

---

बाधं लक्षयति । पक्ष इति । पक्षतावच्छेदकविशिष्टपक्षे साध्यतावच्छेदकावच्छिन्नप्रतियोगिताकसाध्याभाववत्त्वमित्यर्थः । तेन रूपकालावच्छिन्नघटो गन्धवान् पृथिवीत्वादित्यादौ आद्यक्षणावच्छेदेन घटे गन्धाभावसत्त्वेऽपि नातिव्याप्तिः । एवं महानसीयवह्न्यभावस्य पर्वते सत्त्वेऽपि न पर्वतो वह्निमान् धूमादित्यादेर्बाधितत्वापत्तिरिति । बाधे अपक्षवृत्तिहेतुरनैकान्तिकं चेति नियमाद्बाधस्य प्रतिबन्धकत्वे मानाभाव इत्याशङ्कते । नचेति । अत्रेति । ह्रदो वह्निमान् धूमादित्यादावित्यर्थः । असिद्धिरेव । स्वरूपासिद्धिरेव । कृतं । व्यर्थं । बाधेनेति । बाधस्य प्रतिबन्धकत्वेनेत्यर्थः । परामर्शो जातः । वह्निव्याप्यधूमवान् ह्रद इति परामर्शो जातः । बाधे सतीति । वह्न्यभाववान् ह्रद इति बाधे सतीत्यर्थः । तथाच तत्र परामर्शादयेनासिद्ध्यादेरदूषकतया बाधस्यैव दोषत्वमिति भावः । ननु वह्निव्याप्यवत्ताज्ञानकाले कथं वह्न्यभाववत्ताज्ञानं तदभावव्याप्यवत्ताज्ञानस्य प्रतिबन्धकस्य सत्त्वादिति चेन्न । अलौकिकतद्वत्ताज्ञानं प्रत्येव तदभावव्याप्यवत्ताज्ञानस्य विरोधितया आनुमानिकभिन्नेन्द्रियजन्यवह्निव्याप्यवत्ताज्ञानकाले प्रात्यक्षिकवह्न्यभाववत्ताज्ञानोदये बाधकाभावादिति भावः । असङ्कीर्णबाधस्थलमप्याह । आद्यकालावच्छिन्नेति । दोषान्तरेति । असिद्ध्यादिरूपदोषान्तरेत्यर्थः । दोषान्तराभावमेवोपपादयति । नहीति । व्याप्यसत्त्वे व्यभिचारित्वमेव पक्षावृत्तित्वे च स्वरूपासिद्धिरेव दोष इत्यतो व्याप्तिपक्षवृत्तित्वयोरुभयोरभावयोर्निराकरणं । यद्यपि धर्मितावच्छेदकसामानाधिकरण्येन तदभाववत्ताज्ञानस्य धर्मितावच्छेदकसामानाधिकरण्येन तत्प्रकारकबुद्धौ न प्रतिबन्धकत्वं । तथाप्यवच्छेदकावच्छेदेन तदभाववत्ताज्ञानस्य अवच्छेदकावच्छेदेन तद्वत्ताज्ञानविरोधितयैव तद्दोष्यं । ननु गन्धव्याप्यपृथिवीत्ववत्तापरामर्शात् आद्यमानघटो गन्धवानित्यनुमितिः पक्षतावच्छेदकसामानाधिकरण्यावगाहि-

वान् पृथिवीत्वादित्वयावच्छेदकालावच्छेदेन घटे रूपाभावरूप-
बाधस्थले दोषान्तराभावात् । नहि पृथिवीत्वेन रूपव्या-
प्तिः । पक्षावृत्तितावेति दिक् । ननु उपाधिरपि हेत्वाभा-
सान्तरमस्तीति कथमेत एवेति चेत् । व्यभिचाराद्यन्यतम
त्वं हेत्वाभासत्वं । नचोपाधिस्तदन्यतम इति तस्यानेवंभूत
त्वात् । अतएव सिद्धसाधनमपि न हेत्वाभासान्तरम् ॥ ननु
कोयमुपाधिः । अत्राचार्याः ॥ साध्यव्यापकत्वेसति साधना-
व्यापक उपाधिः । तद्व्यापकत्वं च तत्समानाधिकरणात्य

त्वात् प्रमैव । ननु पक्षतावच्छेदकावच्छेदेन यदनुमितिः । पक्षताव-
च्छेदकव्यापकत्वविशिष्टसम्बन्धघटितव्यापकतायाः गन्धे अग्रहात् व्या-
पकताघटकसम्बन्धेनैव व्यापकस्यानुमितिः तथाच सद्धेतोरस्य कथं बाधि
तत्वमत आह । दिगिति । अवच्छेदकावच्छेदेनानुमितौ पक्षतावच्छेद-
कव्यापकत्वविशिष्टसम्बन्धेन व्यापकत्वावगाहिपरामर्शस्य साध्यतावच्छे-
दकसम्बन्धघटितव्यापकत्वावगाह्यवच्छेदकावच्छेदेन हेतुमत्तावगाहि-
परामर्शयोरन्यतरस्य जनकत्वेन प्रकृते गन्धप्रागभावावच्छिन्नत्वविशि-
ष्टसमवायघटितगन्धनिष्ठव्यापकत्वावगाहिपरामर्शसत्त्वेपि गन्धप्रागभा-
वकालावच्छिन्नत्वविशिष्टसमवायसम्बन्धेन पृथिवीत्वरूपहेतुमत्तावगाहि-
परामर्शसत्त्वाद्गन्धप्रागभावकालावच्छेदेन घटे जायमाना गन्धानुमि-
तिर्भ्रम एवेति हेत्वाभासत्वमक्षतमेवेति भावः । ननु व्यभिचारज्ञान
स्यानुमितिकरणव्याप्तिज्ञानविघटकतया परंपरयाऽनुमितिप्रतिबन्धज्ञा-
नविषयतया यथा व्यभिचारादेर्हेत्वाभासत्वं तथोपाधेरपि स्यात् । उ-
पाधिज्ञानस्यापि व्यभिचारज्ञानद्वाराव्याप्तिज्ञानविघटकत्वेनानुमितिप्रति
बन्धकज्ञानविषयत्वात् । तथाच पञ्चैव हेत्वाभासा इत्यनुपपन्नमित्यभि-
प्रेत्याशङ्कते । नन्विति । एते एवेति । पञ्चैवेत्यर्थः । तदन्यतम इति । सव्य
भिचाराद्यन्यतमान्तर्गत इत्यर्थः । तस्य । उपाधेः । अनेवभूतत्वात् । अहेत्वा
भासत्वात् । अतएव । सव्यभिचाराद्यन्यतमान्तर्गतत्वाभावादेव । वस्तुतस्तु
सत्यप्युपाधिज्ञाने उपाधिना व्यभिचाराद्यनुमाने व्याप्तिज्ञानप्रतिब-
न्धकत्वाभावादनुमित्युत्पत्त्या अनुमितिकरणव्याप्तिज्ञानविघटकत्वाभावेन

परमुखनिरीक्षकतया न हेत्वाभासत्वम् । एवं सिद्धसाधनस्यापि पक्षता-
विघटकतया न तत्त्वमिति । वादिविजयरूपैककार्यकारित्वसङ्गत्या हेत्वा-
भासनिरूपणानन्तरमुपाधिनिरूपणमारभते । नन्विति । आचार्यैरिति उ-
पाधिपदं पङ्कजादिपदवद्योगरूढम् उपसमीपवर्तिनि स्वीयं धर्ममादधा-
तीत्युपाधिरिति योगात्स्वनिष्ठव्याप्तिरूपधर्मसङ्क्रामकत्वलब्धया साध्यव्या-
प्यत्वं न केवलसाधनव्याप्यतामात्रेण दूषकत्वमिति साध्यव्यापकत्वे रुचि-
रपि । तथाच साध्यसमव्याप्तत्वघटितमेवोपाधिलक्षणं । तत्तु न सम्यक् स-
मव्याप्तस्यैवोपाधित्वे विषमव्याप्तेऽपि व्यभिचारोन्नायकत्वसत्प्रतिपक्षोन्ना-
यकत्वादिरूपदूषकताबीजस्य सत्वेन तस्याप्युपाधित्वात्तत्राव्याप्त्यापत्ते-
रिति साध्यव्याप्यत्वांशमपहाय लघ्वर्थं साध्यव्यापकत्वमात्रघटितलक्षण-
माह । साध्यव्यापकत्वेसतीति । ननु साध्यव्यापकत्वं तद्वन्निष्ठात्यन्ता-
भावाप्रतियोगित्वं तत्प्रतियोगित्वं चाव्यापकत्वं । एवं च साध्यस-
मानाधिकरणात्यन्ताभावाप्रतियोगित्वे सति साधनसमानाधिकरणा-
त्यन्ताभावप्रतियोगित्वमिति स्यात् । तच्च द्रव्यं सत्वादित्यादौ संयोगा-
द्युपाधावव्याप्तं अतिव्याप्तं च द्रव्यं पृथिवीत्वादित्यादौ संयोगादौ उ-
भयत्र प्रतियोगिव्यधिकरणत्वनिवेशे चातिगौरवं । साध्यत्वसाधनत्वयो-
र्व्यापकत्वव्याप्यत्वरूपतया व्यभिचारिणि तदसम्भवश्च साध्यत्वप्रकारक-
ज्ञानविषयत्वसाधनत्वप्रकारकज्ञानविषयत्वादिमात्रयोर्निवेशे भ्रमात्मक-
ज्ञानविषयस्य प्रसिद्धिसम्भवेपि यत्र नतादृशो भ्रमः तत्रानुपपत्तिरनुग-
कत्वेत्यत आह । तद्व्यापकत्वं चेति । लाघवादभावागर्भव्यापकत्व-
माह । तदिति काश्चित् । तत्समानाधिकरणेति तद्धर्मावच्छि-
न्नसमानाधिकरणयावन्तो यद्धर्मावच्छिन्नसमानाधिकरणास्तद्धर्मवत्वं त-
द्धर्मावच्छिन्ने तद्धर्मावच्छिन्नव्यापकत्वम् । अत्र यावत्पदोपादाने च
वह्निमान्धूमादित्यादौ साधनाव्यापकस्य रासभादेः वह्निसमानाधिक-
रणमहानसत्वादिरूपयत्किञ्चित् धर्मनिष्ठसामानाधिकरण्यनिरूपकत्वेपि
न रासभादावतिव्याप्तिः । यावत्वस्य व्यापकत्वादन्यस्य च दुर्वचत्वा
तत्समानाधिकरणत्वव्यापकसामानाधिकरण्यनिरूपकत्वमर्थः पर्यवस्य-
ति । तद्व्यापकत्वं च तत्समानाधिकरणतत्समानाधिकरणाभावाप्रति-
योगि सामानाधिकरण्यनिरूपकत्वं । सर्वस्यापि हेत्वादिना तादृशाभाव
प्रतियोगित्वात् असम्भवः तद्वन्निष्ठाभावप्रतियोगितानवच्छेदकधर्मव-
त्वं तदर्थो वाच्यः । तथाच तादृशप्रतियोगितानवच्छेदकप्रमेयत्वमादाया-

तिप्रसङ्गवारणाय यद्धर्मावच्छिन्नसमानाधिकरणत्वं तद्धर्मावच्छिन्नसमानाधिकरणत्ववन्निष्ठाभावप्रतियोगितानवच्छेदकं तद्वत्त्वमेव तद्धर्मावच्छिन्ने तद्धर्मावच्छिन्नव्यापकत्वं एवमव्यापकत्वं तत्समानाधिकरणत्ववन्निष्ठाभावप्रतियोगितावच्छेदकसामानाधिकरण्यत्ववत्त्वं वो यं तद्धर्मावच्छिन्न समानाधिकरणधर्मनिष्ठाभावप्रतियोगितानवच्छेदकसामानाधिकरण्यत्वावच्छिन्नसामानाधिकरण्यनिरूपकतावच्छेदकत्वे सति यद्धर्मावच्छिन्नसमानाधिकरणधर्मनिष्ठाभावप्रतियोगितावच्छेदकसामानाधिकरण्यत्वावच्छिन्नसामानाधिकरण्यनिरूपकतावच्छेदकं यद्रूपं तद्धर्मावच्छिन्न साध्यसमानाधिकरणतद्धर्मावच्छिन्नहेतावुपाधिः। गुणकर्मान्यत्वविशिष्टसत्तावान्जातेरित्यत्र विशिष्टसत्तायाः सत्तानतिरिक्ततया सत्ताव्यापकतया साध्य व्यापकत्वप्रसङ्गेन द्रव्य गुणकर्मान्यत्वविशिष्टसत्त्वादित्यादौ सत्वाद्यव्यापकतया साधनाव्यापकत्वप्रसङ्गेन च संयोगादावव्याप्त्यतिव्याप्त्योर्वारणाय लक्षणे तत्धर्मावच्छिन्नत्वयत्धर्मावच्छिन्नत्वयोर्निवेशः। रूढ्ये लक्षणं सङ्गमयति। यथेति। तत्। आर्द्रेन्धनं तत्समानाधिकरणत्वात्। आर्द्रेन्धनसमानाधिकरणत्वात्। धूमसमानाधिकरणमहानसत्वादिनिष्ठाभावप्रतियोगिसामानाधिकरण्यनिरूपकत्वेन धूमव्यापकत्वमवगन्तमितिभावः। अयः पिण्ड इति। वह्निसमानाधिकरणायः पिण्डत्वनिष्ठाभावप्रतियोगिसामानाधिकरण्यनिरूपकत्वेन वन्ह्यव्यापकत्वादिति भावः। सहेतौ तु। वह्निमान्धूमादित्यादौ तु। नैवं। वह्निव्यापको धूमाव्यापकः कश्चिदित्यर्थः। ननु पक्षेतरातिरिक्ते साध्यव्यापकताग्रहादुपाधेर्दूषकत्वं। तच्च महानसाद्यन्तर्भावेण वह्निव्यापकस्य पर्वते च धूमाव्यापकस्य पक्षेतरत्वस्यैवोपाधेः सम्भवात्कथं नतत्रोपाधिरित्यत आह। तद्धेतोरिति। हेतोः। धूमस्य। साध्यव्याप्यत्वात्। वह्निव्याप्यत्वात्। ननु ततः किमित्यत आह। साध्यव्याप्याव्यापकस्येति। तथाच पक्षेतरत्वं वन्ह्यव्यापकं वह्निव्याप्यधूमाव्यापकत्वादित्यनेन साध्याव्यापकत्वान्न पक्षे तरत्वमुपाधिः। नच धूमो वन्ह्यव्याप्यवह्निव्यापकपक्षेतरत्वाव्यापकत्वादित्यनुमानेन धूमे एव वन्ह्यव्याप्यत्वं सिध्यतां व्याप्तिग्राहकस्योभयत्रापि सत्वादिति वाच्यम् धूमत्वावच्छिन्नं प्रति वह्नित्वेन हेतुतया कार्यकारणभावरूपानुकूलतर्कसत्वादेव धूमे वह्निव्याप्यत्वसिध्या तदव्यापकत्वेन पक्षेतरत्वे वन्ह्यव्यापकत्वनिश्चयादिति भावः। इद-

वन्तीयत्समानाधिकरणा स्तत्वं । यथा धूमवान्वह्नेरित्यत्रा-
र्द्रेन्धनं हि भवति तत्साध्यव्यापकं । धूमसमानाधिकरण-
स्य यावतस्तत्समानाधिकरणत्वात् भवति च साधना-
व्यापकं । वह्निमत्ययःपिण्डे तदसत्वात् । सद्धेतौ तु नैवं ।
तत्र हेतोः साध्यव्याप्यत्वात् । साध्यव्याप्यव्यापकस्य च सा-
ध्यव्यापकत्वात् ॥ अत्र वदन्ति । इदं साधनावच्छिन्नसाध्य-
व्यापकेऽव्याप्तं । यथा काकः श्यामो मित्रातनयत्वादित्यत्र
शाकपाकजत्व मुपाधिः नहि तच्छ्यामत्वव्यापकं श्यामत्व-
वति घटे असत्वात् किंतु मित्रातनयत्वावच्छिन्नश्याम-
त्वव्यापकं यत्र यत्र मित्रातनयत्वावच्छिन्नश्यामत्वं तत्र त-
त्र शाकपाकजत्वस्य सत्त्वात् । अथ साधनावच्छिन्नसाध्य-
व्यापकत्वे सति साधनाव्यापकत्वमुपाधिरिति चेन्न । वायुः
प्रत्यक्षः प्रमेयत्वादित्यादौ पक्षधर्मबहिर्द्रव्यत्वावच्छिन्न-

---

मुक्तोपाधिलक्षणं । यथा काक इति । मित्रातनयस्य पक्षत्वे साध-
नावच्छिन्नसाध्यव्यापकपक्षधर्मावच्छिन्नसाध्यव्यापकयोरैक्यप्रसङ्गेन लक्ष्यमा-
णादोषाऽसङ्गतेरत स्तयोरभङ्गप्रदर्शनाय शाकपर्यन्तानुधावनं । तत् ।
शाकपाकजत्वम् । श्यामत्वेति । शुद्धश्यामत्वव्यापकमित्यर्थः । किन्त्वि-
ति । साधनीभूतमित्रातनयत्वावच्छिन्नश्यामत्वव्यापकमित्यर्थः । विव-
क्षितमिति । मित्रातनयत्वरूपसाधनावच्छिन्नश्यामत्वव्यापकत्वाद्गौ-
रमित्रातनये अवृत्तित्वेन च मित्रातनयत्वरूपसाधनाव्यापकत्वाच्च शा-
कपाकजत्वे लक्षणसमन्वयः । शुद्धसाध्यव्यापके चार्द्रेन्धनादौ शुद्धसाध्य-
व्यापकत्वादेव सुतरां साधनावच्छिन्नसाध्यव्यापकत्वमिति भावः । वा-
युरिति । वायुः प्रत्यक्षः प्रत्यक्षस्पर्शाश्रयत्वादिति कृते प्रत्यक्षस्पर्शाश्रयत्व-
रूपसाधनावच्छिन्नप्रत्यक्षत्वव्यापकतयाऽव्याप्त्यसङ्गतेरतः प्रमेयत्वपर्यन्ता-
नुधावनं । तत् । रूपवत्वं । ननु शुद्धसाध्यव्यापकसाधनावच्छिन्नसाध्यव्यापको-
भयबहिर्भूतस्य नोपाधित्वमित्यत आह । किंत्विति । तथा च साधना-

साध्यव्यापके उद्भूतरूपवत्त्वादौ उपाधावव्याप्तेः । नहि प्रमेयत्वरूपसाधनावच्छिन्नसाध्यव्यापकं तदात्मादावसत्त्वात् । किन्तु बहिर्द्रव्यत्वावच्छिन्नप्रत्यक्षत्वस्य व्यापकं । यावति तद्वति घटादौ रूपसत्त्वात् । अथ पक्षधर्मावच्छिन्नसाध्यव्यापकत्वे सति साधनाव्यापकत्वमुपाधित्वं विवक्षितमिति चेन्न । यथोक्तस्थले शाकपाकजत्वे अव्याप्तेः । नहि तत्पक्षधर्मावच्छिन्नश्यामत्वव्यापकं तत् तथाविधश्यामत्ववति पक्षे असत्त्वात् । अथ यत्किञ्चिद्धर्मावच्छिन्नसाध्यव्यापकत्वं विवक्षितं । स च धर्मः क्वचित्साधनं क्वचित्पक्षधर्म इति चेन्न पर्वतो वह्निमान् धूमादित्यत्र महानसत्वाभावस्योपाधितापत्तेः । भवति हि महानसान्यरूपयत्किञ्चिद्धर्मावच्छिन्नवह्निव्यापको महानसत्वाभावः यावत्तादृशवह्निमति सत्त्वात् । नच धूमव्यापको धू-

---

च्छिन्नसाध्याव्यापकस्यैव पक्षधर्मावच्छिन्नसाध्यव्यापकस्यापि व्यभिचारोन्नायकत्वादिरूपदूषकताबीजसाम्येनोपाधितया तत्राव्याप्तिरिति भावः । तद्वतीति । बहिर्द्रव्यत्वावच्छिन्नप्रत्यक्षत्ववतीत्यर्थः । बहिष्ट्वं चात्मान्यत्वं मनोविषयान्यत्वं वा तदवच्छिन्नप्रत्यक्षत्वं रूपादावपि तत्र च न रूपसत्त्वमिति द्रव्यत्वनिवेशः । द्रव्यत्वावच्छिन्नप्रत्यक्षत्वमात्मादावपीति बहिष्ट्वनिवेशः । यथोक्तस्थले । काकः श्यामो मित्रातनयत्वादित्यादौ । तथाविधेति । पक्षधर्मबहिर्द्रव्यत्वावच्छिन्ने इत्यर्थः । पक्षे । काकादौ । असत्त्वादिति । इदमुपलक्षणं प्रागभावो विनाशी प्रमेयत्वादित्यादौ जन्यत्वावच्छिन्नविनाशित्वव्यापके भावत्वोपाधौ उदासीनधर्मावच्छिन्नसाध्यव्यापके अव्याप्तिरित्यपि द्रष्टव्या । ननु साधनपक्षधर्मयोर्न तत्त्वेन निवेशः किंतु यत्किञ्चिद्धर्मत्वेनेति नोक्ताव्याप्तिरित्याशङ्कते । अथेति । क्वचित् काकः श्यामो मित्रातनयत्वादित्यादौ । क्वचित् वायुः प्रत्यक्षः प्रमेयत्वादित्यादौ । धूमवान्वह्नेरित्यत्र शुद्धसाध्यव्यापके आर्द्रेन्धनादौ च पक्षधर्मद्रव्यत्वादिकमाद

भवति महानसेऽसत्त्वात् । अत्रोच्यते । स्वानधिकरणसा-
धनाधिकरणवृत्तिधर्मावच्छिन्नसाध्यव्यापकत्वमुपाधित्वं ।
यद्वा स्वावच्छिन्नानधिकरणसाधनाधिकरणवृत्तिधर्मावच्छि-
न्नसाध्यव्यापकतावच्छेदकधर्मवत्त्वं तत् तच्च स्वावच्छिन्ना-

य सङ्गतिः । उपाधितापत्तेरिति । तथा च सदनुमानमात्रोच्छेदप्रसङ्ग इति भावः । साध्यवह्निमति । महानसान्यत्वावच्छिन्नवह्निमति पर्वतादौ । असत्त्वादिति । महानसत्वाभावस्येत्यर्थः । स्वानधिकरणेति । स्वमुपाधित्वेनाभिमतं धूमवान्वह्नेरित्यादौ च स्वमार्द्रेन्धनं तदनधिकरणं यद्वह्न्यधिकरणमयोगोलकं तद्वृत्तिद्रव्यत्वरूपधर्मावच्छिन्नधूमव्यापकत्वादार्द्रेन्धने लक्षणसमन्वयः एवं स श्यामो मित्रातनयत्वादित्यादौ स्वं शाकपाकजत्वं तदनधिकरणं यन्मित्रातनयत्वाधिकरणं गौरमित्रातनयः तद्वृत्तिमित्रातनयत्वरूपधर्मावच्छिन्नश्यामत्वव्यापकत्वात् शाकपाकजत्वमुपाधिः । वायुः प्रत्यक्षः प्रत्यक्षस्पर्शाश्रयत्वादित्यादौ चोद्भूतरूपवत्त्वं तदनधिकरणं यत्प्रत्यक्षस्पर्शाश्रयत्वाधिकरणं वायुः तद्वृत्तिबहिर्द्रव्यत्वरूपधर्मावच्छिन्नप्रत्यक्षत्वव्यापकत्वादुद्भूतरूपवत्त्वे लक्षणसमन्वयः । वह्निमान्धूमादित्यादौ तु महानसत्वाभावो नोपाधिः तत्र हि स्वं महानसत्वाभावः तदनधिकरणं धूमाधिकरणं महानसमेव तद्वृत्तिद्रव्यत्वरूपधर्मावच्छिन्नवह्निमति महानस एव तस्यासत्त्वान्नातिव्याप्तिरिति ध्येयम् । ननु द्रव्यं सत्त्वादित्यादौ गुणकर्मान्यत्वविशिष्टसत्त्वेऽव्याप्तिः विशिष्टसत्तायाः सत्तानतिरेकतया सत्त्वानधिकरणसाधनाधिकरणाप्रसिद्धेः । एवं धूमवान्वह्नेरित्यादौ आर्द्रेन्धनादौ द्रव्यत्वेनोपाधितापत्तेश्चेत्यत आह । यद्वेति । स्वपदमुपाधितावच्छेदकत्वेनाभिमतपरं । इत्थं च विशिष्टस्यानतिरिक्तत्वेऽपि विशिष्टनिरूपिताधिकरणताया अतिरिक्तत्वात् गुणकर्मान्यत्वविशिष्टसत्तात्वावच्छिन्नानधिकरणं सत्त्वाधिकरणं गुणाद्येव प्रसिद्धं । तद्वृत्तिसत्त्वादिरूपधर्मावच्छिन्नद्रव्यत्वादिव्यापकत्वाद् गुणकर्मान्यत्वविशिष्टसत्त्वे लक्षणसमन्वयः धूमवान्वह्नेरित्यादौ स्वपदेन द्रव्यत्वं नोपादातुं शक्यते तत्र द्रव्यत्वावच्छिन्नानधिकरणवह्न्यधिकरणाप्रसिद्धेः किं त्वार्द्रेन्धनत्वाद्येव तथा चार्द्रेन्धन

नधिकरणहेतुमन्निष्ठयत्किञ्चिद्धर्मावच्छिन्नसाध्यसमानाधि-
धिकरणवृत्तियावद्धर्मावच्छिन्नसमानाधिकरणास्तद्वत्त्वं । भ-
वति हि आर्द्रेन्धनत्वावच्छिन्नानधिकरणवह्निमदयःपि-
ण्डनिष्ठद्रव्यत्वावच्छिन्नधूमाधिकरणवृत्तियावद्धर्मा आर्द्रेन्ध-
नत्वावच्छिन्नसमानाधिकरणा अतस्तद्वदार्द्रेन्धनमुपाधिः ।
एवं रूपत्वावच्छिन्नानधिकरणप्रत्यक्षस्पर्शाश्रयत्ववन्निष्ठबहि-
र्द्रव्यत्वावच्छिन्नप्रत्यक्षत्वाधिकरणं यत्तन्निष्ठा यावन्तो ध-
र्माः रूपत्वावच्छिन्नसमानाधिकरणा अतो रूपमुपाधिः ।
एवं शाकपाकजत्वत्वावच्छिन्नानधिकरणं यन्मित्रातनय-
त्ववन्निष्ठमित्रातनयत्वावच्छिन्नश्यामत्वाधिकरणं यत्तन्नि-
ष्ठा यावन्तो धर्माः शाकपाकजत्वत्वावच्छिन्नसमानाधि-
करणा अतस्तद्वच्छाकपाकजत्वमुपाधिः । नन्वेवं सद्धेतोः
सम्भवति नहि महानसत्वाभावानधिकरणं यद्धेत्वधिक-

त्वेनैवोपाधित्वं नतु द्रव्यत्वेनेति नोक्तदोष इति भावः । व्यापकत्वस्या-
भावादिघटितत्वेन गुरुत्वात् लघुतदाह । तद्वेति । तादृशसाध्यव्यापकत्वं
चेत्यर्थः । धूमवान्वह्नेः वायुः प्रत्यक्षः प्रत्यक्षस्पर्शाश्रयत्वात् सश्यामो मि-
त्रातनयत्वादित्यादौ आर्द्रेन्धनोद्भूतरूपशाकपाकजत्वादिषु यथाक्रमं लक्ष-
णं सङ्गमयति । भवति हीत्यादिना । वह्निमान्धूमादित्यत्र महानसत्वाभावेऽ-
तिव्याप्तिं वारयति । नन्वेवमिति । सद्धेतोः एवं नच संभवतीत्यन्वयः ।
सद्धेतोः । धूमादेः । एवमुक्तधर्माक्रान्तः कश्चिदप्युपाधिर्न संभवतीत्यर्थः ।
तदेवाह । नहीति । वह्निमान्धूमादित्यादौ पर्वतेतरत्वानधिकरणधूमवत्पर्व-
तादिनिष्ठद्रव्यत्वादिरूपधर्मावच्छिन्नवह्निसमानाधिकरणाः पर्वतत्वादयो-
पि तेन पर्वतेतरत्वावच्छिन्नसमानाधिकरणा इति न पर्वतेतरत्वे अ-
तिव्याप्तिरित्याह । अतएवेति । तादृशधर्मावच्छिन्नसाध्यव्यापकत्वाभावा-
देवेत्यर्थः । तदेवाह । पक्षेति । धर्मं । पर्वतत्वादौ । तत्सामानाधिकरण्या-

रणां महानसस्तन्निष्ठयत्किञ्चिद्धर्मावच्छिन्नसाध्यसमानाधिकरणाः वह्न्यधिकरणयावन्तो धर्मा महानसत्वाभावत्वावच्छिन्नसमानाधिकरणाः महानसत्वएवाभावात् अतएव सद्धेतौ पक्षेतरत्वं नोपाधिः पक्षमात्रवृत्तिधर्मे तत्सामानाधिकरण्याभावात् इति सङ्क्षेपः ॥

तच्चानुमानं परार्थं न्यायपूर्वकं । न्यायश्च क्रमिकप्रतिज्ञादिपञ्चकसमुदायः । यथा पर्वतो वह्निमान् धूमात् योयो धू-

---

भावात् । पर्वतेतरत्वसामानाधिकरण्याभावात् । वह्निरनुष्णः कृतकत्वादित्यादौ पक्षे बाधेन साध्यव्यापकतया अमिते वह्नितरत्वादौ बाधोन्नीतत्वात् सङ्ग्राह्यत्वमेवेति हृदयम् । उपाधेर्दूषकताबीजं व्यभिचारोन्नायकत्वं सत्प्रतिपक्षोन्नायकत्वं वा । तथाहि धूमवान्वह्नेरित्यत्र वह्निर्धूमव्यभिचारी धूमव्यापकार्द्रेन्धनव्यभिचारित्वात् व्यापकव्यभिचारित्वे व्याप्यव्यभिचारित्वस्यावश्यकत्वात् । एवं वह्निमदयोगोलकं धूमाभाववत् आर्द्रेन्धनाभावात् व्यापकाभावे व्याप्याभावस्यावश्यं भावादिति । व्यभिचारोन्नायकत्वेन सत्प्रतिपक्षोन्नायकत्वेन वा आर्द्रेन्धनस्योपाधित्वात् । न च यथा हेतोः साध्यव्यापकत्वोपाधिव्यभिचारेण साध्यव्यभिचारः साधनीयः तथा साध्यव्याप्यहेतुव्यापकतयोपाधेः साध्यव्यापकत्वरूपि सेत्स्यति विनिगमनाविरहात् व्याप्तिग्राहकस्य चोभयत्रापि सत्वादिति वाच्यम् । अनुकूलतर्कादिनोपाधेः साध्यव्यापकतया निश्चय एवोपाधेर्दूषकताबीजचिन्तनमित्यभिसन्धायाह । संक्षेप इति । स्वार्थपरार्थभेदेनानुमानं द्विधा । यत्र स्वयं धूमादग्निमनुमाय वह्न्यर्थं प्रवर्तते तत् स्वार्थानुमानं यत्र स्वयं वह्निमनुमाय वह्न्यर्थिपरप्रतिपत्त्यर्थं वाक्यं प्रयुङ्क्ते तत्परार्थानुमानं । तत्र स्वार्थानुमानं सुगमत्वादुपेक्ष्य परार्थानुमानप्रकारमेवाह । तच्चानुमानमिति । ननु पक्षधर्मत्वं सपक्षे सत्वं विपक्षाद्व्यावृत्तिः अबाधितविषयत्वं असत्प्रतिपक्षत्वं चेत्यादिपञ्चरूपोपपन्नलिङ्गप्रतिपादकवाक्यस्य न न्यायत्वं पञ्चरूपोपपन्नो धूम इति वाक्येऽतिव्याप्तेरतो न्यायत्वं निर्वक्ति । न्यायश्चेति । धूमात्पर्वतो वह्निमानित्यादिव्युत्क्रमोक्तप्रतिज्ञादिसमुदायेऽतिव्याप्तिवारणाय । क्रमि-

मवान् सोऽग्निमान् । वह्निव्याप्यधूमवानयम् । तस्माद्वह्नि-
मानिति । तत्र एतन्न्यायघटकपर्वतो वह्निमानिति शब्दवृ-
त्त्यवयवविभाजकोपाधिमत्त्वं प्रतिज्ञात्वम् । एतद्धूमादि-
ति शब्दवृत्तितादृशोपाधिमत्त्वं हेतुत्वम् । एतद्यो यो धूम-
वान् सोऽग्निमानिति शब्दवृत्तितादृशोपाधिमत्त्वमुदाहर-
णत्वम् । एतद्वह्निव्याप्यधूमवानयमिति शब्दवृत्तितादृशोपाधि

केति । अवयवसंप्रदायाविच्छेदेत्यर्थः । न्यायत्वं च तत्र पर्याप्तमिति पञ्चावयव-
समुदाय इति । तेन पञ्चावयवेनैव समुदायत्वात् अतः समुदाय इत्यने-
नेति दूषणमनवकाशं । तथा च अयं तस्मात्तथेत्युपनयनिगमने प्राचां नव्या-
नां मते मतमाह । वह्निव्याप्येत्यादि । प्रतिज्ञात्वघटकज्ञाने तद्घटितन्यायत्वाज्ञा-
नात् परार्थानुमानासंभव इति प्रतिज्ञात्वादिलक्षयति । तत्रेति । तेषु
प्रतिज्ञादिषु मध्ये इत्यर्थः । तत्र सप्तम्यर्थ इति कश्चित् । पर्वतो वह्नि-
मानित्युदासीनवाक्येऽतिव्याप्तिवारणाय न्यायघटकेति । पर्वतो वह्निमा-
नालोकादिति न्यायान्तरघटकप्रतिज्ञायाः पर्वतो वह्निमान्धूमादिति न्या-
यघटकप्रतिज्ञात्वापत्तिवारणायैतन्न्यायेति । अवयवेति । अवयवविभाजकाः
पञ्चोपाधयः प्रतिज्ञात्वहेतुत्वोदाहरणत्वोपनयत्वनिगमनत्वभेदात् तच्च
यथायोगं लक्षणान्यवसेयानि । "पक्षे साध्यनिर्देशः प्रतिज्ञेति सूत्रं" पक्षवि-
शेष्यकसाध्यप्रकारकज्ञानजनकवाक्यं प्रतिज्ञेत्यर्थः । तच्च पर्वतो वह्निमा-
नित्युदासीनवाक्येऽतिप्रसक्तमिति तत्रोट्टङ्कितम् । एतद्धूमादिति । अस्यो-
दासीनवाक्येऽतिव्याप्तिवारणाय न्यायघटकेति । पर्वतो द्रव्यं धूमादिति
हेत्ववयवे पर्वतो वह्निमान्धूमादिति हेत्ववयवत्ववारणाय एतन्न्यायघटकेति
यच्चायं तस्याभावोऽस्मिन्नेतदिति । एतन्न्यायघटकीयो धूमादिति शब्दः
तद्वृत्तीत्यर्थः । एवमग्रेऽपि । तादृशेति । अवयवविभाजकेत्यर्थः । प्रतिज्ञा-
दिलक्षणघटकीभूतमवयवत्वं निर्वक्ति । अवयवत्वं चेति । अत्रैव प्राची-
नमतसंवादमाह । उक्तं चेति । ननु प्रतिज्ञाद्यन्यतमत्वं प्रतिज्ञाभिन्नत्वे स-
ति हेत्वादिभिन्नं यत्तद्भिन्नत्वं तच्च प्रतिज्ञात्वं पर्वतो वह्निमानिति
भागयोः प्रत्येकं पर्याप्तं कथामव्यवहृत्तिं वा । अथ प्रतिज्ञात्वावच्छिन्नप्र-
तियोगिताकभेदवत्तद्घटकत्वे असत्त्वेन तत्प्रतिज्ञैकदेशे अतिव्याप्तिः हेतो-

सत्त्वं उपनयत्वम् । एतस्माद्वह्निमानिति शाब्दहेतुकताहशो-
पाधित्वं निगमनत्वम् अवयवत्वं च प्रतिज्ञाद्यन्यतमत्वं ।
उक्तं च अवयवाः पञ्च प्रतिज्ञादिभेदादिति ॥

ये प्रतिज्ञात्वावच्छिन्नप्रतियोगिताकभेदस्य प्रत्येकं पर्वतो वह्निमानिति भागयोः सत्वेन प्रतिज्ञादिभिन्नताहृगभागद्वयभेदस्य च प्रतिज्ञायामसंभव इति चेन्न । प्रतिज्ञात्वाद्यवच्छिन्नप्रतियोगिताकभेदाधिकरणतावच्छेदकं यत्तदवच्छिन्नप्रतियोगिताकभेदाधिकरणतावच्छेदकं यत्तदवच्छिन्नत्वस्य विवक्षितत्वात् । प्रतिज्ञात्वस्य व्यासज्यवृत्तित्वोपगमेन प्रतिज्ञैकदेशे प्रतिज्ञात्वावच्छिन्नप्रतियोगिताकभेदसत्वात् प्रतिज्ञात्वावच्छिन्नप्रतियोगिताकभेदाधिकरणतावच्छेदकं पर्वत इति भागत्वं तदवच्छिन्नप्रतियोगिताकभेदाधिकरणतावच्छेदकं च प्रतिज्ञात्वं प्रतिज्ञा न प्रतिज्ञैकदेश इति प्रतीतेः । व्यासज्यवृत्त्यधिकरणताकभेदाभ्युपगमात् । प्रतिज्ञाहेतुसमुदायो न प्रतिज्ञेति प्रतीतेः प्रतिज्ञाहेतुसमुदाये प्रतिज्ञाभेदसत्वात् न प्रतिज्ञाहेतुसमुदायेप्यतिव्याप्तिः । व्यासज्यवृत्त्यधिकरणताकभेदानङ्गीकारे तु प्रतिज्ञात्वाद्यवच्छिन्नभेदपञ्चकाधिकरणतानवच्छेदकत्वे सति प्रतिज्ञात्वाद्यवच्छिन्नाधिकरणताकभेदप्रतियोगितावच्छेदकं यत्तदवच्छिन्नभेदाधिकरणतावच्छेदकं यत्तदवच्छिन्नत्वमर्थोऽवसेयः प्रतिज्ञैकदेशेऽतिव्याप्तिवारणाय सत्यन्तनिवेशः । पर्वतो वह्निमानिति भागयोः प्रत्येकं प्रतिज्ञाभेदसत्वेन ताहृगभागत्वस्य प्रतिज्ञात्वाद्यवच्छिन्नप्रतियोगिताकभेदाधिकरणतावच्छेदकत्वात् व्यासज्यवृत्त्यधिकरणताकभेदानभ्युपगमात् प्रतिज्ञाहेतुसमुदाये प्रतिज्ञादिभेदासत्वेन प्रतिज्ञाहेतुसमुदायेऽतिव्याप्तिवारणाय विशेष्यदलनिवेशः । तत्र प्रतिज्ञायां प्रतिज्ञाहेतुसमुदायभेदसत्वेन ताहृशप्रतियोगितावच्छेदकं ताहृशसमुदायत्वं तदवच्छिन्नभेदस्य च ताहृशसमुदाये असत्वेनाऽतिव्याप्तिविरहादिति । प्रतिज्ञादीनां न्यायघटकत्वघटितत्वाच्च नादासीनवाक्येऽतिव्याप्तिरिति ध्येयम् । अत्र च प्रतिज्ञादिवाक्यैः खण्डवाक्यार्थबोधः ततो वाक्यैकवाक्यतया न्यायरूपमहावाक्यार्थबोधः अवान्तरवाक्यार्थज्ञानस्य महावाक्यार्थबोधे हेतुत्वात् । तथाहि वह्निसंबन्ध्यभिन्नः पर्वतः धूमीयज्ञानेऽव्याप्यत्वं वीप्सायास्तात्पर्यग्राहकतया वह्निपदस्य धूमव्यापकवह्नौ लक्षणया धूमसम्बन्ध्यभिन्न धूमव्यापकवह्निसंबन्ध्यभिन्न इति उदाहरणार्थबोधः

इति श्रीभट्टाचार्यचूडामणिविरचितायां न्यायसिद्धान्तमञ्जर्यामनुमानपरिच्छेदः॥

वह्निव्याप्यधूमसम्बन्ध्यभिन्नः पर्वतो वह्निव्याप्यपक्षवृत्तिधूमज्ञानज्ञाप्यवह्निसंबन्ध्यभिन्न इति प्रत्येकं बोधः ततश्च धूमज्ञानज्ञाप्यवह्निसंबन्ध्यभिन्नपर्वताभिन्नधूमव्यापकवह्निसंबन्ध्यभिन्नधूमसंबन्ध्यभिन्नवह्निव्याप्यधूमसंबन्ध्यभिन्नः पर्वतो वह्निव्याप्यपक्षवृत्तिधूमज्ञानज्ञाप्यवह्निसंबन्ध्यभिन्न इति वाक्यैकवाक्यतया न्यायार्थबोधः ततो न्यायार्थज्ञानसहकृतेन मनसा धूमवान्वह्निमानिति धूमविशिष्टे वह्निवैशिष्ट्यमिति न्यायेन मानसं ज्ञानं जन्यते तेन च परामर्श उत्पाद्यते ततः परस्यानुमितिः। नच न्यायार्थज्ञानेनाहत्यैव परामर्श उत्पाद्यतां ज्ञानमन्तराविशिष्टवैशिष्ट्यज्ञानजननेनेति वाच्यं। तस्य वादिवाक्यजन्यत्वेनाऽनाप्तोक्तत्वादप्रामाण्यशङ्काकलङ्कितत्वेनानुमित्युपधायकपरामर्शानुत्पादकत्वात् अन्यथा आप्तवाक्यादिवन्यायजन्यज्ञानादेवानुमितिस्वीकारापत्तेः तथाच न्यायजन्यज्ञानेन तत्तत्पदार्थोपस्थापने सति धूमविशिष्टे वह्निवैशिष्ट्यमिति मनसा परिच्छेदानन्तरं परामर्शोत्पाद इत्यङ्गीकरणीयम्। अतएव "चिन्तामणिकारेणानुमितिचरमकारणलिङ्गपरामर्शप्रयोजकशाब्दज्ञानजनकवाक्यत्वं न्यायत्वं। साङ्गशाब्दज्ञानजनकवाक्यत्वमवयवत्वमिति" तु लक्षणमुपन्यस्तं। यद्यपि विप्रतिपत्तेः पक्षपरिग्रहे हेत्वभिधानस्याकाङ्क्षितत्वेन प्रथमं हेत्वभिधानमेवोचितमिति प्रतिज्ञा न न्यायाङ्गं। तथापि समयबन्धादिना विप्रतिपत्तेरन्तरितत्वेन हेतुवाक्यस्य निष्प्रतियोगिकान्वयबोधासमर्थत्वात् प्रतिज्ञान्यायाङ्गं। पर्वतो वह्निमान्कुत इत्याकाङ्क्षायां प्रतिज्ञानन्तरं हेतूपन्यासः अत्र च पर्वतो वह्निमानिति प्रतिज्ञाया ज्ञानविषयवक्तौ लक्षणा धूमादित्यत्र हेतुत्वं पञ्चम्यर्थः तस्य च निरूपकतया प्रतिज्ञैकदेशार्थे ज्ञाने अन्वयः। ज्ञायमानलिङ्गस्यानुमानत्वनये धूमपदं यथाश्रुतमेव लिङ्गज्ञानस्यानुमानत्वनये तु धूमपदस्य धूमज्ञानमर्थः एवं च धूमज्ञानजन्यज्ञानविषयवन्हिमानिति वाक्यैकवाक्यतया प्रतिज्ञाहेतुभ्यामन्वयबोध इत्यपि कश्चित्। केचित्तु प्रतिज्ञायां ज्ञाने न लक्षणा प्रथममनाकाङ्क्षितत्वात् किंतु धूमपदस्य धूमज्ञाने पञ्चम्याश्च ज्ञाप्यत्वे लक्षणा। सुब्विभक्तावपि लक्षणास्वीकारादित्याहुः। एतन्मते। सर्वलाक्षणिकस्थले अन्वयबोधानङ्गीकारेण सिद्धान्तविरोधः। वस्तुतस्तु पञ्चम्याः ज्ञानज्ञाप्यत्वमर्थः धूमस्य च ज्ञाने अन्वयः ससंबन्धिकस्थले एकदेशेऽप्यन्वयस्वीकारादित्यसमप्रकृतविचारेण कथमस्य

गमकत्वं व्याप्त्या पक्षधर्मतया चेति तत्र व्याप्तिप्रदर्शनायोदाहरणप्रयोगः। तत्र प्रथमयत्पदेन यद्बोध्यते द्वितीययत्पदेन तदन्यद्बोध्यते एवंच धूमवन्महानसं वह्निमत् धूमवन्महानसान्यच्च धूमवह्निमदिति बोधे यावत्साधनाश्रयाश्रितसाध्यसंबन्धरूपाव्याप्तिः उदाहरणेन प्रदर्श्यते । तत्रा च यत्पद एव वीप्सा न तु तत्पदेपि विरूपोमस्कृतयोरपि एकेन तत्पदेन परामर्शासंभवात् सर्वनाम्नां बुद्धिस्थवाचकत्वादिति । अतएव "यद्य पापं प्रतिजहि जगन्नाथ नमस्य तन्मे" इत्युक्तं । ननु "सञ्चारिणी दीपशिखेव रात्रौ यं यं व्यतीयाय पतिंवरा सा । नरेन्द्रमार्गाट्ट इव प्रपेदे विवर्णभावं स स भूमिपालः" इत्यत्र सा सा ह्रियानम्रमुखो बभूवेत्यादौ च" कथं तत्पदे वीप्सेति चेत् यत्र प्रत्येकं यत्पदोपस्थापितं प्रत्येकरूपेणैव तत्तत्पदं परामृशति तत्र तत्पदेपि वीप्सा यथा स स भूमिपाल इत्यादौ यत्र तु सामान्यरूपेणैव तत्र न तत्पदेपि वीप्सा । यथा यद्यत्पापं प्रतिजहि जगन्नाथेत्यादाविति कश्चिन्न दोषः । वस्तुतस्तु व्यापकसामानाधिकरण्यरूपव्याप्तिबोधकत्वमुदाहरणस्य पदार्थविधया वाक्यार्थविधया वा न संभवतीति वह्निपदस्य धूमव्यापकवह्नौ लक्षणा वीप्सा च तात्पर्यग्राहिका । यत्र यत्पदसमभिव्याहृतपदार्थतावच्छेदकव्यापकत्वं विधेये भासते तत्र तत्पदे न वीप्सा । यथा यो यो धूमवान् सोऽग्निमानित्यत्र यत्पदसमभिव्याहृतधूमवत्पदार्थतावच्छेदकीभूतधूमव्यापकत्वं विधेये वह्नौ भासते । यत्र तु यत्पदसमभिव्याहृतपदार्थतावच्छेदकधर्मसामानाधिकरण्यं विधेये भासते तत्र तत्पदे वीप्सा यथा " स स भूमिपालः ,, यां यां प्रियः प्रैक्षत कातराक्षी सा सा ह्रिया नम्रमुखी बभूवेत्यादौ„ च तत्र यत्पदसमभिव्याहृतपदार्थतावच्छेदकीभूतभूमिपालत्वकातराक्षित्वव्यापकत्वस्य विवर्णभावनम्रमुखित्वरूपविधेययोर्बाधादन्वयासंभवेन भूमिपालत्वादिसामानाधिकरण्येनैव विधेयभानमावश्यकमिति तत्र तत्पदेपि वीप्सेति रहस्यम् । उदाहरणानन्तरं पक्षधर्मताप्रदर्शनायोपनयप्रयोगविशिष्टपरामर्शस्यानुमितिहेतुत्वावयवस्थापनेनोदाहरणान्तएव न्यायप्रयोग इति मीमांसकमतं निरस्तं बोध्यम् । उदाहरणोपनयरूपमवयवद्वयमिति बौद्धमतमप्यसमञ्जसं कथायामाकाङ्क्षाक्रमेणैवाभिधानात् प्रतिज्ञाद्युपन्यासस्यावश्यकत्वात् । धूमादित्येव प्रयोगो न तु धूमवत्वादिति मतुपो व्यर्थत्वादिति

ये मन्यन्ते तेषां मते अत्र वह्निव्याप्यधूम इत्येवोपन्यासः स्यात्। ननु वह्निव्याप्यधूमवानयमिति मतुपो व्यर्थत्वादित्यवधेयम्। अबाधितत्वासत्प्रतिपक्षितत्वबोधनाय निगमनप्रयोगः। नच बाधाभावस्य तदभावव्याप्यवत्ताज्ञानाभावस्य वा हेतुत्वं न तु तज्ज्ञानस्येति किं तद्बोधनेनेति वाच्यं। यदवगमे सति यन्न भवति तत्तदभावज्ञानसाध्यमिति नियमेन तज्ज्ञानस्य हेतुत्वात्। नच घटाभावज्ञाने घटप्रत्यक्षानुदयेन तत्रापि घटाभावाभावज्ञानस्य कारणत्वापत्तिरिति वाच्यं। परोक्षज्ञाने तादृशनियमाभ्युपगमात्। अत्र केचित्। पक्षे साध्याभावो बाधः तदभावश्च साध्यमेवेति पक्षे साध्यवत्ताज्ञानमनुमितिहेतुरित्यायातं तथाच सिद्धसाधनं यदि च पक्षे साध्याभावप्रमा बाधः तथापि तदभावज्ञानस्य विना पक्षे साध्यनिश्चयमसंभविततया सिद्धसाधनतादवस्थ्यादिति। यदवगमे सति यन्न भवति तत्तदभावज्ञाने सति भवत्येवेति बाधाभावज्ञाने सति बाधज्ञानानुदयेन बाधज्ञानप्रतिबन्धाभिप्रायेण बाधितत्वादिबोधनं नतु तज्ज्ञानस्य हेतुत्वाभिप्रायेणेति वदन्ति। केचित्तु अनुमितिप्रमायां गुणानुरोधेन योग्यतावत् संशयनिश्चयसाधारणमबाधितत्वादिज्ञानमपि हेतुरित्याहुः। नच तथापि निगमनेन कथमबाधितत्वादिबोधनम् अपदार्थत्वादवाक्यार्थत्वादिति वाच्यं। तस्माद्वह्निमानित्यस्यानुवादकत्वेन प्रयोजनजिज्ञासायामबाधितत्वादिज्ञानमेव प्रयोजनतयाऽवसीयते तद्बोधश्च लक्षणया। यदि च मानसबोधादिनापि तात्पर्यनिर्वाहे लक्षणाकल्पनमन्याय्यं। यथा धूमोस्तीति वाक्यस्य वह्निपरस्यापि आनुमानिकादिवह्निबोधमादाय तात्पर्यनिर्वाहः तथा प्रकृतेपीति विभाव्यते तदा मानस एव तद्बोध इति रहस्यमत्रानुसन्धेयम्॥ किञ्चिज्जल्पितमत्र तद्बहुतरं कृत्वा निदिध्यायतां दोषैरावृतमस्ति युक्तिनिवहं वाक्यं मदीयं बुधाः। चन्द्रः किं न कलङ्कितोपि भवति श्लाघ्यो यगण्यः सतां बालत्वं यदि तत्र हेतुरधुना बालोयमेतद्वचः॥ इति श्रीमद्विद्वन्मुकुटमाणिक्यराजिनीराजननीराजितपदद्वन्द्वन्यायवागीश श्रीदीक्षितश्रीकण्ठशर्मविरचितायां न्यायसिद्धान्तमञ्जरीदीपिकायामनुमानपरिच्छेदः समाप्तः॥

अथोपमानं निरूप्यते तत्रोपमितिकरणमुपमानम् । उपमितित्वं चोपमिनोमीत्यनुभवसिद्धो जातिविशेषः । शब्दविषयकत्वाव्यभिचारिजातिमत्परोक्षत्वं वा । अनुमित्यादिवारणाय जातिमदन्तम् । अनुमितित्वादीनां वह्निमानित्यादिज्ञाने शब्दविषयकव्यभिचारित्वात् श्रावणवारणाय परोक्षपदं प्रत्यक्षान्यपरं । ननूपमितित्वमेव कथं श-

---

ओं श्रीगणेशाय नमः । अनुमाननिरूपणेनानुमानजिज्ञासानिवृत्तौ अवश्यवक्तव्यत्वमुपमानेऽस्तीति अवसरसङ्गत्या उपमानं निरूप्यते । अथेति अनुमाननिरूपणानन्तरमित्यर्थः । निरूप्यते । लक्षणस्वरूपप्रामाण्यादिभिर्निरूप्यते निरूपणप्रतिज्ञा च शिष्यावधानायैव तत्र उपमानं निरूपणीये अत्रोपमितिकरणत्वं लक्षणं लक्ष्यतावच्छेदकं चोपमानपदवाच्यत्वं यद्वारा कर्त्तोपाधिरूपेणान्यत्र च स्वरूपेणोपमितित्वस्य निवेशान्न भेदः अतरायोपमितित्वस्य द्वैविध्येनोत्कीर्त्तनं । ननु उपमितित्वस्यैवोपमितिलक्षणत्वे लक्षणलक्ष्यतावच्छेदकयोरभेदापत्तिरत उपाधिरूपेणापि तदाह । शब्देति । अनुमित्यादिपदात् शाब्दादिपरिग्रहः वह्निमानित्यादीति विशिष्योत्कीर्तनेनागगनं शब्दवदित्यादौ शब्दविषयकत्वसामानाधिकरण्यं सूचितम् अतएव शब्दविषयकत्वसमानाधिकरणजातिमदित्युक्तौ अनुमितित्वशाब्दत्वादेरपि तथात्वात्तद्वारणाय अव्यभिचारीति व्याप्यत्वार्थकं गगनं शब्दवदित्यनुमिति वृत्तितद्वाक्तित्वस्य शब्दविषयकत्वव्याप्यत्वात् तदादायातिव्याप्त्या धर्मपदं विहाय जातीति । श्रावणेति । श्रावणप्रत्यक्षस्य शब्दविषयकत्वावश्यंभावेन श्रावणत्वस्य तादृशजातित्वादिति भावः ननु परोक्षत्वं इन्द्रियजन्यभिन्नत्वं तथाचासंभवः ज्ञानमात्रस्य मनोरूपेन्द्रियजन्यतया उपमितेरपि परोक्षत्वाभावादित्यत आह । प्रत्यक्षान्यपरमिति । तथाचनक्षदोक्तं परोक्षत्वं येनासंभवः स्यादिति भावः ननु कीदृश्यौषधी ज्वरं हन्तीति पृष्टे मुद्गपर्णसदृश्यौषधी ज्वरं हन्तीत्युत्तरिते ज्वरहरणतादृश्यौषध्योः कार्यकारणभावः उपमानेनावधार्यते एवञ्चेदृगस्थले उपमितेः शब्दविषयकत्वाभावादुपमितित्वं शब्दविषयकत्वाव्यभिचारिणो जातिस्तथाचासंभव इत्याशङ्कते नन्विति । उपमितित्वमेति शक्तिपरिच्छित्तिरेव हि उपमानफलं ज्वरहरणौषध्योः कार्यकारणभावस्तु अनुमानेनैवावधार्यतेति शब्दविषयकत्वाव्यभिचारिणी

शब्दविषयकत्वाव्यभिचारीति चेत् । उच्यते । उपमितिर्हि पदवाच्यत्वविषयिका । नच पदमविषयीकृत्य तद्वाच्यत्वं विषयीकर्तुमर्हतीति । पदं च शब्दात्मकमित्युपमितेः शब्दविषयकत्वनियमः कुत इयमुत्पद्यत इतिचेत् । सादृश्यादिज्ञानादिति गृहाण । तथाहि । सामान्यतो गवयपदवाच्यत्वं किञ्चिदस्तीति जानानो विशिष्यापरिचिन्वानः कीदृशो गवयपदवाच्य इति कंचित् पृच्छति तेन गोसदृशो गवयपदवाच्य इत्युक्तः सन् विपिनमनुसरन् यदा गोसदृशं पिण्डं पश्यति तदा पूर्वानुभूतसादृश्यातिदेशवाक्यार्थं स्मरन् परिच्छिनत्ति सोयं गवयपदवाच्य इति सेयमुपमितिर्नाम । नह्येतत्प्रत्यक्षं चक्षुरादिव्यापारविगमेपि जायमानत्वात् । नच मानसं ततो विलक्षणतया अनुभूयमानत्वात् । अन्यथाऽनुमितिरपि मानसत्वापत्तेः । नाप्यनुमितिः ।

तित्वस्याप्युपमितिनासंभव इतिभावः अतिदेशवाक्यार्थज्ञानं कारणं सादृश्यज्ञानं सहकारि अतिदेशवाक्यार्थस्मृतिर्व्यापारः उपमितिः फलमिति मं प्रदायमतं वक्ष्यति आवश्यकत्वात्सादृश्यज्ञानं करणमतिदेशवाक्यार्थस्मृतिर्व्यापारः उपमितिः फलमिति नवीनमतेनाह । सादृश्यज्ञानादिति । तथाच सादृश्यज्ञानं करणमिति भावः प्रत्यक्षादावन्तर्भावासंभवात् परिशेषेण तस्या अतिरिक्तत्वं व्यवस्थापयितुं प्रणालीमारभते । नह्येतदिति । प्रत्यक्षमिति । यद्यपि प्रत्यक्षसामान्यमध्ये मानसमपि निविष्टमेव इत्यंच न मानसमिति पृथगुपन्यासोऽयुक्तः तथापि तद्व्यापारविरहेपि जायमानत्वादिति हेत्वनुपपत्त्या पृथक् मानसं निराकृतं गोबलीवर्दन्यायेन चात्र प्रत्यक्षपदं मानसान्यप्रत्यक्षपरमिति ध्येयम् । ततः । मानसात् । अनुभूयमानत्वात् । उपमित्यनन्तरं उपमिनोमीत्यनुव्यवसायोदयात् मानसानन्तरं तादृशप्रतीत्यनुदयाच्च मानसत्वं तस्या इत्यर्थः अनुभवानादरेत्याह । अन्यथेति । अनुभवानादरे इत्यर्थः । अनुमिनोमीत्यनुव्यवसायस्य मानसानन्त-

व्याप्तिज्ञानाद्यभावादनुत्पत्तेः । नापि शाब्दं गवयत्ववि-
शिष्टोपस्थापकपदाभावात् । उपमितौ अयं गवयपदवाच्य
इत्याकारिकायां गवयत्वावच्छेदेन गवयपदवाच्यत्वावगाह-
नात् न तु गोसादृश्यावच्छेदेन तस्य गौरवेणानवच्छेद-
कत्वात् । अन्यथा प्रतीतिमूलव्यवहारप्रसङ्गः । तथा स्मर-

णानुदयेनानुमितेरतिरिक्तत्वासिद्धेः अनुभवापलापे तु तस्या अप्यतिरि-
क्तत्वं विलयेतेति भावः व्याप्तिज्ञानादीत्यादिपदात्पक्षधर्मताज्ञानपरिग्र-
हः । पदाभावादिति । शाब्दबोधसामान्ये पदजन्यपदार्थोपस्थितेर्हेतुतया
तच्छून्यकाले चोपमित्युत्पत्त्या नोपमितेस्तद्रूपत्वमिति भावः ननु गोस-
दृशो गवयपदवाच्य इत्याकारकं गोसादृश्याश्रये गवयपदवाच्यत्वावगाहि
ज्ञानमुपमानं ततश्च गोसादृश्यावच्छिन्ने गवयपदवाच्यत्वावगाहिनी उप
मितिरुत्पद्यते तत्र च गवयत्वविशिष्टोपस्थापकपदाभावेऽपि गोसादृश्यवि
शिष्टोपस्थापकपदसत्त्वात् शाब्दत्वे बाधकाभाव इत्यत उपमित्याकारं प
रिच्छिनत्ति । उपमिताविति । अयमिति । गवय इत्यर्थः तथा सति तूपमितेरि
दन्त्वावच्छेदेन गवयपदवाच्यत्वावगाहित्वे गवयत्वावच्छेदेन गवयपदवा-
च्यत्वावगाहनादित्युक्तिविरोधात् अन्यथा अप्रतीतमूलकव्यवहारापत्तिरिति
दोषानुद्धाराच्च नत्विति । ननु गोसादृश्यावच्छेदेनगवयपदवाच्यत्वावगाहन
मिति विभक्तिविपरिणामेनान्वयः । तस्य । गोसादृश्यस्य । गौरवेण । गवयत्वा
पेक्षया गौरवेण । तदनवच्छेदकत्वात् । गवयपदवाच्यत्वानवच्छेदकत्वात्
ननु गवयत्वस्यावच्छेदकत्वे तदवच्छेदेन गवयपदवाच्यत्वस्याप्रतीत्या तदु-
पपत्तये प्रमित्यन्तरस्वीकरणीयमिति महद्गौरवमिति तदपेक्षया गोसादृ-
श्यस्य गवयत्वापेक्षया गुरुत्वेऽपि अवच्छेदकत्वकल्पनं न्याय्यं धर्मिकल्प-
नातो धर्मकल्पनायां लघीयस्त्वमिति न्यायादित्यत आह । अन्यथेति । गोसा-
दृश्यस्य अवच्छेदकत्वं स्वीकृत्य प्रमान्तरकल्पने इत्यर्थः । व्यवहारः । शा-
ब्दबोधः । शब्दप्रयोगो वा । न प्रतीतमूलं शक्त्यर्थस्येत्यर्थः शक्तिज्ञानमूलकं
एवं स्यादिति यावत् अत्र गोसादृश्यावच्छेदेन गवयपदवाच्यत्वावगाह-
नात् अतिदेशवाक्यार्थज्ञानोत्तरोत्पन्नज्ञानात् गवयइति पदाच्छाब्दबोधोऽ
नुभवसिद्धो विलीयेत तत्प्रकारकशाब्दबोधे तत्प्रकारकशक्तिग्रहस्यैव हेतुतया
गवयत्वप्रकारकशक्तिग्रहाभावात् एवं व्यवहारं प्रति व्यवहर्तव्यज्ञानस्य हे-

तिरियं । पूर्वमननुभवात् । अतो अतिरिक्तैवेयं । तस्याः करणं सादृश्यविशिष्टतत्पदवाच्यरूपवाक्यार्थानुभवः । तत्स्मृतिर्द्वारं गवयत्वादिरूपावच्छेदकविशिष्टे सादृश्यज्ञानं च तत्सहकारीति संप्रदायः । तच्चोपलक्षणं । वैधर्म्यज्ञानादुपमित्युत्पत्तेः । यथा कीदृशी पृथ्वीति शिष्येण पृष्टे ज-

---

तुतया तादृशशब्दबोधाभावात्तदुत्तरतादृशव्यवहारानुपपत्तिश्चेति गवयत्वावच्छेदेनैव गवयपदवाच्यत्वावगाहिज्ञानमुपेयं गवयत्वविशिष्टोपस्थापकपदाभावान्नशाब्दत्वमिति । एतेन शाब्दत्वनिराकरणप्रस्तावे गवयपदवाच्यतावच्छेदकत्वं गवयत्वस्य गोसादृश्यस्य वेति विचारस्य प्रकृतानुपयोगित्वं अग्रे च उपमित्याकारप्रदर्शनस्यानौचित्यादिरपास्तम् उक्तमदुक्तव्याख्ययैव सर्वसामञ्जस्यादिति ध्येयम् नापि स्मृतिरित्याह । नवेति । अनुभवागोचरस्य स्मृत्यगोचरत्वादिति भावः तस्मात्प्रत्यक्षादिषु अन्तर्भावासंभवादतिरिक्तैव । अनुमित्यादिभ्यो अतिरिक्तैव । इयम् । अयं गवयपदवाच्य इति प्रतीतिः प्रत्यक्षादिप्रतीतिभ्यो भिद्यते तद्विरुद्धधर्मवत्त्वादित्यनुमानं बोध्यम् । संप्रदायमतमाह । तस्याः करणमिति । सादृश्येति । सादृश्यविशिष्टे । सादृश्याश्रये गोसदृशो गवयपदवाच्य इति वाक्यार्थानुभव इत्यर्थः । तत्स्मृतिः । सादृश्यवाक्यार्थस्मृतिः । द्वारं । व्यापारः । गवयत्वेति । अयं । गोसदृश इत्याकारकसादृश्यनिश्चयः । अतिदेशवाक्यार्थानुभवरूपो उपमानसहकारीत्यर्थः । ननु सादृश्यकरणकज्ञानवत् वैधर्म्यकरणकज्ञानस्याप्यतिरिक्तत्वापत्तिरित्यत आह । एतच्चेति । एतत्सादृश्यज्ञानं वैधर्म्यज्ञानजन्योपमिति व्युत्पादयति । दर्शितं तच्छब्दार्थेति । जलादिविधर्मगुणवती पृथवीति गुरुवाक्यार्थस्मरणादित्यर्थः एवं गन्धवतीति पूर्वं जलादिविधर्मगुणत्वेन इदानीं तु गन्धत्वेनेतिभेदः । इगुक्तेति इति । गुरुणोक्तमिति इत्यर्थः । ननु वैधर्म्यज्ञानजन्यज्ञानस्योपमितित्वस्वीकारे सादृश्यवैधर्म्यज्ञानयोः परस्परजन्योपमितौ व्यभिचारेण कथं करणत्वसंभव इत्यत आह । तस्मादिति । सादृश्यज्ञानजन्योपमितेरिव वैधर्म्यज्ञानजन्योपमितेरप्यनुभवसिद्धतया ऽपलापानर्हत्वादित्यर्थः । यत्किञ्चिदिति । सादृश्यवैधर्म्यान्यतरविशिष्टे इत्यर्थः । विशिष्य । विशेषधर्मपुरस्कारेण । अपरिचितेति । अनिर्णीतशक्तिकपदवाच्यत्वरूपेत्यर्थः ग-

त्वादिविधर्मगुणवता गुरुणा उच्चरितः सन् यदा जलादि-र्विधर्मगुणवतीत्यनुभवति तदा तच्छब्दार्थस्मरणादस्य उ-पमितिः संपद्यते इयं पृथिवी पदवाच्येति । एवं गन्धवती पृथिवीति उच्चरितेऽपि ज्ञेयं । तस्माद्यत्किञ्चिद्धर्मविशिष्टे विशिष्टया विदितसङ्गतिकपदवाच्यतारूपवाक्यानुभवः क-रणं किञ्चिद्विशिष्टतद्वत्ताधीः सहकारिणी । यदा सत्य-

---

वयपदवाच्यं किञ्चिदस्तीति सामान्यतः शक्तिनिर्णयात् विशिष्येत्युक्तम् अ-तएव सामान्यधर्मप्रकारकज्ञानस्यावान्तरधर्मप्रकारकजिज्ञासां प्रति हेतुत-या विशेषधर्मप्रकारकजिज्ञासाबोधकः कीदृशो गवय इति प्रश्नोऽप्युपपद्यते इति बोध्यम् । करणमिति । उपमितिसामान्ये सादृश्यवैधर्म्यान्यतरधर्मि-तावच्छेदककविशिष्यानिर्णीतशक्यतावच्छेदककपदवाच्यत्वरूपवाक्यार्था-नुभवः करणमित्यर्थः । विसदृशेऽप्युपमिति प्रसङ्ग इत्यत आह । किञ्चिद्धर्म-विशिष्टे इति । गवयत्वादिरूपधर्मविशिष्टे इत्यर्थः । तद्वत्ताधीरिति । यद्विशि-ष्टे पदवाच्यत्वानुभवस्तद्वत्ताधीरित्यर्थः । गवयत्वादिविशिष्टे सादृश्यधीरिति यावत् । ननु एकधर्मविशिष्टे सादृश्यज्ञाने धर्मान्तरविशिष्टे पदवाच्यत्वा-वगाह्युपमित्यनुदयात् यद्धर्मावच्छेदेन सादृश्यज्ञानं तद्धर्मावच्छेदेनैव पदवाच्यत्वावगाहिनी उपमितिरित्युपेयम् एवं च गवयत्वादिरूपलघुधर्मा-नुपस्थितौ यदा गुरुधर्मविशिष्टे एव सादृश्यज्ञानं तदा तदवच्छेदेनैव प-दवाच्यत्वावगाहिन्युपमितिः स्यादित्यनिष्टापत्तिमाह । यदा चेति । लघुध-र्मे । गवयत्वादिरूपजातौ । तदस्फुरणे । गवयत्वास्फुरणे । गुरुधर्मेति । विलक्ष-णसंस्थानवत्त्वरूपधर्मविशिष्टे इत्यर्थः । सादृश्यादीत्यादिपदात् वैधर्म्यपरि-ग्रहः । तदवच्छेदेनैव । विलक्षणसंस्थानवत्त्वरूपगुरुधर्मावच्छेदेनैव । वाच्यता ग्रहः । गवयपदवाच्यताग्रहः सगुरुधर्मविशिष्टे पदवाच्यताग्रहः । बाधा-दिति । लघुधर्मोपस्थितौ लघुधर्मे शक्यतावच्छेदके संभवति गुरुधर्मे त-त्स्वीकारस्यान्याय्यतया लघुधर्मविशिष्टएव पदवाच्यत्वावगाहिज्ञानमुत्प-द्यते गुरुधर्मविशिष्टविषयकज्ञानेत्वप्रामाण्यज्ञानं तदनन्तरजायतइति भावः । केचित्तु लघुधर्मानुपस्थितौ गोसादृश्याद्यवच्छेदेनापि पदवाच्यत्वा-वगाहनात् सादृश्यं गौरवेणानवच्छेदकमित्युक्तमयुक्तमित्यत आह । यदा-चेति । गुरुधर्मविशिष्टे । सादृश्यादिधर्मविशिष्टे । तदवच्छेदेनैव । साद-

पि लघुधर्मैतदस्फुरणे गुरुधर्मविशिष्ट एव सादृश्यादिज्ञानं जायते। तदा तदवच्छेदेनैव वाच्यताग्रहो जायते। स भ्रमो गौरवेण बाधादिति संक्षेपः॥ इत्युपमानम्॥

श्यावच्छेनैवेत्यर्थः। इति व्याचक्षते तदसत् गुरुधर्मविशिष्ट एव सादृश्य ज्ञानं जायते इत्यस्यासङ्गत्वापत्तेः गोसदृशो गोसदृश इति सादृश्यज्ञानस्यासंभवित्वादिति दिक्।

ननु संभवत्येवं यद्यनुमानस्य प्रमाण्यं अनुमानाधीनशक्तिग्रहमूलकत्वाद्वाक्यार्थानुभवरूपोपमानस्य तदेव तु न प्रमाणाभावात् एवं च नोपमानशब्दयोरपीति व्याहृत चत्वारि प्रमाणानीति तथाहि वन्ह्यादिगोचरप्रवृत्ते र्वह्निव्याप्यवत्तापरामर्शरूपविशेषदर्शनमूलकप्रत्यक्षादेवोपपत्ते नानुमानस्य प्रमाणत्वं नचान्वयव्याप्तिज्ञानकाले साध्यज्ञानस्यावश्यकत्वात् वन्ह्यादिविषयकोपनीतभानोपपत्तावपि इतरभेदज्ञानशून्यकालीन इतरव्यापकीभूताभावप्रतियोगिपृथिवीत्ववती पृथिवीत्यादिव्यतिरेकव्याप्तिज्ञानकाले इतरभेदज्ञानाभावात्तदुपनीतभानासंभवेन तत्र प्रमित्यन्तरस्वीकार आवश्यक इति वाच्यम् अभावत्वादिसामान्यलक्षणसन्निकर्षवलादेवेतरभेदगोचरप्रत्यक्षोपपत्तेः एवं घटमानयेति वाक्यश्रवणानन्तरं घटकर्मत्वानयनकृत्यादीनां परस्परसंसर्गविषयकविलक्षणप्रमितिरसिद्धा शाब्दबोधपूर्वं पदार्थोपस्थिते रावश्यकतया तादृशोपनीतभानेनैवनिर्वाहात् नच संसर्गोपस्थितेरनैयत्यात् कथं संसर्गबोध इति वाच्यम् बाधाभावादिबलात् तस्यापि संसर्गतया भाने बाधकाभावात् नच तदुपनीतभानं प्रति तदुपनायकज्ञानत्वेन कार्यकारणभावे व्यभिचार इति वाच्यम् सांसर्गिकविषयताभिन्नाऽलौकिकविषयतायास्तज्जन्यतावच्छेदकत्वेन व्यभिचाराभावात् प्रमित्यन्तरस्वीकारे तन्नियामकबहुतरकार्यकारणभावकल्पनापेक्षया सांसर्गिकविषयताभेदनिवेशे लाघवस्यातिस्फुटत्वात् योग्यताज्ञानस्य शाब्दसामान्यहेतुतया संसर्गविषयकयोग्यताज्ञानस्य सत्त्वात्सांसर्गिकविषयताभेदानिवेशेपि क्षत्यभावाच्च एवं गवयत्वविशिष्टे सादृश्यज्ञानसहकृतगोसदृशो गवयपदवाच्य इति ज्ञानोत्तरोत्पन्नमयं गवयपदवाच्य इति ज्ञानमप्युपनीतभानमेवेति कथमेतद्वि चेदत्राहुः लिङ्गपरामर्शोत्तरोत्पन्नप्रमित्युत्तरमनुमिनोमीत्यनुव्यवसाय-

स्तावदनुभवसिद्धः तद्विषयीभूतानुमितित्वाख्यजातिविशेषावच्छिन्नकरणतयानुमानस्य प्रमाणान्तरत्वम् अथ वह्निमान् पर्वतो घटवान् इत्यनुमित्यनन्तरं पर्वते वह्निमनुमिनोमीत्यनुव्यवसायापत्त्या वह्निनिष्ठविधेयत्वाख्यो विलक्षणविषयताविशेष उपगन्तव्यः यदभावादनन्तरं न तादृशानुव्यवसायः एवं चानुमिनोमीत्यनुव्यवसायस्य तादृशविषयताविशेषविषयकत्वेनोपपत्तेरत अनुमितित्वजातिस्वीकारेणेति कुतस्तदवच्छिन्नकरणतया प्रमाणान्तरत्वमिति चेन्न। लिङ्गपरामर्शविरहे तादृशविषयताकज्ञानानुत्पत्त्या तदवच्छिन्नकरणतयैव। तस्य प्रमाणान्तरत्वमिति वस्तुतस्तु अनुमिनोमीत्यनुव्यवसायस्य तादृशविषयतामात्रविषयकत्वे आपत्तिशाब्दबोधोत्तरमपि तादृशानुव्यवसायापत्तेः अनुमित्यापत्ति शाब्दबोधादिषु तादृशविषयतैक्यात् अनुमितित्वजात्यङ्गीकारे तु आपत्त्यादिषु तादृशजात्यसत्त्वान्न तादृशानुव्यवसायापत्तिरिति तदवच्छिन्नकरणतया अनुमानस्य प्रमाणान्तरत्वमावश्यकमेव एवं शब्दश्रवणानन्तरं जायमानज्ञानानन्तरं शाब्दयामीत्यनुव्यवसायोत्पत्त्या तद्विषयतया सिद्धशाब्दत्वाख्यजातिविशेषावच्छिन्नकरणतया शाब्दप्रमाणसिद्धिः एवमुपमिनोत्यनुव्यवसायबलादुपमानस्यापि प्रमाणान्तरत्वमिति नन्वायात्वनुमितित्वादि तथापि तत्प्रत्यक्षत्वव्याप्यमेवास्तां तदवच्छिन्नकरणस्य च न प्रमाणान्तरत्वं अथानुमित्यादेर्मानसत्वे तदुत्तरं साक्षात्करोमीत्यनुव्यवसायापत्तिः अनुमित्यादेः साक्षात्कारत्वादिति चेन्न। लौकिकविषयताशालिसाक्षात्कारस्यैव तादृशप्रतीतिविषयत्वात् अत एव सुरभि चन्दनमित्याद्युपनीतभानानन्तरं चन्दनं पश्यामि न सौरभमिति सार्वजनीनः प्रत्ययः सङ्गच्छते तत्र च लौकिकविषयतायाः साक्षात्कारत्वव्यञ्जकतया नानुमित्याद्युत्तरं साक्षात्करोमीति प्रत्ययः अथैवं तत्र प्रत्यक्षत्वसत्त्वे प्रमाणाभावः साक्षात्करोमीति प्रत्ययाभावेन प्रत्यक्षस्याप्रयोजकत्वाच्च अनुमानस्यापि मानत्वेन वक्तुमशक्यत्वात् अत्र कश्चित् अनुमितित्वादेः प्रत्यक्षत्वव्याप्यत्वे लाघवमेव तथाहि अनुमितिसामग्रीकाले प्रत्यक्षसामग्रीकाले प्रत्यक्षवारणायानुमितिसामग्र्याः प्रत्यक्षं प्रति प्रतिबन्धकत्वं कल्पनीयं प्रत्यक्षत्वव्याप्यत्वे त्वनुमित्यात्मकप्रत्यक्षस्यैवोत्पत्तेः तदकल्पनमयुक्तं लाघवमक्षुण्णमेवेति तदसत् अनुमितित्वस्य चाक्षुषत्वव्याप्यत्वे त्वाचपरामर्शोत्तरोत्पन्नज्ञानेऽनुमितित्वानापत्तेः चाक्षुषत्वस्य तद्व्याप्यत्वमतचासम्भवि परस्परव्यभिचारिणोस्तयोरेकत्र समावेशो सांकर्यापत्तेरिति चा

क्षुषत्वादिविरुद्धं तदुपगन्तव्यम् एवं चानुमितिसामग्रीकाले चाक्षुषादि वारणाय चाक्षुषादिकं प्रति अनुमितिसामग्र्याः प्रतिबन्धकत्वं कल्पनीयं एवं च सामान्यतः प्रत्यक्षं प्रत्यनुमितिसामग्र्याः प्रतिबन्धकत्वं मयापि न कल्प्यते इति लाघवं ननु अनुमितित्वादेर्मानसत्वव्याप्यत्वमेवास्तां अनुमितिसामग्रीकाले मानसवारणाय मानसं प्रत्यनुमितिसामग्री-प्रतिबन्धकत्वकल्पने गौरवं मन्मते तु अनुमित्यात्मक मानसस्यैवोत्पादेन तदिष्टापत्तेः नच वन्ह्यनुमितिसामग्रीकाले घटादिमानसवारणाय घटा-दिमानसे प्रतिबन्धकत्वस्यावश्यकतया घटादिकमनिवेश्य मानसत्वमेव तत्प्रतिबध्यतावच्छेदकमिति वाच्यम् घटादिमानसं जायतामितीच्छा-नामुत्तेजकत्वानुरोधेन विषयं निवेश्यैव प्रतिबन्धकत्वकल्पनस्यावश्यकत्वा-त् एवं शाब्दादिस्थलेपीति मैवं घटादिचाक्षुषसामग्रीकाले वह्निमान-सानुदयेन चाक्षुषसामग्र्याः मानसं प्रति प्रतिबन्धकतायां घटादिचाक्षु-षसामग्रीकाले वन्ह्यनुमित्युत्पतेरनुमित्यन्यमानसत्वमेव चाक्षुषसामग्री प्रतिबध्यतावच्छेदकं रूवतावाच्यमित्यनुमित्यन्यत्वनिवेशे गौरवात् एव-मनुमितिसामग्रीकाले अनुमित्यन्यमानसवारणायानुमित्यन्यमानसत्वमनु मितिसामग्रीप्रतिबध्यतावच्छेदकमुपेयमित्यनुमितिसामग्र्याः प्रतिबन्धक त्वकल्पनमावश्यकमित्यन्यत्वनिवेशे गौरव पुनर्राधकम् एवं शाब्दोपमिति स्थले शाब्दान्यत्वोपमित्यन्यत्वनिवेशे गौरवमिति . तेषां न मानसान्तर्भाव इति सम्यक्तां चत्वारि प्रमाणानीति दिक् ॥

इति श्रीदीक्षितश्रीकण्ठशर्मविरचितायां न्यायसिद्धान्तमञ्जरीदीपिकायामुपमानपरिच्छेदस्समाप्तः ॥ ३ ॥

अथ शब्दो निरूप्यते तत्र शाब्दप्रमितिकरणं शब्दः

श्रीगणेशायनमः ॥ जटाजूटलसद्गाङ्गजलमस्तकभूषितः ॥ पुनातु गिरिजाप्रेमपात्रमेकमनेकधा ॥ १ ॥ उपजीव्योपजीवकभावसङ्गत्या उपमाननिरूपणानन्तरं शब्दं निरूपयन् शिष्यावधानाय प्रतिजानीते । अथेति । अत्र ज्ञायमानपदस्य शब्दप्रमाणतया पदे उपमानोपजीवकत्वाभावात्फलयोः स्वरूपफलयोश्च सङ्गतिर्बोध्या । तस्याश्च फलनिष्ठत्वेऽपि स्वाश्रयकरणत्वात्मकपरंपरासम्बन्धेन करणनिष्ठत्वात्करणयोरानन्तर्यमवसेयं तथाहि शक्तिपरिच्छित्तिरेवोपमितिः तस्याश्च सर्वस्याएव शाब्दबोधजनकत्वेन फलयोरुपजीव्योपजीवकत्वसंभवः । एवं स्वरूपफलयोरप्यतिदेशवाक्यार्थज्ञानरूपोपमानप्रमाणस्योपमितिद्वारा शाब्दबोधोपजीव्यत्वादिति । केचित्तु । ज्ञायमानं पदं करणमित्यस्य शक्तत्वेन ज्ञायमानमित्यर्थात् सविशेषणेहिविधिनिषेधौविशेषणमुपसंक्रामतः सतिविशेष्ये बाधे इति न्यायेन स्वर्गोध्वस्तइतिवद्विशेषणीभूतशक्तिज्ञानमादायोपमानोपजीवकत्वसम्भवेन स्वरूपतउपजीवकत्वमपिसङ्गतिरित्याहुः ॥ पदज्ञानस्य शब्दप्रमाणत्वाङ्गीकर्तृनवीनमतेतूपमितेः शक्तिमत्पदविषयकत्वे नातिदेशवाक्यार्थज्ञानात्मकोपमानप्रमाणस्योपमित्यात्मकशब्दप्रमाणे उपजीव्यत्वेनस्वरूपतउपजीवकत्वमक्षुण्णमेवेति द्रष्टव्यं । नन्वतिदेशवाक्यरूपशब्दप्रमाणस्यापि अतिदेशवाक्यार्थज्ञानरूपोपमानोपजीव्यत्वादुपमानमेवादौ निरूपितं नतु शब्दइत्यत्र किं विनिगमकमिति चेन्न । प्रमाणतावच्छेदकधर्मावच्छिन्नोपजीव्यतानिरूपितोपजीवकताया एवात्र सङ्गतित्वात् । प्रमाणतावच्छेदकधर्मश्चेन्द्रियत्वादिः । अवच्छिन्नत्वं च व्यापकत्वम् । एवंचोपमानस्य सङ्केतमात्रग्राहकतया सर्वस्यैवोपमानस्य शब्दप्रमाणोपजीव्यत्वं शब्दप्रमाणस्य नतु सर्वस्यातिदेशवाक्यार्थज्ञानात्मकोपमानोपजीव्यत्वं घटमानयेति शब्दे तदभावात् । न च पदज्ञानत्वेन शाब्दत्वावच्छिन्नं प्रतिहेतुतया घटमानयेति शब्दनिरूपितशाब्दत्वावच्छिन्नकार्यताया उपमाने सत्त्वादुक्तदोषतादवस्थ्यमिति वाच्यं प्रमाणविभाजकोपाधिनियतधर्मावच्छिन्नाया उपजीवकतायाविवक्षितत्वात् । प्रमाणविभाजकोपाधिश्च साक्षात्कारकरणत्वादिः । अवच्छिन्नत्वंचात्र स्वरूपसम्बन्धविशेषः । इत्थं च शाब्दत्वादेरुपमितिकरणत्वनियतत्वादतिदेशवाक्यार्थज्ञानत्वादेव तथात्वेन तस्यच प्रमाणत्वावच्छेदकशब्दप्रमाणत्वस्य व्यापिकोपजीव्यतानिरूपितोपजीवकताया अनवच्छेदकत्वादुक्तदोषाभावात् ॥ केचित्तु । यत्रकीदृग्गवयइति प्रश्नानन्तरं चित्रलेखादिना तादृशपिण्डप्रदर्शनं तत्रातिदेशवाक्यं विनापि मानसरूपातिदेशवाक्यार्थज्ञानात्मकोपमानोदयेन व्यभिचाराच्छब्दोनोपजीव्यइति उप

शाब्दत्वं शब्दात्प्रत्येमीत्यनुभवसिद्धो जातिविशेषः अन्य-

मानं शब्दोपजीवकत्वाभावान्नविनिगमइति वदन्ति । तदसत् । शाब्दी-ह्याकाङ्क्षा शब्देनैवप्रपूर्यतइति न्यायात्तत्रापिईदृग्गवयइत्यभिप्रायिकशब्दक-ल्पनाया आवश्यकत्वाच्छाब्दी आकङ्क्षा शाब्दबोधगोचरेच्छा शब्देनैव विष-यसिद्धिद्वारा निवर्त्यतइतितदर्थात् यदि च प्रष्टुर्यदाज्ञानमात्रेइच्छा न-तुशाब्दबोधेतत्रशब्दकल्पनानवकाशः तत्रशाब्दगोचरेच्छाया अभावेनता-दृशन्यायस्यानवतारात् । नचातिदेशवाक्यार्थज्ञानस्याशाब्दत्वेनैवोपमिति-करणतया शब्दकल्पनमावश्यकं पदजन्यपदार्थोपस्थितेरेव शाब्दबोधे हे-तुत्वात् । शाब्दी । शाब्दबोधोपयोगिनी । आकांक्षा । अन्वयप्रतियोग्यु-पस्थितिरूपा । शब्देनैव प्रपूर्यते । संपाद्यते इत्यर्थात् तादृशन्यायस्याप्य-वतारादितिवाच्यम् । अतिदेशवाक्यार्थज्ञानस्य शाब्दत्वेनोपमितिकरणत्वे मानाभावात् । परित्यज्यनिश्चिताव्यभिचारकं रूपं गृह्यमाणव्यभिचारकेण कारणत्वकल्पनानुदयात् । न च निश्चयत्वमपेक्ष्य शाब्दत्वस्य लघुतया तन्निवेश-एव सम्यगिति वाच्यम् । सादृश्यज्ञानस्योपमानत्ववादिमतइवाति देशवाक्य र्थस्मृतिरूपव्यापाराभावेनैवानतिप्रसङ्गेन निश्चयत्वानिवेशे प्रयोजनाभावा दिति विभाव्यते तथापि व्यवहारादिनापि शक्तिग्रहाच्छाब्दबोधोदयेन व्यभि चाराच्छब्दप्रमाणेपि उपमानोपजीवकत्वाघातः । क्वाचित्कोपजीवकत्व-स्यच शब्दप्रमाणइवोपमानप्रमाणेपि सत्वादविनिगमतादवस्थ्यादिति न किं-चिदेतत् । नचास्तु स्वतन्त्रेच्छस्य नियोगपर्यनुयोगानर्हत्वादितिन्याय एव-विनिगमकः नतुसङ्गतिरिति तस्यासुल्यत्वेपि नचारित्याहुरितिदिक् । नि-रूप्यतइति । लक्षणस्वरूपप्रामाण्याद्याकारकवक्तमाननिरूपणविषयः शब्दइत्यर्थः । तत्र । शब्देनिरूपणीये । शाब्देति । अत्र शब्दप्रमितिकरणत्वं लक्षणं प्रमाणपदवाच्यत्वं लक्ष्यतावच्छेदकं प्रमितिकरणत्वमात्रं प्रत्यक्षादा वतिव्याप्तमतः शाब्देति । ननु शाब्दत्वं शब्दजन्यत्वं तथाच शब्दजन्यप्रमा-करणत्वं लक्षणं पर्यवस्यति तच्च विषयविधया शब्दजन्यप्रत्यक्षप्रमितिकर-णेश्रोत्रेन्द्रियेऽतिव्याप्तमित्यत आह । शाब्दत्वं चेति । तथाच शाब्दत्वरूप-जात्यवच्छिन्नप्रमितिकरणत्वं नतत्रेतिनातिव्याप्तिरितिभावः ॥ केचित्तु अती तानागतशब्देऽनुसन्धानादपि शाब्दबोधोदयाच्छब्दो नकरणं किंतुशब्दज्ञा-नं इत्थं च शब्दजन्यप्रमाकरणत्वस्यलक्षणत्वेऽसम्भवः शब्दज्ञानजन्य प्रमाक-रणत्वस्य लक्षणत्वेतु विषयविधया शब्दज्ञानजन्यप्रत्यक्षप्रमाकरणे मन-स्यतिव्याप्तिरत आह । शाब्दत्वं चेतीत्याहुः । शाब्दत्वस्यप्रत्यक्षादान्यत्वरू-पत्वेगौरवादाह । शाब्दत्वं चेतीत्यपिकश्चित् । ननुलक्षणलक्ष्यतावच्छेदक-योरभेदइत्यत आह । जन्येति । केचित्तु ननु शब्दात् घटंप्रत्येमीत्येवानुभ-

पदधीजन्यत्वव्यभिचारी अनुभवत्वाऽव्यापकजातिशून्यत्वे सति पदविषयकत्वाऽव्यभिचारी जातिशून्यधीत्वं वा सत्यन्तं प्रत्यक्षानुमितिस्मृतीनां वारणाय तत्रतादृशीनां प्रत्यक्षादिजातीनां सत्वात्। जातिशून्यत्वं अनुभवत्वाऽव्या-

---

वो नतुशब्दात् प्रत्येमीत्यात्मविशेषगुणानां विषयविनिर्मोकेणभानानुपगमात् तथाच शब्दजन्यघटादिविधेयकज्ञानत्वमेव तद्विषयोनत्वातिरिक्तशाब्दत्व जातिरित्यत आह। जन्यपदधीत्याहुः। तदसत्। शब्दलिङ्गकघटानुमितेरपि शब्दजन्यघटविधेयकज्ञानत्वेन तदुत्तरमपि शाब्दयामीति प्रतीत्यापत्तेः शाब्दत्वजातिस्वीकारस्यावश्यकत्वात् तदस्वीकरमादायद्वितीय लक्षणप्रणयनेतदव्यापकशाब्दत्वस्येत्यग्रिमग्रन्थासङ्गतेश्चेत्यवधेयम्। जन्यपदधीजन्यत्वव्यभिचरिणी अनुभवत्वाव्यापिका च या जातिः प्रत्यक्षत्वादिस्तच्छून्यत्वे सति पदविषयकत्वाव्यभिचारिणीया जातिरूपामितित्व तच्छून्यधीत्वमिति लक्षणार्थः। अतिव्याप्तिं वारयति। तत्रेति। प्रत्यक्षानुमितिस्मृतिष्वित्यर्थः। तादृशीनां। जन्यपदधीजन्यत्वव्यभिचार्यनुभवत्वव्यापकानां। सत्वादिति। तथाच तच्छून्यत्वाभावान्नातिव्याप्तिरितिभावः। स्मृतित्वस्य जातित्वमनुभवसामग्रीप्रतिबध्यतावच्छेदकत्वेन। ननुप्रत्यक्षादावतिव्याप्तिवारणाय जातिशून्यत्वे सतीत्यास्तां यदिच शाब्देऽपिज्ञानत्वादिजातिसत्वादसंभवइति विभाव्यते तदानुभवत्वाव्यापकजातिशून्यत्वे सतीत्येवास्त्वत आह। जातिशून्य मिति। जातिशून्यत्वमात्रमित्यर्थः। अनुभवत्वेति। अनुभवत्वाव्यापकजातिशून्यत्वमात्रमित्यर्थः। अनुभवत्वादीनामिति। आदिना ज्ञानत्वगुणत्वसत्वादिपरिग्रहः। तथाचेदृशजातीनां सत्वाज्जातिशून्यत्वं न वक्तव्यमित्यर्थः। अत्र यद्यपि ज्ञानत्वादीनामित्येव वक्तुमुचितं तथापि तदव्यापकेत्यत्र तच्छब्देनानुभवत्वपरामर्शायानुभवत्वादीनामित्युक्तं। तदव्यापकेति। अनुभवत्वाव्यापकेत्यर्थः। अनुभवत्वाव्यापकेत्यस्य व्यावृत्तिमाह। जन्येति। तथा। असंभवि। तादृगिति। जन्यपदधीजन्यत्वव्यभिचारीत्यर्थः। नन्वनुभवत्ववारणायानुभवत्वान्यत्वमेवोपादीयतामित्यत आह। आदीनामिति। आदिना ज्ञानत्वपरिग्रहः। अनुभवत्वाव्यापकत्वं चानुभवनिष्ठभेदप्रतियोगितावच्छेदकत्वं तेनानुभवत्वादि व्युदासः। नन्वनुभवत्वव्याप्यत्वमेव किं नोपादीयते कृतमव्यापकत्वघटितत्वेनेति चेन्न। व्यापकसामानाधिकरण्यरूपव्याप्यत्वनिवेशे गौरवात्। एवमनुभवत्वस्यापि स्वव्याप्यत्वात्तद्वारणाय

पकजातिशून्यत्वं चाऽसंभवि। अनुभवत्वादीनां तदव्यापकशाब्दस्य च सत्वात्। जन्यपदधीजन्यत्वव्यभिचारिजातिशून्यत्वमपि तथा। तादृगनुभवत्वादीनां सत्वात्। पदधीजन्यत्वव्यभिचारिअनुभवत्वापरजातिशून्यत्वं चानुमितावपि।

भेदघटितव्याप्यत्वस्यावश्यं वाच्यतयातिगौरवाच्च। मन्मतेऽनुभवनिष्ठभेदप्रतियोगितावच्छेदकत्वस्यानुभवत्वे असत्त्वेनानुपपत्त्यभावात्। स्मृतावतिव्याप्तिवारणाय चरमधीपदस्यानुभवपरत्वं विनानिर्वाहाच्चेति पदजन्यत्वव्यभिचार्यनुभवत्वाव्यापकजातिशून्यत्वमिति कृतेऽसंभवः। ज्ञायमानपदस्य करणत्वासंभवेन शाब्दत्वस्यापि पदजन्यत्वव्यभिचारित्वादतःपदधीति। इत्थंचजन्यपदस्याव्यावृत्तिमाह। पदधीति। नन्वनुमितित्वस्यापि तादृशस्य सत्वात्कथमतिव्याप्तिरतआह। अनुमितित्वस्येति। भगवादिति। अनुमितित्वस्येश्वरीयपदधीजन्यत्वव्याप्यत्वेनात्मत्वादिजातिरेव तच्छून्यत्वं चानुमितावपीत्यतिव्याप्तिः। जन्यपदोपादाने चानुमितित्वस्यापि तथात्वेन तच्छून्यत्वाभावान्न क्षतिरिति भावः। अतः। अतिव्याप्त्यादितः। समुदितमिति। जन्यपदधीजन्यत्वव्यभिचार्यनुभवत्वाव्यापकजातिशून्यत्वान्तमित्यर्थः। अत्र जन्यत्वव्यभिचारीति जन्यधीत्वव्यभिचारीति धीत्वव्यभिचारीति धिजन्यत्वव्यभिचारीति जन्यजन्यत्वव्यभिचारीति च नोक्तं अनुमितित्वस्य जन्यत्वजन्यज्ञानत्व ज्ञानत्वधीजन्यत्वव्याप्तिज्ञानजन्यत्वव्याप्यत्वात्तद्व्यभिचारिजातिशून्यत्वस्यानुमितावपि सत्त्वादतिव्याप्तिः। जन्यपदधीत्वव्यभिचारिजातिशून्यत्वमात्रोक्तौ शाब्दत्वस्यापि तथात्वेनासंभवापत्तिरिति विशिष्टमुपादेयमेव। ननु जन्यपदधीजन्यत्वव्यभिचार्यनुभवत्वव्यापकजातिशून्यत्वमेव लक्षणमस्तु कृतं विशेष्यदलेनेत्यत आह। उपमिताविति। उपमितेः पदविषयकातिदेशवाक्यार्थज्ञानजन्यत्वनियमेन जन्यपदधीजन्यत्वव्यभिचारिप्रत्यक्षत्वादिजातिशून्यत्वादितिभावः। शून्यान्तं पदविषयकत्वाव्यभिचारिजातिशून्यत्वमित्यर्थः। पदविषयकशाब्दबोधे पदस्यापि भानात् पदविषयकत्वसमानाधिकरणशाब्दत्वान्यत्वाभावादसंभव इति समानाधिकरणेति विहायाव्यभिचारीति। ननुसर्वत्र शाब्दबोधेपदस्य भानेबाधकाभावात् शाब्दत्वस्यापि पदविषयकत्वव्यभिचारित्वमेवेति चेन्न। वृत्या पदजन्यपदार्थोपस्थितितात्पर्यज्ञानादेरेव शाब्दबोधहेतुतया शब्दस्यसर्वत्र भाने मानाभावात् यत्र भिन्नविषयकानुमितिसामग्रीकालेघटमानयेति शाब्देच्छाबलात् शाब्दबोधः तत्र शब्दविषयकशाब्दं जायतामितीच्छाविरहविशिष्टानुमितिसामग्र्याः प्रतिबन्धकत्वेन शब्दशाब्दानुपपत्तेश्च घटशाब्दे-

अनुमितित्वस्य भगवत्पदधीजन्यत्वाव्यभिचारित्वात् अतः समुदितमुपात्तम् । उपमितावतिव्याप्तिवारणाय शून्यान्तं ॥

च्छाया अपि तन्नोत्तेजकत्वे तत्तदिच्छाभावकूटनिवेशेनातिगौरवात् मिथो विशेषणविशेष्यभावे विनिगमनाविरहेणानन्तकार्यकारणभावकल्पनापत्तेश्चेति शब्दाविषयकशाब्दस्यैवोत्पत्त्या शाब्दत्वस्य पदाविषयकत्वाव्यभिचारित्वाभावेनासंभवाभावादिति नाकिञ्चिदेतत् । जाताविति । जात्यादाविवत्यर्थः । तत्र जात्यभावादित्यभावः । मणिकृतस्तु प्रयोगहेतुभूतार्थतत्त्वज्ञानजन्यः शब्दः प्रमाणमिति शब्दलक्षणं । प्रयोगो वाक्यं तद्धेतुभूतं यदर्थतत्त्वज्ञानं तज्जन्यशब्दत्वं प्रमाणशब्दत्वमित्यर्थः । वाक्यार्थभ्रममादाय वह्निना सिञ्चतीत्यादौ अयोग्येऽतिव्याप्तिवारणाय तत्त्वपदं तथापि पदार्थतत्त्वज्ञानमादायायोग्येऽतिव्याप्तिः प्रयोगहेतुभूतेति । इत्थं चार्थपदस्य वाक्यार्थपरत्वपर्यवसानान्न पदार्थतत्त्वज्ञानमादायातिव्याप्तिः । तथाहि हेतुपदसमभिव्याहृतभूतपदस्य भूप्राप्ताविति धात्वनुसारादितरनैरपेक्ष्यव्युत्पन्नतया सजातीयनैरपेक्ष्यस्य विवक्षिततया यत्प्रयोगप्रतिपाद्यज्ञानं प्रयोगे कर्त्तव्ये प्रयोगप्रतिपाद्यज्ञानान्तरं नापेक्षते तादृशार्थतत्त्वज्ञानजन्यत्वं लब्धं नहि वाक्यार्थज्ञानवत्पदार्थज्ञानमपि अर्थज्ञानानपेक्षप्रयोगहेतुर्वाक्यार्थज्ञानात्मकार्थतत्त्वज्ञानस्यैवापेक्षणीयत्वादिति अत्र च प्रयोगो वाक्यं तथा च तत्कालीनतत्पुरुषीयस्वजन्यज्ञानविषयविषयकप्रमात्मकज्ञानं प्रकृतवाक्यजननीये प्रयोगप्रतिपाद्यज्ञानान्तरं तत्कालीनतत्पुरुषीयस्वजन्यज्ञानविषयविषयकज्ञानान्तरं नापेक्षते तादृशार्थतत्त्वज्ञानजन्यत्वमर्थः । वाक्यार्थज्ञानेन वाक्ये जननीये स्वपूर्ववर्तिपदार्थतत्त्वज्ञानस्यापेक्षणादसंभवः अन्यथा तस्याहेतुत्वापत्तेरिति स्वोत्तरोत्पन्नत्वमपि स्वजन्यज्ञानविषयकज्ञानान्तरे विशेषणीयम् । तथा च तत्कालीनतत्पुरुषीयस्वजन्यज्ञानविषयविषयकं यत्प्रकृतवाक्यार्थस्य प्रमात्मकज्ञानं स्वस्मिन् जननीये तत्कालीनतत्पुरुषीयस्वजन्यज्ञानविषयकस्वोत्तरोत्पन्नज्ञानान्तरं नापेक्षते तादृशज्ञानजन्यशब्दत्वं तत्कालीनतत्पुरुषीयप्रमाणशब्दत्वमिति फलितम् । अत्र स्वोत्तरोत्पन्नेत्यत्र स्वपदमर्थतत्त्वज्ञानपरं स्वपदान्तराणि प्रकृतवाक्यपराणि । पदार्थतत्त्वज्ञानेन वाक्ये जननीये स्वोत्तरोत्पन्नप्रकृतवाक्यजन्यज्ञानविषयविषयकस्य वाक्यार्थज्ञानस्यापेक्षणान्न पदार्थतत्त्वज्ञानजन्यत्वमादायायोग्येऽतिव्याप्तिरिति । संस्कारादावतिव्याप्तिवारणाय लक्षणे शब्दपदं । प्रमाणमात्रस्य लक्ष्यत्वे प्रत्यक्षादावव्याप्तेर्लक्ष्येऽपि शब्दपदमनुषञ्जनीयमिति । ननु तत्कालीनतत्पुरुषीयस्वजन्यज्ञानविषयविषयकं प्र

मात्मकं ज्ञानं स्वस्मिन् जननीये तत्कालीनतत्पुरुषीयस्वजन्यज्ञानविषयकप्रमान्तरं नापेक्षते तादृशप्रमाजन्यशब्दत्वं तत्कालीनतत्पुरुषीयप्रमाणशब्दत्वमिति फलितं प्रमात्वं च यावद्भ्रमभिन्नत्वं नातः आंशिकप्रमामादायातिप्रसङ्गः इत्थं च वह्निना सिञ्चतीत्यादौ पदार्थतत्त्वज्ञानस्य स्वसमानजातीयवाक्यार्थज्ञानान्तरापेक्षितया तदादायातिव्याप्त्यभावेऽपि कण्ठाभिघातं वाक्यरूपेष्टसाधनताप्रमामादायातिप्रसङ्गः । वह्निकरणकसेकानुकूलकृतिमानिति प्रकृतवाक्यजन्यज्ञानविषयकरणताघटकाभावादिघटकत्वेनेष्टसाधनताज्ञानस्यापि प्रकृतवाक्यजन्यज्ञानविषयकविषयकार्थतत्त्वज्ञानत्वात् तेन च वाक्ये जनयितव्ये सजातीयज्ञानान्तरानपेक्षणादिति । एवं शब्दो द्रव्यमिति वाक्यस्यापि तादृशवाक्यजन्यज्ञानविषयतया तादृशवाक्यजन्यज्ञानविषयवाक्यविषयकवाक्यरूपेष्टसाधनताप्रमामादाय शब्दो द्रव्यमित्ययोग्यवाक्येऽतिव्याप्तिः । अपि च पयः करणकसेकानुकूलकृतिमान् गुणश्च द्रव्यमित्यांशिकभ्रमात्मकसमूहालम्बनजन्ये पयसासिञ्चतीत्यादिवाक्येऽव्याप्तिः । तादृशवाक्यार्थज्ञानस्य भ्रमभिन्नत्वाभावात् ईश्वरीयवाक्यार्थज्ञानस्य च स्वसमानजातीयास्मदीयवाक्यार्थज्ञानसापेक्षतया तदादाय लक्षणागमनात् । अन्यथा तदीयपदार्थतत्त्वज्ञानमादाया योग्येऽतिप्रसक्तेर्दुर्वारत्वात् इति कथमेतदिति चेन्न । यादृशार्थतत्त्वज्ञानं स्वसमानजातीयज्ञानान्तरानपेक्षं सत्प्रयोगहेतुस्तज्जन्यत्वमिति न लक्षणार्थः किंतु प्रयोगहेतुभूतं पदार्थतत्त्वज्ञानं प्रकृतवाक्यजन्यज्ञानविषयविषयकं तज्जन्यत्वं लक्षणं तत्कालीनतत्पुरुषीयस्वजन्यज्ञानं यद्यत्संसर्गकयद्यत्प्रकारकत्वावच्छिन्नयद्यद्विशेष्यताकं तत्संसर्गकतत्प्रकारकतत्तद्विशेष्यताकभ्रमभिन्नज्ञानजन्यशब्दत्वं तत्कालीनतत्पुरुषीयप्रमाणशब्दत्वमिति पर्यवसितोऽर्थः । वह्निनासिञ्चतीत्यादौ वह्निकरणकसेकानुकूलकृतिमानिति बोधोदयेन तद्विषयविषयकज्ञानस्य भ्रमत्वान्न तत्रातिव्याप्तिः । एवं शब्दो द्रव्यमित्यादावपि भ्रमात्मकसमूहालम्बनजन्ये पयसासिञ्चतीत्यादौ तु ईश्वरीयप्रमामादायसङ्गतिः । एवमन्यत्र शुकादीरितवाक्ये मौनिश्लोकादावपीति । अथ यत्र वह्निना सिञ्चति पयसा सिञ्चतीत्यादिवाक्याभ्यां वह्निकरणकसेकानुकूलकृतिमान् पयः करणकसेकानुकूलकृतिमानिति समूहालम्बनशाब्दबोधः तत्र पयसा सिञ्चतीत्यादिवाक्येऽव्याप्तिः । तद्वाक्यजन्यज्ञानं यद्यद्विशेष्यताकं तद्विशेष्यताकभ्रमभिन्नज्ञानाप्रसिद्धिरिति चेन्नैवं यद्यद्विशेष्यताकत्वांशे स्वजन्यता तद्विशेष्यताकत्वांशे भ्रमभिन्नज्ञानत्वस्याविवक्षितत्वादित्याहुः । इदं च बुबोधयिषापूर्वकवाक्यत्वावच्छिन्नं प्रति वाक्यार्थज्ञानं हेतुरिति सम्प्रदायमतेन । वस्तुतस्तु बुबोधयिषया श्र

जात्यादावतिव्याप्तिवारणाय धीपदं। सोयं शाब्दः सकलजनानुभवसिद्धो दुरपन्हवः। तज्जनकत्वमपि तथा। आगोपालाङ्गना माच पण्डितं चैत्रवाक्यादमुमर्थं प्रत्येमीति प्रतीतेः केवलमनुमानविधया ऽन्यथावेति विप्रतिपद्यन्ते । तत्रानुमानविधयेति वैशेषिकादयः ॥ नैयायिकास्तु पृथगेव

न्यथासिद्धतया तस्य कारणत्वासम्भवेन तदुपेक्ष्य शाब्दप्रमितिकरणं शब्द इति फलघटितमेव लक्षणमत्र कृतमिति ध्येयं । प्रत्यक्षातिरिक्तप्रमाणसत्त्वे मानाभाव इति शब्दस्याप्रमाणतया व्यर्थं तन्निर्वचनमिति चार्वाकमतं कटाक्षयन् शब्दप्रमाणत्वं साधयति । सोयं शब्द इति । शाब्दप्रमितिकरणं शब्द इत्यर्थः । सकलेति । शब्दं शृणोमीत्यनुभवविषय इत्यर्थः । दुरपन्हव इति । तादृशप्रत्यक्षस्यान्यविषयकत्व बाधाच्छाब्दविषयकत्व एव पर्यवसाने शब्दसिद्धिः प्रतीतेस्तदसाधकत्वे पदार्थमात्रोच्छेद इत्यर्थः । ननु न वयं शब्द एव नास्तीति ब्रूमोऽपितु तस्यातिरिक्तशाब्दप्रमितिकरणत्वमेव नास्तीत्यत आह । तज्जनकत्वमपीति । तस्य । शब्दस्य जनकत्वमपि । शाब्दप्रमितिजनकत्वमपीत्यर्थः । वस्तुतस्तु सोयं शाब्द इति पाठः शाब्दयामीति प्रतीतिसिद्धः शाब्दबोध इत्यर्थः । तज्जनकत्वमपि । शब्दे तादृशशब्दप्रमितिकरणत्वमपीत्यर्थः । तथा । दुरपन्हवः। तत्र हेतुमाह । आगोपेति । प्रतीतेरिति । वाक्यादमुमर्थं प्रत्येमीति ज्ञानस्य प्रत्यक्षविषयत्वसम्भवेन प्रत्यक्षातिरिक्तप्रमितिस्वीकारः शब्दस्य तत्करणस्वीकारश्चावश्यक इति भावः । नन्वस्तु शब्दस्य प्रमाणत्वं आस्तां च तज्जन्यज्ञानस्य प्रत्यक्षातिरिक्तत्वं तथाप्यनुमित्यात्मकत्वमेव तज्जन्यज्ञानस्यास्त्वतोव्यर्थं पृथक्निरूपणमित्यत आह । केवलमिति । अनुमानविधया । अनुमानत्वेन । अन्यथावेति । शब्दविधयावेत्यर्थः । नतुतस्य प्रत्यक्षातिरिक्तप्रमितिजनकत्वमेवनास्तीति विवादइतिभावः । विप्रतिपद्यन्ते । विप्रतिपत्तिश्च शब्दः अनुमितित्वासमानाधिकरणप्रमितिविभाजकोपाध्यवच्छिन्नजन्यतानिरूपितप्रमाणविभाजकोपाधिनियतधर्मावच्छिन्नजनकताश्रयोनवेत्याकारा ।

अत्र विधिकोटिर्नैयायिकानां निषेधकोटिर्वैशेषिकाणां । विधिकोटिप्रसिद्धिः प्रत्यक्षप्रमाणे । इन्द्रियस्यैव प्रमाणतया प्रत्यक्षं प्रति इन्द्रियत्वेन हेतुत्वेन तादृशजनकताश्रयत्वात् । निषेधप्रसिद्धिश्च घटादाविव सुलभा । अत्र सिद्धसाधनवारणायानुमितित्वासमानाधिकरणत्वनिवेशः । प्रत्यक्षे विषयस्य हेतुतया शब्दस्यापि साक्षात्कारत्वावच्छिन्नजन्यतानिरूपितजनक-

शब्दो मानं नत्वनुमानं । शब्दस्य अर्थाऽव्याप्यत्वात् । नहि-यत्र शब्दस्तत्र घटानयनादिरूपोऽर्थः शब्दस्याकाशवृत्ति-त्वात् । घटादेश्च तदवृत्तित्वात् । दृश्यते च व्याप्तिबुद्धिवि-

---

ताशालित्व। प्रमाणविभाजकोपाधिनियतधर्मावच्छिन्नत्वस्य निवेशः । अनुमितिभिन्नशब्दाविषयकप्रमितिकरणं नवेति प्रत्यक्षानुमित्यन्यतरत्वव्याप्यानुभवनिष्ठजन्यतासामान्यको नवेत्याकारो वा । पृथगिति । अनुमितिभिन्नशब्दाविषयकप्रमितिकरणमित्यर्थः । अतो न सिद्धसाधनव्याघातः । नत्वनुमानं । ननु प्रत्यक्षानुमित्यन्यतरत्वव्याप्यानुभवनिष्ठजन्यतासामान्यकम् अतो न शब्दलिङ्गकानुमानमादाय बाधः । नन्विदं घटानयनादिरूपार्थवत् शब्दत्वादित्यनुमानं स्यादत आह । शब्दस्येति । अर्थाव्याप्यत्वात् । स्वजन्य प्रतिपत्तिविषयार्थनिरूपितव्याप्यभाववत्त्वादित्यर्थः । अव्याप्यत्वमेव दर्शयति । नहीति । तदवृत्तित्वात् । आकाशावृत्तित्वात् । तथाच व्यभिचरित सामानाधिकरण्यरूपाव्याप्तिः शब्दे न संभवति साध्यहेत्वोर्वैयधिकरण्यादिति भावः । ननुघटमानयेति पदानि तात्पर्यविषयस्मारितपदार्थसंसर्ग ज्ञानपूर्वकाणि आकाङ्क्षादिमत्पदकदम्बत्वात् इत्यत्र न वैयधिकरण्यं । नच रजतज्ञानवानयमिति ज्ञानात् भ्रान्तिज्ञप्रवृत्त्यापत्तिवारणाय पुरोवर्त्तिविशेष्यकेष्टतावच्छेदकप्रकारकज्ञानस्यैव प्रवर्त्तकतया न तत्सिद्धिरिति वाच्यं लाघवात्प्रवृत्तिविषयेष्टतावच्छेदकवैशिष्ट्यावगाहिज्ञानत्वेनैव प्रवर्त्तकतया साध्यस्थज्ञानपदस्य प्रमापरत्वेन प्रमात्वघटकतया प्रकृते तस्याप्यक्षतत्वात् नचानुमितेर्व्यापकतावच्छेदकप्रकारकत्वनियमेन स्मारितपदार्थत्वेनैव रजतादिसिध्येत् न तु रजतत्वादिना प्रमेयत्वादिना तादृशज्ञानस्य प्रवर्त्तकत्ववारणाय रजतत्वादिप्रकारकज्ञानस्यैव प्रवर्त्तकत्वादिति वाच्यं । पूर्वं रजतत्वादिना रजतत्वादेरुपस्थितत्वादितरबाधबलात्तेन रूपेणानुमितौ भानसंभवात् । अतएव सत्कर्त्तृकत्वानुमाने लाघवोपनीतमेकत्वादिकमपि भासते लाघवज्ञानेतरबाधातिरिक्तस्थल एवच व्यापकतानवच्छेदकरूपेण ज्ञानानभ्युपगमादिति । यद्वा । एते पदार्थास्तात्पर्यविषयमिथः संसर्गवन्तः आकाङ्क्षादिमत्पदस्मारितत्वादित्यनुमानेन विशिष्य रजतत्वादेः पक्षतावच्छेदकतया तत्सिद्धिः । नच नदीजलसंसर्गपरतयोच्चारिते अहो विमलजलं नद्याः कच्छे माहिषश्चरतीति वाक्ये प्रत्यायके नदीकच्छपदार्थयोर्व्यभिचारः तात्पर्यगर्भसाध्यासत्त्वादिति वाच्यं । तात्पर्यगर्भपरस्परनिरूपिताका-

ङ्गादिमत्त्वाभावे नैवाव्यभिचारात् । ननु तथापि हेतुतावच्छेदकावच्छिन्नहेतुमत्तानिश्चयस्यैवानुमितिहेतुतया यत्र योग्यतासंशयः तत्र योग्यतागर्भहेतुमत्तानिश्चयाभावादन्वयाऽबोधप्रसङ्गः । नच योग्यतासंशयस्य बाधसंशयपर्यवसन्नतया साध्यसन्देहस्य चानुगुणतया पक्षताघटकसंशयातिरिक्तसंशयान्यत्वमेव हेतुमत्तानिश्चयत्वमिति वाच्यं । गौरवात् साध्यव्याप्यसाधनवान्नवेत्याकारकसंशयादनुमित्यापत्तिश्चेति चेन्न । अयमालोको धूमो वा उभयथापि वह्निव्याप्य इत्यत्र हेतुतावच्छेदकसंदेहेऽपि नैयायिकैरनुमितिरभ्युपगमात् व्याप्यवत्तानिश्चयत्वेनैवानुमितिहेतुत्वं । तस्य च योग्यतारूपहेतुविशेषणसन्देहेऽपि संभवात् न काप्यनुपपत्तिरत आह । इष्यतेचेति । ननु व्याप्तिभ्रमादेरनुमितिरस्तु नच भ्रमात्मकपरामर्शजन्यत्वादनुमितेर्भ्रमत्वापत्तिरिति वाच्यं । विषयबाधस्यैव भ्रमत्वनियामकत्वेन दोषाभावादित्यत आह । इष्यतेचेत्यपि कश्चित् । व्याप्तीति । पदनिष्ठव्याप्तिज्ञानशून्यानामित्यर्थः । नचेति । नहीत्यर्थः । अयं । व्याप्तिज्ञानशून्यकालीनः शब्दप्रयोज्योऽनुभवः । तस्या । अनुमितेः। ननु इयं व्याप्तिज्ञानाजन्या विलक्षणैवानुमितिः । नच तत्रानुमितित्वसत्वे मानाभावः, समाने विषये शाब्दसामग्र्या बलवत्त्वात् अनुमितिं प्रति शाब्दसामग्र्याः प्रतिबन्धकत्वकल्पने गौरवं । मन्मते तत्र शाब्दात्मिकानुमितिस्वीकारेण तत्र तत्प्रतिबन्धकत्वात् । एवं भिन्ने विषये ऽनुमितिसामग्र्याः शाब्दसामग्र्याश्च प्रतिबन्धकताद्वयकल्पने गौरवं मन्मते ऽनुमितिसामग्रीप्रतिबन्धकतयैवोपपत्तेरित्यत आह ॥ प्रतियंतिचेति ॥ अनुमितमिति। नच व्याप्तिज्ञानादिघटितसामग्रीजन्यानुमितित्वाभावो तद्विषय इति वाच्यम् ॥ व्याप्त्याद्यप्रतिसन्धानेऽपि तस्यानुभवसिद्धत्वात् । असाक्षात्कृतमिति ॥ यद्यपि नोपमितमितिवक्तुमुचितं तथाप्युपमितेः शक्तिमात्रविषयकतया घटादिविषयकज्ञानस्य ततोऽसंभवेन तन्निराकरणस्याऽनिष्प्रयोजनकत्वान्नोपमितिशेष इत्यपि कश्चित् । तथाच शब्दजन्यज्ञाने ऽनुमितित्वाद्यभावेन विलक्षणप्रमित्यङ्गीकरणस्यावश्यकतया तत्करणस्य प्रमाणान्तरत्वमावश्यकमिति भावः ॥ श्रुतमिति ॥ नैयायिकशब्दजन्यशाब्दबोधविषय इत्यर्थः ॥ श्रुधातोर्नानार्थत्वेन शाब्दत्वविशिष्टशक्तत्वात् "अतएवात्मावारे द्रष्टव्यः श्रोतव्य" इत्यादिश्रुतिरप्युपपद्यते । इदं । घटकर्मकानयनादि ॥ नैयायिकेभ्य इति ॥ वैशेषिकस्य शब्दोच्चारयितृत्वे लिङ्गविधयैव तद्बोधकत्वान्नैयायिकेभ्य इत्युक्तं ॥ नैयायिकानां शाब्देच्छयैव पदोच्चारणात् शाब्दतात्पर्यज्ञानसंभवात् शाब्दबोध एव श्रोतुरितिभावः । जरन्मीमांसकास्तु ॥ लौकिकवाक्यस्थले शाब्दबोधात्पूर्वं प्रकृतवाक्यार्थगोचरयथार्थज्ञानवदुक्तत्वरूपाप्तोक्तत्वानुमिति

सामग्रीसत्वेनाप्तोक्तत्वानुमितिसंभवात वाक्यार्थज्ञानस्यावश्यकत्वात् तदु-
त्तरं चवेदस्थले क्लृप्तशाब्दसामग्रीतः शाब्दोत्पत्तेः लौकिकशब्दोऽनुवादकः
अनुवादकत्वस्य गृहीतग्राह्यनुभवमात्रजनकत्वरूपत्वात् । स्वसमानाधि-
करणस्वाव्यवहितपूर्ववर्त्तिस्वसमानाकारनिश्चयविषयविषयकतद्विशेष्यक त-
त्प्रकारकानुभवमात्रजनकत्वरूपत्वादिति यावत्। स्वपदमनुभवपरं वेदस्य
पौरुषेयत्वे नाप्तोक्तत्वानुमानासंभवात् अननुवादकत्वादप्रामाण्यम्। अनधि
गतार्थानुभवकरणत्वस्यैव प्रामाण्यरूपत्वात्। तच्च गृहीतग्राहीतरानुभव-
करणत्वं । स्वसमानाधिकरणस्वाव्यवहितपूर्ववर्त्ति स्वसमानाकारनिश्चय
विषयविषयकेतरतद्विशेष्यकतत्प्रकारकानुभवकरणत्वमिति यावत्। स्वसमा-
नाकारत्वं च स्वस्मिन्याद्दृशो तद्विशेष्यताकत्वावच्छिन्नतत्प्रकारताताद्दृशतद्वि-
शेष्यकत्वावच्छिन्नतत्प्रकारिताशालित्वमित्यूचुः ॥ तदसत् ॥ व्याप्तिस्मृतिविलं-
बेनाप्तोक्तत्वानुमितिसामग्र्यभावेन प्रथमत एव शाब्दबोधादननुवादकत्वेन
प्रमाणत्वात्। ननु लौकिकवाक्ये इदमाप्तोक्तं नवेति संशये शाब्दबोधानुद-
यात् यत्संशयव्यतिरेकनिश्चयौ यत्र प्रतिबन्धकौ तन्निश्चयस्तत्र हेतुरनुमितौ
व्याप्तिरिवेति नियमेनाप्तोक्तत्वनिश्चयस्य हेतुत्वात् शाब्दबोधात्पूर्वं तस्यावश्य-
कतेतिचेन्न । तत्कार्यतावच्छेदकं हि शाब्दत्वं वा लौकिकवाक्यजन्यशाब्दत्वं
वालौकिकत्वे नज्ञातवाक्यजन्यशाब्दत्वं वा । नाद्यः । वेदेतदभावात् ॥
न द्वितीयः॥आप्तोक्त वाऽनिश्चयेपि वेदानुकारेण पठ्यमानमन्वादिवाक्ये ऽपौ-
रुषेयत्वाभिमानिनो गौडमीमांसकस्य शाब्दबोधोदयेन व्यभिचारात् । ना
पि तृतीयःलौकिकत्वेनाज्ञातलौकिकवाक्यस्थले क्लृप्तशाब्दसामान्यसामग्रीता
एव लौकिकत्वेन ज्ञातवाक्यादपि शाब्दोत्पत्तिसंभवेन तस्याकारणत्वात् ॥
नच यत्संशये यादृङ्नियमेन तद्धेतुत्वनियम इति वाच्यम् । तत्संशयेपि-
वाक्यार्थबोधोत्पत्त्या तत्संशयस्याप्रतिबन्धकत्वात् ॥ अव्यभिचारसंशयव्य-
तिरेकनिश्चयप्रतिबध्ये व्याप्तिज्ञाने व्यभिचारेणाप्रयोजकत्वेन च तादृश-
नियमाभावाच्च। एतेन शाब्दसामान्ये अनाप्तोक्तत्वशङ्काविरहो हेतुः सच-
लोके आप्तोक्तत्वानुमानात् वेदे त्वपौरुषेयत्वानुमानात् । नचापौरुषेयत्वनि
श्चयदशायामिव वेदस्यानुभावकत्वे दोषवत्पुरुषाप्रणीतपदस्मारितत्वरूपहेतु-
ज्ञानसत्वेन पदार्थसंसर्गसिद्धिसंभवाद्वेदस्याप्यनुवादकतापत्तिरिति वाच्यं।
व्याप्तिस्मृतिविलंबेन तद्विलंबादिति परास्तम् । अनाप्तोक्तत्वसंशयस्याप्रतिबन्ध
कत्वात् योग्यतासंशयत्वादिति दिक्॥प्रभाकरास्तु । क्वचित् शाब्दभ्रमः क्वचि
च्चप्रमेति नियमनिर्वाहाय शाब्दप्रमात्वावच्छिन्नं प्रति किञ्चित्कारणमुपेयं ॥
तच्च न योग्यता । अन्वयप्रयोजकरूपवत्त्वरूपयोग्यतायाः कारकाभिप्रायप्रयु-
क्तपदसासिद्ध्यतीत्ययोग्यवाक्येपि सत्वात् । अथ दोषाभाव एव तथास्तु

दोषाश्च भ्रमप्रमादविप्रलिप्साकरणापाटवरूपाः वक्तृनिष्ठाः भ्रमश्च उच्चारणीयवाक्यार्थगोचरो भ्रमः । प्रमादोऽनवधानता । सा च वाक्यार्थज्ञानस्वरूपयोग्यस्य वक्तुरुच्चारणीयवाक्यार्थनिश्चयव्यतिरेकः शुकीयवाक्यार्थनिश्चयव्यतिरेकवारणाय षष्ठ्यन्तनिवेशः अन्यथाप्रतीतस्यार्थस्य अन्यथाप्रतिपिपादयिषा प्रतारणा । सैव च विप्रलिप्सा । इच्छाविषयीभूतपूर्ववर्णानुकूलकण्ठताल्वभिघातानुत्पादकालीना परवर्णानुकूलकण्ठताल्वाद्यभिघातः करणापाटव करणं कण्ठताल्वाद्यभिघातः तस्यापाटवम् असामर्थ्यं इच्छाविषयीभूतवर्णाननुकूलत्वमिति यावदिति चेन्न । भ्रान्तप्रतारकवाक्ये संवादेन प्रमाणे प्रतारणारूपदोषसत्त्वेन व्यभिचारात् । अन्यथाप्रतीतस्याविद्यमानार्थस्यान्यथाप्रतिपिपादयिषात्व प्रतारणात्वेनोक्तदोषान्तरेऽपि सर्वसाधारणदोषत्वस्यैकस्याभावेन तत्तदभावस्य प्रत्येकं कारणत्वे भ्रमस्थलेऽपि अन्यदोषाभावसत्त्वात्प्रमापत्तिः अभावकूटस्य च कारणत्वकल्पने गौरवात् विसंवादिशुकवाक्यादपि प्रमापत्तेश्च । तस्माद्यथार्थतात्पर्यकत्वमेव लोकवेदसाधारणं शाब्दप्रमाप्रयोजकं ॥ यथार्थतात्पर्यकत्वं च यथार्थवाक्यार्थप्रतीतीच्छयोच्चारितत्वं । एकपदार्थवदपरपदार्थप्रतीतीच्छयोच्चारितत्वमिति यावत् ॥ उच्चारितत्वं चानुसन्धीयमानत्वं तेन तन्मते वर्णानां नित्यैकत्वरूपत्वेऽपि नासंभवः न वा मौनिश्लोकादावव्याप्तिः । वेदे तु पूर्वपूर्वाध्यापकेच्छामादाय सङ्गतिः मूर्खपठ्यमानवेदस्तु पण्डितपठ्यमानवेदादभिन्न एव वेदस्य नित्यत्वात् नित्यानुमेये वेदे तु तदर्थज्ञापकत्वेन ज्ञानमन्येव सामग्रीति न व्यभिचारः । शुकवाक्येऽपि शिक्षकवाक्यमादायोपपत्तिः ॥ वर्णानां तन्मते नित्यैकत्वरूपत्वात् । नच दैववशसंपन्नशुकबालादिवाक्ये गत्यभाव इति वाच्यं । तस्याप्रमाणत्वात् । व्यवहारस्तु प्रत्यक्षादसंसर्गाग्रहाद्वेति । केचित्तु शुकबालादिभिन्नलौकिकवाक्ये यथार्थवाक्यार्थप्रतीतीच्छयोच्चरितत्वं वदे वेदत्वादिशुकादिवाक्ये ऽबाधितार्थकत्वं नानैव शाब्दप्रमाप्रयोजकं एकशक्तिमत्त्वेन तेषां कारणत्वमितिनाननुगमः ॥ नच सर्वत्राबाधितार्थकत्वमेव प्रयोजकमस्त्विति वाच्यं । यत्रान्यघटाभिप्रायेण गेहे घटोस्तीत्युक्ते घटान्तरं दृष्ट्वा तमानयति तत्रान्यपरत्वेनाप्रमाणेऽपि प्रामाण्यापत्तेः तदुक्तं ॥ "यत्परः शब्दः स शब्दार्थो" यतइतीत्याहुरिति दिक् ॥ तत्र ज्ञातमुपयुज्यते ज्ञायमानकरणे ज्ञानोपयोगिव्यभिचारिवैलक्षण्यत्वात् व्याप्तिवच्छब्दशक्तिवच्चेति तज्ज्ञानं हेतुः । ज्ञातमुपयुज्यते । शाब्दबोधनिरूपितज्ञाननिष्ठकारणतायां विषयतासम्बन्धावच्छेदकं शाब्दबोधनिरूपितज्ञानावच्छिन्नकरणताश्रयस्य शब्दस्य शाब्दबोधे जननीये उपयोगित्वे सति सहकारित्वे सति व्यभिचारिवैलक्षण्यत्वादिति तदर्थः ॥ सामान्यमुखीर

व्याप्तिः। यद्यज्ज्ञाननिरूपितज्ञानावच्छिन्नकरणताश्रयस्य यज्ज्ञाने जननीये सहकारित्वे सति व्यभिचारिवैलक्षण्यं भवति तत्तत्तज्ज्ञाननिरूपितज्ञाननिष्ठकरणतायां विषयतासंबन्धेनावच्छेदकं भवति यथा व्याप्तिः शब्दशक्तिश्चेति । अत्र भूयोऽवयवेन्द्रियसन्निकर्षे व्यभिचारवारणाय ज्ञायमानकरण इति । शाब्दबोधं प्रति ज्ञायमानकरणस्य शब्दस्य स्वप्रत्यक्षे जननीये उपयोगिनि शब्दनिष्ठश्रोत्रसमवाये व्यभिचार इति ज्ञानोपयोगीति । तथाच यज्ज्ञानं प्रति ज्ञायमानं करणं तज्ज्ञाने जननीये सहकारीत्यर्थान्न दोषः ॥ नच सल्लिङ्गपरामर्शे व्यभिचारः ज्ञायमान इत्यस्य ज्ञानविशिष्टेत्यर्थात् सल्लिङ्गपरामर्शस्य ज्ञानविशिष्टज्ञायमानकरणासहकारित्वात् । यस्मिन्नसति यदभावात्कार्याभावस्तस्यैव तत्सहकारित्वात् । स्वविशिष्टे स्वासहकारित्वात् तथाच तज्ज्ञाननिरूपितकरणतावच्छेदकज्ञानविशिष्टकरणस्य ज्ञायमानत्वघटितधर्मावच्छिन्नकरणताकज्ञाने जननीये सहकारित्वमर्थः पर्यवस्यति परामृश्यमानलिङ्गत्वेनैवानुमितिकरणतया परामर्शविशिष्टसत्त्वे परामर्शाभावासंभवान्न व्यभिचारः ह्रदो वह्निमान्ह्रदत्वादित्यादौ परामृश्यमानलिङ्गसत्त्वेऽपि व्याप्त्यभावेन प्रमानुमित्यभावात् व्याप्तिवदिति दृष्टान्तसङ्गतिः व्याप्तिपक्षधर्मतावल्लिङ्गत्वेन प्रमानुमितिकरणत्वात् ज्ञायमानशब्दत्वे शब्दसमवायाभावसंभवेनैवैतादृशसहकारित्वस्य शब्दसमवायेऽभावेऽपि आद्यक्षणे धूमत्वसामान्यलक्षणाजन्यपरामर्शविशिष्टः धूमसत्त्वेऽपि धूमनिष्ठरूपाभावेन धूमचाक्षुषानुदयात् परामृश्यमानधूमस्य प्रत्यक्षे जननीये सहकारिभूते धूमनिष्ठरूपादौ व्यभिचारवारणाय ज्ञानोपयोगिनात्यच ज्ञायमानत्वघटितधर्मावच्छिन्नकरणताकज्ञानपदस्य निवेशः ॥ अत्रेदं चिन्त्यम् ॥ परामृश्यमानलिङ्गसत्त्वेऽपि सल्लिङ्गपरामर्शाभावात्कथं सल्लिङ्गपरामर्शे व्यभिचारनिरासः। नच यज्ज्ञानं प्रत्युपयोगिता तज्ज्ञानकरणतावच्छेदकज्ञानविशिष्टकरणेतत्सहकारित्वं विवक्षितं सत्परामृश्यमानलिङ्गत्वेन प्रमानुमितिहेतुत्वेन सल्लिङ्गपरामर्शस्य प्रमानुमितिं प्रत्येवोपयोगितया प्रमानुमितिकरणतावच्छेदकसत्परामर्शविशिष्टलिङ्गसत्त्वे सत्परामर्शाभावासंभव इति वाच्यं ॥ तथासति व्याप्तिवदिति दृष्टान्तासङ्गतेः ॥ व्याप्तिपक्षधर्मतावल्लिङ्गत्वेन प्रमानुमितिं प्रत्येवोपयोगितया सत्परामर्शविशिष्टलिङ्गसत्त्वे व्याप्त्यभावासंभवेन तादृशसहकारित्वस्य व्याप्तावभावादिति । आत्ममनोयोगबाधाभावादिवारणाय व्यभिचारिवैलक्षण्यादिति । तत्र प्रमित्यजनकव्यावृत्तत्वं प्रमित्यजनकज्ञानजनकसामग्र्यप्रविष्टत्वमिति यावत्। नच सर्वांशे भ्रमाभावेन प्रमित्यजनिका ज्ञानजनिका सामग्र्येवाप्रसिद्धा प्रमितिपदेन भ्रमभिन्नत्वविवक्षणे च तन्मते

भ्रमाप्रसिद्ध्या ऽप्रसिद्धिरिति वाच्यं । स्वव्यधिकरणधर्मप्रकारकत्वानवच्छि-
न्नविशेष्यताशाल्यनुभवत्वस्य प्रमितिपदेन विवक्षणात् । तादृशो स्मृतिसाम-
ग्र्येव प्रसिद्धा । अथानुभवस्य स्मृतिकरणतया लिङ्गपरामर्शस्याप्यनेनैव- वार
ज्ञानविशिष्टसहकारित्वेऽत्र ज्ञानविशिष्टत्वस्य वैयर्थ्यमिति चेन्न । करणता-
तिरिक्तज्ञानजनकताश्रयकारणकलापस्यैव ज्ञानजनकसामग्रीपदेन विव-
क्षितत्वात् । अन्यथा स्वात्मककूटलिङ्गकानुमितिस्थानाभिषिक्तसाध्यस्मृति-
मादाय स्मृतिसामग्र्यप्रविष्टत्वस्य व्याप्तावप्यसत्वेन दृष्टान्तासिद्ध्यापत्तेः ॥
अखण्डाभावसंपादकत्वाच्चासिद्धिवारकत्वेऽपि करणतातिरिक्तत्वस्य न
वैयर्थ्यं वस्तुमात्रस्यैव स्वात्मककूटलिङ्गकानुमितिस्थानाभिषिक्तसाध्यस्मृति-
जनकतया प्रसिद्धिवारकत्वाच्च । जनकताकरणतोभयसाधारणस्य जनक-
तात्वस्यैकस्याभावाद्विशिष्यैव निवेशे करणत्वात्मकजनकताव्यक्तेर्न प्रवेशः ।
नतु करणतातिरिक्तजनकतात्वेन प्रवेश इति व्यर्थत्वशङ्काया अनवकाशाच्च
उद्बोधकव्यावृत्ता च स्मृतिजनकता निवेशनीया नातः उद्बोधकतया जनक-
तामादायासिद्धिः प्रागभावस्य तत्तद्व्यक्तित्वेनाहेतुत्वाच्च नप्रमानुमिति प्राग-
भावे व्यभिचार इति दिक् ॥ केचित्तु । इष्टप्रवृत्तिविषयवैशिष्ट्यावगाहि-
ज्ञानमेव प्रकृते प्रमितिशब्दार्थ इत्याहुः । अथवा ज्ञायमानकरणइत्य-
त्राधेयत्वं सप्तम्यर्थः । तथाच यज्ज्ञानीयज्ञायमानकरणनिष्ठत्वे सति
यज्ज्ञानोपयोगित्वे सति व्यभिचारिवैलक्षण्यं भवति तज्ज्ञाननिरू-
पिततज्ज्ञाननिष्ठकरणताया विषयतासंबन्धेनावच्छेदकं भवतीति व्याप्त्यर्थः
सल्लिङ्गपरामर्शस्तु न ज्ञायमानकरणधूमादिनिष्ठः । अथात्मलिङ्गका-
नुमितिज्ञायमानकरणे आत्मनि तस्य वृत्तेस्तदवारणमिति चेन्न ।
तत्तज्ज्ञानानधिकरणत्वस्य ज्ञायमानकरणे निवेशात् । अतएव प्रागभावस्य
तत्तद्व्यक्तित्वेन हेतुत्वेऽपि न प्रमानुमितिप्रागभावे व्यभिचारः धूमनिष्ठा-
नौपाधिकत्वादिवारणाय ज्ञानोपयोगित्वे सतीति । बाधाभावादिवार-
णाय व्यभिचारिवैलक्षण्यत्वादिति । तदर्थस्त्वाभासव्यावृत्तत्वं । भ्रमजन-
कभिन्नत्वमिति यावत् । वस्तुमात्रस्यैव लिङ्गविधया भ्रमजनकतया ज्ञाय-
मानलिङ्गत्वातिरिक्तरूपेण भ्रमजनकभिन्नत्वं विवक्षणीयं । नच तन्मते-
तदप्रसिद्धिःविसंवादिप्रवृत्त्यादजनकज्ञानमात्रस्यैव - तन्मते तथात्वात् ।
नचाबाधितत्वादि तथाबाधस्यविपरीतनिश्चयस्य सद्भावेन ज्ञानमात्रा-
भावेन तदभावस्य ज्ञानमात्रप्रयोजकत्वात् इति । ननु तन्मतेऽगृहीतासं-
सर्गकग्रहणस्मरणात्मकज्ञानद्वयस्यैव भ्रमतया विसंवादिप्रवृत्तिजनकत्वेन
तस्य च निर्धर्मितावच्छेदकतया बाधाभावस्य न तत्र हेतुत्वमिति कथमेतत् ॥
अत्र केचित् । विसंवादिप्रवृत्तिजनकत्वेन न ज्ञानस्य प्रवेशः अपितु स्म-

तित्वेन । तथाच स्मृतिजनकतावच्छेदकावच्छिन्नान्यत्वादिति तदर्थः॥ जनकताचोद्बोधकव्यावृत्ता । तेन नासिद्धिरिति । असंसर्गाग्रहविशिष्टज्ञानद्वयेऽन्वयव्यतिरेकाभ्यां बाधस्य विरोधित्वमिष्यत एवेत्यपि कश्चिदिति दिक्॥ तच्च तात्पर्यं सामान्यतः तत्तत्पदार्थत्वेन रूपेण तत्पदार्थघटितं विशिष्य तत्तत्पदार्थघटितं च । तत्र च वेदस्थले घटपदार्थविशिष्टाम् पदार्थविशेष्यकघटपदार्थप्रतीतीच्छयोच्चारितत्वरूपतात्पर्यज्ञानं हेतुः नतु विशिष्य। लोके तु घटविशिष्टकर्मताविशेष्यकघटप्रकारकप्रतीतीच्छयोच्चारितत्वरूपतात्पर्यज्ञानमेव हेतुः । अत्र सामान्यतः घटपदार्थत्वादिना तात्पर्यग्रहेऽपि पटादेरपि लक्षणादिना घटपदार्थसंभवेन घटविशिष्टकर्मताविशेष्यकप्रतीतीच्छयोच्चारितं नवेति विशिष्य सन्देहेऽपि शाब्दबोधापत्तेः। वेदे तु लक्षणादिनाऽन्यार्थासंभवेन एकपदार्थत्वज्ञानेपि विशिष्य सन्देहाभावात्। यथाकपिञ्जलानालभेतेत्यादौ प्रथमोपस्थितत्वरूपलाघवतर्कानिर्णीतत्रित्वविशिष्टकपिञ्जलपदार्थपरं बहुवचनांतकपिञ्जलपदमिति सामान्यतः कपिञ्जलपदार्थत्वेन रूपेण तात्पर्यानिर्णयेऽपि विशिष्यकपिञ्जलत्वादिरूपेण तात्पर्यसंशयाऽसंभवात् । लोके तु गुरुभूतेप्यर्थे तात्पर्यसंभवेन लाघवतर्कानवतारात् विशिष्य सन्देहसंभवेन घटविशिष्टकर्मत्वविशेष्यकघटप्रकारकप्रतीतीच्छयोच्चारितमिदमिति तात्पर्यनिर्णयस्य शाब्दबोधात्पूर्वमवश्यापेक्षिततया लौकिकवाक्यमनुवादकं । तस्माल्लौकिकवाक्यं सर्वमेवानुवादकत्वादप्रमाणं। वेदे तु तदभावात्प्रामाण्यमित्याहुः॥तदसत्॥ एकपदार्थविशिष्टापरपदार्थविशेष्यकएकपदार्थप्रकारकप्रतीतीच्छयोच्चारितत्वरूपयथार्थतात्पर्यनिश्चयत्वेन हेतुत्वे यथार्थ्यनिवेशे गौरवात्। किंतु नानार्थानुरोधेन शाब्दसामान्ये एकपदार्थप्रकारकापरपदार्थविशेष्यकप्रतीतीच्छयोच्चारितत्वरूपतात्पर्यज्ञानस्यैव । नचैवं वह्निना सिञ्चतीत्यादावपि प्रमापत्तिरिति वाच्यम् । एक पदार्थेऽपरपदार्थवत्त्वरूपयोग्यताप्रमाया एव संशयनिश्चयसाधारणरूपेण कारणत्वात्। अपि च इदं वाक्यं भ्रमादिविशिष्टज्ञानयोरन्यतरजन्यं वाक्यार्थज्ञानजन्यवाक्यत्वात्। तत्रश्च भ्रमादेर्बाधेऽयं वक्ता स्वप्रयुक्तवाक्यार्थगोचरयथार्थज्ञानवान् भ्रमाद्यवाक्यार्थज्ञानजन्य अन्यवाक्यप्रयोक्तृत्वात् अहमिवेति वक्तृयथार्थवाक्यार्थज्ञानानुमानपूर्वक एव यथार्थवाक्यार्थप्रतीतिपरत्वनिश्चयोहेतुर्वाच्यः तच्च न संभवति। भ्रान्तेः पुरुषधर्मत्वेन भ्रमादजन्यनिर्णयासंभवात् । संवादिप्रवृत्तिजनकत्वादेश्च तद्ग्राहकलिङ्गस्य शाब्दबोधोत्तरकालीनत्वादित्यास्तांविस्तरः॥ ननु शब्दस्यानुमानानन्तर्गतत्वेन घटमानयेति शब्दाद्घटादिपदे शक्तिमविदुषोपि शाब्दबोधापत्तिः मम तु तत्र व्याप्तिज्ञानाभावादेव

मराणामपि शब्दादन्वयानुभवः । नचायमनुमितिरूपः । तस्याव्याप्तिधीजन्यत्वात् । प्रतियन्ति च लौकिकाः ॥ अननुमितमसाक्षात्कृतं कृतमिदं नैयायिकैरस्य इत्यलं विस्तरेण ॥ ननु यदि स्वातन्त्र्येणैव शब्दो मानं तदा घटमानयेत्यतः शब्दात्पामराणामपि अर्थप्रत्ययः स्यादिति चेन्न ॥ शक्तिग्रहस्यापि सहकारित्वात् पामराणां च घटादिशब्दे शक्त्यग्रहात् । अथ केयं शक्तिः । अभिधानाम पदार्थान्तरं सङ्केतग्राह्यमिति मीमांसकाः ॥ नैयाकास्तु यिकास्तुआवश्यकत्वात्सङ्केतएवाऽभिधा नतु पदार्थान्तरं मानाभावात् । सच सङ्केतो अस्मात्पदादयमर्थो बोद्धव्य इत्याकारिकेच्छा । हन्तैवं पामरादिसङ्केतिता अपि शब्दा अभिधायकास्युरिति चेन्न । नहि सङ्केतमात्रमभिधा किन्त्वीश्वर-

---

तदसंभव इत्याशयेनाशङ्कते। नन्विति । स्वातन्त्र्येण । शब्दत्वेन । पामराणां घटादिपदेऽगृहीतशक्तिकानां । सहकारित्वादिति । इतरकारणचक्रसमवहितकारणस्यैव फलोपधायकत्वेन केवलशब्दसत्वेपि शक्तिज्ञानरूपसहकारिविरहान्न तत्र फलोपधानमिति भावः । उपोद्घातसङ्गत्या शक्तिं निरूपयितुमाशङ्कते । अथेति । इयं । शब्दसहकारिग्रहविषयः। पदार्थान्तरमिति। तत्तत्पदार्थतावच्छेदकाभावकूटवदित्यर्थः। तेन नसिद्ध्यसिद्धिव्याघातः । संकेतग्राह्यमिति। वक्ष्यमाणसंकेतजन्यग्रहविषयइत्यर्थः। आवश्यकत्वात् अभिधाज्ञाने भवतामवश्यमपेक्षणीयत्वात् । संकेतं निरूपयति । सचेति अस्मादिति । एतत्पदजन्यत्वप्रकारतानिरूपितएतदर्थबोध्यविशेष्यताशालीच्छेत्यर्थः। हन्तैवमिति । एवम्। इच्छामात्रस्यैवाभिधारूपत्वे। पामरादीति। गगरीत्यादिशब्दा इत्यर्थः । अभिधायकाःस्युरिति । तथाच "नापभ्रंशितवै" इत्यादिश्रुतिविरोधः शक्त्याप्रतिपादकत्वस्यापभ्रंशानपभ्रंशसाधारण्यात् । अतिरिक्तशक्तिस्वीकारे तु तत्रसङ्केतसत्वेपि अतिरिक्ताभिधायास्तत्रानङ्गीकारात् न तादृशश्रुतिविरोध इति भावः । संकेतमात्रं ।

सङ्केतः । न चापभाषिते सोऽस्ति मानाभावात् । कथं तर्हि ततोऽन्वयबोध इति चेत् । शक्तिभ्रमादिति गृहाण । कथं तर्हि पामरादीनामीश्वरमविदुषां मीमांसकानां चार्थप्रत्ययः शब्दादिति चेन्न । उच्यते । न तावदीश्वरसङ्केतत्वेन तद्ग्रहः कारणं किं तु सङ्केतत्वेन । अस्ति च तेषामपि तथात्वेन ज्ञानं । आधुनिकसङ्केतानां चैत्रादिशब्दानां कागतिरिति चेत् । द्वादशेऽहनि पिता नाम कुर्यादिति

तादृशेच्छामात्रं । अपभाषिते । गगर्यादिशब्दे । सोऽस्ति । ईश्वरसंकेतोऽस्ति ॥ मानाभावादिति । शास्त्रनिष्णातबुद्धीनां गगर्यादिशब्दाच्छाब्दरूपफलाभाविनापभ्रंशेन तादृशेश्वरसंकेत इत्यर्थः । "नापभ्रंशितवै" इति श्रुतिविरोधश्च बाधकोऽवसेयः । ननुशाब्दसामान्येशक्तिज्ञानस्य हेतुतयाऽपभाषिते शक्त्यभावे कथं शाब्दबोध इति तटस्थः शङ्कते कथं । तर्हीति । शक्तिभ्रमादिति । भ्रमप्रमासाधारणशक्तिज्ञानस्य हेतुत्वादिति भावः । ननुप्रमेयत्वादिनाशक्तिज्ञानेपि शाब्दबोधानुदयात् शक्तित्वेन तज्ज्ञानं हेतुः । शक्तित्वं च तादृशेश्वरसंकेतत्वं पामराणामीश्वराज्ञानात् संकेतस्येश्वरसंकेतत्वेनाज्ञानात् कथं शाब्दबोध इत्याशङ्कते । कथं तर्हीति । ईश्वरमविदुषामिति ॥ पामराणांमीमांसकानांचेत्युभयत्रान्वेति । तर्हीति । संकेतत्वेनेत्यर्थः । तेषामपि सङ्केतत्वप्रकारकज्ञानसत्वादित्यर्थः । चैत्रशब्दादयमर्थोबोद्धव्य इत्यास्माकीनेच्छाविषयाणांचैत्रादिशब्दानामशक्तत्वापत्तिः । तत्रेश्वरसङ्केताभावादित्याशङ्कते । आधुनिकेति । कागतिरिति । तत्रेश्वरेच्छारूपसङ्केतज्ञानाभावादिति भावः । तस्यापि । आधुनिकसङ्केतितचैत्रादिशब्दस्यापि । ईश्वरेति । द्वादशाहकालीनपित्रुच्चारितनामत्वादिना नामपदवाच्यः शिशुरित्याकारकेच्छया ईश्वरेण तादृशश्रुतिप्रणयनात्तत्रापीश्वरसङ्केतोऽस्तीति भावः ॥ ईश्वरीयज्ञानस्येच्छायाः कृतेर्वाशक्तिरूपत्वमिति विनिगमनाविरहादिति रिक्तैव शक्तिरिति नव्याः ॥ सङ्केतग्राहकप्रमाणाभावेन सङ्केतग्रहासम्भवात् कथं शक्तिज्ञानं हेतुरित्याशङ्कतेः । स्यादेतदिति ॥ कथं ग्राह्यः केनप्रमाणेन ग्राह्यः शङ्कते । उपमानादितीति । तस्य । अतिदेशवाक्यार्थज्ञानरूपोपमानस्य । वाक्यार्थज्ञानेति ॥ गोसदृशो गवयपद-

सामान्यतस्तस्यापि ईश्वरसंकेतितत्वमिति गृहाण । स्यादेतत् । सोयं सङ्केतः कथं ग्राह्यः उपमानादिति चेन्न । तस्य वाक्यार्थज्ञानमूलकत्वात् । तस्य शक्तिग्रहमूलकत्वात् उच्यते । प्रथम शक्तिग्रहो व्यवहारात् । तथाहि घटमानयेति केनचिदुक्तः कश्चन तदर्थं प्रतीत्य घटमानयति । तच्चोपलभमानो बालः तया क्रियया तस्य प्रयत्नमनुमिनोति । तेन च घटानयनगोचरप्रयत्नेन तस्य ज्ञानमनुमि-

---

वाच्य इत्यतिदेशवाक्यार्थज्ञानं तावत् शाब्दं । तच्च गोसदृश इति खण्डवाक्यार्थज्ञाने सति स्यादित्यर्थः । तस्य । गोसदृशो गवयपदवाच्य इति वाक्यार्थज्ञानस्य । शक्तिग्रहमूलकत्वात् । गोपदं गविशक्तमिति शक्तिज्ञानमूलकत्वादित्यर्थः तथा च तच्छक्तेरुपमानान्तरग्रहेऽनवस्थापत्तिरिति भावः । व्यवहारादिति ॥ प्रयोज्यप्रयोजकवृद्धव्यवहारादित्यर्थः ॥ व्यवहारश्च घटानयनक्रियारूपः । केनचित्प्रयोजकवृद्धेन । कश्चन । प्रयोज्यवृद्धः । तदर्थं । प्रयोजकवृद्धवाक्यार्थं घटमानयति घटानयनानुकूलचेष्टावान्भवति । तया क्रियया । घटानयनक्रियया ॥ तस्य । प्रयोज्यवृद्धस्य । प्रयत्नमिति ॥ इयं क्रियाप्रयत्नपूर्विका विलक्षणक्रियात्वात् । मत्क्रियावत् इत्यनुमिनोतीत्यर्थः । ज्ञानं । घटानयनगोचरं ज्ञानं ॥ अयं घटानयनगोचरप्रयत्नः घटानयनज्ञानजन्यः घटानयनगोचरप्रयत्नत्वात् स्वीयस्तनपानगोचरप्रयत्नवत् । यो यद्गोचरप्रयत्नः स तज्ज्ञानजन्य इति सामान्यमुखी व्याप्तिः ॥ अतो न दृष्टान्तासङ्गतिः । दृष्टान्तमेवाह । स्वप्रवृत्तेति । स्वीयस्तनपानगोचरप्रयत्न इत्यर्थः । तेन । बालेन । तथानिश्चयात । ज्ञानजन्यत्वनिश्चयात् ॥ तद्धेत्वाकांक्षायां । घटानयनगोचरज्ञानहेत्वाकांक्षायां ॥ शब्दमेव । घटमानयेति शब्दमेव ॥ आवापोद्वापाभ्यामिति ॥ आवापः संग्रहः उद्वापस्त्यागः यथा घटमानय पटं नयेत्यादि ॥ क्लृप्ते च तस्मिन्निति ॥ घटपदे घटधीजनकत्वे क्लृप्ते चेत्यर्थः ॥ अतिप्रसङ्गभङ्गाय । घटपदं घटधीजनकमिव पटधीजनकमपि स्यादित्यतिप्रसङ्गभङ्गायेत्यर्थः । वस्तुतस्तु अतिप्रसङ्गाय अगृहीतशक्तिकानामपि घटशाब्दबोधापत्तिरित्यतिप्रसङ्गभङ्गायेत्यर्थः ॥ तज्जननानुकूलं ॥ घटधीजननानुकूलं ॥ किमनुपपन्नमिति ॥ तदर्थविषयकशा-

नोति । स्वप्रयत्नेन तथानिश्चयात् । ततस्तद्धेत्वाकाङ्क्षायामुपस्थितत्वाच्छब्दमेव कल्पयति तदनन्तरं च घटादिपदानां प्रत्येकमावापोद्वापाभ्यां घटपदं घटबोधजनकमिति कल्पयति लब्धे च तस्मिन्नतिप्रसङ्गभङ्गाय तज्जननानुकूलं सङ्केतरूपं सम्बन्धं कल्पयति इति किमनुपपन्नं । तदनन्तरं च क्वचिद्व्यवहारात्क्वचिदुपमानात्क्वचिच्छब्दात्क्वचिद्व्याकरणकोशादेरिति संक्षेपः । स्यादेतत् । तयोर्व्यवहारं

ब्दत्वावच्छिन्नं प्रति ज्ञायमानतच्छक्तपदत्वेन कारणत्वान्नातिप्रसङ्ग इति भावः । ननु कथं व्यवहार एव शक्तिग्राहक इत्यायातं । इत्थं च शक्तिग्रहे व्याकरणोपमानकोशाप्तवाक्याद्व्यवहारतश्च । वाक्यस्य शेषाद्विवृत्तेर्वदन्ति सान्निध्यतः सिद्धपदस्य वृद्धा इति प्राचीनगाथाविरोध इत्यत आह । तदनन्तरमिति । आद्यशक्तिग्रहानन्तरमित्यर्थः ॥ व्यवहारात् । गवानयनगोचरप्रयोज्यप्रयोजकवृद्धव्यवहारात् । पूर्वं तु घटानयनगोचरव्यवहार उक्त इति नाभेदः । अनवस्थाभिया पूर्वं व्यवहार एव शक्तिग्राहकः ततश्च व्यवहारेणोपमानेन वा शक्तिग्रहो जायते इत्यत्रनास्माकमाग्रह इति न प्राचीनगाथाविरोध इति भावः ॥ उपमानादिति ॥ गोसदृशो गवयपदवाच्य इत्युपमानात् गवये गवयपदवाच्य इति शक्तिग्रहोदयादित्यर्थः ॥ शब्दादिति ॥ आप्तवाक्यादित्यर्थः ॥ कोकिलः पिकपदवाच्य इत्याप्तवाक्यात् पिकपदस्य कोकिले शक्तिग्रहादिति भावः । व्याकरणादिति । प्रकृतिप्रत्ययादीनां शक्तिग्रहो व्याकरणादित्यर्थः ॥ कोशादेरिति । अथैकदन्तहेरम्बलम्बोदरगजानना इत्यत्र गणेशत्वविशिष्टे शक्तिग्रहादित्यर्थः ॥ नन्वत्र गणेशत्वविशिष्टस्य पदार्थतया पदार्थस्य पदार्थतावच्छेदकस्य च भेदाभावात्कथं द्वन्द्व इति चेन्न । कोशस्य शक्तिग्राहकतया इदं पदमत्र शक्तमिति शक्तिग्रहस्यैव तस्मादुदयेन तत्र पदानामेव पदार्थतया तद्भेदसत्वात् । आदिपदाद्वाक्यशेषविवरणप्रसिद्धपदसामानाधिकरण्यपरिग्रहः । वाक्यशेषाद्यथा । यवमयश्चरुर्भवतीत्यत्र यवशब्दः म्लेच्छप्रसिद्धिवशात्कङ्गोर्वाचकः ॥ आर्यव्यवहारदर्शनात् दीर्घशूकविशिष्टस्य व्यवहारस्योभयत्राविशेषादिति सन्देहे "वसन्ते सर्वसस्यानां जायते पत्रशातनं ॥ मोदमानाश्च तिष्ठन्ति यवाः कणिशशालिनः" इति

वाक्यशेषाद्दीर्घशूकविशिष्टे शक्तिनिर्णयः ॥ नच वेदे न दीर्घशूकविशिष्टे शक्तिर्बोधेऽपि कङ्ग्वादौ शक्तिमत्त्वे बाधकाभावः नानार्थत्वेनापि वेदोपपत्तेरिति वाच्यम् ॥ अन्याय्यश्चानेकार्थत्वमिति न्यायेन वेदस्य बलत्त्वात्तत्रैव शक्तिपरिच्छेदात् ॥ एवं यन्न दुःखेन सम्भिन्नं नच ग्रस्तमनन्तरं अभिलाषोपनीतं च तत्सुखं स्वः पदास्पदमित्यत्र वेदादेव स्वःपदशक्तिग्रहः ॥ ननु दुःखासम्भिन्नत्वं न दुःखसमानाधिकरणत्वं आद्यावन्ते च दुःखसत्त्वेनासम्भवात् । नापि दुःखासमानकालिकत्वं । अस्मदादिसुखे तथात्वात् । नचानन्तरमित्यस्याविरललग्नप्रवाहेत्यर्थकतया विरललग्नप्रवाहस्य दुःखासम्भिन्नत्वप्रमाणानतिव्याप्तिरिति वाच्यम् । अस्मदादिसुखस्यापि कतिपयकालावच्छेदेन तथात्वसम्भवात् । चक्रवर्त्तिसुखे तथात्वसम्भवेनाभिलाषोपनीतमित्यनेनापि तन्निरासासम्भवात् । अन्यथा विशेषणान्तरवैयर्थ्यापातादिति चेत् ॥ अत्र केचित् । एकजन्मावच्छेदेन दुःखासम्भिन्नत्वं नानैव शक्यतावच्छेदकमित्याहुः । तन्न । नानार्थत्वकल्पने गौरवात् तथातात्पर्यग्राहकस्याभावाच्च । केचित्तु यावति न वैयर्थ्यं तदेव शक्यतावच्छेदकमित्याहुः । अपरे तु दुःखासम्भिन्नत्वादिकम् न शक्यतावच्छेदकं किन्त्वधर्माजन्यशरीरजन्यसुखत्वोपलक्षकमिदं योगिना तु नाधर्माजन्यशरीरं तत्र दुःखोत्पत्तेरधर्मजन्यत्वात् सुखमात्रावच्छेदकेतच्छरीरे मानाभावात् । अथ मरणस्य दुःखनियतत्वात्स्वर्गशरीरेऽपि मरणजन्यदुःखसम्भवादसम्भवः नच ते नराः सुखमृत्यव इत्यनेन विरोधः । तस्य दुःखाल्पत्वपरत्वादिति चेन्न ॥ अनुकूलतर्काभावेन मरणस्य दुःखनियतत्वे मानाभावात् । भावे वा मरणजन्यदुःखजनकाधर्मान्याधर्माजन्यशरीरजन्यसुखत्वस्य प्रवृत्तिनिमित्तत्वात् । एतेन स्वर्गेऽपि पातभीतस्येति श्रवणात् स्वर्गयोनिपुण्यक्षयशङ्कया स्वर्गे दुःखोत्पत्तेरसम्भव इति निरस्तं । तदन्यत्वेनाप्य धर्मस्य विशेषणीयत्वात् । स्वर्गिशरीरस्य सुखमात्रावच्छेदकत्वेन तत्र दुःखधीर्भ्रान्त्यैव । अतएव तद्धर्ममात्रजन्यमेवेति तद्विशेषणेऽपि क्षतिविरहाच्चेत्याहुः ॥ अविरललग्नप्रवाहश्चिरस्थायीच्छामात्रयोनिदुःखासम्भिन्नसुखत्वं शक्यतावच्छेदकं तत्प्रकारकबोधस्यानुभवसिद्धत्वादित्याहुः । नच ग्रस्तमिति अग्रस्तत्वं चिरस्थायित्वं प्रवाहस्येति बोध्यम् । विवरणाद्यथा । पचति पाकं करोति यत्नार्थककरोतिनाख्यातविवरणात् आख्यातस्य यत्नत्वविशिष्टे शक्तिः यद्यपि पूर्वोच्चरितवाक्यस्य स्वसमानार्थकोच्चरितवाक्येनार्थकथनरूपविवरणस्य शक्तिग्राहकता न शब्दविधया । इदं पदमत्र शक्तमिति शक्तिबोधपदाभावात् तथाप्याख्यातपदं यत्नत्वविशिष्टे शक्तं यत्नत्वविशिष्टशक्तकरोतिधातुप्रतिपादितार्थकत्वात् पाकत्वविशिष्टशक्तपाकपदप्रतिपादितार्थकपचधातुवत् । यद्यद्धर्मविशिष्टश-

पश्यता सङ्केतो ग्राह्यः । कथं तयोरेव सङ्केतग्रहः । अन्ययोर्व्यवहारादिति चेन्न । अनवस्थापत्तेः । अनादित्वादियमिष्टैवेति चेन्न । सर्गादौ तदसत्त्वात् । प्रलये माना-

---

क्तप्रतिपादितार्थकम् भवति तत्तद्धर्मविशिष्टे शक्तं भवतीति सामान्यमुखी व्याप्तिश्चात्राभिमता । इह सहकारतरौ मधुरं पिको रौतीत्यत्र सहकारतरुरूपप्रसिद्धपदसमभिव्याहारेण पिकपदं कोकिले शक्तमिति प्रसिद्धपदसमभिव्याहारेण शक्तिग्रह इति ध्येयं । ननु कोशस्य शक्तिग्राहकत्वे "गुणे शुक्लादयः पुंसि गुणिलिङ्गास्तु तद्वति" इत्यनेन शुक्लादिपदानां गुणिगुणविशिष्टे च शक्तिप्रतिपादनाद्गुणविशिष्टेऽपि शक्तिः स्यादिति चेन्न । अनन्यलभ्यस्यैव शब्दार्थतया शुक्लादिपदानां गुणविशिष्टे लक्षणयैवोपपत्तौ न तत्र शक्तिः कल्प्यते । असति बाधके एव कोशस्य शक्तिग्राहकत्वात् । अतएव व्याकरणेनाख्यातस्य कर्त्तरि शक्तिप्रतिपादनेऽपि लाघवात्कृतावेव शक्तिरिति वक्ष्यत इति दिक् । तयोः । प्रयोज्यप्रयोजकवृद्धयोः । पश्यता । बालेन । अन्ययोः । स्वपूर्वकालिकप्रयोज्यप्रयोजकवृद्धयोः । अनवस्थेति । तयोर्व्यवहारोऽप्यन्यव्यवहारपूर्वक एवेत्यनवस्थापत्तेरित्यर्थः । इयं । अनवस्था । बीजाङ्कुरवत् अनाद्यनवस्था न दोषाय प्रामाणिकत्वादिति भावः । तदसत्त्वादिति । तत्राद्योत्पन्नबालस्य स्वपूर्वकालिकप्रयोज्यप्रयोजकवृद्धव्यवहारदर्शनाच्छक्तिग्रहासम्भवादित्यर्थः । ननु संसारस्यानादित्वात्खण्डप्रलयाद्यभावेन सर्गाद्यकालाभावात्कथं तदभाव इत्याशङ्कते । प्रलय इति । खण्डप्रलय इत्यर्थः । कार्यद्रव्येति । सृष्टिकालवारणाय कार्यद्रव्यानधिकरणेति । कालिकसम्बन्धेन चाधिकरणत्वम् बोध्यं । कार्यानधिकरणेत्युक्तावसम्भवः । खण्डप्रलयेऽपि परमाण्वादौ रूपसत्त्वादतः कार्यद्रव्येति । द्रव्यानधिकरणेत्युक्तावपि तथा परमाण्वादेः सत्त्वादतः कार्येति । कार्यद्रव्यानधिकरणेत्युक्तौ महाप्रलयेऽतिव्याप्तिः । अतः कार्याधिकरणेति । कार्यत्वं चात्र ध्वंसप्रतियोगित्वम् । तेन महाप्रलये ध्वंसरूपकार्याधिकरणत्वेऽपि नातिव्याप्तिः । अभावातिरिक्तकार्यपरं कार्यपदं सामान्यपदस्य विशेषपरत्वादित्यपि कश्चित् । महाप्रलयस्य चरमदुःखध्वंसादिरूपतया प्रतियोगितासम्बन्धेन कार्याधिकरणत्वात् कालेति कालिकसम्बन्धेनाधिकरणत्वाभिप्रायकं । भिन्नकालीनयोर्नाधाराधेयभाव इति भावः । वस्तुतस्तु शब्दादिरूपकार्याधिकरणत्वाद्गगनेऽतिव्याप्तिरतः कालेति । आगमेति । "धाता यथापूर्वमकल्पयदिति" वेदसिद्धत्वादित्यर्थः । तथाच संसारस्य प्रवाहो

अभावात्सर्गादौ व्यवहारासिद्धेरिति चेन्न । कार्यद्रव्यानधिकरणका-
लाधिकरणकखण्डप्रलयतया प्रसिद्धस्य प्रागभावस्य सिद्धत्वात्
ततस्तदुव्यवहारस्तदपि सर्गादौ भगवानीश्वरः शरीरद्वयं प-
रिगृह्य तथा व्यवहारानुकूलः पूर्ववत् संकेतं गृह्णातीति कि-
मनुपपन्नम् । ईश्वरे एव किं मानमिति चेत् । सर्गादौ व्यवहा-
रान्यथानुपपत्तिरेव । ननु पूर्वसर्गसिद्धसर्वज्ञत्वामन्वादय एव
व्यवहारप्रवृत्तिहेतवः सन्त्विति चेन्न । तेषां सर्वज्ञत्वे माना-
भावात् । व्यवहारान्यथानुपपत्तिरेव मानमिति चेन्न पूर्वसर्गव्य-
वहारस्यैव मप्यनुपपत्तेः । तत्राप्यन्य एव कल्प्यतामिति चेन्न ।

अनादित्वं नत्वनादिमेवेति भावः ॥ कालकपालान्यावृत्तिघटप्रागभावः का-
र्यद्रव्यानधिकरणकार्याधिकरणवृत्तिरभावत्वात् गगनवृत्तिघटात्यन्ताभाववत्
पक्ष धर्मताबलाच्च घटप्रागभावे ईदृशकालवृत्तित्वं सिद्ध्यत् खण्डप्रलयवृत्ति-
त्वमादाय पर्यवस्यतीत्यनुमानमपि तत्साधकं बोध्यं ॥ शरीरद्वयं । प्रयो-
ज्यप्रयोजकवृद्धशरीरद्वयं । तथा । पूर्ववत्संकेतं । घटपटादिपदसंकेतं । नन्वेवं
संभवतीश्वरे मानसत्त्वे तदेव तु नेत्याशंकते ॥ ईश्वरएवेति । व्यवहारह-
त्ति । शक्तिग्राहकाभावाच्छक्तयग्रहे घटादिगोचरप्रवृत्त्यनुपपत्तिरेवेश्वरे मा-
नमित्यर्थः ॥ यद्यप्यर्थापत्तेर्नास्मन्मतेप्रमाणान्तरत्वं तथापि सर्गाद्यकाली-
नशक्तिग्रहः प्रयोज्यप्रयोजकवृद्धव्यवहारप्रयोज्यः प्रयोज्यप्रयोजकवृद्धव्य-
वहारान्याप्रयोज्यत्वेसति प्रयोज्यत्वात् यन्नैवं तन्नैवं यथा गगनादीतिव्य-
तिरेक्यनुमानमेव तदानीमन्यवृद्धासंभवादीश्वरसाधकमिति हृदयं ॥ म-
न्वादयइति ॥ तस्माच्च नेश्वरसिद्धिरिति भावः ॥ यद्यप्येतावतापिन सं-
केतग्रहानुपपत्तिस्तथापीश्वरोपि प्रसङ्गात्साध्यत इतिभावः । तेषामिति ॥
कपिलमन्वादीनां सर्वज्ञत्वे भवतु व्यवहारहेतुत्वं परंतु तेषां तत्र प्रमाणाभा-
वात् इति भावः ॥ ननु व्यवहारान्यथानुपपत्तिर्भवन्मते ईश्वरवत् मन्मते-
पि तेषु सर्वज्ञत्वे मानं स्यात् अस्मिंकल्पनातो धर्मकल्पनाया लाघवमत्र चेत्त-
त्र । व्यवहारेति ॥ एवमपि । पूर्वसर्गसिद्धसर्वज्ञमन्वादिकल्पनापेक्षया-

प्रतिसर्गभूयसां तथाकल्पनायां गौरवात् । वरस्त्वेक एव मूलमिति चेत् स एवास्माकमीश्वर इति दिक् । स्यादेतत् यदि शक्तिग्रहः सहकारी तदा घटशब्दात्पटप्रत्ययः किं न स्यात् अस्ति च तस्य शक्तिग्रहो घटे । अथ यः शब्दो यत्र गृहीतशक्तिकः स तदर्थं प्रत्याययतीति चेत्तर्हि काश्यां गौरस्तीति वाक्याद्देशान्तरीयस्य गोः प्रत्ययो न स्यात् नहि तस्य काश्यां स्थितायां गवि शक्तिग्रहोऽस्ति तस्याएवाप्रतीतेः । अत्र गौ

रिति । पूर्वसर्गात् पूर्वसर्गसिद्धसर्वज्ञत्वकः कश्चिद्यदि स्यात्तदा ततो व्यवहारप्रवर्तना तत्रस्यात् स एव तु नास्तीतिभावः ॥ तत्रापि । पूर्वसर्गेपि । अन्यएवेति । स्वपूर्वसर्गसिद्धसर्वज्ञत्वक अन्यएवेत्यर्थः ॥ तत्राभावेति । व्यवहारप्रवर्तकत्वं । ननु सर्वदा सर्वज्ञादिशाली एकोमनुरेव सर्वत्रमूलमित्याशङ्कते । वरस्त्वेकएवेति ॥ सार्वज्ञादिशालीमनुत्वेन भवदभिमत इत्यर्थः ॥ तथाच नाम्नैव भेदो न तु नामवतीति भावः । दिगिति ॥ स्वोपादानगोचरजन्याधरोक्षज्ञानचिकीर्षाकृत्यजन्यानि सकर्तृकाणि कार्यत्वात् घटवदित्यनुमानमपीश्वरसाधकमस्त्येवं ॥ ननु शाब्दबोधे शक्तिज्ञानस्य हेतुत्वेपि घटपदं घटे शक्तमिति शक्तिज्ञानकाले पटशाब्दबोधापत्तिः । नच तदा घटशाब्दबोधोत्पत्त्या शाब्दत्वावच्छिन्नं जायतएव पटशाब्दत्वावच्छिन्नस्य चापादकाभाव एवेति वाच्यं ॥ योग्यताज्ञानादेरेव तदवच्छिन्नापादकत्वादित्याशंकते ॥ स्यादेतदिति । ननु तदर्थविषयकशाब्दत्वावच्छिन्नं प्रति तच्छक्तपदज्ञानत्वेन हेतुत्वकल्पनायां नापत्तिरित्याशङ्कते । अथेति ॥ तस्य । देशान्तरस्थपुंसः ॥ तस्या एव । काशीस्थगोरेव ॥ अप्रतीतेरिति । असन्निकृष्टत्वादितिभावः ॥ गौः काशीहस्तीति वाक्यजन्यशाब्दबोधे काशीस्थगौरेव विशेष्या एवं च देशान्तरीयपुंसः तादृशगोरसन्निकृष्टत्वेन तत्र शक्तेरग्रहात् शाब्दबोधानुपपत्तिरिति । तद्विशेष्यकशाब्दत्वावच्छिन्नं प्रति तद्विशेष्यकशक्तिग्रहत्वेन कारणता दुर्वचेति शाब्दत्वशक्तिज्ञानत्वाभ्यामेव कार्यकारणभावो वाच्यः योग्यताबलाच्चागृहीतशक्तिकव्यक्तेरपि भानसुपपन्नम् एवं च घटपदात्पटशाब्दबोधापत्तिर्जागरूके-

मीमांसकाः गवादिपदानां गोत्वे एव शक्तिः कथं तर्हि व्यक्तिलाभ इति चेत् । तदाक्षेपादित्याहुः । ननु कोऽयमाक्षेपः तदर्थापत्तिरेवाक्षेपः गोत्वं हि स्वाश्रयं विनाऽनुपपन्नं तमाक्षिपतीति भट्टाः । तत्र अनुपपत्तिज्ञानमंतरेणापि गौर-

---

वेत्यनुपपन्नस्य शाब्दप्रमितेरनुमित्यन्तर्गतैव एवं च घटपदात् पटशाब्दबोधापत्तिः ॥ तन्निरूपितव्याप्तिज्ञानादेरभावादित्याखण्ड लाभावार्थोऽवसेयः ॥ अत्र । शाब्दत्वशक्तिज्ञानत्वाभ्यां कार्यकारणभावविचारे । गोत्वएवेति । गोत्वविशिष्टे शक्तिस्वीकारे आवश्यकत्वादगृहीतविशेषणन्यायेन गोत्वे एव शक्तिः विशिष्टे शक्तिस्वीकारमपेक्ष्य विशेषणे शक्तिस्वीकारे लाघवात् ॥ तदिदमुक्तं "विशेष्यं नाभिधा गच्छेत्क्षीणशक्तिर्विशेषणे" इति । कथंतर्हीति ॥ व्यक्तेरशक्यत्व इत्यर्थः । लाभो । बोधविषयता । अशक्यस्यापि शाब्दबोधविषयत्वोपगमे पटादेरपि बोधापत्तेरिति भावः नन्वाक्षेपो ऽनुमानं तच्च न संभवति पक्षसाध्यहेतुप्रयोगासंभवात् तथाहि इयंगौर्गोत्वादिति तावदनुमानं न संभवति शाब्दात्पक्षाज्ञानात् नापि गोत्वं गवाश्रितं गोत्वादिति पक्षतावच्छेदकहेत्वोरैक्येन सिद्धसाधनात् । अथ गोत्वं व्यक्त्याश्रितं जातित्वादित्यनुमानेन पक्षधर्मताबलाद् गोत्वाश्रयव्यक्तिसिद्धिरिति चेन्न ॥ जातित्वादेर्लिङ्गस्य पदादनुपस्थितेः । व्याप्त्यादिप्रतिसंधानमंतरापि व्यक्तिबोधस्यानुभवसिद्धत्वाच्चेति कथमाक्षेपाद् व्यक्तिलाभ इत्याशंकते । ननु कोयमिति ॥ समाधत्ते । तस्येति । गवादिधर्मिण इत्यर्थः ॥ अर्थापत्तिमेवाह ॥ गोत्वं हीति । अनुपपन्नमिति ॥ आनयनाद्यन्वये ऽनुपपन्नमित्यर्थः । तं । स्वाश्रयम् । आक्षिपतीति ॥ अनुपपत्तिज्ञानजन्यार्थापत्त्यात्मकज्ञाने व्याप्त्यादिज्ञानस्यानपेक्षितत्वात् अतएव शतवर्षजीविनो गृहेऽभावः बहिः सत्त्वं विनाऽनुपपन्न इत्यनुपपत्तिज्ञानाद्व्यधिकरणेनापि शतवर्षजीविनो गृहाभावेन बहिः सत्त्वसिद्धिरिति भावः ॥ तथाच गोशब्दाद्गोत्वस्य शाब्दबोधः व्यक्तेस्त्वनुमितिविषयत्वमर्थापत्तिविषयत्वं वा न तु शाब्दबोधे तस्याः प्रवेशः भट्टमते पदोपस्थिता एव शाब्दबोधे भासते यथा गामानयेत्यादौ पदानुपस्थिता एव वा ॥ पश्यतः श्वेतरूपं हेषाशब्दं च शृण्वतः

स्तीति वाक्याद्गोत्वविशिष्टव्यक्तिप्रतीतेः। तस्मात्समानवित्तिवेद्य त्वमाक्षेप इति गुरवः। यावती हि जातिधीर्व्यक्तिं विषयीकरो

खुरविक्षेपशब्दं च श्वेतोऽश्वोधावतीति धीरित्यत्र पदानुपस्थितानामेव शाब्दबोधविषयता तत्र शाब्दयामीत्यनुभवात् नतु केचित्पदोपस्थिताः पदानुपस्थिता इति अर्द्धजरतीयन्यायस्य भट्टैरनङ्गीकारात् । नच गौरितिपदात् युगपदेव जातिव्यक्त्योः प्रतीतिर्व्याहन्येत एवं गोपदाद् गोत्वधीस्ततोऽनुपपत्तिज्ञानं ततश्च व्यक्तिधीरिति ज्ञानधाराकल्पनंचेति गौरवमिति वाच्यं ॥ गोपदस्य जातिमात्रवाचकत्वे सिद्धे युगपत्प्रतीतेरप्रसिद्धेः ज्ञानधाराकल्पनस्य च फलमुखगौरवत्वेनादोषत्वात् यथा पचतीत्यत्र कृतिमात्रशक्ताख्यातेन कृतिमात्रप्रतीतिः कर्त्तुर्लाभस्त्वाक्षेपादितः अन्यथा सकर्त्तृकक्रियाया एवावगतस्तत्रापि कर्त्तरि शक्तिः प्रसज्येत। अन्यलभ्यत्वात्तत्र न शक्तिरिति चेत् । अत्रापि तुल्यत्वादिति ध्येयम् ॥ अनुपपत्तीति ॥ गामानयेत्यादौ गोत्वस्यानयनेऽन्वयानुपपत्त्या व्यक्तेराक्षेपसम्भवेपि गौरस्तीत्यत्र गोत्वस्यास्तित्वेऽन्वयसम्भवेनानुपपत्तिज्ञानस्यैवासम्भावितया न तेन व्यक्तेर्लाभसम्भव इत्यर्थः न त्वंनुपपत्तिज्ञानं विनापि व्यक्तिभानस्यानुभविकतया तदनुपपत्तेरित्यर्थः ॥ तथासति पचतीत्यत्रापि आख्यातस्य कर्त्तरि शक्त्यापत्तेः अनुभवस्य तुल्यत्वात् अतएव गामानयेति विहाय गौरस्तीत्येवोक्तमिति ॥ चिन्तामणिकृतस्तु व्यक्तेरपदार्थत्वे सुवर्थसंख्यादीनां तत्रान्वयासम्भवः सुब्विभक्तीनां प्रकृत्यर्थान्वितस्वार्थबोधकत्वनियतत्वात् तिङर्थसंख्यादीनां कर्त्तर्येवान्वयात्सुप्त्वनिवेशः ॥ जाताविव शक्तिस्वीकारेपि पश्वादिपदे उपाधिविशिष्टव्यक्तौ तैरपि शक्तिस्वीकारेण तत्रैव तन्नियमावधारणात् । नच प्रकृतिपदतात्पर्यविषयएव तदन्वय इति नियमः ॥ लक्षणोच्छेदापत्तेः। गौरवाच्च॥ ननु पचतीत्यत्र यथाक्षेपलभ्येन कर्त्रासंख्यान्वयः तथाक्षेपलभ्यव्यक्त्यापि तदन्वयः स्यात् तादृशनियमस्य च तत्रैवात्रापि सङ्कोचादिति चेन्न। तत्रापि चैत्र इति पदमध्याहृत्यैवान्वयबोधस्वीकारात् तदिदमुक्तम् ॥ अयमेव ह्याक्षेपो यत्प्रथमान्तपदोपस्थाप्यत्वं नामेति ॥ असंकोचेनोपपत्तौ व्युत्पत्तिसंकोचे मानाभावाच्च ॥ नह्येकत्र संकोच इत्यन्यत्रापि सः व्युत्पत्तिमात्रोच्छेदापत्तेरिति ॥ यत्त गोपदस्य गोत्वे शक्तिर्व्यक्तौ लक्षणेति मण्डनमिश्राः ॥ स-

तीति व्यक्तेर्लाभः । इदमेव कथमिति चेत् जातिभानसामग्र्या एव तद्बोधकत्वमिति गृहाण । यद्वा जातिशक्तिरेव व्यक्तिं बो-

---

दुक्तं "जातावस्तित्वनास्तित्वे नहि कश्चिद्विवक्षति । नित्यत्वाल्लक्ष्यमाणाया व्यक्तेस्ते हि विशेषणे" इति ॥ अस्तित्वनास्तित्वे उत्पत्तिविनाशौ गौरुत्पन्ना गौर्नष्टा इत्यादौ गोत्वस्य नित्यत्वेनोत्पादविनाशयोरसम्भवाद् व्यक्तौ लक्षणा तात्पर्यज्ञानसत्त्वे गङ्गायां घोषमत्स्यौ स्त इत्यत्रेव युगपद्वृत्तिद्वयविरोधे मानाभावादिति ॥ तन्न ॥ शक्यादन्येन रूपेण ज्ञाते भवति लक्षणेति यथा गङ्गायां घोषइत्यत्र तीरत्वेन ज्ञाते तीरे । नह्यत्र व्यक्तिर्गोत्वातिरिक्तेन सास्नादिमत्वेन वा ज्ञाने च तेनैव शाब्दबोधापत्तिः लक्ष्यतावच्छेदकरूपेणैव लक्ष्यस्य भाननियमात् ॥ किंच । जातिमात्रे शक्तिर्व्यक्तौ लक्षणेति तदा स्याद्यदि जातिमात्रे मुख्यप्रयोगः । नचैवं किंच । गां पश्य गौरस्तीत्यादौ मुख्यार्थान्वयानुपपत्त्यभावेन लक्षणायां मानाभावाद् व्यक्तिबोधानुपपत्तिश्चेति ध्येयं । तस्मादिति ॥ अन्यविधाक्षेपस्य दुर्वचत्वादित्यर्थः ॥ समानेति ॥ एकज्ञानविषयत्वमेवेत्यर्थः । इदमेव विशदयति ॥ यावतीहीति । व्यक्तिप्रत्यक्षं विना जातिप्रत्यक्षस्याभावेन तत्रैव तन्नियमावधारणादित्यर्थः । ननु प्रत्यक्षस्थले संयुक्तसमवायादिरूपजातिप्रत्यक्षसामग्रीसत्त्वे संयोगादिरूपव्यक्तिभासकस्य सत्त्वादस्तु तथा शाब्दे तु कथमेवमित्याशङ्कते ॥ इदमेवेति । समानवित्तिवेद्यत्वमेवेत्यर्थः ॥ जातिभानेति ॥ जातिविषयकशाब्दबोधे जातिशक्तिज्ञानस्य हेतुतया तद्बलाज्जातिशाब्दबोधे जायमाने व्यक्तिरपि भासते तत्पदशक्यविषयकशाब्दबोधे तत्पदनिरूपितजातिशक्तिज्ञानस्य हेतुत्वादित्यर्थः । इदंत गुरुमते कुब्जशक्तिस्वीकारे बोध्यं । तथाहि तन्मते जातौ व्यक्तौ च शक्तिः परंतु जातिविषयकशक्तिज्ञानमेव जातिविशिष्टव्यक्तिविषयकशाब्दबोधे कारणं व्यक्तिशक्तिस्तु स्वरूपसत्युपयुज्यते ॥ नच जातिविशिष्टव्यक्तिशाब्दबोधे व्यक्तिशक्तिज्ञानमेव * कारणं जातिशक्तिस्तु स्वरूपसत्युपयुज्यते इत्येव किं न स्यादिति वाच्यं ॥ तथासति देशान्तरस्थगोविशेष्यकशक्तिज्ञानाभावेन तद्बोधानापत्तेः एवं च घटादिबोधापत्तिरपि न तत्पदशक्यविषयकशाब्दबोधं प्रति तत्पदनिरूपितजातिशक्तिज्ञानत्वेन कारणत्वादिति कुब्जशक्तिवादिमतनिष्कर्षः । ननु कुब्जशक्तिवादिमते व्यक्तिशक्तिज्ञानस्याहेतुतया तत्स्वीकारे

षयति। नचान्यशब्दशक्त्या अन्यबोधनेऽतिप्रसङ्गः गोत्वशक्तं पदं गोत्वविशिष्टं बोधयतीत्यनतिप्रसङ्गात् अन्यथानुपपत्त्या

प्रयोजनाभावः। नच तथासतिजातिर्विषयकशाब्दत्वमेव जातिशक्तिज्ञानस्य कार्यतावच्छेदकं योग्यताबलाच्च व्यक्तिरपि भासतइत्येवोपेयं तथाच घटादेरपि भानापत्तिः अशक्यत्वाविशेषात् मन्मते च तत्पदशक्यविषयकशाब्दत्वस्यैव कार्यतावच्छेदकत्वेऽनुपपत्त्यभावादिति वाच्यं॥ जातिप्रकारकव्यक्तिविशेष्यकशाब्दबोधं प्रति जातिविषयकज्ञानत्वेन कारणत्वे क्षतिविरहादित्यलं कुब्जशक्तिवादिमतेनेत्यत आह॥ यद्वेति॥ तथाचेष्टापत्तिः कुब्जशक्तिवादस्वैकदेशिमतेनेति न तदस्वीकारे तेषां सिद्धान्तविरोध इति भावः॥ जातिशक्तिरेवेत्येवकारेण व्यक्तौ कुब्जशक्तेः स्वरूपसदुपयोगित्वव्यवच्छेदः॥ अन्यशक्त्या। जातिशक्त्या। अन्यबोधने। तत्पदाशक्यव्यक्तिबोधने। अतिप्रसंगः। घटादिबोधनप्रसङ्गः। तत्पदाशक्यत्वाविशेषात्। मन्मते च व्यक्तेरपि तत्पदशक्यतया न व्यक्तिबोधने कापि क्षतिरिति भावः। उत्तरयति॥ गोत्वशक्तमिति॥ गोत्वप्रकारकगोविशेष्यकशाब्दबोधं प्रति गोत्वशक्तिज्ञानत्वेन कारणतया न घटादिबोधापत्तिरित्यर्थः। ननु गोत्वप्रकारकगोविशेष्यकशाब्दबोधं प्रत्येव गोत्वशक्तिज्ञानस्य कारणत्वमुपेयते नतु घटत्वविशिष्टशाब्दबोधं प्रतीत्यत्र विनिगमकाभावः अशक्यत्वाविशेषादित्यत आह। अन्यथानुपपत्त्येति॥ गोपदाद्गोत्वविशिष्टस्यैव बोधो नतु घटत्वादिविशिष्टस्येति फलानुपपत्त्येत्यर्थः॥ तथैव। गोत्वविशिष्टशाब्दबोधं प्रत्येव। कल्पनात्। गोत्वशक्तिज्ञानस्य हेतुत्वकल्पनात्। एवकारेण घटादिशब्दबोधं प्रति तु न तथा हेतुत्वकल्पनं फलाभावादिति सूचितम्॥ अथवा पूर्वोक्तकुब्जशक्तिवादिमतेऽस्वरसं प्रकाशयति॥ अन्यथेति। अन्यथा। कुब्जशक्तिं स्वीकृत्य व्यक्तिबोधोपपादने॥ अनुपपत्त्या। उपपत्त्यभावेन॥ व्यक्तौ कुब्जशक्तिस्वीकारे प्रयोजनविरहेण तन्मते प्रमाणाभावेनेति यावत्। तथैव। गोत्वविशिष्टबोधं प्रत्येव। कल्पनात्। गोत्वशक्तिज्ञानस्य हेतुत्वकल्पनादित्यर्थ इति॥ वस्तुतस्तु जातिभासकसामग्र्या एव व्यक्तिभासकत्वादिति अग्रे च जातिशक्तिरेव व्यक्तिबोधिकेति ग्रन्थपर्यालोचनया कुब्जशक्तिवादमादाय यद्वा पूर्वग्रन्थसंगमने गोत्वपदस्य व्यक्तौ शक्त्यभावेन तथा सतीत्यग्रिमदूषणदानस्य, यद्वा पूर्वकल्पेऽसम्भवितया नैवं व्याख्येयं। नच

तथैव कल्पनादिति तदपरे न सङ्गच्छते । तथासति गोत्वमस्ती-

यद इति निष्कृष्टमते एव तथासतीति दूषणदानमिति वाच्यं । संदर्भाशुद्धेरप-
रिहारात् । किंत्वन्यथैव । तथाहि ॥ जातिभानेति ॥ जातिशाब्दत्वमेव
जातिशक्तिज्ञानकार्यतावच्छेदकं;जातिभाने च जायमाने व्यक्तयविषयकस्य
तस्याभावाद्व्यक्तिरपि भासते यद्येन विना न भासते तद्बोधकस्य तद्बोधक-
त्वनियमात् जातिभासकसामग्र्या एव व्यक्तिबोधोपधायकत्वादित्यर्थ: । ननु
जातिविषयतां विनापि व्यक्तिप्रत्यक्षोदयाज्जातिभासकसामग्र्यतिरिक्ता व्य-
क्तिभासकसामग्र्यवश्यमुपेया । नच शाब्दस्थले तथानियम: तथापि जा-
तिभासकसामग्र्याव्यक्तिबोधोपधायकत्वे ततो घटादेरपि कुतो न बोध: ।
नच व्यक्तिबोधे समानवित्तिवेद्यत्वमेव नियामकमिति वाच्यं । नहि व्यक्ति
बोधे समानवित्तिवेद्यत्वेन कारणता तथाच व्यक्तिविषयताया: कारणनि-
यम्यत्वावश्यकत्वे व्यक्तिशक्तिज्ञानमेव कारणं स्यादित्यस्वरसादाह ॥ यद इति ॥
जातिशक्तिरेवेत्येवकारेण व्यक्तिशक्तिव्यवच्छेद: ॥ तथाच व्यक्तिविषय-
ताया जातिशक्तिज्ञानकार्यतावच्छेदककोटौ निवेशान्न तस्या: कारणानि-
यम्यत्वमिति भाव: ॥ गोत्वशक्तिज्ञानस्य घटबोधं प्रत्येव हेतुत्वमास्तामि-
त्यत आह ॥ अन्यथेति ॥ गोपदाद्गोरेव बोधो नतु घटादेरतो गोशाब्दं प्रत्येव
हेतुत्वकल्पनादित्यर्थ: ॥ ननु व्यक्तिशक्तिरेव जातिविशिष्टबोधिकेत्येव किं
न स्यात् भवन्मते तत्पदाशक्याया व्यक्तेरिव सन्मतेपि जातेर्भाने बाधका-
भावादित्यत आह ॥ अन्यथेति । अथवा ननु तत्पदाशक्यबोधनेऽति प्रसङ्गाज्जा-
तिविशिष्टशक्तिरेव व्यक्तिबोधिकेत्येवास्तामित्यत आह ॥ अन्यथेति ॥ व्यक्ति
शक्तिज्ञानस्य कारणत्वे देशान्तरस्थगोबोधानुपपत्त्या जातिशक्तिज्ञानत्वेनैव
हेतुत्वकल्पनादिति ध्येयं । तथासतीति । जातावेव शक्तिस्वीकारेण गोत्व-
विशिष्टविषयकशाब्दं प्रति गोत्वविषयकशक्तिज्ञानत्वेन हेतुत्वस्वीकारे इ-
त्यर्थ: ॥ गोत्वमस्तीति । गोत्वपदस्यापि गोत्वशक्तत्वेन गोपदगोत्वपदयोर-
विशेषात् गोत्वविशिष्टशाब्दबोधापत्तेरित्यर्थ: ॥ नच गोत्वं गोपदशक्यमि-
ति निर्धर्मितावच्छेदककं गोपदशक्तिज्ञानं गोत्वविशिष्टशाब्दबोधे हेतु: ।
गोत्वत्वधर्मितावच्छेदकक गोत्वपदशक्तिज्ञानं गोत्वत्वरूपेण गोत्वशाब्दबो-
धे हेतुरिति नातिप्रसङ्ग इति वाच्यं ॥ गोत्वं न गोपदशक्यमिति बाधका-

ऽपि निर्धर्मितावच्छेदककशक्तिज्ञानकल्पनेन गोत्वविशिष्टशाब्दबोधापत्तिरि-
ति गोत्वत्वधर्मितावच्छेदककशक्तिज्ञानहेतुताया आवश्यकत्वात् ॥ एवं च
गोत्वत्वस्य शक्यतावच्छेदकत्वावश्यकतया तदपेक्ष्य गोत्वजातेरेव तथात्वमु-
चितमित्यपि लाघवमवसेयम् ॥ अथ गोत्वे निरवच्छिन्नैव शक्तिः गोपदं गौरि-
त्याकारकं शक्तिसम्बन्धेन स्वरूपतः गोत्वप्रकारकगोपदत्वावच्छिन्नविशेष्यक-
शक्तिज्ञानं गोत्वविशिष्टशाब्दबोधहेतुरिति न बाधकाले शाब्दबोधापत्तिः
गोत्वपदं गोत्ववदिति गोत्वप्रकारकगोपदत्वावच्छिन्नाविशेष्यत्वेन रूपेण गो-
त्वप्रकारकशक्तिज्ञानं च गोत्वशाब्दबोधे हेतुरिति न गोत्वमस्तीत्यतो गो-
त्वविशिष्टबोधापत्तिरिति चेन्न । तथापि गोपदात्कदाचित्समवायेन गोत्व-
विशिष्टबोधः कदाचित्कालिकादिसम्बन्धेन तद्विशिष्टबोध इति नियमानुप-
पपत्तिः । गोत्वविषयकशक्तिज्ञानस्याविशिष्टत्वात् अस्मन्मते समवायेन गो-
त्वविशिष्टशाब्दबोधं प्रति समवायेन गोत्वविशिष्टशक्तिज्ञानस्य हेतुत्वेनानु
पपत्त्यभावात् । नच तात्पर्यज्ञाननियमात्तथानियमः । तथासति जातावपि
शक्तिस्वीकारे प्रयोजनविरहात् । एवं गोत्वं गोपदशक्यमित्याकारकस्यैव
शक्तिज्ञानस्य तैर्हेतुत्वोपगमेन तत्सिद्धान्तभङ्गाच्चेति । एवमुपाधिप्रवृत्तिनि-
मित्तस्थले तैरप्युपाधिविशिष्टे शक्तिस्वीकारात् यथा पशुपदस्य लोमवल्लांगू-
लविशिष्टे शक्तिस्तथा जातिविशिष्टेऽपि अनुभवस्य तुल्यत्वात् । नच जातेर्व्य-
क्तिवित्तिवेद्यत्वनियमाद्व्यक्तेर्लाभः उपाधौ तु तादृशानियमाभावाद्व्यक्ति-
बोधार्थमुपाधिविशिष्टे शक्तिरिति वाच्यम् ॥ नहि नियमबलादेव व्यक्तेर्लाभः
उपाधौ तु तादृशकारणनियम्यत्वात्कार्यस्य तथाच जातिविशिष्टबोधे जा-
तिशक्तिज्ञानस्य कारणत्ववदुपाधिविशिष्टबोधे उपाधिशक्तिज्ञानस्यापि का-
रणत्वस्य सुवचत्वात् इति दिक् । कुब्जशक्तिवादिनस्तु जातौ च व्यक्तौ च श-
क्तिः परन्तु जातिविषयकत्वेनैव ज्ञाता शक्तिर्व्यक्तिविषयकशाब्दबोधे कारणं
व्यक्तिशक्तिस्तु स्वरूपसत्युपयुज्यते नचैवं व्यक्तिशक्तिस्वीकारवैयर्थ्यमिति वाच्यं
तत्पदाशक्यस्यापि भाने घटादेरपि भानप्रसङ्गेन व्यक्तिशक्तिस्वीकारस्याव-
श्यकत्वात् । तथाच गोत्वप्रकारकगोविशेष्यकशाब्दबोधं प्रतिगोत्वविषयक-
गोपदशक्तिमती गौरित्याकारकं शक्तिज्ञानं हेतुः न तु गोत्वविशिष्टविष-
यकगोपदशक्तिमती गौरित्याकारकं गोत्वमस्तीत्यादौ तु तादृशगोत्वप्रका-

व्यक्तोऽपि गोत्वविशिष्टप्रत्ययापत्तेः तस्माद्गोत्वविशिष्ट एव शक्तिः यथोक्तदोषः गोत्वसामान्यलक्षणया सकलस्य गोरुपस्थितौ

एकशक्तिज्ञानाभावाच्च गोत्वविशिष्टबोधापत्तिरित्याहुः ॥ तदसत् ॥ गोत्वविषयकगोपदशक्तिमती गौरित्याकारकस्य गोत्वविषयकशक्तिज्ञानस्य हेतुत्वे गोत्वविषयकत्वस्य कारणतावच्छेदककोटौ निवेशे गौरवात्। अथ मास्तु गोत्वविषयकत्वनिवेशः तथापि गोपदशक्तिमती गौरिति गोत्वप्रकारकशक्तिज्ञानत्वेनैव गोत्वविशिष्टशाब्दबोधं प्रति हेतुता। नचैवमविवाद इति वाच्यं। व्यक्तिविषयतायाः कारणतावच्छेदककोटौ न निवेश इत्येव तन्मतनिष्कर्षात् देशान्तरस्थगोबोधानुपपत्त्या समानविशेष्यकत्वेन कार्यकारणभावासंभवेन लाघवेन च समानप्रकारकत्वेन कार्यकारणभावोपगमादिति चेन्न। व्यक्तिविषयतायाः कारणतावच्छेदककोटावनिवेशे व्यक्तौ शक्तिस्वीकारवैयर्थ्यात् ॥ नच तदस्वीकारे गोत्वप्रकारकशक्तिज्ञानत्वेन हेतुत्वासंभवः व्यक्तौ शक्त्यभावेन शक्तिज्ञानस्य भ्रमत्वापत्तेरिति वाच्यं ॥ शक्तिर्न स्वरूपसती शाब्दहेतुः अपभ्रंशादपि शाब्दबोधोदयात् किंतु ज्ञाता तथाच यदंशे शक्तिज्ञानहेतुस्तदेव शक्यमिति जातिवद्व्यक्तिवैशिष्ट्यं च शक्यमेव अन्यथा व्यक्तावेव शक्तिः शक्तिज्ञाने च जातेरपि प्रकारत्वात् समानप्रकारकत्वेनैव कार्यकारणभाव इति जातावपि शक्तिरुच्छिद्येत। नच यद्विषयकत्वेन शक्तिज्ञानं हेतुस्तदेवावश्यं शक्यमिति नियमाज्जातावपि शक्तिरिति वाच्यं। तर्हि यद्विषयकत्वेन शक्तिज्ञानस्य हेतुता तदेव शक्यमिति नियमेन व्यक्तिविषयकत्वेन शक्तिज्ञानस्य हेतुत्वादेव व्यक्तिशक्तिस्वीकारस्यौचित्यादितिदिक् ॥ नैयायिकमतं दर्शयति ॥ तस्मादिति ॥ गोत्वविशिष्ट इति ॥ जातौ व्यक्तौ वैशिष्ट्ये च शक्तिरित्यर्थः ॥ तृतीयोपस्थाप्यकरणत्वैकत्वयोरिव जातौ व्यक्तौ च विशकलिततया शक्तौ गोत्वं व्यक्तिश्चेति बोधप्रसङ्गान्नतु गौरिति, तथाच वैशिष्ट्येपि शक्तिः एवमवयवसंयोगविशेषरूपाकृतौ तद्वैशिष्ट्ये च गोपदशक्तिः गोपदाज्जात्याकृतिविशिष्टस्यैव प्रतीतेः तथाच तदुक्तं ॥ "जात्याकृतिव्यक्तयः पदार्थः इति,, ॥ एकशक्तिसूचनाय पदार्थ इत्येकवचनं ॥ (ननु तत्प्रकारकतद्विशेष्यकशाब्दबोधं प्रति तत्प्रकारकतद्विशेष्यकशक्तिज्ञानत्वेन हेतुत्वमित्यायातं तच्च काशीस्थायां गवि शक्तग्रहाद बोधानापत्तिरूपा

सर्वत्रैव गवि शक्तिग्रहसम्भवात् अस्तु वा एकत्रैव गवि शक्तिग्रहः । तथाऽन्यगोबोधानापत्तिः अन्यशक्तिग्रहादन्यव्यक्तिबोधनेऽतिप्रसङ्ग इति वाच्यं । गोत्वविशिष्टशक्तिग्रहो गोत्वविशिष्टप्रत्यायक इत्येवमनतिप्रसङ्गादिति संप्रदायविदः । नव्यास्तु गव्येव शक्तिर्न तु गोत्वेपि गौरवात् । नचैवं गोत्वप्रत्ययानापत्तिः गोत्वावच्छिन्नशक्तिग्रहस्य गोत्वविशिष्टप्रत्यायकत्वादिति

धकत्वस्त्वमित्याशंकते ॥ नचेति ॥ उक्तदोषः । शक्तिग्रहाविषयभूतव्यक्तिबोधानापत्तिरूपदोषः ॥ समाधत्ते ॥ गोत्वेति ॥ तथाच सर्वत्रापि शक्तिग्रहाच्छक्तिग्रहाविषयकव्यक्तेरस्वीकततया न तद्बोधानुपपत्तिरिति भावः ॥ सामान्यलक्षणानङ्गीकारेप्याह ॥ अस्तुवेति ॥ एकत्रैव । लौकिकसाक्षात्कारविषये एव । अन्यगवेति ॥ शक्तिग्रहाविषयगवीत्यर्थः ॥ ननु योग्यताबलाच्छक्तिग्रहाविषयकव्यक्तेरपि भाने बाधकाभाव इत्यत आह । अन्येति ॥ अतिप्रसङ्गः ॥ गोपदाद्घटादेरपि बोधापत्तिः ॥ शक्तिग्रहाविषयत्वस्याविशेषादिति भावः ॥ प्रत्यायक इति । गोत्वप्रकारकगोविशेष्यकशक्तिज्ञानत्वेन हेतुतया न घटादिबोधापत्तिः ॥ पूर्वं तु तत्तद्व्यक्तित्वेनापि गोर्निवेशः । इह तु गोत्वेनैव निवेश इति द्रष्टव्यं ॥ ननु एकस्य प्रवाहसंबन्धस्य तीरतीरत्वयोरभावाच्छक्यसंबंधरूपाया लक्षणाया एकस्यालक्ष्यतावच्छेदकलक्ष्ययोरसंभवितया लक्ष्यतावच्छेदकविशिष्टे लक्षणाया अनङ्गीकारेण गङ्गायां घोष इत्यादौ लक्षणयानुपस्थापितस्यापि तीरत्वस्य शाब्दबोधे भानवत् शक्यतावच्छेदके शक्त्यभावेपि तादृशकार्यकारणभावबलादेव गोत्वभाननिर्वाहेऽलं तत्र शक्तिकल्पनेनेति संप्रदायमतेऽस्वरसं प्रकाशयन्नव्यमतमाह ॥ गव्येवेति ॥ गौरवात् । केवलव्यक्तौ शक्तिस्वीकारेणैवोपपत्तौ जातिविशिष्टव्यक्तौ शक्तिकल्पने गौरवादित्यर्थः । नचैवमिति । एवं । गोत्वे शक्त्यस्वीकारे घटादेरपि बोधापत्त्या ऽशक्यस्य शाब्दाविषयतया गोत्वबोधानापत्तिरित्यर्थः । गोत्वेति ॥ गोत्वविशिष्टशाब्दबोधं प्रति गोत्वधर्मितावच्छेदककशक्तिग्रहत्वेन हेतुत्वेनानतिप्रसङ्गादित्यर्थः ॥ गोत्वे एव शक्तिस्वीकारे च गोत्वधर्मितावच्छेदककशक्तिग्रहस्य हेतुतया गौरवादव्यक्तावेव शक्तिरिति ध्येयं ।

ग्रस्त्वं । स्यादेतत् यदि गोत्वविशिष्टे शक्तिस्तदा गौः शुक्ला इ-
त्यतो गोशुक्लयोरभेदप्रत्ययो न स्यात् तस्यान्वयरूपस्याश-
क्यत्वात् । न च शब्दादशक्यमपि भासतीति प्रसङ्गात् । शक्य
ति गोशक्तं पदमेव गवान्वयं बोधयति । न चाशक्यबोधने घट-
मपि बोधयेदिति वाच्यं । गोशक्तं पदं गवान्वयबोधजनकं
न च घटो गवान्वयो येनाति प्रसङ्गः स्यात् । भट्टास्तु अन्व-
यविशिष्टे शक्तिग्रहादन्वयेऽपि शक्तिरेवेत्याहुस्तन्न अन्वयस्या
न्यलभ्यत्वात् अनन्यलभ्यस्य च शब्दार्थत्वात अन्यथा ला-

ननु जातिविशिष्टे शक्तिस्वीकारेण शाब्दे व्यक्तिभानोपपत्तावपि वाक्या-
र्थरूपान्वयस्यापि शाब्दविषयतया तत्रापि शक्तिरास्तां ॥ नचेष्टापत्तिः ॥
"जात्याकृतिव्यक्तयः पदार्थः" इति अक्षपादीयसूत्रविरोधादिति संप्रदाय-
मते शंकते ॥ स्यादेतदिति ॥ अन्वभेदोऽपि शक्य एवेत्यत आह ॥ तस्येति ॥
जातिविशिष्टएव शक्तिस्वीकारादिति भावः ॥ ननु योग्यतादिबलाच्छोऽपि
भासत इत्याह । नचेति ॥ अतिप्रसङ्गात् ॥ घटादेरपि बोधप्रसङ्गात् । गोशक्तं को-
ति । इतरपदसमभिव्याहृतं गोपदमित्यर्थः ॥ गवान्वयेति ॥ न च गौः शुक्ले-
त्यत्राभेदः गामानयेत्यत्रान्यविधः संसर्गो भासते इत्यत्र किं नियामकमिति वा-
च्यम् ॥ भेदान्वयबोधे समानविभक्तिकतत्तत्पदसमभिव्याहाररूपानुपूर्वीज्ञान
स्य अन्यत्र च तत्तदानुपूर्वीज्ञानस्य हेतुत्वादिति भावः ॥ पदानां जाताभिधाक्-
पाशक्तिराक्षेपेणैव व्यक्तेर्लाभः अन्वयस्य चाक्षेपेण लाभासंभवादशक्यबोध-
ने चातिप्रसङ्गादन्वयेऽपि शक्तिः इत्थं च जातौ अन्वये चाभिधारूपा शक्तिरि-
ति भट्टमतं दर्शयति ॥ भट्टास्त्विति ॥ अन्वयविशिष्टे शक्तिग्रहात् । अ-
भिधारूपशक्तिग्रहात् ॥ अन्वयेऽपि । वाक्यार्थरूपेऽन्वयेऽपि ॥ शक्तिरेव । अभि
धारूपा शक्तिरेव । अन्वयस्येति । गौः शुक्ला इत्यत्र वाक्यार्थरूपान्वयस्येत्यर्थः
अन्यलभ्यत्वात । अन्वयविषयकशाब्दबोधे तत्तदानुपूर्वीज्ञानत्वेन हेतुतया त
द्बलादेवान्वयभानोपपत्तिरित्यर्थः ॥ अन्वयविशेषभानार्थं तत्तदानुपूर्वी
ज्ञानहेतुतायास्तवाप्यावश्यकत्वादिति भावः । ननु अन्यलभ्यत्वेऽपि शक्तो
बाधकाभाव इत्यत आह । अनन्येति ॥ शब्दार्थत्वात् । शब्दशक्यत्वादित्यर्थः ।

**णोच्छेदापत्तिः । प्राभाकरास्तु कार्यान्विते शक्तिः पदानां-
तथाहि प्रयोजकवाक्यश्रवणानन्तरं प्रयोज्यस्य प्रवृत्तिमुपल
भमानो बालस्तत्प्रयोजकतया कार्यताविशिष्टज्ञानमनुमिनो
ति स्वप्रवृत्तौ तेन कार्यत्वविशिष्टज्ञानस्य हेतुत्वावधारणा**

ननु शक्यस्यैव शाब्दविषयत्वमिति नियमादन्यलभ्यत्वेपि तत्र शक्तिराव-
श्यकीत्यत आह ॥ अन्यथेति । अन्यथा । शक्यस्यैव शाब्दविषयत्वमिति
नियमात्तत्र शक्तिकल्पने।लक्षणेति।लक्षणया तीरबोधोपपत्तिरित्यन्यलभ्यत्वात्तत्र
नशक्तिः शक्यस्यैवशाब्दविषयत्वनियमेतु तीरेपि गङ्गापदशक्यत्वप्रसङ्गेन लक्ष
णोच्छेदापत्तेरित्यर्थः।इदमुपलक्षणम् अन्वितेशक्तिस्वीकारेऽन्वितत्वेन पदार्थो-
पस्थितिः अन्वयप्रकारकशाब्दबोधश्चस्यात् नत्वेतदनुभवसिद्धं। ननु अन्विते श-
क्तिःस्वरूपसत्युपयुज्यतेनतुज्ञाता जातौतुज्ञातैवोपयुज्यतइति तन्मतनिष्कर्षइ
तिचेन्न। यद्विषयकत्वेनैव ज्ञाताशक्तिरनुभवहेतुस्तत्रैव शक्तिरित्यन्वये शक्ति-
स्वीकारवैयर्थ्यात् शक्यस्यैवशाब्दविषयत्वमितिनियमस्यचलक्ष्ये व्यभिचारादि-
ति रहस्यमनुसन्धेयं । केचित्तु भट्टमते जातावेवाभिधारूपा शक्तिः अन्वितवि-
षयकशाब्दत्वावच्छिन्नं प्रति घटपदशक्तिज्ञानत्वेन कारणतेति घटपदादावन्विते
आनुभाविका शक्तिः नैयायिकमते आनुपूर्वीज्ञानस्यैवान्वितशाब्दत्वं कार्यता
वच्छेदकं भट्टमते घटपद शक्तिज्ञानस्येति मतभेदः । अन्वयविशिष्टे शक्तिग्र-
हात् । बालेनघटपदादेरानुभाविकशक्तिग्रहात्।शक्तिरेव। आनुभावकशक्तिरेव।
अन्वितविषयकशाब्दत्वं घटपदशक्तिज्ञानकार्यतावच्छेदकमित्यर्थः। अन्यलभ्य-
त्वात्।अन्वितशाब्दत्वस्यानुपूर्वीज्ञानकार्यतावच्छेदकतया तत्कोटिप्रविष्टत्वादि
त्यर्थः।अनन्यलभ्यस्यच।आनुपूर्वीज्ञानादिरूपप्रकारांतरालभ्यस्य च।शब्दार्थत्वात्।
घटपदशक्तिज्ञानकार्यतावच्छेदककोटिप्रविष्टत्वादित्यर्थः । तथाचान्वय विशि-
ष्टे शाब्दत्वस्यानुपूर्वीज्ञानकार्यतावच्छेदकत्वावश्यकत्वे अन्वयविषयकशाब्दत्व-
स्य घटपदशक्तिज्ञानकार्यतावच्छेदकत्वे मानाभाव इति भावः। ननु शक्ति
ज्ञानकार्यतावच्छेदककोटिप्रविष्टस्यैव शाब्दविषयत्वमिति नियमात्तथेत्यत
आह। अन्यथेति। तादृशनियममभ्युपेत्य तथा कल्पने। लक्षणेति। तादृशनियमा
भ्युपगमे तीरविषयताया अपि गङ्गापदशक्तिज्ञानकार्यतावच्छेदककोटिनिवेश

न् अतस्तद्धेत्वाकाङ्क्षायामुपस्थितत्वाच्छब्दमेव तथावधारय
ति अतस्तन्निर्वाहिकां शक्तिं कार्यान्विते शब्दत्वावच्छेदेन
कल्पयति तदनु चावापोद्वापाभ्यां घटादिपदे शक्तिं गृह्ण
न् प्रथमकल्पनानुरोधात् कार्यतान्विते घटादौ शक्तिं क

तत एव तोरभानोपपत्ते स्तत्र लक्षणास्वीकारो व्यर्थः इतिर्हि न स्वरूपसत्यु पयुज्यते किंतु ज्ञातैवेति व्याचक्षुः तत्संदर्भविरोधादुपेक्षणीयं। प्राभाकरास्त्वि ति। कार्यान्वितेइति। कृतिसाध्यानयनाद्यन्वित इत्यर्थः। तत्प्रयोजकतया। प्रवृ- त्तिप्रयोजकतया। कार्यताविशिष्टज्ञानमिति। कार्यताकृतिसाध्यतात्तद्विशिष्टवि- षयकं ज्ञानमित्यर्थः। अनुमिनोमि। प्रयोज्यस्येति शेषः। अयं घटानयनगोचर- कार्यताविशिष्टज्ञानवान् घटानयनगोचरप्रवृत्तिमत्त्वादित्यनुमानाकारोबोध्यः। अप्रयोजकत्वमाशंक्याह। स्वप्रवृत्ताविति। स्वप्रवृत्तौ। स्वीयस्तनपानगोचरप्रवृतौ। तेन। बालेन। कार्यताविशिष्टज्ञानस्य। कृतिसाध्यत्वविशिष्टज्ञानस्य। हेतुत्वावधारणा दिति। तथाच कार्यकारणभाव एवानुकूलस्तर्क इति भावः। तद्धेत्वाकाङ्क्षायां। कार्यताविशिष्टज्ञानकारणजिज्ञासायां। शब्दमेव। घटमानयेति शब्दमेव। तथा- कार्यत्वविशिष्टज्ञानहेतुत्वे। नतन्निर्वाहिकां। शब्दे कार्यत्वविशिष्टविषयकज्ञा- नोपधायकत्वनिर्वाहिकां। कार्यान्विते इति। यद्यपि घटानयनगोचरप्रवृत्तौ घटानयनगोचरकार्यताविशिष्टज्ञानत्वेन हेतुत्वं नतु कार्यान्वितज्ञानत्वेने- ति कार्यान्विते शक्तौ बीजाभाव स्तथापि न केवलं कार्यमिति ज्ञानात्प्रवृत्तिः किंतु घटानयनं कार्यमिति ज्ञानात् तच्च कार्यताविशिष्टज्ञानं कार्यान्वितज्ञा नमेवेति तत्र शक्तिः एवमनाकलितपदविभागस्य घटमानयेति वाक्यस्य का र्यताविशिष्टज्ञानजनकत्वं कार्यान्वितशक्त्यैव निर्वहति अन्यथैकपदस्यैव का र्यताविशिष्टे शक्तौ इतरपदस्य वैयर्थ्यात् कार्यान्विते शक्तौ सर्वेषामपि का- र्यताविशिष्टज्ञानजनकत्वं संभवति कार्यताविशिष्टज्ञानस्य प्रयोजकत्वे च कार्यान्वितज्ञानस्यापि प्रवृत्तिप्रयोजकत्वानपायात् कार्यान्वित एव शक्तिः। नच कार्यतावाचकलिङादीनां कार्यान्वितशक्तत्वासंभव इति वाच्यं। सर्वपदा- नां कार्यान्वयशालिगोचरज्ञानजनकत्वात् तत्र कार्यान्वितस्वार्थप्रतिपाद- कतया इतरान्वितकार्यरूपस्वार्थप्रतिपादकतयावेति तथाच कार्यान्वयशा-

स्यति ननु वेदवाक्यादौ कार्यव्युत्पत्तिविरोधात् इत्थं च
तत्र कार्यतावाचकपदसमभिव्याहारो नास्ति तद्वाक्यं अर्थ-
वादरूपं मूकमेव व्यवहारस्त्वसंसर्गाग्रहात् । ननु सर्वेषां प
दानां कार्यान्वितवाचकत्वात्तद्वाचकपदसमभिव्याहारो मा
स्त्वित्यसङ्गतम् । असङ्गतं चार्थवादस्याप्रामाण्यमिति चेत् ।

त्वं कार्ये तद्भिन्ने चाविशिष्टमिति सर्वत्र कार्यान्वितएव शक्तिरित्याखण्डला
र्थः । आवापोद्वापाभ्यां।संग्रहत्यागाभ्यां ।प्रथमेति। शब्दसामान्ये कार्यान्वितश-
क्तिकल्पनानुरोधादित्यर्थः। ननु लाघवात्तथास्त्वित्यत आह। आर्ये ति। शब्द-
सामान्ये कार्यान्वितशक्तिकल्पनायाः विरोधापत्ते रित्यर्थः । शब्दसामान्यस्य
कार्यान्वितएव शक्तत्वे ऽवधृते विधेरेव प्रामाण्यं नत्वर्थवादस्येति दर्शयति। इत्थं
चेति।शब्दसामान्यस्य कार्यान्वितशक्तत्वे चेत्यर्थः।यत्र। भूतले घटोनास्तीत्यादौ।
कार्यतावाचकेति । कार्यतावाचकालिङ्लोटतव्यप्रत्ययः पंचमलकारः इत्यर्थ-
ति विधिप्रत्ययास्तत्समभिव्याहारो नास्तीत्यर्थः । विध्यसमभिव्याहृतं वैदिक
वाक्यमर्थवादः । मूकमेव।शाब्दबोधानुपधायकमेव । ननु तर्हि प्रवर्तकप्रामाभा
वात्प्रवृत्त्याद्यनुपपत्तिरत आह । व्यवहारस्त्विति । प्रवृत्तिस्त्वित्यर्थः।असंसर्गेति
असंसर्गग्रहाभावात्।बाधाभावादितियावत् । तन्मते सर्वत्र प्रवृत्तिं प्रति विशि-
ष्टज्ञानस्य हेतुत्वानभ्युपगमादिति भावः।ननु शब्दसामान्यस्यैव कार्यान्वितश-
क्तत्वात्कार्यान्वितशक्तिज्ञानस्यैव शाब्दबोधहेतुतया विधेरिव शब्दसामान्य-
स्यैव कार्यतावाचकपदत्वात्कथं सिद्धार्थकार्थवादानामप्रामाण्यमित्याशंकते ।
नन्विति । कार्यान्वितेति।कार्यताविशिष्टान्विते त्यर्थः।तद्वाचकेति।कार्यतावाच
कपदेत्यर्थः । विधेरिव पदसामान्यस्यैव।कार्यतावाचकपदत्वादितिभावः।असं-
गतं चेति।सर्वस्यापि कार्यतावाचकपदत्वात् कार्यतावाचकपदासमभिव्याहा-
रप्रयुक्तमप्रामाण्यं कथमर्थवादस्येत्यर्थः । अत्र यद्यपि पदानां कार्यान्विते ऽभि
धारूपैव शक्तिः घटादिपदात्कार्यान्वितघटत्वादिनैव पदार्थोपस्थितिः घटा-
दिपदेन कार्यान्वितविषयकशाब्दबोधे जननीये इतरविशेषणतया कार्यत्वो
पस्थापकलिङादिपदस्य सहकारित्वाच्च नसिद्धार्थकार्थवादस्य प्रामाण्यमि

अथोच्यते द्विविधाहि पदशक्तिः आनुभाविका स्मारिका च तत्रानुभाविका कार्यान्विते स्मारिका च जातौ तथाच घटादिपदं घटादिपदात् कार्यत्वस्यानुपस्थितौ कथं तदन्वयबोधं जनयेत् कार्यत्वान्वय बोधे तदुपस्थितेरपि हेतुत्वादिति नार्थवादस्य प्रामाण्य मित्यूचुः)। तन्न आवापोद्वापाभ्यां लाघवात् घटादिमात्र एव शक्तिग्रहः नतु कार्यतान्वयेपि अन्यलभ्यत्वात्

ति कार्यान्वितेऽभिधारूपशक्तिमादायार्थवादस्याप्रामाण्यमुपपादयितुं शक्य-ते तथापि कार्यत्वोपस्थित्यर्थं हि घटादिपदानां कार्यान्विते शक्तिः सा चाव-श्यापेक्षणीयलिङादिपदादेव । जातेति । व्यर्थं घटादिपदानां कार्यान्वितेऽभि-धारूपशक्तिकल्पनेन एवं कार्यान्वितत्वेन शाब्दबोधे ऽनुभवबाधश्चेत्यत अभि-धारूपशक्तिमुपेक्ष्यानुभाविकशक्तिमादाय समाधत्ते । अथोच्यत इति । आनु-भाविका । शाब्दानुभवजनिका । स्मारिका । पदार्थस्मृतिजनिका । तत्रेति । कार्यान्वितविषयकशाब्दत्वावच्छिन्नं प्रति घटपदज्ञानत्वेन हेतुत्वे इत्यर्थः । स्मारिकाचेति । जातिशक्तिज्ञानात्केवलघटत्वजातिस्मृतिः शक्तिज्ञानस्योद्बो-धकविधया पदार्थस्मृतिहेतुत्वादिति भावः । मनु कार्यान्वितबोधे घटादिपद-ज्ञानस्य हेतुत्वादिति भावः । ननु कार्यान्वितबोधे घटादिपदज्ञानस्य हेतुतया तत्सत्वे कथं नानुभवजनकत्वमत आह । कार्यत्वान्वबोध इति । घटादिपदेन कार्यत्वान्वयविषयकशाब्दबोधेजननीये कार्यतावाचकलिङादिपदजन्योप-स्थितेः सहकारित्वादित्यर्थः । नार्थवादस्येति । विशेषसामग्रीसहकृतताया एव सामान्यसामग्र्याः फलोपधाने तन्त्रतया कार्यत्वोपस्थापकलिङादिपदाभावेन तज्जन्यकार्यत्वोपस्थितेः सहकारिणां अभावात् शाब्दानुभवजनकत्वरूपं प्रा-माण्यं नार्थवादस्येत्यर्थः । लाघवात् । कार्यान्वितघटविषयकशाब्दत्वापेक्षया लाघवात् । घटादिमात्रइति । घटविषयकशाब्दत्वावच्छिन्नं प्रत्येव । घटपद-ज्ञानत्वेन कारणत्वग्रह इति भावः । नत्विति । ननु घटपदादेः कार्यान्वितघट-विषयकशाब्दत्वं कार्यतावच्छेदकमित्यर्थः । अन्यलभ्यत्वादिति । कार्यतावा-चकपदजन्यबोधविषयत्वादित्यर्थः । घटविषयकशाब्दत्वावच्छिन्नं प्रति घटप-दज्ञानत्वेन कार्यत्वविषयकशाब्दत्वावच्छिन्नं प्रति लिङादिपदज्ञानत्वेन हेतु-

प्रथममनन्यलभ्यत्वं बालस्य नोपस्थितमिति चेत् । प्रथमं तर्हि कार्यतान्वये शक्तिग्रहोऽस्तु यदा च तदुपस्थितं तदा घटमात्रे शक्तिग्रहोऽस्तु सा बाध्यतां गौरवात् । अथैवं चरम प्रवृत्तौ-घटमात्रशक्तिकल्पना कथं प्रथमवृत्तां बलवतीं कार्यान्विते शक्तिकल्पनां बाधयतु मीष्टे इति चेन्न । प्रथमकल्पनाया बलवत्त्वासिद्धेः नहि प्रथमप्रवृत्तमेव बलवत् चंद्रतारादिस्वल्पताया

ता यत्र च लिङादिपदसमभिव्याहारस्तत्र तादृशसमभिव्याहारादेव कार्यत्वबोधः यत्र तु न तत् समभिव्याहारस्तत्र केवलघटादेर्बोध इत्यर्थवादस्यापि प्रामाण्यमिति भावः । नन्वनन्यलभ्यत्वं न स्वरूपसत्प्रतिबंधकं किंतु ज्ञातं यदि शक्यं स्यात्तदान्यलभ्यं न स्यादिति तर्कस्य तेनोत्पादनात् तथाच यत्र तन्नोपस्थितं तत्र कार्यान्विते शक्तिग्रहे बाधकाभाव इत्याशंकते । प्रथममिति । प्रथमं लिङादिपदस्य कार्ये शक्तिग्रहात्पूर्वं । कार्यान्विते शक्तिग्रहोऽस्तु । घटपदज्ञानस्य कार्यान्वितविषयकशाब्दत्वं कार्यतावच्छेदकमस्त्वित्यर्थः । तत । अन्यलभ्यत्वं । घटमात्रइति घटविषयकशाब्दत्वं कार्यतावच्छेदकमित्यर्थः सा।कार्यान्विते शक्तिकल्पना।बाध्यताम्।अप्रामाण्यग्रहविषयीक्रियतां।गौरवात्। घटमात्रशक्तिकल्पनापेक्षया । गौरवात् ननु समान्यतः प्रथमप्रवृत्तकल्पनाया बलवत्त्वेन कथं तद्बाध इत्याह । अथैवमिति । ननु प्रथमप्रवृत्तत्वस्य बलवत्त्वप्रयोजकतया कथं न बलवत्त्वमत आह । नहीति । शास्त्रादिति । शतयोजनचंद्र इति।चन्द्रपरिमाणबोधकज्योतिश्शास्त्रादित्यर्थः । तथाच चक्षुरादिना ज्ञातस्वल्पताया अप्रामाण्यज्ञानवदत्रापि घटपदादेः कार्यान्वितघटादौ शक्तिज्ञाने प्रामाण्यं कल्पयतइति भावः । ननु चन्द्रादौ शास्त्रजन्यमहत्परिमाणज्ञानेन बाधात् तत्र स्वल्पपरिमाणज्ञाने ऽप्रामाण्यं कल्प्यते प्रकृते च प्रथमं कार्यान्वितघटादिपदशक्तिकल्पने बाधकाभावान्न तद्बाधः असति बाधके प्रथमप्रवृत्तत्वस्यैव बलवत्त्वे तन्त्रत्वादित्यत आह । चरमकल्पनायाइति । लाघवेति । पूर्यान्वितघटादौ शक्तौ बाधेपि कार्यान्वितत्वविशिष्टघटत्वस्य घटत्वापेक्ष

प्रथमप्रतीतायाः शाक्तात् तन्महत्वप्रतीत्या बाधानापत्तेः चरमकल्पना लाघवसाहाय्यतया बलवत्वाच्च किंचैवं काव्यादिभ्यो ऽनुभवसिद्धो ऽन्वयानुभवो न स्यात् । नचासंसर्गाग्रहमात्रं नतु संसर्गानुभव इति वाच्यं । घटमानयेत्यत्रापि तदापत्तेः तथाच गतं शब्दप्रामाण्यप्रत्याशयापि किंचैवमर्थवादरूपाणां श्रुतिस्मृतीतिहासपुराणादीनामप्रामाण्यं स्यात् तथा च तुष्टूपहसितं मिश्रैः । प्रसिद्ध एव लोकेऽस्मिन् बुद्धबन्धुः प्रभाकार इति तस्मादेवं वदन् प्रतारकः कश्चिद्वर्णव्यत्यासाल्लिपि सादृश्याभ्यां प्रभाकार इति अनुगृहीतो लोकैरिति युक्तमुत्पश्या-

या गुरुतया शक्यतावच्छेदकत्वासम्भवेन कार्यान्वितघटत्वावच्छेदेन शक्यभावेन तेन रूपेण तत्र शक्तिकल्पने बाधः स्यादेव तद्धर्मावच्छिन्नाभाववति तद्धर्मावच्छिन्नप्रकारकज्ञानत्वमेव हि भ्रमत्वमिति भावः । ननु कम्बुग्रीवादिमत्त्वं घटत्वापेक्षया गुर्विति गौरवज्ञानसत्त्वेऽपि कम्बुग्रीवादिमान्नास्तीति प्रतीत्युदयाद्यथा गुरुधर्मस्य प्रतियोगितावच्छेदकत्वमुपेयते तथा गौरवेऽपि प्रथमप्रवृत्तत्वात्कार्यान्वितघटे शक्तिः स्यादेवेत्यतस्तुष्यतु दुर्जनन्यायेनाह । किंचैवमिति । एवं । कार्यान्वितघटादौ शक्तिकल्पने । शक्तिज्ञानेन च शाब्दसामान्ये जननीये कार्यतावाचकपदजन्योपस्थितेः सहकारित्वेचेत्यर्थः । अनुभवसिद्ध इत्यनेन दुरपह्नवत्वं सूचितं । न स्यादिति । लिङादिपदरूपकारणाभावादिति भावः । नचेति । पदार्थोपस्थितिबाधाभावमात्रादेव व्यवहारादिति भावः । तदापत्तेः । असंसर्गाग्रहापत्तेः । काव्यादावनुभवसिद्धस्यापि संसर्गानुभवस्यापलापे लिङसमभिव्याहारेऽप्यपलाप एव स्यादिति भावः । नन्विष्टापत्तिरत आह । तथाचेति । ननु प्रथमं कार्यान्वित एव शक्त्यवधारणात् तत्सहकारिकार्यतावाचकपदरूपकारणाभावाद्विध्यसमभिव्याहारस्थलेऽसंसर्गाग्रह एवोपेयते कारणाभावे कार्याभावस्यावश्यकत्वात् विधिसमभिव्याहारस्थले तु बाधकाभावेन शाब्दानुभव एवोपेयते अत एव शब्दप्रामाण्यमपीत्यत आह । किंचैवमिति । एवं । कार्यतावाचकपद-

भः। ननु यदि शक्तिग्रहः सहकारि तदा गङ्गापदात्तीरप्रत्ययो न स्यादिति चेन्न। शक्तिर्हि न तत्त्वेन प्रयोजिका। किंतु ज्ञप्तित्वेन

समभिव्याहारस्थले शाब्दानुभवस्वीकारे। स्यादिति। तादृशपदसमभिव्याहाराभावादिति भावः। ननु केषां चिदप्रामाण्येऽपि लिङसमभिव्याहृततत् पदमादायैव शब्दप्रामाण्यं स्यादेवेति तेषामप्रामाण्ये इष्टापत्तिरित्यत आह। तथाचेति। पुराणादीनामप्रामाण्याङ्गीकारे चेत्यर्थः। मिश्रैः। वाचस्पतिमिश्रैः। बुद्धबन्धुरिति। बुद्धैर्न कस्यापि शब्दस्य प्रामाण्यमुपेयते प्राभाकरैस्तु कस्यचिच्छब्दस्य प्रमाणत्वाङ्गीकारान्न तदन्तर्भूतत्वमित्यत उक्तं बन्धुरिति। यथा तैरनुभवसिद्धोऽप्यनुभवोपलप्यते इति वेदस्याप्रामाण्यमुच्यते तथा पुराणादेरप्रामाण्यं तवेति साम्यं बोध्यम्। एवं वदन्। अनुभवसिद्धेऽप्यसंसर्गाग्रहमात्रं वदन्। वर्णव्यात्यासः रक इत्यत्र कर इति लिपिसादृश्यं तकारभकारयोर्गौडलिप्या सादृश्येन ताभाऽनयोः सादृश्यं बोध्यं। युक्तमुत्पश्याम इति। अनुभवानुरोधेनैव सर्वकल्पना। तथाच लिङाद्यसमभिव्याहारस्थलेऽप्यनुभवस्यापलापानर्हत्वेन लाघवेन च घटत्वविशिष्ट एवशक्तिस्वीकरणमुचितमिति भावः। वस्तुतस्त्विति। प्रसक्तधर्ममादायान्वयव्यतिरेकग्रहासम्भवात्प्रत्यक्षस्थले कार्यत्वकारणत्वावच्छेदकधर्मग्रहमन्तरा कारणत्वग्रहासम्भवेऽपि शब्दे अतिप्रसक्त धर्मसामानाधिकरण्येनापि तद्ग्रहः यथा "स्वर्गकामो यजेतेत्यादौ" गङ्गास्नानादितोऽपि स्वर्गोदयात्स्वर्गत्वावच्छेदेन यागजन्यत्वासम्भवेन वैजात्यस्य च प्रथममनुपस्थितेः स्वर्गत्वयागत्वसामानाधिकरण्येन कार्यकारणभावग्रहः; तथा प्रकृतेऽपि शब्दे कार्यान्वितज्ञानजनकत्वं गृहीतं नतु कार्यान्वितज्ञानत्वावच्छिन्नं प्रति तच्चेतरपदसमभिव्याहारादेवोपपन्नमिति न कार्यान्विते शक्तिरिति। पदं तावच्चतुर्विधं रूढं यौगिकं यौगिकरूढं योगरूढं च यत्रावयवशक्तिनिरपेक्षेण समुदायशक्तिमात्रेण बोधस्तद्रूढं यथा गोपदं यत्रावयवार्थ एव बुध्यते तद्यौगिकं यथा पाचकादिपदं यत्र यौगिकरूढ्यर्थयोः स्वातन्त्र्येण बोधस्तद्यौगिकरूढं यथोद्भिदादिपदं यौगिकं खनित्रे रूढं यागविशेषे योगरूढं पंकजादिपदं तत्र पंकजपदसमुदायः पद्मत्वविशिष्टे रूढो नवेति योग-

रूढौ विप्रतिपत्ति: पंकजपदात्पद्मत्वविशिष्टप्रतीतये पद्मत्वविशिष्टे पंकजसमुदायस्य रूढिरावश्यकी पदान्नियतोपस्थितेर्वृत्तिसाध्यत्वात् पंकजपदाद्योगेन कुमुदस्यापि बोध प्रसङ्गाच्च मन्मते कदाचित् कुमुदबोधस्तु लक्षणयैव। ननु रूढिस्वीकारेप्युक्तिस्पदेन खनित्रमिव पंकजपदात्कुमुदमपि बोध्येत योगसत्त्वात् अत्र प्रांच: यत्र योगरूढिभ्यामेकार्थबोधस्तत्र केवलयौगिकार्थबोधे रूढे: प्रतिबंधकत्वान्न कुमुदबोध इति तत्र मणिकृत: रूढ्या नियमत: स्मृतं पद्ममेव कर्तृरूपव्यक्तिवाचकड प्रत्ययेन पंकजनिकर्तृतयाऽनुभाव्यते "बाधकं विना व्यक्तिवचनानां सन्निहितविशेषपरत्वनियमात्" व्यक्तिवचनानां किञ्चिद्ग्राहितात्पर्यकारणं। सन्निहित:।प्रथममुपस्थित इत्यर्थ:।तथाच पद्मे तात्पर्यसत्त्वेन पंकजनिकर्तृतया तदेव योगेनापि प्रतीयते नतु कुमुदमिति रूढेर्न प्रतिबन्धकत्वं ग्राह्याभावानवगाहित्वात् जनकज्ञानाविरोधित्वाच्च सिद्धेरनुमितिप्रतिबन्धकत्वस्यानापत्त्या स्वीकारेप्यत्र ज्ञानस्य मणिमन्त्रादि न्यायेन प्रतिबन्धकत्वे मानाभावात् इत्थं च पद्मानुभवसामग्री सत्त्वात् पद्मस्यैव बोधो नतु कुमुदस्य सामग्र्यांसत्यां हि फलाभावेन प्रतिबन्धकत्वकल्पनादिति वदंति। अत्रेदं चिंत्यते। पंकजं कुमुदमानयेत्यादौ यत्र पंकजपदस्य पद्मे तात्पर्याभाव: कुमुदे च तात्पर्यग्रह: तत्र लक्षणां विनैव कुमुदबोधापत्ते: पद्मानुभवसामग्रीविरहात् पद्मे तात्पर्याभावनिश्चयस्यैव तत्र बाधकत्वेन बाधकं विना व्यक्तिवचनानां संनिहितविशेषपरत्वादिति न्यायस्य तत्रानवतारात् घटेन जलमाहरेत्यत्र सच्छिद्रघटस्य प्रथमोपस्थितत्वादन्वयवारणाय बाधकं विनेत्यस्यावश्यकत्वात् तथाच गृहीतपद्मप्रयोगस्य पद्मान्वयानुपपत्ति पुर: सरैव कुमुदधीरिति न स्यात् कुमुदं पंकजमित्यत्र कुमुदस्यैव प्रथमसंनिहितत्वसम्भवाच्च कुमुदस्य भिन्नपदोपस्थाप्यत्वेपि प्रथमोपस्थितिमात्रस्यैवापेक्षणीयत्वात् अवयवापेक्षया समुदायस्य भिन्नत्वेन पद्मस्यापि भिन्नपदोपस्थाप्यत्वाच्च। अथ कुमुदबोधस्तत्र शक्त्यैवास्तां पंकजपदस्य कुमुदलक्षणेति प्रवादस्तु क्वाचित्काभिप्रायेण यत्र योगरूढिभ्यां पद्मानुभवस्तदनंतरं कुमुदे तात्पर्यज्ञानं तत्र स्वतन्त्रोपस्थितये कुमुदे लक्षणोदयात् परं विशेषो यत्संप्रदायमते सर्वत्र लक्षणा मणिकृन्मते क्वाचित्कीति चेन्न। तत्रापि पंकजनिकर्तृत्वस्य कुमुदे तात्पर्यग्रहकाले पुन: स्मृतपंकजपदेन शक्त्यैव कुमुदोपस्थापनसम्भवात् पद्मे ता-

त्पर्याभावनिश्चयेन कुमुदे तात्पर्यनिश्चयसत्त्वेन च पद्मेऽन्वयासम्भवात् अन्य-
था लक्षणानापत्तेरिति । यत्तु शक्त्या कुमुदे नानापदतदर्थानुसन्धानपक्षे वा-
क्यार्थविधया गुरूपस्थितिकत्वं लक्षणया पंकजनिकर्तृत्वस्य पदार्थतया ल-
घूपस्थितिकत्वमिति तन्न । पंकजन्मकर्तारमानयेत्यादौ वाक्यमात्रे एव लक्ष-
णापत्तेः प्रत्येकशक्त्यैव योग्यतादिबलाद्विशिष्टबोधान्न लक्षणेति चेत् । प्रकृतेपि
समानं तस्माद्रूढिज्ञानप्रतिबन्धकत्वकल्प एव लक्षणासम्भवः विरोध्यविषय-
कत्वेपि सिद्धेरनुमिताविव रूढिज्ञानस्य प्रतिबन्धकत्वमिति स्मृतपद्मान्वया-
नुपपत्त्यनन्तरं कुमुदधीरिति लक्षणाव्यवहारो वस्तुतो मुख्यतयैवेति तु मणि-
कृन्मते गतिरिति । ननु पंकजपदस्य पद्मे लक्षणैवास्तां वाक्ये शक्त्यभावेपि त-
द्घटके तत्सम्भवात् । न च शक्यलक्ष्यसाधारणैकरूपाभावेनाजहत्स्वार्थायास्तस्या
अभावात् युगपद्वयविरोधापत्तिरिति वाच्यं । मते तात्पर्ये गङ्गायां घोषमत्स्यौ
स्त इत्यत्रेव मणिकृन्मते तस्यादोषत्वादिति चेन्न । शक्ये बाधके सत्येव लक्ष-
णेति मुख्ये बाधकाभावेन लक्षणोपनीतानपेक्षणे कुमुदसाधारणबोधापत्तेः
तात्पर्यानुपपत्त्या यष्टीः प्रवेशयेत्यत्रेव लक्षणोपपादनेपि पद्मकुमुदयोस्तुल्य-
त्वापत्तेः लक्ष्यत्वाविशेषात् तथाच पद्मान्वयानुपपत्तिप्रतिसन्धानानन्तरं कुमुद-
धीरिति सिद्धान्तव्याकोपः एवं धेनुपदमपि योगरूढमेव । ननु पद्मत्वमेव प्रयो-
गोपाधिरस्त्विति चेन्न पद्मत्वज्ञानं न प्रतिबन्धकं अगृहीतनियतपद्मप्रयोग-
स्य कुमुदसाधारणबोधदर्शनात् रूढिज्ञानमेव स्वाभाववत्त्वसम्बन्धेन प्रति-
बन्धकमिति । नन्वयोग्यतया पद्मत्वमपहाय केवलावयवशक्त्या कुमुदबोधोऽ-
स्तु किं लक्षणया रूढेर्योगप्रतिबन्धकत्वमते तथा सम्भवेपि मणिकृन्मते रू-
ढेरप्रतिबन्धकत्वादिति चेन्न । पद्मान्वितत्वेनोपस्थितस्य पंकजनिकर्तृत्वस्या-
न्वयनिराकाङ्क्षतया स्वतन्त्रोपस्थितये लक्षणाङ्गीकारात् एवं पंकजपदात्स्थल-
पद्मबोधो लक्षणयैव स्थलपद्मं हि विजातीयमेवेति पद्माकृतिसदृशाकृतौ स्थ
लपद्मत्वविशिष्टे वा पंकजपदस्य लक्षणा । यदि चानुगतप्रतीत्या तत्रापि पद्म-
त्वजातिस्तथापि स्वतन्त्रोपस्थितये लक्षणा । अथायोग्यतया योगार्थानन्वयेपि
योग्यतया रूढ्यर्थः पद्ममेव बुध्यत इति चेन्न । योगार्थगतपद्मत्वेन पद्मस्यैवोप-
स्थित्या निराकाङ्क्षत्वात् स्वतन्त्रोपस्थितये तदावश्यकत्वात् यद्यपि "शक्याद-
न्येन रूपेणज्ञाते भवति लक्षणेति" न्यायात्समुदायस्य पद्मत्वे लक्षणा मधु-

क्ता तथापि कर्तृवाचकपद एव सा बोध्या। अत्रेदं चिन्त्यं स्थले पंकजमित्यत्र पंकजनिकर्तृत्वस्य पद्मे तात्पर्याभावग्रहे तदनन्वितपद्मत्वस्य साकांक्षत्वमेव यत्र वा प्रथममन्वयस्तत्रापि स्थलपद्मे तात्पर्यग्रहानन्तरं पुनः स्मृत पंकजपदात्स्वतन्त्रोपस्थितिर्लक्षणयैवोपेया एवं न्वशक्त्यैव तदा तदुपस्थितिरास्ताम्। अयोग्यत्वेन योगार्थस्यानन्वयादिति। अपिच "श्येनेनाभिचरन्य जेतेत्यत्र" बलवदनिष्टाननुबन्धीष्टसाधनत्वरूपविध्यर्थे विशेषणांशमपहाय यथाविशेष्यान्वयः तथाऽयोग्यतया विशेषणानन्वयेपि विशेष्यान्वयबोधे बाधकाभावः योगार्थस्यैव विशेष्यत्वे च पंकजं कुमुदमित्यत्र तस्य साकांक्षतया लक्षणानुपपत्तेरितिदिक्। इदं तु बोध्यम् आकाशपदे निरवच्छिन्नैव शक्तिः व्यक्तीनामानन्त्याभावेनानुगमकधर्मानपेक्षणात्। नच वृत्त्युपस्थापितस्यैव शाब्दबोधविषयत्वाच्छब्दाश्रयत्वं ततः कथं भासेतेति। वाच्यं नियमतो यद्धर्मविशिष्टत्वेनोपस्थिते यत्र शक्तिग्रहस्तत्स्मरणजनकसंस्कारस्य तद्धर्मविषयतानियमेन तदुद्बोधकादेव तदंशेप्युद्बोधनियमेनाकाशपदादशक्यस्यापि तस्य भानात् तथाहि शक्तिर्हि एकसम्बन्धिज्ञानमपरसम्बन्धिस्मारकमितिरीत्या पदार्थस्मारिका येन रूपेण चोपस्थितयोः पदार्थयोः सम्बन्धज्ञानं तद्रूपावच्छिन्नज्ञानात्सम्बन्धांशे उद्बुद्धसंस्कारसहकृता तद्रूपावच्छिन्नस्मरणं तत्र च सम्बन्धितावच्छेदकस्यापि जन्यताजनकतावच्छेदककोटिनिवेश आवश्यकः अन्यथा हस्तिपके चैत्रत्वेनोपस्थिते भद्रत्वेन चोपस्थिते हस्तिनि सम्बन्धग्रहे मनुष्यत्वेन हस्तिपकज्ञानाद्गजत्वेन हस्तिस्मरणापत्तेः तथाच यद्धर्मविशिष्टे शक्तिग्रहस्तद्धर्मविशिष्टमेव तत्स्मारयतीत्याकाशमात्रे शक्तावपि शब्दाश्रयत्वस्य स्मृतिसम्भवः वृत्त्युपस्थाप्यत्वस्यैव शाब्दविषयत्वे तन्त्रत्वं नतु स्ववृत्त्युपस्थाप्यत्वस्येति लक्ष्यतावच्छेदकवच्छाब्दबोधविषयत्वमपि। अथैवं गोत्वमपि शक्यं न स्यात् यदि च विशेष्यवृत्त्यैव संस्कारवशाद्विशेषणस्मरणं लक्ष्यतावच्छेदकवन्नियतस्मृतेरनुपपत्तिः रूपान्तरेण शक्तिग्रहे संस्कारविषयत्वाभावात्। किं चान्यसम्बन्धेनाप्यन्यत्र संस्कारोद्बोधे पदाप्रमुष्टतत्ताकस्मरणानुपपत्तिः अनुभवविषयतत्ताया अपि नियमेन भानसम्भवात् घटशक्तेरेव तदंशेप्युद्बोधकत्वसम्भवात् उद्बोधकान्तरानुसारेण च लक्ष्यतावच्छेदकवन्नियतस्मरणानापत्तेः तस्मात्पदान्नियतोपस्थितिः स्वसम्बन्धः परिशेषा-

वृत्तिरेव पर्यवस्यतीति पदान्नियतोपस्थितिवृत्तिसाध्येति नियमान्नोक्तं शक्यमिति विभाव्यते तदा शब्दाश्रयत्वेपि तुल्यमिति चेदास्तां तदपि शक्यं यदि नियमेन तदुपस्थितिः आकाशः शब्दाश्रय इत्यस्य चाकाशपदवाच्य इत्यर्थमेवोपपन्नत्वान्न पर्यायत्वेपि सह प्रयोगानुपपत्तिः । वस्तुतस्तु कदाचिच्छब्दाश्रयत्वेन कदाचिन्नाष्टद्रव्यातिरिक्तद्रव्यत्वेनाप्युपस्थितेर्न नियता तदुपस्थितिरिति न तच्छक्यं धर्म्यंशे बोधकादेव तदंशेप्युद्बोधसम्भवात्तत्स्मृतेः शाब्दबोधस्य चोपपन्नत्वात् यदि च संस्कारस्य कदाचित्तदंशेनोद्बोधस्तदाऽस्तु वा पदादपि निर्विकल्पकं आकाशपदान्निष्प्रकारकमेव स्मरणं शाब्दबोधस्य पदार्थान्तरमादाय सविकल्पक एव आकाशोद्रव्यमित्यत्र भिन्नविभक्त्युपनीतसंख्यामादाय भिन्नप्रकारकोपस्थितिसत्त्वादभेदान्वयो नानुपपन्न इति द्रष्टव्यम् अत्राहुः नियतानुपस्थितावपि विनिगमकाभावान्न तदशक्यं अश्वादिपदवन्नानार्थत्वेनाप्युपपत्तेः एकत्र धर्मिण्यपि प्रवृत्तिनिमित्तद्वये बाधकाभावात् वस्तुतस्तु शब्दाश्रयत्वमेव शक्यतावच्छेदकं लाघवात् घटत्ववद्रूपान्तरेण बोधस्तु शक्तिभ्रममालम्ब्य ग्रीवादिमत्त्वेनेव घटस्य अतएवानियतोपस्थितिरपि शक्तिभ्रममालम्ब्य ग्रीवादिमत्त्वोपस्थितिवदुपपन्नैवेति, न नानार्थत्वमपीति। केचित्तु व्यक्तेरेवानुगतानतिप्रसक्ततया प्रयोजनाभावेन धर्मे न शक्तिकल्पनमित्याहुः। निर्विकल्पकोपस्थिताकाशे आकांक्षादिज्ञानासम्भवेन शाब्दबोधानुपपत्तिः एकस्यैवैकत्वस्योभयपदार्थत्वात्तदविवक्षाया विभक्त्यर्थसंख्यामादाय भिन्नप्रकारकोपस्थित्यभावेनाकाशो द्रव्यमित्यत्राभेदान्वयानुपपत्तिश्चेति । पदान्निर्विकल्पकस्मृति स्वीकारोऽनुचित इत्यन्ये इति दिक् । नन्वियताप्रबन्धेन पदज्ञानेन शाब्दसामान्ये जननीये शक्तिग्रहः सहकारी पामराणां च तदभावान्न शाब्दबोध इति विवेचितं । नचेदं सम्भवति गङ्गायां घोष इत्यादौ गंगापदस्य तीरे शक्त्यभावेपि शाब्दबोधोदयादित्याशंकते॥ नन्विति । तीरेति। तीरे गंगापदस्य शक्त्यभावादिति भावः ।तत्वेन। शक्तित्वेन । प्रयोजिका।ज्ञातासती शाब्दबोधोपयोगिनी । किंतु वृत्तित्वेनेति । प्रयोजिकेति । पूर्वेणान्वितं वृत्तित्वं च शक्तिलक्षणान्यतरत्वं ।लक्षणैवेति । शाब्दसामान्ये वृत्तिज्ञानत्वेन हेतुतया गङ्गापदस्य तीरे लक्षणारूपवृत्ति ज्ञानसत्त्वात्तीरे शाब्दबोधो नानुपपन्न इति भावः । ननु गङ्गायां घोषः प्रतिवसतीति व्यवहारदर्शनाद्गङ्गापदस्य तीरे

कथं न शक्तिरिति चेन्न । लक्षणीयपदार्थानामनन्ततया सर्वत्र शक्तिकल्पने गौ-
रवात् शक्यसम्बन्धरूपा लक्षणा तु क्लृप्तैव एवमेकसम्बन्धिज्ञानस्यापरसम्ब-
न्धिस्मारकतया गङ्गापदजन्योपस्थितेः शक्यसम्बन्धरूपलक्षणाजन्यत्वमपि
क्लृप्तमेव लक्षणाजन्योपस्थितेः शाब्दबोधानुकूलत्वमात्रं कल्प्यते शक्तिस्वी-
कारे त्वतिरिक्तधर्मिकल्पनमिति धर्मिकल्पनातो धर्मकल्पना लघीयसीति
न्यायेन तीरे लक्षणैव । अथ शक्तिर्नातिरिक्ता किन्त्वीश्वरेच्छारूपा सा तु क्लृप्त-
तया तज्जन्योपस्थितेः शाब्दबोधानुकूलत्वमात्रं मयापि कल्प्यते इति न ध-
र्मिकल्पनाया इति न्यायावतारः । नचास्माच्छब्दादयमर्थो बोद्धव्य इत्याका-
रिकेश्वरेच्छाऽक्लृप्तैवेति वाच्यं । गङ्गापदात्तीरबोधोदयेनेश्वरेच्छायास्तादृशाक
रत्वावश्यकत्वात्तस्याः सर्वविषयकत्वात् । नच लाक्षणिकं पदं नानुभावकमिति
गङ्गापदात्तीरबोधानुदयात्तादृशाकारत्वमक्लृप्तमेवेति वाच्यं । तथासति ग-
ङ्गापदस्यानुभावकत्वे तादृशाकारकशक्त्यभावः शक्त्यभावे चाननुभावक-
त्वमित्यन्योन्याश्रयादिति । अथ तादृशेच्छयेश्वरोच्चरितत्वं शक्तिः सा च न तीर
इति तत्र लक्षणैव अतएवापभ्रंशेऽपि शक्तिभ्रम इति चेन्न । ईश्वरोच्चरितत्वं न
तज्जन्यत्वं अपभ्रंशादिसाधारणत्वात् न तत्कण्ठताल्वाद्युच्चरितत्वं आधुनिक-
चैत्रादिपदेऽभावात् । द्वादशे हनि पितानामकुर्यादित्यादिना सामान्यतो ना-
मत्वेन तदुच्चारणोपपादने "नापभ्रंशितवै" इत्यादिनाऽपभ्रंशत्वेन तदुच्चारण-
स्यापभ्रंशेऽपि सत्त्वात् वैदिकपदस्यापि लाक्षणिकतया तादृशेच्छयेश्वरोच्च-
रितत्वसत्त्वाल्लक्ष्येऽपि शक्तत्वापत्तेश्चेति चेत् । अत्राहुः अपभ्रंशादपि शाब्द-
बोधोदयेनास्माच्छब्दादयमर्थो बोद्धव्य इत्याकारिकेश्वरेच्छायास्तत्रापि स-
त्त्वान्न तादृशाकारिकेच्छामात्रं शक्तिः किंतु पदपदार्थसम्बन्धत्वविशेषिता
तथाच तस्या नानातीरादिसम्बन्धत्वकल्पने गौरवादिच्छायाः सम्बन्धत्वग्राह-
कस्य भूरिप्रयोगस्याभावाच्चन गङ्गापदतीरयोः सम्बन्धत्वं किन्तु प्रवाहसामी-
प्यस्यैवेति तीरे शक्तिरक्लृप्तैवेति । किंच पिधेह्योत्यत्र द्वारोपस्थापकपदाना-
मनन्ततया विशिष्यानुपस्थितेर्यथेतरपदमेवानुभावकं नत्वध्याहृतं पदं तथा
घोषपदादेव तीरान्वयबोधोपपत्तेर्न गङ्गापदं तीरानुभावकमिति तथाच
गङ्गापदात्तीरबोधो जायतामित्याकारकत्वमप्यसिद्धमेवेति दिक् । लक्षणां
निरूपयितुं पृच्छति । अथ केयमिति । शक्यात् । गङ्गापदशक्यात्प्रवाहात् । अ-

अस्तिच तीरे गङ्गापदस्यापि वृत्तिर्लक्षणैव। अथ केयंलक्षणा-शक्यादशक्योपस्थितिर्लक्षणेत्येके तन्न उपस्थितिहेतुर्हि वृ-त्तिः नतुसैव। अशक्येऽतात्पर्यं लक्षणेत्यन्ये तन्न अन्वये ता-त्पर्यस्य लक्षणात्वापत्तेः किंचतात्पर्यनिर्वाहिकाहि वृत्तिर्न-तु तदात्मिकैव शक्तेरपि तत्त्वापत्तेः। उच्यते स्वशक्यसंबंधो

शक्यस्य। गङ्गापदाशक्यस्य। तीरस्योपस्थितिर्लक्षणेत्यर्थः। गङ्गापदेन शक्त्या-प्रवाहोपस्थितौ तत्र चान्वयानुपपत्तिप्रतिसंधानानन्तरं गङ्गापदात्पुनः स्मृ-तेन प्रवाहेणैकसम्बन्धिज्ञानस्यापरसम्बन्धिस्मारकतयास्वतीरमुपस्थाप्यते त-थाच सैवोपस्थितिर्लक्षणेति भावः। उपस्थितीति। पदज्ञानस्य पदार्थस्मा-रकता एकसम्बन्धिस्मारकमिति रीत्या सच सम्बन्धो वृत्तिरेव नतु तस्या उपस्थितिरूपत्वमित्यर्थः। सैवेति। उपस्थितगङ्गापदतात्पर्यंतिरेवेत्यर्थः। अश-क्ये इति। गङ्गायां घोष इत्यत्र गङ्गापदाशक्येतीरे। तात्पर्यं। गङ्गापदात्तीरबो-धो जायतामितीच्छाविषयत्वं चतीरे तदेव लक्षणेत्यर्थः। शक्ततात्पर्यस्य लक्षणात्ववारणायाशक्यइति। अन्वये इति। घटमानयेत्यादौ घटकर्मत्वयो राधाराधेयत्वरूपसंसर्गे तात्पर्यसत्त्वात्तत्तात्पर्यस्य लक्षणात्वं स्यादित्यर्थः। नचेष्टापत्तिः अन्वयेन शक्तिर्नवा लक्षणेति सिद्धान्तव्याघातात्। नच शक्य स-म्बन्धस्य लक्षणात्व स्वीकारेप्येषदोष इति वाच्यम्। अन्वये शक्यसम्बन्धस्य स-त्त्वेपि तस्य तच्छाब्दबोधानुकूललक्षणायास्तत्राभावात् अन्यथा गङ्गापदस्य मुख्यपरत्वेपि शक्यसम्बन्धस्य तीरे सत्त्वाल्लाक्षणिकत्वापत्तिरिति लक्षणाया-स्तत्र मूकत्वमेवोपेयमिति तात्पर्यस्य लक्षणात्वे चान्वये तात्पर्यस्य शाब्द-बोधानुकूलत्वं न तत्र तच्छाब्दबोधोपयोगिलक्षणाथा दुर्वारत्वादिति ध्येयं नन्वशक्ये पदार्थे तात्पर्यं लक्षणा, पदार्थत्वं च पदजन्यप्रतीतिविषयत्वं विष-यता च प्रकारताविशेष्यतान्यतररूपा इत्थं च संसर्गस्य पदार्थत्वाभावादेव न दोष इत्यत आह। किञ्चेति। तात्पर्येति। वृत्त्या पदार्थोपस्थितौ सत्यां शाब्द बोधे जाते तत्प्रतीतीच्छयोच्चारितत्वरूपतात्पर्यं निर्वाह्यो भवतीति तात्पर्या-तिरिक्ताह्यवृत्तिरवश्य मुपेया नहि स्वयमेव स्वनिर्वाहकमिति भावः। ननु वृत्तेः

लक्षणा। अस्ति हि गङ्गापदशक्यः प्रवाहविशेषः तत्सम्बन्धस्तीरे इति सा च लक्षणा द्विविधा गौणी शुद्धा च सादृश्यात्मकः शक्यसम्बन्धो गौणी यथा गौर्वाहीक इति तदन्या शुद्धा यथा

बोधजनितत्प्रतीतीच्छयोच्चारितत्वरूपतात्पर्यनिर्वाहो भवतीति तात्पर्यातिरिक्तार्थान्तरवश्यमुपेया । नहि स्वयमेवस्व निर्वाहकमिति भावः । ननु तत: शाब्दबोधनिर्वाहकत्वमेवोपेयतां न तु तात्पर्यनिर्वाहकत्वमत आह । शक्तेरपीति । तथात्वापत्तेः । तात्पर्यात्मकत्वापत्तेरित्यर्थः । तथासति शक्ति लक्षणयोरभेदापत्तिः यदि च तात्पर्याद्वृत्तिरिति प्रवादात्तत्र च पञ्चम्यर्थान्वयानुपपत्त्या तन्निर्वाहकतया शक्तिस्तदतिरिक्ता तदा लक्षणायामपि तुल्यमिति भावः । अत्र यद्यपीश्वरेच्छारूप शक्तेस्तात्पर्यात्मकत्वे इष्टापत्तिरेव । तथापि वक्तृसामान्यतात्पर्यात्मकत्वापत्तिरिति बोध्यम् । स्वशक्येति । स्वं लाक्षणिकं पदं तस्य यच्छक्यं तत्सम्बन्धो लक्षणेत्यर्थः । इदमेवोपपादयति । अस्तिहीति । गङ्गायां घोष इत्यादौ स्वं गङ्गापदं तच्छक्यप्रवाहस्तत्सम्बन्धः संयोगादिरूपस्तीरेऽस्तीति गङ्गापदस्य तीरे लक्षणेत्यर्थः । गौण्या वृत्त्यन्तरत्वादिमतव्यवच्छेदाय लक्षणायामेव तदन्तर्भावं दर्शयितुं लक्षणां विभजते । सा चेति । शक्यसम्बन्धरूपा लक्षणा चेत्यर्थः । तत्र गौणीं लक्षयति । सादृश्येति । तद्भिन्नत्वे सति तद्गतभूयोधर्मवत्त्वं सादृश्यं तदात्मकः शक्यसम्बन्धो गौणीत्यर्थः । गौणीमुदाहरति । यथेति । वाहीको वाहीको वाहीकदेशोद्भवः गौर्बलीवर्द इत्यर्थः । अत्र वाहीके गवाभेदस्य बाधाद्गोपदेन गोसदृशो लक्ष्यते गोसादृश्यं च गोगतजाड्यमान्द्यादिकमेव तथा च जडोमन्दश्च वाहीक इति शाब्दबोधः । एवं सिंहो माणवक इत्यत्रापि गौण्या सिंहसदृशोपस्थितौ सिंहसदृशाभिन्नो माणवक इत्यन्वयबोधोऽवसेयः । एवं शुद्धां लक्षयति । तदन्येति । तदन्या सादृश्यान्य शक्यसम्बन्धरूपेत्यर्थः । शुद्धामुदाहरति । यथा आयुरिति । आयुः पदस्यायुर्जनके लक्षणा तत्रायुः पदशक्यसम्बन्धो जनकत्वरूपी ग्राह्यः तथा चायुर्जनकाभिन्नं घृतमित्यन्वयबोधः । ननु शक्यादशक्योपस्थितिर्लक्षणेति प्राचीनमते लाक्षणिकं पदं नानुभावकमिति प्रवादः सङ्गच्छते । स्वजन्योपस्थितिसम्बन्धेन पदस्यानुभावकतया गङ्गापदजन्यतीरोपस्थितेरभावाद्गङ्गापदस्य तीराननुभावकत्वात् किन्तु घोषपदस्यैव तच्छाब्दं प्रति तदन्वयप्रतियोग्युपस्थापकपदत्वेन कारणत्वात् । नच तच्छाब्दं प्रति वृत्त्या तत्पदा-

र्थोपस्थितेर्हेतुत्वात्कथमेतदिति वाच्यं । तदर्थवाचकतत्पदनिरूपितशक्तिज्ञानजन्यतच्छाब्दबोधं प्रति तत्पदनिरूपितशक्तिज्ञानत्वेन हेतुत्वं लक्षणाजन्यशाब्दबोधं प्रति तादृशस्वरूपसत्पदार्थोपस्थितित्वेनैव हेतुत्वं नतूक्तरूपेण हेतुहेतुमद्भावः शक्यसम्बन्धस्य लक्षणात्वे तु तीरोपस्थितेर्गङ्गापदजन्यत्वादन्वयप्रतियोग्युपस्थापकतयानुभावकत्वं सम्भवत्येवेति तादृशप्रवादविरोधः। अथ मन्मते गङ्गापदात्स्वशक्यसम्बन्धेन प्रथममेव तीरोपस्थितिस्त्वन्मते तु पुनः शक्यस्मरणात्तत्स्मृतौ गौरवमिति चेन्न। पदस्य स्वशक्यसम्बन्धेनान्वयप्रतियोगिस्मारकत्वस्याक्लृप्तत्वेन तत्कल्पने गौरवात्स्मृतेन प्रवाहेण स्वसम्बन्धितीरस्मृतेरौचित्यादिति चेन्मैवम्। गङ्गापदात्तीरानुपस्थितौ प्रत्ययानां प्रकृत्यर्थान्वितस्वार्थोपस्थाप्येऽपि विभक्त्यर्थान्वयेऽतिप्रसङ्गादननुभवाच्च । प्रकृतितात्पर्यविषयेण स्वार्थान्वयबोधकत्वेपि तथा धूमोस्तीति वाक्यतात्पर्यविषयेण वह्निना धूमपदोत्तरविभक्त्यर्थान्वयापत्तेः । तस्माद्गङ्गापदस्यापि तीरस्मारकत्वमवश्यमुपेयम् । एवं च क्लृप्तशक्यसम्बन्ध एव तीरस्मारकत्वेन कल्प्यते नतु शक्तिः तां विनाप्युपपत्तेः तथा चान्वयप्रतियोग्युपस्थापकत्वाल्लाक्षणिकस्याप्यनुभावकत्वापत्तिरवशिष्टेति सापि पदस्यानानुभावकमिति। वारणीयेति। वस्तुतस्तु उद्देश्यविधेयभावेन लाक्षणिकं नानुभावकमित्येव तदर्थः । उद्देश्यविधेयभावेनान्वये शक्तिमत्त्वस्यैव प्रयोजकत्वादत एव लक्ष्यार्थस्य विधेयतया भानाद्विध्यर्थस्य च विधेयतयैव भानान्न "विधीपरः शब्दार्थ" इति सङ्गच्छते। किञ्च तन्तुसंयोगस्य पटसंयोगहेतुत्वतात्पर्यके तन्तुः पटं करोतीति सर्वलाक्षणिकस्थलेऽन्वयानुभवापलापापत्तेर्लाक्षणिकमप्यनुभावकमिति तादृशप्रवादोऽकिञ्चित्करः । यत्तु शक्यादशक्योपस्थितिर्लक्षणेति मते लक्ष्यतावच्छेदके लक्षणा नास्तीति प्रवादव्याघातः । शक्यसम्बन्धस्य लक्षणात्वमते तु शक्यसम्बन्धस्य लक्ष्यतावच्छेदकोभयसाधारणस्यैकस्याभावात्तदुपपत्तेरिति । तन्न । भवन्मतेपि यत्र लक्ष्यतावच्छेदकलक्ष्योभयसाधारणः शक्यसम्बन्धस्तत्रागतेः तत्र लक्ष्यमात्रवृत्तितानियामकसम्बन्धेन तस्य लक्षणात्वोपगमे ममापि लक्ष्यमात्रवृत्तिविषयतासम्बन्धेन तथोपस्थितेर्लक्षणात्वोपगमादिति। एतेन लक्ष्यतावच्छेदके लक्षणा नास्तीत्यस्य लक्ष्यतावच्छेदकग्रहे शक्यसम्बन्धरूपलक्षणाग्रहो नापेक्षित इत्यर्थः । यत्र चोभयसाधारणः शक्यसम्बन्धस्तत्र लक्ष्यवृत्तित्वेनैव तत्सम्बन्धग्रहापेक्षा न-

तु लक्ष्यतावच्छेदकवृत्तित्वेनापि शक्यतावच्छेदकविशिष्टे शक्तिग्रहाच्छक्यतावच्छेदकेऽपि विशेषणविधया शक्तिज्ञानमपेक्षितमिति परास्तं । लक्ष्यमात्रवृत्तिविषयतासम्बन्धेनोपस्थितेर्विशिष्टबोधप्रयोजकत्वस्य समापि सुवचत्वादिति । इदं चात्रबोध्यं शक्तिलक्षणाज्ञानयोरेक एव कार्यकारणभावः । तथाहि शक्तित्वावच्छिन्नसांसर्गिकविषयतानिरूपितपदनिष्ठप्रकारतानिरूपितार्थनिष्ठविशेष्यताकज्ञानत्वेन शाब्दबुद्धिं प्रति कारणत्वं शक्तिसम्बन्धेन शक्यसम्बन्धेन वा पदप्रकारकज्ञाने शक्तेः संसर्गत्वाच्छक्तित्वनिष्ठावच्छेदकतायां पर्याप्तिः परं न निवेश्यते तेन शक्यसम्बन्धेन पदप्रकारतानिरूपिता शक्तिनिष्ठा सांसर्गिकविषयता नार्थविशेष्यतानिरूपिता तेन शक्ति सम्बन्धेन पदाभावप्रकारकबाधबुद्धिप्रतिबध्यत्वं न लक्षणाज्ञानस्येति बोध्यं । शक्यसम्बन्धस्याविनाभावइति प्राञ्चः । तन्न मञ्चाः क्रोशंतीत्यत्राभावात् । तत्रापि यत्समयमादायाविनाभावोपपादनेऽपि किमेतेन शक्यसम्बन्धमात्रस्यैव लक्षणात्वौचित्यात् । विनाभूतबोधश्च तात्पर्यज्ञानाभावेनैव वारणीयः । अनेकाविनाभूतसत्त्वेऽप्येकतरभानं तात्पर्यज्ञानबलादेवेति भवतापि वाच्यत्वात् । मण्डपं भोजयेत्यादौ रूढि पूर्विका लक्षणेति मीमांसकाः मण्डपपदस्य गृहविशेषे रूढिर्मण्डपानकर्त्तरिच योगरूढिः समुदायशक्तिर्योगोऽवयवशक्तिस्तत्र रूढेर्योगापहारितेति प्रवादादवयवशक्त्या मण्डपानकर्तुर्बोधासम्भवेन मण्डपपदस्य मण्डपानकर्त्तरि लक्षणा । इत्थंच रूढ्यर्थग्रहसम्बन्धितावच्छेदकतया गृहीतचैत्रत्वेन कर्त्तुर्बोधो नतु मण्डपानकर्तृत्वेनेति पङ्कजमित्यादौ तु पद्मस्य रूढ्यर्थस्य पङ्कजनिकर्त्तुश्च योगार्थस्याविरोधादवयवशक्त्यैव पङ्कजनिकर्त्तुर्बोधः । ननु शक्यार्थपरत्वे सम्भवति लक्षणाकल्पनमन्याय्यं । नच रूढेर्योगापहारान्न तथेति वाच्यं । कोऽयमपहारः न तावद्यौगिकार्थास्मृतिः रूढ्यर्थइव यौगिकेऽपि स्मारकसम्बन्धस्य शक्तेस्तुल्यत्वात् । नच योगार्थस्य प्रथममस्मृतिः सइति वाच्यं । मण्डपसमुदायेन यदा स्वार्थस्मरणं तदावयवार्थस्मरणे बाधकाभावात् । लक्षणापक्षेपि रूढ्यर्थेन यदा स्वसम्बन्धिस्मरणं तदा पदार्थस्मरणसम्भवेन यौगिकार्थादप्यबोधसम्भवाच्च । नच स्मृतस्याप्यवयवार्थस्यान्वयबोधबहिर्भूतत्वमेव स इति वाच्यम् । अयोग्यतया रूढ्यर्थस्यान्वयबोधाभावेपि यौगिकार्थबोधे बाधकाभावात् । अथ मण्डपपदस्य सत्यवियोगे प्रयोगप्राचुर्याभावादव-

यवशक्तेः कुण्ठनं कल्प्यते अन्यथाऽनेकार्थोच्चादिपदादिव मण्डपान कर्तुरवगमोऽपि कदाचित्स्यादिति चेन्न । "तप्ते पयसि दध्यानयति सा वैश्वदेव्यामिक्षा-वाजिभ्यो वाजिन"मित्यत्र वाजमन्नमामिक्षारूपं येषामिति योगाद्वाजिपदेन विश्वेदेवा उच्यन्ते न तु रूढ्या अश्वा इति सिद्धान्तस्तव नस्यात् नह्यत्र विश्वेदेवेषु वाजिपदप्रयोगप्राचुर्यमस्ति मण्डपानकर्त्तरि कदाचिदपि मण्डपपदस्य योगेन प्रयोगो नास्तीति तु तवैवाभिमान इतिचेत् । मैवं । मण्डपपदाद्यदा गृहविशेषस्मृतिस्तदैव मण्डाद्यर्थोपस्थितिस्तदुत्तरं पिबत्यर्थस्य तदनन्तरं प्रत्ययार्थस्य ततो मण्डपानकर्तृत्वेन ज्ञानस्येति यौगिकार्थस्मृतिविलयात् तदेव रूढ्यौगिकयोर्बलाबलं शीघ्रं वितथीकृतमेव तथाच रूढ्यर्थस्य शीघ्रमुपस्थितत्वाद्बलवत्त्वस्यौत्सर्गिकत्वं यत्र तु यौगिकार्थस्य प्रकरणवशात्प्रथममुपस्थितिस्तत्र रूढेर्योग एव बलीयान् यथाच रूढ्यर्थस्य शीघ्रमुपस्थितत्वाद्बलवत्त्वस्यौ-"त्सर्गिर्वसुभिः सोमोरुद्रैरिन्द्रो मरुद्भिर्वरुणआदित्यैर्बृहस्पतिर्विश्वे देवै"रित्यत्र प्रकरणवशाद्वसुरुद्रमरुदादित्यरूपसर्वदेवानामेव विश्वेदेवपदेन स्मृतिः ननु रूढ्या पुरूरवो माद्रवः प्रभृतिगणानामुपस्थितिः एवं "तप्ते पयसि दध्यानयति सा वैश्वदेव्यामिक्षावाजिभ्यो वाजिन"मित्यत्र वाजमन्नमामिक्षारूपं येषां ते वाजिन इति योगाद्वाजिनेपि विश्वेदेवदेवताकत्वं प्रकरणेनोपस्थितत्वात् । ननु वाजिपदाद्रूढ्याश्वानामुपस्थितिरिति नामिक्षाधिकरणसिद्धान्तविरोधः । नच रूढेर्योगाद्बलीयस्त्वेन रूढ्यर्थधीरेव स्यादिति वाच्यं । रूढ्यर्थयोगार्थयोरुपस्थितावनुपस्थितौ वा रूढेर्बलीयस्त्वं प्रकृतेतु प्रकरणवशेन योगार्थस्यैव स्मरणान्नतु रूढार्थप्रकरणेनोद्बुद्ध संस्कारस्यैव शब्दादुद्बोध इति शब्देन प्रकरणसंवलितेन योगार्थस्मृतिरेव जन्यते नतु रूढ्यर्थस्मृतिरिति । नचैवं-मण्डपादावपि योगार्थस्यैव प्रथमं स्मृतिसम्भवेन न लक्षणेति वाच्यम् । अत्र प्रकरणादेरभावाद्रूढ्यर्थस्यैव प्रथमं स्मृतिरिति रूढिपूर्विका लक्षणा यत्र च योगार्थे प्रकारणाद्यवतारः तत्र योगार्थस्यैव बलवत्त्वान्न लक्षणा । यद्यपि पदज्ञानमेवो बोधकं न प्रकरणादिकं तथाप्येकतरप्रकरणमपरस्मृतिप्रतिबन्धकमवसेयमितिवदंति । तत्र रूढ्यर्थान्वयबोधो वा तत्स्मृतिर्वा यौगिकार्थान्वयबोधे प्रतिबन्धिका । नतावदाद्यः रूढ्यर्थस्य प्रथममुपस्थितत्वेपि तस्यायोग्यतया यौगिकार्थान्वये बाधकाभावात् नद्वितीयः प्रकरणादेव यत्र यौगिका-

र्थान्वयबोधस्तत्र रूढ्यर्थस्मृतेरभावात् तस्याः प्रतिबन्धकत्वोपपत्तावपि तस्या
यौगिकार्थस्मृतौ तदन्वयबोधे वा प्रतिबन्धकत्वे मानाभावात् साक्षादविरो-
धिनो ज्ञानस्य जनकज्ञानविघटकत्वेनैव प्रतिबन्धकत्वात् अनुमितौ तु सिद्धे-
रगत्या फलबलेन तथात्वकल्पनात् तस्माद्यत्र मण्डपपदस्य गृहपरत्वं तत्र म-
ण्डपानकर्तृत्वरूपयोगार्थस्यायोग्यतया नान्वयबोधो न तु रूढ्यर्थस्मृतिस्तत्र
प्रतिबन्धिका योग्यत्वरूपसहकारणविरहेण च तदबोधोपपत्तेः यत्र तु रूढ्यर्थ-
स्या योग्यता तत्र योग्यतया योगेन यौगिकार्थबोधो भवत्येव रूढेर्योगापहा-
रप्रवादस्तु योग्यत्वात् रूढ्यर्थस्यान्वयबोधो न तु यौगिकार्थस्य अयोग्यत्वादित्ये-
तत्परो न तु योग्यतादिमतोऽपि यौगिकार्थस्य नान्वयबोध इत्येतत्परः यत्र च
रूढ्यर्थगृह सम्बन्धिचैत्रे चैत्रत्वादिना तात्पर्यं प्रमाणान्तरादवधार्यते तत्र रू-
ढिपूर्विका लक्षणा न तु सर्वत्रेत्यवधेयं। लक्षितलक्षणापि वृत्त्यन्तरमिति प्राञ्चः।
द्विरेफपदेन द्वौरेफौ यत्रेति व्युत्पत्त्या भ्रमरपदं लक्ष्यते भ्रमरपदेन स्वशक्य
सम्बन्धी भ्रमररूपोऽर्थो लक्ष्यते इति द्विरेफपदस्य भ्रमरे लक्षितलक्षणा। नच-
द्विरेफपदलक्ष्यभ्रमरपदस्य शक्त्यैव निर्वाहे अलं भ्रमरे लक्षणयेति वाच्यं। प्रत्य-
यानां प्रकृत्यर्थान्वितस्वार्थबोधकत्वनियमेन भ्रमरस्य द्विरेफपदार्थत्वाभावे-
न तत्र विभक्त्यर्थानन्वयापत्तेः। तन्मते च लक्षितलक्षणाया द्विरेफपदस्यैव-
वृत्तित्वेन भ्रमरस्य द्विरेफपदार्थत्वादिति। नच शक्यादन्येन रूपेण ज्ञाते भव-
ति लक्षणेति भ्रमरपदस्य शक्यतावच्छेदकभ्रमरत्वस्य कथं लक्ष्यतावच्छेद-
कत्वं शक्त्यैव तद्बोधसम्भवादिति वाच्यं। शक्येन रूपेण लक्षणानङ्गीकारे श-
क्त्यैव तद्बोधसम्भवेन लक्षणाकल्पनमफलमित्यस्यैव तद्बीजतया प्रकृते च शक्त्या
भ्रमरत्वविशिष्टस्य बोधस्वीकारेण भ्रमरस्य द्विरेफपदार्थत्वाभावेन विभक्त्य-
र्थान्वयानुपपत्त्या शक्यस्यापि लक्षणयैव भानमुपेयते एतन्मते लक्षितस्य पद-
स्य लक्षणा लक्षितलक्षणा साच द्विरेफपदस्य वृत्तिरिति। तत्र शक्यसम्बन्धो हि
लक्षणा न तु शक्यस्य साक्षात्सम्बन्धः गौरवात् एवं च परंपरासम्बन्धेन. लक्ष-
णैव लक्षितलक्षणा स्वलक्ष्यपदघटितलक्षणा सेति तु यावत् तथाच परंपरा-
सम्बन्धेन लक्षणाया एव तथात्वेन द्विरेफपदस्य स्वलक्ष्य भ्रमरपदघटित-
परंपरासम्बन्धेन भ्रमररूपार्थोपस्थापकत्वसम्भवात् द्विरेफपदलक्षणयैवो
पपत्तेर्नातिरिक्तवृत्तिकल्पनेति दिक्। सा च लक्षणा क्वचिज्जहत्स्वार्था क्वचिद
जहत्स्वार्था च आद्या गङ्गायां घोषइत्यादौ स्वार्थस्य प्रवाहस्य त्यागात्तीरे-

घोषइत्येवबोधात् यदि च गङ्गासम्बन्धितीरत्वेन बोधः तदा त्वजहत्स्वार्थैव अन्याच काकेभ्यो दधिरक्ष्यतां छत्रिणा यांतीत्यादौ दध्युपघातकत्वेन काककुक्कुटादीनामेकमार्थवाहित्वे न छत्रिछत्रीतराणां बोधात् एवंमञ्चाः क्रोशंति यष्टीः प्रवेशयेत्यादौ मञ्चपदस्य मञ्चस्थपुरुषे यष्टि पदस्य यष्टिधरे लक्षणा जहत्स्वार्थैव स्वार्थपरित्यागेन परार्थलक्षणा जहत्स्वार्था स्वार्थाऽपरित्यागेन परार्थ लक्षणाजहत्स्वार्थेति तल्लक्षणात् । ननु छत्रिणो यान्तीत्यादौ छत्रिशब्दस्य वाक्यत्वात्तत्र न लक्षणा नापि छत्रपदे छत्रपदार्थत्यागेनाजहत्स्वार्थत्वायोगात् किञ्चात्र लक्ष्यतावच्छेदकं नैकमार्थवाहित्वं यान्तीत्यस्यानन्वयापत्तेः गन्तृत्वे नोपस्थितस्य गमनाकाङ्क्षाविरहादिति । अत्राहुः । छत्रपदएव एकमार्थे लक्षणा मतुबर्थश्च सम्बन्धी तथाचैकसार्थवन्तो यान्तीति वाक्यार्थबोधः । छत्रिवाक्यार्थबोधः छत्रिवाक्यलक्षणाभिप्रायेणाजहत्स्वार्थकः । अर्थपदस्य प्रतिपाद्यपरत्वाभिप्रायेणवा । केचित्तु एकसार्थवाहित्वेन छत्रस्याप्यन्वयात्तथात्वम् । अतएव शक्यलक्ष्यसाधारण्यमप्युपपद्यत इत्याहुः । अपरेतु प्रकृतावेव एकसार्थवति लक्षणा प्रत्ययश्च तात्पर्यग्राहकः । अथवा सम्बन्धिसामान्ये शक्तमतुप्रत्यये एकसार्थसम्बन्धित्वेन लक्षणा छत्रपदं तात्पर्यग्राहकमित्याहुः । अत्र लक्ष्यसम्बन्धस्यैव लक्ष्यतावच्छेदकत्वं यथा दध्युपघातकत्वं कसार्थवाहित्वादीति बोध्यम् । एवं पदानां स्वपरत्वे लक्षणैव न शक्तिः अन्यलभ्यत्वात् । केचित्तु पदानामौत्सर्गिकमर्थपरत्वं तदभावे स्वपरत्वं तथाच प्रत्यक्षेण पदजन्योपस्थितिसत्त्वाच्छाब्दे तद् भानमित्याहुः । तत्र प्रत्ययानां प्रकृत्यर्थान्वितस्वार्थबोधकत्वनियमेन तत्र विभक्त्यर्थान्वयानुप पत्तेः वृत्तिस्वीकारस्यावश्यकत्वात् अत एव पदस्य स्वबोधकत्वं वृत्तिं विनैव ऽ भावात् अन्ये न हि अन्य बोधने ऽति प्रसङ्गात् वृत्तिः कल्प्या स्वस्य स्वबोधकत्वे तु नैवमित्यादिपदस्य स्वार्थान्वयानुपपत्तेः सहकारित्वाच्च न सर्वत्र स्वबोधप्रसङ्गः एवं स्वबोधिते स्वस्मिन्विभक्त्यर्थान्वयोपीति निरस्तं । प्रत्ययानामिति व्युत्पत्तिभङ्ग प्रसङ्गात् । नचैवं निरर्थकजबगडदशमाहेत्यादौ स्वशक्त्यभावात् लक्षणानुपपत्तिरिति वाच्यं । प्रत्येकवर्णेषु द्वन्द्वोत्तरश्रूयमाणक्रियापदार्थान्वयात्समुदायस्योच्चारणासम्भवेन तत्र तदनन्वयात् । तेषां च शक्तत्वेन तत्रैव लक्षणोपगमादिति । "गुणे शुक्लादयः पुंसि गुणिलिङ्गास्तुतद्वती"त्यादौ कोशस्योभयत्र शक्तिबोधकत्वेपि नीलादिपदानां धर्मे शक्तिः धर्मिणि लक्षणा तत्परशब्दे तु मात्वर्थे धर्मे

आयुर्घृतमिति । ननु यद्येते एव वृत्ती कथं तर्हि राजपुरुष इत्यादौ षष्ठ्यर्थलाभः नहि राजपदं सम्बन्धे शक्तम् अथ सम्बन्धोऽन्वयविधया भासते नीलो घट इत्यत्राभेदवदिति चेन्न । राजपुरु

धर्मिणि च शक्तिरिति सम्प्रदायः नीलादिपदवत् मात्सर्ये धर्मे शक्तिः धर्मिणि लक्षणा । नच तत्सरशब्दस्य धर्मे धर्मिणि तुल्यवत्प्रयोगात् उभयत्र शक्तिरिति वाच्यं । नीलादिपदस्यापि गुणिनि प्रयोगप्राचुर्याद्धर्मिणि लक्षणयैवोपपत्तौ न तत्र शक्तिरिति तु मत्सरशब्देपि धर्मे शक्तिः धर्मिणि लक्षणैवेत्यन्ये । अत्र सुब्विभक्तौ न लक्षणा सर्वनाम्नि न लक्षणा वादिवाक्ये न लक्षणा विधौ न लक्षणा विधेयार्थे न लक्षणा विधेयता शालिशाब्दबोधत्वं शक्तिज्ञानकार्यतावच्छेदकं लक्षणया शाब्दबोधस्तु न विधेयता शालीति न व्यभिचार इति विधेयतया लक्ष्यार्थबोधो नास्तीति प्रवादबीजं लाक्षणिकं पदंनानुभावकमिति प्रवादस्योद्देश्यविधेयभावेनान्वयोनास्तीत्यर्थः एवंविशिष्टवाचकानां पदानां विशेष्यमात्रपरत्वे न लक्षणा शक्यादन्येन रूपेण ज्ञाते भवति लक्षणा लक्ष्यतावच्छेदके न लक्षणेति प्रवादा अनुसन्धेयाः । केचित्तु लक्ष्यतावच्छेदके लक्षणायाकल्पने गोत्वेपि शक्तिविलोपप्रसङ्गः इत्युपस्थापितस्यैव शाब्दबोधविषयत्वात् गोत्वे शक्तिकल्पने लक्ष्यतावच्छेदकेपि तथा । अथ तीरत्वत्वेनोपस्थितिं विना तीरत्वं गङ्गापदसम्बन्धीति सम्बन्धग्रहाभावात्तत्र न लक्षणेति चेन्न । घटोनेत्यादौ यथा प्रतियोगितावच्छेदकत्वं संसर्गमर्यादया भासते तथा गङ्गायास्तीरमित्यत्र तीरत्वे सामीप्यावच्छेदकत्वं सम्बन्धो भासते सम्बन्धग्रहेच यादृशं यस्य भानं तथा घटत्वे तस्यैव स्मरणं तथा च लक्ष्यतावच्छेदकेपि परंपरासम्बन्धात्मिकालक्षणैवेति प्राहुः । राजपुरुष इत्यादौ शक्त्यालक्षणया वा राजसम्बन्धिपुरुषबोधानुपपत्तेरित्यतिरिक्ता वृत्तिरवश्याभ्युपेया तथा च कथं शक्तिलक्षणे एव वृत्ती इत्युक्तमित्यभिप्रायवान् शंकते । नन्विति । एते एव । शक्ति लक्षणेएव । एवकारेण वृत्त्यन्तरव्यवच्छेदः । षष्ठ्यर्थेति । तत्र षष्ठ्याः लुप्तत्वेन राजपदादेश्च सम्बन्धे शक्त्याद्यसंभवात् कथं सम्बन्धलाभइत्यर्थः । तदेवाह । नहीति । ननु प्रकारतया विशेष्यतया वा बोधे वृत्तेरपेक्षा न तु संसर्गमर्यादया भाने तथा च घटमानयेत्यादौ घटक-

ष इत्यत्रापि तद्भानापत्तेः । अथ नामार्थयोरभेदेनैवान्वयो नत्व-
न्यथा तथैव व्युत्पत्तेः । राज्ञः पुरुष इत्यत्र न नामार्थयोरन्व-
यः किन्तु विभक्त्यर्थनामार्थयोरिति चेत् । तर्हि राजपुरुष इ-

र्मत्वयोराधेयत्त्वरूप संसर्गवद्राजपुरुषइत्यत्रापिस्वस्वामिभावरूपं सम्बन्धभा-
नं वृत्तिं विनैव स्यादित्याशंकते । अथेति । नीलइति । नीलपदस्य निरूढल-
क्षणया नीलविशिष्टमर्थः तस्यचाभेद संसर्गेण घटे ऽन्वयइत्यर्थः तथा च य-
थानीलघटयोरभेदः संसर्गमर्यादया भासते तथा षष्ठीतत्पुरुषेपि सेव्यसेवक
भावलक्षणः सम्बन्धः संबधविधयैव भासते इति भावः । तद्भानेति । ष-
ष्ठ्यर्थ सम्बन्धि भानापत्तेरित्यर्थः । राजपुरुष इत्यत्रैवात्रापि सम्बन्ध विधया
भानाय राजसम्बन्धी पुरुषइत्यन्वयबोधापत्तेरितिभावः । ननु घटः कर्मत्व-
मानयनं कृतिरित्यत्र घटमानयेत्यत्रे वाधेयतासंबंधेन कर्मत्वे घटान्वयबोधा-
पत्त्या घटकर्मकानयनानुकूलकृतिमानित्यन्वयबोधापत्तेः नामार्थयोरभेदाति-
रिक्त संबंधेनान्वयो न स्वीक्रियत इति व्युत्पत्तिरवश्यमुपेया एवं च रा-
जापुरुष इत्यत्र कथमभेदातिरिक्त सम्बन्धेनान्वयबोधमापादयतीत्याशंक-
ते । अथेति । अभेदेनैवेत्येवकारेणाभेदातिरिक्त सम्बन्धव्यवच्छेदः । एव कारा-
र्थं स्पष्टयति । नत्वन्यथेति । नत्वन्यथा । नत्वभेदातिरिक्त सम्बन्धइत्यवच्छे-
दः एवकारार्थं स्पष्टयति । नत्वन्यथेति । नेत्यर्थः । नन्वेवं नियमे मानाभाव
इत्यतआह । तथैवेति । अन्यथा घटः कर्मत्वमानयनं कृतिरित्यत्राप्याधेयतां
सम्बन्धेन घटोयाकर्मतेत्यन्वयबोधापत्तेरिति भावः । ननु राज्ञः पुरुष इ-
त्यत्र राजपुरुषयोरभेदातिरिक्तसम्बन्धेनैवान्वयबोधोदयात्तादृशनियम इत्य-
तआह । राज्ञइति । नामार्थयोरिव नतथान्वयः राज्ञपुरुष इत्यत्रषष्ठ्यर्थस्य
नामार्थत्वाभावेनाभेदातिरिक्तसम्बन्धेनाप्यन्वयबोधोऽनुपपन्नइत्यर्थः । विभ-
क्त्यर्थेति । षष्ठ्यर्थ सम्बन्धनामार्थपुरुष योरित्यर्थः षष्ठ्यास्तु न नामत्वं स्वाद्य-
न्तमिह नामिष्टमित्यभियुक्त विरुद्धत्वादिति भावः । ननु राज्ञः पुरुष इत्यत्र सेव्यसे-
वकभावलक्षणसम्बन्धप्रकारकइव सेव्यसेवकभावलक्षणसम्बन्धेन राजप्रका-
रकपुरुषविशेष्यकोप्यन्वयबोधो भवति यथा घटमानयेत्यत्र कर्मतासम्बन्धे-
नानयनोपरि घटोप्यन्वेतीति सिद्धान्तात् तथाचैतन्नियमभङ्ग इति चेन्न । त

त्यत्र कथं तयोस्तथान्वय इति स्वयमेव विभावय। अथ सम्बन्धे लक्षणैवेतिचेन्न । तथापि राजसम्बन्धी पुरुष इति तदन्वयः स्यादिति तद्दोषतादवस्थ्यात् । अथ राजपुरुषात्मकसमुदाय एव राजसम्बन्धिपुरुषरूपलक्षणेति चेन्न । शक्तिविरहे लक्षणायो अयोगात् । शक्यसम्बन्धो हि लक्षणेत्युक्तम् । उच्यते राजपदं राजसम्बन्धि लक्षकं तथाचाभेदेनैव पदार्थद्वयान्वयः । नचैवं कर्मधारयापत्तिः समासपूर्वदशायां पदयोस्तु-

---

स्यैकदेशिमतत्त्वात् तन्मते तु नामार्थयोरभेदातिरिक्तसम्बन्धेन साक्षादन्वयबोधो न स्वीक्रियत इति नियमात् विभक्त्यर्थमद्वारीकृत्याभेदातिरिक्त सम्बन्धेन नान्वय इति यावत् प्रकृते च सम्बन्धस्य विभक्त्यर्थत्वात् तद्द्वारा अन्वबोधोपगमेपि क्षतिविरहादिति ध्येयं । तर्हीति । तादृशनियममभ्युपेत्यराजापुरुष इत्यत्र तथाबारणेहीत्यर्थः । तयोः । राजपुरुषयोस्तथान्वयः । अभेदातिरिक्त सम्बन्धेनान्वयः । विभावनीयेति । तादृशनियमानभ्युपगमे राजापुरुष इत्यत्रैव तथान्वयबोधापत्तिः अभ्युपगमे तु अत्रापि न तथास्यादित्यर्थः । ननु राज पदस्य राज सम्बन्धे लक्षणै वास्तु राजा पुरुषइत्यत्रत्वभेदे एव तात्पर्येण न सम्बन्धे लक्षणेत्याशंकते । अथेति । तथापीति । राजपदस्य राज सम्बन्ध लक्षकत्वेपीत्यर्थः । इति वदिति । इति वाक्य वदित्यर्थः । नामार्थयोरभेदातिरिक्तसम्बन्धे नान्वयस्याव्युत्पन्नतया राजपदार्थस्य राजसम्बन्धस्याश्रयाश्रयिभावेन पुरुषे ऽन्वयासंभव इति भावः । तद्दोषेति । एकसम्बन्धी पुरुष इत्यन्वयानुपपत्तिरूपदोषतादवस्थादित्यर्थः । ननु राजपदस्य राजसम्बन्ध लक्षकतासंभवेपि राजपुरुष इति वाक्यमेव राजसम्बन्धिपुरुष लक्षकमस्त्वित्याशंकते । अथेति । समुदायएव । राजपुरुष इति वाक्यएव । शक्तिविरहे । वाक्ये कुत्रापिशक्तिविरहे । लक्षणायाः । वाक्ये लक्षणायाः । अयोगादित्यर्थः । ननुगङ्गापदस्यतीरेशक्त्यभावेपि यथातीरेलक्षणा तथावाक्ये कुत्रचिदप्यर्थे शक्त्यभावेपिलक्षणास्यादत आह । शक्येति । तथाच लक्षणायाः शक्तिघटितत्वात्तदभावे तदनुपपत्तिः तीरे गङ्गापदशक्त्यभावेपि गङ्गापदशक्यसम्बन्धसत्त्वात् तत्र लक्षणोपपत्तिः अत्र वाक्ये कुत्राप्यर्थे शक्त्यभावाल्लक्षणानुपपत्तेरिति भावः । सम्बन्धीति ।

**त्यार्थत्वाभावात्। अन्येतु लुप्ता षष्ठ्येव सम्बन्धं बोधयति ष-
ष्ठीलोपमजानतस्तु तदन्वयबोधं शक्तिभ्रमात् राजपदलक्ष-**

राजसम्बन्धि लक्षकमित्यर्थः। क्वचित्तथैव पाठः। ननु नामार्थयोरन्वयबोधो न
स्वीक्रियत इति कथं पुरुषपदार्थे तदन्वय इत्यत आह। तथा चेति। राज-
पदस्य सम्बन्धि लक्षकत्वे चेत्यर्थः। अभेदेनैवेति। अन्वयः। राजसम्बन्धि पुरुष
योरन्वयबोधः। नामार्थयोरभेदातिरिक्तसम्बन्धेनान्वयो न स्वीक्रियते नत्व-
भेदेनापि तदस्वीकार इति भावः। न चैवमिति। षष्ठी तत्पुरुषेपि विशेषण-
विशेष्यवाचकपदार्थयोरभेदान्वयस्वीकार इत्यर्थः। अभेदे कर्मधारय इत्य-
नेनाभेदबोधस्थले कर्मधारयविधानादिति भावः। समाधत्ते।समासेति। लक्ष-
णाहि वाक्यार्थान्वयानुपपत्त्या स्वीक्रियते समासपूर्वं तु न राजपदादौ लक्ष-
णा अनुपपत्तेरभावात् तथा च समासपूर्वं विशेषणविशेष्यवाचकपदयोः स-
मानार्थकयोर्यत्राभेदान्वयबोधकत्वं तत्रैव कर्मधारय इति भावः। पदयोः।
राजपुरुषपदयोः। तुल्येति। एकविशेष्यकबोधजनकत्वाभावादित्यर्थः। पदे
तुल्याधिकरणे विज्ञेयः कर्मधारयइत्यनुशासनादिति भावः। ननु राज्ञः पुरु-
षइत्यत्र सम्बन्धप्रकारकोबोधः राजपुरुषइत्यत्र सम्बन्धिप्रकारकइति वि-
ग्रहवाक्यसमासवाक्ययोः समानार्थकत्वभङ्गापत्तिः समानार्थकसमासार-
म्भकवाक्यस्यैव विग्रहवाक्यत्वादिति राजसम्बधी पुरुषइत्येव विग्रहवाक्यं
वाच्यमिति कर्मधारयत्वापत्तौ तत्पुरुषोच्छेदः। नच शक्त्याभेदप्रतियोग्युप-
स्थापने कर्मधारय इति वाच्यं। नीलोत्पलमित्यादौ नीलपदस्य नीलविशिष्टे
शक्तिविरहेण कर्मधारयत्वाभावापत्तेः तस्माद्राजपदस्य राजसम्बधे एव लक्ष-
णा स्वीकर्तुमुचिता। न च राजसम्बधी:पुरुषइति वत् अनन्वयापत्तिरुक्तैव ना-
मार्थयोरिति व्युत्पत्तेरिति वाच्यं। घटोनेत्यादौ नामार्थयोरन्वयस्य दृष्टत्वा-
न्निपातातिरिक्तस्थलएव तादृशनियमाभ्युपगमे च समासातिरिक्तस्थलएव म-
यापि तादृशनियमाभ्युपगमात्। नचैवं राजसम्बधे लक्षणा वैयर्थ्यमिति
वाच्यं। व्याससमासयोः समानप्रकारकबोधजनकत्वरूपसमानार्थकत्वलक्ष-
णायैव लक्षणाया उपगमात् सम्बन्धप्रकारकबोधस्यानुभवसिद्धत्वाच्चेति। मैवं
समानविषयकबोधजनकत्वमित्येव हि समानार्थकत्वं नतु समानप्रकारक
बोधजनकत्वं तत् आरूढवानरोवृक्ष इत्यत्र आरूढोवानरोयमिति विग्रहात्

शया वेति स्वीचतुः। वैयाकरणास्तु समासस्थलेशब्दसमुदा-
यस्य विशिष्टार्थे शक्तिरेव। नचैवं राजपदशक्तिमविदुषोऽपि
राजपुरुषादिपदादन्वयप्रत्ययः स्यादिति वाच्यं ! समस्तश-

यत्कर्मकारोहणकर्ता वानर इति बोधेन समासाच्च वानरकर्तृकारोहणकर्म वृक्षइति बोधेन भिन्नप्रकारकबोधस्यैवोदयेन व्यभिचारात् एवं प्राप्तोदकोग्राम इत्यादावपि तत्र प्राप्तमुदकंयं इति विग्रहात्। अथ बहुव्रीहेरविग्रहतया-नास्य विग्रहवाक्यत्वं चित्रगुरित्यत्र चित्रागौर्यस्येति समासार्थकथनं, नतु विग्रहः समस्यमानपदैरेवार्थकथनस्य विग्रहत्वादितिचेन्न। नहि तत्र विग्रहएवनास्तीति, समासारम्भकवाक्यस्यैव विग्रहत्वात् किन्तु बहुव्रीहौ तस्यासाधुत्वं समस्यमान पदैरेव विग्रहस्य साधुत्वात् अतएव बहुव्रीहौ विग्रहस्यासाधुत्वज्ञापनाय तत्र नित्यसमासत्वाभिधानम् अतएव चाविग्रहोऽस्वपदविग्रहोवा नित्यसमासइति तल्लक्षणम्। अथ समस्य मानपदैरेवार्थकथनरूपविग्रहस्य साधुविग्रहस्य वा व्याससमासयोः समानार्थकत्वनियमे प्रवेशान्नोक्तस्थले व्यभिचार इति चेन्न। अप्रयोजकत्वात्। वस्तुतस्तु नामार्थयोरभेदेनैव व्युत्पत्तेः संकोचे मानाभावात्सम्बन्धिनि लक्षणाया आवश्यकत्वे समानविषयबोधजनकत्वमित्येव कल्पनात् नतु समानप्रकारकबोधजनकत्वरूपं समानार्थकत्वमितिदिक्। षष्ठ्येवेति। स्मृतासतीति शेषः एवंच षष्ठ्या एव सम्बन्धोर्थः आश्रयाश्रयिभावेन पुरुषे भासते नामार्थयोरेव चाभेदातिरिक्तसम्बन्धेनान्वयबोधनिषेधादिति भावः। ननु यस्य न षष्ठीलोपज्ञानं तस्य लुप्तषष्ठीस्मरणासम्भवेनान्वयबोधानुपपत्तिरित्यत आह। षष्ठीलोपमिति। अजानतस्तु। अननुभवतस्तु। शक्तिभ्रमात् राजपुरुष इति समुदायस्य राजसम्बन्धिनि पुरुषे शक्तिभ्रमात्। नतुराजपदस्य शक्तिभ्रमादित्यर्थः तथासति राजपदलक्षणयावेति राजपदस्य लक्षणयैव सहान्वयकथनानुपपत्तेरितिध्येयं। नन्वेवं तत्र शक्तिभ्रमाच्छाब्दबोधस्वीकारे तत्र दोषादीनामननुगतानां नियामकत्वकल्पने, नियमतस्तत्पूर्वं तादृशदोषकल्पने च गौरवमत आह। राजपदेति। पूर्वकल्पे तु राजसम्बन्धिनि निरूढलक्षणा एतन्मतेतु षष्ठीलोपस्मरणासम्भवस्थले राजपदे स्वारसिकी लक्षणा इदमेव लाघ-

क्तिग्रहोऽप्यनुशासनात् । नचावयवशक्त्यग्रहेऽनुशासनग्रहः संभवतीति तच्छक्तिग्रहस्य समुदायशक्तिग्रहे हेतुत्वादित्याहुस्तन्न । अवयवलक्षणयोपपत्तेः समुदायशक्तौ मानाभावात्

वमिति भेदः । नच ऋद्धस्य राजमातङ्ग इत्यादौ एतन्मते लुप्तषष्ठीस्मरणस्यावश्यकतया समानविभक्तिकत्वेनाभेदेनान्वयबोधापत्तिरिति वाच्यं । नहि समानविभक्तिकत्वाभावनिबन्धनमभेदेनान्वयाननुभावकत्वं किन्तु समासाघटकपदसापेक्षतया तदभावेन सविशेषणानां वृत्तिर्न,वृत्तस्य विशेषणयोगो नेति नियमात् । नचैवं शरैः शातितपत्रः चैत्रस्य दासभार्या इत्यादौ शरकरणकत्वचैत्रनिरूपितत्वयोः समासविशेषणीभूतशातनदासत्वयोर्कथमन्वय इति वाच्यम् । अभेदेनान्वये तथानियमात् । स्तोकं पचतीत्यादावभेदान्वयानुरोधेन समानविभक्तिकत्वमित्यस्य विरुद्धविभक्तिराहित्यमित्यर्थकत्वावश्यकतया भवन्मतेऽप्यगतेश्च । स्वीचक्रुरित्यस्वरसोद्भावनं तद्बीजंतु क्वचित्समासपूर्वं विग्रहश्रवणस्य समासार्थकथनपरतया विग्रहश्रवणस्य सर्वत्रानावश्यकतया लुप्तषष्ठीस्मरणकल्पने गौरवात्क्वचित् राजसम्बन्धिनि स्वारसिकलक्षणाग्रहस्थलानुरोधेन राजसम्बन्धिप्रकारकबोधे तादृशसमभिव्याहारज्ञानस्य कारणत्वकल्पनाया आवश्यकत्वे न तत्र निरूढलक्षणाया एव न्याय्यत्वात् । नच सम्बधिनि तात्पर्यस्यानादित्वकल्पनमेव निरूढलक्षणा कल्पने गुरु अनादितात्पर्यविषयीभूतार्थनिष्ठलक्षणाया एव निरूढलक्षणात्वादिति वाच्यं । नियमतो लुप्तषष्ठीस्मरणकल्पनापेक्षया तात्पर्यानादित्वकल्पनाया एव युक्तत्वात् । नचैवं दधि पश्यतीत्यादावपि दधिपदस्य दधिकर्मके लक्षणापत्त्यातत्रापि लुप्तविभक्त्यनुसन्धानं विनापि बोधापत्तिरिति वाच्यं । तत्र दधिपदस्य द्वितीयेतरविभक्त्यन्तत्वभ्रमदशायां दधिकर्मकः पश्यति दधिकर्मकेण पश्यतीत्यत्रेवान्वयाबोधेन कर्मत्वार्थकविभक्तिं विना निराकाङ्क्षत्वेन तदनुसन्धानस्यावश्यकत्वात्समासस्थले त्वन्यथैवव्युत्पत्तिः अतएवाग्निनौदनं पचेतेत्यत्र तान्येव पदानि समर्थानि नतु तदर्थकानि अग्निकरणकौदनकर्मकपाककृतिरिष्टसाधनमितितु वाक्यं न पदमित्युक्तमिति । समासस्थइति । घटमानयेति शब्दसमुदायवारणाय समासस्थइति । राजपुरुषइत्यादि समासवाक्यस्येत्यर्थः । विशिष्टेर्थे । राजसम्बन्धि पुरुषादिरूपे विशिष्टेर्थे । शक्तिरेवेति

तदुक्तं जहत्स्वार्था तु तत्रैव यत्र रूढिर्विरोधिनीति तस्मादन्यथोपपत्तौ समासे शक्तिरयुक्तेति संक्षेपः। स्यादेतत् मास्तु तत्पुरुषे शक्तिर्बहुव्रीहौ तु चित्रगुपदे चित्रगोस्वामिनि शक्ति-

तथाच समासे शक्त्यैव विशिष्टार्थबोधोपपत्तेर्नातिरिक्त वृत्तिकल्पनमिति भावः एवं। समासे शक्तिस्वीकारे। राजपदेति। राजपुरुषइत्यत्र राजपदं राज्ञि शक्तमिति शक्तिज्ञानशून्यकालेपि राजपुरुषपदं राजसम्बन्धिपुरुषे शक्तमिति शक्तिज्ञानसम्भवेन तादृशबोधापत्तिरित्यर्थः। समस्तेति। समासस्थले विशिष्टार्थे शक्तिग्रहइत्यर्थः। नचेति। नहीत्यर्थः। अवयवेशक्त्यग्रहे। राजपदादिशक्त्यग्रहे। अनुशासनग्रहः। अनुशासनजन्यविशिष्टार्थे शक्तिग्रहः। तच्छक्तिग्रहस्य। अवयवशक्तिग्रहस्य। समुदायग्रहे। समुदायशक्ति ग्रहे। हेतुत्वादिति। व्यवहारादिना नात्र शक्तिग्रहः किन्तु व्याकरणादितः व्याकरणेन हि प्रत्येकशक्ता राजपदादिसमुदायो विशिष्टार्थे शक्त इति बोधनीयं नतु प्रत्येकशक्त्यग्रहेन सम्भवतीति तज्जन्यसमस्तशक्तिग्रहे अवयवशक्तिग्रहस्य हेतुत्वात् राजपदादिशक्तिग्रहाभावे समुदायशक्तिग्रहस्याप्यभावान्न ततोऽन्वयबोध इति भावः। अवयवेति। राजपदस्य राजसम्बन्धिनि लक्षणयैवेत्यर्थः। समुदायशक्तौ। समास वाक्ये विशिष्टार्थशक्तौ। मानाभावादिति। अनन्यलभ्योहि शब्दार्थइति न्यायादिति भावः। ननु गङ्गायां घोष इत्यत्रेव जहत्स्वार्थैवात्र लक्षणोपेया सातु न सम्भवतिराजपदस्य राजसम्बन्धिनि लक्षणायां स्वार्थपरित्यागाभावादित्यत आह। तदुक्तमिति। यत्र रूढिः शक्तिः विरोधिनी स्वार्थविषयकविशिष्टार्थबोधस्वरूपायोग्या तत्रैव जहत्स्वार्था नत्वन्यत्र अन्यत्तु अजहत्स्वार्था यथा गङ्गायां घोष इत्यत्र तीराधिकरणको घोष इत्येवान्वयबोध उपेयः तत्रच प्रवाहस्य तादृशबोधविषयत्वाभावेन तादृशबोधस्वरूपायोग्यत्वमस्त्येव। गङ्गापदस्येति। गङ्गापदे जहत्स्वार्था लक्षणा मञ्चाः क्रोशंतीत्यत्र तु मञ्चपदस्य मञ्चस्थपुरुषे लक्षणायां मञ्च रूपस्वार्थस्यापि तादृशबोधविषयत्वादजहत्स्वार्थैव लक्षणा एवं च न केवलं जहत्स्वार्थैव लक्षणा येन राजपदस्य राजसम्बन्धिनि लक्षणाकल्पनं नस्यात् किंत्वजहत्स्वार्थापीति साचाङ्गीकार्येति भावः। वस्तुतस्तु नन्वेवंपङ्कजमित्यादावपि समुदाये शक्तिर्न स्यात् अवयवलक्षणयैव पद्मत्वविशिष्टबोधोपपत्तेरित्यत आह।

रावश्यकी न हि तत्र लक्षणया निर्वाहः तथा हि गोपदं गो-
स्वामिलक्षकं चित्रपदं च चित्रस्वामिलक्षकं नाद्यः न हि
चित्रत्वस्य गवान्वयः संभवति तस्य पदार्थैकदेशत्वात् अत-

तदुक्तमिति। यत्र रूढिः प्रसिद्धिः योगविरोधिनी तत्रैव जहत्स्वार्था लक्षणा
यथा कर्मणि कुशल इत्यादौ दक्षे रूढिः प्रसिद्धिः कुशान्लातीति कुशादा-
नकर्तुर्योगार्थस्य विरोधिनी दक्षे कुशादानकर्तृत्वबाधादिति कुशलपद-
स्य विवेचकत्वरूपशक्यसम्बन्धसत्त्वात् दक्षे लक्षणाबाधेन शक्त्यावयवार्थबो-
धाभावात् । नचात्र विवेचकत्वेन लक्षणायामजहत्स्वार्थत्वमिति वाच्यं ।
यत्र स्वार्थस्य विशेष्यतया क्रियान्वये प्रवेशः साऽजहत्स्वार्था यथा छत्रिणो
यान्तीत्यादौ एवं च यष्टीः प्रवेशयेत्यत्रापि जहत्स्वार्थैव प्रकृते च राजपुरुष-
इति समुदायस्य राजसम्बन्धिपुरुषे रूढिः प्रसिद्धिः राजाभिन्नपुरुषस्य योगा-
र्थस्य विरोधिनीति तत्र जहत्स्वार्था लक्षणा स्वार्थस्य राज्ञो विशेष्यतया क्रि-
यान्वयेप्रवेशाभावात् पङ्कजमित्यादौ तु पद्मस्य पङ्कजनिकर्तुश्च योगार्थस्यावि-
रोधादवयवशक्त्यैव पङ्कजनिकर्तुर्बोधः पद्मत्वविशिष्टबोधार्थं च पङ्कज-
पदस्य पद्मत्वविशिष्टे लक्षणा कल्पने तु शक्त्यापङ्कजनिकर्तुर्योगार्थस्य ल-
क्षणयाच पद्मत्वविशिष्टस्यबोधो वाच्यः तस्य च युगपद्विरोधेनासम्भवात्पङ्कज-
पदस्य पद्मत्वविशिष्टे समुदायशक्तिरावश्यकी तस्माद्युगपद्वृत्तिद्वयविरोधेन
शक्त्या लक्षणया च बोधानुपपत्तेः पङ्कजपदे समुदायशक्तिरावश्यकी समासे-
तु नैवमिति। अथवा पङ्कजमित्यत्रापि लक्षणयैवोपपत्तेः समुदायशक्तिर्नस्या-
दत आह। तदुक्तमिति। यत्ररूढिः। समुदायशक्तिः। योगविरोधिनी। योगः
अवयवशक्तिस्तद्विरोधिनी। तत्रैव जहत्स्वार्था लक्षणा यथा मण्डपं भोजये-
दित्यत्र तत्र हि मण्डपपदस्य गृहविशेषे रूढिः योगविरोधिनी रूढ्यर्थगृहे म-
ण्डपानकर्तृत्वासम्भवात्तत्र रूढेर्योगापहारितेति प्रवादात् अवयवशक्त्या म-
ण्डपानकर्तृबोधासम्भवात् मण्डपपदस्य मण्डपानकर्तरि लक्षणा इत्थं च रूढ्य-
र्थगृहसम्बन्धितावच्छेदकतया गृहीतचैत्रत्वादिनान्वयबोधो नतु मण्डपा-
नकर्तृत्वेन पङ्कजमित्यादौ तु रूढ्यर्थस्य पङ्कजनिकर्तुश्च योगार्थस्याविरोधादव-
यवशक्त्यैव बोधः पद्मत्वविशिष्टस्य च लक्षणया बोधोपगमे युगपद्वृत्तिद्वय-

एत्र नान्योऽपि गवान्वयानापत्तेः। अथ गोपदं चित्रगो-स्वामिलक्षकं चित्रपदं तु तात्पर्यग्राहकमिति चेन्न। चित्रप-दं चित्रगोस्वामिलक्षकं गोपदं तु तात्पर्यग्राहकमिति वि-

---

विरोधात्पङ्कजपदे समुदायशक्तिरावश्यकी राजपुरुष इत्यत्र तु राजसम्बन्धि-पुरुषे राजाभिन्नपुरुषस्यावयवार्थस्य विरोधादवयवशक्त्या तद्बोधाभावे युग-पद्वृत्तिद्वयविरोधाभावाल्लक्षणैव स्वार्थस्यावयवार्थस्य त्यागात् जहत्स्वार्थत्वो-क्तिरिति सारं। स्वोक्ते समासेऽवयवलाक्षणिकत्वे उपष्टम्भकमाह। तदुक्तमि-ति। यत्रेति। यत्रानुभूयमानसमुदायार्थोऽवयवार्थविरुद्धस्तत्र पदे जहत्स्वा-र्था लक्षणेति समुदायार्थ इत्यपि कश्चित्। एतन्मते तत्र जहत्स्वार्थैवेत्यन्वयं वि-नाऽगतिरिति ध्येयं। जहत्स्वार्था नतत्रैव यत्र रूढिर्विरोधिनीति क्वचित्पाठः यत्र लक्षणा रूढिविरोधिनी शक्तिविरोधिनी तत्र जहत्स्वार्था लक्षणा यत्र लक्षणायामङ्गीकृतायां शक्त्यासहान्वयबोधस्तत्र न जहत्स्वार्था लक्षणेति याव-त् यथापङ्कजमित्यत्र पद्मत्वेन लक्षणायां पङ्कजनिकर्तृत्वेन शक्त्या बोधे यु-गपद्वृत्तिद्वयविरोधप्रसङ्गात् न तत्र लक्षणा किंतु समुदाये शक्तिः राजपुरुष-इत्यत्र तु सम्बन्धिलक्षणायां तथेति न तत्र समासे शक्तिरिति ध्येयम्। उपसं-हरति। तस्मादिति। अन्यथेति। अवयवलक्षणोपपत्तावित्यर्थः। अनन्यलभ्यस्य शब्दार्थत्वात् अन्यथा गङ्गापदस्यापि तीरे शक्त्यापत्त्या लक्षणोच्छेदापत्तेरिति भावः। ननु चित्रगुरित्यादौ चित्रगोस्वामीत्यन्वयोऽनुभवसिद्धः तस्यचावयव शक्त्या लक्षणयावोपपत्त्यभावाद्वाक्ये शक्तिरावश्यकीति कथं न समासे शक्ति-रित्याशंकते। स्यादेतदिति। बहुव्रीहौ तु। चित्रगुरित्यादिबहुव्रीहौतु। नन्वत्राप्यवयव लक्षणयैवोपपत्तौ न शक्तिः कल्पनीयेत्यत आह। नहीति। लक्षणया। अवयवलक्षया। निर्वाहः। विशिष्टार्थबोधः। अनिर्वा-हमेवोपपादयति। तथाहीति गोपदस्य गोस्वामि लक्षकत्वे चित्रपदार्थ-स्य गवि अन्वयोवाच्यः सच न सम्भवति पदार्थैकदेशत्वादिति भावः। चि-त्रस्य। चित्रपदार्थस्य चित्रत्वविशिष्टस्य। गवान्वयः। गविअन्वयः। ग-वेति तृतीयान्तंवा गवासहेत्यर्थः। सम्भवतीति। चित्रपदार्थस्य चित्रस्वाभेदेन-गवि अन्वयो नसम्भवतीत्यर्थः। तस्य। गोः। नच तच्छब्दस्याव्यवहितपूर्वोप-

स्थितमुख्यविशेष्यपरामर्शकतया गवान्वयोपसर्जनतया कथं तच्छब्देन गोपरामर्श इति वाच्यं। तच्छब्दस्याव्यवहितपूर्वोपस्थितमात्रपरामर्शकतया तात्पर्यबलादन्वयोपसर्जनस्यापि गोबोधने बाधकाभावात्। गवेति तृतीयान्तत्वे दोषास्पर्शाच्च। पदार्थैकदेशत्वात्। गोस्वामिरूपपदार्थैकदेशत्वादित्यर्थः। गौर्नित्येत्यत्र गोत्वे नित्यत्वान्वयवारणाय पदार्थः पदार्थेनान्वेति न तु पदार्थैकदेशेनेति व्युत्पत्त्यङ्गीकारस्यावश्यकत्वादिति भावः। केचित्तु चित्रस्य। चित्रविशेषणतयोपस्थितस्य चित्रत्वस्येत्यर्थः। चित्रपदस्योभयत्र प्रयोगात्। तस्य। चित्रत्वस्य। पदार्थैकदेशत्वात्। चित्रपदार्थैकदेशत्वात्। एकविशेषणतयोपस्थितस्यान्यत्र विशेषणत्वेनान्वये निराकांक्षत्वादिति भाव इत्याहुस्तन्न। एवमपि चित्रस्य गव्यभेदेनान्वये बाधकानुक्तेः। अतएवेति। चित्रस्य गवान्वयासम्भवादेवेत्यर्थः। गवानन्वयेति। चित्रपदस्य चित्रस्वाम्यर्थकत्वे पदार्थैकदेशतया चित्रे न गोरन्वयः नापि चित्रस्वामिनि नामार्थयोरभेदेनैव व्युत्पत्तेरिति भावः। पदद्वयइति। चित्रपदे गोपदेचेत्यर्थः। ननूभयत्र लक्षणायां गौरवात् तदपेक्ष्य समुदायशक्तिरेवास्तामित्यत आह। नत्विति। अन्येति। अनन्यलभ्यस्यैव शब्दार्थत्वेनोभयत्र लक्षणाया गौरवस्य प्रामाणिकत्वादिति भावः। पदद्वये लक्षणाकल्पनेऽन्यतरपदवैयर्थ्याद्वाक्ये एव लक्षणावादिमीमांसक मतमाह। मीमांसकास्त्विति। समुदायएव। चित्रगुरिति वाक्यएव। लक्षणा। चित्र गोस्वामिनि लक्षणा। समुदायस्य। वाक्यस्य। शक्त्यभावादिति। वाक्यस्य कुत्रचिदप्यर्थे शक्त्यभावात्स्वशक्यसम्बन्धरूपा लक्षणा दुर्वचेत्यर्थः। स्वबोध्यस्येति। गङ्गापदबोध्यस्य प्रवाहस्यसम्बन्धस्तीरेऽस्तीति तत्र तत्सत्वमुपपन्नं परन्तु शक्यत्वेन न तत्प्रवेशः किन्तु बोध्यत्वेनेत्यर्थः। अत्र। चित्रगुरित्यत्र बहुव्रीहावित्यर्थः। वाक्यस्यापि। चित्रगुरितिवाक्यस्यापि। विशिष्टं बोध्यमिति। एकदेशविकृतमनन्यवद्भवतीति न्यायेन चित्रगुरित्यत्र चित्रा गौरिति वाक्यस्यसत्त्वात्तस्य च बोध्यं चित्रागौस्तत्सम्बन्धश्च चित्रगोस्वामिन्यस्तीति भावः। शक्यसम्बन्धस्य लक्षणात्वे दूषणं दर्शयन् स्वबोध्यसम्बन्धस्यैव लक्षणात्वमुपपादयति। अन्यथेति। वाक्ये लक्षणाया अनङ्गीकारेइत्यर्थः। कागतिः। कथमन्वयबोधः। तदेवोपपादयति। नहीति। गभीरायामिति। नदीपदस्य नदीतीरत्वेन वा लक्षणा-

निर्गन्तुमशक्यत्वात् । तस्माद्विनिगमकाभावात्समुदायशक्तिरेवेति चेत् । अत्रोच्यते । विनिगमकाभावादस्तु पदद्वये लक्षणा । नतु समुदाये शक्तिरन्यलभ्यत्वात् । मीमांसकास्तु । समुदाय एव लक्षणा । न च समुदायस्य शक्यभावाल्लक्षणानुपपत्तिः । स्वबोध्यसम्बन्धो हि लक्षणा अस्ति च वाक्येऽपि विशिष्टं बोध्यम् । अन्यथा कागतिर्गभीरायां नद्यां घोष इत्यादौ । नहि नदीपदं तीरलक्षकं गभीरायामित्यनन्वयापत्तेः । नहि तीरं गभीरं । नापि गभीरपदं तीरलक्षकं । नद्यामित्यनन्वयापत्तेः । नहि तीरं नदी तस्मादनन्यगतिकतया वाक्यमेव गभीरनदीतीरलक्षकमित्याहुः । अत्रोच्यते । वाक्यं न विशिष्टार्थबोधकं तद्बोधकतावच्छेदकशक्तेरभावात् । अतस्तत्र बोध्यसम्बन्धो लक्षणेति रिक्तं वचः । किञ्च

यां गभीरस्य पदार्थैकदेशतया नद्यामन्वयासम्भवात् तीरे च विशेष्यवाचकपदयोः समानविभक्तिकत्वस्थलेऽभेदेनान्वयस्यैव व्युत्पन्नतया भेदेनान्वयासम्भवादभेदेनैवान्वयो वाच्यः स तु न सम्भवति बाधादिति भावः । नद्यामित्यस्येति । गभीरपदस्य गभीरसम्बन्धितीरत्वेन च लक्षणायां नद्याः पदार्थैकदेशतया गभीरेऽन्वयासम्भवात् तीरे च समानविभक्तिकस्थलेऽभेदेनान्वयस्यैव व्युत्पन्नतया भेदेनान्वयो वाच्यः स तु न सम्भवति बाधादिति भावः । अनन्वयमेवाह । नहि तीरं नदीति । उपसंहरति । तस्मादिति । अनन्येति शक्त्या लक्षणया वा विशिष्टार्थबोधस्यानुपपत्त्या वाक्यमेव । गम्भीरायां नद्यामिति वाक्यमेव लक्षकमिति पङ्कजपदेनायत्त्या वाक्ये शक्तिस्वीकारेऽपि अन्यलभ्यत्वादत्र लक्षणेष्टैव एकत्र वाक्ये शक्तिकल्पनादन्यत्रापि तत्कल्पने च गङ्गापदस्य प्रवाहे शक्तेः क्लृप्तत्वेन तीरेऽपि शक्तिकल्पनापत्त्या लक्षणोच्छेदापत्तेरतः स्वबोध्यसम्बन्धस्य लक्षणात्वमुपगम्यैषा रीतिः । वाक्यमिति । चित्रगुरित्यादिवाक्यमित्यर्थः । न विशिष्टार्थेति । चित्राभिन्ना गौरित्यादिविशि-

गम्भीरायां नद्यामिति विभक्त्यन्तभागस्य न तीरे लक्षणा । तदाधारताप्रत्ययानापत्तेः । नापि गम्भीरायां नदीति भागस्य तदर्थाबोधकत्वात् । बोधकत्वे वा लक्ष्ये विभक्त्यर्थानन्वयाप-

---

ष्टार्थबोधकं नेत्यर्थः । तद्बोधकतेति । विशिष्टार्थबोधकतावच्छेदकेत्यर्थः । तत्सत्त्वे च किं लक्षणयेति भावः । मत इति । शक्तेरभावात् । रिक्तम् । अर्थशून्यं वचइत्यर्थः । अपभ्रंशेपि शक्तिभ्रमेण स्वबोध्यसत्त्वात्तत्रापि लक्षणापत्तिः तथाच हरिमत्त्वस्यैव पदसाधुत्वरूपत्वेन अपभ्रंशिनां पदानां यत्र प्रयोगापत्तिः साधूनेव प्रयुञ्जीतेत्यनेन विरोधाभावादतः शक्त्या स्वबोध्यसम्बन्धो लक्षणेत्येव वाच्यं नचैतद्वाक्ये सम्भवतीति भावः । ननु वाक्ये समुदायत्वेन शक्त्यभावेपि प्रत्येकपदशक्त्या स्वबोध्यसत्त्वेव गम्भीरपदसमभिव्याहृतनदीपदशक्तत्वमेव विशिष्टबोधकतावच्छेदकम् अपभ्रंशे तु नैवमित्यस्वरसादाह । किंचेति । स्वबोध्येत्यत्र बोधकत्वमात्रविवक्षणे गङ्गायामिति समुदायस्यापि लाक्षणिकत्वापत्तिरतस्तत्त्वेन बोधकत्वं विवक्षणीयं तथासत्याह । गम्भीरायामिति । तीरे । गम्भीरनदीतीरे । तदाधारतेति । तीराधारतेत्यर्थः । विभक्तेः प्रत्यायिकाया अभावेनाधारत्वबोधकाभावादिति भावः । विभक्तिशून्यभागस्यापि न लक्षणेत्याह । नापीति । सप्तमीशून्यभागस्येत्यर्थः । इह तु सप्तम्या एव बोधकत्वान्नाधारताप्रत्ययानुपपत्तिरिति भावः । तस्य । गम्भीरायां नदीति भागस्य । अबोधकत्वादिति । समानविभक्तिकपदस्यैवाभेदान्वयबोधकतया विभक्तिशून्यभागस्याभेदान्वयबोधकत्वाभावादिति भावः । तथाच स्वबोध्यसम्बन्धरूपा लक्षणापि नात्र सम्भवतीति ज्ञेयं । यद्यपि पदानां स्वस्वान्वयबोधकत्वं न समूहत्वेन नवेतरपदावच्छिन्नेतरपदत्वेन स्वरूपयोग्यतेति विभक्त्यन्तभागस्य लक्षकत्वेप्ययं दोषः । तथापि इतरपदावच्छिन्नेतरपदे फलोपधानरूपं बोधकत्वं सम्भवत्येव गम्भीराभिन्ना नदीति शाब्दबोधे समानविभक्तिकगम्भीरपदसमभिव्याहृतनदीपदज्ञानत्वेनानुपूर्वीज्ञानस्य कारणत्वादिति पूर्वत्र नायं दोषइतिध्येयं । नन्वभेदान्वयेन समानविभक्तिकत्वं तन्त्रं स्तोकं पचतीत्यत्र व्यभिचारात्किन्तु विरुद्धविभक्तिराहित्यमेव तच्च विभक्तिशून्यभागेप्यस्तीत्यत आह । बोधकत्वे वेति । लक्ष्ये । तीररूपलक्ष्यार्थे । विभक्त्यर्थेति । आधारत्वानन्वयापत्तेरित्यर्थः । अनन्वयमेवाह । प्रत्ययानामिति । यथा घटमित्यत्र घटरूपप्रकृत्य-

क्ते: नहि स भाग: प्रकृतिर्येन तदर्थे विभक्त्यर्थान्वय: स्या-
त्। गभीरायामिति सप्तम्यनापत्तेश्च। अथ विभक्त्यन्तस्यै-
व गभीरनदीतीराधारत्वलक्षकत्वमिति चेन्न। अशक्ता-

र्थान्वितकर्मत्वरूपस्वार्थप्रतिपादकत्वं विभक्ते:। नच धवखदिरौ छिन्धी-
त्यादौ द्वितीयार्थकर्मत्वस्याप्रकृत्यर्थधवान्वितत्वात्कथमेतदिति वाच्यं। यादृश
समुदायोत्तरं विभक्तिस्तस्यैव प्रकृतित्वेन धवस्यापि प्रकृत्यर्थत्वात्। सभा-
ग:। गम्भीरायां नदीति विशिष्टवाक्यात्मकभाग:। प्रकृतिरिति। नदीपदो-
त्तरमेव विभक्ते: श्रूयमाणतया नदीपदमेव प्रकृतिस्तदर्थश्च न भवन्मते वि-
शिष्टनदीतीरं विशिष्टवाक्योत्तरं च क्वापि विभक्तेरदृष्टत्वेन न वाक्यस्य प्र-
कृतित्वमिति भाव:। ननु डित्थडपित्थसमुदायवत् गम्भीरायां नदीति वाक्यो-
त्तरमेव विभक्तिरिति तस्य प्रकृतित्वमस्तीत्यत आह। गम्भीरायामिति। ग-
म्भीरायां नदीति वाक्योत्तरं यदि विभक्तिस्तदा सुपो धातुप्रातिपदिकयो: ए-
तयोरवयवस्य सुपो लुक्स्यादित्यनेन गम्भीरायामिति सप्तम्या लुक्स्यादिति ग-
म्भीरायां नद्यामिति न स्यात्किन्तु गम्भीरनद्यामिति स्यादित्यर्थ:। वस्तुतस्तु
ननु नीलं घटमानयेत्यत्र विशिष्टे कर्मत्वान्वयो न स्यात् नीलस्याप्रकृत्यर्थत्वा-
दित्यत आह। गभीरायामिति। विशेषणवाचकपदस्य विशेष्यवाचकपदस-
मानवचनत्वानुरोधेन गभीरायामिति सप्तमी भवन्मते च नदीपदस्य वि-
शेष्यवाचकपदत्वाभावात्। गभीरायामित्यस्य विशेषणवाचकपदत्वाभा-
वाच्च गभीरायामिति सप्तमी न स्यादित्यर्थ इति सारं। नदीपदोत्तरसप्तम्या ए-
व लक्ष्यार्थे आधारत्वान्वयसम्भवे गभीरायामित्यत्र विभक्त्यर्थान्वयासम्भवादि-
ति भाव इत्यपि कश्चित्। तन्न। वक्ष्यमाणस्वमतेपि तद्वैयर्थ्यसत्त्वात्। अथेति।
विभक्त्यन्तस्येति। गभीरायां नद्यामिति विभक्त्यन्तभागस्यैवेत्यर्थ:। विभक्त्य-
न्तस्य नामत्वाभावेन नामार्थयोरिति व्युत्पत्त्यनवकाशाद्भेदेनैव घोषे तदर्था-
न्वय इति भाव:। अशक्तत्वादिति। गङ्गायामिति समुदायस्यापि लाक्षणिक-
त्वापत्त्या तत्त्वेन बोधकत्वं वाच्यम् एवमपभ्रंशवारणाय शक्त्येत्यावश्यकम् इ-
त्थं च शक्त्यवच्छिन्ना या तत्त्वावच्छिन्ना बोधकता तस्या एव निवेशावश्यकत्वेन
बोधकतायां च शक्तेरनवच्छेदकत्वात् न वाक्ये लक्षणा सम्भवतीति भाव:। व-

त्वात् । तस्मात्पदद्वय एव विनिगमकाभावाद्विशिष्टनदीतीरे लक्षणा । न चैकपदवैयर्थ्यं परस्परतात्पर्यग्राहकत्वादिति संप्रदायः । विस्तरस्त्वस्माकं मणिमरीचिनिबन्धन

स्तुतस्तु अपभ्रंशवारणाय शक्त्या स्वबोध्येत्यस्यावश्यकतया वाक्ये न शक्तिरित्याह । वाक्यमित्यादि । नन्वपभ्रंशस्यापि लक्षकत्वे इष्टापत्तिः वृत्तिमत्त्वमेव पदसाधुत्वमित्यत्र शक्यसम्बन्धरूपलक्षणाया एव वृत्तित्वघटकतया तत्र वृत्तिमत्स्वरूप साधुत्वाभावात् प्रमाधीनस्वबोध्यसम्बन्धो लक्षणेत्यस्य वा तल्लक्षणत्वेनापभ्रंशस्य प्रमाधीनबोध्याभावान्नानुपपत्तिरित्यस्वरसात्तत्त्वेन बोधकत्वावश्यकत्वमभिप्रेत्य दोषमाह । किञ्चेति । अशक्तत्वादिति । स्वबोध्यत्वं हि न स्वजन्यबोधविषयत्वं समवायेन घटपदस्मारितगगनादेः सम्बन्धग्रहादुपस्थितस्य शाब्दबोधापत्तेः । नच स्वजन्यशाब्दबोध विषयत्वं तदिति वाच्यं । गङ्गायां घोषइत्यादौ गङ्गापदे लक्षणानापत्तेस्तेन गङ्गापदेन प्रवाहशाब्दबोधाजननात् । तस्माच्छक्त्या स्वजन्यबोध विषयत्वमेव तत्त्वं वाच्यं तच्च शक्यसम्बन्धस्य लक्षणात्वापेक्षया गुरुतरं वाक्ये शक्त्यभावात् प्रकृते चासम्भवादितिभावः । उपसंहरति । तस्मादिति । वाक्ये लक्षणाया असम्भवादित्यर्थः । पदद्वयएव । गम्भीरपदे नदीपदे च । विनिगमकेति । एकतरपक्षपातिनी युक्तिर्विनिगमना तस्या अभावादित्यर्थः । विशिष्टेति । विशिष्टा गभीरा या नदी तस्यास्तीरे इत्यर्थः । नन्वेकस्यैव लक्षणया विशिष्टार्थबोधसंभवे अपरपदं व्यर्थमित्यत आह । नचेति । एक पदवैयर्थ्यं नचेत्यन्वयः । परस्परेति । नदीपदेन गभीरनदीतीरबोधे जननीये गभीरपदसमभिव्याहारो नियामकः गभीरपदेन वा तादृशबोधे जननीये नदीपदसमभिव्याहारो नियामकइत्यर्थः लक्ष्यार्थबोधे तात्पर्यज्ञानस्य हेतुतया नदीपदं गभीरनदीतीरप्रतीतीच्छयोच्चारितमिति तात्पर्यज्ञानं गभीरपदसमभिव्याहारादेव भवति अन्यथा केवलनद्यामित्युक्तौ गभीरनदीतीरबोधापत्तेरिति भावः । एकत्रैव पदे यदा लक्षणाप्रतिसन्धानं तदा तत्पदएव लक्षणा यदातूभयपदे लक्षणा प्रतिसन्धानं तदोभयपदे लक्षणैव शाब्दबोधप्रयोजिका संभेदेनान्यतरवैयर्थ्यमिति न्यायेन चैकमेव विशिष्टतीरं बुध्यते इति द्रष्टव्यम् । अत्रेदं बोध्यं गभीरनद्योरन्वयबोधोत्तरं

गभीरनदीसम्बन्धग्रहात् नदीपदेन विशिष्टतीरं लक्ष्यते अन्यथा नदीसम्बन्धग्रहाद्विशिष्टतीरबोधानापत्तेः इत्थं च स्वशक्तिज्ञाप्यसम्बन्धो लक्षणा सा च पद एव न वाक्ये ऽक्लृप्तत्वात् वाक्ये लक्षणावादिमतेऽपि प्रत्येकं पदद्वये विनिगमकाभावा लक्षणाया दुर्वारत्वाच्च । न चैवं नीलं द्विरेफमानयेत्यत्र विशिष्टसम्बन्धिनि लक्षणानुपपत्तिः पदद्वयस्यापि लाक्षणिकतयाननुभावकत्वेन स्वज्ञाप्याप्रसिद्धेरिति वाक्ये लक्षणायादिना सह तुल्यत्वमिति वाच्यं । लाक्षणिकस्याप्यनुभावकत्वाङ्गीकारात् । वस्तुतस्तु शक्यसम्बन्धएव लक्षणा। नदीपदस्य नद्यामिव गभीरनद्या अपि शक्यत्वात् गभीरपदस्य तात्पर्यग्राहकतया च गभीराभिन्ना नदीति अवान्तरवाक्यार्थबोधं विनापि गभीरनदीतीरलाभसंभवादिति दिक् । संप्रदाय इत्यनेनास्वरसः सूचितः स च गभीरपदस्य गभीरत्वशक्ततया तस्य स्वाश्रयाभिन्ननदीसम्बन्धएव तीरे वाच्य इति परंपरासम्बन्धो गौरवात् साक्षात्सम्बन्धसंभवात् नदीपदएव लक्षणा युक्ता यदि च धौरीदारपदवत् धर्मिण्यपि शक्तिर्नीलादिपदवत् केवलगुणमात्रे गभीरपदाप्रयोगादिति विभाव्यते तथापि शुक्लादिपदानां गुणमात्रवाचकत्वेन शुक्लायां नद्यां घोष इत्यादौ साक्षात्सम्बन्धसंभवात् । विशेष्यवाचकपदे एव लक्षणायाः क्लृप्तत्वात्सर्वत्रोत्तरपदएव लक्षणा एवं चित्रगुरित्यत्रापि गोपदएव सा तथा च सर्वत्रोत्तरपदएव बहुव्रीहौ लक्षणेति । केचित्तु गभीरपदे लक्षणायां नदीपदोत्तरसप्तम्या अन्वयो न स्यात् विशेषणविभक्तेः प्रयोग साधुत्वादिति विशेष्यवाचकपदएव लक्षणा । न च विशेष्य वाचकपदोत्तरविभक्तेरेवात्र शब्दसाधुत्वमास्तामिति वाच्यं । विशेषण विभक्तित्वेन सामान्यतः प्रयोगसाधुत्वकल्पनादित्याहुस्तदसत् । लाक्षणिकार्थानुभावकगभीरपदस्य विशेषणपदत्वाभावेन गभीरपदोत्तरसप्तम्या एवान्वयसंभवादिति । अपरेतु प्रत्ययानां प्रकृत्यर्था न्वितस्वार्थबोधकत्वव्युत्पत्तेरुत्तरपदएव लक्षणा अव्यवहितपूर्ववर्त्तिन एव प्रकृतित्वात् अन्यथा राजपुरुषमानयेत्यत्र राजानमानयेत्यपि बोधापत्तेः । नचैवं सर्वप्रधानद्वन्द्वे पूर्वप्रधानेऽव्ययीभावे घटं भूतलमित्यत्र बहुव्रीहौ नञ्समासे पिप्पलीत्यादि तत्पुरुषे च विभक्त्यर्थान्वयानुपपत्तिरिति वाच्यम् । तदतिरिक्त स्थलेएव तन्नियमादित्याहुः । ननु चित्रगुरित्यत्र चित्रपदं चित्रगोसम्बन्धिपरं गोपदं च स्वामिपरं चित्रगोसम्बन्धिनश्च तादात्म्येन गोपदार्थे

स्वामिन्यन्वय इति सर्वपदानामेव सार्थक्ये किमिति परस्परतात्पर्यग्राहकत्वम् एवमारूढवानर इत्यत्र धातोर्वानरारोहणे क्तप्रत्ययस्य कर्मत्वे वानरपदस्याश्रये लक्षणा वानरारोहणकर्मत्वाश्रय इति बोधः। चैत्र दत्तधन इत्यत्र चैत्रपदस्य चैत्रकर्तृके दाधातोर्धनदाने क्तप्रत्ययस्य संप्रदानत्वे धनपदस्याश्रये लक्षणा चैत्रकर्तृकधनदानसंप्रदानत्वाश्रय इति बोधः। अथवा वानरपदस्य वानरकर्तृकमर्थः तस्य च धात्वर्थे आरोहणेऽभेदान्वयः क्त प्रत्ययः कर्मपरः एवं धनपदस्य धनकर्मकमर्थः तस्य च चैत्र कर्तृकधनदानेऽन्वयः क्तप्रत्ययस्य संप्रदानमर्थः एवं गभीरायां नद्यामित्यत्र गभीरपदं गभीरनदीपदं च तीरपरमित्यत्राह। विस्तरस्त्विति। चित्र गुपदात् चित्र गोस्वामीत्यर्थ वानुभवान्नायं प्रकारः साधुः। एवं शोभनचित्रगुरित्यत्र त्रिपदबहुव्रीहौ चित्रपदस्य चित्रगोः सम्बन्धिपरतायां पदार्थैकदेशतया गवि शोभनान्वयानुपपत्तेरगत्या-चित्रपदस्य शोभनचित्रगोसम्बन्धिपरता शोभनपदं च तात्पर्यग्राहकमितिरीतिं विना तवाप्यगतेश्च। केचित्तु चित्रपदस्य चित्र स्वामी गोपदस्य गोस्वामी अर्थः व्यक्तिवचनानां संनिहितविशेषपरत्वमिति न्यायेन च चित्रत्वेन गोत्वेन चैकैव व्यक्तिर्बुध्यते आरूढवानर इत्यत्र क्त प्रत्ययस्य कर्तृसम्बन्धि-वानरपदस्य वानरसम्बन्धी अर्थः एकदेशेपि क्ततावारोहणस्यान्वयः पक्षे त्यक्ते वेत्याहुः। तदपि चित्र गोस्वामीत्यनुभवापलापादुपेक्षणीयम्। अन्येतु गोपदं गोस्वामिलक्षकं गवि च चित्रस्याभेदेनान्वयः एकदेशेपि व्युत्पत्तिवैचित्र्येणान्वयस्वीकारादित्याहुः। परंतु गोपदेन शक्त्या गौः लक्षणया स्वामी बोध्यते युगपद्वृत्तिद्वयविरोधस्याङ्गीकारात्पङ्कजपदस्य पद्मत्वविशिष्टे लक्षणानङ्गीकारस्तु समुदाये शक्तत्वव्यवहारस्य प्रामाणिकत्वादन्यथा तत्रापीष्टापत्तिरिति वदन्ति। अत्रेदंबोध्यं गोपदस्य चित्रगोस्वामिपरतायां सम्बन्धितावच्छेदकतया गृहीतचैत्रत्वादिना चित्रगोसम्बन्धिचैत्रत्वेनैव वा भानं तीरत्ववत् गङ्गासम्बन्धितीरत्ववद्वा आरूढवानरो वृक्ष इत्यत्रारूढः वानरीयमिति वाक्ये आङ्पूर्वकरुहधातोरूर्ध्व देशावच्छिन्नसंयोगानुकूलक्रिया क्तप्रत्ययस्याश्रयः द्वितीयायाश्चाधेयत्वमर्थः वृक्षवृत्त्यूर्ध्वदेशावच्छिन्नसंयोगानुकूलक्रियाश्रयो वानर इत्यन्वयबोधः समासे त्वारोहणकर्तृवानरसम्बन्धी वृक्ष इत्यन्वयधीः सम्बन्धः स्वकर्तृकारोहणकर्मत्वम् एवं चैत्रदत्तधन इत्य-

च चैत्रेण दत्तं धनं यस्मै इति वाक्ये चैत्रकर्तृकयत्सम्प्रदानकदानं कर्म धनमित्यन्वयबोधः समासे तु चैत्रकर्तृकदानकर्म धनसम्बन्धीत्यन्वयबोधः सम्बन्धः स्वकर्मकदानसम्प्रदानत्वमिति अत्र च समानाधिकरणबहुव्रीहिः चक्रपाणिरित्यादौतु व्यधिकरणबहुव्रीहिः। चक्रं पाणौयस्येति विग्रहवाक्ये यत्सम्बन्धिपाणिवृत्ति चक्रमित्यन्वयधोः समासेतु चक्रयुक्तपाणिसम्बन्धीति बोधः। सच तद्गुणसंविज्ञान बहुव्रीहिरतद्गुण संविज्ञानबहुव्रीहिश्चेति द्वेधा तत्र भूवादयोधातवः चैत्रादीन् भोजय लम्बकर्णमानयेत्यादावाद्यः। अन्यस्तु चित्रगुरित्यादौ। तथाहि। भूवादयइत्यत्र क्रियावाचित्वेन निर्मित्सित्वेन लम्बकर्णावयवित्वेनार्थसम्बन्धः तदवच्छिन्नत्वेनान्वयबोधः। लक्षकसम्बन्धस्यैव लक्ष्यतावच्छेदकत्वात् तेन रूपेणैव बोधात्। विशेषणस्यापि भूवादेः क्रियान्वयादजहत्स्वार्थात्र लक्षणा तस्य समस्यमानपदार्थस्य गुणीभूतस्यापि सम्यग्विशेष्यविधया ज्ञानं यस्मादिति व्युत्पत्तेरिति सम्प्रदायः। अत्राहुः। यदिलम्बकर्णेत्यादौ अजहत्स्वार्था लक्षणा तदा लम्बकर्णस्यापि विशेष्यत्वेन च अन्वयेऽनुभवबाधस्तस्मादत्रापि जहत्स्वार्थैव विशेष्यत्वेन विधेयान्वये स्वार्थत्यागात्। यत्र विशेषणतया स्वार्थस्य विधेयान्वयः स तद्गुणसंविज्ञानबहुव्रीहिः। उपलक्षणतया यत्र स्वार्थस्य विधेयान्वयः स अतद्गुणसंविज्ञानबहुव्रीहिः। विशेष्यान्वयिनाऽन्वयित्वं विशेषणत्वं। यद्यपि लम्बकर्णेत्यादौ लम्बकर्णे सम्बन्धित्वेनोपस्थितिः चित्रगुरित्यादौ च चित्रगोसम्बन्धित्वेनोपस्थितिस्तुल्यैव तथापि लम्बकर्णादेर्विशेष्यान्वयिनान्वयात् विशेषणतया विधेयान्वयः। चित्रगोस्तु उपलक्षणतया तथेति। अत्र शब्दस्वाभाव्यमेव तत्त्वमिति। केचित्तु भूवादिः प्रथमः पठितो येषामिति विग्रहवाक्यात् भूवाभिन्नः प्रथमपठितो यत्सम्बन्धीतिबोधः। समासात्तु भूवाभिन्नप्रथमपठितः सम्बन्धीतिबोधः। एवं चैत्र आदिः प्रधानो येषामिति विग्रहवाक्यात् चैत्राभिन्नः प्रधानोयत्सम्बन्धीतिबोधः। समासात्तु चैत्राभिन्नप्रधानसम्बन्धीत्यन्वयबोधः। सम्बन्धश्च स्वपाठप्राथम्यावधित्वं स्वनिष्ठप्राधान्यवाचित्वं वा। अत्र च भूवाभिन्नप्रथमपठितसम्बन्धित्वचैत्राभिन्नप्रधानसम्बन्धित्वादिनाऽदिशब्दस्य लक्षणा लक्ष्यतावच्छेदकस्यापि भूवादेर्विशेष्यान्वयिधातुत्वादिनाऽन्वयात् तद्गुणत्वं लक्षणाया अजहत्स्वार्थत्वं चेत्याहुः। अपरेतु। लम्बकर्ण-

तात्पर्यदीपिकयोरनुसन्धेयः । उपकुंभमर्धपिप्पलीत्यादावप्युत्तरपदलक्षणयैवोपपत्तौ न शक्तिकल्पनेति अन्यलभ्यत्वात् ।

त्यादौ विशेष्यतया न्वयाननुभवादस्तु जहत्स्वार्था भूवादयइत्यत्र तु गणपठितत्वनिमन्त्रितत्वादिनैव बोधः शक्यलक्ष्ययोर्विधेयान्वयानुभवात् । काकेभ्यो दधिरक्ष्यतामित्यत्र शक्यलक्ष्ययो विशेष्यान्वयान्वयमात्रादेवं च लंबकर्णभूवादिसाधारणं तद्गुणत्वादिकमित्याहुः । आदिशब्दगणपठितत्व निमन्त्रितत्वादिना लक्षणा भूवादिपदं तात्पर्यग्राहकमित्यन्ये । भूत्वबाल्वादिना-चैत्रचैत्रत्वादिना नानारूपेण लक्षणा । युगपद्वृत्तिद्वयविरोधानुपगमात् । तदुपगमेतु पुष्पवन्तादिपदे नानारूपेणैकलक्षणाया स्वीकारान्न दोष इत्यपरे । चैत्रशब्देन शक्त्या चैत्रत्वेनादिशब्दे न च लक्षणया मैत्रत्वादिना बोधः । चैत्रपदार्थादिपदार्थयोरभेदेनान्वयबोधस्यापि तात्पर्यविषयत्वात् । द्वन्द्वेऽभेदेनान्वये तात्पर्याभावान्न द्वन्द्वतापत्तिरित्यपि केचिदिति ख्यातं पल्लवितेन । अव्ययीभावसमासे तु शक्य भाव मुपपादयति । उपकुंभमिति । उपकुंभमित्यत्राव्ययी भावः । अर्ध पिप्पलीति तत्पुरुषः । उपशब्दे निपाते षष्ठ्यन्तसाकांक्षत्वाभावात् कुंभस्योपेतिनात्र विग्रहः । किन्तु कुंभस्य समीप इति उपकुंभमितिद्रष्टव्यम् । उत्तरपदेति । कुम्भपदस्य कुम्भसम्बन्धिनि पिप्पलीपदस्य पिप्पलिसम्बन्धिनि लक्षणा तस्य चोपाद्यर्थ सामीप्यादावभेदेनान्वयः । वस्तु तस्तु । उपपदार्थं सामीप्यं न तु समीपः तथाचोपपदस्यापि समीपाद्यर्थे लक्षणा एकदेशे च सामीप्ये कुम्भादिसम्बन्धिनस्तादात्म्येनान्वय इति पदद्वयलक्षणापेक्षया कुम्भपदस्यैव कुम्भसमीपपरता उपपदं च तात्पर्यग्राहकमिति । केचित्तु चन्द्र इव मुखमित्यादौ इवार्थ सादृश्यस्य भेदेन मुखेऽन्वयेन्नाव्ययनिपातातिरिक्तस्थल एव नामार्थयोर्भेदेनान्वयबोधानङ्गीकारात् । उपपदार्थसामीप्ये कुम्भस्यान्वयबोधसम्भवात् सम्बन्धप्रकारकानुभवानुरोधेन परकुम्भपदस्य कुम्भसम्बन्धे लक्षणा । अनुभवाननुरोधेतु अत्राप्युत्तरपदे न लक्षणा इत्याहुः । अन्येति । उत्तरपदलक्षणादिना लभ्यत्वादित्यर्थः । अनन्यलभ्यस्यैव शब्दार्थत्वादितिभावः । एवं निर्मक्षिकमित्यव्ययीभावेऽप्युत्तरपदे मक्षिकाभावे लक्षणा पूर्वपदं तात्पर्यग्राहकमितिध्येयं । समाहारद्व-

समाहारद्वन्द्वे पाणिपादमित्यादौ पाणिपदं पाणिप्रतियो-
गिकं पादपदं पादसमाहारं लक्षयति न पाणिपादसमा-
हारे शक्तिः । समाहारश्च तुल्यवदेकक्रियान्वयित्वरूपं सा-
हित्यं सेनावनादिवदपेक्षाबुद्धिविशेषविषयत्वं वा । नन्वेवं
पाणिपदं वादय इत्यत्रानन्वयः । समाहारे वादनकर्मत्वाभा-
वादिति चेत् । परंपरया तत्र कर्मत्वान्वयादित्येके । स-

न्द्वेतरेतरद्वन्द्वभेदेन द्वन्द्वो द्वेधा । तत्र समाहारद्वन्द्वे पाणि पादमित्यादौ पा-
णिपादपदस्य पाणिपादप्रतियोगिकसमाहारशक्तिरितिमतं दूषयति । स-
माहारेति । पाणिपदस्य पाणिप्रतियोगिके पादपदस्य च पादप्रतियोगिके-
समाहारे पदद्वयएव लक्षणा पाणिप्रतियोगिकाभिन्नपादप्रतियोगिकसमा-
हार वादयेत्यन्वयबोधः । समाहारे च विभक्त्यर्थैकत्वान्वयः । अतएव स-
माहारस्यैकत्वादेकवचनमेवेति । उत्तरपद एव पाणिपादे प्रतियोगिकसमा-
हारे लक्षणा पूर्वपदं च तात्पर्यग्राहकमित्यप्याहुः । ननु समाहारे शक्ति
रन्यलभ्यत्वादित्याह । न पाणीति । समाहारं लक्षयति । समाहारश्चेति ।
क्रियाधातूपनीतफलानुकूलसजातीयविजातीयव्यापारप्रचयस्तस्यैकरूपस्तुल्यः
सम्बन्धः समाहारः । यथा पाणिंवादयेत्यत्र वादनक्रियाया तुल्यवदेव पा-
णिपादयोरन्वयः । एवं धवखदिरौ छिंधीत्यत्र छेदन कृतौ यावान् व्यापा-
रः स धवखदिरयोस्तुल्य एव भासते । ननु एकक्रियान्वयित्वस्य वादनादि-
रूपैकक्रियान्वयरूपतया तस्य न सम्बन्धिभेदाद्भेदेनाननुगमइत्यत आह ।
सेनेति । यथा सेनात्वं तत्तदश्वादिविषयक ज्ञानविषयत्वम् । एवं तत्तद्वृक्षा-
दि विषयकज्ञानविषयत्वं वनत्वं तथाऽपेक्षाबुद्धिविषयत्वमेव समाहारः अ-
पेक्षाबुद्धेरव्यासज्यवृत्तेरपि विषयतया व्यासज्यवृत्तित्वोपगमान्नाननुगम इति
भावः । ननु समाहारस्य सम्बन्धिभिन्नत्वे क्रियाजन्यफलशालित्वरूपकर्मत्वस्य
क्रियायामसंभवेन कथं पाणिपादमित्यत्र कर्मविभक्तिरित्याशंकते । नन्वे-
वमिति । एवं । समाहारस्य तुल्यवदेकक्रियान्वयित्वरूपत्वे । वस्तुतस्तु
एवमित्यस्य पाणिपादसमाहारस्य लक्ष्यत्वे त्यर्थः । अनन्वयः । द्वितीयार्थ

माहारोत्तरविभक्त्यर्थकर्मत्वादेः समाह्रियमाण एवान्वयः । पदव्युत्पत्तिवैचित्र्यादित्यन्ये । पाणिपादं वादयेत्यत्र पाणिपादमात्रप्रतीतेर्न समाहारे लक्षणा शक्तिर्वा । नचैवं द्विवचनापत्तिः असाधुत्वात् । इतरेतर समाहारसंज्ञा तु नदीष्टव्यादिवत्पारिभाषिकैवेति तु तत्त्वम् । इतरेतरद्वन्द्वे तु

कर्मत्वादेरनन्वयः । अनन्वयमेवाह । समाहारेति । तुल्यवदेक क्रियान्वयित्वरूपत्वे इत्यर्थः । वादनेति । वादनरूप क्रियाजन्यफलशालित्वरूपवादनकर्मत्वस्य तत्राभावादित्यर्थः । तथा च वादनकर्मत्वं पाणिपादयोरेव न तु समाहारे इति भावः । परं परयेति । स्वाश्रयप्रतियोगिकत्वरूपपरंपरयेत्यर्थः । तत्र । समाहारे । एक इत्यनेन साक्षात्सम्बन्धेनानुभूयमानकर्मत्वबोधस्य परंपरयोपपादनमेवास्वरसः सूचितः । समाहारेति । समाहारवाचकपदोत्तरविभक्तिरित्यर्थः । समाह्रियमाण एव । समाहारप्रतियोगिन्येव । एव कारेण न तु समाहारे साक्षात्सम्बन्धाभावादिति पूर्वत्रास्वरसोदर्शितः । ननु प्रत्ययानां प्रकृत्यर्थ गतस्वार्थबोधकत्वनियम भङ्गप्रसङ्ग इत्यत आह । व्युत्पत्तीति । व्युत्पत्तिराकाङ्क्षा तद्वै चित्र्यात् । कार्यकरणभेदेन कार्यकारणभावस्य भिन्नत्वात् प्रकृते भिन्न एव कार्यकारणभावः कल्प्यते । अनुभवानुरोधात्तादृशव्युत्पत्तेस्तत्र संकोच इति भावः । अत्र समाह्रियमाणयोर्द्वित्वात् द्विवचनापत्तिः । प्रत्ययानामिति व्युत्पत्तिसंकोचस्यान्ये इत्यनेनास्वरसः सूचितः । पाणिपादमित्यत्र पाणिपाद समाहारस्यानुभवसिद्धत्वाद्वा पाणिपादाविति द्विवचनापत्तिभिया वा इतरेतरसमाहारसंज्ञानुरोधाद्वा पाणिपादसमाहारे लक्षणा कल्पनमिति तत्र दूषणत्रयमुद्धरन् नव्यमतमुपपादयति । पाणिपादं वादयेत्यत्रेति । पाणिपादमात्रेति । मात्रपदात्समाहार व्यवच्छेदः । अनुभवसिद्धत्वात्समाहारे वृत्ति कल्पनं तदेव तुन अनुभवस्यैवाभावादितिभावः । वैयाकरणप्राचीन नैयायिकभेदेन शक्तिलक्षणयो रुपादानं । ननु पाणिपादमित्यत्र समाहारे वृत्त्यकल्पने पाणिपादयोर्द्वित्वात्पाणिपादाविति द्विवचनापत्तिः । ममतु समाहारस्यैकत्वात्तत्र द्वित्वान्वयासम्भवेन न तदापत्तिरित्यभिप्रेत्याह । नचैवमिति । एवं । पाणिपादयोरेव प्रतीताविल्यर्थः ।

धवखदिरावितिस्वरूपद्वयप्रतीति र्न लक्षणा शक्तिर्वा । मी-मांसकास्तु । अत्रापि धवखदिरसाहित्याश्रये लक्षणा । त-दाहुः । साहित्ये द्विवचनबहुवचने द्वन्द्वसमासोवेति । साहित्यं च तुल्यवदेकक्रियान्वयित्वम् । अतएव यत्कर्तव्यं तदनया सहेत्यत्र पत्न्याः सहभावमात्रं न तु साहित्यं । या-गादौ पत्न्याः अनुमति द्वारान्वयेन तुल्यवदनन्वयादित्या-

---

असाधुत्वादिति । व्याकरणप्रतिपन्नत्वादित्यर्थः । प्राणितूर्यसेनाङ्गानामेक व-द्भावो वक्तव्यइत्यादि सूत्रेण तत्रैकवचनमेव विहितं । यथा दाराणां बहुत्वा-भावेपि बहुवचनमिति भावः । ननु समाहारसंज्ञा अनुपपन्ना समाहारबो-धस्य ततोऽनुदयेनान्वर्थसंज्ञाया अभावात् समाहरणं समाहारो नैकस्यैकीक-रणम् एकोधर्मइति यावत् । तद्बोधको द्वन्द्वः समाहारद्वन्द्वइति संज्ञेत्यतआह । इतरेतरेति । इतरेतरसंज्ञासमाहारसंज्ञात्वित्यर्थः । नदीति । नदीसंज्ञा वृद्धि-संज्ञा यथा पारिभाषिकी तथा समाहारसंज्ञापीत्यर्थः । अन्वर्थसंज्ञाभावेपि-नक्षतिरिति भावः । स्वरूपेति । धवखदिरस्वरूपद्वय प्रतीतिरित्यर्थः । नलक्ष-णेति । यद्यपि शक्तेर्मुख्यत्वान्न शक्ति लक्षणेत्येवलेखः समुचितस्तथापि प्राची-ननैयायिकमते माहारद्वन्द्वे लक्षणायाः प्रक्रान्तत्वेन सैवादौ निराकृतेति । अ-त्रापि । इतरेतरयोगेपीत्यर्थः । अपिना समाहारद्वन्द्वसमुच्चयः । समाहारे साहित्ये लक्षणा अत्र तु साहित्याश्रयइति परंभेदः । धवेति । धवपदस्य खदिरपदस्य च धवखदिरसाहित्याश्रये लक्षणा इतरपदं च तात्पर्यग्राहकं मीमांसकमतत्वाद्वा-क्ये एव लक्षणा धवखदिरसाहित्याश्रयौ छिंधीत्यन्वयबोधः । ननु व्यर्थंसा-हित्यलक्षणया इत्यतआह । तदाहुरिति । एतत्सूत्रार्थौ हि सर्वं वाक्यं सा-वधोरणमिति न्यायेन साहित्यगम्यमान एव द्विवचनबहुवचने भवतः । द्वन्द्वस-मासे वा । वाकारश्चार्थे द्वन्द्वसमासश्च साहित्ये गम्यमान एव भवतीत्यर्थः । धव-त्वेन खदिरत्वेन चोपस्थिते संख्यान्वये धवद्वयधीः खदिरद्वयधीश्च स्यात् ! अ-न्वयितावच्छेदकव्याप्यसंख्याबोधकत्वाद्विभक्तीनामन्यथा घटपटवृत्तिद्वित्व-मादाय एकस्मिन्नपि घटे घटावित्यस्य प्रसङ्गः साहित्ये लक्षणायां तु सहि-

तत्वेनोपस्थिते र्द्वित्वान्वयः । एवं चार्थे द्वन्द्व इति सूत्रे समुच्चयान्वाचयसमाहारेतरेतरयोगइति चत्वारश्चार्थाः । तत्र समुच्चयान्वाचयातिरिक्तचार्थे द्वन्द्व समास इति तदर्थः । समुच्चयान्वाचययोः साहित्यानवगमान्न द्विवचनबहुवचनापत्तिः । नवा द्वन्द्वसमासइति द्वन्द्वे साहित्ये लक्षणां विना द्विवचनबहुवचनानुपपत्तिः । द्वन्द्वसमासानुपपत्तिश्चेति तत्र लक्षणावश्यकीति भावः । ननु समुच्चयान्वाचययोः कथं न साहित्यबोध इत्यत आह । साहित्यं चेति । एतेन साहित्यलक्षणस्य पुनर्वचनमसंगतमिति शंका निराकृता । समुच्चयादिवारकत्वेन तत्सङ्गतिः । तुल्यवदित्यस्य व्यावृत्तिमाह । अतएवेति । तुल्यवदेकक्रियान्वयित्वस्य साहित्यरूपत्वादेवेत्यर्थः । ननु यजमानस्येव पत्न्या अपि यागादावन्वयात्साहित्यं दुर्वारमतआह । यागादाविति । अनुमतीति एवं कुरु इत्याज्ञादातेत्यर्थः । तथाच यथा यजमानस्य क्रियायां कर्तृत्वेनान्वयः न तथा पत्न्याः अत्र पत्न्याः कर्तृत्वेन साहित्यं न विवक्षितं व्यापारसम्बन्धाभावात् । यदा च प्रयोजकत्वमात्रं तयोः सम्बन्धो विवक्षितस्तदा भवत्येव साहित्यं यथा दंपत्योरित्यादि । तथा च द्वन्द्वे सहितत्वेन क्रियान्वयात् । यत्रान्योन्यसाहित्यान्वयपूर्वकेतरेतरपदार्थान्वयस्तत्र समासः । इतरेतरसमाहारयो स्तथान्वयात्समासः साधुः । समुच्चये तु असम्बद्धयोरेकैकशः क्रियान्वयो नतु साहित्याश्रयतया यथा धवं छिंधि खदिरं च छिंधीति समुच्चये तुल्यवदसंबद्धयोः क्रियान्वयधीः । एकशाब्दरूपसजातीय विजातीयव्यापारयोगित्वरूपसाहित्यं चादीनां द्योतकतया पश्चान्मानान्तरेणावगम्यते चादीनां वाचकत्वेपि तुल्यवत्साहित्यान्वयाभावात् द्विवचनबहुवचनयोरेव साहित्यव्यञ्जककत्वादिति क्रियाभेदेत्वन्वाचयः । यथेन्धनमाहर्तुं वनं व्रज शाकमप्यानेष्यसीति । ननु धवं छिंधि खदिरमपि छिंधीत्यत्रान्वाचये अव्याप्तिः क्रियाभेदाभावात् । किंच घटं पश्य पटं चानयेत्यत्र समुच्चयेऽतिव्याप्तिः । उभयत्रैव प्राधान्येन क्रियाद्वये तात्पर्येण तस्य समुच्चयत्वात् । आहरणानयनयोः क्रिययोरभेदादेव नाहर्तु मित्याद्यन्वाचयेऽव्याप्तिः । निरूपकभेदेन क्रियाभेदोपपादने समुच्चयेऽतिव्याप्तिरिति चेन्न । प्राधान्येन यत्र क्रियान्वये तात्पर्यं समुच्चयः । प्रधानगुणभावेन यत्र क्रियान्वये तात्पर्यं सोन्वाचयः । सपुत्रको गच्छतीत्यादौ पुत्रस्यैकक्रियान्वयित्वेपि विशेषणत्वेनैवान्वयान्नातिव्याप्तिरिति । यच्च यु-

गपत् क्रियान्वये तात्पर्यं तत्र समास: समुच्चये च क्रमेण क्रियान्वयो नतु युगपत्;क्रिया च व्यापारमात्रम्। इत्थं च तुल्यवदेकविधक्रियान्वयित्वं तेन धवखदिराविति क्रियाऽऽहते धातूपनीतफलानुकूलव्यापारवत्त्वाप्रतीतौ कथं साहित्यबोध इति निरस्तं । चैत्रमैत्रौ स्थितिगतिमन्ताविति यथासंख्यस्थले अनुभवत इति क्रियाध्याहारादेव द्वन्द्व: । यद्यप्येतावता हित्वान्वयार्थमन्वयितावच्छेदकतया साहित्यभानमित्यायातं तत्र घटेन जलमाहरेत्यत्र छिद्रेतरत्वस्येव योग्यतावच्छेदकतयैव भानोपपत्तौ मीमांसकमते साहित्यलक्षणायां न बीजं तथापि पदानुपस्थितस्य न शाब्दे भानमिति मतमङ्गीकृत्येदम्। आहुरित्यस्वरसोद्भावनं तद्बीजं तु प्रत्येकसुपस्थितयोर्धवखदिरयोर्द्वित्वबोधसम्भवात्साहित्यलक्षणाकल्पनमनर्थकम् । अन्वयितावच्छेदकसमानाधिकरण सङ्ख्याबोधकत्वं विभक्तीनां न तु व्याप्यत्वमन्तर्भूतमपि गौरवात्। घटौ आनय पटं चेत्यत्र पटमादाय घटे न द्वित्वान्वय: पटस्याप्रकृत्यर्थमात्रवृत्तिसंख्यावाचकत्वाद्विभक्तीनां याद्दशसमुदायोत्तरैर्विभक्तिस्तस्यैव प्रकृतित्वेन धवस्यापि प्रकृत्यर्थत्वात्प्रकृते न दोष: । किञ्च धवादिपदात्सहितत्वेनैव यदि बोध: चैत्रमैत्रौ गच्छत इत्यत्र गमनस्याव्यासज्यवृत्तितया तत्रानन्वयप्रसङ्ग: । एवं च द्वित्वबोधार्थं सहितत्वेन लक्षणा गमनबोधार्थं च चैत्रत्वादिना बोधइति युगपद्वृत्तिद्वयविरोध: सहितावस्थे गमनकर्तृत्वासम्भवश्च इत्थं च द्वन्द्वे क्रियान्वयात् पूर्वं साहित्यबोधो न भवत्येवोत्तरंतु भवत्येव यत्र युगपदुपस्थिती द्वये युगपत् क्रियान्वयबोधे तात्पर्यं तत्र समास: । समुच्चये तु क्रमेणोपस्थिते क्रमेण क्रियान्वयबोधे तात्पर्यान्न समास: । एव प्रधानगुणभावविवक्षया विशेषणविशेष्यत्वविवक्षया वा तत्र तत्र समासो भवतीतिदिक् । घटाविति सरूपैकशेष: विरूपैकशेषेतु पितरावित्यत्र जनकशरीरत्वेन लक्षणयामातापित्रोरवगम: । विभक्त्युपनीतं पुंस्त्वं तु पित्रर्थएवान्वेति योग्यत्वाच्छक्त्या पितु: लक्षणया स्वार्थनिरूप्यत्वेन सम्बन्धेन जनकस्त्रीत्वेन रूपेण मातुर्बोधकम् एकयैव लक्षणया वा पितृत्वमातृत्वाभ्यां बोधकमिति तु नव्या: । श्वशुरावित्यत्र पत्नीजनकशरीरत्वेन प्रातिस्विकरूपेण वा बोध: । दंपतीपूजाप्रकरणे ब्राह्मणावानयेत्यत्र पुमांस्त्रियेति विरूपैकशेषत्वात् । ब्राह्मणपदे स्त्रीपुंसलक्षणैव विभक्त्यर्थपुंस्त्वस्य च स्त्रियामनन्वयोऽयोग्यत्वाद्विभक्तिरेव वा श-

क्तः । नीलोत्पलमित्यादौ नीलाभेदस्यान्वयविधयैवावभासनोपपत्तेः । कर्मधारये न शक्तिर्नापि लक्षणा । अतएव त-

---

क्त्या पुंस्त्वस्य लक्षणया च स्त्रीत्वस्य बोधिका । ननु ब्राह्मणत्वेन शक्त्यैव ब्राह्मणीबोधसम्भवे ब्राह्मणपदे लक्षणा व्यर्थेति चेन्न । आद्यवर्णस्त्रीत्वरूपब्राह्मणीत्वेन बोधार्थं तदादरात् । केचित्तु । विशुद्धमातापितृयोनिजपुंस्त्वस्य ब्राह्मणत्वव्यंजकतया ब्राह्मण्यां ब्राह्मणत्वाभावेन ब्राह्मणत्वेन शक्त्या तद्बोधाभावाल्लक्षणैव । अतएव ब्राह्मणीवधे प्रायश्चित्तह्रास इत्याहुस्तन्न । पुंस्त्वघटितस्य तद्व्यंजकत्वे गौरवात् । अपकृष्टब्राह्मणवध इव प्रायश्चित्तह्रासस्य अन्यथाप्युपपत्तेरिति शिवौ नमस्कुर्यादित्यत्र शिवपदं शिवदुर्गान्यतरत्वेन बोधकं शक्त्या शिवत्वेन लक्षणया च शिवाया बोधकमिति तु नव्याः । भ्रातरौ पुत्रावित्यत्र भ्रातृपुत्रौ स्वसृदुहितृभ्यामिति विरूपैकशेषत्वात् भ्रातृपदेन भ्रातृस्वसारौ सोदरत्वेन पुत्रदुहितरौ लक्ष्येते । हरी नमस्यावित्यत्र शक्त्यैव विष्णुत्वादिना बोधकं युगपद्वृत्तिद्वयविरोधस्यास्वीकारात् । एकयैव लक्षणया विष्णुत्वादिना बोधकमित्याहुः । उपपदसमासे कुम्भकारः क्षीरपायीखट्वाशयीत्यादौ धात्वर्थनामार्थयोर्भेदेनान्वयस्याव्युत्पत्त्या लक्षणया कुम्भादिपदानि कुम्भविषयकक्षीरकर्मकखट्वाधिकरणपराणि व्युत्पत्ति संकोचे च शक्त्या कुम्भादेर्विषयकत्वादिसम्बन्धेनान्वयबोध इति । कर्मधारये नीलोत्पलमित्यादौ नीलाभिन्नमुत्पलमित्यभेद प्रकारकबोधो अनुभवसिद्धः तत्र वैयाकरणमते कर्मधारये शक्तिकल्पना समासत्वेनैव सा कल्प्या नतु विशेषतः कर्मधारयत्वेनेति सर्वत्र समासे शक्तिः । अन्यमते तु नीलपदस्यैव नीलाभिन्ने लक्षणेति मतद्वयमपि निराचिकीर्षुराह । नीलोत्पलमित्यादाविति । अन्वयविधयैवेति । संसर्गमर्यादयैवेत्यर्थः । एव कारेण प्रकारत्वव्यवच्छेदः । येन तत्प्रकारकबोधोपपत्त्यर्थमभेदेपि वृत्तिरपि कल्प्येतेति भावः । ननु नीलमुत्पलमित्यत्र सम्भवत्यर्थे साधुत्वे शब्दसाधुत्वमन्याय्यमिति न्यायेन न विशेषणभक्तिः प्रयोगसाधुः किंत्वभेदार्थिका युक्तं चैतत् । नीलमुत्पलमिति शाब्दसामग्रीकाले नीलाभेदाभाववदुत्पलमिति मानसप्रत्यक्षादि वारणाय तत्र सामग्र्याः पृथक् प्रतिबन्धकताया भवता वाच्यत्वात् मन्मते च नीलाभेदप्रकारकज्ञानस्य

त्पुरुषात्कर्मधारयो बलीयान्। तत्रहि पूर्वपदे सम्बन्धि ल-क्षणेत्युक्तं। न ञ्तत्पुरुषेप्यघट: पटइत्यत्र घटपदं घटस-

---

त्त्व योग्यताज्ञानविधया आवश्यकत्वेन विपरीतज्ञानोत्तर प्रत्यक्षनिर्णयं प्रति विशेषदर्शनस्य हेतुतया तदभावादेव मानसवारणात्। विशेषदर्शनसत्त्वे च तदभावव्याप्यवत्तारूपप्रतिबन्धकसत्त्वेन शाब्दबोधस्यैवानुदयात्तादृश-शाब्दसामग्र्या: प्रतिबन्धकत्वाधिक्यं। न च मन्मते नीलस्याभेदस-म्बन्धेनान्वयस्वीकारे तादृशसामग्रीकालेऽभेदसम्बन्धावच्छिन्नप्रतियोगिता-कनीलाभाववदुत्पलमिति प्रत्यक्षादेरनुत्पादस्य विशेषदर्शनाभावादेव निर्वाह इति वाच्यं। तथापि अभेदप्रकारकबोधस्वीकारेऽभेदे नी-लस्य निरूपितत्वसम्बन्धेन भानतया नीलमुत्पलमिति शाब्दसामग्रीकाले निरूपितत्वसम्बन्धेन नीलाभाववानभेदइत्यादिप्रत्यक्षप्रतिबन्धकत्वान्तर-स्याकल्पनादिति विशेषणविभक्तेरभेदोऽर्थ:। एवंच नीलोत्पलमित्यत्रापि अ-भेदे लक्षणावश्यकी व्याससमासयो: समानप्रकारकज्ञानजनकत्वनियमात् समानार्थसमासारम्भकवाक्यस्यैव विग्रहत्वात्। नचैवं नीलाभेदस्य क-थमुत्पलान्वय:। नामार्थयोर्भेदेनान्वयाभावा दितिवाच्यं। समासाति-रिक्तस्थलएव तादृशनियमादित्यत आह। अतएवेति। अतएव कर्म-धारयेन समासत्वेन शक्तिर्नवालक्षणा अतएवेत्यर्थ:। बलीयानिति। कर्म-धारयेन यदि समासत्वेन शक्तिस्तर्हितत्पुरुषेपि शक्तिरेवेति तत्पुरुषाद्बली-यस्त्वव्याघात: यदि च कर्मधारये लक्षणा तर्हि तत्पुरुषेपि सेति उभयथापि बलीयस्त्वव्याघात इति न कर्मधारये वृत्ति: कल्प्या। न च विशेषणविभ-क्ते रभेदार्थकत्वमते व्याससमासयो: समानार्थकत्वानुरोधादभेदे लक्षणा द-श्यकीत्युक्तमिति वाच्यम्। आरूढवानरइत्यत्र व्यभिचारेण तादृशनियमाभा-वात् तदिदमुक्तम् अभेदस्यान्वयविधयैव भानोपपत्तेरिति। ननु राजपु-रुष इत्यत्रापि सम्बन्धलक्षणानुपपत्ति: व्याससमासयो: समानार्थकत्वानु-रोधेनैव तत्कल्पनात्। नामार्थयोरिति व्युत्पत्तिश्च समासातिरिक्तस्थल ए-व अन्यथा सम्बन्धलक्षणयाऽनिर्वाहादित्यत आह। तत्रहीति। तत्पुरु-षेहीत्यर्थ:। पूर्वपदे राजपदे तादृशनियमाभावेपि सम्बन्धप्रकारकबोध-

स्वन्धिपदं । नञ्पदं चान्योन्याभावे शक्तमेव संसर्गाभाव वाचकं नञ्पदं नान्योन्याभावशक्तमिति चेन्न । लाघवेन

स्यानुभवसिद्धत्वात्सम्बन्धे लक्षणा कर्मधारये तु नैवमिति भावः । ननु सम्बन्धप्रकारकानुभवस्य दुभयत्रापि तुल्यः नास्तिचेदुभयत्रापि मास्तु इत्यनुभवविवादइत्यत आह । सम्बन्धिनि लक्षणेत्युक्तमिति । व्युत्पत्तिसंकोचे मानाभावाद्राजसमासयोः सर्वत्रापि नामार्थयोर्भेदेनानन्वयाद्राजपदस्य राजसम्बन्धिनि लक्षणा नीलस्य चाभेदेनैवोत्पले अन्वयादव्युत्पत्तिविरोध इति न कर्मधारये लक्षणा कल्पनमिति भावः । नच तत्पुरुषात्कर्मधारयस्य बलीयस्त्वमेवासिद्धमिति वाच्यं । निषादस्थाधिकरणविरोधापत्तेः । तथाहि । एतयैव निषादस्थपतिंयाजयेदित्यत्र निषादः स्थपतिर्यस्येति वहुव्रीहिस्वीकारे उभयपदलाक्षणिकतया गौरवात् । तस्योत्तरपदलाक्षणिकत्वमते पुरः स्फूर्तिकप्रथमपदलाक्षणिकतत्पुरुषस्यैव लघुत्वादिति । निषादानां स्थपतिरिति वा निषादश्चासौ स्थपतिश्चेति वासमासः । तत्र षष्ठीतत्पुरुषस्वीकारे नामार्थयोर्भेदेनान्वयाभावेन निषादपदस्य निषादसम्बन्धिनि लक्षणावश्यकतया गौरवं कर्मधारये तु न तदिति तदपेक्षया लघुत्वात्कर्मधारय इति सिद्धान्तः तस्य च कर्मधारयेपि लक्षणाकल्पने व्याघातः । ननु निषादस्य सङ्करजतीयत्वेन तस्य यागोपयुक्तापूर्वविद्याप्रयुक्तिकल्पने गौरवम् । एवं स्त्रीशूद्रौ नाधीयातामित्यत्र संकोचकल्पने चेति तदपेक्ष्य तत्पुरुषएव साधुः । नचात्रशूद्रपदस्य निषादेतरशूद्रपरतया संकोचे निषादस्य वेदान्तराध्ययनप्रसंगः अध्ययनपदस्य यागोपयुक्ताध्ययनेतराध्ययनपरत्वे च शूद्रेतरस्यापि यागोपयुक्ताध्ययनप्रसंग इति वाच्यं । विशेषतः प्राप्तेतराध्ययमपरत्वादध्ययनपदस्य तेन निषादस्य वेदान्तराध्ययनप्रसंगः अध्ययनपदस्य यागपयुक्तेतराध्यनपदस्य तेन निषादस्य यागोपयुक्तवेदेतरवदेनिषेधः शूद्रान्तरस्य तु यावद्वेदाग्निरेव तस्य विशेषतः प्राप्त्यभावादितिचेन्नैवं । लाघवात्कर्मधारये प्रवृत्तेउत्तरमपूर्वविद्याप्रयुक्तेः कल्पनस्य फलमुखत्वेन न्याय्यत्वात् । तर्कितगौरवस्य चाप्रतिबन्धकत्वात् कर्मधारयेपि लक्षणाकल्पने तु तत्पुरुषापेक्षया लघुत्वाभावेना-

पूर्वविद्याकल्पनप्रयुक्तगौरवग्रस्तत्वेन च तत्र कर्मधारयस्वीकार अनर्थक एव स्यादिति तत्र लक्षणानङ्गीकारएव साधुः। ननु लक्षणाया अभावेपि कर्मधारय एव स्वीक्रियते न तत्पुरुषइत्यत्र बीजाभावः शक्तिलक्षणाज्ञानयोः शाब्दबोधे हेतुतायां विशेषाभावात् । नच मुख्यार्थपरत्वे सम्भवति लक्ष्यार्थपरताया अन्याय्यत्वादिति न्याय एव शरणमिति वाच्यम्। असति विशेषतो बाधके कर्मधारयविषयैव वेदानां प्रामाण्यं न तु तत्पुरुषविषयापीति सम्मतेपि सुवचत्वात् तस्मात्कर्मधारये समासत्वेन शक्तेर्लक्षणाया वा स्वीकारेपि बलीयस्त्वमुपपादयितुं शक्यत एवेति चेन्न । शक्यसम्बन्धरूपलक्षणाज्ञानस्य विना शक्तिज्ञानमसम्भवितया शक्तिज्ञानादेव शाब्दबोधोपपत्तौ लक्षणाज्ञानकल्पने गौरवादिति वैदिकशाब्दबोधस्य शक्तिज्ञानमूलकत्वे लाघवस्यैव सिद्धान्तबीजत्वादित्यलं पल्लवितेन ॥ ननु तथापि चित्रगुधनमित्यत्र बहुव्रीहिगर्भतत्पुरुषस्थले बहुव्रीहिलक्षणोत्तरं तत्पुरुषे लक्षणा स्वीकारे लक्षितलक्षणापत्तिः । बहुव्रीहेरन्यपदार्थसम्बन्धिनि अनुशासनाभावात्परंपरासम्बन्धेनैकलक्षणाया अनिर्वाहाद्बहुव्रीहौ शक्तिस्वीकारस्यावश्यकतया समासत्वेन सर्वत्रैव समासे तत्कल्पनमिति चेन्न । चित्रगुपदस्य बहुव्रीहिलक्षणया ऽन्यपदार्थपरत्वे तत्सम्बन्धिनि परंपरासम्बन्धेन तत्पुरुषलक्षणायां च लक्षणाद्वयादेव युगपदन्वयबोधोपपत्तेः। युगपद्वृत्तिद्वयविरोधस्य च मणिकृन्मतेऽनङ्गीकारादिति। अघटः पट इति नञ्तत्पुरुषे घटभिन्नः पट इत्यन्वयबोधस्यानुभविकत्वान्नञश्च संसर्गाभावमात्रवाचकत्वेन ततोऽन्योन्याभावप्रकारकबोधस्यासम्भवितया घटभिन्ने समासे शक्तिरिति मतं दूषयति। नञ्तत्पुरुषेपीति । घटसम्बन्धिपरमिति । घटसम्बन्धिनि लाक्षणिकमित्यर्थः । सम्बन्धश्चात्र प्रतियोगित्वम् । अनन्यलभ्यस्यैव शब्दार्थत्वान्न तत्र शक्तिरिति भावः । कथं तर्ह्यन्योन्याभावप्रकारकबोध इत्यत आह। नञ्पदं चेति । ननु संसर्गाभावोऽन्योन्याभावश्च नञर्थ इति संसर्गाभावत्वमन्योन्याभावत्वं च शक्यतावच्छेदकमिति नञ्पदस्य नानार्थकत्वकल्पनापेक्षयाऽन्योन्याभावे लक्षणैवोचिताऽनन्यलभ्यस्यैव शब्दार्थत्वादित्यभिप्रायेणाह। संसर्गेति। अत्यन्ताभावमात्रवाचकत्वे घटप्रागभावदशायां ध्वंसदशायां च कपाले घटो नास्तीति बुद्धेरनुदयप्रसङ्गः ध्वंसप्रागभावप्रतियोगिभिस्त्रिभिः सहा-

त्यान्ताभावस्य प्राचां मते विरोधादत्यन्ताभावविषयकत्वासम्भवात् अतो ध्वं-सादिविषयकत्वमेवोपेयं तथा च तत्साधारण्याय संसर्गाभावेति । संसर्गाभा-वत्वं च संसर्गारोपजन्यप्रतीतिविषयीभूताभावत्वं ध्वंसप्रागभावदशायां क-पाले घटो नास्तीति धीर्ध्वंसादिविषयिणी तत्र चोत्तरकालीनत्वविशिष्टस-मवायः प्रागभावस्य पूर्वकालीनत्वविशिष्टसमवायश्च ध्वंसस्य प्रतियोगिता-वच्छेदकसम्बन्धः प्रसक्तं हि निषिध्यत इति न्यायादुत्पत्तेः पूर्वमुत्तरकाली-नत्वविशिष्टसमवायेन कपाले घटस्याभावस्तत्र तेन सम्बन्धेन कपाले घटोऽ-स्तीति संसर्गारोपानन्तरं घटो नास्तीति बुद्धिः एवं ध्वंसदशायां पूर्वकालीन-त्वविशिष्टसमवायेन घटस्याभावात्तेन सम्बन्धेन कपाले घटोऽस्तीति संसर्गा-रोपानन्तरं घटो नास्तीति बुद्धिः । अत्यन्ताभावे तु संयोगमात्रेणैव घटवत्ता-रोपादत्यन्ताभावधीः । नचान्योन्याभावप्रत्यक्षे तादात्म्यारोपस्य हेतुतया तादात्म्यस्यापि संसर्गत्वेनान्योन्याभावे ऽतिव्याप्तिरिति वाच्यं । संयोगादि-सम्बन्धे एव भूरिप्रयोगात्संयोगादिष्वेव संसर्गव्यवहारात्तादात्म्यातिरिक्तत्वेन संसर्गस्य प्रवेशाद्वा । नच तथापि नेत्याकारकाभावप्रत्यक्षवारणायाभावलौ-किकप्रत्यक्षे प्रतियोगिज्ञानस्य हेतुताया आवश्यकत्वे प्रतियोगिसंसर्गारो-पहेतुत्वे मानाभाव इति वाच्यम् । एकदा नानासम्बन्धावच्छिन्नाभावप्रत्यक्ष-वारणाय तत्सम्बन्धावच्छिन्नाभावप्रत्यक्षे तत्तत्संसर्गारोपस्यापि हेतुत्वात् । नच ध्वंसप्रागभावयोः प्रतियोगितावच्छेदकसम्बन्धे मानाभावेन कथं त-त्प्रत्यक्षे प्रतियोगिसंसर्गारोपः कारणमिति वाच्यम् । अनुभवबलेन प्रतिबध्य-प्रतिबन्धकभावानुरोधेन चात्यन्ताभावस्येव तयोरपि प्रतियोगितावच्छेदक-सम्बन्धाङ्गीकारात् । तथाहि । अत्यन्ताभावस्येव ध्वंसप्रागभावयोरपि ज्ञानद-शायां तत्कालावच्छेदेन प्रतियोगिमत्ताज्ञानानुदयात् समवायेन तद्घटवत्ता-ज्ञानं प्रति तद्घटत्वावच्छिन्नप्रतियोगिताकात्यन्ताभावप्रागभावादिमत्ताज्ञा-नत्वादिना प्रतिबन्धकत्वमपेक्ष्य समवायेन तद्घटत्वावच्छिन्न प्रतियोगिताका-भाव वत्ताज्ञानत्वेनैव प्रतिबन्धकतयाऽत्यन्ताभावस्येव तयोरपि सम्बन्धाव-च्छिन्नविशेषधर्मावच्छिन्नप्रतियोगिताकत्वस्वीकारात् । तथाच संसर्गाभावत्वं न शक्यतावच्छेदकं । नचान्योन्याभावत्वमेव तथास्त्विति वाच्यम् । सामा-न्ये पक्षपात इति न्यायेन ध्वंसप्रागभावादिसाधारणतया संसर्गाभावत्वस्यैव

विनिगमनाविरहेण चा भावमात्र एव तच्छक्यत्वावधारणा-

तथात्वात् । न घट: पट इत्यादौ सामानाधिकरण्यानुरोधेनान्योन्याभाववति लक्षणयाऽन्योन्याभावे शक्त्या नञ: प्रयोगाभावाच्च चैत्रो न पचति नेदं चैत्रस्य भूतले न घट इत्यादौ मन्मते नञो मुख्यार्थतासम्भवादित्याशय: । लाघ्वेनेति । संसर्गाभावत्वं ससर्गारोपजन्यप्रतीतिविषयाभावत्वमिति तदपेक्षया वक्ष्यदुष्टत्वेनाभावस्यैव लघुत्वेनोभयत्रैव शक्तिरिति भाव: । ननु संसर्गाभावत्वं न संसर्गारोपजन्यप्रतीतिविषयाभावत्वं संसर्गारोपस्य हि अनाहार्यस्य हेतुत्वे ऽनाहार्यबाधबुद्धे: प्रतिबन्धकतयाऽभावप्रत्यक्षानुपपत्ति: आहार्यस्य च तस्य तदानीं बाधाभावेनासम्भव: बाधकालीनेच्छाजन्यज्ञानस्यैवाहार्यत्वात् यदि च बाधसामग्रीकालिकस्याप्याहार्यत्वमिति मन्यते तथाप्यभावलौकिकप्रत्यक्षे एव प्रतियोगिसंसर्गारोपस्य हेतुतया ऽतीन्द्रियाभावे ऽव्याप्ति:। नच संसर्गावच्छिन्नप्रतियोगिताकाभावत्वं तत् । संयोग्यन्योन्याभावेऽतिव्याप्ते: संयोगितादात्म्यस्य संयोगरूपत्वेन तस्यापि संसर्गावच्छिन्नप्रतियोगिताकत्वात् संसर्गतया तादात्म्यतया चावच्छेदकतावैलक्षण्यं दुर्वचम् । एवं तादात्म्यावच्छिन्नप्रतियोगिताकाभावत्वं नान्योन्याभावत्वं संयोगसम्बन्धावच्छिन्नप्रतियोगिताक संयोग्यत्यन्ताभावे ऽतिव्याप्ते: संयोगितादात्म्यस्य संयोगरूपतया तादात्म्यावच्छिन्नप्रतियोगिताकत्वात् तादात्म्यत्वेन तादात्म्यावच्छिन्नत्वोक्तौ च तादात्म्यत्वस्यातिरिक्तत्वोपगम एव निस्तार इति संसर्गाभावत्वमखण्डमेवेति किं तदपेक्ष्याभावत्वे लाघवं । न च सामान्यधर्मत्वादभावत्वे लघिमेति वाच्यं । सामान्यधर्मस्यावच्छेदकत्वे नञ्पदाच्छक्त्यैवाभावबोधोपपत्तौ लक्षणां विनैवोपपत्तेरित्यस्यैव बीजतया संसर्गाभावत्वादीनामखण्डत्वे नञ्पदाद्यत्र संसर्गाभावत्वप्रकारकबोधस्तत्राभावत्वप्रकारकबोधस्य कलहग्रस्तत्वेन प्रकृते तदसम्भवादित्यत आह । विनिगमनेति । संसर्गाभावत्वस्यातिरिक्तत्वेऽभावत्वस्याप्यतिरिक्तत्वेन तदपि शक्यतावच्छेदकमित्यर्थ: । अभावमात्र एवेति । संसर्गाभावे ऽन्योन्याभावेचेत्यर्थ: । तच्छक्यत्वेति । नञ्पदशक्यत्वावधारणादित्यर्थ इति सम्प्रदायानुसारिणी व्याख्या । वस्तु तस्तु नञभावत्वस्य नञ्शक्यतावच्छेदकत्वे घटो नास्तीत्यत्र संसर्गाभावत्वप्रकारको बोध: घटो नेत्यादौ अन्योन्याभावत्वप्रकारको बोध: कथं स्यात् । य-

दि च संसर्गावच्छिन्नप्रतियोगिताकसंसर्गाभावविषयकशाब्दत्वादेः कार्यतावच्छेदकतया तादृशानुभवोपपत्तिरिति विभाव्यते । तथाप्यभाव इति प्रतीतेरवश्यक्लृप्तात्यन्ताभावत्वध्वंसत्वादिविषयकत्वेनैवोपपत्तौ अतिरिक्ताभावत्वे मानाभाव इति नाभावत्वं शक्यताच्छेदकमत आह । विनिगमनेति । संसर्गाभावत्वमिवान्योन्याभावत्वमपि शक्यतावच्छेदकं विनिगमनाविरहादिति भावः । भूरिप्रयोगस्य संसर्गाभाव इवान्योन्याभावेपि सत्त्वान्नियमतः प्रतीयमानेप्यर्थे शक्यस्वीकारे नानार्थोच्छेदापत्तेः । चैत्रो न पचतीत्यादौ वैयाकरणमते कर्तुर्वाच्यतयाऽस्माकमपि यदाख्याते कर्तरि लक्षणा तदा शक्त्यैवान्योन्याभावस्य नञा प्रत्यायनसम्भवादिति व्याख्येयं । यदि च घटो नास्तीत्यत्रात्यन्ताभावत्वप्रकारकएव बोध आनुभविकः ध्वंसप्रागभावयोरत्यंताभावविरोधित्वे मानाभावेन ध्वंसप्रागभावकाले घटो नास्तीति बुद्धेरत्यन्ताभावविषयकत्वेनैवोपपत्तेरिति विभाव्यते । तदात्व त्यन्ताभावत्वमन्योन्याभावत्वं च शक्यतावच्छेदकमिति मन्तव्यम् । अत्र च घटवति भूतले यत्किञ्चिद्घटप्रतियोगिकाभावसत्त्वात् भूतले घटो नास्तीति बुद्ध्यापत्तिवारणायान्वयितावच्छेदकावच्छिन्नप्रतियोगिताकत्वं व्युत्पत्तिबललभ्यं तत्र घटत्वावच्छिन्नप्रतियोगिताकाभावविषयकशाब्दत्वावच्छिन्नं प्रति यत्किञ्चित्पदासमभिव्याहृतघटपदसमभिव्याहृतनञ्पदज्ञानत्वेन कारणता तेन नीलो घटो नास्तीत्यत्र न घटत्वावच्छिन्नाभावधीः । किञ्चित्पदं च नीलादिपदत्वेन विशिष्योपादेयं तेन भूतलादिपदसमभिव्याहारेपि न दोषः ॥ नच तथापि नीले घटो नास्तीत्यत्रानुपपत्तिः । अभेदेन नीलादिसाकांक्षत्वे नाज्ञातमिति तदर्थात् कम्बुग्रीवादिमान्नास्तीत्यादौ तु सम्भवति लघौ गुरौ तदभावादिति न्यायेन कम्बुग्रीवादिमत्त्वस्य घटत्वापेक्षया गुरुत्वेनानवच्छेदकतया कम्बुग्रीवादिमत्त्वावच्छिन्नप्रतियोगिताकाभावबोधो भ्रमात्मक एव । यद्यपि कम्बुग्रीवादिमत्त्वावच्छिन्नप्रतियोगिताकत्वस्य प्रसिद्ध्या तेन सम्बन्धेन कम्बुग्रीवादिमतो नाभावोपरि भ्रमः । तथापि सांसर्गिकविषयतायामपि प्रकारतात्वोपगमेन प्रतियोगितायां कम्बुग्रीवाद्यवच्छिन्नत्वांशे भ्रम इति बोध्यम् । केचित्तु घटो नास्तीत्यादौ प्रतियोगितया घटस्य स्वावच्छिन्नप्रतियोगिताकत्वसम्बन्धेन च घटत्वस्याभावोपरि भानं कम्बुग्रीवादिमान्नास्तीत्यत्र तु घटत्वावच्छिन्नप्रतियोगिताकत्वसम्बन्धेन कम्बुग्रीवादिम-

त्। ननु न घटःपट इति वदभावघटयोरन्वयोपपत्तेर्न घटपदेपि लक्षणा युक्तेति चेन्न। नामार्थयोर्भेदान्वयस्या व्युत्पत्तेः। कथं तर्हि न घटः पट इत्यत्रान्वय इति चेत् घटपदस्य घटप्रतियोगिके लक्षणेति गृहाण। प्रथमाया वा षष्ठ्यर्थे लक्षणा। ननु सुब्विभक्तौ न लक्षणेति चेत्। तर्हि कथं षष्ठीतः कर्मतोप्रत्ययः कथं वा एकस्यां दारा इति बहुवचनम्।

स्वस्याभावोपरि भ्रमः स्वावच्छिन्नप्रतियोगिताकत्वस्यैव स्वस्य सम्बन्धत्वादित्याहुः। आशयमविद्वाञ्शंकते। ननु न घट इति। अभावघटयोरिति। प्रतियोगितया घटस्याभावोपरिबोधोपपत्तेरित्यर्थः। घटपदेपीति। अपिना नञ्पदसमुच्चयः। नामार्थयोरिति। नीलो घट इत्यत्र नीलघटयोरभेदेनान्वयाद्भेदेनेति। अभेदातिरिक्तसम्बन्धेनेत्यर्थः। तथा च नञर्थाभावे प्रतियोगितासम्बन्धेन घटस्यान्वयो न सम्भवति लुप्तसुबन्तत्वेन नञोऽपि नामत्वादिति भावः। कथं तर्हीति। नामार्थयोरिति व्युत्पत्तेः स्वीकारे हीत्यर्थः। न घट इति। प्रथमायाः शब्दसाधुत्वात्प्रतियोगितासम्बन्धेनैव नञर्थान्योन्याभावे घटस्यान्वयइति भावः। अर्थसाधुत्वे सम्भवति शब्दसाधुत्वस्यान्याय्यतया प्रथमायामेव लक्षणामाह। प्रथमायांवेति। षष्ठ्यर्थे प्रतियोगित्वे। ननु सुब्विभक्तौ लक्षणा न सम्भवति कर्तृकर्मणोः कृतीति व्यत्ययानुशासनवैयर्थ्यापत्तेः कर्तृत्वत्वकर्मत्वत्वप्रकारकबोधस्य षष्ठ्यास्तद्धर्मविशिष्टे लक्षणयैवोपपादयितुं शक्यत्वादित्यभिप्रायेणाशंकते। नन्विति। तर्हि। सुब्विभक्तौ लक्षणानङ्गीकारे हि। षष्ठीतः। भ्रातरस्य श्रवणं व्यासस्य कृतिरिति कर्तृकर्मकृद्योगविहितषष्ठीतः। कर्मतेति। कर्तृत्वेत्यपि बोध्यम्। शेषे षष्ठीत्यनेन सम्बन्धमात्रशक्तषष्ठीतः सम्बन्धत्वेन बोधसम्भवेपि कर्तृत्वत्वेन कर्मत्वत्वेन बोधो न सम्भवतीति तथा बोधोपपत्तये लक्षणास्वीकार आवश्यकः। नचानुशासनस्य शक्तिनियामकतया कर्तृकर्मकृद्योगविहितषष्ठीत्वेन कर्तृत्वत्वादिना शक्तिरेवास्तामिति वाच्यम्। अनन्यलभ्यस्य शब्दार्थत्वादिति भावः। असन्दिग्धस्थलमुदाहरति। कथंवेति। एकस्यां। स्त्रीव्यक्तौ। दारा इतीति। "दाराः पुंसि च भूम्न्येवेति" बहुवचनान्तएव शब्दः साधुरिति भा-

आनुशासनकीयं लक्षणा दृष्टैवेति चेत्तुल्यं । तदिदमाहुः ।
नियत प्रतियोगाद्धि केचिदव्यया इति । तथापि नञर्थपटयोः
कथमाश्रयाश्रयिभावेनान्वयः । नञुत्तरलुप्तषष्ठीस्मरणादि-

वः । यद्यपि प्रकृत्यर्थवृत्ति संख्यावाचकत्वं सुपां नतु तन्मात्रवृत्ति संख्यावाचक-त्वमिति तद्गतगुणानादाय बहुत्वान्वयः सम्भवत्येव तथाप्येको घटाइत्यत्राप्य-साधुत्वज्ञानाभावदशायां घटगतगुणानादाय बहुत्वान्वयापत्तिः । नच भवन्म-तेपि बहुवचनलक्षणया एकत्वं बोध्यतामिति वाच्यम् । एक इति पदेनै-कत्वबोधसम्भवे घटा इति बहुवचनस्यैकत्वे तात्पर्यग्रहेण लक्षणया एकत्व-बोधवारणसम्भवात् प्रकृते च सम्भवत्यर्थसाधुत्वे शब्दसाधुत्वस्यान्याय्यत्वादि-ति । आनुशासनिकीति । इयं । लक्षणा । षष्ठ्याः कर्मत्वे बहुवचनस्य चैकत्वे लक्षणेत्यर्थः । दृष्टैवेति । कर्तृकर्मणोः कृतीति व्यत्ययानुशासनजैयर्थ्यभिया सुब्विभक्तौ न लक्षणेत्यस्यानुशासितविभक्त्यर्थातिरिक्तेन लक्षणैत्येव तदर्थ इति । भारतस्य श्रवणमित्यादौ विभक्तौ लक्षणोपपत्तावपि न घटः पट इत्य-त्र प्रथमायां कथं लक्षणा तथाऽनुशासनाभावादिति भावः । तुल्यमिति । प्र-कृतेपि नञ्समभिव्याहृतघटपदोत्तर प्रथमायामप्यानुशासनिकी लक्षणा स-म्भवतीति तुल्यमित्यर्थः । अनुशासनमेवाह । तदिदमाहुरिति । नियतेति । नियतः प्रतियोगिवाचकपदेन नियतः प्रयोगो येषां ते केचिदव्यया नञा-दिरूपाः प्रतियोगिवाचकपदार्थान्वितस्वार्थबोधकाः केचिदव्यया इति याव-त् । नइति न कदाचिदपि प्रयोगः किंतु न घटः पटइत्यादिरूप एवं तथा च स्वार्थे प्रतियोगिवाचकपदार्थान्वितत्वमभेदेन विभक्त्यर्थद्वारा वा; तत्र च घ-टपदस्य घटप्रतियोगिके लक्षणायामभेदेन, प्रथमायाः प्रतियोगित्वेन लक्ष-णायां तु विभक्त्यर्थद्वाराऽन्वयः घटपदे लक्षणायां प्रथमायाः शब्दसाधुत्वमात्र कल्पनापेक्षया प्रथमाया एव प्रतियोगित्वे लक्षणोचितेत्यत्रापि प्रतियोगि-त्वे लक्षणानुशासनिकीति भावः । यद्यपि प्रतियोगित्वरूपार्थे प्रथमेति न व्याकरणे प्रतिपादितम् । तथापि तादृशानुशासनतात्पर्यं तत्रैवेत्यनुशासित-त्वमिति ध्येयम् । शंकते । तथापीति । नञर्थेति । न घटः पटइत्यत्र घटा-न्योन्याभावस्य पटे कथमन्वयः नामार्थयोरभेदातिरिक्तसम्बन्धेनान्वयबो-धासम्भवादित्यर्थः । शंकते । नञुत्तरेति । तथा च न नामार्थयोरन्वयः किंतु

ति चेन्न। षष्ठीलोपमज्ञानतोपितनोऽर्थ प्रत्ययात्। नञ्पदस्म-भाव वल्लक्षकमिति चेन्न। घटस्याभावे अनन्वयापत्तेः। तस्य पदार्थैकदेशत्वात्। नैवं। ससम्बन्धिकस्थले एकदेशेऽप्यन्वय स्वी-कारात्। यथा चैत्रस्य पितेत्यादौ चैत्रस्य जनकत्वेऽन्वयः। अ-

---

विभक्त्यर्थ नामार्थयोरिति भावः। ततइति। न घटः पट इति वाक्यादित्य-र्थः। शंकते। नञ्पदमिति। नञर्थस्याभाववतः पटेऽभेदेनैवान्वय इति नैतद्व्यु-त्पत्तिविरोध इति भावः। घटस्येति। नञोऽभाववति लक्षणया घटस्य प्र-तियोगितासम्बन्धेनाभावेऽन्वयो वाच्यः स च न सम्भवतीति भावः। तदेवा-ह। तस्येति। अभावस्येत्यर्थः। पदार्थैकदेशेति। नञोऽभाववदर्थकतयाऽभा-वस्यैकदेशत्वादिति भावः। गौर्नित्यापशुरपशुरित्यादौ सविशेषणेहिविधि-निषेधौ विशेषणमुपसंक्रामतः सति विशेष्ये बाधइतिन्यायेन स्वर्गी ध्वस्त इति वत् नित्यत्वस्य गोत्वे अन्वयापत्त्या पदार्थः पदार्थेनान्वेतिन तु पदार्थैकदेशे-नेति नियमस्यावश्यकतया नञर्थाभाववदेकदेशे ऽभावे घटस्य प्रतियोगित-याऽन्वयासम्भव इति भावः। तथापीति शंकोपरिसमाधत्ते। नैवमिति। स-सम्बन्धिकेति। नामार्थयोरिति व्युत्पत्त्या नञोऽ भाववति लक्षणैव अभा-ववतस्याभेदेनैव पटेऽन्वय इति न नामार्थयोरिति व्युत्पत्तिविरोधः पदार्थः पदार्थेनान्वेति न तु पदर्थैकदेशेनेति व्युत्पत्तेस्च ससम्बन्धिकपदार्थातिरि-क्तस्थल एवाभ्युपगमात् नञर्थाभाववदेकदेशेप्यभावे घटस्यान्वये बाध-काभाव इति भावः। ननु व्युत्पत्तिसंकोचे प्रमाणाभाव इत्यत आह। यथे-ति। जनकत्वइति। जनकपूंस्त्वं हि पितृत्वं तन्नैकदेशे जनकत्वे यथा चै-त्रस्य निरूपितत्वसम्बन्धेनान्वय इत्यर्थः। तथाच व्युत्पत्तिसंकोच आवश्यक इति भावः। ननु चैत्रस्य पितेत्यादौ जनकपूंस्त्वरूपपितृत्वैकदेशे जनकत्वे चैत्रस्य नान्वयः किन्तु स्वनिरूपितजनकत्वसम्बन्धेन पितृपदार्थे एवेति न पदार्थः पदार्थेनान्वेतीति व्युत्पत्तिसंकोचः। एवं च प्रकृतेपि घटो नेत्यादौ घटपदस्य घटप्रतियोगिके लक्षणायां घटप्रतियोगिकस्य स्वाभिन्नाभावाश्र-यतासम्बन्धेन प्रथमायाः प्रतियोगित्वे लक्षणायां तु घटस्य स्वप्रतियोगि-काभावाश्रयतासम्बन्धेन पटेऽन्वये बाधकाभाव इति मतं दर्शयति। अन्ये-

न्ये तु समुदाय एवेतरपदार्थान्वयः परंपरासम्बन्धेनेत्याहुः । युक्तं चाभाववल्लक्षकत्वमेव । अन्यथा घटं पटमित्यत्र समानविभक्तिकतानुपपत्तेः । परे तु निपातस्थलेऽन्यैव व्युत्पत्तिरिति घटतदभावयोः प्रतियोग्यनुयोगिभावेनान्वयोपपत्तौ न व-

---

त्विति । समुदायएव । अभाववत्येव । एवकारेणाभावरूपपदार्थैकदेशव्युदासः । इतरपदार्थेति । घटपदार्थाद्यन्वयः । परंपरासम्बन्धेन । स्वाभिन्नाभावाश्रयतासम्बन्धेन स्वप्रतियोगिकाभावाश्रयतासम्बन्धेन वेत्यर्थः । नच नामार्थयोरिति व्युत्पत्तिभङ्ग इति वाच्यम् । नामार्थयोरभेदाघटित सम्बन्धेन विभक्त्यर्थाघटितसम्बन्धेन च मान्वय इत्येव व्युत्पत्तेरिति भावः । एवं चैत्रस्य पितेत्यादौ चैत्रस्य स्वनिरूपितजनकत्वसम्बन्धेन पितर्येवान्वय इति बोध्यम् । आहुरित्यस्वरसोद्भावनं । तद्बीजं तु घटीयोऽभाववान् पट इत्यन्वये कस्याभाव इत्याकाङ्क्षाया अनिवृत्तिर ननु भवस्येति । नन्वभाववति लक्षणाङ्गीकारे पदार्थ इत्यादेर्भवन्मते सङ्कोचः; नञर्थाभावस्याश्रयतासम्बन्धेन पटेऽन्वये नामार्थयोरित्यस्य सङ्कोच इति तुल्यत्वे किमिति आभाववति लक्षणा घटपदस्य घटप्रतियोगिके नञ्स्वाभाववति लक्षणायां लक्षणाद्वयप्रसङ्गस्येत्यत आह । युक्तं चेति । व्युत्पत्तिसङ्कोचस्याविशिष्टत्वेपीति शेषः । लक्षकत्वमेव । नञ्पदस्येतिशेषः । अन्यथा । नञो ऽभाववति लक्षणाऽकल्पने । अघटः पट इति विशेषण विशेष्यवाचकपदयोः समानविभक्तिकत्वस्य विरुद्धविभक्तिराहित्यस्य वा ऽभेदान्वयबोधे हेतुत्वेन भवन्मते ऽभावस्यैवाश्रयतया ऽन्वये ऽभेदेनान्वयबोधाभावेन प्रतियोगिवाचकपदयोः समानविभक्तिकत्वमनुपपन्नं स्यादित्यर्थः । निपातेति । निपातादीत्यर्थः । आदिनाऽव्ययसङ्ग्रहः । अन्यैवेति । अव्ययनिपातातिरिक्तनामार्थयोर्भेदान्वयबोधाभाव इत्यर्थः । नामार्थप्रकारकशाब्दबोधे ऽव्ययनिपात प्रत्ययाद्यन्यतमजन्योपस्थितेर्हेतुत्वादित्यर्थः । नञ्स्थले च प्रत्ययजन्योपस्थितेरसत्त्वेऽपि निपातजन्योपस्थितेः सत्त्वेन व्यभिचाराभाव इत्यपि कश्चित् । तत्त्वन्यतमत्वनिवेशे गौरवाच्चिन्त्यं । नन्वव्ययातिरिक्तनिवेशे गौरवमत आह । अतएवेति । अव्ययातिरिक्तत्वनिवेशादेवेत्यर्थः । भेदेनेति । इवार्थे सादृश्ये चन्द्रस्य प्रतियोगितया ऽन्वयइत्यर्थः ।

टादिपदे लक्षणा। अतएव चन्द्रइव मुखमित्यादौ चन्द्रइवार्थयोर्भेदेनान्वयः। अतएव घटो नास्तीत्यत्रापि घटतदभावयोरन्वयो निष्कलङ्क इत्याकलनं। मानाभावात्। चन्द्रइव मुखमित्यादौ तु चन्द्रपदं तत्सदृशलक्षकं। इवपदं च तात्पर्यग्राहकम्। अतएव चन्द्रमिव मुखंपश्यामीत्यत्र द्वितीया।

चन्द्ररूपनामार्थस्य सादृश्यरूपेवार्थेऽभेदातिरिक्त प्रतियोगितासम्बन्धेनान्वयोपपादनाय तादृशनियमव्युत्पत्तिसङ्कोचकल्पनस्यावश्यकत्वादिति भावः। अत एव। चन्द्र इव मुखमित्यादौ चन्द्रइवार्थयोर्भेदेनान्वयोपपादनाय नियमसङ्कोचस्यावश्यकत्वादेव। घटेति। घटतदभावयोः प्रतियोग्यनुयोगिभावस्य संसर्गमर्यादयैव भानाल्लक्षणा कल्पनमन्याय्यमिति भावः। मानाभावादिति। नामार्थयोरित्यादि नियमेऽव्ययनिपातातिरिक्तस्थल इति सङ्कोचे मानाभावादित्यर्थः। नन्वेवं चन्द्र इव मुखमित्यादौ चन्द्र इवार्थयोः कथमन्वयबोध इत्यत आह। चन्द्रइवेति। तत्सदृशेति। चन्द्रसदृशेत्यर्थः। नन्वेवमिव पदमनर्थकमत आह। इवपदंचेति। तात्पर्येति। केवलं चन्द्र इति पदान्न सादृश्यबोध इति चन्द्रपदस्य चन्द्रसदृशे लक्षणायामिवपदसमभिव्याहारस्तन्त्रमित्यर्थः। नन्वेवमनन्तलक्षणा कल्पनमपेक्ष्य इव पदस्य नियतप्रतीयमाने सादृश्ये शक्तिरेवास्तामत आह। अतएवेति। चन्द्रपदस्य चन्द्रसदृशलक्षकत्वादेव। अन्यथा। लक्षणाऽकल्पने। तदनुपपत्तेः। चन्द्रमिवेति द्वितीयानुपपत्तेः। चन्द्रपदस्य चन्द्रसदृशे लक्षणायां तस्याभेदेनान्वयात् अभेदान्वये च विशेषणविशेष्यवाचकपदयोः समानविभक्तिकतायास्तन्त्रतया चन्द्रमिति विशेषणवाचकपदोत्तरं द्वितीया आवश्यकी भवन्मते त्विवार्थसादृश्यस्याश्रयतया मुखेऽन्वयेनाभेदेनान्वयाभावाद्द्वितीयानुपपन्नैव चन्द्रइव मुखं पश्यामीत्यतोऽपि तादृशबोधोपपत्तेरिति भावः। ननु चन्द्रपदस्य चन्द्रप्रतियोगिकमर्थः सादृश्यशक्तस्य चेवादेः सादृश्याश्रये लक्षणा तस्याभेदेन मुखेऽन्वय इति रीत्या चन्द्रमिव मुखमित्यत्र समानविभक्तिकत्वोपपत्तिः सम्भवत्येव न घटः पट इत्यत्रैव अन्यथा तत्रापि घटपदस्य घटाभाववति लक्षणा नञ्पदं च तात्पर्यग्राहकमित्यपि प्रसज्येतेति चेन्न। भूतले न घट इत्यत्राभावविशेष्यकबोधस्य प्र-

अन्यथा तदनुपपत्तेः। अस्तु वा षष्ठ्यर्थ एव विभक्तौ लक्षणाऽनुशासनानुग्रहात्। घटो नास्तीत्यत्रापि तथेत्यदोषः। अन्ये तु। घटो नास्तीत्यत्र घटस्याभावोऽस्तीति नार्थः। तथा सति भूतले घटो नास्तीत्यस्याप्याप्तेः। अभावस्यैकत्वादिति।

क्त्या नञाजननात् अभावशक्तस्य नञोऽभाववति लक्षणोचिता। केवलं चन्द्र इवेत्यप्रयोगाच्छक्त्या इवपदात्सादृश्यविशेष्यकबोधाभावादादिवादेः सादृश्ये शक्तेरेवाकल्पना तेषां निरर्थकत्वमेवेत्याशयात् इवादीनां सादृश्ये शक्त्यभ्युपगमेपि न व्युत्पत्तिसङ्कोच इत्याह। अस्तुवेति। षष्ठ्यर्थे। प्रतियोगित्वे। विभक्तौ। चन्द्रपदोत्तरप्रथमाविभक्तौ। इवपदोत्तरलुप्तविभक्तेरनुसन्धानं तथाच नामार्थयोरिति व्युत्पत्तिसङ्कोचो नेति भावः। ननु सुब्विभक्तौ न लक्षणेत्यत आह। अनुशासनेति। नियतप्रयोगाद्धि केचिदव्यया इत्यनुशासनबलादित्यर्थः। अनुशासितविभक्त्यर्थातिरिक्तस्थले सुब्विभक्तौ लक्षणा नास्तीति भावः। तथेति। घटोनास्तीत्यत्र घटपदोत्तरप्रथमाविभक्तेरपि प्रतियोगित्वे लक्षणेत्यर्थः। भूतले न घटइत्यत्रेव केवलं चन्द्र इवेति न प्रयोगः चन्द्र इव मुखमित्यत्र तु लुप्तविभक्तेरननुसन्धानेपि बोधाच्चन्द्रपदस्य चन्द्रसदृशलक्षकत्वमेवोचितमिति क्वचापि इवादिना शक्त्या सादृश्याबोधात्तेषां निरर्थकत्वमेवेत्यस्वरसोऽस्तुवेत्यनेन सूचितः। पृथिव्यां गन्धो न जलइत्यत्र पृथिवीवृत्तिर्गन्धो गन्धाभावो जलवृत्तिरित्यन्वयबोधस्वीकारे समानविशेष्यकत्वानुपपत्तेः± पृथिवीवृत्तिर्गन्धो जलवृत्त्यभावीयोगन्ध इत्यन्वयबोधस्वीकार आवश्यक इत्यभिप्रायिणां मतमाह। अन्येत्विति। ननु पृथिव्यां गन्धो न जलइत्यादौ समानविशेष्यकत्वानुरोधेन तथान्वयस्वीकारेपि भूतले घटो नास्तीत्यत्र भूतलवृत्तिर्घटाभाव इत्यन्वयबोधे बाधकाभाव इत्यत आह। घटोनास्तीत्यत्रेति। एकत्वादीति। भावनान्वयिन्येव संख्यान्वयेन घटो नास्तीत्यत्र घटाभावोऽस्तित्वाश्रय इत्यन्वयस्वीकारे भावनाविशेष्ये घटाभावे द्वित्वादेरसम्भवितया घटौ न स्त इति न स्यात् तत्रैकत्वसत्त्वेनैकत्वबोधे बाधकाभावाद्घटो नास्तीति च स्यात् भावनाविशेष्यवृत्ति संख्याबोधकत्वादाख्यातस्येत्यर्थः। तर्हि कीदृशोऽन्वयबोध इत्यत आह। किन्त्विति। भूतले

किन्तु भूतलवृत्त्यभाव प्रतियोगी घटोऽस्तीति तन्न। कीत्यधिकरणाकांक्षापत्तेः। कथं तर्हि घटो नस्त इत्यादीति चेत्। भावनान्वय्यभावप्रतियोगिनि संख्यान्वयात्। कथमिति चेत्। तथैव प्रतीतेरिति गृहाण। परन्तु इह भूतलास्तित्वरूपा-

---

घटो नास्तीत्यत्र सप्तम्या निरूपितत्वार्थकतया असधातोर्विद्यमानार्थकतया आख्यातस्याश्रयत्वार्थकतया भूतलनिरूपितविद्यमानत्वाश्रयो घटाभाव इत्यन्वयबोधस्वीकारे भावनान्वयिनि संख्यान्वयनियमात् भवन्मते विद्यमानत्वाश्रयत्वरूपाख्यातार्थ भावानाया अभावएवान्वयेनाभावस्यैकत्वाद्घटौ नास्तीति स्यात्। मन्मते च सप्तम्या आधेयत्वमर्थः। तथाच भूतलवृत्त्यभावीयो घटोऽस्तित्वाश्रय इति बोधोदयेन भावनाया घटे एवान्वितत्तया घटद्वये एकत्वबोधासंभवाद्घटौ नास्तीत्यस्यापत्तिरिति भावः। कीति। भूतलवृत्त्यभावप्रतियोगी घटोऽस्तित्वाश्रय इत्यन्वयबोधस्वीकारे किंनिरूपितास्तित्वाश्रयो घट इत्याकांक्षाया अनिवृत्तेर्न घटे भावनान्वय इति भावः। कथं तर्हीति। भूतलनिरूपितास्तित्वाश्रयौ घटाभाव इत्यन्वयबोधस्विकारे स्वीत्यर्थः। इत्यादीति। भावनान्वयिन्यभावे द्वित्वान्वयाभावाद्घटौ न स्त इति न स्यात् स्याच्च घटो नास्तीत्यर्थः। भावनेति। भावनान्वयी योऽभावस्तत्प्रतियोगिनि संख्यान्वय इत्यर्थः। तथाच भावनान्वयिन्येव संख्यान्वय इति नञसमभिव्याहारे नियमः नञ्समभिव्याहारस्थले तु भावनान्वय्यभावप्रतियोगिनि संख्यान्वय इति व्युत्पत्त्यन्तरकल्पनेनैव घटौ न स्त इत्यत्र घट एव द्वित्वान्वयान्न घटौ न स्त इत्यस्यानुपपत्तिः न वा घटो नास्तीत्यस्यापत्तिरिति भावः। कथमिति। अन्यत्र भावनान्वयिन्येव संख्यान्वयस्य दृष्टत्वात् कथमत्र भावनान्वय्यभावप्रतियोगिनि संख्यान्वय इत्यर्थः। तथैवेति। अभावप्रतियोगिन्येव संख्यान्वयप्रतीतेरित्यर्थः तथाच न नञ्समभिव्याहृताख्यातार्थसंख्याप्रकारकबोधे नञर्थाभावप्रतियोग्युपस्थितित्वेन हेतुत्वं कल्प्यते इति भावः नञ्समभिव्याहारे यद्विशेषणं प्रतीयते नञा तद्विशेष्ये तद्विशेषणाभावः प्रत्याय्यते अन्यथा वचनैक्यनियमानुपपत्तेः इत्थं च भूतलवृत्तित्वाभाववान् घट इत्येवान्वय इति नियमवादिनां मतमाह। परन्त्विति। इह। भूतले घटोना-

ख्यातार्थ निषेधएव घटे प्रतीयते । न पचति चैत्र इत्यत्रेव ना-
तो द्विवचनानुपपत्तिः । नन्वेवं जातौ सत्तानास्तीत्यत्र काग-
तिः । जातिवृत्तित्वाभावस्य सत्तायामसत्त्वात् । जातिसम-
वेतत्वस्य वा प्रसिद्ध्या निषेद्धुमशक्यत्वादिति चेत् । यागति-

स्तीत्यादौ । नन्वाख्यातार्थस्य निषेधे ऽन्वयो न दृष्टचर इत्यत आह । नपच-
तीति । पाकानुकूलकृत्यभाववान् चैत्रइतिवद्भूतलास्तित्वाभाववानेको घट इ-
त्यन्वयबोधे बाधकाभाव इत्यर्थः । नातइति । घटस्य विशेष्यत्वादित्यर्थः । द्वि-
वचनेति । घटौ न स्त इति द्विवचनानुपपत्तिरित्यर्थः । इदमुपलक्षणं घटौ ना-
स्तीत्येकवचनापत्तिरपि नेत्यपि द्रष्टव्यम् । अभावस्य विशेष्यत्वे घटौ न स्त
इति द्विवचनादिकं न स्यात् विशेषणपदस्य विशेष्यपदसमानवचनत्वनियमा-
त् परत्वभावस्यैकत्वाद्घटो नास्तीत्येकवचनमेव स्यात् घटस्य विशेष्यत्वे च त-
स्य द्वित्वबहुत्वयोः सत्त्वात्क्रियापदस्यापि द्विवचनादिकं साध्विति भावः ।
घटौ नास्तीत्यत्र घटाविति द्विवचनेन द्वित्वावरुद्धे एकत्वान्वयासंभवादयोग्य-
त्वं घटौ न स्त इत्यत्र च घट द्वये ऽन्वयसंभवाद्योग्यत्वमिति नात इत्यस्य भा-
वार्थ इति कश्चित् । ननु भूतले घटो नास्तीत्यत्र सप्तम्यानिरूपितत्वार्थकत-
याऽस्धातोर्विद्यमानत्वार्थकतयाऽख्यातस्याश्रयत्वार्थकतया भूतलनिरूपित-
विद्यमानत्वाश्रयत्वाभाववान् घट इत्येव बोधस्तत्र चाख्यातार्थाश्रयत्वस्याभा-
व एव विशेष्यो नतु घट इति भावनाविशेष्यगतसंख्याबोधस्तत्र चाख्यातार्था-
श्रयत्वस्याभाव एव विशेष्यो नतु घट इति भावनाविशेष्य गतसंख्याबोधकत्वा-
भावात्कथं द्विवचनोपपत्तिरिति चेत् न । साक्षात्परंपरासाधारणभावनाविशे-
ष्ये संख्यान्वयस्वीकारेण प्रकृते परंपरयाभावनाविशेष्यत्वस्य घटे सत्त्वादिति
एवं परंपरया विशेषणस्यापि विशेष्यसमानवचनत्वमवसेयम् । चैत्रो न पच-
तीत्यादौ दृष्टत्वादिति बोध्यं । नच तथापि द्वित्ववद्घटत्वावच्छेदेन भूतलनिरू-
पितविद्यमानत्वाश्रयत्वाभावस्यान्वये एकघटवति भूतले घटौ न स्त इति न
स्यात् घटवृत्तिद्वित्वसामानाधिकरण्येन नञर्थान्वये च घटद्वयवत्यपि घटौ न
स्त इति स्यात् अधिकरणान्तरीयघटे भूतलास्तित्वाभावादिति वाच्यं । घट-
वृत्ति द्वित्वावच्छेदेन नञर्थसामानाधिकरण्यान्वयात् अधिकरणान्तरीयद्वित्वे-

जातिर्न सत्तावृत्तिरिति वाक्यस्य । अयोग्यमेवेदं वाक्यं/वृ-त्तिपदं वा साक्षात्सम्बन्धावच्छिन्नवृत्तिपरमिति तु तुल्यं । तथापि नञर्थनिषेधो घटे कथमन्वेतीति चेन्न । निपातातिरिक्तनामार्थस्य हि नामार्थेनभेदेनान्वयोन नामार्थमात्रस्येति प्रतियन्ति । स्यादेतत् । घटो नास्तीत्यादौ भेदएव प्रतीयते । भूतले न घट इत्यत्रात्यन्ताभाव एवेत्यत्र किं नियामकं ।

नञर्थसामानाधिकरण्येऽपि एतद्भूतलवृत्तिघटवृत्तित्वे भूतलास्तित्वाभावसामानाधिकरण्याभावान्न घटद्वयवति घटो न स्त इत्यस्यापत्तिरितिध्येयम् । नन्वेवमिति । सर्वत्रैवानुयोगिवृत्तित्वाभावस्य प्रतियोग्यन्वयस्वीकारइत्यर्थः । जातौ सत्तानेत्यस्य जातिवृत्तित्वाभाववतीसत्तेत्यर्थः । तत्रसंवन्धसामान्यावच्छिन्न जातिवृत्तित्वाभावो वा समवायसंवन्धावच्छिन्नजातिवृत्तित्वाभावो वा बोध्येत तत्राद्ये आह । जातिवृत्तित्वाभावस्येति । एकार्थसमवायेन सत्ताया जातौ सत्त्वेन तदभावबोधनासंभवादित्यर्थः । नचैककालीनत्वादिवदेकार्थसमवायस्यापि वृत्त्यनियामकतया तेन संवन्धेन सत्तायाः सत्त्वेपि संवन्धसामान्यावच्छिन्नवृत्तित्वाभावो ऽस्त्येव जन्यमात्रस्य कालोपाधितया मूर्तमात्रस्य दिगुपाधितया कालिकदैशिकविशेषणतयोस्तत्रासंभवितया तदादायापि क्षतिविरहादितिवाच्यं । जातिः सतीति प्रतीतेस्तस्यापि वृत्तिनियामकत्वात् द्वितीये आह । जातिसमवेतत्वस्येति । प्रतियोग्यप्रसिद्ध्या न समवायसवन्धावच्छिन्नजातिवृत्तित्वाभावः प्रत्येतुं शक्यत इति भावः । यागतिरिति । जातौनसत्तेत्यत्र जातिवृत्तिः सत्ताभाव इत्युपपत्तावपि जातिर्नसत्तावृत्तिरित्यत्र सम्बन्धसामान्यावच्छिन्नसत्तावृत्तित्वाभावस्य जातावसंभवात् समवायसम्बन्धावच्छिन्नसत्तावृत्तित्वस्य चा प्रसिद्ध्या निषेधासंभवात्तुल्यत्वं तवापीत्यर्थः । अयोग्यमेवेति । निश्चितानन्वयमपार्थकमिति भावः । इदं वाक्यं । जातिर्न सत्तावृत्तिरिति वाक्यं । यथाकथंचिद्योग्यतयोपपत्तावयोग्यत्वमन्याय्यमत आह । वृत्तिपदंवेति । साक्षादिति । जातिर्नसत्तावृतिरित्यत्र लक्षणया सत्तानिरूपितसाक्षात्संवन्धावच्छिन्नवृत्तित्वाभावः प्रतीयते सत्तानिरूपितसाक्षात्संबन्धावच्छिन्नवृत्तित्वं च स्वरूपसंम्बन्धमादाय प्रमेयत्वादौ प्रसिद्धमिति नोक्तदोष इति भावः

अधिकरणवाचकपदे सप्तमीविभक्तिरत्यन्ताभाव बोधे तन्त्र । प्रतियोग्यनुयोगिपदयोः समानविभक्तिरन्योन्याभाव बोधे इति चेन्न । न पचति चैत्रश्चैत्रस्य न धनमित्यत्र सप्तम्यभावात् । अलघुपचतीत्यत्र समानविभक्तेर भावाच्च । अत्राहुः । न अग्निर्मीकेत्यत्र प्रतियोग्यनुयोगिपदयोर भेदान्वयबोधे आकांक्षा । तत्रान्योन्याभाव बोधकत्वमन्यत्रान्य

तुल्यमिति । जातौ नसत्तेत्यपि वाक्यमयोग्यमेव योग्यत्वे वा जातिनिरूपितसाक्षात्सम्बन्धावच्छिन्नवृत्तित्वाभावः प्रतीयत इति भावः । केचित्तु सत्तापदं सत्तासमवायपरं सप्तम्यर्थश्चानुयोगित्वं तथाच जात्यनुयोगिकत्वाभाववान् सत्तासमवाय इति बोध इत्याहुः । समवैति । इति पदाध्याहारेण तथाबोधइत्यन्ये । शंकते । तथापीति । निषेधः । भूतलास्तित्वनिषेधः । कथमिति । नामार्थयोरभेदेनैव व्युत्पत्तेरिति भावः । निपातेति । निपातातिरिक्तस्थलएव नामार्थयोरिति व्युत्पत्तिरिति भावः । न नामार्थमात्रस्य । न नामार्थसामान्यस्य । प्रतियंत्तीत्यनेनास्वरसः सूचितः स च व्युत्पत्तिसंकोचे गौरवम् । एवं जातौ न सत्तेत्यत्र जातिवृत्तिः सत्ताभाव इत्येतावतैवोपपत्तौ लक्षणादिकल्पनेपि न हि जातिर्न सत्तावृत्तिरित्येकत्र लक्षणाकल्पनादन्यत्रापि तथेत्यत्र प्रमाणमस्ति भावनान्वय्यभावप्रतियोगिवृत्तिसंख्याबोधकत्वेनैव वचनैक्यनियमस्याप्युपपत्तिरिति न किञ्चिदेतत् । किं नियामकमिति । नञोऽभावमात्रवाचकत्वेन घटो नायमित्यत्रात्यन्ताभावः । भूतले न घट इत्यत्र चान्योन्याभावः प्रतीयेतेत्यर्थः । सामग्र्यास्तुल्यत्वादिति भावः । शङ्कते । अधिकरणेति । नञ्जन्यात्यन्ताभावविषयकशाब्दत्वावच्छिन्नं प्रति अनुयोगिवाचकपदसमानविभक्तिकप्रतियोगिवाचकपदजन्योपस्थितित्वेन च कारणत्वान्न पूर्वोक्तदोषापत्तिः सामग्र्याविलक्षणत्वादित्यर्थः । नपचतीति । पाकानुकूलकृत्यभाववांश्चैत्र इत्यत्रानुयोगिवाचकपदसमभिव्याहृतसप्तमीपदस्याभावेन न तस्याः सामग्रीत्वमित्यर्थः । ननु वैयाकरणमते आख्यातस्य कर्तरि शक्ततया पाककर्तृभिन्नश्चैत्र इत्येव बोधान्नेदमत्यन्ताभावोदाहरणं घटत इत्यत आह । चैत्रस्येति । चैत्रस्वत्वाभाववद्धनमित्यर्थः । षष्ठ्याःस्वत्वमर्थो नतु स्वामित्वंवृत्त्यनियामकसम्बन्धस्याभावप्रतियोगितानवच्छेदकत्वेन निरूपकतासम्बन्धाव-

बोधकत्वमिति व्युत्पत्तिः। अस्ति च न घटः पट इत्यत्र नञ्-सत्त्वे घट पटयोर्भेदान्वयबोधे आकाङ्क्षा अतस्तत्रान्योन्या-भाव प्रत्ययः। भूतले न घट इत्यत्र नञ्विनिर्मोकेनाभेदान्वये

च्छिन्न प्रतियोगिताकस्वामित्वाभावबोधासंभवादाश्रयतासम्बन्धावच्छिन्नप्रति-योगिताकस्वामित्वाभावबोधस्वीकारे चचैत्रीयेऽपि धने नेदं चैत्रस्येति प्रम-ङ्गात् स्वामित्वस्य चैत्रवृत्तित्वेन धने आश्रयतासम्बन्धेनासत्त्वात् यदि च तादात्म्यवद्वृत्त्यनियामकसम्बन्धान्तरस्याभावप्रतियोगितावच्छेदकत्वस्वीकारे स्वामित्वमेव षष्ठ्यर्थस्तदापि विनिगमनाविरहेण स्वत्वमप्यर्थोऽवसेयः अन्यो-न्याभावबोधे समानविभक्तिकत्वस्य नियामकत्वे व्यभिचारमाह। अलध्विति। क्रियाविशेषणस्थले कर्मविभक्तेर्नपुंसकलिङ्गत्वं विशेषणविभक्तेश्च साधुत्वार्था तथाच लघुभिन्नपाकानुकूलाकृतिरित्यन्वयबोधेऽन्योन्याभावविषयके विशे-षणविशेष्यवाचकपदयोः समानविभक्तिकत्वाभावेन व्यभिचारइत्यर्थः। नञ्वि निर्मोके। नञ् समभिव्याहारस्थले। तत्रेति। यथा भूतलं घट इत्युक्तेऽभेदान्व-यबोधे समानविभक्तिकपदत्वेन कारणतया भूतलघटयोरभेदान्वयबोधे आकांक्षाऽतो नञ्समभिव्याहारे भूतलं न घट इत्युक्ते भूतले घटान्योन्या-भावबोधः। अन्यत्रेति। नञसमभिव्याहारे प्रतियोग्यनुयोगिपदयोरभेदान्वये आकांक्षाशून्यस्थलेइत्यर्थः। अग्रेति। अत्यन्ताभावबोधकत्वमित्यर्थः। यथा पचतीत्युक्ते पाकानुकूलकृतिचैत्रयोर्नाभेदे आकांक्षा किंत्वाश्रयतयैवेति न पचतीत्यत्र नान्योन्याभावबोधः किंत्वत्यन्ताभावबोध इति; तथाच प्रतियो-ग्यनुयोगिनोरभेदान्वयबोधे यादृशसमभिव्याहारज्ञानं कारणं तयोरन्योन्या-भावबोधे तादृशसमभिव्याहारज्ञानंकारणम् एवमत्यंताभावबोधे भेदान्वये आकाङ्क्षाशून्यप्रतियोग्यनुयोगिवाचकपदसमभिव्याहृतनञ्पदज्ञानं कारणमि-त्यर्थः। तदेवोपपादयति। अस्तिचेति। नञ्सत्वे । नञ्समभिव्याहारे। घट-पटयोरिति। विशेषणविशेष्यवाचकपदयोः समानविभक्तिकत्वस्य विरूद्धविभ-क्तिराहित्यस्य वाऽ भेदान्वयबोधे आकाङ्क्षात्वादिति भावः। तत्र। न घटः पट इत्यत्र। नाभेदेति। भूतले घटइत्यत्र भूतलवृत्तिर्घटइत्येवान्वयबोधादाधारत्वस्य सप्तम्यर्थतया नाभेदान्वयबोधकत्वमिति तत्र संसर्गाभावप्रत्ययएवेति भावः

आकाङ्क्षेति तत्र संसर्गाभाव प्रत्यय एवेति संक्षेपः । व्यंजनाच न वृत्त्यन्तरं । लक्षणयैव तदर्थसिद्धेः । नन्विदमयुक्तं । त-

---

त्र वा न्योन्याभावबोधे विशेषणविशेष्यवाचकपदयोः समानविभक्तिकत्वस्य तन्त्रत्वे दधि न सुन्दरमित्यत्र लुप्तविभक्त्यनुसन्धानेन शाब्दबोधोपपादनेपि चैत्रो न पचतीत्यत्राख्यातस्य कर्तरि लक्षणायां चैत्रे पाककर्तुर्भेदान्वयान्न स्तोकं पचतीत्यादौ पाके स्तोकस्य भेदप्रतिपादनाच्च तत्र समानविभक्तिकत्वाभावाद् व्यभिचारः विरुद्धविभक्तिराहित्यस्य तन्त्रत्वे च प्रतियोगिपदोत्तरविभक्तिविरुद्धविभक्ति शून्यानुयोगिपदसमभिव्याहृतनञ् पदत्वेनानुयोगिपदोत्तरविभक्तिविरुद्धविभक्ति शून्यप्रतियोगिपदसमभिव्याहृतनञ् पदत्वेन वा हेतुत्वे न पचतीत्यादौ प्रतियोगिपदोत्तरविभक्तेरप्रसिद्धेःन स्तोकंपचतीत्यादौ अनुयोगिक्रियापदोत्तरसुब्विभक्तेश्चाप्रसिद्धतया नानुगतरूपेण हेतुत्वम् अनयोरन्यतरस्य हेतुत्वे चाननुगमः किंतु विशिष्यानुयोगिप्रतियोग्युपस्थापकनामपदयोः समभिव्याहारे समानविभक्तिकत्वं तन्त्रं घटो न नील इत्यत्र घटपदार्थान्वितनीलपदार्थान्योन्याभावबोधे नीलपदसमानविभक्तिकघटपदसमभिव्याहृतनञ्पदत्वेन चैत्रो न पचतीत्यादौ धर्मिपराख्यातसमभिव्याहृतनञ्पदत्वेन न स्तोकं पचतीत्यादौ क्रियाविशेषसमभिव्याहृतद्वितीयातस्तोकादिपदसमभिव्याहृतनञ्पदत्वेन हेतुतेति बोध्यं। ननु पुरुषोत्तमइत्यत्र न तावत्कर्मधारयः कर्मधारये विशेषणवाचकपदस्य पूर्वभावनियमेनोत्तमपदस्य पूर्वनिपातापत्तेः । नच विशेषणविशेष्यभावे कामचार इति वाच्यं । जातिनिमित्तके गुणनिमित्तकं विशेषणमेवेति नियमात् अतएवोत्पन्ननीलमिति न प्रयोगः।नापि षष्ठीसमासः। न निर्धारण इत्यनेन निर्धारणे षष्ठीसमास निषेधादित्यतआह । संक्षेप इति। पुरषोत्तम इत्यादौ क्वचिद्विशेषणंपरं स्यादित्यनेन परनिपातस्यानुशासनसिद्धत्वात्कर्म धारयस्यैवोपगमात् अथ तथापि विशेषणं विशेष्येणं बहुलमिति सूत्रे उभयोपादानबलाद्विशेषणविशेष्यतावच्छेदकयोः परस्परव्यभिचारत्व एव कर्मधारय इति प्राप्तम् एवंचात्रदुःखवद्भिन्नत्वस्य घटादिसाधारण्ये न पुरुषावधिकोत्तमत्व रूपत्वासंभवेन सर्वज्ञत्व।दिमत्त्वरूपोत्तमत्वस्य पुरुषत्वव्यभिचारित्वाभावात्कथं कर्मधारय

इति चेन्न। उद्देश्यतावच्छेदकविधेययोरन्यतरव्यभिचारित्वे एव कर्मधारयात् अत एव शिंशुपा वृक्षस्येति संगच्छते। एतेनोद्देश्यतावच्छेदके विधेयभिन्नवृत्तित्वमेव तन्त्रमिति संप्रदायमतमपास्तम्। प्रमेयवान्हमानित्यादावगतेः। नच तथापि गुणवद्द्रव्यस्येत्यादावगतिरिति वाच्यं। तत्रानायत्याऽभेदार्थकषष्ठीसमासोपगमात् अन्यथा भवन्मतेप्यगतेः। अथवा षष्ठीसमास एवायम्। नच नमिर्धारण इत्यनेन निषेधः समुदायापेक्षया जातिगुणक्रियादिभिरेकदेशस्य पृथक्करणं हि निर्धारणं निधार्यत्वविशिष्टस्य सामान्यधर्मावच्छिन्नापेक्षया जातिगुणक्रियाद्यवच्छेदेन यत्किञ्चिद्धर्मिणोर्भेदऽबोधनमिति यावत् नचात्र तत्सं भवति। श्रीकृष्णत्वविशिष्टोपस्थापकपदाभावात् पुरुषोत्तमपदस्य योगरूढतया तत्सम्भवेपि समासवाक्यादन्यतस्तदनुपस्थितेः तथा नराणां क्षत्रियः शूरतम इति नतु नरक्षत्रियः शूरतमइति अपिच निर्धारणरूपार्थे षष्ठीसमासनिषेधेपि राज्ञोःशिर इति वदभेदार्थकषष्ठीसमासे बाधकाभावः। अत्र च निर्धारणषष्ठ्याअभेदो भेदश्चार्थः। निर्धार्यपदार्थविशेष्यतया प्रकृत्यर्थविशेषणतया विशेष्यतया च भेदान्वयः नराभिन्नःक्षत्रियः क्षत्रियान्यनरान्यशूरतमाभिन्न इत्यन्वयबोधः शूरतमत्वावच्छेदेन च क्षत्रियान्यनरान्यत्वान्वयः नातः क्षत्रियान्यनरस्य शूरता यां तादृशप्रयोगः धनीनां क्षत्रियः शूरतमइति विजातीयापेक्षया निर्धारणापत्तेरभेदोप्यर्थः। अभेदसंसर्गकबोधे विरुद्धविभक्तिराहित्यस्य तन्त्रतया संसर्गमर्यादया तज्ज्ञानासम्भवात्। केचित्तु, निर्धारणषष्ठ्या अभेदएवार्थः। नरभिन्न क्षत्रियस्य तादात्म्येन शूरतमत्वावच्छेदेनान्वयान्नराज्ञोः शिरइत्यादिनाऽविशेषः शूरतमत्वं नरनिष्ठशूरतमताविशेषः तेन देवानामपि शूरत्वान्नतादृशप्रयोगानुपपत्तिरित्याहुः। तन्न। क्षत्रयमुख्यविशेष्यकानुभवापलापापत्तेः। नराणां प्रमेयः शूरइत्यपि प्रयोगापत्तेश्च क्षत्रियनरः शूरत्ववान् क्षत्रियाभिन्ननरः शूरत्वाभाववानिति ऋजुमतमपि प्रथमान्तार्थमुख्यविशेष्यकबोधस्यानुभवापलापापत्तेरनादेयम्। क्षत्रियान्यनरत्वव्यापकभेदप्रतियोगितावच्छेदकत्वविशिष्टतादात्म्यसम्बन्धेन नराभिन्नक्षत्रिये शूरतमस्यान्वय इत्यभेदएव निर्धारणषष्ठ्या अर्थइत्यपरे। अन्ये तु निर्धारणषष्ठ्यास्तादात्म्यव्यवच्छेदश्चार्थः व्यवच्छेदश्च द्विरूपोऽत्यन्ताभावोऽन्योन्याभावश्च षष्ठीसमभिव्याहृतप्रातिपदिकस्य च स्वार्थीभूततत्तदन्यस्मिन् लक्षणा षष्ठ्यर्थव्यवच्छेदे चाधिकरणत्वेन लाक्षणिकार्थप्रतियो-

याहि । लक्षणायां मुख्यार्थे इतरान्वयानुपपत्तिर्बीजं । न-च व्यञ्जनायां सा सर्वत्रास्ति । गच्छगच्छसीत्यादौ तदभावात् ।

गित्वेन च विधेयपदार्थो भासते क्षत्रियाणां कर्णः प्रचुरं ददातीत्यादौ कर्ण पदस्य कर्णः कर्णान्यस्वार्थः । क्षत्रियाभिन्नकर्णः प्रचुरदानकृतिमान्क्षत्रिया-भिन्नः कर्णान्यः प्रचुरदानकृत्यभाववानित्यन्वयबोधः । गवां कृष्णा सम्पन्न-क्षीरेत्यत्र कृष्णापदस्य कृष्णातदन्याचार्थः । गवाभिन्ना कृष्णा सम्पन्न क्षीरा ग-वाभिन्ना कृष्णान्यासम्पन्नक्षीरा ऽयेत्यन्वयबोध इत्याहुः । पुरुषेषूत्तम इति सप्त-मीसमासएव । नच ननिर्धारण इति षष्ठीसमासवत्सप्तमीसमासोपि निषिद्ध इति वाच्यं । स्वरविशेषनिषेधस्यैव सूत्रप्रयोजनकत्वात् षष्ठीसमासे उत्तर-पदस्यांतोदात्तत्वं सप्तमीसमासे तु पूर्वपदे प्रकृतिस्वरएंवावतिष्ठत इति । स-प्तमीसमासो निर्धारणरूपेऽर्थेपि साधुरित्यपि कैचिदिति कृतं पल्लवितेन । ननु स्वायत्ते शब्दप्रयोगे किमित्यवाचकं प्रयुञ्जामहे इति न्यायेन तटे घोष इति विहाय गङ्गायां घोष इति (लक्षणा)मुख्यप्रयोगे बीजाकांक्षायां शैत्यपावन-त्वादि प्रयोजनत्वेनावसीयते साच क्लृप्तवृत्त्या नोपपादयितुं शक्येति व्यञ्ज-नाख्यातिरिक्तवृत्ति रूपेया इत्यत आह। व्यञ्जनाचेति। न वृत्त्यन्तरमिति। शक्ति-लक्षणातिरिक्ता न वृत्तिरित्यर्थः । तथाचेयं यदिशक्ति लक्षणात्मिका तदा श-क्ति लक्षणातिरिक्तत्वाभावः । यदिच न शक्ति लक्षणात्मिका तदा न वृत्तिरि-त्यतिरिक्तवृत्तित्वाभासत्वमव्याहतं तेन न सिद्धासिद्धिव्याघातः । कथं तर्हि-शैत्यपावनत्वादि प्रतीतिरित्यत आह । लक्षणयैवेति । तदर्थेति । व्यंग्यार्थप्र-तीत्युपपत्ते रित्यर्थः। प्रत्यक्षानुमित्योरिव सामग्रीभेदाद्भे दइत्याशंकते । नन्वि-ति । इदं । लक्षणायैव तदर्थसिद्धिरूपं । मुख्यार्थ इति । गङ्गायांघोषइत्यत्र गङ्गापदमुख्यार्थे प्रवाहे इतरान्वयानुपपत्तिर्घोषाधिकरणत्वानुपपत्तिर्लक्षणा बीजमित्यर्थः । ननु किमेतावतेत्यत आह । नचेति । नहीत्यर्थः । "वापीं स्ना-तुमितोगतासि नपुनस्तस्याधमस्यान्तिकमित्यत्र" गतामपि दूतीं प्रति नगता-सीति मुख्यर्थान्वया नुपपत्तिरस्त्येवेत्यधमपदे लक्षणा सम्भवत्येवेत्यत आह । सर्वत्रे ति । तदेवाह । गच्छ गच्छसीति । "गच्छ गच्छसि चे त्कान्त पन्थानः सन्तु ते शिवाः । ममापिजन्मतत्रैव भूयाद्यत्रगतोभवानित्यत्र" तव गमने मम मरणं भवितेत्यतस्त्वं मागाइति व्यज्यते तत्र च मुख्यार्थान्वयानुपपत्ते र्लक्षणा

अतोवृत्त्यंतरमास्थेयमिति चेन्न । किमिदं लक्षणाबीजत्वं । नतावज्जनकत्वं । गङ्गातीरयोः सम्बन्धस्यानुपपत्तिज्ञाना-जन्यत्वात् । नापितज्ज्ञापकत्वम् । अनुपपत्ति ज्ञानमन्तरे-णापि गङ्गातीरयोः सम्बन्धस्य चक्षुरादिनाग्रहात् । नापि-तत्तात्पर्यग्राहकत्वं । तात्पर्यस्याप्यान्तरतोपि तद्ग्रहात् । अथ लक्षणाजन्यशाब्दबोधे सहकारित्वं तदिति चेन्न । यष्टीः प्रवेशयेत्यत्र व्यभिचारात् । तात्पर्यविषयानुपपत्ति रस्त्याप्य-स्तीति चेत् । तर्हि तात्पर्यानुपपत्तिरेव लक्षणा बीजमस्तु

बीजस्याभावान्न लक्षणा सम्भव इति व्यञ्जनाख्यवृत्त्यन्तरमावश्यकमिति भावः। अन्वयानुपपत्तिर्लक्षणा बीजमित्यत्र बीजशब्दार्थं विकल्पद्दूषयति । किमिद-मिति । तज्जनकत्वं । लक्षणाजनकत्वं । गङ्गेति । शक्यसम्बन्धोलक्षणा साच ग-ङ्गायां घोषइत्यत्र गङ्गातीरयोः संयोगस्तत्र च नानुपपत्तिज्ञानं कारणमित्यर्थः तज्ज्ञापकत्वं । लक्षणाज्ञापकत्वं । चक्षुरादिनेति । यत्र गङ्गापदस्य गङ्गातिरे न लक्षणा तत्र तत्सम्बन्धविषयकशाब्दात्मकज्ञानस्यानुपपत्तिज्ञानव्यतिरेकेऽ-नुदयेपि चक्षुरादिना तल्लौकिकप्रत्यक्षे जननीये तदनपेक्षणाद्व्यतिरेक-व्यभिचारेण न सामान्यतस्तज्ज्ञापकत्वसम्भव इति भावः । नच लक्ष-णाविषयकशाब्दबोधजनकत्वमेव तत्त्वमिति वाच्यं । यत्र गङ्गापदस्य तीरे ज-हत्स्वार्थालक्षणा तत्र गङ्गातीरसम्बन्धस्य शाब्दबोधाविषयत्वेनान्वयव्यभि-चारेण न तथात्वसम्भव इति । एव मग्रेपीति हृदयं । नापीति । तत्ता-त्पर्यग्राहकत्वं । शक्यसम्बन्धरूपलक्षणा तात्पर्यग्राहकत्वं । तात्पर्येति । प्रका-रणादिनापि । तद्ग्रहात्तात्पर्यग्रहादित्यर्थः । तथाच मुख्यार्थान्वया नुपपत्ति-ज्ञानस्य व्यभिचारान्न सामान्यतस्तात्पर्यग्रह हेतुत्व मेवं च क्वचित्तदपेक्षणेपि सर्वत्रानपेक्षिततया प्रकृते प्रकारान्तरेणैव तात्पर्यग्रह सम्भवेन लक्षणायां बी-जत्वाभाव इति भावः । तत् । लक्षणा बीजत्वं । यष्टीरिति । यष्टीः प्रवेशयेत्यत्र यष्टिपदस्य यष्टिधरे लक्षणा । नच तत्र मुख्यार्थयष्टौ प्रवेशनान्वया नुपपत्ति-रिति व्यभिचारादित्यर्थः ! ननु मुख्यार्थे इतरान्वयानुपपत्तिर्नलक्षणा बीज-

सा चेहाप्यस्ति । स्यादेतत् । गङ्गायांघोष इत्यादौ लक्षणा प्रयोजनं शैत्यपावनत्वादिप्रतीतिः । नच तत्प्रतीतिर्लक्षणा साध्या । प्रयोजनाभावात् । लक्षणायास्तु प्रयोजनवत्त्वनियमादिति चेन्न । लक्ष्यप्रतीतिरेव प्रयोजनत्वात् । तथापि प्रयोजनान्तरंनास्तीति चेत् । ततः किं।लक्षणायाहिप्रयोजनव-

---

मपितु तत्तात्पर्यविषयानुपपत्तिरेवेति कव्यभिचारइत्याशंकते । तात्पर्येति । अत्रापीति । यष्टीः प्रवेशयेत्यत्रापीत्यर्थः । अस्तीति । भोजन प्रयोजनकप्रवेशनमेवात्र तात्पर्यविषयः तदनुपपत्तिर्मुख्यार्थयष्टावस्त्येवेत्यर्थः । सर्वत्रेति । गङ्गायांघोष इत्यादावपीत्यर्थः । अस्तुवाकोदोषइत्यत आह । साचेहापीति साच । तात्पर्या नुपपत्तिश्च । इहापि । गच्छगच्छसीत्यादि व्यञ्जनास्थलेपि । अस्तीति । अत्र कान्तगमनाभाव एव तात्पर्यविषयः तदन्यथा नुपपत्त्या गमनबोधकपदस्य गमनाभाव लक्षणयैवोपपत्तौनातिरिक्तवृत्तिकल्पनं गौरवादितिभावः । लक्षणा प्रयोजमम् । तीरेलक्षणा प्रयोजनं । शैत्ये ति । स्वायत्ते शब्दप्रयोगे किमित्यं वाचकं प्रयुञ्जामाह इति न्यायाद्गङ्गातटेघोष इति विहायगङ्गायांघोष इति लक्षणाया प्रयोगस्तच्छैत्यपावनत्वादि प्रतीत्यर्थमेवेत्युन्नीयते लक्षणायाः प्रयोजनत्वनियमादिति भावः । तत्प्रतीतिः । शैत्यपावनत्वादिप्रतीतिः । लक्षणेति- शैत्यपावनत्वादौ लक्षणा साध्येत्यर्थः । प्रयोजनाभावात् । प्रयोजनस्य प्रयोजनान्तराभावोदित्यर्थः । प्रयोजनाभावेपि लक्षणायां कोदोषइत्यत आह । लक्षणायास्वेति । यथागङ्गापदस्य तीरे लक्षणायां लक्ष्यप्रतीत्यतिरिक्ता शैत्यपावनत्वादिप्रतीतिः प्रयोजनं तथा शैत्यपावनत्वे लक्षणायां तस्याः प्रयोजनान्तराभावाल्लक्षणयाँनिर्वाहेण प्रयोजनप्रतिपत्तये व्यञ्जनाख्यवृत्तिरादरणीयेति भावः । शैत्यपावनत्वादौ लक्षणैव । नच तस्याः प्रयोजनाभावः शैत्यपावनत्वादि प्रतीतेरेव प्रयोजनत्वादिति समाधत्ते । लक्ष्येति । तथापि । लक्ष्यप्रतीति प्रयोजनकत्वेपि । प्रयोजनान्तरम् । लक्ष्य प्रतीत्यतिरिक्तं प्रयोजनान्तरं । ततः किं । लक्ष्यप्रतीत्यतिरिक्त प्रयोजनाभावेंकिमनिष्टमित्यर्थः । ननु लक्षणाया लक्ष्यप्रतीत्यतिरिक्त प्रयोजनवत्त्वनियमभङ्गएवानिष्टमित्यत आह । लक्षणाया हीति । ननु गौरवेप्यन्यत्र दृष्टत्वात्तथा कल्पनीयं नत्वत्र कार्यकार-

त्वेन नियमोनतु लक्ष्यप्रतीत्यतिरिक्तप्रयोजनवत्त्वेन। गौरवात् अप्रयोजकत्वाच्च। स्यादेतत्। नानार्थस्थले तावदर्थविशेषप्रत्यये प्रकरणादि निर्णायकं। तथाच यत्र प्रकरणादि शून्यार्थान्तरं प्रतीयते तत्र नाभिधामूलं सहकार्यभावात्। नापिलक्षणा। अयोगत्वादिति चेन्न। प्रकरणादीनामननुगततया सहकारित्वानुपपत्तेः। तात्पर्यग्राहकत्वे नैषामनुगम इति चेत्। तर्हिलाघवात्तात्पर्यज्ञानमेव हेतु र-

---

णाभावे गौरवमित्यत आह। अप्रयोजकत्वाच्चेति। तर्हियत्र कुत्रचिद्दर्शनमात्रेणैव तादृशनियमावधारणं मानाभावादिति भावः। तथाच लक्षणयैव प्रयोजनप्रतीति निर्वाहेन वृत्यन्तरकल्पनमिति। प्रसिद्धतया लक्षणा मूलकांव्यञ्जनां निरस्याभिधामूलां तां निरसितुं शंकते। स्यादेतदि। नानार्थेति। सैंधवमानयेत्यादौ। अर्थविशेषेति। अश्वादिरूपार्थप्रत्यये। प्रकरणादिति। गमनप्रकरणादि। निर्णायकमिति। शक्ततावच्छेदकैक्येसति शक्यतावच्छेदकनानात्वमेव नानात्वं तत्र सैंधवमानयेत्यादौ भोजनप्रकरणे शक्त्या विशेषालवणस्येवाश्वादेरपि प्रतीत्यापत्त्याऽभिधयानानार्थं विषयकशाब्दबोधे जननीये प्रकरणादिकं सहकार्यवश्यं वाच्यमिति भावः। प्रकरणादि शून्येति। गमनादिप्रकरणादि शून्याश्वादिरूपार्थान्तरमित्यर्थः। तत्र। अर्थान्तरप्रत्यये। अभिधा। शक्तिः। सहकारीति। गमनादि प्रकरणरूपसहकार्यभावादित्यर्थः। लक्षणा। मूलमित्यनुषज्यते। अयोगात्। लक्षणाया अयोगात्। मुख्यार्थानुपपत्त्याहि लक्षणा कल्पनं प्रकृते च तदसम्भवेन न लक्षणेति भावः। अतः। अर्थान्तरप्रत्ययानुरोधेन। तथाच तत्प्रतीत्यर्थं व्यञ्जनारूपवृत्त्यन्तरमावश्यकमिति भावः। नानार्थस्थलेऽर्थान्तरप्रतीतिः शक्त्यैव। नच प्रकरणाभावेन सहकार्यभाव इति वाच्यम्। तस्य सहकारित्वासम्भवादिति न वृत्त्यन्तरमिति समाधत्ते। प्रकरणादीनामिति। सहकारित्वेति। नानार्थ विषयक शाब्दत्वावच्छिन्नं प्रतिप्रकरणादीनां न कारणता अननुगमेन व्यभिचारादित्यर्थः। तत्तत्प्रकरणादीनामननुगमेपि तात्पर्यग्राहकत्वे नानुगमान्न व्यभिचार इत्याशंकते। तात्पर्येति। लाघवादिति। नानार्थ विषयक शाब्दत्वावच्छिन्नं प्रति तात्पर्य-

स्तु । तत्रेहाप्यस्ति । लक्षणा हि पदवृत्तिरियन्तु पदतदे-
कदेशवाक्यरचनार्थभङ्ग्याद्याकाराश्रितेत्याश्रयभेदाद्भेद
इति चेन्न । असिद्धेः । तदेकदेशादयो ह्यर्थविशेषतात्पर्य-
ग्राहका न तु तत्प्रतिपादका इति । स्यादेतत् । लक्ष्ये तात्पर्य-
ज्ञानं लक्षणा सहकारि । न तु व्यङ्ग्यार्थे तात्पर्यग्रहो नियतः ।
स्वार्थरचितकाव्यादौ तात्पर्याविषयस्यापि व्यङ्ग्यस्य चम-
त्कारादिति चेन्न । व्यङ्ग्यतात्पर्यग्रहस्यानपेक्षायां शक्य-

ग्रहजनकत्वेन कारणत्वापेक्षया लाघवात् तात्पर्यग्रहत्वेनैव हेतुतास्तीति न प्रकरणादीनां सहकारितेति भावः । ननुस्तु तात्पर्यग्रह एव सहकारी तथापि तत्स्वरूपसहकार्यभावादेव कथमभिधया परपदार्थ प्रतीतिरित्यत आह । सचेति । तात्पर्यग्रहश्चेत्यर्थः । इहापीति । प्रकरणादि शून्यार्थान्तरस्थलेपीत्यर्थः । अस्तीति । नानार्थस्थले शक्त्या एकार्थप्रत्ययानन्तरं पदार्थान्तरप्रतीतिस्तत्रापि तात्पर्यग्रहोऽस्त्येवेत्यर्थः । तात्पर्यग्रहएवार्थ विशेषप्रत्यायकः । परन्तु यत्रार्थे प्रकरणं तत्र प्रथमत एव तात्पर्यग्रहादादावेव तदर्थं प्रतीतिरपरार्थे तु तात्पर्यग्राहकान्तरात्तात्पर्यग्रहे सत्यपरार्थप्रतीतिरिति कृतं वृत्त्यन्तर स्वीकारेणेति हृदयं । लक्षणयैव व्यंग्यत्वेनाभिमततत्तदर्थं प्रतीति निर्वाहेऽलं व्यञ्जनयेत्युक्तं तत्र लक्षणातोभेदं साधयति : स्यादेतदिति । पदवृत्तिः । पदनिष्ठा; इयन्तु । व्यञ्जनात्वेनाभिमता तु । पदपदैकदेशेति । पदेपदैकदेशेवर्णे क्वचिद्वाक्यरचनाविशेषेक्वचिदर्थ भङ्गीविशेषे आकारे च ‡ क्वचिदाश्रितेति । आश्रयभेदात् । लक्षणाव्यञ्जनयोराश्रयभेदात् । भेदः । लक्षणाव्यञ्जनयोर्भेदइत्यर्थः । असिद्धेरिति । व्यञ्जनात्वेनाभिमतवृत्तेः पदैकदेशाद्याश्रितत्वासिद्धेरित्यर्थः । कथं पदेकदेशादितोऽर्थविशेष प्रतिपत्तिरत आह । तदेकेति । पदैकदेशादयोहीत्यर्थः । नतु तत्प्रतिपादकाः । नतु तदर्थप्रतिपादकाः येन तत्प्रतिपत्त्यनुकूलव्यञ्जनाख्यवृत्तिस्तत्र स्वीकरणीयेति भावः । लक्षणेति । लक्षणा जन्यशाब्दबोधे कारणमित्यर्थः । स्वेति । स्वेनरचितेत्यर्थः । यत्र स्वयं अन्यतात्पर्येण काव्यं रचितं श्रोतुश्चान्यपदार्थं शाब्दबोधस्तत्र । एवं देवताप्रसादादिना रचित

यां घोष इत्यादौ शैत्यादिकमेव प्रतीयते न तु केशवालुकादिसत्त्वमिति नियमो न स्यात् । वासनाविशेषपरिपाकान्नियम इति चेत् । तर्हि लक्षणायामपि स नियामकोऽस्तु । कृतं तात्पर्यग्रहेणेति । वस्तुतो व्यञ्जनायां गच्छ गच्छसि चेत् मा गा इत्यत्रास्यास्तात्पर्यमुन्नीयते । सम्भाव्यते वा । न तु मा गा इति निर्णीयत इति कृतं वृत्त्यन्तरेण । स्यादेतत् । यद्येते एव वृत्ती कथं तर्हि प्रजयतीत्यादौ प्रकर्षबोधः । न हि प्रादेः प्रकर्षादौ शक्तिर्द्योतकत्वात् । न च लक्षणा । अशक्तत्वात् । उच्यते ।

काव्ये तस्यार्थज्ञानाभावेन तदर्थे तात्पर्याभावेन च तात्पर्यग्रहासम्भवादिति भावः । चमत्कारादिति । चमत्कारिबोधविषयत्वादित्यर्थः । तथा च तात्पर्यज्ञानरूपसहकार्यभावेन लक्षणया तदर्थबोधस्योपपादयितुमशक्यतया व्यञ्जनाऽस्वीकार्येति भावः । व्यंग्य इति । गङ्गायां घोष इत्यादौ व्यञ्जनया हि शैत्यपावनत्वं प्रतीयत इति त्वदभिमतं तत्र यदि न तात्पर्यग्रहापेक्षा तर्हि लक्षणायाः प्रयोजनवत्त्वनियमात् केशवालुकादिप्रतीतिरेव व्यञ्जनया स्यादिति तत्र तात्पर्यग्रहस्यावश्यापेक्षणे कृतं वृत्त्यन्तरेणेति भावः । शंकते । वासनेति । सहृदयानां कश्चिदेव संस्कारविशेषः प्रतिभाव्यपदेश्यो येन शैत्यपावनत्वमेव प्रतीयते न केशवालुकादिकमित्यर्थः । नियम इति । शैत्यपावनत्वादेरेव भाननियमः । स एव । वासनाविशेषपरिपाक एव । नियामकः । तत्तदर्थविशेषबोधनियामकः । ननु तात्पर्यग्रहस्य लक्ष्यार्थबोधेऽनियामकत्वे लक्षणायां मुख्यार्थान्वयानुपपत्त्युपयोगो न स्यात् लक्ष्यतात्पर्यग्राहकत्वेनैव तस्या उपयोगात् अत आह । वस्तुत इति । अस्याः । स्त्रियः । उन्नीयते । अनुमीयते । यत्र नानुमितिसामग्री तत्राह । सम्भाव्यते वेति । उत्कटकोटिसंशयरूपसम्भावनाविषयीक्रियते वेत्यर्थः । नन्विति । तथा च मा गा इत्यत्र गमनाभावप्रतीतीच्छयो च रितत्वरूपतात्पर्यमात्रमुन्नीयते सम्भाव्यते वा न तु शाब्दात्मकस्तन्निर्णयः येन वृत्त्यन्तरं स्वीकरणीयमिति भावः । एते एवेति । शक्तिलक्षणे एवेत्यर्थः । तर्हीति । प्रजयतीत्यत्र प्रकृष्टो जयो बुद्ध्यते तत्र जिधातोर्जयोऽर्थः प्रकर्षश्च कस्यार्थः प्रादेरुपस-

जयतीत्यत्र शक्त्यजयलक्षकः। प्रशब्दस्तु तात्पर्यग्राहकः। तत्त्वमेव च द्योतकत्वं। नच जयः शक्य एव प्रकर्षो लक्ष्य इति वाच्यं। जयमात्रं हि शक्यं न तु विशिष्टजयः। तदाहुः। शक्यादन्येन रूपेण ज्ञाते भवति लक्षणेति। ननु प्रादेरेव प्रकर्षादौ न कथं शक्तिः कल्प्यत इति चेन्न। अन्यलभ्यत्वादिति गृहाण।

र्गस्य शक्त्य नङ्गीकारात् व्यञ्जनाख्यावृत्तिः स्वीकरणीयेत्याखण्डलार्थः। तस्य। प्रादेरुपसर्गस्य। द्योतकत्वात्। व्यञ्जकत्वाङ्गीकारादित्यर्थः। अशक्तत्वादिति। उपसर्गाणां क्वचिदपि शक्त्यभावे न शक्यसम्बन्धरूपायालक्षणाया असम्भवादित्यर्थः। तथाच प्रकर्षबोधार्थं व्यञ्जनास्वीकार आवश्यक इति भावः। जयतिः। जीधातुः। जिधातुनैव लक्षणया प्रकर्षबोधे प्रशब्दवैयर्थ्यमत आह। प्रशब्दस्त्विति। तात्पर्येति। प्रकृष्टजयतात्पर्यग्राहक इत्यर्थः। प्रशब्दसमभिव्याहारब्दवतिधातुः प्रकृष्टजयप्रतीतिच्छयोच्चरित इति तात्पर्यग्राहात्। अन्यथा जयतीत्यत्रापि प्रकर्षबोधापत्तेरिति भावः। नन्वेवमुपसर्गाणां द्योतकत्वप्रवादव्याघातइत्यत आह। तत्त्वमेवेति। तात्पर्यग्राहकत्वमेवेत्यर्थः। तटस्थः शंकते। नचेति। जयः शक्यएव। जिधातोः शक्यएव। तथाच शक्त्यैव तदर्थबोधसम्भवे किमर्थं तदंशेऽपि लक्षणेति भावः। प्रकर्षइति। तत्र शक्त्यभावादिति भावः। शक्यं जिधातोः। विशिष्टजय इति। प्रकृष्टजयइत्यर्थः। तथाच जिधातोर्जयत्वं शक्यतावच्छेदकमिति प्रकृष्टजयत्वप्रकारकबोधाविनालक्षणां न सम्भवतीति तेन रूपेणलक्षणा। नच जयस्य शक्त्या प्रकर्षस्य च लक्षणया बोधे बाधकाभाव इति वाच्यं। युगपद्वृत्तिद्वयविरोधेन शक्तिलक्षणाभ्यां युगपद्बोधासम्भवादिति भावः। ननु जयस्य शक्यत्वात्कथं तत्र लक्षणेत्यतः प्राचांसंवादमाह। तदाहुरिति। शक्यादिति। शक्यतावच्छेदकविशिष्टे शक्तिस्वीकारेण शक्यतावच्छेदकस्यापि शक्यत्वात्तदन्येनरूपेण ज्ञाते लक्षणाभवतीत्यर्थः। व्यक्तावेव शक्तिरिति नव्यमतेतु शक्यादित्यस्य शक्यतावच्छेदकादित्यर्थोविसेयः। ननु प्रादेरुपसर्गस्य प्रकर्षेशक्तिः जिधातुनाच जयबोधइत्यस्त्विति उपसर्गे शक्तिवादी शंकते। नन्विति। अन्यलभ्यत्वादिति। धातोर्लक्षणादिना लभ्यत्वादित्यर्थः। अन्यथा गङ्गापदस्यापि तीरे शक्त्यापत्तेरिति भावः। ननु व्यतिसेत्यादौ अस्धातोर्लोपात् कथं व्यत्ययप्रत्ययः। धातोस्त-

व्यतिसेत्यत्र तु लुप्तोधातुरेवार्थंप्रत्याययति। धातुलोपमज्ञान-

त्र लुप्तत्वेन लक्षणा सम्भवादनाय त्याउपसर्ग एव शक्तिरत आह। व्यतिस इति। लुप्तोधातुरिति। स्मृतः सन्निविशेषः। धातोरप्रतिसन्धाने व्यत्ययबोधाभावे इष्टापत्तिमाह। धातुलोपमिति। ननु उपसर्गएव शक्तिः धातोरेव तात्पर्यग्राहकत्वमित्येव किंन स्यादत आह। संक्षेप इति। उपसर्गं विनापि जयतीत्यत्र धातुप्रयोगात्तत्र शक्तिरावश्यकी केवलस्योपसर्गस्य चाप्रयोगान्न तुल्यत्वम्। एवं धातोरशक्तत्वे प्रजयतीत्यादौ जये आख्यातार्थभावनान्वयोनस्यात्। प्रत्ययानां प्रकृत्यर्थान्वितस्वार्थबोधकत्वमिति व्युत्पत्तेरितिध्येयं। नच जीधातोर्जयवत्प्रकर्षेपि शक्तिरेवास्तु किंतत्र लक्षणया एकतिङुपस्थाप्यकृतिवर्तमानत्वयोरिव एकपदार्थयोरपि प्रकर्षजययोः परस्परमन्वयः धातूनामनेकार्थत्वस्य च कॢप्तत्वादिति वाच्यं। धातूनामनेकार्थत्वं हि न सर्वत्र सर्वार्थकत्वं किन्तु व्याकरणकोशाद्यभियुक्ततत्तदर्थकत्वं तत्तु लक्षणयापि प्रकर्षबोधोपपत्तेर्न शक्तिसाधकमिति। अथैवं प्रत्ययमात्रस्यैव निरर्थकत्वप्रसङ्गः घटमित्यादावपि घटपदस्य घटकर्मत्वे लक्षणयैवोपपत्तेरिति चेन्न। घटमानयेत्यादौ घटपदस्य घटकर्मत्वे लक्षणोपगमे चैत्रः पचतीत्यत्र पचधातोरेव पाककृतौ लक्षणायां तयोरानयनचैत्रयोरनन्वयापत्तिः। नामार्थयोरपि अभेदातिरिक्तसम्बन्धेन साक्षादन्वयबोधानुपगमात्। नच तथापि द्वितीयादेरेकत्वशक्तौ बीजाभावः। घटपदस्यैकत्वविशिष्टघटे लक्षणयाप्युपपत्तेः। अमः कर्मत्वे शक्तिः एकत्वविशिष्टघटे लक्षणायां तात्पर्यग्राहकत्वाच्च : एवं पचेत्यादौ कार्यत्वेष्टसाधनत्वादेरपि विध्यर्थत्वविलोपः। पचधातोरेवेष्टसाधनत्वविशिष्टपाके लक्षणयाप्युपपत्तेः। विधिः कृतौ शक्तः विशिष्टार्थे तात्पर्यग्राहकस्येति वाच्यं। घटपदादेर्वा विशिष्टे लक्षणा द्वितीयादेर्वा एकत्वे इत्यत्र विनिगमनाविरहाद्द्वितीयादेरेकत्वबोधकत्वे सिद्धे कर्मत्वत्वं वाच्यतावच्छेदकं एकत्वादिकंवेत्यत्र विनिगमनाविरहाल्लाघवाच्च तत्र शक्तिः एवं पचेतेत्यत्र धातोर्वा विशिष्टे लक्षणाविधेर्वाकार्यत्वेष्टसाधनत्वे इत्यत्र विनिगमनाविरहेण विधेरपि कार्यत्वं भावाबोधकत्वे सिद्धे लाघवात्तत्र शक्तिरेवेति। एवं च उपसर्गाणां मध्ये यस्य उपसर्गस्य क्वचिदप्यर्थे शक्तिर्न प्रामाणिकी तस्य द्योतकत्वमेव। तथा प्रदोषस्य च शक्तिः प्रामाणिकी तस्य बोधकत्वमेव।

अस्यापि निरुपादेरन्यथा उपकुम्भमित्यव्ययीभाव समासानुपपत्तिः । तस्य नि-रर्थकत्वेन निराकाङ्क्षत्वात् पूर्वं वाच्यं भवत्यस्य सोव्ययीभावइष्यते इत्यनुशा-सनात् । नच प्रादेरपि निरर्थकत्वेन तेनसह समासानुपपत्तिः । नाम्नामेव स-मासविधानात् । वस्तुवाचिन एव नामत्वादिति वाच्यं । स्वाद्यन्तमिह नामे-ष्टमित्यनेन स्वाद्यन्तत्वेन तस्यापि नामत्वात् । वस्तुवाचीनि नामानीत्यस्यै क-देशिमतत्वात् । केचित्तु । प्रोत्तरत्वे नप्रकष्टजयेशक्तिरिति उपसर्गाणां शक्ता तावच्छेदकत्वं मिदमेव द्योतकत्वं तथाचोपसर्गाणा मौपसन्दानिकीशक्ति रि-त्याहुः । भुत्का व्रजतीत्यत्र भोजने पूर्वकालीनत्वस्य नियमेन प्रतीतः पूर्वका-लीनत्वं त्क्वाप्रत्ययार्थः । नच मध्यादीनां व्यवधानेपि तथा प्रयोगापत्तिरि-तिवाच्यं । तथाविवक्षायामिष्टत्वात् । अन्ये तु अव्यवहित पूर्वकालीनत्वं वा-च्यम् । अव्यवधानंच क्रियान्तरानुकूलविलम्बाभाववत्त्वमेव तदनुकूलक्रिया या-स्तदव्यवधायकत्वात् इन्द्रियव्यापाराणामित्याहुः । अत्र चक्षणविषयांतर-सञ्चारेपि भुत्क्वाव्रजतीति प्रयोगात् क्रियान्तरानुकूलविलम्बाभाववत्त्वरूपा-व्यवधानस्य दुर्वचत्वात् । तदुत्पत्तिक्षणोत्पत्तिकध्वंस प्रतियोगिकालत्वमेव तदव्यवहितपूर्वकालत्वं । कालश्चात्र यावताकालेन भोजनानन्तरं व्रजनव्यव-हारः तावान्स्थूलकालोपाधि विशेष्यनिवेशनीयः । तेननासम्भवः । ननु दि-वसादिरूपोपि । तेन नदिवसादिना विलम्बे भुत्क्वाव्रजतीतिप्रयोगापत्तिरि-ति केचित् । तत्तु कालस्य तत्तद्व्यक्तित्वेन निवेशेनाननुगतत्वाद्‌ हेयं । तस्मा-त्पूर्वकालत्वमेव त्क्वावाच्यं । ननु मुखं व्यादायस्वपतीत्यादौ ओष्ठपुटविभाग-रूपव्यादानस्य स्वापोत्तरकालीनत्वाद्व्यादानेस्वापपूर्वकालत्वाभावेनकथं त्क्वा-निर्देश इतिचेन्न । स्वापपूर्वकालेपि व्यादानसम्भवेन तथा प्रयोगात् । सुप्राव्या-दत्तइत्यत्रैव निरूढ लक्षणया तथा प्रयोगाद्वेति । प्राभाकरास्तु समान-कर्तृकत्वमेव त्क्वावाच्यं । नियमेन तेनरूपेणबोधात्समानकर्तृकक्रियाद्वय-स्यैकदासम्भवाद्भोजनव्रजनयोरेककर्तृकत्वेऽवगतेएकस्यापरपूर्वकालत्वस्याक्षेपे-णैव लाभान्न पूर्वकालत्वेपि शक्तिः विभिन्नकर्तृकेपि पूर्वकालत्वसम्भ-वेन तेन समानकर्तृकत्वाक्षेपासम्भवात् समानकर्तृकत्वे शक्तिरेव । नच-यज्ञोपवीतं वहन् पन्थानमीक्षमाणोऽधीयानोगच्छतीत्यादौ युगपदनेक क्रि-याकर्तृत्वस्य एकस्मिन्न पि सम्भवान्न ति न पूर्वकालत्वाक्षेपो युक्त इति वाच्यं । तथाप्येककर्तृकप्रधान क्रियाद्वयस्ययुगपदसम्भवेन तयोः पूर्वोत्तरभावनिय-

मात्। " न चात्र जानामिमां यस्मादतस्ते न भविष्यन्ति । मत्प्रसूतिमनाराध्यप्रजेति त्वां शशाप सैत्यत्र" मत्प्रसूतिमनाराध्य ते प्रजा न भविष्यतीति भिन्नकर्तृकेऽपि क्त्वानिर्देशात्कथं समानकर्तृकत्वं क्त्वावाच्यं । तत्रानाराध्य स्थितस्येति क्रियान्तरमध्याहृत्य समाधानस्य सम्मतत्वादित्याहुः। तदसत्। समानकर्तृकत्वस्य क्त्वावाच्यत्वे तस्य प्रधानक्रियापेक्षयोत्तरकालत्वेनाप्युपपत्तेः। नच भोजने नियमेन पूर्वकालत्वायोगसम्भवः। नच भोजनव्रजनक्रिययोरेकः कर्त्तेति नानुभवोऽपितु भोजनक्रियाव्रजनक्रियाएककर्तृकेति । तथा भुजिक्रियायाः प्रधानत्वेनोपस्थितेस्तस्यैव पूर्वत्वान्वय इति वाच्यं । प्राधान्येनोपस्थितेर्हि आकांक्षायाः प्रयोजकत्वेन शाब्दबोधे कथञ्चिन्नियामकत्वं स्यात्। इह त्वाक्षेपोऽनुमानन्तच्च व्याप्तिपक्षधर्मतयोरेव प्रयोजकत्वेन पौर्वापर्यावधारणासम्भवेऽपि पूर्वत्वमात्राक्षेपे कल्लिङ्गाभावेन पूर्वत्वाक्षेपासम्भवात्। नच परमते शब्दानुपस्थितस्यापि शाब्दे भानमिति वाच्यं । शाब्दीतिन्यायेन तन्मतस्य दुष्टत्वात्। नच भुक्त्वा व्रजतीत्यत्र आख्यातार्थकालावरुद्धत्वेन व्रजनस्य कालान्वयनिराकांक्षतया तदनवरुद्धत्वाद्भुजिक्रियायामेव पूर्वत्वान्वयः । इत्थञ्च कालान्तरसम्बन्धित्वेनानुपस्थितिरेव प्राधान्येनोपस्थितिः सैव च नियामिकेति वाच्यं । पदानुपस्थितस्य शाब्दबोधाविषयतया कालान्तरासम्बन्धित्वेनोपस्थितेरकिञ्चित्करत्वात्। किञ्चित्समानकर्तृकत्वेन न पूर्वत्वाक्षेपः । किन्तु समानकर्तृकप्रधानक्रियाद्वयस्यैकज्ञाने सम्भवात्प्रधानसमानकर्तृकत्वेन पूर्वत्वाक्षेप इति वाच्यं । तत्र प्रधानत्वं न तावन्मुख्योद्देश्यत्वं मुख्यत्वञ्च इदम्भवतु माभवतु वा इदन्तु स्यादेवेत्यनवस्थाविरहरूपं क्रिययोस्तुल्यवदुद्देश्यत्वेऽपि एकदासम्भवेनव्यभिचारात् । तयोरुद्देश्यतायाश्च विनिगन्तुमशक्यत्वात् । किञ्च समानकर्तृकत्व एव परेण शक्तिरुपेयते नतु प्रधानत्वेऽपीति कथन्तेन पूर्वत्वाक्षेपः । तदंशेऽपि शक्त्यभ्युपगमे तु किमपराद्धं पूर्वकालीनत्वेनेति न किञ्चिदेतत् । नच समानकर्तृकत्वस्य नियमेन प्रतीतेस्तत्रापि शक्तिरिति वाच्यं । अभिन्नकर्तृकत्वरूपे समानकर्तृकत्वे अभेदांशे शक्त्यभावेऽपि कर्तृलकाराभ्यां भोजनकर्त्तरि व्रजनकर्तुरभेदान्वयबोधसम्भवात्तयोः कृतिमात्रवाचित्वे व्रजनपूर्वकालीनभोजनकृतिमान् व्रजनकृतिमानित्यन्वये भोजनव्रजनकृत्योश्च ऐकाधिकरण्यस्यापि भानसम्भवात् । ननु समानकर्तृकत्वस्याशक्यत्वे चैत्रो गच्छति मैत्रो भुङ्क्ते इति

प्रयोगवत् चैत्रो भुक्त्वा मैत्रो गच्छतीति भिन्नकर्तृकेऽपि क्त्वाप्रयोगप्रसङ्ग इति वाच्यं । वस्तुतः समानकर्तृकक्रियायामेव क्त्वासाधुत्वात् । भोक्तुं व्रजति पश्यन् व्रजतीत्यत्रैव लट्तुमुनोरपि समानकर्तृकत्वे शक्तेः केनाप्यनङ्गीकारात् मणिकृतस्तु । आनन्तर्यमेव क्त्वावाच्यं पूर्वकालत्वस्य शक्यत्वे व्रजनपूर्वकालीनं भोजनमिति भोजनविशेष्यकानुभवः स्यात् जायते तु भोजनानन्तरं व्रजनमिति व्रजनविशेष्यकानुभवस्तथा चानुभवस्यात्र विनिगमकत्वेनानन्तर्यमेव क्त्वावाच्यं । नच पूर्वकालत्वस्य शक्यत्वेपि तस्य निरूपकतासम्बन्धेन व्रजनेऽन्वयोपगमे व्रजनविशेष्यकोऽनुभव उपेयत एवेति वाच्यं । नभुक्त्वाव्रजतीत्यत्र व्रजने स्वरूपसम्बन्धेन पूर्वकालत्वस्याभावबोधने भुक्त्वाव्रजत्यपि न भुक्त्वाव्रजतीति प्रयोगप्रसङ्गात् भोजननिष्ठपूर्वकालत्वस्य व्रजनेऽसत्त्वात् वृत्त्यनियामकसम्बन्धस्याभावप्रतियोगितानवच्छेदकतया निरूपकतया तदभावबोधासम्भवादित्याहुः ॥ केचित्तु सत्यपि कदाचिदध्ययने अधीत्य तिष्ठतीत्यप्रयोगान्निरन्तराध्ययनशालिन्येव तत्प्रयोगाच्च कदाचित्सामानाधिकरण्यविशिष्टाध्ययनव्याप्यत्वमपि क्त्वा प्रत्ययार्थः व्याप्तिश्च कालिकी । तथाचाध्ययनसामानाधिकरण्यविशिष्टाध्यनव्याप्यस्थितिमानित्यन्वयधीः । निरन्तराध्ययनविरहिणि अन्यदीयतथाध्ययनमादायातिप्रसङ्गवारणाय सामानाधिकरण्यनिवेशः । नच स्वीयाध्ययनसामानाधिकरण्यविशिष्टपरकीयाध्ययनव्याप्यस्थितिमादाय तथाप्यतिप्रसङ्गो दुर्वार इति वाच्यम् । प्रधानक्रियायां प्रकृत्यर्थीभूते कयचिन्निरूपितयोरेव सामानाधिकरण्यव्याप्यत्वयोः क्त्वाप्रत्ययेन बोध्यत्वस्य व्युत्पत्तिविशेषबलेन कल्पनात् । एतेन पूर्वकालत्वस्यैव क्त्वावाच्यत्वे व्यादानशून्यकालेपि मुखं व्यादाय स्वपतीत्यादिप्रयोगापत्तिरित्यपि निरस्तम् । अत्रापि व्याप्यत्वस्यैव क्त्वाबोध्यत्वात् । तत्स्वापे व्यादानानिरूपितव्याप्तेरभावादेव तथाप्रयोगापत्त्यसम्भवात् । भुक्त्वैवाचान्तः स्मो नतु पीत्वेत्यादौ भोजनपानयोस्तद्वृत्तिपूर्वकालत्वस्य तद्वृत्तितदानन्तर्यस्य वाऽविशेषेपि तथा प्रयोगात् जन्यत्वमपि क्वचित् क्त्वाप्रत्ययार्थः । एवं च भुक्त्वाव्रजतीत्यादौ पूर्वकालत्वमानन्तर्यं वा उक्तस्थले च सामानाधिकरण्यविशिष्टव्याप्यत्वं जन्यत्वं चार्थ इति क्त्वाप्रत्ययो नानार्थ एवेत्याहुः । अपरे तु क्त्वाप्रत्ययस्य कृत्प्रत्ययान्तर्गतत्वात्सामान्यशक्त्याऽऽश्रयोपस्थितेः कृत्प्रत्ययेन सम्भवात् व्यादानाश्रये स्वापाश्रयत्वस्य विशिष्टे वैशिष्ट्यमिति न्यायेनैव बोधः । विशिष्टे वैशिष्ट्यमिति न्यायेन शाब्दबोधे चोद्देश्यतावच्छेदकविधेययोः

तस्तत्रार्थप्रत्ययाभावादितिसंक्षेपः। स्यादेतत्। आख्या-

समानकालीनत्वभानं व्युत्पत्तिसिद्धं। अन्यथा तिलकीकर्मकुर्वीतेत्यादौ तिलकविशिष्टे कर्मकरणवैशिष्ट्यलाभेपि तिलकेसत्येवचकर्मकरणमित्यस्या प्राप्त्या-तिलकशून्यकालेपि कृतस्य कर्मणः नैष्फल्यानापत्तेः। तद्विधायिकैतद्वाक्यस्यानर्थक्यापाताच्च। तथाचैतादृशव्युत्पत्त्याकर्मकरणे तिलकसमान कालीनत्वस्य भानेतच्छून्यकाले चतत्समाजकालीनत्वस्याभावान्नैष्फल्योपपत्तिरिति प्रकृतेपि मुखंव्यादाय स्वपतीत्यादौ व्यादानविशिष्टे स्वापाश्रयत्ववैशिष्ट्यभाने व्यादानसमानकालीनत्वस्यभानात् व्यादानशून्यकाले तथाप्रयोगापत्त्यसम्भवः। एवमधीत्यतिष्ठतीत्या दावपीत्याहुरितिदिक्। एवमेवकारस्यान्ययोगव्यवच्छेदः अयोगव्यवच्छेदोऽत्यन्तायोगव्यवच्छेदश्चार्थः। तत्र विशेष्यसङ्गतएव कारस्थले पार्थ एव धनुर्धरइत्यादौ पार्थान्यतादात्म्यव्यवच्छेदोबुध्यते पार्थान्यतादात्म्या भाववद्धनुर्धराभिन्नपार्थं इति बोधः। पृथिव्यामेव गन्धइत्यत्र पृथिव्यान्यासमवेतत्वाभाववानपृथिवीसमवेतश्चगन्ध इति बोधात्प्रथमेतरविशेषण विभक्ति समभिव्याहृतत्वमपि नियामकमत्र च भावान्वयबोधानुपगमे पृथिव्यामेव आकाशमित्यपि प्रसज्येत तथा चान्ययोगव्यवच्छेदबोधे विशेष्यवाचकपदप्रथमेतरविशेषण विभक्त्यन्यतर समभिव्याहृतैवकारोहेतुः। विशेषणसङ्गतैवकारस्थले अयोगव्यवच्छेदबोधः यथा शंखः पाण्डुरएवेत्यादौ शंखत्वावच्छेदेन पाण्डुरत्वायोगव्यवच्छेदबोधात्। नीलंसरोजंभवत्येवेत्यादौ क्रियासङ्गतैवकारस्थलेऽत्यन्तायोगव्यवच्छेदबोधः अयोगे आत्यान्तिकत्वस्यान्वयितावच्छेदकव्यापकत्वरूपस्य व्यवच्छेदइत्यर्थः। इत्थञ्चान्वयितावच्छेदकसामानाधिकरण्येनायोगव्यवच्छेदः अत्यन्तायोगव्यवच्छेदः। अन्वयितावच्छेद कावच्छेदेनायोग व्यवच्छेदोऽयोग व्यवच्छेद इति परिभाषेतिध्येयम्। आख्यातस्येति। आख्यातत्वंनजातिः। तिप्त्वादिनासाङ्कर्यात्। नापिदशलकारसाधारणं लत्वन्तत् तन्मात्र साधारणस्यैकस्यनित्यादि लादेशस्थलेप्याख्यातार्थप्रतिबोधापत्तिरिति विभाव्यते तदभावात्। किन्तु रूढिसम्बन्धेनाख्यातपदवत्वं तत्। यदिचलकारेष्वे वाभियुक्तानामाख्यातपदरूढिः तथाच पंचलत्वस्य(दो)तिप्त्वतस्त्वादिकमेव विशिष्यशक्ततावच्छेदकम्बोध्यं। नचैवं केवलतिप्पदादपि कर्तृबोधापत्तिः। आनुपूर्वीज्ञानस्यापि स-

तस्य तावच्छक्त एवमकारःपचतीत्यस्य पाकङ्करोतीति विवरणात् । व्यवहारवद्विवरणादपि शक्तिनिर्णयात् । तथाच-

---

हकारित्वात्; पाकोयत्नश्चेति निराकाङ्क्षवाक्यात् ‡ पचतीत्यत्रेव पाकानुकूलयत्नबोधापत्तिवारणायाख्यातपदजन्यपाकानुकूलयत्नविषयकशाब्दबोधंप्रति तिबादिपदनिष्ठपचादिधात्ववयवहितोत्तरत्वरूपानुपूर्वीज्ञानस्य हेतुत्वकल्पनाया आवश्यकत्वात् । यत्न एवेति । यत्नत्वं शक्यतावच्छेदकमित्यर्थः । नच पाकगोचरनिवृत्तिकालेपचतीति प्रयोगापत्तिरिति वाच्यं । प्रवृत्त्यभावातिरिक्त निवृत्त्याख्ययत्ने मानाभावात् । विलक्षण विषयतासम्बन्धेन वा पाकस्य कृतावन्वयेनादोषत्वाच्च । करोतीति । पूर्वोच्चरितवाक्यस्योत्तरवाक्येनार्थ कथनं हि विवरणं । तथाच यत्नत्वविशिष्ट शक्तकधातुनाऽख्यातस्य विवरणादाख्यातस्य यत्नवाचकत्वमिति भावः । कृञश्च यत्नाभिधायकत्वं सिद्धमेव । अन्यथा तस्य व्यापारवाचकत्वे व्यापारजन्यत्व प्रतिसन्धानाविशेषेपि यत्नजन्यत्व प्रतिसन्धाना प्रतिसन्धानाभ्यां पटांकुरयोः कृता कृतव्यवहारानुपपत्तेः । ज्ञातीत्यत्रेव कर्तृत्यत्रापि कृत्याश्रयबोधाच्च । तथाऽख्यातपदं यत्नत्वावच्छिन्ने शक्तं यत्नत्वावच्छिन्नशक्तकरोतिधातु प्रतिपादितार्थकत्वात् । यद्यद्धर्मावच्छिन्नशक्त प्रतिपादितार्थकम्भवति तत्तद्धर्मावच्छिन्ने शक्तं भवतिपाकत्व विशिष्टे शक्त पाकपदप्रतिपादितार्थकपचधातुवदिति सामान्यतोदृष्टानुमानेन विवरणस्य शक्तिग्राहकत्वात् । ननु विवरणस्य शक्तिग्राहकत्वे किं मानमत आह । व्यवहारवदिति । तथा सति तुल्ययुक्त्या व्यवहारस्यापि शक्तिग्राहकत्वानुपपत्तेरिति भावः । तथाचोक्तं । "शक्तिग्रहं व्याकरणोपमानकोशाप्तवाक्याद्व्यवहारतश्च । वाक्यस्य शेषाद्विवृतेर्वदन्ति सान्निध्यतः सिद्धपदस्य वृद्धाइति" । नच विवरणस्य शक्तिग्राहकत्वेयत्र कर्तुरपि विवरणत्वात्तत्रापि शक्तिः स्यादिति वाच्यं । असतिबाधके इत्यनेन विशेषणाद्धर्मिणि अन्यलभ्यत्वस्यैव बाधकत्वात् एवं आख्यातस्य व्यापार वाचकत्वे किं करोतीति यत्नप्रश्ने पचतीत्यस्योत्तरत्वानुपपत्तिरपि । तथाहि । यद्धर्मविशिष्टे यद्धर्मावच्छिन्नस्य सम्बन्धः प्रश्नवाक्यात्प्रतीयते तदुत्तरवाक्यात्तद्धर्म विशिष्ट एव तद्धर्मव्याप्यतद्धर्मावच्छिन्न सम्बन्धस्तेत्प्रतीतो भवति तदैव प्रश्नोत्तरभावनिर्वाहः । यथाकस्माद्घट इति प्रश्ने दण्डाद्घट इति उत्तरं नतु दण्डाद्द्रव्यमिति । एवं च

रथो गच्छतीहयत्र न मुख्यः प्रयोगः। रथादीनामचेतनतया गमनानुकूलप्रयत्नशून्यत्वात्। नापि लक्षणा। विभक्तौ लक्षणानङ्गीकारात्। अन्यथा व्यत्ययानुशासनवैयर्थ्यात्। अतः सिद्धं हत्यंतरेणेति चेन्न। व्यत्ययानुशासनबलाद्विभक्त्यर्थेऽन्यस्मिन्न लक्षणा नत्वन्यत्रापि। इह च न विभक्त्यर्थे लक्ष-

---

कञोयत्नार्थकत्वात्किं करोतीति यत्नत्व विशिष्टे प्रश्ने पचतीत्यनेन व्यापारत्व विशिष्टे पाकसम्बन्धबोधेजातेपि नोत्तरत्वनिर्वाह इत्याख्यातस्यापि यत्नत्वविशिष्टवाचकत्वमवसेयमिति निगर्वः। तथा चेति। आख्यातस्य यत्नवाचकत्वे चेत्यर्थः। न मुख्येति। नाख्यातस्य शक्त्या प्रयोगइत्यर्थः। मुख्यार्थबाधमेवाह। रथादीनामिति। नापीति। लक्षणा। गमनानुकूल व्यापारे लक्षणा। अन्यथेति। विभक्तौ लक्षणाङ्गीकार इत्यर्थः। व्यत्ययेति। व्यासस्य कृतिः भारतस्य श्रवणमित्यादौ कर्तृकर्मकृद्योगेषष्ठीतः कर्तृत्वकर्मत्वबोधोऽनुभवसिद्धः। तथाच कर्मणिद्वितीया कर्तृकरणयोस्तृतीयेत्यनेन कर्मत्वकर्तृत्वार्थकत्वेन द्वितीया तृतीये विहितेशेषेषष्ठीत्यनेन च सम्बन्धसामान्ये षष्ठी विहितेति षष्ठीतः कर्तृत्व कर्मत्वबोधः कथ मतः कर्तृकर्मणोः कृतीति व्यत्ययानुशासनेन षष्ठ्याअपि कर्मत्वाद्यर्थकत्वमभिहितं। यदि च विभक्तौ लक्षणाङ्गीकारएव तदातत्सूत्रं विनैव लक्षणया कर्मत्वादिबोधस्योपपादयितुं शक्यतया तत्सूत्रानर्थक्यं स्यादित्यर्थः। अत इति। रथोगच्छतीत्यादौ गमनानुकूलव्यापारबोधस्य शक्तिलक्षणाभ्यामुपपादयितुमशक्यत्वादित्यर्थः। व्यत्ययेति। कर्तृकर्मणोः कृतीतिव्यत्ययानु शासनवलादित्यर्थः। विभक्त्यर्थेऽन्यस्मिन्निति। अनुशासितविभक्त्यर्थातिरिक्त विभक्त्यर्थे इत्यर्थः। नत्वन्यत्रापीति। अनुशासित विभक्त्यर्थातिरिक्त विभक्त्यर्थभिन्नेपि न लक्षणा इत्यर्थः। इह चेति। रथोगच्छतीत्यादौ आख्यातस्थले चेत्यर्थः। किन्तु व्यापार इति। व्यापरस्यनकस्याअपि विभक्तेरर्थ इत्यर्थः। तथाच विभक्तौ लक्षणास्त्येव। व्यत्ययानुशासनभिया विभक्तौ लक्षणा नास्तीति प्रवादस्तु एक विभक्तेरन्य विभक्त्यर्थे लक्षणानास्तीत्यभिप्रायकः। अन्यविभक्त्यर्थोऽनुशासित विभक्त्यर्थातिरिक्तोग्राह्यः। एवं च रथोगच्छतीत्यादौ आख्यातस्यानुकूलव्यापारलक्षणायां बाधकाभा-

र्णा । किन्तुव्यापारे । दृश्यते च विभक्त्यर्थेष्वानुशासनिकीलक्षणा । यथा क्तद्योगे षष्ठ्याः कर्मत्वे । नच कर्मत्वमपि सम्बन्धः सच शक्यएवेति नलक्षणा । कर्मत्वत्वप्रकारकबोधस्य तया विनाऽसम्भवात् । तत्प्रकारकबोधो नभवत्येव किन्तुसम्बन्धत्वप्रकारकइति चेन्न । अनुशासनवैयर्थ्यात् । द्वितीवान्न वृत्यन्तर कल्पनमिति भावः । अनुशासित विभक्त्यर्थातिरिक्त विभक्त्यर्थे न लक्षणेत्यत्र अन्यस्मिन्नित्यस्य व्यावृत्तिं प्रदर्शयितुं आनुशासनिक लक्षणास्थलं दर्शयति । दृश्यते चेति । क्तद्योगे । क्तप्रत्यययोगे । कर्मत्वे लक्षणेति पूर्वान्वयि । यथा भारतस्य श्रवणं ग्रामंगन्तेत्यादौ भारतकर्मक श्रवणग्रामकर्मक गमनबोधः । ननु शेषेषष्ठीत्यनेन सम्बन्धमात्रे षष्ठीविधानात्कर्मत्वमपि शक्त्यैव षष्ठ्याबोध्यतां किं तत्र लक्षणयेत्या शंकते । नचेति । सच । सम्बन्धश्च । शक्यएव । षष्ठ्याशक्य एव । न लक्षणा । न कर्मत्वेलक्षणा । कर्मत्वत्वेति । सम्बन्धत्वस्यैव षष्ठीशक्यतावच्छेदकतया ततः कर्मत्वत्वप्रकारकबोधस्य विनालक्षणामुपपादनासम्भवादित्यर्थः । तया । लक्षणया । तत्प्रकारकेति । कर्मत्वत्वप्रकारकेत्यर्थः । किन्त्विति । सचशक्त्यैवेति भावः । अनुशासनेति । कर्तृकर्मणोः कृतीति व्याकरणानुशासनेत्यर्थः । षष्ठीतः कर्मत्वबोधनार्थंहितत् । तच्च शेषे षष्ठीत्यनेनैव सम्बन्धत्वेन कर्मत्वबोधोपपत्तौ निरर्थकंस्यादिति भावः शंकते । द्वितीयया इति । तृतीया इत्यपि बोध्यं । असाधुत्वं । व्याकरणानिष्पन्नं तत् । अनुशासनं । भारतस्य श्रवणमित्यत्र कर्मणिद्वितीयेति सूत्रेण भारतं श्रवणमिति प्राप्तं तन्निषिध्यते । कर्तृकर्मणोः कृतीत्यनेन कर्तृकर्मबोधार्थं षष्ठ्येव साधुनतु द्वितीया तृतीया वेति द्वितीयाया असाधुत्व प्रतिपादकतयैव तत्सार्थकं । षष्ठीतु शेषे षष्ठीतु । शेषे षष्ठीत्यनेनैवेति भावः । निष्ठादीति । कर्तृकर्मणोः कृतीत्यनेन यदि कर्तृकर्मकृद्योगे कर्तृत्वत्वबोधार्थं षष्ठीविहितास्यात्तदानिष्ठा दियोगेपि तस्याः प्रसक्तौ नलोकाव्ययनिष्ठाखलर्थतृणामित्यनेन निष्ठादियोगे षष्ठीनिषेधोयुक्तः स्यात् तच्च न भवन्मत इति भावः । एतत्सूत्रार्थोहि । नलोकेति । एषांयोगे षष्ठीनस्यात् । कर्तृकर्मणोः कृतीत्यनेन प्राप्ताषष्ठीनिषिध्यते । लः । लादेशः । यथा ओदनपंचन् पचमान

याऽसाधुत्वज्ञापकसत्त्वासनमिति चेन्न । निष्ठादिवर्जनवैफल्यात् । तत्र द्वितीयायाः साधुत्वज्ञापकत्वादिति चेन्न । कृत्ययोगे विकल्पविधानवैयर्थ्यात् । अनिषेधेनैव तृतीयोपपत्तेः । पाक्षिकषष्ठ्यर्थमिति चेन्न । सम्बन्धत्वप्रकारकबोधजनिकायाः शेषवचनादेव सिद्धेः । निष्ठादियोगे शेषषष्ठ्याऽसाधुत्वज्ञापकत्वादिति चेन्न । तद्योगेपि तादृशवक्तृप्रयोगदर्शनात् । किञ्च यदि विभक्तौ न लक्षणा कथन्तर्हि भाविनं घटं जानातीति विषयतायां कर्मत्वशक्ता द्वितीया विषयतैव द्वितीयार्थः । क्रियाजन्यफलशालित्वापेक्षया लघुत्वादिति चेन्न ।

इति । उत्कटश्चिकीर्षुः । कन्याकमिता । उकः । वाराणस्याःकामुकः । लक्ष्म्याः-कामुक इति प्रयोगात् । कर्मभाषायामनिषेधः । अव्ययेकर्तृकृत्वा । क्तक्तवतूनिष्ठा । यथा ओदनं भुक्तवान् देवदत्तेन कृतमिति । खलर्थः । त्वयासुकरं । तृन्निति प्रत्याहारः तेनशानच् प्रभृतीनांग्रहणं । यथा सोमंपवमान इति । शंकते । तत्रेति । निष्ठादियोगे इत्यर्थः । साधुत्वेति । कर्तृकर्मकृद्योगे द्वितीयान साधुकिन्तु षष्ठ्येवेति कर्तृकर्मणोः कृतीत्यनेन विहितं तत्र निष्ठादियोगेपि द्वितीयाया असाधुत्वप्राप्तौ अन्नंपक्वमित्यादौ अन्नस्य पक्वमित्यपिप्रसज्येतेति नलोकेत्यादिनानिष्ठादिवर्जनं । तथाच निष्ठादियोगे द्वितीयैवसाधुः । नतु षष्ठीतिन निष्ठादिवर्जनवैफल्यमित्यर्थः । त्यागइति । तव्यत्व्यानीयर इति कृत्यप्रत्ययाः । तद्योगे कर्तृकर्मणोः कृतीत्यनेन नित्यषष्ठीप्राप्तौ कृत्यानां कर्तरिवाषष्ठीस्यादित्यनेन कर्तरिबोध्ये तृतीयावाभवति षष्ठीवा भवतीति षष्ठीविकल्प्यते यथा देवदत्तेन कर्त्तव्यः कटः देवदत्तस्य कर्त्तव्यः कट इति । इदन्तु तदा सङ्गच्छते यदि कर्तृकर्मणोः कृतीति सूत्रं षष्ठीविधायकं तदा विशेषविधिनिषेधयोः शेषनिषेधाभ्यनुज्ञाफलकत्वमिति न्यायेन द्वितीया तृतीय योर्निषेध मुखेनैव नित्यं षष्ठीप्राप्तौ कृत्यानां कर्तरिवेत्यनेन तृतीयावाभवति षष्ठीवाभवतीति षष्ठीनिषेध मुखेनैव तृतीयायां विहितायां षष्ठीप्राप्त्यर्थं विकल्पेन षष्ठीविधानमिति भवन्मते च

कर्तृकर्मणोः कृतीति सूत्रं द्वितीयायोरसाधुत्वज्ञापकं। नलोकाव्ययनिष्ठाखलर्थतृनामिति च तयोः साधुत्वज्ञापकं तदा कृत्ययोगे तृतीयोपपत्त्यर्थं कृत्यानां कर्त्तरीत्येव सूत्रप्रणयनं स्यात्। नेत्यस्य चानुवृत्तिः। तथाच कृत्यानां योगे षष्ठीनेत्यस्य तृतीया साधुरित्यर्थस्तथाच सामञ्जस्ये कृत्यानां कर्त्तरीति सूत्रस्य विधायकत्वाभावात् षष्ठ्या अनिषेधमुखेन तृतीयोपपत्त्या विकल्पेन षष्ठीविधानमनर्थकमापद्येतेत्याखण्डलार्थः। ननु कर्तृकर्मणोः कृतीत्यनेन तृतीयायाः असाधुत्वबोधनात्कथं तृतीया स्यादतस्तृतीयाविधानमावश्यकं तृतीयाविधाने च विशेष विधिनिषेधयोः शेषनिषेधाभ्यनुज्ञाफलकत्वमिति न्यायेन षष्ठीनिषेधमुखेनैव तृतीयायाः प्रवृत्त्या षष्ठीप्राप्त्यर्थं विकल्पेन षष्ठीविधानमावश्यकमत आह। अनिषेधेनैवेति। षष्ठ्या अनिषेधमुखेनैवेत्यर्थः। तृतीयोपपत्तेः। कर्तृकरणयोस्तृतीयेत्यनेन तृतीयोपपत्तेः। कृत्यानां कर्त्तरीति सूत्रस्य नेत्यस्यानुवृत्त्या नलोकेत्यादिवत् तृतीयायाः साधुत्वज्ञापकत्वं नतु तृतीयाविधायकत्वेन षष्ठीनिषेधकत्वमिति षष्ठ्या अनिषेध मुखेनैव तृतीयोपपत्तौ षष्ठोविधानमफलमिति भावः। षष्ठीप्राप्त्यर्थमेव विकल्पविधानमावश्यकमित्याशंकते। पाक्षिकेति। कृत्ययोगे षष्ठ्या अनिषेधमुखेनैव तृतीयोपपत्तावपि कृत्ययोगे पक्षे षष्ठ्यपि साधुरिति बोधनाय विकल्पविधानमित्यर्थः। सम्बन्धबोधेनेति। कर्तृत्वबोधार्थं हि तृतीया षष्ठी वा कृत्ययोगे विधीयते-सतु शेषे षष्ठीत्यनेन सम्बन्धत्वेन कर्तृत्वमविषयत्वे वेति दिकल्पविधानं वृथा स्यादिति। सम्मते तु कर्तृत्वप्रकारकबोधस्य शेष षष्ठ्या अनिर्वाहात् विकल्पविधानसार्थक्यमिति भावः। शेषवचनादिति। ननु शेषे षष्ठीत्यत्र उक्तादन्यः शेषः उक्तात्कर्तृत्वकरणत्वादन्यः शेष इत्यर्थः। तथाच कथं कर्तृत्वादेर्बोधः षष्ठ्येति चेन्न। कर्तृत्वकर्मत्वाद्यतिरिक्तरूपेण सम्बन्धे षष्ठीत्यस्य तदर्थत्वात्। शंकते। निष्ठादीति। तदिति। विकल्पविधायकानुशासनमित्यर्थः। कृत्यानां कर्तरीति सूत्रस्य नेत्यनुवृत्त्या तृतीयायाः साधुत्वज्ञापकता षष्ठी तु शेषे षष्ठीत्यनेन पाक्षिकषष्ठी उपपन्नेति विकल्पविधानं वृथेत्युच्यते चेत्तदा नलोकेत्यस्यापि साधुत्वज्ञापकतया कृत्ययोगे इव निष्ठादियोगेऽपि शेष षष्ठ्या आपत्तिरिति विकल्पविधानं तेन शेष षष्ठ्यपि कृत्ययोगे साधु नतु निष्ठादियोगे इत्यसाधुत्वज्ञापकतया विकल्पविधानं सार्थकमिति भावः। तद्योगेऽपि। निष्ठादियोगेऽपि। तादृश्याः। सम्बन्धत्वप्रकारकबोधजनिकायाः शेषषष्ठ्याः। बहुशइति दे-

वदत्तस्य कृतमित्यादावित्यर्थः । तदुक्तं नलोकेतिकारकषष्ठ्याः प्रतिषेधः । शेषषष्ठीतुस्यादेव । ब्राह्मणस्य कुर्वन् । सत्यानु रक्तानरकस्य जिष्णवः । छात्रस्य हसितमित्यादि । इक्ष्वाकूणांदुरापेर्थेत्वदधीनाहिसिद्धयः । " अपिवागधिपस्य दुर्वचंवचनं तद्विदधीतविस्मयमित्यादि च " । केचित्तु । इक्ष्वाकूणां सिद्धयइत्यन्वयः । नतु इक्ष्वाकूणां दुरापेर्थेइत्यनेनान्वयः । एवं वागधिपस्य विस्मयमित्यन्वयि । नतु वागधिपस्यदुर्वचमित्यनेनान्वयीतिसमादधुः । (तस्मात्कर्तृकर्मकृद्योगेषष्ठीतः कर्तृत्वत्व कर्मत्वत्व प्रकारकबोधएवोपेयः । एवंचकर्तृ(-)मंणोः कृतीत्यनेन कर्तृत्वत्व कर्मत्वत्व प्रकारकबोधजनिकायाः षष्ठ्याःनिष्ठादियोगेपि प्रसक्तौ न निष्ठादिष्वित्यनेनषष्ठीनिषेधे कृत्यानां कर्त्तरीत्येवसूत्रस्यनेत्यनुवृत्या कृत्ययोगेपि षष्ठीनिषेधे प्राप्ते निष्ठादिष्विवकृत्ययोगेपि षष्ठीनस्यादिति कृत्यानां कर्त्तरिवेतितत्रषष्ठ्याविकल्पविधानं सार्थकमिति शेषषष्ठ्यास्तु प्रसक्तिरेव न तस्याःकर्मत्वत्वादि प्रकारकबोधजननेऽसामर्थ्यादितिषष्ठ्याः कर्मत्वत्वादि प्रकारकबोधजनकत्वं कर्तृकर्मकृद्योगे आवश्यकं तच्च नशक्त्या अनन्यलभ्यस्यैव शब्दार्थत्वादिति कर्मत्वत्वप्रकारकबोधोलक्षणयैवेति विभक्तौवाआनुशासनिकीलक्षणेतिध्येयं । कर्मकृद्योगे षष्ठीतःकर्मत्वत्व प्रकारकबोधस्यविवादेपि विभक्तौलक्षणास्थलान्तरमाह । किञ्चेति । कर्मत्वे-क्रियाजन्यफलशालित्वरूपे । कर्मत्वेशक्ताद्वितीयाकथं विषयतायामित्यन्वयः । विषयतायामिति विषयसप्तमीविषयताचव्यापारानुबन्धिनी तथा च विषयताबोधिका कथमित्यर्थः । तथा च शक्त्याविषयतायाः बोधासम्भवात्तत्रद्वितीयायालक्षणाऽवश्यकीतिविभक्तावपि लक्षणास्वीकार इति भावः । विद्यमानघटस्थलेज्ञानेन ज्ञाततोत्पादनमङ्गी कृत्यक्रियाजन्यफल शालित्वरूपकर्मत्वमपि कदाचित्सम्भवतीतिभाविनमित्युक्तं तत्र पूर्वघटस्या भावेनज्ञातत्तायाजननासम्भवादिति भावः । शङ्कते । विषयतैवेति । द्वितीयार्थः । द्वितीयायाः शक्यार्थः । तथा च शक्त्यैव तद्बोधसम्भवान्नतत्र लक्षणेतिभावः । अत्रविनिगमकमाह । क्रियेति । ग्राममिति ग्रामविषयकत्वस्यागमनेऽभावेनक्रियाजन्यफलशालित्वरूपङ्कर्मत्वं लक्षणयैव त्वन्मतेबोधनीयमिति भावः । आयुष्मतेति । तथा च विभक्तौ लक्षणावश्यकीतिभावः । क्रियाजन्यफलशालित्वस्य विषयत्वापेक्षयागुरुत्वेपितत्र भूरिप्रयोगात्तत्रैव शक्ति रुचितेत्यतउक्तं । विभावनीयमिति । ननुद्वितीयायाः क्रियाजन्यफल-

तर्हि ग्रामङ्गच्छतीत्यत्र कुतः कर्मत्वप्रतीतिर्लक्षणां विनेत्या-
युष्मताविभावनीयम् । आस्तां तत्रापि वृत्त्यन्तरमिति चेन्न ।
क्लृप्तवृत्त्यैवोपपत्तेः । मीमांसकास्तु । अनुकूलव्यापारमात्र-
माख्यातार्थः । रथो गच्छतीत्यादौ मुख्यप्रयोगस्तिङ् इत्याहुः
तन्न । यत्नत्वस्य जातित्वेन तस्यैव शक्यतावच्छेदकत्वात् । न-
त्वनुकूलत्वस्य गुरुत्वात् । कथं तर्हि पाकानुकूलता यत्नस्य
भासत इति चेत् । संसर्गविधयेत्यवेहि । कथं तर्हि जानाति

शालित्वरूपिकर्मत्वएव शक्तिः भाविनं घटं जानातीत्यादौ विषयत्वरूपकर्म-
त्वबोधस्तु विभक्तौलक्षणानङ्गीकारात् वृत्त्यन्तरेणैव भविष्यतीत्याशङ्कते ।
आस्तां तत्रापीति । भाविनं घटं जानातीत्यत्रापीत्यर्थः । क्लृप्तेति । लक्षण-
यैवेत्यर्थः । विभक्तौ न लक्षणेति प्रवादस्तु न श्रद्धेय इति भावः । (वस्तुतस्तु ।
विभक्तौ लक्षणा नास्तीत्यस्य सुब्विभक्तौ लक्षणा नास्तीत्यर्थात्तिङ् विभक्तौ लक्ष-
णा स्वीकार एव । अतएव विद्यते व्योम विद्यते घटः सत्ता तिष्ठतीति प्रयोगा
इति हृदयं । रथो गच्छतीत्यनुरोधादाख्यातस्य व्यापारमात्रमर्थ इति विभ-
क्तौ लक्षणानङ्गीकारेऽपि न क्षतिरिति मीमांसक मतमाह । मीमांसकास्त्विति ।
व्यापारमात्रं । व्यापारसामान्यं न तु यत्न एवेति भावः । मुख्य इति । श-
क्त्याप्रयोग इत्यर्थः । व्यापारत्वस्यैवाख्यातशक्यतावच्छेदकत्वेन यत्नबोधेऽपि
व्यापारबोधे बाधकाभावादिति भावः । तस्यैव । यत्नत्वस्यैव । न त्विति ।
नतु अनुकूलव्यापारत्वस्य शक्यतावच्छेदकत्वमिति विभक्ति विपरिणामेना-
न्वयः । अनुकूलत्वं जनकत्वं तदुत्कीर्तनस्य प्रकारतया भानमभ्युपेत्यागुरुत्वात् ।
यत्नत्वापेक्षयागुरुत्वात् । व्यापारत्वस्य नियतोत्तरवर्त्तित्वरूपजन्यत्वरूपत्वा-
दिति भावः । ननु अनुकूलयत्नत्वस्याख्यातशक्यतावच्छेदकत्वेऽनुकूलत्वां-
शे शक्तेरावश्यकतया यत्नत्वांशं विहायानुकूलमात्र एव शक्तिरास्तामेव च
रथो गच्छतीत्यत्र मुख्यप्रयोग इत्यतः अनुकूलत्वांशं विहाय लाघवाद्यत्नत्वमेव
शक्यतावच्छेदकमित्यवोपेयं । तथाच कथं अनुकूलत्वं प्रतीयत इत्यभिप्राये-
णाशङ्कते । कथं तर्हीति । यत्नत्वस्यैवाख्यात शक्यतावच्छेदकत्वे हीत्यर्थः ।

इच्छति यतते करोतीत्यादयः प्रयोगाः । नहि ज्ञानाद्यनुकू-
लोयत्नोऽस्ति। प्रतीयतेएवेति चेत् । आश्रय तालक्षकत्वादा-
ख्यातस्येति गृहाण । चिन्तामणिकृतस्तु जानातीत्यादौ धा-
त्वर्थ एव चैत्रादौ साक्षादन्वेति। आख्यात प्रतिपाद्यस्य कालः
संख्याच। नतु यत्नोपि। अयोग्यत्वादित्याहुः । तच्चिन्त्यम् ।
नामार्थधात्वर्थयोः साक्षाद्भेदान्वयबोधस्य व्युत्पत्तेः । अन्य-

---

पचतीत्यत्र पाकानुकूलयत्नोभासते तत्रानुकूलताबोधःकथंआख्याता शक्य-
त्वादित्यर्थः । संसर्गेति । पाकयत्नयोः संसर्गविधयेत्यर्थः । अशक्यस्यापि
संसर्गस्य भानोपगमात्। तत्प्रकारकबोधस्तु नानुभवसिद्धइति भावः । कथं-
तर्हीति। व्यापारमात्रस्याख्यात वाच्यत्वेहीत्यर्थः। यतते करोतीतियतीप्रयत्ने-
डुकृञ्करणेइतिधातुभेदे न प्रयोगभेदः । ननु जानातीत्यादौ ज्ञानानुकूलयत्न-
वानितिबोधेबाधकाभावइत्यतआह। नहीति। ज्ञानादीति। आदिनाइच्छादि
परिग्रहः । ननुज्ञानानुकूलयत्नोस्त्येव आत्ममनः संयोगस्यज्ञानासमवायि-
कारणत्वात्। तस्यमनः क्रियाजन्यत्वात् । तस्याश्चप्रयत्नवदात्मसंयोगजन्य-
त्वादतआह। प्रतीयतेवेति । जानातीत्यादौ ज्ञानाश्रयत्वमात्रं प्रतीयते न
तुज्ञानानुकूलयत्नवानितीत्यर्थः । आश्रयतेति । जानातीत्यत्राख्यातस्याश्र-
यत्वेन । लाक्षणिकत्वादित्यर्थः। घटोनश्यतीत्यत्रतुनष्टस्यापि प्रतियोगिता-
सम्बन्धेननाशाश्रयत्वसम्भवेपि प्रतियोगितासम्बन्धावच्छिन्नाश्रयतायांलक्षणा-
यांगौरवात् प्रतियोगित्वमेव तत्राख्यातार्थोवसेयः ।धात्वर्थएव । ज्ञानरूपो-
धात्वर्थएव। साक्षात् । विभक्त्यर्थमद्वारीकृत्य। तथाचाश्रयतासम्बन्धेन ज्ञानं-
चैत्रेऽन्वेतीतिनाख्यातस्य कोप्यर्थइतिभावः। तर्ह्याख्यातं निरर्थकमतआह।
आख्यातेति। प्रतिपाद्यः। लट्त्वेनएकवचनत्वादिना च प्रतिपाद्यः। कालः।
वर्त्तमानादिः। संख्या एकत्वादिरूपा। नतुयत्नोपि आख्यातत्वेनाख्यात प्रति-
पाद्यः। अयोग्यत्वादिति तथा च जानातीत्यादौ नाश्रयत्वलक्षणेति भावः। ना-
मार्थेति। साक्षाद्विभक्त्यर्थ मद्वारीकृत्य। भेदेनेति। अभेदातिरिक्त सम्बन्धेनान्वयबो-
धस्याव्युत्पन्नत्वादित्यर्थः । स्तोकं पचतीति क्रियाविशेषणस्थलेस्तोकस्यपाके
अभेदेनान्वयाद्भेदेति। न चतत्रविशेषणविभक्तेरभेदोर्थ इति वाच्यं। विशेषणवि-

या ओदनः पचतीत्यत्रौदनपाकयोः कर्मतासंसर्गेणान्वयः स्यात् । वस्तुतो जानातीत्यादावाख्यातार्थानवभासे आख्या-तार्थसंख्यान्वयो न स्यात् तस्याख्यातार्थविशेष्यगामित्व-नियमात् । विभक्त्यर्थो विशेषणीभूतो नामार्थविशेष्यः । ते-नचैव मोदनं प च ती त्यत्र तथाविधस्यैव आख्यातार्थविशेष्यो-नत्वोदनः । द्वितीयार्थविशेषणत्वात् । पच्यत इत्यत्र कर्मत्व-

---

भक्तेः साधुत्वार्थकत्वात् । स्तोकः पाक इत्यादावगतेश्च । विभक्त्यर्थस्य प्रकारतया संसर्गतया न भानमिति मते घटमानयेत्यत्र घटस्य कर्मतासम्बन्धेनानयनेऽन्वया-साच्चादिति । न च नकलंजं भक्षयेदित्यत्र कलंजभक्षणं बलवदनिष्टाननुबन्धी-ष्टसाधनत्वाभाववदिति बोधात् । भक्षणे धात्वर्थे नञर्थाभावान्वयाद्व्युत्पत्तिभङ्ग इति वाच्यं । निपातातिरिक्तनामार्थधात्वर्थयोरन्वयस्य व्युत्पत्तेरित्यर्थात् । नञोऽभाववति लाक्षणिकत्वाद्वा । अन्यथेति । नामार्थधात्वर्थयोर्विभक्त्यर्थ-मद्वारीकृत्यापि अभेदातिरिक्तसम्बन्धेनान्वयस्वीकार इत्यर्थः । ओदन इति । ओदनं पचतीत्यत्र विभक्त्यर्थकर्मत्वादेः प्रकारतया संसर्गतया च भानोपग-मात् । यथा ओदनपाकयोः कर्मतासंसर्गेणान्वयः । तथा ओदनः पचतीत्यत्रा-पि कर्मतासंसर्गेणौदनस्य पाकेऽन्वयबोधापत्तेरित्यर्थः । ननु निपातातिरिक्त-त्वमिव सविषयधात्वतिरिक्तत्वमपि देयमत आह । वस्तुत इति । कश्चित् । तन्न-नश्यतीत्यादावगतेः । आस्तां तत्र प्रतियोगित्वे लक्षणेति चेत्किमपराद्धं तर्हि जानातीत्यत्राश्रयत्वे लक्षणया व्युत्पत्तिसङ्कोचेनाप्यनिर्वाहे तदसङ्कोचस्यैव न्याय्यत्वात् । वस्तुतस्तु । ननु नामार्थधात्वर्थयोः साक्षाद्भेदेनान्वयबोधो न स्वीक्रियत इति नियमबलान्नामार्थनिष्ठाभेदातिरिक्तसम्बन्धावच्छिन्नप्रकार-तानिरूपितविशेष्यतावच्छेदकतासम्बन्धेन शाब्दबुद्धित्वावच्छिन्नं प्रतिविभ-क्तिपदनिरूपितवृत्तिज्ञानजन्योपस्थितित्वेन हेतुत्वम् । एवं धात्वर्थनिष्ठ प्रकारतानिरूपितविशेष्यतावच्छेदकतासम्बन्धेन शाब्दबुद्धिं प्रत्यपीति लब्धन्त-त्र च चैत्रस्तण्डुलं पचति मैत्रेण पच्यते तण्डुल इत्यत्रेव चैत्रः पचति तण्डुलः मैत्रः पच्यते तण्डुल इत्यत्रापि तण्डुलस्य कर्मतासम्बन्धेन मैत्रस्य च कर्तृता-सम्बन्धेन पाकेऽन्वयवारणाय नामार्थप्रकारकधात्वर्थविशेष्यकान्वयबोधानुपगमे-

पिधात्वर्थ प्रकारकनामार्थविशेष्यकान्वयबोधोपगमे क्षतिविरहात् द्वि-तीयकार्यकारणभावे मानाभावात् । चैत्रो जानातीत्यादौ आश्रयता-सम्बन्धेनज्ञानरूपधात्वर्थस्य चैत्रे अन्वयेबाधकाभाव: । नच तथासतिज्ञानं चैत्रइत्यत्रापि ज्ञानस्याश्रयतासम्बन्धेनान्वयापत्तिरिति वाच्यं । नामार्थ योरभेदातिरिक्त सम्बन्धेनान्वयाभावादिति व्युत्पत्त्यन्तरेणैव तदापादान-सम्भवात् किञ्चानुपूर्वीज्ञानस्य शाब्दबोधहेतुतया ज्ञान प्रकारकाश्रयता संसर्गकचैत्रविशेष्यकशाब्दबोधं प्रतिज्ञाधातुसमभिव्या हृताख्यातसमभि-व्याहृत चैत्रपदज्ञानत्वेन हेतुत्वादेवतद्वारणसम्भवात् । भवन्मतेप्या श्रयत्वप्रकारकशाब्दबोधेतादृशसमभिव्याहार ज्ञानहेतुताया आवश्यकत्वात् । अन्यथा ज्ञान माश्रयत्वं चैत्रश्चेत्यतोपि तदापत्ते: । अथैवं पचतीत्यत्रापि स्वानुकूलकृतिमत्त्व सम्बन्धेनपाकस्य चैत्रेऽन्वयोपपत्ते: कृतेरप्याख्यातार्थ त्वविलोप प्रसङ्गइति चेन्न । नपचति चैत्र इत्यत्र वृत्यनियामकसम्बन्धस्या-भाव प्रतियोगितानवच्छेदकतया अनुकूलकृतिमत्त्वसम्बन्धावच्छिन्नप्रति-योगिताक पाका भावस्य बोधासम्भवात् । आश्रयतासम्बन्धावच्छिन्नप्रति-योगिताक पाका भावबोधोपगमे पचत्यपि न पचतीति प्रसङ्गात् । न च पचतीत्यत्र पाककृतिमांश्चैत्र इत्याख्यातार्थ प्रकारकशाब्दबोधोदयेनाख्यात जन्यकृत्युपस्थिते: कारणत्वकल्पने तत्तदर्थनिवेश्यात्मनिष्ठ प्रत्यासत्या आ-ख्यात जन्योपस्थिते हेतुत्वकल्पने गौरवेणलाघवाद्धात्वर्थ प्रकारकशाब्द-बोधंप्रति प्रत्ययजन्योपस्थिते: समानविशेष्यताप्रत्यासत्याहेतुत्वकल्पनादा-ख्यातस्य जानातीत्यादौ आश्रत्वार्थकत्व मावश्यकमिति वाच्यं । सामान्यत: धातुत्वस्य प्रत्ययत्वस्य चैकस्याभावेन सामान्यतस्तथाहेतुत्वासम्भवात् । विशिष्यहेतुत्वे च जानातीत्यादौ तदकल्पनात् । यत्तु जानातीत्यत्र घटादौ स्वारसिकलक्षणा ग्रहकाले ज्ञानीयो घट इति शाब्दोत्पत्त्याज्ञान प्रकारक घटा दिविशेष्यक शाब्दबुद्धित्वावच्छिन्नं प्रतिज्ञाधातुसमभिव्याहृताख्या-त जन्यघटाद्युपस्थितित्वादिना हेतुत्वकल्पने घटत्व पटत्वादिनिवेशगौ-रवात् । ज्ञाननिष्ठ प्रकारतानिरूपितविशेष्यतावच्छेदकतासम्बन्धेनशा-ब्दबुद्धित्वावच्छिन्नं प्रतिआख्यातपदनिरूपितवृत्तिज्ञानजन्योपस्थिते: प्रका-रतासम्बन्धेन हेतुत्वकल्पनादाश्रयत्वेलक्षणावश्यकी । अथ आख्यात पदजन्यपटाद्युपस्थिति कालेपि ज्ञानीयो घट इति शाब्दबोधस्यात्मनि

समवायेनापत्तिः । समवायेन तादृशशाब्दहेतौ ज्ञानीयो घट इति योग्यता ज्ञानस्य समवायेन सत्वादिति विषयंनिवेश्य पद जन्यपदार्थोपस्थिते र्हेतुत्वमावश्यकं । न च योग्यताज्ञानस्यापि विशेष्यतावच्छेदकता प्रत्यासत्यैव हेतुत्वमिति वाच्यं । तथापि भिन्नविषयकानुमिति सामग्र्यभावरूप कारणबलादात्मनितथाविध शाब्दबोधापत्ते दुर्वारत्वादिति चेन्न । पद जन्य पदार्थोपस्थितेः तत्तद्विषयंनिवेश्यात्मनिष्ठ प्रत्यासत्याहेतुत्वे तत्तद्विषयकत्वैःसहविनिगमनाविरहेण गौरवात् विशेष्यतावच्छेदकताप्रत्यासत्यैवहेतुत्वं । घट त्वादिवृत्तिविषयता सम्बन्धेन ज्ञानत्वावच्छिन्नं प्रति घटत्वादिवृत्तिविषयतासम्बन्धेन ज्ञानत्वेन हेतुत्वान्तरकल्पनेन चदर्शितापत्तिवारण सम्भवात् । ज्ञाधातुममभि व्याहृताख्यात पद जन्योपस्थिति विशिष्ट घटत्व प्राकारक ज्ञानस्य विरोधिसामग्र्यभावेन ज्ञानीयो घट इति शाब्दबोधेजननीयेसहकारित्वात् प्राकारतासम्बन्धेन स्वाधिकरणविषयतासम्बन्धेन वृत्तित्वरूप सामानाधिकरण्य सम्बन्धेन च तथोपस्थितिवैशिष्ट्यं घटत्वज्ञानेऽवसेयम् । इत्थञ्चाख्यातपदजन्यघटोपस्थितिकाले भिन्न विषयकानुमिति सामग्र्यभावरूपकारणबलान्ना त्मनिज्ञानीयो घट इति शाब्दबोधापत्तिः आख्यात पद जन्योपस्थिति विशिष्ट घट त्वज्ञानरूपसहकार्यभावात् । न च पुरुषान्तरस्याख्यात पद जन्य घटोपस्थितिकाले तथा विधसहकारिसत्त्वादापत्तिरिति वाच्यं । एकात्मसमवेतस्यान्यात्मन्या पत्तिवारणायतत्तदात्मसमवे तत्वावच्छिन्नं प्रतितादात्म्यप्रत्यासत्त्यातत्तदात्मत्वेनापि हेतुतयातत्पुरुषीयाख्यात पद जन्योपस्थिति विशिष्टतत्पुरुषीय घटज्ञान विशिष्टतत्तदात्म विशिष्टविरोधि सामग्र्यभावस्यतत्तदात्मनि ज्ञानीयो घट इति शाब्दबोधसामग्रीत्वात् । तत्तदात्मनि घटत्वज्ञान वैशिष्ट्यमेककालीनत्वसम्बन्धेन विरोधिसामग्र्यभावेनतत्तदात्म वैशिष्ट्यञ्चतादात्म्य विशेषणतोभय घटित सामानाधिकरण्य सम्बन्धेनेति । इत्थञ्च ज्ञानमनिष्ठ प्रकारतानिरूपितविशेष्यतावच्छेदकता सम्बन्धेन शाब्दबुद्धिं प्रतिज्ञाधातुसमभिव्याहृता ख्यात पद जन्योपस्थितेः प्रकारता सम्बन्धेन हेतुत्वात् । चैत्रो जानातीत्यादौ चाश्रयत्वलक्षणावश्यकीति । तदसत् । तदादिपदेनापि ज्ञानीयो घट इति शाब्दबोधजननात् । तत्र तथाविधाख्यात पद जन्योपस्थितेरभावे न व्यभिचारात् । तथोपस्थिति विशिष्टशाब्दत्वमेव तर्थोपस्थितेः

कार्यतावच्छेदकमुपेयं । एवं च तथोपस्थिति विरहितथोपस्थिति विशिष्ट शाब्दबोधानुपपत्तावपि तदनुत्तरशाब्दबोधस्य जानातीत्यादावुपपत्तौ बाधकाभावः । ज्ञाधातुसमभिव्याहृताख्यातसमभिव्याहारज्ञानरूप कारण बलादाश्रयता संसर्गकबोधोपगमात् । न चाश्रयता सम्बन्धेन ज्ञान प्रकारक शाब्दबोधे ज्ञान प्रकारक योग्यता ज्ञानस्य कारणत्वकल्पनेनैतन्मते गौरवमिति वाच्यं । भवन्मतेऽपि ज्ञानाश्रयत्व प्रकारक चैत्रविशेष्यक शाब्दबोधे तथाविधयोग्यताज्ञान हेतुताया आवश्यकत्वात् । आश्रयत्वस्यापि सम्बन्धं निवेश्ययोग्यताज्ञान हेतुत्वस्य कल्पने भवन्मतएव गौरवाच्च । मन्मते वाश्रयत्वस्यैव संसर्गत्वान्न तस्यापि सम्बन्धनिवेशः । न च ज्ञाधातुसमभिव्याहृताख्यातस्ययत्र ज्ञानाश्रयत्वेलक्षणातत्र भवतापि ज्ञानाश्रयत्व प्रकारक योग्यताज्ञानस्य हेतुत्वंकल्पनीयमिति वाच्यं । आश्रयतायाः संसर्गतावादिना ज्ञानाश्रयत्वप्रकारकबोधस्यानुपगमात् । एतेनयत्र ज्ञाधातुसमभिव्याहृताख्यातस्य ज्ञानाश्रयत्वेलक्षणा तत्र भवतापि ज्ञानाश्रयत्व प्रकारक शाब्दबोधे ज्ञाधातुसमभिव्याहृताख्यात पदनिरूपितशक्ति ज्ञान जन्याश्रयत्वोपस्थिते र्हेतुत्वस्यक्लृप्तया क्लृप्तेनैवनिर्वाहादाश्रयत्वेलक्षणा सर्वथावश्यकीति परास्तं । तथा सति यत्र चैत्रपदएवाश्रयता सम्बन्धेन ज्ञान विशिष्ट चैत्रे लक्षणातत्र चैत्रपदजन्यज्ञानविशिष्ट चैत्रोपस्थितेः क्लृप्ततया चैत्रो जानातीत्यत्र चैत्र पदादेवाश्रयता सम्बन्धेन ज्ञानवांश्चैत्र इति बोधस्यापि क्लृप्तेनैवोप पादयितुमयापि शक्यत्वात् । न चैवं जानातीत्यस्य वैयर्थ्यमिति वाच्यं । आख्यातत्वेनाख्यातस्येव जानातीत्यस्य सर्वस्यैवतात्पर्य ग्राहकत्वोपगमस्य सुवचत्वात् । किञ्च जानातीत्यत्र ज्ञानाश्रयत्व प्रकारक बोधस्यैवानुपगमेन क्लृप्तेनोपपत्त्यभावात् । तस्मादा श्रयता सम्बन्धेन ज्ञानस्य चैत्रेऽन्वये बाधकाभावेना श्रयत्वेलक्षणावैयर्थ्यमतआ इवस्तुत इति । केचित्तु । यत्र ज्ञाधातोर्ज्ञाना श्रयत्वे लक्षणातत्र ज्ञानस्य धात्वर्थैकदेशतया चैत्रेऽन्वयासम्भवेन ज्ञाना श्रयत्व प्रकारक एव शाब्दबोधउपगन्तव्य इति तत्र ज्ञानाश्रयत्वप्रकारक शाब्दबोधेतत्प्रकारक योग्यताज्ञान हेतुत्वमुभयसिद्धं । आश्रयता संसर्गक शाब्दबोधाङ्गीकर्तृमते त्वाश्रयता संसर्गक योग्यताज्ञान कारणत्वकल्पन मधिकं । न च तच्छब्देनयत्राश्रयता सम्बन्धेन ज्ञानविशिष्टचैत्रशाब्दबोधस्तत्रा श्रयता

संसर्गक योग्यताज्ञान हेतुत्वमप्युभयसिद्धमिति वाच्यं । तत्र शाब्दबोधे पदार्थान्तरभाननियमेन ज्ञानविशिष्ट चैत्रमात्रविशेष्यक योग्यताज्ञानस्य विशिष्टचैत्रादिमात्रविशेष्यकशाब्दबोधहेतुतायाः क्वचाप्यक्लृप्तत्वात् । न च तथापिभिन्न विषयक प्रत्यक्षादिकं प्रति जानातीत्यानुपूर्वी ज्ञान घटित ज्ञाधातु जन्य ज्ञानोपस्थिति घटित शाब्दसामग्र्याः प्रतिबन्धकतायां आख्यातजन्याश्रयत्वोपस्थितिके निवेशे गौरवमिति वाच्यं । ज्ञानाश्रयत्वाभाववांश्चैत्रस्सुन्दर इति विशिष्टवैशिष्ट्यावगाहि प्रत्यक्षे जानाति चैत्र इत्यानुपूर्वीज्ञान ज्ञाधातु जन्योपस्थिति घटित शाब्दसाग्र्याः प्रतिबन्धकत्वाधिक्यात् । मन्मते आश्रयत्व प्रकारकोपस्थितिकाले बाधबुद्धिसम्भवेन तादृशसामग्र्योर्युगपदसम्भवेन क्लृप्तेनैवोपपत्तेरित्याहुः । तच्चिंत्यम् । एवंसति विशेषणविभक्तेरप्यभेदार्थकत्वापत्तेः । तत्रापि नीलाभेदाभाववान् घट इति प्रत्यक्षादौ नीलोघट इति शाब्दसामग्र्याः बाधमुद्रया प्रतिबन्धकतयैवोपपत्तेरतिरिक्तप्रतिबन्धकत्वाकल्पने लाघवसम्भवात् । इष्टापत्तौ च विशेषणविभक्तेः साधुत्वमिति सिद्धान्तव्याकोपइत्यास्तांविस्तरः । आख्यातार्थेति । आख्यातत्वेनाख्यातार्थबोधिइत्यर्थः । तस्याः । आख्यातार्थसंख्यायाः । आख्यातार्थेति । संख्यायाः कालातिरिक्ताख्यातार्थस्य भावनायां यद्विशेष्यन्तद्गामित्वनियमादित्यर्थः । भावनान्वयिन्येव संख्यान्वय इति नियमात् संख्याकालातिरिक्ताख्यातार्थोहि भावनेत्यभिधीयत इति भावः । नन्वाख्यातार्थविशेष्यः कइत्याकांक्षायामाह । विभक्त्यर्थाविशेषणीभूत इति नामार्थइत्यनेन विभक्त्यर्थनिरासः । न च पचतीत्यत्र वर्तमानत्वरूपाख्यातार्थस्य कृतिरेवविशेष्येति कथमीदृशनियम इति वाच्यं । आख्यातार्थविशेष्य एव संख्यान्वय इति नियमप्रविष्टाख्यातार्थविशेष्यस्याचाभिधानादिति भावः । उपपादनपुरः सरंविभक्त्यर्था विशेषणीभूतइत्यस्य व्यावृत्तिमाह । तेनेति । विभक्त्यर्था विशेषणीभूतस्यैव नामार्थस्याख्यातर्थस्य विशेष्यत्वादेवेत्यर्थः । तथाविध विभक्त्यर्थाविशेषणीभूतप्रथमायाः साधुत्वादिति भावः । द्वितीयार्थेति । द्वितीयार्थे कर्मत्वे विशेषणत्वादित्यार्थः । कर्माख्यातस्थलेप्याह । पच्यत इत्यत्रेति । चैत्रेण पच्यते तण्डुल इत्यत्र कर्म, तण्डुलः आख्यातार्थ विशेष्यः । न कर्ता । न चैत्रः । तृतीयार्थेति । तृती-

कर्त्ता' तृतीयार्थीवरुद्धत्वात्। स्थीयत इत्यत्र स्थित्यनुकूलाकृतिरिति। आख्यातार्थे कस्यापि न विशेष्यत्वमिति संख्यानन्वितैव, अत एवौत्सर्गिकमेक वचनमेवेत्यूचुः। धात्वर्थविशेष्य-

---

यार्थेन कर्तृत्वेनावरुद्धत्वात्। कर्तृत्वे विशेषणत्वादित्यर्थः। ननु चन्द्रइव मुखमस्तीत्यदौ चन्द्रपदार्थे इवार्थे वा भावनान्वयापत्तिः। तस्य विभक्त्यर्था विशेषणीभूतनामार्थत्वात्। न च विभक्त्यर्थाविशेषणीभूतइत्यस्येतराविशेषणत्वमर्थइति वाच्यं। चन्द्रइव मुखंचद्रोराजतेइत्यत्र चन्द्रे तदन्वयानुपपत्तिरिति चेन्न। प्रकृत पद जन्यशाब्दबोधे विशेष्यत्वाभाववत्वे सति यत् इतरविशेषणत्वंतदभाववत्वे सतीत्यस्यतदर्थत्वात्। वस्तुतस्तु। चन्द्रइव मुखमस्तीत्यादौ नामार्थयोरिति व्युत्पत्तौअव्ययनिपातातिरिक्तत्वविशेषणाभावात् चन्द्रपदं चन्द्र सदृशलक्षकं इवपदं तात्पर्य्य ग्राहकमिति मते चन्द्र सादृश्य विशिष्टे मुखेभावनान्वये विशेषणांशेपितदन्वयेन चन्द्रपदार्थेतदन्वये इष्टापतिः। तत्रइवपदस्य निरर्थकतया तदर्थाभावादेवनाति प्रसङ्गः। इवपदस्य सार्थकत्वेपि चन्द्र पदोत्तर प्रथमायाः प्रतियोगित्वार्थकतया इवपदस्य च सादृश्यार्थकतया चन्द्रस्य विभक्त्यर्थाविषेषणीभूतनामार्थत्वाभावात्। इवपदार्थे सदृशे च विशिष्टेतदन्वये विशेषणांशेतदन्वये इष्टापादनमेवेति प्रतिभाति। ननु चैत्रेण स्थीयत इत्यत्र संख्यानन्वयापत्तिः। तत्र विभक्त्यर्था बिशेषणीभूत नामार्थाभावेन भावना विशेष्या भावात्। अतः इष्टापत्त्या-परिहरति। स्थीयतइत्यत्रेति। संख्येति। भावनान्वयिन्येव संख्यान्वयनियमादत्रभावनाया अनन्वयेन संख्यायाअप्यनन्वय इत्यर्थः। अतएव भावाख्यातस्थले संख्याया अनन्वयादेव' औत्सर्गिकमिति। स्वाश्रयस्य द्विवहुत्वेपि संख्याया अनन्वयात्प्रथमोपस्थितत्वात्साधुत्वार्थमेकवचनमित्यर्थः। भावाख्यातस्थले प्रकारांतरेणबोधं कस्य चिन्मतेनाह। धात्वर्थेति। चैत्रेणस्थीयते इत्यत्र चैत्रकर्तृका वर्तमानस्थितिरित्यर्थः। नन्वेवं भावना विशेष्यएव संख्यान्वयात् धात्वर्थस्य च भावनाविशेष्यत्वात् द्विवचनापत्तिरित्याशंकते। न चैवमिति। एवं। धात्वर्थ विशेष्यकान्वयस्वीकारे। धात्वर्थस्य स्थित्यादेर्द्विबचनापत्तिः। द्वित्वस्यतत्राबाधादिति भावः। असाधुत्वादिति। देवदत्तेन-

कोऽत्रान्वयबोधः। नचैवं धात्वर्थस्य द्वित्वादि विवक्षया द्विव-चनाद्यापत्तिः। असाधुत्वादित्यपि कश्चित् स्यादेतत्। आ-ख्यातार्थःकालः कृत्यर्थे अन्वेति इति चेत्। एकपदोपात्तत्वप्र-त्यासत्त्या कृतावित्यवेहि। धात्वर्थइत्यपरे। कथमन्यथा जा-नातीत्यादौ ज्ञाने वर्त्तमानत्वादि प्रतीयेतेति। स्यादेतत्।

स्थीयतेदेवदत्ताभ्यां स्थीयते देवदत्तैः स्थीयते इत्येकवचनमेवात्रसाध्विति भावः। चैत्रःपचतीत्यादौ प्रथमांतार्थ एव भावनायाअन्वयात् भावनायां-धात्वर्थस्य विशेषणत्वेनैवान्वयस्य क्लृप्तत्वात्। भावना विशेषणकधात्वर्थ विशेष्यकान्वयस्वीकारे गौरवमेवात्रास्वरसः कश्चिदित्यने न सूचितः। आख्या-तार्थः कालः वर्तमानत्वादिः। एकपदेति। एकेनपदेनाख्यातेनोपात्तत्वा द्भावनायां वर्तमानत्वान्वयइत्यर्थः। न च संख्यायामेव कुतो न कालान्वयः समानपदोपात्तत्वाविशेषादिति वाच्यं। तर्हि पक्षेपि प च तीतिप्रयोगःस्या त्संख्यायां वर्तमानत्वस्य सत्वादिति भावः। धात्वर्थइति। चैत्रः पचतीत्यादौ वर्तमानोयः पाकः स्तदनुकूलकृतिमानितिबोधः। इदमेव मतमुपपादयति। कथमन्यथेति। वर्तमानत्वादेर्धात्वर्थेऽन्वये जानातीत्यादौ कृतेर्बाधादाश्र-यत्वेलक्षणा। आश्रयत्वे च वर्तमानत्वादेरन्वयासम्भवाद्धात्वर्थ एवान्वयो वाच्यः। एवं चाख्यातार्थ वर्तमानत्वादिनिष्टप्रकारतानिरूपित विशेष्य-ताविच्छेदकता सम्बन्धेनशाब्दबोधं प्रति प्रकारतासम्बन्धेनधातुजन्योप-स्थितेः कारणत्वात्तेनैवनिर्वाहे आख्यातार्थकृतौ कालान्वयस्वीकारे कार्यका-रण भावान्तरकल्पने गौरवमेव पूर्वकल्पे। अस्वरसइतिद्रष्टव्यं। भविष्य-त्वेति। स्यतासील्लृलुटोरित्यनुशासना द्भविष्यत्वंल्लृडर्थः। अतीते लुङ् इत्यनु-शासनाच्चातीतत्वं लुङर्थ इत्यर्थः। ननु भविष्यत्वं वर्तमान प्रागभाव प्रति-योग्युत्पत्तिकत्वं अतीतत्वं च वर्तमानध्वंस प्रतियोग्युत्पत्तिकत्वं। एवं च घ-टो भविष्यतीत्यत्र भूसत्तायामिति भूधातोरुत्पत्तिरेवार्थः। आख्यातस्य चाश्र-यत्वमर्थः। तत्राख्यातार्थाश्रयत्वे भविष्यत्वादेरन्वयासम्भवाद्धात्वार्थो त्पत्ता-वेवान्वयो वाच्यः। तथा च वर्तमान प्रागभाव प्रतियोग्युत्पत्तिका या उत्प-त्तिस्तदाश्रयो घट इत्यन्वयबोध स्वीकारे उत्पत्तेरप्युत्पत्त्युपगमेऽपसिद्धान्ता

भविष्यताऽतीतत्वेऽप्याख्यातविशेष वाच्ये। भविष्यत्वं च विद्यमानप्रागभाव प्रतियोगित्वं। विद्यमानध्वंसप्रतियोगित्वं अतीतत्वमिति पचति चैत्रे भाविकृतिप्रागभावमादाय पक्ष्यति। आद्यकृतिध्वंसमादाया पाक्षीदिति स्यात्। न स्यात्। आद्यकृति प्रागभावस्यैव भविष्यत्प्रत्ययेन चरमकृतिध्वंसस्यैवातीतप्रत्ययेनाभिधानात् अथोदनं पचतीत्योदननिष्ठविक्लित्तिजनकव्यापारविशेषकर्तृत्वं प्रतीयते। तत्र विक्लित्तिस्तदनुकूलव्यापारश्च कस्यार्थः। उच्यते। विक्लित्तिफलं तद्द्वितीयाया अर्थस्तदनुकूलो विलक्षणव्यापारो धात्वर्थः। अनुकूलता च संसर्गः। ननु कर्मत्वं द्वितीयाया वाच्यं तच्च

भावेपि अननुभवइत्यतआह। भविष्यत्वं चेति। तथा च वर्तमान प्रागभाव प्रतियोगित्वमेव भविष्यत्वं तच्चभविष्यतीत्यादौ धात्वर्थोपस्थितौ पक्ष्यतीत्यादौ आख्यातार्थे कृतावन्वेतीति भावः। पचतीतिसप्तम्यंतं। आख्यातार्थकालस्य समानपदोपात्तत्वप्रत्यासत्त्या कृतावन्वयइत्युक्तं। तथा च पक्ष्यतीत्यत्र वर्तमानप्रागभाव प्रतियोगिनी या पाकानुकूलाकृतिस्तद्वांश्चैत्रइतिबोधस्वीकारे चैत्रेण यदा पाकः क्रियते तदा एकस्याः कृतेर्जातत्वेपिध्वंस प्रागभावयोःसामान्यधर्म्मावच्छिन्न प्रतियोगिताकत्वाभावेन भाविनी याऽन्याकृतिस्तत्प्रागभावस्य सत्वात्पक्ष्यतीति प्रयोगापत्तिः। एवमपाक्षीदित्यत्रलुङर्थातीतत्वस्य वर्तमानध्वंसप्रतियोगित्वरूपस्य कृतावेवान्वये वर्तमानध्वंसप्रतियोगिनो या पाकानुकूलाकृतिस्तद्वांश्चैत्रइत्यन्वयो वाच्यः। एवं चाद्यकृतेर्नष्टत्वेन पाकदशायामपि अपाक्षीदिति प्रयोगापत्तिरित्यर्थः। समाधत्ते। नस्यादिति। आद्येति। तथा च पक्ष्यतीत्यत्र प्राग भावत्वेन रूपेणाद्यकृति प्रागभावस्यापाक्षीदित्यादौ अंत्यकृतिध्वंसस्यैववक्तृतात्पर्यविषयत्वात् न भाविकृति प्रागभाव मादायपक्ष्यतीति आद्यकृतिध्वंसमादाय च पाकदशायां अपाक्षीदिति प्रयोगापत्तिरिति भावः। ननु भविष्यत्वं यदि वर्तमान प्रागभाव प्रतियोगित्वं तदा नंक्ष्यतीत्यदौ प्रतियोगित्वस्याख्यातार्थतया तच्च भवि-

ष्यत्वस्यान्वया सम्भवात् धात्वर्थनाशे तदन्वयो वाच्यः। तथा च श्वोभाविना-
शके परश्वोनंक्ष्यतीति प्रयोगापत्तिः । तथाहि परश्वस्तनकालस्य नाशेऽन्वय-
स्वीकारे नाशस्य परश्वस्तनकालवृत्तित्वात् परश्वोनंङ्क्ष्यतीतिस्यात् । न च
परश्वस्तनकालस्य भविष्यत्व घटकीभूत प्राग भावेऽन्वयः। एवं च परश्वस्तन-
कालवृत्तित्व वर्तमान प्राग भाव प्रतियोगित्वस्यनाशेऽभावान्न तथा प्रयोगा-
पत्तिरिति वाच्यं । तथासति श्वोभाविनाशके श्वोनङ्क्ष्यतीतिनस्यात्। नाश-
प्रगभावस्य श्वस्तनकालवृत्तित्वाभावात्। इहाद्यघटो भविष्यतीत्यादौ देशवि-
शेषस्य कालविशेषस्य वाधिकरणत्वेनोत्पत्तिरूपधात्वर्थ एवान्वयेस्योपेयत्वात्।
अन्यथा कपालनाशजन्य घटनाशस्थले इहकपाले घटध्वंसोभविष्यतीति प्र-
त्ययापत्तिः। घटरूपप्रतियोग्यात्मक घटध्वंस प्रागभावस्य कपालेसत्वात्। एवं
श्वोभाविन्यद्यतनभविष्यद्ध्वंसो भविष्यतीति प्रत्ययापत्तिः। आद्यकालवृत्ति-
त्वस्य प्रागभावेसत्वात् एवमुत्पत्तिमति तदन्वय स्वीकारे भवने श्वः समुत्पद्य-
प्रांगणे परश्वोगमिष्यति मैत्रे प्राङ्गणे परश्वो भविष्यतीति बुद्धिप्रसङ्गात्। उ-
त्पत्ति मतश्चैत्रस्य प्राङ्गणवृत्तित्वात् परश्वस्तनकालवृत्तित्वाच्चेतिदेशविशेषस्य
काल विशेषस्योत्पत्तिरूपधात्वर्थ एवान्वयो वाच्यः तथा च श्वोभाविनाशके
परश्वोनङ्क्ष्यतीत्यापत्तिः। एवं नश्यति नष्ट इत्यत्र वर्तमानत्वं अतीतत्वं च
धात्वर्थे नाशे एवान्वेष्यतीति नष्टे नश्यतीति स्यात् नाशस्य वर्तमानत्वात्। नष्टे
च नष्ट इतिनस्यात् नाशेऽतीतत्वाभावादिति चेन्नैवं। अत्र वर्तमान प्रागभाव
प्रतियोग्युत्पत्तिकत्वरूप भविष्यत्वस्य वर्तमानध्वंस प्रतियोग्युत्पत्तिकत्वरूपा।
तीतत्वस्य च प्रत्ययार्थत्वात् । प्रत्ययार्थोत्पत्तावेव च काल विशेषादेरन्वयात्।
भविष्यत्वं च वर्तमान प्रागभाव प्रतियोगित्वं वर्तमानध्वंस प्रतियोगित्व-
मतीतत्वमित्युक्तिस्तु भविष्यति पक्ष्यतीति स्थलाभिप्रायेण तत्र धात्वर्थोत्पत्ते;
आख्यातार्थकृतेश्च सम्भवितयानुपपत्त्य भावात्। एवं च वर्तमान प्रागभाव
प्रतियोगित्वे लाघवाच्छक्तिः। नङ्क्ष्यतीत्यादौ वर्तमान प्रागभाव प्रतियो-
ग्युत्पत्तिकत्वबोधस्तु लक्षणयेति हृदयम्।। अथेति । ओदनपदन्तण्डुलपरं।
विक्लित्यवच्छिन्न तण्डुलस्यैवोदनतया तस्य पाकासम्भवेन यथाश्रुता सङ्गतिः।
ओदननिष्ठा या विक्लितिस्तज्जनको यो व्यापारविशेषस्तत्कर्तृत्वं तदनुकूल-
कृतिमत्वं प्रतीयतइत्यर्थः। तत्रेति । कर्तृत्वस्यानन्यलभ्यत्वादिति भावः।
तत्। फलं। द्वितीयाया इति। ओदनमित्यत्र द्वितीयाया इत्यर्थः। फलस्यै-

क्रियाजन्यफलशालित्वं नतु फलमात्रमिति चेन्न। क्रियायाधातुवाच्यत्वात्। जन्यत्वाश्रयत्वयोश्च संसर्गमर्यादयालाभात्फलमात्र एव शक्तेः कल्पनात्। अनन्यलभ्योहि शब्दार्थः। ननु फलमपि धातुलभ्यमेव। फलानुकूलोव्यापारोहि धात्वर्थ इति चेन्न। फलानुकूलत्वोपलक्षितो विलक्षणव्यापारोऽह धात्वर्थो नतु फलानुकूलत्वमपि गौरवात्। नन्वेवं त्यजिगम्योः पर्यायतास्यात् तथाहि। संयोगानुकूलं कर्मगमेरर्थः। विभागानुकूलं च कर्म त्यजेरर्थः। तत्र यदि फलानुकूलत्वमुपलक्षणं तदा कर्ममात्रं शक्यं तत्र वाच्यं। तथाच कुतोन पर्यायता। आस्तां पर्यायता कोदोष इति चेन्न। ग्रामं गच्छतीति वक्तव्ये ग्रामं त्यजतीत्यापत्तेः। मैवं। गच्छतीत्यादि समभिव्याहृत द्वितीयायोश्च विभागबोधकत्व व्युत्प-

---

थद्वितीयार्थत्वादिति भावः। तदनुकूलइति। फलानुकूलइत्यर्थः। विलक्षणेति। अधः संतापनादिरूपो व्यापारो धात्वर्थ इत्यर्थः। अनुकूलता चेति। व्यावारानुकूलकृतिमानित्यत्रानुकूलता चेत्यर्थः। संसर्ग इति। व्यापारकृत्योः संसर्गइत्यर्थः। ननु कर्मत्वमिति कर्मणि द्वितीयेति सूत्रेण कर्मत्वस्य द्वितीयार्थ त्वबोधनादिति भावः। तत्र। कर्मत्वं च। नतुफलमात्रं कर्मत्वमित्यर्थः। क्रियाया इति। क्रियाजन्यफलशालित्वरूपे कर्मत्वेइत्यर्थः। जन्यत्वेति। क्रिया जन्येत्यत्र जन्यत्वफलशालित्वमित्यत्र च शालित्वं आश्रयत्वमित्यर्थः। तयोःसंसर्गमर्यादयालाभात् फलमात्र एवशक्तेः। द्वितीयायाशक्तेः कल्पनादित्यर्थः। ननु क्रियादीनां धात्वादिना लाभेपि द्वितीयाया अपि शक्तिरास्तामत आह। अनन्येति। हि यस्मादनन्यलभ्य एव शब्दार्थ इत्यर्थः। धातुलभ्यमेवेति। तथा च कथन्तत्रापि द्वितीयायाः शक्तिः अन्यलभ्यत्वादिति भावः। वस्तुगत्या फलावच्छिन्नो यो व्यापारस्तद्बोधकत्वादेवधातूनां सकर्मत्व व्यवहारः जानातीत्यादिस्थले तु भाक्त इति सूचनार्थं फलानुकूल-

न्तरेत्र यथोक्तातिप्रसङ्गनिरासात्। न्यायभास्करकृतस्तु। फलमवच्छेदकमेव। द्वितीयार्थस्त्वाश्रयता। नचैवं भूमौ पततीत्यत्र भूमिपदाद् द्वितीयापत्तिः समभिव्याहृतधात्वर्थतावच्छेदकफलाश्रयताबोधकत्वव्युत्पत्तेः। अतएव धात्वर्थतावच्छेदकफलशालित्वं कर्मत्वमिति लक्षणं ध्रुवं। न

त्वोपलक्षितइत्युक्तं। नतुफलानुकूलत्वमपि धात्वर्थइत्यनुषज्यते। गौरवादिति। अनुकूलत्वस्य संसर्गमर्यादया लाभादिति भावः। नन्वेवमिति। व्यापारमात्रस्य धात्वर्थत्वे इत्यर्थः। त्यजिगम्योः त्यज् गम् धात्वोरित्यर्थः। उत्तरदेशसंयोगावच्छिन्न क्रिया गम् धातोरर्थः पूर्वदेश विभागावच्छिन्नक्रिया त्यज् धात्वर्थः। तत्रफलावच्छिन्नत्वं यदिनधात्वर्थः तदा क्रिया मात्रस्यैव धात्वर्थत्वात्क्रियारूपैकार्थ प्रतिपादकत्वात् पर्यायता स्यात् शक्यतावच्छेदकैक्ये सति विभिन्नशक्ततावच्छेदकत्वस्य पर्यायत्वरूपत्वादिति भावः। शङ्कते। ग्रामामिति। त्यजतीति। गम् धातुनेव त्यज् धातुनापि व्यापारबोधनादिति भावः। नन्वेवमिति। पूर्वपक्षे समाधत्ते। मैवमिति। द्वितीयायाःफलमर्थः तत्र गम् धातुसमभि व्याहारे द्वितीयया संयोगरूपं फलं बोध्यते त्यज् धातुसभिव्याहारे च विभागरूपं फलं बोध्यते इत्यर्थः। यथोक्तेति। ग्रामं गच्छतीति वक्तव्ये ग्रामंत्य जतीति प्रयोगापत्तिप्रसंगनिराकरणादित्यर्थः। तथा च व्यापार मात्रस्य धात्वर्थत्वे त्यजिगम्योः पर्यायत्वे इष्टापत्तिः। ग्रामङ्गच्छतीत्यत्रेव ग्रामवृत्तिसंयोगानुकूलकृतिमानितिबोधस्यगम् धातुसमभि व्याहाराभावात् ग्रामं त्यजतीत्यतोऽसम्भवेन ग्रामङ्गच्छतीति वक्तव्ये ग्रामं त्यजतीति प्रयोगापत्तेर्वारयितुं शक्यत्वादिति भावः। अवच्छेदकमेव। धात्वर्थतावच्छेदकमेव। फलावच्छिन्न व्यापारस्य धात्वर्थत्वादिति भावः। नन्वेवं द्वितीयाया निरर्थकत्वापत्तिः। फलस्य धातुत एव लाभादित्यतआह द्वितीयार्थस्त्विति। ग्रामङ्गच्छतीत्यादौ ग्रामवृत्तिसंयोगावच्छिन्नक्रियानुकूलकृतिमानित्यन्वयबोधः। तत्र पूर्वकल्पे फलस्य द्वितीयार्थत्वात्। आधेयत्वं संसर्गमर्यादया भासते। अस्मिन् मते तु फलस्य धात्वर्थत्वात् द्वितीयार्थ एवाश्रयतेति

द्विक्रियाजन्यफलाश्रयत्वं तत्। इत्याद्भूभौ पततीत्यत्र द्रव्य-भूम्योः कर्मजन्यविभागसंयोगाश्रयतया कर्मत्वापत्तेः। ननु तत्राप्यधः संयोगानुकूलव्यापारस्य पतत्यर्थतया कर्मत्वं भूमेर्दुरत्यजमिति चेन्न। पतत्यर्थे फलस्यावच्छेदकत्वानङ्गीकारात्। तद्धात्वर्थाधिकरणत्वे सतीति विशेषणाच्च। नचैत्रस्य धात्वर्थतावच्छेदकफलग्रामसंयोगाश्रयत्वेपि कर्मत्वमिति स्वीकुर्वन्तीति संक्षेपः। तस्य शब्दस्य निराकाङ्क्षादान्वया बोधकत्वादाकाङ्क्षादिकं सहकारि। तत्र यत्पदेन

भावः। नचैवमिति। एवं आश्रयत्वार्थकत्वे। भूमाविति। भूमौपततीत्यत्र भूमावाश्रयत्वस्याचबोधाद्भूमिपदोत्तरद्वियापत्तिः। मन्मते तु तत्र फलस्याबोधनात् न तद्बोधक द्वितीयापत्तिरितिभावः। समभिव्याहृतेति। समभिव्याहृतो यो धातुस्तदर्थतावच्छेदकं यत्फलन्तदाश्रयताबोधकत्वं द्वितीयाया इत्यर्थः। तथा च यत्र समभिव्याहृतधात्वर्थतावच्छेदकफलाश्रयत्वे बोधस्तत्र द्वितीया भूमौ पततीत्यादौ तु पत्धातोरकर्मकतया धात्वर्थतावच्छेदकफलाभावेन तदाश्रयत्वस्याबोधनात्। आश्रयत्वबोधेपि न द्वितीयेति भावः। न च तथापि फलावच्छिन्न व्यापारस्य धात्वर्थत्वे फलस्यैकदेशतया कथन्तत्र द्वितीयार्थाश्रयत्वादेरन्वय इति वाच्यं। आकांक्षावैचित्र्यादेकदेशेप्यन्वयस्वीकारात्। अतएव पदार्थान्विताधेयत्वबोधकसप्तमीतो द्वितीयाभेद इति हृदयं। अतएवेति। फलावच्छिन्न व्यापारस्य धात्वर्थत्वादेवेत्यर्थः। ध्रुवमिति। अन्यथा व्यापारमात्रस्य धात्वर्थत्वे फलस्य ~~धात्वर्थत्वे फलस्य~~ धात्वर्थतानवच्छेदकतया कर्मत्वं दुर्वचमिति भावः। ननु मास्तु धात्वर्थतावच्छेदकफलशालित्वं कर्मत्वं किन्तु क्रियाजन्यफलशालित्वमतआह। नहीति। तदिति। कर्मत्वमित्यर्थः। चैत्रो ग्रामङ्गच्छतीत्यत्रोत्तरदेश संयोगावच्छिन्न क्रिया गम् धातोरर्थः। तज्जन्योत्तरदेशसंयोगरूपफलशालित्वात् ग्रामकर्मत्वं। न च संयोगस्य द्विनिष्ठत्वाच्चैत्रस्यापि कर्मत्वापत्त्या चैत्रः स्वात्मानङ्गच्छतीति प्रयोगापत्तिरिति वाच्यं। परसमवेतत्वस्य क्रिया विशेषणत्वात्। तथा च परसमवेता या क्रिया तज्जन्यफलशालित्वं कर्मत्वं। न चोभयकर्मजस्थले मल्लोम-

मं गच्छतीतिवत् मन्नः स्वात्मानङ्गच्छतीति स्यादिति वाच्यं । प्रकृत्यर्थाविच्छया हि परत्वं द्वितीयादिना बोध्यते ग्रामङ्गच्छतीत्यत्र ग्रामभिन्नसमवेतग्रामवृत्तिसंयोगजनकक्रियानुकूलकृतिमानित्यन्वयबोधः । स्वात्मानं गच्छतीत्यत्र तु स्वात्मभिन्नसमवेता स्वात्मवृत्तिसंयोगजनिका या मन्नीत्तरवृत्तिक्रिया तदनुकूलकृतिमत्वस्य स्वस्मिन्नभावेन तादृश प्रयोगापत्त्यसम्भवात् । अथ प्रकृत्यर्थस्यान्वयितावच्छेदकावच्छिन्नप्रतियोगिताकत्वसम्बन्धेन परत्वे ऽन्वये पृथिवीं प्रयातिविहगइत्यत्र पृथिवीत्वस्यान्वयितावच्छेदकतया तदवच्छिन्नभिन्नत्वस्य विहगेऽभावादनन्वयापत्तिः । प्रतियोगितामात्रेणैवान्वये च द्वित्वावच्छिन्न भेदमादायस्वात्मानं प्रयोगापत्तिरितिचेन्न द्वितीयार्थफले यद्व्यक्तेरन्वयस्तद्व्यक्तित्वावच्छिन्न प्रयितोगितासम्बन्धेन प्रकृत्यर्थस्य परत्वेऽन्वयात् ! पृथिवीं प्रयाति विहगइत्यादौ यत्पृथिवीव्यक्तिवृत्तिसंयोगजनकं प्रयाणं शाब्दबोधविषयस्तद्व्यक्तिभिन्नत्वस्य विहगेऽबाधादिति । केचित्तु । सामान्यपदस्य विशेषपरतया पृथिवीपदेन भूखण्डमेव बुध्यते नतु विहगसाधारणपृथिवीत्वजात्यवच्छिन्नमित्यन्वयितावच्छेदकावच्छिन्नमित्यन्वयितावच्छेदकावच्छिन्न प्रतियोगिताकत्वसम्बन्धेन प्रकृत्यर्थस्यापरत्वेऽन्वयेपि न दोष इत्याहुः । वृक्षभूम्योरिति । वृक्षस्यकर्मजन्यविभागाश्रयतया भूमेस्वकर्मजन्यसंयोगाश्रयतयेत्यर्थः । पतनरूप क्रियाजन्यं फलं पूर्वदेशेन वृक्षेण सह विभागः भूमिरूपोत्तरदेशसंयोगश्चेति वृक्षभूम्योरुभयोरपि कर्मत्वापत्तिः । पत्धातोरकर्मकतयेष्टापत्तेरयोगादिति भावः । इदमुपलक्षणं । गमनजन्यविभागरूपफलशालित्वस्य पूर्वदेशे सत्वाद्गमेः पूर्वस्मिन् देशे कर्मत्वापत्तिः । त्यजेश्चोत्तरस्मिन् देशे स्यंदेश्च पूर्वापरयोः कर्मत्वापत्तिरित्यपिद्रष्टव्यं । पतत्यर्थतया । पतधात्वर्थतया । दुस्त्यजमिति । धात्वर्थतावच्छेदकाधःसंयोगादिरूपफलशालित्वादिति भावः । पतत्यर्थ इति । अधःसंयोगावच्छिन्न क्रिया न पतत्यर्थः । किन्तु गुरुत्वासमवायिकारणकविजातीयक्रियामात्रमिति धात्वर्थतावच्छेदकफलाभावेन न कर्मत्वापत्तिरिति भावः । ननु धात्वर्थतावच्छेदकफलशालित्वस्य कर्मत्वरूपत्वे चैत्रोग्रामङ्गच्छतीत्यत्रोत्तरदेशसंयोगावच्छिन्नक्रिया गम् धात्वर्थं इति धात्वर्थतावच्छेदक संयोगरूपफलशालित्वस्य ग्रामे इव चैत्रे पि सत्वात्तत्रापि कर्मतापत्तिः । तथा च चैत्रः स्वात्मानङ्गच्छतीति प्रयोगापत्तिरत आह । तद्धात्वर्थेति । यद्धात्वर्थतावच्छेदकफलशालित्वं तद्धात्वर्थानधिकरणत्वे-

सतोत्यर्थः । तेनकर्मणोधात्वर्थान्तराधिकरणत्वे पि नासम्भवः । न चैत्रस्येति । गम्धात्यर्थतावच्छेदकंयत्फलंग्रामवृत्तिसंयोगस्तदाश्रयत्वे पि चैत्रस्य न कर्मत्वमित्यर्थः । गमनरूपधात्वर्थानधिकरणत्वाभावादिति भावः । स्वीकुर्वंतीत्यनेनास्वरसः सूचितः । सच फलावच्छिन्न व्यापारस्य धात्वर्थत्वे द्वितीयार्थाश्रयत्वस्य तदेकदेशे फलेऽन्वयस्वीकारे एकदेशान्वयापत्तिः । एवंलज्जासत्ताद्यर्थकाकर्मकधातूनां व्यापारमात्रार्थकतया तत्र पर्यायत्वापत्तिवारणवत्म नैव सकर्मकधातूनामपि पर्यायत्ववारणे किमिति गुरुफलावच्छिन्नव्यापारत्वं शक्यतावच्छेदकं । न चैवं कर्मत्वस्य दुर्वंचत्वापत्तिः,वाच्यं । परसमवेततद्धात्वर्थान्वयिफल विशेषशालित्वं तद्धात्वर्थकर्मत्वमिति तन्निर्वचनात् । सयोगरूपफल विशेषस्य गम्धात्वर्थान्वयित्वादुत्तरदेशे कर्मत्वं विभागरूपफलस्य च गम्धात्वर्थानन्वयेन पूर्वदेशे कर्मत्वापत्त्यभावात् । पततीत्यत्र फलविशेषाबोधाद्धात्वर्थत्वोन्वयिफल विशेषशालित्वरूपकर्मत्वस्य न वृक्षभूम्योरापत्तिरिति । अत्रेदमवधेयं । कर्त्राख्यातस्थले चैत्रः पचतीत्यादौ पाकानुकूलकृतिमांश्चैत्र इति शाब्दबोधः । कर्माख्यातस्थले तु चैत्रेण पच्यते तण्डुल इत्यादौ तृतीयायाआधेयत्वमर्थः । फलावच्छिन्न व्यापारोधात्वार्थः । आख्यातवलाच्चकृतेर्लाभः । तथा च चैत्र निष्ठकृतिजन्यपाक जन्यफलशाली तण्डुल इत्यन्वयबोधः । आख्यातार्थकृतेर्धात्वर्थ विशेष्यत्वविशेषणत्वाभ्यामेवकर्ताख्यात व्याहार इति प्राहुःनव्यास्तु क्रियाजन्यफलशालित्वरूप कर्मत्वबोधस्य कर्माख्यातस्थले आख्यातस्य फलबोधकत्वं विनानुपपत्तिः । तथाहि । फलस्य प्रकारतया भानात्सं सर्गमर्यादया भानासम्भवः।फलावच्छिन्न व्यापारस्य धात्वर्थत्वेपि विशेष्य विशेष्यभावव्यत्यासस्यासम्भवात् क्रिया जन्यफलशालित्वं कथं बुध्यते । इर्यञ्च फलस्य आत्मनेपदार्थत्वे व्यापारमात्रं धात्वर्थः चैत्रेण गतमित्यादौ तृतीयायाः कर्तृत्वार्थत्वावश्यकतया तृतीयाया एव कृतिरर्थः आख्यातार्थ कृतेर्धात्वर्थ विशेष्यतयैव भानस्य कर्माख्यातस्थले क्लृप्तत्वात्तन्नङ्गापत्तेः सुवर्थ कृतेश्च धात्वर्थविशेषणत्वेनैव भानस्य क्लृप्तत्वात्कर्तृत्वकर्मत्वबोधकत्वादेव च कर्तृकर्माख्यात व्यवहार इति प्राहुः । वैयाकरणास्तु । आख्यातस्य कर्त्तरि शक्तिः । कर्तृकर्माभिधानानभिधानाभ्यां तृतीया द्वितीया नियमस्य कर्तृकर्मसंख्याभिधानानभिधानाभ्यामुपपत्तावपि लाघवादेव तत्र शक्तिः । तथाहि । चैत्रः पचतीति शाब्दसामग्रीकाले कर्तृप्रकारक ज्ञानाभावप्रत्यक्षवारणाय-

सह यादृशान्वयानुभवजनकं तत्पदस्य तत्पदसमभिव्याहारस्तादृशान्वयबोधे आकाङ्क्षा । भवति हि नामपदमुत्तरवर्त्तिविभक्तिपदेनैव सहान्वयबोधकमतस्तस्य समभिव्याहारस्तादृगन्वये आकाङ्क्षा । अत एव घटकर्मत्वमित्यतो न घटमिति वदन्वयबोध आकाङ्क्षाविरहात् । धातुपदं चाख्यातपदेनैव सहान्वय विशेषबोधकमिति, + भवति तदाख्यातपदसमभिव्याहार आकाङ्क्षा । अतएवानयनं कृतिरित्यादावानयतीति वन्नान्वयबोधः । कृतिवाचकाख्यात समभिव्याहाराभावेन निराकाङ्क्षत्वात् । ननु नामपदं द्वितीया दि-

---

तादृशप्रत्यक्षे शाब्दसामग्र्याः प्रतिबन्धकत्वं कल्पनीयं । वैयाकरणमते तु विषयासत्वादेव तादृशप्रत्यक्षवारणान्नतत् कल्पनं । न च कृतिप्रकारक ज्ञानाभाव प्रत्यक्षे ममापि कल्पनमिति वाच्यं । कर्तृ प्रकारकज्ञान काले कृतिप्रकारकज्ञानस्यावश्यकतया ममापि विषयासत्त्वैव तद्वारणात् । कृतिप्रकारक ज्ञानकाले च कर्तृ प्रकारक ज्ञानस्याभावेन साम्याभावात् । एवं शाब्दसामग्र्यभावे तादृशप्रत्यक्षहेतुत्वसम्बन्धकल्पने गौरवमि त्याहुस्तदसत् । गुरुशरीर कर्तृ प्रकारक योग्यताज्ञानाभावादिरूपबाधाभावादिघटित तथाविधशाब्दसामग्र्यभावे घटपटादिप्रत्यक्षकारणत्वकल्पने गौरवात् । लाघवेन कृतित्वजातेरेवाख्यातशक्यतावच्छेदकत्वादिति दिक् । तस्य शब्दस्येति । वृत्तिमच्छब्दस्येत्यर्थः । निराकाङ्क्षादाविति । आदिना अयोग्यानासन्नपरिग्रहः । सहकारीति । ज्ञायमानं सत् सहकारीत्यर्थः । तत्र । आकाङ्क्षां निरूपयति । तत्रेति । यादृशान्वयइति । यद्विशेष्यकयत्प्रकारकयत्संसर्गकान्वयबोधजनकमित्यर्थः । इदमेवोपपादयति । भवति हीति । नामपदमिति । घटमानयेत्यत्र नामघटपदं उत्तरवर्त्तिविभक्तिपदेन स्वोत्तरवर्त्ति अमूरूपविभक्ति पदेनैव सह । अन्वयेति । घटीया कर्मतेति । आधेयतासंसर्गकं घट प्रकारक कर्मत्व विशेष्यकान्वयबोधजनकमित्यर्थः । अतस्तस्येति । घटपदस्य विभक्ति समभिव्याहार इत्यर्थः । तादृगन्वय इति । घटीया कर्मतेत्यन्वये आकाङ्क्षेत्यर्थः । अत एवेति यादृशा-

विभक्तिसमभिव्याहृतमेव । कर्मत्वादीनामाश्रयाश्रयिभावेनान्वयबोधकमित्यत्र किं नियामकमिति चेन्न। नाम्नः स्वार्थनिष्ठकर्मत्वानुभवजनने, तदुपस्थापकविभक्तिसहकारित्वमिति गृहाण। ननु एवं यस्य पुरुषस्य घटः कर्मत्वमित्यादि वाक्यव्युत्पत्तिरभूत् न कुतस्ततोऽन्वयबोध इति चेत्। तस्मिन्पुरुष एव मानं नास्ति, का कथा तस्यान्वयबोधे। तथापि यदि कश्चित्तादृशः स्यात्तस्य किं भविष्यतीति चेत्। शाब्दानुभववैधुर्यमेवान्वयव्यतिरेकसिद्धकारणविरहादिति। एतस्यास्त्वाकाङ्क्षाज्ञानं हेतुः। तज्ज्ञानमेवान्वयबोधात्। अपरा च प्रकृतान्वयबोधसमानाकारस्वजन्यान्वयबोधविरहः प्रकृतान्वयबोधे स्वरूपसति हेतुराकाङ्क्षा। अतो घटमानयतीति पदमेकदान्वयबोधे जनितेऽन्यान्वयबोधान्तरं जनयति। स्वजन्यान्वयबोधवैधुर्यविरहात्। एवं च गामानयेत्यतोऽन्वयबोधे जाते दण्डेनेत्यन्वयबोधे निराकाङ्क्षता स्यात्। अत उक्तं प्रकृतान्वयबोधसमानाकार इति नच गामानयेत्यन्वयबोधः प्रकृतो येन दण्डेन गामानयेत्यन्वयबोधस्तेन समाना-

---

न्वयेऽप्रवेशादेवेत्यर्थः। घटः कर्मत्वमिति। घटः कर्मत्वमानयनं कृतिरिति-निराकाङ्क्षवाक्ये समानविभक्तिकनामपदयोरभेदान्वये साकाङ्क्षत्वेन घटः कर्मत्वमित्यादौ अभेदान्वयसाकाङ्क्षत्वेऽपि आधेयतासम्बन्धेन साकाङ्क्षत्वाभावात् यादृशान्वयेति विवक्षणीयमिति भावः। योग्यताभ्रमेणाभेदान्वयबोधस्येष्टत्वात् घटमिति वदित्युक्तं। घटीयकर्मतेति नान्वयबोध इत्यर्थः। आकाङ्क्षेति। घटपदस्याम्पदसमभिव्याहाररूपाकाङ्क्षाविरहादित्यर्थः। धातुपदं चेति। आनयेत्यत्र धातुपदं चाख्यातपदेनैव सहानुकूलतासंसर्गकानयनप्रकारकं कृति विशेष्यकान्वयबोधजनकं भवति तत्र धातुपदे आख्यातपदसमभिव्याहार आकाङ्क्षेत्यर्थः। अत एव धातुपदे आख्यातपदसमभिव्याहारस्या-

काङ्क्षत्वादेव । आनयनं कृतिरिति अभेदान्वय साकाङ्क्षत्वेपि आनयतीत्यत्रे-वानुकूलता संसर्गकानयन प्रकारक कृतिविशेष्यकान्वयबोधइत्यर्थः । कृतीति । कृतिवाचक कृतिपदस्य सत्वेपि कृतिवाचकाख्यातसमभिव्याहाराभावेनेत्यर्थः । निराकाङ्क्षत्वादिति । आनयनानुकूलाकृतिरित्यनूयबोधे निराकाङ्क्षत्वादित्यर्थः । नन्विति । कर्मत्वबोधिकर्मत्वोपस्थापकपदत्वेन कारणतया घटः कर्मत्वमित्यत्रापि कर्मत्वोपस्थापकपदसत्वेन घटमिति वत् कुतोनान्वयबोधः। कार्यस्य सामग्र्यधीनत्वात्सामग्र्याश्चात्रापि सत्वादिति भावः । कर्मत्वादीनामिति । घटादिनामस्वेतिशेषः । स्वार्थेति । नामार्थेत्यर्थः । कर्मत्वोपस्थापकेत्यर्थः । तथाचाश्रयाश्रयिभाव सम्बन्धेन नामार्थनिष्ठकर्मत्व विषयकशाब्दबोधत्वावच्छिन्नं प्रतिनामपदसमभिव्याहृत द्वितीयापदज्ञानत्वेन कारणत्वात् घटः कर्मत्वमित्यादौ तदभावान्न घटमिति वदनूयबोध इति भावः । इत्थंवमिति । एवं आधेयता संसर्गकनामार्थनिष्ठकर्मत्वानूयबोधकर्मत्वोपस्थापक विभक्तेरेव सहकारित्वे । घटः कर्मत्वमित्यादेर्निराकाङ्क्षत्वे इति यावत् । व्युत्पत्तिरिति । आधेयतासम्बन्धेन घटीया कर्मतेत्यनूबोधे घटः कर्मत्वमिति समभिव्याहारः कारणमिति कारणत्वग्रहोऽभूदित्यर्थः । तत इति । घटः कर्मत्वमित्यादि वाक्यादित्यर्थः । कर्मत्वोपस्थापक विभक्ति समभिव्याहारादिति भावः । तस्मिन्पुरुषे । घटः कर्मत्वमित्यादि निराकाङ्क्षवाक्ये विपरीत व्युत्पत्तेरित्यर्थः । काकथेति । तथाच तादृशपुरुषस्यालीकतया तस्यानूयबोधस्यापि अलीकत्वेन घटीया कर्मतेत्यनूयबोधे कर्मत्वोपस्थापक विभक्तित्वेन कारणतायां न व्यभिचार इति भावः । तादृशः स्यात् घटः कर्मत्वमिति वाक्ये विपरीतव्युत्पन्नः स्यात् तस्य किमिति तस्यानूयबोधः कथं भविष्यतीत्यर्थः । कर्मत्वोपस्थापक विभक्ति समभिव्याहाराभावादिति भावः । शाब्देति । घटीया कर्मतेति शाब्दबोधाभावइत्यर्थः । ननु कथं न तत्र कार्यमतआह । अनूयेति । प्रायशः घटमिति वाक्यएव व्युत्पन्नानां घटः कर्मत्वमिति वाक्यात् घटीया कर्मतेत्यनुभवाभावेन तादृशानूयबोधे घटमिति समभिव्याहारस्य कारणत्वावश्यकतया पुरुषभेदेन कारणत्वकल्पने गौरवात् घटः कर्मत्वमिति वाक्यान्न कस्याप्यनूयबोध इति । आधेयता संसर्गकघट प्रकारक कर्मत्वविशेष्यक शाब्दबोधे घटपद समभिव्याहृत कर्मत्वोपस्थापक द्वितीया विभक्तित्वेन कारणत्वेन व्यभिचार इति दिक् । तस्यार्थेति । समभिव्याहा-

कार इति दिक्। योग्यता च एकपदार्थेऽपरपदार्थस्य प्रकृतसंसर्गवत्वं। तेन पयसा सिंचतीति योग्यं पयसि सेककरणत्वसंसर्गस्य सत्वात्। यस्मिंश्च पय सि सेककरणत्व संसर्गो नास्ति तस्मिन्नयोग्यं। आकाशं घटः इत्यत्र समवायरूपसंसर्गत्वमादायाभेदान्वयबोधेपि योग्यतास्यादत उक्तं प्रकृतेति। अस्याश्च ज्ञानं कारणं। तद्भ्रमेणाप्यन्वयबोधात्। ननु संसर्गस्यापूर्वत्वात्कथं प्रथमं तदा न संभव इति चेत्। उच्यते। योग्यताज्ञानमात्रं हेतुः। अस्ति चात्र पयः सेककरणतावन्नवेति संशयरूपं ज्ञानं क्वचित्तन्निश्चयोपि। यथा

रूपायाश्चाकाङ्क्षायाज्ञानं कारणमित्यर्थः। तद्भ्रमेणेति। समभिव्याहारभ्रमेणेत्यर्थः अन्वयेति। स्वरूपसत्यास्तस्या हेतुत्वे स्वरूपसत्यास्तत्राभावेन शाब्दानुदयप्रसङ्गाज्ज्ञानं कारणं तच्च भ्रमात्मकं तत्र सम्भवत्येवेति भावः। प्रकृतेति। यद्विशेष्यकयत्प्रकारक यत्संसर्गकोऽन्वय बोधस्तत्समानाकारकः तद्विशेष्यकः तत्प्रकारकः तत्संसर्गकोयः स्वजन्या अन्वयबोधः पदजन्यान्वयबोधः। तद्विरहः प्रकृतान्वये तद्विशेष्यकतत्प्रकारक तत्संर्गकान्वयबोधे स्वरूपसती अपराऽकाङ्क्षा हेतुरित्यर्थः। अत इति अपराकाङ्क्षायाः स्वरूपसत्याहेतुत्वादित्यर्थः। एकदेति। घटकर्मकानयनमिति बोधे जनिते अन्वयबोधान्तरं घटकर्मकानयनमिति बोधान्तरं न जनयतीत्यर्थः। तत्र हेतुमाह। स्वजन्येति। वाक्याजन्यानुभवविरहरूपकारणाभावादित्यर्थः। घटमानयेत्यत्र घट कर्मकानयनानुकूलाकृतिरिति शाब्दबोधे जाते पुनस्तस्माद्दन्वयबोधापत्तिवारणाय प्रकृतशाब्दबोधाभावरूपाकांक्षाया अपि कारणत्वमावश्यकमिति भावः। एवं चेति। स्वजन्यान्वयबोधविरहरूपाकांक्षाया अवश्यहेतुत्वे चेत्यर्थः। गामिति। दण्डेन गामानयेत्यात्रावांतरवाक्यार्थबोध पूर्वकस्यैव महावाक्यार्थबोधस्यानुभवसिद्धत्वात् गोकर्मकानयनमित्यन्वयबोधे जाते दण्डेनेत्यन्वयबोधे दण्डकरणकगोकर्मकानयनमिति महावाक्यार्थबोधे निराकांक्षता स्यादित्यर्थः। न चेति। नहीत्यर्थः। गामिति। गोकर्मकमानयनमित्य-

न्वयबोध इत्यर्थः प्रकृतः। दण्डेन गामानयेति वाक्यतात्पर्यविषयः। तेन गामामयेत्यन्वयबोधेन। समानाकार इति। समानविषयक इत्यर्थः। तथा च प्रकृतान्वयबोध समानाकारत्वं स्वजन्यानुभवविशेषणमिति भावः। (नन्वेवमन्वयबोधद्वयंजायतामिति तात्पर्ये घटमानयेति वाक्यादेकबोधे जाते घटान्वयबोधो न स्यादित्यत आह। दिगिति। एवंतात्पर्यविषयत्वमप्यन्वयबोधे विशेषणमित्यर्थः। तथा च तात्पर्यविषयीभूतबोधद्वयस्य तत्र जातत्वान्नाकांक्षा क्षतिरिति योग्यतालक्षयति। योग्यता चेति। एकपदार्थेऽपरपदार्थस्य यादृश संसर्गवत्वं योग्यतेत्यर्थः। लक्ष्यलक्षणंयोजयति। पयसीति। नन्वेवंकरकाभिप्राय प्रयुक्तं पयसा सिंचेतीति वाक्यमपियोग्यंस्यादत आह। यस्मिंश्चेति। करकासमुद्रमध्यस्थजलादावित्यर्थः। तस्मिन् करकादिरूपे पयसि। अयोग्यमिति। एकाकारवाक्यस्यापि विषयबाधाबाधाभ्यां योग्यायोग्यत्वमिति भावः। आकाशमिति। आकाशे शब्दसमवायसत्वादभेदान्वयमादायापि योग्यतापत्तिरिति प्रकृतेति विशेषणोपादानं। तथा च एकपदार्थेऽपरपदार्थस्य यादृश संसर्गवत्वं तत्संसर्गमादाय योग्यता प्रकृतेचाभेदसंसर्गस्याकाश शब्दयोर्बाधान्नाभेद संसर्गमादाय योग्यतेति। अस्याश्चेति। एकपदार्थेऽपरपदार्थ संसर्गरूपाया योग्यताया श्चेत्यर्थः। तद्भ्रमेणापि योग्यताभ्रमेणापि। अन्वयेति। करकाभिप्राय प्रयुक्तपयसा सिञ्चतीत्यत्रान्वयबोधादित्यर्थः। स्वरूपसत्यास्तस्याः कारणत्वे सेकसंसर्गस्यासत्वेन शाब्दबोधानुदयप्रसङ्गाज्ज्ञानकारणमिति भावः। एतन्मते वन्हिना सिञ्चतीति वाक्यं स्वरूपायोग्यंध्यम्। तदुक्तं। नहि आरोपितसामर्थ्यंद हतिप चति वेति। संसर्गस्य। पयसि सेकसंसर्गस्य। अपूर्वत्वात्। शाब्दबोधात्पूर्वमप्रतीतत्वात्। कथमिति।तथाच कथंयोग्यता ज्ञानं शाब्दबोधे कारणमिति भावः। ज्ञानमात्रमिति। संशयनिश्चयसाधारण ज्ञानमात्रमित्यर्थः। अत्र पयसा सिञ्चतीत्यत्रसंशयरूपं ज्ञानमिति। तथा च निश्चयरूपज्ञानस्य पूर्वमसत्वेपि संशयस्यसत्वात्ज्ञानस्य कारणत्वे बाधका भावः इति भावः। ननु निश्चयस्य क्वचित्पूर्वसत्वे तत्साधारणं ज्ञानं कारणंस्यात्तदेव तु कुतइत्यताह। क्वचिदिति। तन्निश्चयोपि। योग्यता निश्चयोपि। संभवतीत्यनुषज्यते। निश्चयस्य स्थलमाह। प्रत्यक्षेणेति। दृष्टे। घटे दृष्टे। घटोस्तीति। भूतले घटनिश्चये जाते भूतले घटोस्तीति वाक्याच्छाब्दबोध इत्यर्थ। शाब्दमिद्धेरेव शाब्दबोध प्रतिबन्धकतया प्रत्य-

प्रत्यक्षेण दृष्टे घटोऽस्तीति । परं तु । असंसर्गग्रहः प्रतिबन्ध-कस्तदभावो योग्यता स्वरूपसती हेतुः । नचैवं जलह्रदो वह्नि-मानित्यप्यसंसर्गाग्रहदशायां योग्यं स्यात् । इष्टत्वात् । नच लाघवात्संसर्गज्ञानं कारणं नत्वसंसर्गाग्रह इति वाच्यं । असंसर्गाग्रहस्य लौकिकसाक्षात्कारातिरिक्तपित्तादिदो-षाजन्य विशिष्टज्ञानमात्रे एव हेतुत्वावधारणात् । कथमन्य-था चन्दनं न सुरभीति निश्चये सुरभिचन्दनमितिज्ञानं न-स्यात् । तदभावानुमितावपि चक्षुषा घटस्य लौकिकसाक्षा-

---

ज्ञनिर्णये शाब्दबोधोदयादिति भावः । अत एव स्वजन्यान्वयबोधविरहः आ-कांक्षेत्युक्तं । नत्वन्वयबोधविरह इति । असंसर्गग्रह इति । तेन सम्बधेन तद-भावग्रह इत्यर्थः । प्रतिबन्धकः शाब्दबोधे प्रतिबन्धकः । तदभावः । तेन सम्बन्धेन तद भाव ग्रहाभावो योग्यतेत्यर्थः । सा । असंसर्गाग्रहरूपा योग्यता स्वरूपसती शाब्दबोधे हेतुः । नचैवमिति । असंसर्गाग्रहस्यैव योग्यतात्वे इत्यर्थः । जलह्रद इति । जलह्रदो वह्निमानिति बोधा भावदशायाञ्ज-लह्रदो वह्निमानित्यपि वाक्यं योग्यं स्यादित्यर्थः । इष्टत्वादिति । तत्रापि योग्यताभ्रमाच्छाब्दभ्रमाभ्युपगमादिति भावः । वह्निना सिञ्चतीति वाक्यं-तु स्वरूपा योग्यमेव । नह्यारोपितसामर्थ्यं दहति पचतिवेति । न चेति । लाघवात् । संशयनिश्चयसाधारण संसर्गज्ञानत्वेन कारणत्वे लाघवात् । कारणं शाब्दबोधे कारणं नतु असंसर्गाग्रहः नतु सम्बन्धाभाव निश्चया भा-वः । संसर्गग्रहापेक्षया संसर्गाभावनिश्चयाभावत्वेन कारणत्वे गौरवादित्य-र्थः । असंसर्गाग्रहस्येति । बाधाभावस्येत्यर्थः । लौकिकेति । लौकिकसाक्षात्का-रातिरिक्तं पित्तादिरूप दोषाजन्यश्च यद्विशिष्ट ज्ञानन्तन्मात्र एव कारणत्वा-वधारणादित्यर्थः । तथा च विशिष्टबुद्धिसामान्य एव बाधाभावस्य कारण-त्वात्तेनैवायोग्यवारणे विशिष्य योग्यतायाः शाब्दबोधे न कारणत्वमतिरिक्त-कारणत्वकल्पने गौरवादिति भावः । विशिष्टबुद्धिसामान्ये बाधाभावस्य हे-तुतां व्यवस्थापयति । कथमन्यथेति । बाधाभावस्य विशिष्टबुद्धिसामान्ये अ हे-

त्कारः शंखेषु पीतत्वभ्रमस्य दृश्यत इति अजन्यान्तं । नच घटोऽभिधेय इत्यत्राभिधेयत्वासंसर्गाप्रसिद्ध्या तद्ग्रहाप्रसिद्धिः । अभिधेयत्वप्रतियोगिकत्वेन योऽभावभ्रमस्तदभावस्य प्रसि-

---

द्धत्वे इत्यर्थः । लौकिकसाक्षात्कारातिरिक्त इत्यस्य व्यावृत्तिमाह : तदभावेति । घटाभावानुमितावपि घटस्य लौकिकसाक्षात्कारोदयाल्लौकिकसाक्षात्कारातिरिक्तत्वं विशेषणं । पित्तादिदोषाजन्यत्वस्य व्यावृत्तिमाह । शंखइति । तदभावानुमितावपीत्यनुषज्यते । शंखे पीतत्वाभावानुमितावपि शंखः पीत इति दोषजन्यज्ञानोदयाद्दोषाजन्यत्वं देयमिति भावः । अजन्यान्तमिति । लौकिकसाक्षात्कारातिरिक्त पित्तादिदोषाजन्यत्वं विशेषणमित्यर्थः । नेदं रजतमिति ज्ञाने इदंरजतमिति दोषजन्य ज्ञानापत्तिवारणाय पित्तादिरूपो दोषो निवेशितः । केचित्तु, दोष विशेषजन्यपीतः शंख इति ज्ञानोत्तरं पीतंसाक्षात्करोमीति साक्षात्कारित्वग्रहोदयाल्लौकिक विषयतायाश्च साक्षात्कारित्व व्यञ्जकतया तत्र लौकिक विषयताया अवश्यंस्वीकारेण लौकिकसाक्षात्कारित्वग्रहोदयात् लौकिक विषयताशालिसाक्षात्कारातिरिक्तत्वेनैवपीतः शंख इति ज्ञानवारणे पित्तादिदोषाजन्यत्वं प्रतिबध्यतावच्छेदक कोटौ न देयमेव । न च लौकिक विषयतायां लौकिकसंनिकर्षस्यैव नियामकतया कथं तत्र तेन विना पीतत्वांशे लौकिक विषयतेति वाच्यं । लौकिकसंन्निकर्षवत् दोष विशेषस्यापि लौकिक विषयतानियामकत्वोपगमात् । फलानुरोधित्वात्कल्पनाया इत्याहुः । न च घट इति घटोऽभिधेय इत्यत्र स्वरूप सम्बन्धसंसर्गकघटविशेष्य काभिधेयत्वप्रकारकबुद्धिं प्रति घट विशेष्यकस्वरूप सम्बन्धावच्छिन्न प्रतियोगिताकाभिधेयत्वाभाव प्रकारक निश्चया भावस्वरूप बाधाभावत्वेन कारणता वाच्या । तत्तु न सम्भवति स्वरूप सम्बन्धे नाभिधेयत्वा भावस्य कुत्राप्यप्रसिद्धे रित्यर्थः । अभिधेयत्वेति । अभिधेयत्व प्रतियोगिकस्वरूप सम्बन्धाभावा प्रसिद्धे रित्यर्थः । तद्ग्रहाप्रसिद्धेः । अभिधेयत्वासंसर्गग्रहा प्रसिद्धेः । समाधत्ते । अभिधेयत्वेति । वस्तु गत्यास्वरूप सम्बन्धेनाभिधेयत्वाभावस्या प्रसिद्धावपि घटाभावेऽभिधेयत्व प्रतियोगिकत्व भ्रमः प्रसिद्ध एवेत्यर्थः । तदभावस्य । अभिधेयत्वप्रतियोगिकत्वेना भावग्रहाभावस्य प्रसिद्धे रित्यर्थः । घट विशिष्टबुद्धिं प्रति वस्तुगत्याघटा भावप्रकाराभा-

द्धेः । यदि च सोपि न प्रसिद्धस्तदास्तान्तत्र योग्यता हेतुरेव । नचैवं व्यभिचाराच्छाब्दबोधंप्रति योग्यतायाः कथं कारणत्व-मिति वाच्यं । नहि शाब्दबोधत्वावच्छेदेन योग्यतायाः

वस्य हेतुत्वे यत्र घट प्रतियोगिकत्वेन पटाभाव भ्रमस्तत्र घट विशिष्टबुध्याप-त्तेर्घट विशिष्ट बुद्धिं प्रति प्रतियोगिता सम्बन्धावच्छिन्न घटत्वावच्छिन्न निष्ठ-प्रकारतानिरूपिताभाव निष्ठ विशेष्यताशालि निश्चया भावत्वेनैव हेतुताया वाच्यतया प्रकृतेपि स्वरूपसम्बन्धावच्छिन्न प्रतियोगितासम्बन्धेन वाच्यत्व प्रकारक अभावविशेष्यकभ्रमस्य सम्भवितया तदभावस्य हेतुतायां व्यभिचा-राभावादिति भावः । ननु भ्रमस्य दोषाधीनतया यत्र न तादृशो भ्रमस्तत्र-का गतिरत आह । यदि चेति । सोपि भ्रमोपि । तत्र । घटोभिधेय इति शा-ब्दबोधे । असंसर्गग्रहे शाब्दबोध वारणाय हि योग्यता कारणं यत्र तु स एव न प्रसिद्धस्तत्रापत्त्य भावेन तस्या अहेतुत्वेपि न क्षतिरिति भावः । न चैव मिति । एवं । घटोभिधेय इति शाब्दबोधे योग्यताया अहेतुत्वे व्यभिचारात् अभि-धेयत्व विषयक शाब्दबोधे व्यभिचारात् । व्यतिरेकव्यभिचारात् । शाब्दबोधं प्रति । शाब्दबोधसामान्यं प्रति । न हीति । शाब्दबोधत्वावच्छेदेन सकल पुरुषसाधारण विशिष्ट बुद्धिसामान्ये इत्यर्थः । शाब्दबोधत्वस्य कार्यतावच्छे-दकतायाः पूर्वमनभिधानाद्यथाश्रुतासङ्गतेः । किन्तु विशिष्येवेति । नहि शा-ब्दबोधसामान्ये योग्यता हेतुरित्युच्यते किंतु तत्पुरुषीयतद्विशेष्यकतत्प्रकारक विशिष्टबुद्धिं प्रति तत्पुरुषीय तद्विशेष्यकतत्सम्बन्धावच्छिन्नप्रतियोगिताक तद भावनिश्चयाभावत्वेन कारणत्वं । एवं चाभिधेयत्वादिकेवलान्वयिस्थले बा-धाभावस्याहेतुत्वेपि नक्षतिः । कार्यकारणभावस्य विषयभेदेन पुरुषभेदेन च भिन्नत्वादिति भावः । ननु समवायेन विशिष्ट बुद्धिं प्रति समवायसम्बन्धा-वच्छिन्न प्रतियोगिताक बाधाभावस्य कारणताया विषयभेदेन भिन्नत्वेपि पुरुषभेदेन भेदे मानाभावः । एकपुरुषीयबाधस्य अन्यात्मन्यसत्वेन व्य-भिचाराभावात् । तथा च घटोभिधेय इत्यत्र भ्रांतिः पुरुषधर्मतयाऽनादौ संसारे कस्याप्यभिधेयत्वप्रति योगिकत्वेनाभावभ्रमस्य प्रसिद्ध्या तदभावस्य भ्रमशून्येपि पुरुषभेदं निवेश्य व्यभिचारवारणमिति चेन्मैवं बाधकालेऽप्रा-माण्यग्रहदशायां विशिष्ट बुद्ध्युदयात् अप्रामाण्यग्रहाविषय बाधाभाववत्त्वेन

कारणत्वे एक पुरुषस्याप्रामाण्यग्रहकाले बाधकाले पुरुषान्तरस्य विशिष्ट बुद्धिवारणाय तत्पुरुषीयाप्रामाण्यग्रहाविषय बाधाभावत्वेन कारणत्वावश्यकत्वात्। न च स्वविशेष्यत्वस्वसामानाधिकरण्योभयसम्बन्धावच्छिन्न प्रतियोगिताकाप्रामाण्यग्रहाभावविशिष्टबाधाभावत्वेन हेतुत्वे क्व तत्पुरुषीयत्वनिवेश इति वाच्यं। प्राचीनमते वृत्त्यनियामकसम्बन्धस्याभावप्रतियोगितानवच्छेदकतया तथा कारणत्वासम्भवात्। न च। प्रामाण्यग्रहा भाव विशिष्ट बाधाभावत्वेन कारणत्वे मिथो विशेषणविशेष्यभावे विनिगमनाविरह इति तदपेक्ष्य बाधविशिष्टान्यत्वावच्छिन्नं प्रति बाधा भावः अप्रामाण्यज्ञान विशिष्टावच्छिन्नं प्रति चाप्रामाण्यज्ञानं हेतुरित्येवोचितं। वैशिष्ट्यं च स्वाव्यवहितोत्तरत्व स्वसामानाधिकरण्योभय सम्बन्धेनेति वाच्यं। तथामतिएकस्मिन्बोधे अप्रामाण्यग्रहकाले अप्रामाण्यग्रहानास्कन्दित बाधान्तरसत्वेपि विशिष्टबुध्युपत्तेरिति दिक्। अत्राहुरित्यस्वरसोद्भावनं। तद्बीजन्तु नहि विशिष्टबुद्धिसामान्ये बाधाभावो हेतुः किन्तु बाधकाले पीच्छाकाले आहार्य प्रत्यक्षोदयादिच्छाया उत्तेजकत्वावश्यकतया प्रत्यक्षस्यैव प्रतिबध्यतावच्छेदकतयोपनीतभानसाधारणबाधप्रतिबध्यतायाः शाब्दबोधावृत्तित्वात्। नच तथाप्यनुमिति साधारणबाधप्रतिबध्यतायाः शाब्दसाधारण्यमिति वाच्यं। प्रत्यक्षान्यज्ञानत्वस्य बाधप्रतिबध्यतावच्छेदकत्वे प्रत्यक्षान्यत्वज्ञानत्वयोर्मिथोविशेष्यविशेषणभावे विनिगमनाविरहेणानुमितित्वस्यैव बाधप्रतिबध्यतावच्छेदकत्वात्। तस्माच्छब्दबोधं प्रति स्वातंत्र्येणैवाऽसंसर्गाग्रहत्वेनैव हेतुता वाच्येति तदपेक्षया संसर्गरूपयोग्यताज्ञानस्यैव कारणत्वमुचितमिति। नच बाधनिश्चयत्वेन प्रतिबन्धकत्वे संशयनिश्चय साधारणाप्रामाण्यज्ञानस्योत्तेजकत्वं संशयनिश्चयसाधारणयोग्यताज्ञानत्वेन हेतुतायान्त्वप्रामाण्यनिश्चयस्यैवोत्तेजकतया गौरवन्तदभाववद्विशेष्यकत्वावच्छिन्न तत्प्रकारकत्वाभावाप्रकारकतदभाववद्विशेष्यकत्वावच्छिन्नतत्प्रकारकत्व प्रकारकज्ञानाभावविशिष्टतत्प्रकारकज्ञानत्वेन हेतुतायाम्भवतावाच्यत्वात्। मन्मतेतु तद्वद्विशेष्यकत्वावच्छिन्नतदभावप्रकारकज्ञानाभावविशिष्टे तदभाव प्रकारकज्ञानाभावत्वेनेति शाब्दबोधं प्रति स्वातंत्र्येण बाधाभावहेतुत्वकल्पनमेवोचितमिति वाच्यं। तद्धर्मावच्छिन्नाभानाभाववति तद्धर्माच्छिन्नाभावप्रकाकमित्यप्रामाण्यग्रहस्य तद्धर्मावच्छिन्नवति तद्धर्मावच्छिन्नाभावप्र

कारणत्वं। किन्तु तदीयतादृशान्वयबोधे तदीय तादृशान्वय विरहनिश्चयाभाववत्त्वेनैव विशिष्यैवेति न व्यभिचार इत्याहुः। आसत्तिः पदाव्यवधानं। अत एव गिरिरग्निमानित्यासन्नं। अनासन्नं च गिरिर्भुक्तमग्निमान् देवदत्तेनेति। न चैवं स्थाल्यामोदनं पचतीति स्थाल्यामित्यस्य पाकेनानासन्नताप-

---

कारकमित्यप्रामाण्यग्रहस्य च तदभावनिश्चय प्रतिबन्धकतया निवेशनीयतया द्विविधाप्रामाण्यग्रहाभाव निवेशेन बाधप्रतिबन्धकतायां गौरवात्। योग्यताज्ञानहेतुतया च तदभाववति तत्प्रकारकमित्येकविधस्यैव प्रामाण्यग्रहस्याभावो निवेशनीय इति लाघवं। किञ्च प्रतियोगितासम्बन्धावच्छिन्नप्रतियोगिताकतदभाववत्त्वभावे प्रतियोगितासम्बन्धेन तत्प्रकारकमित्यप्रामाण्यग्रहाभावस्याधिकस्य निवेशाद्बाध प्रतिबन्धकतायां गौरवं। एवं शाब्दबोधे तत्तदभावतद्वदन्योन्याभावतदभावव्याप्यवत्ताज्ञानादीनां प्रतिबन्धकत्वकल्पनापेक्षया योग्यताज्ञाने हेतुत्वमेवोचितं। वस्तुतस्तु पयसा सिञ्चतीति शाब्द सामग्रीकाले सेकः पयःकरणकत्वाभाववान् इति मानसवारणाय तादृशमानसे शाब्दसामग्र्याः प्रतिबन्धकत्व कल्पने गौरवं। सम्मते योग्यता ज्ञानस्यावश्यकतया विपरीत ज्ञानोत्तर प्रत्यक्षनिर्णयं प्रति विशेष दर्शन हेतुतया विशेष दर्शना भावादेव न मानसापत्तिः। विशेष दर्शनसत्त्वे च तदभावव्याप्यवत्तानिर्णयरूपप्रतिबन्धकसत्त्वेन शाब्दसामग्र्या एवाभावान्मानसेष्टापत्तेः। न च निर्णयं प्रत्येव विशेषदर्शनहेतुतया शाब्दसामग्रीकाले मानससंशयवारणाय शाब्दसामग्र्याः प्रतिबन्धकत्वं कल्पनीये संशयत्वमनिवेश्य सेकत्वावच्छिन्नविशेष्यकपयःकरणकत्वाभावप्रकारकमानसत्वमेव तत्प्रतिबध्यतावच्छेदकमिति वाच्यं। सेकत्वावच्छिन्नविशेष्यकपयः करणकत्वप्रकारकमानसे शाब्दसामग्रीप्रतिबन्धकत्वान्तरस्यावश्यकतया तेनैव संशयवारणात्। संशये प्रतिबन्धकत्वान्तराकल्पनात्। न च विपरीतज्ञानोत्तर प्रत्यक्षनिर्णये विशेषदर्शनस्य हेतुत्वे सिद्ध एव योग्यताज्ञानहेतुत्वमिद्धिरिति वाच्यं। गुरुभूतशाब्द सामग्रीप्रतिबन्धकत्वकल्पनापेक्षयातत्कल्पनाया न्याय्यत्वादितिध्येयं। शाब्द प्रमांप्रति योग्यताप्रमाया गुणतया यद्विशेषयोरिति न्यायेन योग्यताज्ञानस्य शाब्दसामान्ये हेतुतावश्यकतेत्याप्याहुः।

क्तिः । ओदनमित्यनेन व्यवधानादिति वाच्यं । प्रकृतान्वय-बोधाननुकूलपदाव्यवधानाभावस्य विवक्षितत्वात् । ओदनपदं च स्थाल्यधिकरणकौदनकर्मकपाककर्त्रन्वयबोधानुकूलमेव । स्थाल्यां पचतीत्यन्वये तु अनासन्नमेवेति प्राञ्चः । नचैवं श्लोकादेर्योजनयाप्यन्वयबोधः कथं व्यवहितत्वेन प्रत्यक्षसिद्धेऽव्यवहितत्वेन भ्रमासम्भवादिति वाच्यं । तत्र हि श्लोकपदान्नान्वयबोधः । किन्तु योजनावाक्यादित्याहुः । वस्तुतस्तु

शाब्दप्रमायां । स्वपरसाधारणबाधकप्रमाविरह हेतुत्वस्य तेन सुवचतया नेयं युक्तिः साधीयसीत्यपरे । आसत्तिं निरूपयति । आसत्तिरिति । एकपदेऽपरपदाव्यवधानमासत्तिरित्यर्थः । अतएव पदाव्यवधानस्यासत्तित्वादेव । गिरिरिति । अग्निमत्पदे गिरिपदाव्यवधानस्य सत्वादासन्नमित्यर्थः । अनासन्नमिति । गिरिर्भुक्तमग्निमान् देवदत्तेनेत्यत्राग्निमत्पदे भुक्तमित्यनेन व्यवधानात् गिरिपदाव्यवधानस्याभावादनासन्नमित्यर्थः । नचैवमिति । पदाव्यवधानस्यासत्तित्वइत्यर्थः । स्थाल्यामिति । सर्वेषां कारकाणां क्रियायामेवान्वयात् स्थाल्यधिकरणक ओदन कर्मकपाकानुकूलकृतिमानित्यन्वयबोधोजायत इति भावः । पाकेनेति । पाकवाचकपदेनेत्यर्थः । विवक्षितत्वादिति । अव्यवधानपदेन विवक्षितत्वादित्यर्थः । ओदनपदञ्चेति । स्थाल्यामोदनंपचतीत्यादौ ओदनपदञ्चेत्यर्थः । अनुकूलमेवेति । तथा चौदनपदेन व्यवधाने तस्यान्वयबोधानुकूलत्वात् अन्वयबोधाननुकूलपदव्यव्यवधानाभावस्य सत्त्वान्नानासन्नत्वापत्तिभावः । यत्र च स्थाल्यांपचतीत्यन्वयबोधे तात्पर्यंतत्रौदनपदेन व्यवधाने अनासन्नत्वे इष्टापत्तिरित्याह स्थाल्यामिति । प्राञ्च इति । यद्यदाकांक्षितं योग्यंसंनिधानं प्रपद्यते तेन तेनान्वितः स्वार्थः पदैरेवावगम्यत इति तेषामाशयापि । नचैवमिति । पदाव्यवधानस्यैवासत्तित्वे इत्यर्थः । श्लोकादेरिति पञ्चमी भावा कथमिति । पदाव्यवधानादिति भावः । नन्वासत्तिर्नस्वरूपसती हेतुः किन्तु तज्ज्ञानं एवं चाव्यवधानभ्रमादेव तत्र शाब्दबोधइत्यत आह । व्यवहितत्वेनेति । भ्रमेति । तथाच तत्र विशेषदर्शनेनाव्यवहितत्वभ्रमासम्भवादासत्ति भ्रमोपि न सम्भवतीति भावः । तत्र हि श्लोकेति । श्लोकपदात् श्लो-

आकाङ्क्षादिमत्त्वे सति तात्पर्यज्ञाने व्यवहितादप्यन्वयबो-
धात्तद्विलम्बेनाविलम्बाच्चैतज्ज्ञानं हेतुः। किन्तु व्यवहित-
पदतात्पर्यज्ञानं। तच्चैतत्पदमेतत्पदाव्यवहितोत्तरमभि-
सन्धातु इत्यपि सन्धापयितुरिच्छा। अतएव मौनिश्लोके-
प्यासत्तिः वक्तुरभावेप्यभिसन्धातुः सत्त्वात्। शुकवाक्ये च भ-
गवत्तात्पर्यमादायैव गतिरिति नव्याः। तदपि न। सत्यर्थ-
तात्पर्यज्ञानादावेतद्विलम्बेन शाब्दबोधविलम्बाभावात्।
तस्माद्वृत्त्या पदजन्यपदार्थोपस्थितिरासत्तिः। सा च स्वरू-
पसती हेतुः। नहि पदार्थानुपस्थितावन्वयबोधः। नच वृत्त्या-
पदजन्येति व्यर्थं। घटपदात्समवायेनाकाशस्मृतौ घटोऽस्ती-

क घटः कपदात्। नान्वयबोध इति। तथा च श्लोकस्यानासन्नत्वेपि न क्षतिरि-
ति भावः। कथं तर्हि शाब्दबोध इत्यत आह। किन्त्विति। योजनेति। क्रिया
कर्मभावेनान्वयबोधजनकपदसमूहादित्यर्थः। तत्र चासन्नत्वमस्त्येवेति भावः।
आहुरित्यस्वरसं सूचयन्नव्यमतमाह। वस्तुतस्त्विति। आकाङ्क्षादीत्यादिना
योग्यतापरिग्रहः। व्यवहितेपीति। श्लोकादावपीत्यर्थः। तद्विलम्बेन। पदा-
व्यवहितत्वज्ञानविलम्बेन। अविलम्बाच्च शाब्दबोधविलम्बाभावाच्च। तथा
च व्यतिरेकव्यभिचार इति भावः। किन्त्विति। अव्यवहितपदतात्पर्यज्ञानं
हेतुरित्यनुषज्यते। तथा च पदतात्पर्यमासत्तिरिति भावः। तच्चेति। अव्य-
वहितपदतात्पर्यं चेत्यर्थः। अभिसन्धात्विति। एतत्पदमेतत्पदेन सह सम्भूया-
न्वयबोधञ्जनयत्विति अभिसन्धापयितुरिच्छेत्यर्थः। ननु वक्तुरिच्छेत्यस्त्वा-
स्तु कृतमभिसन्धापयितुरिति निवेशेनेत्यत आह। अत एवेति। मौनीति।
मौनिनो वक्तृत्वाभावेपि अभिसन्धापयितृत्वादिति भावः। ननु शुकवाक्या-
द्बोधो न स्यात् शुकस्यार्थज्ञानाभावेनाभिसन्धापयितृत्वाभावादित्यत आह।
शुकवाक्ये चेति। भगवदिति। यत्र शुकवाक्याद्बोधस्तत्र स्वीयतात्पर्यसत्त्वा-
त् पदतात्पर्यसत्त्वात्। पदतात्पर्यज्ञानस्य कारणतायां न व्यभिचार इति
भावः। सत्यर्थेति। अर्थतात्पर्यज्ञाने विद्यमाने एतद्विलम्बेन। पदतात्पर्यज्ञा-

नि वाक्यादाकाशान्वयबोधापत्तेः। ननु घटमानयेत्यत्र घटकर्मत्वानयनकृत्युपस्थितीनां न युगपत्सम्भवः। आशुविनाशिनां क्रमिकाणां मिलकाभावादिति चेन्न। क्रमिकपदानुभवजन्यानेकसंस्कारैर्युगपत्तावत्पदस्मरणाद्युगपत्तावत्पदार्थोपस्थितान्वयबोधः सम्भवतीति सङ्क्षेपः। अत एवाव्यवधानेन पदजन्यपदार्थोपस्थितिरासत्तिरित्यपास्तं। तृतीयांत-

---

नस्य विलम्बेन शाब्दबोधविलम्बाभावादित्यर्थः। तथा च न पदतात्पर्यमासत्तिरिति भावः। तस्मादिति। अन्यविधासत्तेर्दुर्वचत्वादित्यर्थः। वृत्त्याशक्तिलक्षणान्यतररूपसम्बन्धेन पदजन्या या पदार्थोपस्थितिः सैवासत्तिरित्यर्थः। साचेति। वृत्त्या पदजन्यपदार्थोपस्थितिरूपासत्तिश्चेत्यर्थः। ननु स्वरूपसत्यास्तस्या हेतुत्वे यत्र न सा स्वरूपसती तत्रान्वयबोधो नस्यात् अत आह। नहीति नचेतिव्यर्थमित्यनेनान्वयः। घटपदादिति। पदस्य पदार्थस्मारकत्वं एकसम्बन्धिज्ञानमपरसम्बन्धिस्मारकमिति न्यायेन। एवं च घटपदस्य शब्दत्वात्समवायेनाकाशस्मारकत्वे घटपदादाकाशशाब्दबोधापत्तेः वृत्त्येति निवेशनीयतया समवायेनाकाशस्मारकत्वेपि शक्तिलक्षणान्यतरसम्बन्धेनास्मारकत्वाददोष इति भावः। नन्विति। घटकर्मकानयनानुकूल कृतिमानिति शाब्दबोधे घटकर्मत्वानयनकृत्युपस्थितीनां कारणता वाच्या। साच न संभवति एकक्षणे तासामसम्भवादित्यर्थः। असम्भवे हेतुमाह। आशुविनाशिनामिति। तृतीयक्षणवृत्तिध्वंसप्रतियोगिनामित्यर्थः। क्रमिकाणां। एकाधिकरणक्षणाध्वंसाधिकरणक्षणोत्पत्तिकानां। मिलकाभावादिति। एकक्षणावस्थायित्वाभावादित्यर्थः। आशुविनाशिनामपि ज्ञानानां सहोत्पत्तिकानां यौगपद्यासम्भवात् क्रमिकाणामिति। क्रमिकाणामपि घटपटादीनामिलकादाशुविनाशिनामिति मिलितोपादानं। क्रमिकेति। क्रमिकानियोनि पदानि तदनुभवजन्या येऽनेकसंस्काराः तैर्युगपत्तावत्पदानां स्मरणात् युगपत्तावत्पदार्थानां स्मृतौ सत्यां शाब्दबोधः सम्भवतीत्याखण्डलार्थः। तथा च सर्वत्र समूहालम्बनात्मकपदजन्यपदार्थोपस्थितावेव शाब्दबोध इति भावः। ननु घटगोचरसंस्कारात् पदस्मरणानुदयेन समानविषयकसंस्कारस्य स-

वैयर्थ्यात् । व्यवहितोपस्थितावेकस्यानुपस्थितेर्विनाशात् । तात्पर्यं चेदं एतस्मिन्नर्थेऽस्यान्वयं प्रत्याययत्विति प्रयोक्तुरिच्छा । प्रयोक्ता चाभिसन्धापयितृमात्रं । ननु वक्तैव । मौनिश्लोकाव्याप्तेः । शुकवाक्ये च भगवदिच्छयैवगतिः । त-

---

मानविषयकस्मृति हेतुतया कथं नानापदगोचरैः प्रत्येकसंस्कारैर्भिन्न विषयकनानापदगोचरमेकं स्मरणमत आह । संक्षेपइति । भिन्नविषयकत्वांशे संस्कारः कारणं नत्वेव नतु जायमानंस्मरणं भिन्नविषयकमेवन जायत इति । यथा घटपटचक्षुःसंनिकर्षसंयोगसत्वे संमूहालम्बनमेकप्रत्यक्षमिति भावः । अतएवेति । वृत्त्या पदजन्यपदार्थोपस्थितेरासत्तित्वादेवेत्यर्थः । तृतीयान्तेति । अव्यवधानेनेत्यस्य वैयर्थ्यादित्यर्थः । ननु गिरिर्भुक्तमग्निमान् देवदत्तेनेत्यत्र तद्वारणार्थमेव तदित्यत आह । व्यवहितेति । उपस्थितेः क्रमिकपदार्थोपस्थितेर्नष्टत्वादित्यर्थः । अव्यवधानस्य भेदघटितत्वे व्यवधानेन क्रमिकपदार्थोपस्थितौ तासां सर्वासामेकदासम्भवेन समूहालम्बनस्मृतेरेव कारणत्वं वाच्यं । इत्यञ्च तत्ध्वंसाधिकरणक्षणध्वंसानधिकरणत्वे सति तदधिकरणक्षणध्वंसाधिकरणक्षणोत्पत्तिकत्वरूपभेदघटिताव्यवधाननिवेशोऽसम्भवात् । तत्ध्वंसाधिकरणक्षणध्वंसाधिकरणक्षणोत्पत्तिकत्वरूपभेदाभेदासाधारणमव्यवधानमेव निवेशनीयं । तथा च तदुपादानेऽपि गिरिर्भुक्तमित्यादौ समूहालम्बनात्मकस्मृतिमादायाव्यवधानसम्भवादव्यवधानांशो वृथैव । गिरिर्भुक्तमित्यादौ अन्वयबोधाभावश्चार्थतात्पर्यज्ञानविरहेणैवोपपन्न इति भावः । आसत्तिं निरूप्य तात्पर्यं निरूपयति । तात्पर्यं चेदमिति । अर्थतात्पर्यं चेत्यर्थः । एतस्मिन्निति । इदमेतस्मिन्नर्थे अस्य पदार्थस्य अन्वयंप्रत्याययतु बोधयतु इति प्रयोक्तुरिच्छेत्यर्थः । अभिसन्धापयितृमात्रमिति । एकपदार्थज्ञानवदपरपदार्थं ज्ञानवन्मात्रमित्यर्थः । ननु वक्तैव । ननु शब्दोच्चारयितैव । मौनीति । तत्र शब्दोच्चारणाभावेन तात्पर्याभावप्रसङ्गादित्यर्थः । नन्वेवं शुकवाक्ये शुकस्यार्थज्ञानाभावेनाभिसन्धापयितुरभावात्तात्पर्याभावप्रसङ्ग इत्यत आह । शुकवाक्ये चेति । भगवदिच्छा ईश्वरेच्छैव गति रित्यर्थः । तथा च तत्रापीश्वरतात्पर्यसत्वान्न दोष इति भावः । तस्य चेति । तात्पर्यस्य चेत्यर्थः । अस्येति ।

रय च निश्चयो हेतुः। अस्य च संशये व्यतिरेकनिश्चये चान्व-
याबोधात्। तद्भ्रमे चान्वयबोधाच्चेति सङ्क्षेपः। सोऽयं शब्दो-
द्विविधः। विधिरर्थवादश्च। तत्र विध्यभिधायकः प्रत्ययस्त-
द्घटितवाक्यं वा विधिः अभिधेयविधिश्च कार्यत्वं तच्च कृ-
तिसाध्यत्वमिति। किमत्र मानमिति चेत्। उच्यते। वि-
धिस्तावत्प्रवर्तकज्ञानमजनयित्वा प्रवृत्तिजनिकामिच्छाम-
जनयित्वा न प्रवृत्तिजननायालं। अतो यस्य बुद्धिः प्रवृत्ति-
जननीमिच्छां सूते स विधेरभिधेयः। प्रवृत्तिजननी च कृति-
साध्यत्वप्रकारिकेच्छा तज्जननी च कृतिसाध्यत्वप्रकारिका

तात्पर्यसंशये व्यतिरेकनिश्चयेनान्वयबोधादित्यर्थः। यत्संशयव्यतिरेकनिश्चयौ-
यत्र प्रतिबन्धकौ तन्निश्चयस्तत्र हेतुरिति नियमबलादित्यर्थः। तद्भ्रमे चेति।
तात्पर्यभ्रमे च अन्वयबोधाद्भ्रमप्रमासाधारणतन्निश्चयो हेतुरित्यर्थः। संक्षेप
इति। अयमेति पुत्रोराज्ञः पुरुषोऽपसार्यतामित्यादौ राजपुत्र संसर्गप्रतीती-
च्छयोच्चरिते राज्ञ इत्यस्य पुरुषपदेन साकांक्षत्ववारणाय यत्पदं यत्पदव्यतिरे
केण तात्पर्यविषयीभूतार्थान्वयाननुभावकन्तत्पदन्तत्पदेन साकांक्षमिति ता-
त्पर्यगर्भाकांक्षा ज्ञानकारणत्वावश्यकतया आकांक्षा घटकतयैव तात्पर्य ज्ञानं
हेतुर्नतुस्वातंत्र्येणेत्यादि। सोयमिति। आकांक्षादिसहकृतः शब्दइत्यर्थः।
तत्र। तयोर्विध्यर्थवादयोर्मध्ये। विध्यभिधायकेति। अभिधायकप्रत्ययत्व·
सुबादिविभक्तावतिव्याप्तमतः विधीति। विधिः विध्यर्थः। विधिशब्दस्य वि-
धिप्रत्यये विध्यर्थे च प्रयोगदर्शनात्। अत एव स्वर्गकामो यजेतेत्यादौ इष्टसा-
धनत्वं कार्यत्वंवा यद्विधिः सःसमभिव्याहृतक्रियान्वयी वेति मणिकृद्भिः
कार्यत्वंवा यद्विधिरित्युक्तं। तथा चार्थविशेषाभिधायकः प्रत्ययः विधिप्रत्यय
इत्यर्थः। सचलिङ्लोटतव्यपञ्चमलकारकृत्य प्रत्ययरूपइति। ननुयजाद्यसम-
भिव्याहृते लिङ्पदे विधित्वेन व्यवहारः अत आह तद्घटितमिति। तद्घटित-
मिति। तद्घटितं विध्यभिधायकप्रत्ययघटितवाक्यमित्यर्थः। तच्च स्वर्गकामो
यजेतेत्यादिकं। ननु कस्तावद्विध्यर्थः। तत्राभिधेयं लिङर्थः सैव प्रवृत्ति हेतुरि-

ति भट्टाः। तेषांचायमाशयः। कारणस्य परनिष्ठव्यापारजनकत्वं स्वनिष्ठ व्यापारद्वारेतिनियमः यथा घटं प्रति कारणस्य दण्डादेः चक्रनिष्ठभ्रमिरूपव्यापारजनकत्वं स्वनिष्ठसंयोगजनद्वारा व्यापारेण व्यापारे जननीये स्वनिष्ठव्यापारांतरापेक्षणेनवस्थापत्त्या व्यभिचारवारणाय कारणस्येति। अभिधारूपव्यापारसिद्धये स्वनिष्ठेति। अन्यथेष्ट साधनता ज्ञानादिरूप व्यापारमादाय सिद्धसाधनापत्तेः। तथाच विधिः प्रयर्तकतया परनिष्ठ प्रवृत्तिरूपस्वर्गादिफलक व्यापारजनकत्वं स्वनिष्ठव्यापारद्वारेतिलिङ्गमवेतः लिङ्जन्योऽभिधारूपव्यापारः स्वीकरणीयः। भट्टमते शब्दस्य द्रव्यत्वात्तस्य समवायिकारणत्वाविरोधात्। तन्मते हि भावना द्विविधा शाब्दी आर्थीच। तत्रेयं शब्दनिष्ठत्वाच्छाब्दीभावनेत्युच्यते। अन्याचार्थी अर्थो यागादिस्तद्विषयिणी प्रवृत्तिरूपा। तदुक्तं। अभिधा भावनामाहुरन्यामेवलिङादयः। अर्थात्मभावनात्वन्या सर्वाख्यातस्य गोचर इति। आर्थीभावनाच कर्मकरणमितिकर्त्तव्यताञ्चापेक्षत इति अंशत्रयवती। तथाच स्वर्गकर्मिका यागकरणिका प्रयाजादीतिकर्त्तव्यताका चार्थीभावना। द्वयमपि च भावनात्वेन किं केन कथमित्यंशत्रयवती किम्भावयति केन भावयति कथं किंसहकारिण मासाद्य भावयतीति तदर्थत्वात्। तथाचोक्तं। लिङोभिधा सैव च शाब्दभावना भाव्या च तस्याः। पुरुषप्रवृत्तिः सम्बन्धबोधः करणं तदीयप्ररोचनायचांगतयोपपुज्यते तत्र सम्बन्धबोधः लिङ्पदे शक्तिग्रहः प्ररोचना स्तुत्यर्थवादः अङ्गतया संहकारितयोपपद्यते। तत्र चाभिधा स्वरूपसती अभिधात्वेन ज्ञाता वा न प्रवर्त्तिकेति प्रवर्तनात्वेन तज्ज्ञानं कारणं प्रवर्तनात्वं च प्रवृत्तिजनकत्वं यजादिपदसमभिव्याहारेण यागविषयक प्रवृत्तिजनकत्वं ग्राह्यं। तत्र च समानसंवित्संवेद्यतया यागे कृतिसाध्यताबोधोपि। एवमिष्टसाधनताज्ञानंविना प्रवृत्तिजनकत्वं दुर्ग्रहमिति भावनात्वेनापि तज्ज्ञानं कारणं। भावनात्वं च भाव्यजनकत्वं भाव्यत्वं चेष्टत्वं। एवमभिधात्वेनापि तज्ज्ञानं कारणं। अन्यथा धर्मितावच्छेदकापरिचयेन धर्मितावच्छेदकबोधानुपपत्तेः। तथाच गुरुमते विध्यर्थकार्यविशेष्यकोबोधः। भट्टमते तु यागविषयकप्रवृत्तिजनिकाऽभिधा स्वर्गजनिका अभिधात्वज्ञानानुकूलाप्रवर्तनात्व ज्ञानानुकूलाऽभिधात्यनुकूलाचेति शक्ति च तुष्टयं। अभिधाज्ञानं वैदिक प्रवृत्तिं प्रतिहेतुः। लौकिकप्रवृत्तिं प्रति तु इष्टसाधनताज्ञानं हेतुरितिबोध्यं। वस्तुतस्तु प्रवृत्तिर्हिद्विविधा स्वरसवाहिनी पराधीना च

तत्र पराधीनप्रवृत्तौ प्रवर्तनाज्ञानं । हेतुः । अत एव राजाज्ञया पितुः शिरः छेदादौ प्रवर्तते । शाब्द प्रवृत्तावाचार्यादिः प्रवर्तकत्वं । आचार्यप्रेरितोऽहं गामानयामि नतु स्वेच्छयेत्यनुभवात् । आचार्यादेश्च साक्षान्न प्रवर्तकत्वं किन्तु शब्देन स्वप्रवर्तनांज्ञापयित्वेच्छामुत्पाद्येनुभवसिद्धं । प्रवर्तनाच प्रवृत्तिप्रयोजकः प्रवर्तयितुर्व्यापारः । स चेतरस्येच्छारूपः । अहमेनं प्रवर्तयामीत्यनुभवसिद्धः अचेतनस्य शब्दादेस्तुपदार्थांतरं अभिधा भावना प्रवर्तनाद्यपदेश्यस्यैव च लिङर्थः । तथा च विधिः राजेव मां प्रवर्तयतीति प्रवर्तना ज्ञायते । तेन यागादौ पुरुषं प्रवर्तयतीति भट्टमतनिष्कर्षः । तदसत् । सामान्यतः प्रवृत्तिसामान्ये इष्टसाधनताज्ञानहेतुत्वे नैवोपपत्तौ प्रवर्तनाज्ञानस्य हेतुत्वे मानाभावात् । राजाज्ञया पितुः शिरः छेदादौ प्रवृत्तिरपि स्वेष्टं प्रतिसन्धायैव नहि प्रयोजनमनुद्दिश्य मंदोपि प्रवर्ततेइति । एवमभिधायां इष्टसाधनत्वे ज्ञातेपि इष्टसाधनत्वाज्ञाने अप्रवृत्तिः अभिधायां इष्टसाधनत्वं यागे इष्टसाधनतांविनाऽनुपपन्नमिति यागेष्टसाधनताज्ञानस्यावश्यकत्वे कृतमभिधाज्ञान हेतुतया । न च करणस्येत्यादिनियमादभिधासिद्धिः । अप्रयोजकत्वात् । अनुमितिकरणव्याप्तिज्ञानादौ व्यभिचाराच्चेति नाभिधा लिङर्थ इत्यतः प्राभाकरमतन्दर्शयति । अभिधेयविधिश्चेति । प्रतिपाद्यरूपोविधिः विध्यर्थ इतियावत् । प्रागभाव प्रतियोगित्वरूपकार्यत्वं न प्रवर्तकज्ञानप्रकार इत्यर्थ आह । तच्चेति । कार्यत्वंचेत्यर्थः । शक्तेतिकिमर्थेति । अत्र कृतिसाध्यत्वस्य विध्यर्थत्वे । अलं । समर्थः । यस्य बुद्धिः । यद्विषयिणीबुद्धिः । सइति । प्रवृत्तिजनकेच्छाजनकज्ञानप्रकार इत्यर्थः विधेरभिधेयः । प्रतिपाद्यः । तज्जननीचेति । कृतिसाध्यत्वप्रकारकेच्छाजननीचेत्यर्थः । ननु तादृशेच्छां प्रतिज्ञानत्वेनकारणत्वमास्तामत आह । कृत्यसाध्यत्वेति तदनुत्पत्तेः । कृतिसाध्यत्वप्रकारकेच्छानुत्पत्तेरित्यर्थः ननु नियत पूर्ववृत्तित्वेन क्लृप्तत्वात् कृत्यसाध्यताज्ञानाभाव एव हेतुः ननु कृतिसाध्यताज्ञानं तत्र नियमानन्यथासिद्धत्वयोर्द्वयोकल्पनीयत्वे गौरवादित्यत आह । नत्विति । नतु कृत्यसाध्यत्वज्ञानाभावोहेतुरिति शेषः । गौरवादिति । कृत्यसाध्यत्वप्रकारकज्ञानाभावत्वेन कारणत्वे गौरवात् । लाघवात्कृतिसाध्यत्व प्रकारकज्ञानत्वेनैव नियमानन्यथा सिद्धत्वयोः कल्पनादित्यर्थः । ननु कृतिसाध्यतानिश्चयत्वे कारणत्वमपेक्ष्य लाघवेन कृत्यसाध्यताज्ञानाभावत्वेनैवे हेतुत्वमिति चेन्न । निश्चयत्वेन हेतुत्वे संशयनिश्चय-

बुद्धिः । कृत्यसाध्यत्वज्ञाने तदनुत्पत्तेः । ननु कृत्यसाध्यत्वप्रकारकज्ञानाभावो गौरवात् । सर्वदा चिकीर्षोत्पत्त्यापत्तेश्च ।

साधारणप्रामाण्यज्ञानस्यैवोत्तेजकत्वं कृत्यसाध्यताज्ञानत्वेन प्रतिबन्धकत्वे चाप्रामाण्यनिश्चयस्योत्तेजकत्वमिति गौरवात् । अप्रामाण्यज्ञानेऽप्रामाण्यज्ञानस्योत्तेजकत्वानभ्युपगमात् । एतेनाप्रामाण्यनिश्चयस्योत्तेजकत्वे तत्राप्रामाण्यज्ञानसामान्यस्योत्तेजकत्वं अप्रामाण्यज्ञानस्योत्तेजकत्वे च तत्राप्रामाण्यनिश्चयस्योत्तेजकत्वमिति विपरीत गौरवमिति परास्तं । वस्तुतस्तु कृत्यसाध्यताज्ञानप्रतिबन्धकत्वे कृतिसाध्यत्वाभाव कृतिसाध्यभेदतद्व्याप्यतदवच्छेदकधर्मदर्शनादीनां प्रतिबन्धकत्वापेक्षया कृतिसाध्यताज्ञानत्वेनैव हेतुत्वमुचितमिति । ननु ज्ञायमानेष्टभेदाग्रहस्य तन्मते कारणत्वं न स्यात् तत्राप्यतदग्रहेकारणत्वे लाघवात् । यदि च नियतपूर्ववर्तित्वेन कॢप्तत्वात् तद्वेतोरितिन्यायेन कारणत्वं तदा प्रकृतेपि तुल्यमित्यत आह । सर्वदेति । सत्त्वात् । कृत्यसाध्यताज्ञानाभावसत्त्वात् । ननु भवन्मतेसर्वदा भेदग्रहसत्त्वात् सर्वदा विसंवादिप्रवृत्त्यापत्तिः । यदि ज्ञायमानेष्टभेदाग्रहत्वेन कारणत्वं तदा मयापि ज्ञायमानकृतिसाध्यत्वाभावज्ञानाभावकारणत्वमपि सुवचं मत आह । मतइति । तन्मते अन्यथाख्यात्यभावेन दृष्टाभेदग्रहदृष्टभेदाग्रहयोर्युगपत् स्थित्यभावेन भेदाग्रह एव विसंवादिप्रवृत्तिहेतुःअत्र तु कृतिसाध्यताज्ञानकृत्यसाध्यताज्ञानाभावयोर्युगपत्स्थित्या लाघवेन कृतिसाध्यताज्ञानत्वेनैव प्रवृत्तिहेतुत्वमिति भावः । केचित्तु । साक्षादविरोधिनो ज्ञानस्य प्रतिबन्धकत्वञ्जनकज्ञानविघटकत्वेनैवेतिनियमात् कृत्यसाध्यताज्ञानस्य साक्षादविरोधिनःचिकीर्षाकारणकृतिसाध्यताज्ञानविघटकत्वेनैव प्रतिबन्धकत्वमिति कृतिसाध्यताज्ञानं हेतुरिति । ननु बाधादिवारणाय साक्षादविरोधित्वं विशेषणं । तदर्थश्च ग्राह्याभावतद्व्याप्याद्यनवगाहित्वं तच्च प्रकृतेप्यसिद्धञ्चिकीर्षाविषय कृतिसाध्यताभावावगाहित्वात् कृत्यसाध्यताज्ञानस्य । यदि च कारणीभूताभावप्रतियोगित्वरूपं प्रतिबन्धकत्वघटकन्तदापि कृत्यसाध्यताज्ञानस्य साक्षादेव विरोधित्वोपगमेन साक्षादविरोधित्वसिद्धेरितिकथमेतत् । उच्यते । साक्षादविरोधिनं प्रति यत्प्रतिबन्धकं भवतितज्जनकज्ञानविघटकं सदेव प्रतिबन्धकं भवतीति नियमः साक्षादविरो-

धित्वं च तद्विषयविरोध्ययगाहि ज्ञानभिन्नत्वं तेन न सत्प्रतिपक्षादौ व्यभिचारः चिकीर्षा च ज्ञानभिन्नत्वादेवसाक्षाद विरोधिनीति तज्जनक ज्ञानविघटकत्वेनैव कृत्यसाध्यता ज्ञानस्य प्रतिबन्धकत्वमिति गुरुमते सिद्धेरनुमिति प्रतिबन्धकत्वाभावान्न तत्र व्यभिचारः सिद्धत्वस्य ज्ञानेच्छाप्रतिबन्धकत्वेपि तद्व्यावृत्त प्रतिबन्धकता निवेशनीया असिद्धत्वज्ञानं वा हेतुः । असाधुत्वज्ञानस्य शाब्दबोधप्रतिबन्धकत्वेमानाभावः । न च संवादिप्रवृत्तौतन्मते इष्टभेदाग्रहहेतुतया तत्रव्यभिचारइति वाच्यं । संवादित्वविशेषणेन तद्वारणात् । संवादिप्रवृत्तौ तु तन्मतेपि विशिष्ट ज्ञानं हेतुरिति न क्वापि व्यभिचारइत्याहुः । तन्न साक्षादविरोधिनो ज्ञानस्य प्रतिबन्धकत्वं जनकज्ञानविघटकत्वेनैवेत्येव नियमस्य तेनाप्युपेयत्वात् । साक्षादविरोधिनं प्रति यत्प्रतिबन्धकंभवतितज्जनक ज्ञानविघटकत्वेनैवेतिनियममाहत्य साक्षादविरोधित्वशरीरे च ज्ञानभिन्नत्वे त्यचज्ञानेति निवेश्य कृतिसाध्यता ज्ञानहेतुतासाधनस्य शपथनिर्णेयतापत्तिरितिध्येयम् । ननु कृतिसाध्यता ज्ञानं चिकीर्षाद्वाराप्रवृत्तिहेतुरितिसिद्धं । एवं च जीवनयोनियत्नसाध्ये प्राणपञ्चकसञ्चारे प्रवृत्त्यापत्तिः । अथ अदृष्टवदात्मसंयोगेनैव प्राणपञ्चकसञ्चारोपपत्तेर्जीवनयोनियत्ने माना भावः । न च भस्त्रावायूदीरणदृष्टान्तेन वायूदीरणत्वेन यत्नजन्यत्वानुमानात् परिशेषात्तत्सिद्धिरिति वाच्यं । बाह्यवायूदीरणे व्यभिचारात् । न च तस्यापीश्वरीययत्नजन्यत्वान्न व्यभिचारइति वाच्यं । प्रकृतेपि तेनैवार्थान्तरात् । जन्यत्वविशेषणे च बाह्यवायूदीरणे व्यभिचारात् । यत्तु समाधिस्थानां श्वासवारणे श्वास क्रियानुदयः । सर्वसिद्धः । जीवनादृष्टस्य च तदापि सत्त्वेन तदनुत्पादो जीवनयोनियत्नव्यतिरेकादिति । तन्न । तदानीं जीवनयोनियत्नानुवृत्तिर्यत्प्रयुक्ता सत एवश्वासक्रिया विरहोपपत्तेरिति । मैवं । धावतःयत्नोत्कर्षेणश्वासक्रियोत्कर्षदर्शनात् श्वासक्रियात्वावच्छिन्ने एव यत्नजन्यत्वनिश्चयात् । यद्विशेषयोःकार्यकारणभावोऽसतिबाधकेतत्सामान्ययोरपीतिन्यायात् । जीवनयोनियत्नसिद्धिः । न च विषभक्षण व्यावर्तनाय स्वविशेषणवत्ता प्रतिसन्धानजन्यकार्यता ज्ञानस्यावश्यहेतुतया तद भावादेव न प्राणपञ्चकसञ्चारे प्रवृत्तिरिति वाच्यं । अहंकृतिसाध्य प्राणपञ्चकसञ्चारो जीवित्वात् प्राणपञ्चकसञ्चारो मत्कृतिसाध्यः मत्कृतिंविना सत्त्वे सति मदिष्टसाधनत्वादिति च तत्सम्भवादिति । उच्यते ।

चिकीर्षाधीन कृतिसाध्यता ज्ञानत्वेन प्रवृत्तिकारणत्वात्। ननु तथापि भोजनचिकीर्षाधीनकृतिसाध्ये नांतरीयकश्रमे प्रवृत्ति प्रसङ्गः । अत्र कश्चित् । चिकीर्षाधीन कृतित्वेन न श्रमजनकत्वं द्वेषयोनियत्नादपि श्रमोत्पत्तेरित्याह । तन्न । शत्रुवधप्रवृत्तौ प्रतियोगिनि शत्रौ द्वेषः कारणमिति तावद्दुर्वचं। तस्य भिन्न विषयतया शत्रु,वधप्रवृत्तावहेतुत्वात् । किन्तु शत्रु, वधस्येष्टसाधनत्वेन तदिच्छाया एव तत्र हेतुत्वात् । न च शत्रुनिवृत्तौ शत्रु, द्वेषस्य समानविषयकत्वेन हेतुत्वप्रसङ्ग इति वाच्यं । इष्टत्वात् । द्वेषयोनिनिवृत्तितस्तु न श्रमोत्पत्तिसम्भावनापि । व्याघ्रादिसमीपवृत्तिदेशादेव निवृत्तेः। तत्र तद्देशवर्जनरूपेष्टसाधनता ज्ञानात् पलायनप्रवृत्त्यैव श्रमसम्भवात्। न च प्रवृत्त्यभाव एव निवृत्तिरिति वाच्यं । निवृत्त्यभाव एव प्रवृत्तिरित्यस्यापि सुवचत्वात् । न च प्रवृत्त्यभावकाले कदाचिन्निवृत्तत्वव्यवहारात्प्रवृत्त्यभाव एव निवृत्तिरिति वाच्यं । निवृत्तेर्द्वेषसमान विषयकत्वस्यानुभवसिद्धत्वात् । अथ निवृत्त्याख्ययत्नस्वीकारे विषयभेदेन प्रवृत्ति निवृत्तियौगपद्यापत्तिरिति चेन्न । इष्टानिष्टसाधनता समूहालम्बन सम्भवेपि रागद्वेषयोरेकदाऽसम्भवेन तदसम्भवात्। न च यत्रापेक्षाबुध्यात्मकं तत्स्मरणं अनन्तरं फलेच्छयाफलद्वेषौ तत उपायेच्छा उपायद्वेषौ तत्र तदापत्तिरिति वाच्यं। उपायेच्छाकाले एवापेक्षाबुद्धेर्नाशात्। उपादान प्रत्यक्षस्यसाक्षात्प्रवृत्तिहेतुतया तदभानाच्च ज्ञानेच्छाद्वेषाणांयौगपद्याभावात् । एवं प्रयत्नयौगपद्यस्य चेष्टास्थल इव चतिरभावाच्च। विंशत्यंगुल्यवच्छेदेन विजातीय चेष्टानुरोधेनविजातीयविंशति प्रयत्नानांयुगपदुत्पादात् । अन्यथासमवायेनविजातीयतच्चेष्टां प्रत्यवच्छेदकतासम्बन्धेन कृतिर्हेतुतया एकाङ्गुल्यामिवापरत्रापि तस्या एव कृतेरवच्छेदकतया सत्वाद्विजातीये तच्चेष्टाया एवांगुल्यन्तरेप्यापत्तिः। नाना कृतिस्वीकारे तु एतत्कृतेरवच्छेदकतयाऽङ्गुल्यन्तरे असत्वादेवन तत्र विजातीये तच्चेष्टापत्तिः ननु समवाय सम्बन्धेन विजातीये तच्चेष्टांप्रति स्वीयविजातीयैतच्चेष्टावृत्तिसाध्यत्वाख्यविषयतानिरूपित सिद्धत्वाख्यविषयता सम्बन्धेन कृतिर्हेतुरिति एककृति स्वीकारेपि नानुपपत्तिः। एकस्या एव कृतेर्विजातीयैतच्चेष्टावृत्तिसाध्यत्वाख्य विषयतानिरूपि तसिद्धत्वाख्य विषयतयांगुल्यन्तरेऽभावात्। अथ यदापुरुषान्तरस्य एतदङ्गुल्यांविजातीयचेष्टा साध्य-

का कृतिरुत्पन्ना तदा एतत्पुरुषस्य कथं न स्यात्, त्वयच्छेदेन विजातीयचेष्टोत्पद्यते इति तत्पुरुषीयत्वं निवेश्य कार्यकारणभावकल्पने गौरवं। नानाकृतिस्वीकारे तु अवच्छेदकतयापुरुषान्तरीयकृतेरेतत्पुरुषीयाङ्गत्वाभावादेव न तदापत्तिरिति चेन्न। अवच्छेदकता तादृशविषयतोभयसम्बन्धेन कृतेर्हेतुतयासमापि तत्पुरुषीयत्वानिवेशात्। भवन्मते तु अनन्तवैजात्यकल्पनेन तदवच्छिन्ननियामककल्पनेन च गौरवमिति नानाकृतिस्वीकारो निरर्थकइति मैवं। अवच्छेदकता तादृशविषयतोभयसम्बन्धेन कृतेर्हेतुत्वंतु उभयत्वस्यापेक्षाबुद्धिविशेषविषयत्वरूपस्य दुर्वचतया एकविशिष्टापरत्वरूपस्य च विनिगमनाविरहग्रस्ततया गौरवेण तादृश विषयता सम्बन्धेनैव कारणता वाच्या। तथा तत्पुरुषीयत्वनिवेशे गौरवादवच्छेदकता सम्बन्धेनैव कृतर्हेतुतेति एककृति स्वीकारेविजातीय चेष्टानामनुपपत्त्या नानाकृतिस्वीकार आवश्यकइतिदिक्। अत्रोच्यते। स्वचिकीर्षाधीनकृतिसाध्यता ज्ञानत्वेन प्रवृत्तिकारणत्वात् भ्रमे स्वचिकीर्षाधीन कृतिसाध्यता ज्ञानाभावादेवा प्रवृत्तेः। अत एवान्येच्छाधीनेच्छो विषयत्वादेवभ्रमो नान्तरीय इत्युच्यते। ननु प्राणपञ्चकसञ्चारे भ्रमे च प्रवृत्तिवारणय स्वचिकीर्षाधीन कृतिसाध्यता ज्ञानत्वेन कारणतेत्युक्तं। तदयुक्तं। प्राणपञ्चकसञ्चारादेःप्रवृत्ति स्वरूपायोग्यतयैवतत्र प्रवृत्तिवारणात् किंच चिकीर्षाधीनत्वविशेषणेन। अन्ययावस्तुगत्या चिकीर्षाधीना याकृतेस्तुत्साध्यताभ्रमात् प्राणपञ्चकसञ्चारे प्रवृत्तेर्वारणीयत्वात्। तथा च प्रवृत्तिस्वरूपयोग्यत्व ज्ञानस्य पृथक्कारणतया प्रवृत्तिस्वरूपायोग्यवृत्तिविशेष्यताप्रत्यासत्त्या कृतिसाध्यता ज्ञानत्वेन कारणतयैवोपपत्तौ न तद्विशेषणमिति। अत्रेदस्बोध्यं। स्वेच्छाधीनत्वं न ज्ञानतंत्रमपि तु वस्तुगत्या स्वेच्छाधीनायाकृतिस्तत्साध्यता ज्ञानं कारणमिति। प्राणपञ्चकसञ्चारे वस्तुगत्यास्वेच्छाधीन कृतेरप्रसिद्धतयाकथं भ्रममादायातिप्रसङ्गवारणाय प्रवृत्तिस्वरूपयोग्यत्व ज्ञानस्य प्रवृत्तिस्वरूपायोग्य व्यावृत्तविशेष्यताप्रत्यासत्त्या कृतिसाध्यता ज्ञानस्यवा कारणत्वावश्यकतयातद्विशेषणानुपादानमिति। न च तथापिसुखेच्छामादायसुखे प्रवृत्तिप्रसङ्गइति तथा ज्ञानकारणत्वमावश्यकमिति वाच्यं। फलेच्छाया अप्रवर्तकत्वात्। तथापि स्वचिकीर्षाधीनत्वस्य विवक्षणात्सुख चिकीर्षाधीनत्वेन तु न प्रवर्तकत्वमिति 'वस्तुतस्तु' प्रवृत्तिस्वरूपायोग्य व्यावृत्तविशेष्यता प्रत्यासत्त्या कृतिसाध्यता ज्ञानत्वमात्रेण कारणत्वेप-

सर्वदा तत्सत्वात् अत: कृतिसाध्यत्वमेवविध्यर्थ इति। नन्वेवं मण्डलींकुर्यादितिवाक्यादुत्पन्नकृतिसाध्यताज्ञानवतोबलवदनिष्टजनकमेव मण्डलीकरणं। जानतोमण्डलीकरणे प्रवृत्ति: स्यात् अथ बलवदनिष्टाननुबन्धि कृतिसाध्यताज्ञानं प्रवर्त्तकमिति चेन्न। इत्थमपीष्टाजनकत्वेन बलवदनिष्टाननुबन्धि

टादौ जीवनयोनि यत्नसाध्यताभ्रमकाले प्रवृत्त्यापत्तिवारणाय चिकीर्षाधीन कृतिसाध्यताज्ञानत्वेन हेतुताया आवश्यकतया चिकीर्षाधीनत्वविशेषणमावश्यकमेवेति। एतेन प्रवृत्तिस्वरूपयोग्यत्वज्ञानं कारणमिति प्रवृत्तिस्वरूपा योग्यव्यावृत्तविशेष्यता प्रत्यासत्या कृतिसाध्यताज्ञानं कारणमिति वा न ब्रूम: किन्तु क्लृप्तेनैव प्राणपञ्चकसञ्चारेण प्रवृत्तिरिति। तथाहि। घटोघट इति तदुद्देश्यतावच्छेदक तद्विधेयकशाब्दबोधवारणाय निर्वन्हिर्वन्हिमानिति तदभावधर्मितावच्छेदकतद्धर्मावच्छिन्नप्रकारताकानुमिति वारणाय च तद्भिन्नवृत्तिविषयतासम्बन्धेन ज्ञानंप्रति तद्भेदत्वेन हेतुता वाच्या। तत्रच कार्यतावच्छेदकेज्ञानत्वमनिवेश्य तद्भिन्नवृत्तिविषयतासम्बन्धेन गुणत्वावच्छिन्नं प्रत्येवतद्भेदस्य हेतुत्वमभ्युपेयते एवंच प्रवृत्तिलक्षणो गुण: प्राणपञ्चकसञ्चारभिन्न एव जायत इति प्राणपञ्चकसञ्चारभिन्न वृत्तिविषयतासम्बन्धेन प्रवृतौ प्राणपञ्चकसञ्चारभेद एव हेतुरिति नातिरिक्तकार्यकारणभावकल्पनमिति चिकीर्षाधीनत्वविशेषणमफलमिति निरस्तं। तावताऽपि घटादौ जीवनयोनिकृतिसाध्यताभ्रममादाय प्रवृत्तिवारणाय चिकीर्षाधीनत्वविशेषणावश्यकत्वादिति दिक्। नन्वेवमिति। एवं कृतिसाध्यत्वमात्रस्य विध्यर्थत्वे। जानत इति वाद्यौ निष्फलमपि मण्डलीकरणं फलभ्रांत्याक्रियते। तस्य च वृथाचेष्टांनकुर्वीत न विप्र:क्षणिकोभवेत्यादिना वेद निषेधादनिष्टजनकत्वेन तत्र बलवदनिष्टजनकत्व ज्ञानकाले आस्तिकानामपि प्रवृत्तिप्रसङ्ग:। प्रवर्त्तकस्य कृतिसाध्यता ज्ञानस्य सत्वादित्यर्थ:। अथेति। तथाच बलवदनिष्टाननुबन्धित्वेसति कृतिसाध्यत्वंविध्यर्थ इति भाव:। इत्थमपीति। बलवदनिष्टाननुबन्धित्वेसति कृतिसाध्यताज्ञानस्य प्रवर्त्तकतया बलवदनिष्टजनकत्वज्ञानकाले प्रवृत्तिवार-

कृतिसाध्यत्वेऽपि च मण्डलीकरणे ज्ञानवतस्तत्र प्रवृत्तिः स्यात् । प्रवृत्तिजनकज्ञानस्य च सत्वात् । अथ प्राभाकरमतानुवर्त्तिनः । नित्ये शौचादिमत्वप्रतिसन्धानजन्यं कार्यताज्ञानं प्रवर्त्तकं । अन्यत्र चेष्टसाधनताज्ञानजन्यमिष्टसाधनताज्ञान-

णेऽपीत्यर्थः । तत्र मण्डलीकरणे । प्रवृत्तिजनकेति । बलवदनिष्टाननुबन्धि कृतिसाध्यताज्ञानस्य सत्वादित्यर्थः । प्राभाकरमते इष्टसाधनत्वमपि विध्यर्थो भवत्येव । अत एव तै र्नित्यापूर्वनिषेधापूर्वरूपं परागपूर्वमपि सन्ध्यामुपासीत न कलञ्जं भक्षयेदित्यादि नित्यनिषेधयोः कल्प्यते । तस्य च स्वतएवपुरुषार्थत्वान्नेष्टत्वविरोध इति सर्वप्राभाकराणामेव नेदंमतमिति सूचनायात्र प्राभाकरमताऽनुयायिन इत्युक्तं । तथाच तदप्येकदेशिमतमिति भावः । नित्ये इति । सन्ध्यावन्दनादावित्यर्थः । शौचादीत्यादिना तत्कालजीवित्वपरिग्रहः । सन्ध्यामुपासीतेत्यादिस्थले अहं एतत्कालीन कृतिसाध्यसन्ध्यावन्दनकः शुचिः तत्कालजीवित्वात् पूर्वसन्ध्यायामहमिवेत्याकारक कार्यताज्ञानं प्रवर्तकमित्यर्थः । अन्यत्र चेति । काम्ये चेत्यर्थः । इष्टेति । पाको मत्कृतिसाध्यः मत्कृतिंविना सत्वे सति मदिष्टसाधनत्वादित्यानुमानिकं कार्यताज्ञानं काम्यगोचरप्रवृत्तौ हेतुरित्यर्थः । ननु स्तनपानंकार्यता स्मरणात्प्रवृत्तिर्नस्यात् व्याप्त्याद्यात्मक स्मरणेनानुमानिकस्येष्टसाधनताज्ञानजन्यकार्यताज्ञानस्याभावादित्यत आह । इष्टसाधनता ज्ञानकालीनं चेति । कालश्चात्र यावता कालेन व्याप्त्यादि ज्ञानात् कार्यतानुमितिस्तावानेव विशिष्यग्राह्यः । तेन न स्थूलकालमादाय दोषः । लिङ्गोपस्थितलैंगिकभानोपगमे तु यथा श्रुते न दोष इति । सामान्ये चेति । प्रवृत्तिसामान्ये चेत्यर्थः । यद्विशेषयोः कार्यकारणभावो ऽसतिबाधके तत्सामान्ययोरपीति न्यायादिति भावः । न कश्चिदिति । मण्डलीकरणे प्रवृत्तिप्रसङ्गरूपोदोषो नेत्यर्थः । प्रवृत्तित्वावच्छिन्नं प्रति कार्यताज्ञानत्वेन हेतुता काम्यगोचरप्रवृत्तिप्रति इष्टसाधनतालिंगककृतिसाध्यताज्ञानत्वेन नित्यगोचरप्रवृत्तिं प्रति शौचादिमताप्रतिसन्धानजन्यकार्यताज्ञानत्वेन हेतुतया विशेषसामग्रीसहकृताया एव सामान्यसामग्र्याः फलोत्पादकतया विशेषसामग्री विरहादेव न मण्डलीकरणादौ प्रवृत्त्यापत्तिरिति भावः । पाको मत्कृतिसाध्यः मत्कृतिं विना सत्वे सति मदिष्टसाधनत्वादिति पाकानुमानं । तच्च अ-

कालीनं वा कार्यताज्ञानं प्रवृत्तिहेतुः । सामाग्र्येच कृति-साध्याताज्ञानसामान्यमिति न कश्चित् दोषः । नचैवं ला-घवादिष्टसाधनताविषयक कृतिसाध्यताज्ञानमेव प्रवृत्ति

मे प्रवृत्तिवारणाय स्वेच्छाधीनकृतिसाध्यताज्ञानस्यैव प्रवर्त्तकतया स्वेच्छाधीन मत्कृतिसाध्यत्वमेव साध्यं हेतुरपि इच्छाधीन मत्कृतिं विना ऽसत्वे सति मदिष्टसाधनत्वादिति । तेन प्राणपञ्चकसंचारे न व्यभिचारः । मदिष्टसाधनत्वमात्रस्य हेतोर्वृष्टौ व्यभिचार इति सत्यंतं । मदिष्टसाधने परकृतेपाके व्यभिचारवारणाय मत्कृतिं विनेत्यत्रमत्पदं । अमे व्यभिचारवारणय विशेष्यदलनिवेशः । तस्यापि मदीयशत्रोरिष्टसाधनत्वाद्व्यभिचार इत्यतः मदिष्टेत्यत्र मत्पदं । अथ मदिष्टसाधनेनांतरीयके जलसंयोगे व्यभिचारः अमवतस्तस्याप्यन्येच्छाधीन मत्कृतिसाध्यत्वात् स्वेच्छाधीनमत्कृतिंविनेति विवक्षणे च अमेपि तेनैवानतिप्रसङ्गात् मदिष्टेत्यस्यवैयर्थ्यमिति चेन्न । अखण्डाभावघटकतयावैयर्थ्याऽभावात् । तस्य हेत्वन्तरत्वादिति । अथात्र सिद्धपाकस्य पक्षत्वे कृत्यनन्तरभविष्यत्वरूपस्य कृतिसाध्यत्वस्य बाधः अनागतपाकस्य च सामान्यलक्षणानङ्गीकारात् ज्ञानासम्भव इतिचेन्न । पक्षधर्मताज्ञानस्य समानप्रकारकत्वेनैवानुमितिहेतुतया पक्षतावच्छेदकपाकत्वप्रकारक सिद्धपाकविशेष्यकज्ञानादसिद्धपाकविषयकानुमिते सम्भवात् । तदुक्तं मणिकृता । पाके कृतिसाध्यत्वं सिध्यत्सिद्धेबाधादनागतंपाकमादय सिध्यति । पक्षतावच्छेदकसामानाधिकरण्यं साध्यसामान्यस्य सिध्यतीत्यनुमाने क्लृप्तत्वादिति । ननु भाविथौवराज्ये प्रवृत्तिवारणायेदानीं तन मत्कृतिसाध्यताज्ञानस्यैव प्रवर्त्तकतया इदानींतनमत्कृतिसाध्यत्वमेव साध्यं । हेतुरपि चेदानीं तनत्वघटितः स तु सिद्धपाके ऽसम्भवी असिद्धस्य चाज्ञानात् पक्षधर्मताज्ञानंदुर्भिक्षमिति चेन्न स्व समानाधिकरणपाकत्वरूपपरंपरासम्बन्धेन सिद्धपाके एव हेतुमताज्ञानसम्भवात् नच द्रव्यत्वेन पर्वतेवन्हिव्याप्यधूमवत्ताज्ञानाद्द्रव्यत्वेन ह्रदपक्षकानुमित्यापत्तिः अन्यथा व्याप्त्यापत्या इष्टापत्ते रयोगादिति वाच्यं । द्रव्यत्व प्रकारक तत्तद्व्यक्तिपक्षकानुमितित्वं कार्यतावच्छेदकं । द्रव्यत्वप्रकारकपरामर्शत्वेन च कारणताकारणतावच्छेदके परं तत्तद्व्यक्तित्वविशेषः । समानविषयकत्वेन कारणत्वेपि तत्तद्व्यक्तिभेदेन कारणत्वस्यावश्यकत्वात् कारणताव-

च्छेदकेपि तत्तद्व्यक्तिनिवेशस्य त्वन्मते परमाधिक्यात्। इत्यत्र हृदव्यक्तिमनंतर्भाव्यैव कारणत्वान्न दोषः। ननु व्याप्यताघटकसम्बन्धेनैव हेतुमताज्ञानस्यैवानुमिति हेतुतया तदसम्भवः। सिद्धपाके व्यभिचारेण स्व समानाधिकरणपाकत्वरूप परंपरासम्बन्धस्य हेतुता न वच्छेदकत्वात्। नच साध्यमपि तेनैवसम्बन्धेनेति वाच्यं। प्रवृत्तिजनकचिकीर्षायां स्वरूपसम्बन्धेनैव कृतिसाध्यत्वस्य प्रकारतया तज्जनकज्ञानेपि तेनैव सम्बन्धेन तस्यप्रकारत्वात्स्वरूपसम्बन्धस्यैव साध्यतावच्छेदकत्वादिति चेन्न। गुरुमते येनकेनचित्सम्बन्धेनैव हेतुमताज्ञानादप्यनुमिति स्वीकारात्कालिकसम्बन्धेन पर्वते धूमवत्ता ज्ञानेपि अनुमितेरिष्टत्वात्। नचैवं पर्वते धूमवत्ताज्ञानात्धूमावयवह्रदादौ वन्ह्यनुमित्यापत्तिरिति वाच्यं। पक्षतावच्छेदकभेदेनानुमितिपरामर्शयोः कार्यकारणभावात्। हृदत्वाद्यवच्छिन्नपक्षकानुमितेरलीकतया तदन्तर्भावेनकार्यकारणभावाकल्पनात्। नच समानविशेष्यतावच्छेदकता प्रत्यासत्याकारणत्वे लाघवाद्द्रव्यत्वेन ह्रदपक्षकानुमित्यापत्तिरिति वाच्यं। अन्यथा व्याप्त्यापत्तिभयेन गुरुत्वेपि पक्षतावच्छेदकभेदेन कारणत्वकल्पनाद प्रामाण्यज्ञानाभावनिवेशानुरोधेनापि पक्षतावच्छेदकनिवेशस्यावश्यकत्वाच्चेति दिक्। अपरेतु संनिकृष्टपर्वते पर्वतत्वेन धूमाभाववत्ताग्रहे येनकेनचित्संबन्धेन धूमवत्तापरामर्शादासन्निकृष्टपर्वतवन्ह्यनुमित्यापत्तिः। इष्टापत्तौ च वन्ह्यर्थं प्रवृत्त्यापत्तेरेतच्चिंत्यमित्याहुः। तदसत्। उपादानप्रत्यक्षाभावादेव तत्र प्रवृत्तिवारण सम्भवादिति। नचैवमिति। एवं। इष्टसाधनताज्ञानजन्यकार्यताज्ञानत्वेन हेतुत्वे। लाघवादिति। इष्टसाधनताज्ञानजन्यत्वापेक्षया इष्टसाधनताज्ञानकालीनत्वापेक्षया च इष्टसाधनताविषयकत्वस्य निवेशे लाघवादित्यर्थः। प्रवृत्तिसामान्ये इति। तथाच प्रवृत्तिसामान्यसामग्रीविरहादेव न मण्डलीकरणे प्रवृत्तिरिति भावः। नित्ये इति। संध्यावंदनादावित्यर्थः। तदभावात्। तस्येष्टसाधानत्वाभावेनेष्टसाधनताविषयकज्ञातिसाध्यताज्ञानाभावादित्यर्थः। ननु तत्रापि प्रत्यवायानुत्पादरूपेष्टसाधनत्वमस्त्येव यत्र फलं न श्रूयते तत्रापि तत्कल्पते इत्यत आह। साध्यत्वेति। ननु तन्निरूपितसाध्यत्व तन्निरूपितसाधनत्वं च विरुद्धमिति ज्ञातिनिरूपितसाध्यत्वेष्टसाधनत्वयोर्भाने बाधकाभावः। सामान्यतस्तु साध्यत्वसाधनत्वयो न विरोध इत्यभिप्रेत्य शङ्कते। कथमिति। अनयोः साध्यत्वसाधनत्वयोः। अनयोः ज्ञातिसाध्यत्वेष्ट

सामान्ये हेतुरिति वाच्यं । नित्ये तदभावात् । साध्यत्वसाधनत्वयोर्विरोधेनैकदैकस्मिन्कृतिसाध्यत्वेष्टसाधनत्वयोर्भाना-सम्भवाच्च । कथमनयोर्विरोध इतिचेदृष्टं । साधनत्वं हि सिद्धधर्मः । असिद्धावस्थायां तदनुपपत्तेः । साध्यत्वं असिद्धधर्मः । सिद्धतादशायां तदभावात् । नचैकदासिद्धमसिद्ध-

साधनत्वयोरित्यर्थ इत्यपिकश्चित् । साधनत्वंहीति । सिद्ध धर्मः पूर्वकालवृत्ति धर्मः । अनन्यथा सिद्धनियतपूर्ववर्त्तित्वरूप कारणतायाः सिद्धधर्मत्वादित्यर्थः । सिद्धधर्मत्वमेवाह । असिद्धेरिति । भाविनः कार्यानुदयादित्यर्थः । साध्यत्वं चेति अनन्तरंभविष्यत्वरूपं साध्यत्वं च । असिद्धधर्मः । भावि कालवृत्तिधर्म इत्यर्थः । अनन्यथासिद्धनियतपश्चाद्भावित्वरूपकार्यतायाः । अनागतवृत्तित्वादिति भावः । तदेवाह । सिद्धता दशायामिति । तदभावात् साध्यत्वाभावात् । नचेति । एककालावच्छेदेन सिद्धत्वासिद्धत्वयोरसम्भवेन तदवच्छिन्नयो साध्य साधनत्वयोरपि सामान्यत एव विरोधेनान्यनिरूपितयोरपि तयोर्विरोध इति भावः । येन । एककालावच्छेदेन सिद्धत्वासिद्धत्वयोः सम्भवेन । एकदाकृतीति । नच इदानीं इष्टसाधनंअग्रे च कृतिसाध्यमिति ज्ञानादेव प्रवृत्तिरास्तामिति वाच्यं । इदानीं अग्रे तनकालयोरननुगमेन तथा व्याप्तिग्रहासम्भवादिति भावः । नवीन नैय्यायिकमते इष्टसाधनताज्ञानस्य कृतिसाध्यताज्ञानस्य च पृथगेवकारणत्वादाह । जरदिति । लाघवादिति । कारणतावच्छेदकलाघवादित्यर्थः । प्रवर्त्तकमिति । प्रवृत्तिसामान्ये कारणमित्यर्थः ज्ञानादीति । आदि नेष्टसाधनताज्ञानकालीन कार्यताज्ञानपरिग्रहः । गौरवादिति । जन्यत्वादि प्रवेशेन कारणतावच्छेदक गौरवादित्यर्थ । फलाभावादिति । सन्ध्यावन्दनादीनां स्वर्गादिरूप फलाभावादित्यर्थः । नित्येपीति । सन्ध्यावन्दनादावपीत्यर्थः । फलश्रुतेरिति । सन्ध्यामुपासते येतु सततंशंसितव्रताः । विधूतपापास्ते यांति ब्रह्मलोकंसनातनमित्यादिना तत्रापि फलबोधनादित्यर्थः । सर्वत्र नित्ये फलश्रवणाभावादाह बहुश इति । अतएवाह । यत्र चेति । नित्ये इति शेषः । विश्वजिदिति । विश्वजिता यजेतेत्यत्र इष्टसाधनत्वस्य विधार्थत्वेन विशेषतः फलानुपस्थितौ विधेः प्रवर्त्तकत्वानुपपत्याविशेषतः तत्फ-

त्व । येनैकदाकृतिसाध्यत्वमिष्टसाधनत्वं च स्यादिति । अत्र त्वन्वै याथिकाः । इष्टसाधनताविषयकं कृतिसाध्यताज्ञानमेव लाघवात्प्रवर्त्तकं । नत्विष्टसाध्यताज्ञानजन्य कार्यताज्ञानादि गौरवात् । नच नित्ये इष्टसाधनताज्ञानासम्भवः फलाभा-वादिति वाच्यं । नित्येऽपि बहुशः फलश्रुतेः । अथच फल-

लं कल्पनीयं । तत्रस्वर्गापवर्गयोरेव मुख्यपुरुषार्थत्वेनापवर्गस्याभावरूपतया गौरवेण लघुत्वात् स्वर्गएव फलंकल्प्यते तथा ऽश्रुतफले नित्ये पीत्यर्थः । ननु यदकरणे प्रत्यवायस्तन्नित्यमिति तत्र प्रत्यवायपरिहारस्यावश्यकत्वात् भएफलं नतु स्वर्गो गौरवात् । नच निरुपाधीच्छा विषयत्वरूप मुख्यपुरुषार्थ-त्वासम्भव इति वाच्यं । बलवद्द्वेष विषयाभावत्वेन दुःखाभाव इव दुःखजन-काभावेपि तत्वाविरोधादित्यतस्तथैवाह । प्रत्यवायेति । नच प्रत्यवायपरि-हारस्तत्प्रागभावः तस्यच कथं तत्वं प्रागभावस्याजन्यत्वादिति वाच्यं । यत्स-त्वे यत्सत्वं यदभावे पदभाव इत्येवंरूपपयोगक्षेम साधारण जन्यत्वस्य तत्रा-पि सम्भवादिति भावः । नचैवमिति । नित्ये पि इष्टसाधनता ज्ञानबलादेव प्रवृत्तिस्वीकारेत्यर्थः । काम्यत्वमिति । कामनाधीनकर्त्तव्यत्वस्यैव काम्यत्व रूपत्वादित्यर्थः । नत्विति । कामानानधीनकर्त्तव्यत्वस्यैव नित्यत्वस्वरूप-त्वादिति भावः । कर्महि त्रिविधं । नित्यं काम्यं मित्यकाम्यं च तत्र केवलं नित्यं सन्ध्यावन्दनादि केवलं काम्यंयागादि नित्यकाम्य एकादशीव्रतादि । अकरणे प्रत्यवाय श्रवणात् नित्यत्वं । पुत्रादि कामना श्रवणात् काम्यत्व-मपि । अतएव काम्यकरणे नित्यमपितंत्रेणैव सिध्यतीति न तत्र कर्मद्वयं-भवन्मते सर्वस्यैव नित्यस्य काम्यत्वे केवलं नित्यकर्मैव न स्यात् । तथाच नित्यत्वमित्यस्य केवल नित्यत्वमित्यर्थः । अन्यथा नित्यकाम्ये कामनाधीन-कर्त्तव्यत्वेन काम्यत्वे पिनित्यत्वस्वीकारादसंगत्यापत्तेरिति धेयं । नदि-ति । कामनाधीनकर्त्तव्यभिन्नत्वस्य नित्यत्वरूपत्वे नित्यकाम्याऽसंग्रहात्का-मनानधीनकर्त्तव्यत्वमित्युक्तम् । यदिति । विहित तत्कालीनाकरणे इत्य-र्थः । तेनान्यदा सध्यावन्दनाकरणेऽपि न क्षतिः । तत्वमित्यन्तरं नित्यत्व-मित्यऽनुषंगः । तत्त्वेति । प्रत्यवाय प्रयोजकीभूताकरण प्रतियोगित्वरूप नि-

श्रुतिर्नास्ति तथाप्यस्तां विश्वजिन्न्यायात् स्वर्ग एव फलं प्रत्यवायपरिहारो वा। नचैवं फलकामनाधीनकर्त्तव्यत्वे काम्यत्वं स्यान्नतु नित्यत्वमिति वाच्यम्। नहि फलकामनानधीनकर्त्तव्यत्वं नित्यतां ब्रूमः। किन्तु यदकरणे प्रत्यवायसत्त्वं तत्त्वं। तच्च फलकामनोपाधिकर्त्तव्यत्वेप्यक्षतमेव। नचैवं फले यदा कामनानास्ति तदा संध्यावन्दनादौ प्रवृत्तिर्न स्यादिति वाच्यं इष्टत्वात्। नहि प्रयोजनमनुद्दिश्य मन्दोऽपि न प्रवर्तते। नचैवं कामनाधिकारिविशेषणं स्यात्। तथाच यदा फले कामना नास्ति तदा पुरुषस्याशुचेरिवानाधिकारत्वान्नित्याकरणेपि प्रत्यवायो न स्यादिति चेत्। यदि तत्र प्रत्य-

त्यत्वंचेत्यर्थः। कामनोपाधीति। कामनारूपो यदुपाधिः प्रयोजकस्तत्कर्त्तव्यत्वेपि इत्यर्थः। प्रयोजकत्वंचान्यूनानऽतिरिक्तवृत्तित्वं। तथाच कामनाधीन कर्तव्यत्वे कामनाधीनकर्तव्यत्वस्य विरुद्धत्वेऽपि प्रत्यवायप्रयोजकीभूताकरण प्रतियोगित्वं न विरुद्धमिति भावः। नचैवमिति। एवं कामनोपाधिकर्त्तव्यत्वे। फलेति। प्रथमतः फलज्ञानं ततः फलेच्छा ततः इष्टसाधनता ज्ञानं उपाये ततः उपायेच्छा ततः प्रवृत्तिरिति क्रमः। तथा चाहरहः सन्ध्यामुपासीतेत्यादौय दानफलप्रतिसन्धानं तत्र फलेच्छाभावेन इष्टसाधनताज्ञानाभावात् प्रवृत्तिर्नस्यादित्यर्थः। इष्टत्वादिति। गुरुणाऽहरहः सन्ध्या कर्त्तव्येति शिक्षितेऽवश्यं किञ्चिदेतस्य फलमस्तीति प्रतिसधायैव वालानामपि प्रत्यहं प्रवृत्तिरिति भावः। तथाच केवलं नित्यत्वास्त्येवेतिहृदयं। नन्वेवमिति। एवं नित्यस्याऽपि काम्यत्वे। कामनेति। अधिकारि विशेषणंहि अधिकारः तथाच नित्ये शुचितत्कालजीवित्वमधिकारः काम्ये तु कामनाधिकाइति कामनाऽधिकारीविशेषणंस्यादित्यर्थः। नस्यादिति। अधिकृताकरणे प्रत्यवाय। यथाऽशुचिना संध्याऽकरणेपि न प्रत्यवायः। अधिकाराभावात् तथा कामनाशून्येनाकरणेपि प्रत्यवायो न स्यात्। अधिकाराभावादित्यर्थः। यदीति। तत्र। कामनाविरहप्रयुक्त नित्याकरण स्थले। वस्तुतस्तु। तत्रनियमेन कामनास्त्येव अकरणं तु आलस्यादिप्रयुक्तमिति अधिका-

वायः प्रामाणिकस्तत्त्वज्यति इति तर्हि कामनाधिकारि विशेषणं । ननु वेदबोधितमिष्टसाधनत्वमपि । प्रामाणिकत्वात् । कल्प्यतां वा कामनेतर यावदधिकारवतामकरणमेव प्रत्यवायहेतुरितिन किञ्चिदेतत् । नच साध्यत्वसाधनत्वयोर्विरोधः । एकस्मिन्पाक ओदनसाधनत्वकृतिसाध्यत्वयोः सत्त्वात् । कथमन्यथा तवेष्टसाधनताज्ञानकालीनं कृतिसाध्यताज्ञानं यागादौ प्रवर्त्तकमिति । कृतिसाध्यत्वे च बलवदनिष्टाननुबन्धित्वं विशेषणं देयं । नातो मधुविषसंपृक्तान्नभोजने

रोऽस्त्येव । कामनेति । नित्येतरकाम्ये कामनाऽधिकारिविशेषणं । नित्यकाम्ये तु शुचितत्कालजीवित्वमेवाधिकार इति कामना शून्येऽपि प्रत्यवायोऽस्तीति भावः । इष्टसाधनत्वमपि त्यज्यते इति पूर्वेणान्वयः । प्रामाणिकत्वात् । प्रमाणसिद्धत्वादित्यर्थः । ननु फलहेतोरेवाऽधिकारतया कामनाप्यधिकारि विशेषणत्वादधिकारः कथमन्यथा काम्यसाधनता ज्ञानस्य प्रवृत्तिसामान्ये हेतुत्वमित्यत आह । कल्प्यतां वेति । कामनेतरेति । तथाच कामनायाश्चाधिकारत्वेपि कामनेतर शुचितत्कालजीवित्वरूप यावदधिकारवतां नित्याकरणे प्रत्यवाय इति कामनाविरहकालेऽपि नित्याकरणे प्रत्यवाय एवेति भावः । न किञ्चिदिति । काम्यगोचरप्रवृत्तिं प्रति इष्टसाधनता लिङ्गक कृतिसाध्यताज्ञानत्वेन प्रवृत्तिसामान्ये तु कार्यताज्ञानत्वेन हेतुत्वमिति गुरुतरानुसरणस्य वैयर्थ्यम् । नित्येऽपि फलस्योपपादितत्वादिति । ननु साध्यत्वसाधनत्वयोर्विरोधादिष्टसाधनता विषयककृतिसाध्यता ज्ञानत्वेन प्रवृत्तिहेतुत्वासम्भव इत्याशयेनाह । नचेति । उत्तरयति । एकस्मिन्निति । एकनिरूपितयोरेव साध्यत्वसाधनत्वयोर्विरोधेन अन्यनिरूपितयोरविरोधितया ओदननिरूपितसाधनत्वस्य कृतिनिरूपितसाध्यत्वस्य च पाकेऽविरोधित्वादिति भावः । अन्यथेति । साध्यत्व साधनत्वयोः सामान्यतः विरोधे । तवेति । विषभक्षणादौ प्रवृत्तिवारणाय इष्टसाधनतालिंगकं कृतिसाध्यताज्ञानं प्रवर्त्तकमिति वाच्यं । तच्च साध्यत्वसाधनत्वयोर्विरोधेऽसम्भवतीति तयोर्नसामान्यतो विरोध

ज्ञातसाध्यत्वेन सुखसाधनत्वेन च ज्ञातेऽपि प्रवृत्तेर्बलवद-निष्टानुबन्धित्वेनग्रहात् । यदि च बलवदनिष्टानुबन्धित्वेन ज्ञायते तदा प्रवर्त्तत एव । एवंच बलवदनिष्टाननुबन्धीष्टसा-धनत्वे सति कृतिसाध्यत्व विषयकं ज्ञानं प्रवर्त्तकं । विध्य-र्थोऽपि बलवदनिष्टाननुबन्धीष्टसाधनत्वे सति कृतिसाध्यत्वं । अतएव कलंजभक्षणस्येष्टसाधनत्वेसति कृतिसाध्यत्वेऽपि ब-लवदनिष्टाननुबन्धित्वाभावाद्विशिष्टाभावान्न कलंजं भक्षये-दिति विध्यर्थनिषेध उपपद्यते कथन्तर्हि श्येनेनाभिचरन् यजेतेत्यत्र विधिप्रवृत्तिः श्येनस्य हिंसात्वेन नरकरूपबलवद

इति लाघवात् सामान्यतः इष्टसाधनताविषयककृतिसाध्यताज्ञानमेवप्रवर्त्तक-मिति भावः । ननु मधुविषसंपृक्तान्नभोजने मरणरूपबलवदनिष्टजनकत्वज्ञा-नकालेऽपि प्रवृत्त्यापत्तिः । कृतिसाध्यत्वस्य तृप्तिरूपेष्टसाधनत्वस्य च ज्ञानात् । मन्मते तु बलवदनिष्टाननुबन्धीष्टसाधनत्वलिङ्गककृतिसाध्यताज्ञानत्वेन प्रव-र्त्तकतया हेत्वज्ञानेन तथाज्ञानाभावादित्यत आह । बलवदिति । सुखेति । तृप्तिरूपसुखेत्यर्थः बलवदनिष्टाननुबन्धित्वभ्रमकाले प्रवृत्त्यापत्तिरतस्तच्चेष्टा-पत्तिमाह । यदिचेति । एवंच । बलवदनिष्टाननुबन्धित्वज्ञानस्यान्वयव्यति-रेकानुविधायित्वे च । विध्यर्थोपीति । प्रवर्तकज्ञानविषयस्यैव विध्यर्थतया बलवदनिष्टाननुबन्धीष्टसाधनत्व विशिष्टं कृतिसाध्यत्वं विशिष्टमेव विध्यर्थः । प्रत्येकशक्तिकल्पने नानार्थत्वापत्त्याविशिष्टे एव शक्तिरिति भावः । अत एवेति । विशिष्टस्य विध्यर्थत्वादेवेत्यर्थः । विशेषणाभावप्रयुक्त बलवदनिष्टा ननुबन्धीष्टसाधनत्वविशिष्टकृतिसाध्यत्वाभावरूपो विशिष्टाऽभावोस्तीत्यर्थः । उपपद्यत इति । प्रत्येकं शक्तौ च कलंजभक्षणे इष्टसाधनत्व कृतिसाध्यत्वरू-प विध्यर्थसत्वात्सामान्यतो विध्यर्थनिषेधबोधनेबाधात् । नकलंजंभक्षयेदि-त्यादिश्रुत्या भक्षणनिषेधात् । निषिद्धाचरणेचानिष्टोत्पत्त्याविध्यर्थ बल-दनिष्टाननुबन्धित्वांशे बाधात् । विशिष्टरूपविध्यर्थ निषेधः विशिष्टे शक्ति-स्वीकारे शक्यसमर्थनमिति भावः । कथं तर्हीति । बलवदनिष्टाननुबन्धित्वस्य

निष्टाऽननुबन्धित्वादिति चेन्न श्येनो हि बधसाधनं नतु नरकसाधनं मानाभावात् श्येनाच्च बधो बधाच्च नरकमिति न तत्रास्तिकानां प्रवृत्तिरिति ननु श्येनो मरणानुकूलव्यापारत्वेन हिंसा साच नरकजनिकेतिचेत् नहि मरणानुकूलव्यापारमात्रं हिंसा कूपादौ विनष्टे गवि तत्कर्त्तुर्गोबधकर्तृत्वप्रसङ्गात् नापि मरणोद्देशेनानुष्ठीयमानत्वेन विशेषितं तत् गङ्गामरणमुद्दिश्यकृतत्रिसन्ध्यास्तवपाठादेरपि तत्वापत्तेः अदृष्टाद्वारामरणानुकूलत्वं विवक्षितमिति चेन्न-

---

विध्यर्थत्वेहीत्यर्थः । श्येनेनेति । अभिचरन् वैरिवधाद्युत्कटकामनावान् श्येनेन यजेतेत्यर्थः । विधिप्रवृत्तिः । विधेः शाब्दबोधप्रयोजकत्वं । हिंसात्वेनेति । न हिंस्यात्सर्वभूतानि इत्यनेन हिंसामात्रस्यैव नरकसाधनत्वबोधनादिति भावः । मानाभावादिति । नरकसाधनत्वबोधकप्रमाणाभावादित्यर्थः । नच हिंसात्वमेव मानमिति वाच्यं । तस्य निरसत्वादिति भावः । ननु तर्हि नरकासाधनतया आस्तिकानामपि कथं न तत्र प्रवृत्तिरत आह । श्येनाच्चेति । आस्तिकानां नरकभीरूणां । तथाच श्येनस्य साक्षान्नरकासाधनत्वेऽपि नरकप्रयोजकत्वप्रतिसंधानादेव न तत्रास्तिकानां प्रवृत्तिरिति भावः । कथं मानाभाव इति शंकते । नन्विति । सा चेति । हिंसा चेत्यर्थः । नरकेति । न हिंस्यात्सर्वाभूतानीत्यनेन नरकजनकत्वबोधनादिति भावः । विनष्टे इति । गवि विनष्टे सतीत्यर्थः । तत् कर्त्तुः । कूपकर्त्तुः । गोवधेति । कूपकर्त्तुः गोहिंसकत्वापत्या तस्यापि गोवधप्रायश्चित्तापत्ते स्तत्सम्भावनया न कस्यापि कूपकरणे प्रवृत्तिस्यादिति भावः । तदिति । मरणानुकूलव्यापारमात्रं हिंसा इत्यनुषज्यते । यत्र मरणोद्देशेन खड्गघातः तेन च मरणं न जातं तत्रापि हिंसकत्वापत्तेरतोमरणानुकूलव्यापारत्वमिति । तदर्थेऽपि मरणोपधायकव्यापारत्वं । तथाच कूपस्य मरणोद्देशेनाननुष्ठीयमानत्वान्नतत्कर्तुर्गोवधकर्तृकत्वमिति भावः । तत्वापत्तेः हिंसात्वापत्तेः । तथाच तस्यापि आत्मवधकर्तृत्वापत्तेरिति भावः । अदृष्टेति । तथाच मरणोद्देशेनानु-

र्हि कथं श्येनस्य हिंसात्वमिति नव्यास्तु कृतिसाध्यत्वे सति बलवदनिष्टाननुबन्धीष्टसाधनता ज्ञानत्वेन बलवदनिष्टाननुबन्धित्वे कृतिसाध्यत्वे सतीष्टसाधनताज्ञानत्वेन वेत्यत्र विनिगमनाविरहः। अस्तु तेनापि तेनापि रूपेण हेतुत्वमिति चेत्तर्हि

क्षीयमानत्वे सति अदृष्टाद्वारामरणानुकूलव्यापारत्वं हिंसात्वं। त्रिसंध्यास्त- वपाठस्य अदृष्टद्वारा मरणानुकूलत्वेन न हिंसात्वमिति भावः। तर्हीति। अ- दृष्टाद्वारा मरणानुकूलत्वस्य विवक्षितत्वेहीत्यर्थः। कथमिति। श्येनेनहिना- द्यत्यमरणं जन्यते किन्तु कालान्तरे। तथाच तत्राऽदृष्टस्वीकारस्यावश्यकत्वा- त्। अदृष्टाद्वारामरणानुकूलत्वरूपं न हिंसात्वमिति तत्र च बलवदनिष्टान- नुबन्धित्वस्याक्षततया श्येनेनाभिचरन् यजेतेति विधेर्नाप्रामाण्यमिति दिक्। प्राचीनमते स्वरसंप्रकाशयन् नव्यमतमाह। नव्यास्त्विति। विनिगमनाविर- ह इति। तथाच बलवदनिष्टाननुबन्धित्वविशिष्टेष्टसाधनत्वविशिष्टकृतिसा- ध्यताज्ञानत्वेन हेतुत्वे तेषां मिथो विशेषणविशेष्यभावे विनिगमनाविरहेण विशिष्टरूपेण न कारणत्वमिति भावः। नच त्रिशिष्टस्य वैशिष्ट्यमितिन्यायेन नावच्छेदकत्वं येन विशेषणविशेष्यभावे विनिगमना विरहस्यात्। किन्तु एकत्र द्वयमिति न्यायेन सर्वेषां विशेषणानां ज्ञान एव विशेषणत्वं। अवच्छेदकता- याः व्यासज्य वृत्तित्वाङ्गीकारात् इति वाच्यं। नाना सम्बन्धावच्छिन्नावच्छे- दकताया एकस्याः असम्भवात्। महानसीय वन्ह्यभावप्रतियोगितावच्छेदक- तायाः एकस्या महानसीयत्ववन्हित्वे च स्वीकारे महानसीयत्वे समवायसम्ब- न्धावच्छिन्नावच्छेदकत्वप्रतीत्यापत्तेस्तस्याव्यासज्यवृत्तित्वस्य च वक्तुमशक्य- त्वादिति दिक्। शङ्कते। अस्त्विति। तेन तेनापीति। बलवदनिष्टाननुबन्धीष्ट साधनत्वविशिष्टकृतिसाध्यताज्ञानत्वेन कृतिसाध्यत्वविशिष्टबलवदनिष्टाननु- बन्धीष्टसाधनताज्ञानत्वेन बलवदनिष्टाननुबन्धित्वविशिष्ट कृतिसाध्यत्वविशि- ष्टेष्टसाधनताज्ञानत्वेन इष्टसाधनत्वविशिष्टकृतिसाध्यत्वविशिष्टबलवदनि- ष्टाननुबन्धिताज्ञानत्वेनापि रूपेण हेतुत्वमित्यर्थः। तर्हीति। कृतिसाध्यता ज्ञानत्वादिना कृतिसाध्यताज्ञानत्वेन इष्टसाधनताज्ञानत्वेन बलवदनिष्टा- ननुबन्धित्वज्ञानत्वेनैव हेतुत्वमस्तीत्यर्थः। लाघवादिति। बलवदनिष्टाननुब-

कार्य्यताज्ञानत्वेनैव हेतुतास्तु लाघवात् वस्तुतस्तु कृति-
साध्यताधीत्वेनैव चिकीर्षांप्रति हेतुत्वं नन्वेवमिष्टाजन-
केऽपि चिकीर्षा स्यादिति चेन्न स्यादेव सुखादाविष्टाजनकत्वेन
ज्ञाते मण्डलीकरणादौ चिकीर्षा स्यादिति चेन्न उपाये-
च्छासामग्र्यभावात् केयमुपायेच्छासामग्रीति चेत् इष्टसा-
धनताज्ञानं बलवदनिष्टाननुबन्धित्वज्ञानञ्च बलवदनिष्ट-

न्धित्वे इष्टसाधनत्वे कृतिसाध्यत्वे च प्रत्येकरूपेणाहेतुत्वे गौरवात् विशिष्टे
एव शक्तिः। विशिष्टरूपेणैव च हेतुत्व मित्येककार्यकारणभावेनैव निर्वाह
इति नवाभिप्रायः। सचावच्छेदकतायाः व्यासज्यवृत्तित्वानङ्गीकारात् मिथो
विशेषण विशेष्यभावे विनिगमनाविरहेण कार्यकारणभाववृद्धावश्यकतया
वच्छेदकगौरवाच्चासम्भवीति अवच्छेदकलाघवात प्रत्येकरूपेणैव हेतुत्वमु-
चितमिति भावः । चिकीर्षा द्वारा ज्ञानस्य प्रवृत्तिहेतुता तत्र चिकीर्षात्वा
वच्छिन्नं प्रति न विशिष्टरूपेण हेतुत्व किन्तु कृतिसाध्यताज्ञानत्वेनैवेत्याह
वस्तुतस्त्विति। चिकीर्षांप्रतीति । चिकीर्षात्वावच्छिन्नंप्रतीत्यर्थः। इच्छायाः
स्व समानप्रकारक धी साध्यत्व नियमात् कृतिसाध्यत्वप्रकारकेच्छां प्रति कृति-
साध्यत्वप्रकारक ज्ञानत्वेनैव हेतुत्वं नतु प्रत्येक त्रितयरूपेण विशिष्टरूपेण
वा। तेन रूपेण हेतुत्वे गौरवात्। मानाभावाच्चेति भावः। नन्वेवमिति। एवं।
कृतिसाध्यताज्ञानत्वेनैव चिकीर्षात्वावच्छिन्नंप्रति हेतुत्वे। इष्टाजनकेपीति।
कृतिसाध्यताज्ञानस्यतत्रापिऽसत्वादिति भावः। स्यादेवेति। कृतिसाध्ये सुखा
दौ चिकीर्षाभवत्येवेर्थः । तथाचेष्टापत्तिरिति भावः। शङ्कते। इष्टेति। मण्ड-
लीकरणे इष्टसाधनत्वभ्रमकाले चिकीर्षाभवत्येवेत्यत इष्टाजनकत्वेन ज्ञात इ-
ति। मण्डलीकरणे फलतया चिकीर्षानोपादयितुंशक्यते सुखादि चिकीर्षांप्र-
ति सुखादिज्ञानत्वेन हेतुत्वादिति उपायतया आपादनीया सा तु न सम्भवति
विशेषणसामग्र्या फले जननीये सामान्य सामग्र्याः सहकारित्वादित्याह।
उपायेच्छेति। उपायेच्छाया या सामान्यसामग्री तस्या अभावादित्यर्थः।
शङ्कते। केयमिति। इष्टेति। कृत्यसाध्यवृष्ट्यादाविच्छानुरोधेन उपायेच्छात्वा-
वच्छिन्नंप्रति इष्टसाधनताज्ञानत्वेन बलवदनिष्टाननुबन्धित्वज्ञानत्वेन हेतुत्वं
सुखादौ चिकीर्षात्वावच्छिन्नंप्रति कृतिसाध्यताज्ञानत्वेन हेतुत्वंमण्डलीकरणे

साधनताज्ञानस्य प्रतिबन्धकं । इष्टसाधनत्वञ्च विद्यमाने- च्छाविषयोयस्तत्साधनं इच्छाविषयत्वस्य स्वरूपसद्विशेषणं नतु तदथापि ज्ञानं कारणं । एवंचयदा सुखादाविच्छापा- कादौ च सुखसाधनाधीस्तदा पाकादाविच्छेति ध्येयमिति विध्यर्थोऽपीष्टसाधनत्वं कृतिसाध्यत्वं बलवदनिष्टाजनक- त्वं च नतु विशिष्टं विशेषण विशेष्यभावेन विनिगमना- विरहात् न कलञ्जं भक्षयेदित्यत्र कृतिसाध्यत्वेष्टसाधनत्व-

---

चिकीर्षा जायमाना उपायतयैवस्यात् साच न सम्भवति । उपायेच्छा सामान्य सामग्र्यभावादित्यर्थः । बलवदनिष्टानुबन्धित्वज्ञानं वा प्रतिबन्धकमिति बल वदनिष्टाननुबन्धित्वज्ञानस्य प्रतिबन्धकत्वे अप्रामाण्यनिश्चयत्वेनोत्तेजकतया तदभावव्याप्यतदभावावच्छेदकधर्मदर्शनादीनां प्रतिबन्धकत्वे च गौरवमेवा- स्वारसो वाकारेण दर्शितः । विद्यमानेति । विद्यमाना या इच्छा तद्विषयो य स्तत्साधनत्वमित्यर्थः । स्वरूपसति । वस्तुगत्या यः इच्छाविषयस्तत्साधनता- ज्ञानं कारणमित्यर्थः । तस्यापि । इच्छविषयत्वस्याऽपि । एवं चेति । वस्तुग- त्यायदिष्टंतत्साधनताज्ञानं कारणमिति । सुखादाविच्छाशून्यकालेन पाका- दाविच्छोदय इति । ननु बलवदनिष्टाननुबन्धीष्टसाधनताकृतिसाध्यता ज्ञा- नादीनां प्रत्येकरूपेण हेतुत्वेऽपि विधेर्लाघवाद्विशिष्ट एव शक्तिरस्तामत आ- ह । विध्यर्थोपोति । प्रवर्त्तकज्ञानविषयस्यैव विध्यर्थतया येन रूपेण ज्ञानस्य प्रवर्तकता तेनैव रूपेण शक्तिरिति भावः । ननु येन रूपेण प्रवर्त्तकताते नैव रूपेण शक्तिरित्यत्र मानाभावात् लाघवाद्विशिष्टमेव शक्यमस्त्वित्यत आह । नत्विति विशिष्टं । बलवदनिष्टाननुबन्धित्वविशिष्टेष्टसाधनत्वविशिष्टकृतिसा- ध्यत्वं । विशेषणेति । बलवदनिष्टाननुबन्धित्वविशिष्टेष्टसाधनत्वविशिष्टकृति- साध्यत्वे शक्तिः उतकृतिसाध्यत्वविशिष्टबलवदनिष्टाननुबन्धित्वविशिष्टेष्टसा- धनत्वे बलवदनिष्टाननुबन्धित्वविशिष्ट कृतिसाध्यत्वविशिष्टेष्टसाधनत्वे इष्ट- साधनत्वविशिष्ट बलवदनिष्टाननुबन्धित्वविशिष्टकृतिसाध्यत्वे वेति विनिग- मना विरहादवच्छेदकगौरवाच्च प्रत्येकरूपेणैव शक्तिरिति भावः । ननु न क-

स्य नञर्थेऽनान्वयात्तस्य कार्य्यत्वादिष्टसाधनत्वाच्च किंतु बलवदनिष्टाननुबन्धित्वस्य श्येनेनाचरन्यजेतेत्यत्र बलवदनिष्टाननुबन्धित्वस्य नान्वयाबोधात् इष्टसाधनत्वकृतिसाध्यत्वयोस्त्वन्वयस्तत्रादेवाबाधादिति सङ्क्षेपः। सोऽयं विधिस्त्रिविधः। अपूर्व्वविधिर्नियमविधिः परिसंख्याविधिश्चेति। तदुक्तम् विधिरत्यन्तमप्राप्तौ नियमः पाक्षिके सति तत्र

लंजं भक्षयेदित्यत्र कलंजभक्षणे विध्यर्थस्याऽभावो बोधनीयः। विध्यर्थस्य प्रत्येकमेवेति इष्टसाधनत्वस्य कृतिसाध्यत्वस्य च नञर्थेऽन्वये बाधापत्तिः। विशिष्टरूपेण शक्तौ तु बलवदनिष्टाननुबन्धित्वरूप विशेषणाभावाद्यत्र विशिष्टाभावसम्भवास्तत्रैव शक्तिरुचितेत्यत आह। नकलंजमिति। तस्य कलंजभक्षणस्य। कार्यत्वात्। कृतिसाध्यत्वात्। इष्टेति। तथाचायोग्यत्वान्न तयोर्नञर्थेऽन्वय इति भावः। तर्हि कथं विध्यर्थाभावबोधनमत आह। किंत्विति। नहि यावद्विध्यर्थाभावो नञावोध्यते भवन्मतेऽपि यावद्विशेषणाभावायत्र विशिष्टाभावासम्भवात्। तथाच यत्किंचिद्विध्यर्थाभावबोधनेनैव सामंजस्यमिति भावः। विशिष्टरूपेण शक्तौ श्येनो बधसाधनं न तु नरकसाधनमिति तत्र विध्यर्थाबाध उपपादितः श्येनाच्च बधो बधाच्च नरक इति प्रतिसंधानान्नास्तिकानां न तत्र प्रवृत्तिरित्युक्तं। तत्तु न सम्यक्। बलवदनिष्टाजनकत्वस्य विध्यर्थत्वे विध्यर्थावाधसम्भवेऽपि आस्तिकानां कथं न तत्र प्रवृत्तिः प्रवर्त्तकस्य बलवदनिष्टाजनकत्वज्ञानस्य तत्र सत्वात्। बलवदनिष्टाप्रयोजकत्वज्ञानस्य प्रवर्त्तकत्वे च बलवदनिष्टाप्रयोजकत्वस्यैव विध्यर्थत्वेन कथं तत्र विध्यर्थवाध इत्यभिप्रेत्य प्रत्येकरूपेण शक्तौ विध्यर्थावाधं उपपादयति। श्येनेनेति। बाधादिति। बलवदनिष्टाप्रयोजकत्वरूपस्य तस्य बाधादित्यर्थः। अबाधादिति। बाधाभावरूपयोग्यता सत्वादित्यर्थः। ननु बलवदनिष्टेत्यत्र बलवत्वं दुर्निरूप्यमत आह। संक्षेप इति। नांतरीयकश्रमव्यावृत्तबलवत्वमानुभाविकमित्यादि। रागिणां तु नरके बलवत्वाग्रहान्न तत्र प्रवृत्त्यनुपपत्तिरिति हृदयं। विधिं निरूप्य तद्विभागमाह। सोयमिति। क्रमेण लक्षणान्याह। अपूर्वेति। तदुक्तमिति। अत्यंतमप्राप्तौ विधिः अपूर्वविधिरित्य-

चान्यत्र च प्राप्तौ परिसंख्येति गीयते इति । उदाहरणानि ।
व्रीहीन् प्रोक्षति व्रीहीनवहन्ति पञ्चपञ्चनखाभक्ष्या इत्यादि

र्थः । यथा व्रीहिषु प्रोक्षणस्याप्राप्त्या व्रीहीन् प्रोक्षतीत्यपूर्वविधिः । पाक्षिकेसति । पक्षे प्राप्तौ सत्यां नियमविधिरित्यर्थः यथा व्रीहिषुतु पक्षे प्राप्तौसत्यां नियमविधिरित्यर्थः । यथा व्रीहिषु तुषोपवापस्यावघातेनैव नखविदलनेनाऽपि सम्भवात्पक्षेऽवघातस्य प्राप्त्या अवघातेनैव तुषोपवापः कर्त्तव्यो नतु नखविदलनादिनेति नियम्यते इति व्रीहीनवहंतीति नियमविधिरित्यर्थः । तत्र चान्यत्र च प्राप्तौ यत्र नियम्यते सा परिसंख्या । यथा पंचनखानां सर्वेषां भक्षणप्राप्तौ पंचैव पंचनखा भक्ष्या नत्वन्ये इति नियम्यते इति पंच पंचनखा भक्ष्या इति परिसंख्याविधिरित्यर्थः । शशकः शल्लकीगोधा खड्गीकूर्मस्तु पंचम इति पंचनखा बोधाः । ननुयाजनाधापनप्रतिग्रहै ब्राह्मणो धनमर्जयेदिति नियमविधिस्थेन तावत् धनार्जनं विधीयते तस्य रागप्राप्तत्वात् । नाप्यजनेयाजनाद्यन्वयः। कृष्याद्यन्वयवत्तस्यापि रागप्राप्तत्वात्। किंत्वप्राप्तेतरोपायनिषेध एवात्रविधेयः । एवं परिसंख्यायां पंच पंचनखभक्षणस्य रागप्राप्तत्वात् । तदितर पंचनखभक्षणनिषेधएव विधेय इति इतर व्यवच्छेद कत्वा विशेषान्नियमपरिसंख्ययोः को विशेष इति । तत्राहुः । यत्र क्रियायां विकल्पेन कारकान्वयः स नियमः । यथा धनार्जने याजनप्रतिग्रहाभ्यामेकस्यार्जनस्याऽसम्भवात् एकस्यां धनार्जनक्रियायां याजनादीनां मिलितानामन्वयासम्भवितया विकल्पेनैवान्वयः शशकादिमांसनिर्मितस्यैकपिण्डस्य सम्भवात् भक्षणक्रियायां मिलितानामन्वयसम्भव इति नियमपरिसंख्ययोर्भेदः । तदुक्तं । नियमः पाक्षिके सतीति । केचित्तु । इतरव्यवच्छेदस्यार्थत्वशाब्दत्वाभ्यां नियमपरिसंख्ययोर्भेदः । तथाहि । अर्जने उपायत्रय सम्बन्धस्य शब्दाप्रतीतौ कृष्यादीनामनन्वयः अर्थात्सिध्यति येषामेकान्वयेऽपरानन्वयस्तेषां समुच्चयासम्भवात्तत्रेतरोपायव्युदासे शब्दतात्पर्यं कल्प्यते परन्तु धूमोस्तीति वाक्ये वन्हेरिव तस्याप्यर्थत्वं । परिसंख्यायां तुभक्षणक्रियायां पंचानामन्वयः सम्भवति इतरपंचनखव्युदासो नार्थः । तत्र पंचानामपि समुच्चयसम्भवात् । किन्तु शाब्द एव एवंच भक्ष्यपंचनखपदयोर्विरोधि लक्षणया पंचेतरे पंचनखाभक्ष्या इति वाक्यार्थः; तथाच उपस्थितपदार्थपरित्यागादनुपस्थितप-

अत्र गुरव: नेष्टसाधनत्वं विध्यर्थ: स्वर्गकामो यजेतेति विधिना तस्य बोधयितुमशक्यत्वात् । तथाहि स्वर्गकामस्येष्टसाधनं याग इत्यनेन बोध्यम् इष्टञ्चात्र काम्यत्वेनोपस्थित स्वर्ग एव । नचेदं शक्यं साक्षात्साधनत्वस्याशुविनाशित्वेनासम्भवात् नच परंपरया स्वर्गसाधनत्वं बोध्यं परंपराघटकाऽपूर्वानुपस्थिते: नापि कार्य्यत्वं स्वर्गकामिकार्य्यत्वस्य यागे

दार्थकल्पनादभाव विधित्वाच्च नियमापेक्षया दोषत्रयवती परिसंख्येत्याहु: । तच्चिंत्यं । याजनादि जन्यार्जने इतरव्यवच्छेदस्यार्थत्वेऽपि कृष्यादिभिर्नार्जयेदित्यस्याप्राप्त्यानियमेऽपि इतरव्यवच्छेदस्य शाब्दत्वावश्यकत्वात् स्वार्थत्याग: परार्थस्वीकार: प्राप्तबाधश्चेतिदोषत्रयं । इतरथा तु कृष्यादिभिरर्जयेदेव तज्जन्यार्जने तत्सम्बन्धव्युदासाभावादितिनेष्टसाधनत्वादौ विधे: शक्ति: किन्तु कार्येऽपूर्व एवेति प्राभाकरमतमाह: । अत्र गुरवइति । तस्य । इष्टसाधनत्वस्य । बोधनाशक्यत्वमेवाह । तथाहीति । स्वर्गकामस्येति । स्वर्गकामस्य यदिष्टं तत्साधनं याग इति । अनेन विधिना । बोध्यं बोधनीयं । ननु विधिना सामान्यत: इष्टसाधनत्वे बुद्धेपि कुत: स्वर्गरूपेष्टसाधनत्वबोध: इत्यत आह । इष्टंचात्रेति । स्वर्गएवेति । स्वर्गकामपद समभिव्याहारात् स्वर्गरूपमिष्टं सिद्ध्यति । प्रतीतिस्तु इष्टत्वेन पदार्थैकदेशयोरप्यभेदान्वयस्वीकारे तु स्वर्गत्वेन तथाच स्वर्गभिन्नेष्टसाधनं यागइतिबोधमिति भाव: । नचेदमिति । स्वर्गसाधनं याग इति बोधयितुं न शक्यमित्यर्थ: । साक्षात्साधनत्वस्य । साक्षात्स्वर्गसाधनत्वस्य । आशुविनाशित्वेन । तृतीयक्षणवर्तिध्वंसप्रतियोगित्वेन । असम्भवादिति । यागास्येच्छाविषयात्मकतया तृतीयक्षणेनष्टतया कालान्तरभावि स्वर्गाव्यवहित पूर्ववर्तित्वासम्भवादित्यर्थ: । नचेति । साधनत्वं हि द्विविधं साक्षात्परपरंयाचेति साक्षात्स्वर्गसाधनतया बाधेऽपि परंपरया स्वर्गसाधनता बोधेब ाधकाभावादिति भाव: परंपरेति । परंपरया स्वर्गसाधनत्वंहि स्वर्गसाधनपूर्वसाधनत्वं तच्च स्वर्गकामो यजेतेति वाक्य प्रवृत्ते: पूर्वमपूर्वानुपस्थित्या दुर्ग्रहमिति भाव: । कृतिसाध्यत्वमपि न विध्यर्थ इत्याह । नापीति । कार्य्यत्वंकृतिसाध्यत्वंन्नविध्यर्थइत्यर्थ: ।

बोधयितुमशक्यत्वात् तथाहि शाब्दे योग्यताज्ञानं हेतुः । योग्यता चान्वयप्रयोजकरूपवत्त्वम् अतएव सेकान्वयप्रयोजकं रूपं द्रवद्रव्यत्वम् जलेऽस्तीति तद्योग्यं वन्हौ च नास्तीति तदयोग्यम् प्रकृते च कामिकार्य्यत्वान्वये इष्टसाधनत्वमन्वय-प्रयोजकम् न च तद्ग्रहीतुं शक्यमित्युक्तम् अन्वयप्रयोजकस्य काम्यसाधनत्वस्य विरहात् तस्मात्कार्य्यमपूर्व्वमेव विध्य-र्थस्तस्मिंश्च यागस्य विषयतयान्वयः नन्वपूर्व्वस्य पूर्व्वमनु-पस्थितत्वात्तत्र शक्तिग्रहोऽनुपपन्नः । अथ कार्य्यत्वेन का-

---

स्वर्गकामीति । इष्टसाधनत्वस्य बोधार्थत्वे स्वर्गकामस्येष्टसाधनं याग इति बोधः । कृतिसाध्यत्वस्य बोधार्थत्वे तु स्वर्गकामीयकृतिसाध्यो याग इति बोधनीयं तच्च न सम्भवतीति भावः । तदेवोपपादयति । तथाहीति । शाब्दे । शाब्दबोधे । बाधाभावस्य योग्यतात्वे प्रकृतानुपयोग इत्यत आह । योग्यताचे-ति । अतएव अन्वयप्रयोजकरूपवत्त्वस्य योग्यतात्वादेव । तद्योग्यमिति । पय-सा सिंचतीति वाक्यं योग्यमित्यर्थः । नास्तीति सेकान्वयप्रयोजकं द्रवद्रव्यत्वं नास्तीति तदयोग्यं । वन्हिना सिंचतीतिवाक्यमयोग्यमित्यर्थः । नन्वस्तु शा-ब्दबोधे योग्यताज्ञानं कारणं आस्तां चाऽन्वयप्रयोजकरूपवत्वमेव योग्यता ततः किमत आह । प्रकृतेचेति । स्वर्गकामीयजेतेत्यत्र च । कामीति । का-मिकृतिसाध्यत्वस्यान्वयप्रयोजकं रूपमिष्टसाधनत्वमेव । तद्ग्रह एव च कामि-कार्यत्वस्य शाब्दबोधो भवेत् । नच तत् इष्टसाधनत्वं गृहीतुं शक्यं । इत्युक्त-मिति । आशुविनाशित्वात् साक्षात्साधनत्वस्य परंपरा घटका पूर्वानुपस्थित्या च परंपरासाधनत्वस्य गृहीतुमशक्यत्वादित्युक्तमित्यर्थः । स्वमतमाह । त-स्मादिति । इष्टसाधनत्वस्य कृतिसाध्यत्वस्य च बोधयितुमशक्यत्वाद्विध्यर्थत्वा-सम्भवादित्यर्थः । कार्यमिति । कार्यमेव विध्यर्थः । तच्च प्रकृते । अपूर्वमेव पर्य-वस्यतीत्यर्थः । अन्वयप्रकारमाह । तस्मिंश्चेति । कार्यरूपे विध्यर्थे । विषय-तयेति । यागविषयकं कार्यमितिबोध इति भावः । अनुपस्थितत्वादिति । पूर्व-मुपस्थितत्वे चापूर्वत्वव्याघातः । अपूर्वत्वं हि पूर्वाप्रतीतत्वमितिभावः । तत्र । कार्ये अपूर्वे शक्तिग्रहः । विधिशक्तिग्रहः । अथेति । न लिङः कार्येऽपूर्वा एव

र्य्यसामान्य एव शक्तिग्रहः वेदस्थले च योग्यताबलाद्‌पूर्व्वस्य लाभ: नहि यागविषयकमन्यत्कार्य्यं भवतीति चेन्न । स्वज्ञानादेरपि सम्भवात् । उच्यते । कार्य्यं तावत्स्वर्गकामस्यान्वयो नियोज्यनियोजकभावलक्षणस्तत्र कामी नियोज्य: नियोजकस्तु कार्य्यमत: कार्य्यं नियोज्यनियोजकत्वमेव स्वर्गकामस्यान्वय: नियोजकत्वञ्च तत्कामिकार्य्यतया प्रतीयमानत्वं । अत चान्वये प्रयोजकं काम्यसाधनत्वं नहि कामीकाम्याद्न्यत् काम्यसाधनत्वेनाज्ञातं कार्य्यं तयाऽवैति नच काम्यसाधनं काम्यासाधनत्वेन ज्ञायते अन्यथा ख्यातिरनभ्युपग-

---

शक्ति: । किन्तु कार्यत्वेन रूपेण घटपटादिरूपकार्य सामान्य एव । तत्रैव शक्तिग्रहः । ननु विधिजन्यबोधे कार्यत्वेन घटादेरेव भानापत्त्या कथमपूर्वं प्रतीतिरत आह । योग्यतेति । नहीति । अन्यदिति घटादिरूपकार्यस्य यागविषयकत्वाभावादिति भाव: । स्वज्ञानादेरपीति । स्वं पुरुष: । तदीयज्ञानस्य यागविषयकत्वात् । तथाच कथमपूर्वलाभ इति भाव: । कार्ये इति । कार्यत्वरूपेण घटपदादाविव शक्तिग्रहः । तत: यागविषयकं कार्यमिति बोधे स्वर्गकामस्यापि नियोज्यनियोजकभाव सम्बन्धेन कार्येऽन्वयादपूर्वलाभ: । ननु किं नियोज्यं किंनियोजकमतआह । तत्रेति । नियोजकत्वं चेति । तत्कामीति । स्वर्गकामकृतिसाध्यत्वेनप्रतीयमानत्वं कृतिसाध्यत्वं चापूर्वे यागद्वारा । ननु कामिकार्यतया प्रतीयमानत्वं ज्ञानादावपि सम्भवतीत्यत आह । नहीति । सुखादेरपि कार्यत्वेन प्रत्ययादुक्तं काम्यादन्यदिति । अवैतीति । तन्मते अन्वयप्रयोजकरूपवत्त्वस्यैव योग्यतात्वेन योग्यतायाश्च शाब्दे भानात्साध्यत्वसाधनत्वयोर्विरोधेऽपि कामिकार्यत्वान्वये इष्टसाधनताज्ञानविशिष्यत्वस्यैवाऽन्वयप्रयोजकतया काम्यसाधनताज्ञानस्यावश्यकतया ज्ञानादे: स्वर्गसाधनतयाऽज्ञानान्न तत्र कामिकार्यतया प्रतीतिरितिभाव: । ननु ज्ञानादेरपि इष्टसाधनत्वभ्रमसम्भवात्कामिकार्यतया प्रतीति: सम्भवत्येवेत्यत आह । नचेति । काम्यासाधनं ज्ञानादि काम्यसाधनत्वेन न ज्ञायते इत्यर्थ: । ननु प्रमाविर-

मात् । नच स्नानं काम्यस्य स्वर्गस्य साधनं सम्भवतीत्यतो-योग्यताबाधात्यागविषयकं कार्यं स्वर्गकामीयं स्वर्गका-मो यागविषयककार्य्यवानित्येवं वानुभवो भवन् योग्यतया

ऽपि भ्रमः स्यादेवेत्यत आह । अन्यथेति । ननु तथापि स्नानस्यापि स्वर्गसाधनतया तद् स्नानसम्भवेन कामिकार्यतया प्रतीतिसम्भवात्कथं न तत्र योग्यतेत्यत आह । नचेति । नहीत्यर्थः । यागेति । स्वर्गकामनियोज्यकं यागविषयकंकार्यमित्यन्वयबोध इति भावः । प्रथमांतार्थ मुख्यविशेष्यक बोधाभिप्रायेणाह । स्वर्गकाम इति । कार्यवत्वंच नियोज्यनियोजकभावलक्षणसम्बन्धेन । योग्यतयेति । स्वर्गकामनियोजकस्य यागविषककार्यस्यान्वयस्यासम्भवेनापूर्वलाभ इत्यर्थः । ननु कामिकार्यतान्वये इष्टसाधनत्वस्यान्वयप्रयोजकतया पूर्वानुपस्थित्या तत्रेष्टसाधनताज्ञानासम्भवात् कथं स्वर्गकामनियोज्यकं यागविषयकंकार्यमिति प्राथमिको बोध इति चेत् नहि बोधनीये योग्यताज्ञानंकारणं किंतु तत्पदार्थतावच्छेदकावच्छिन्ने यत्र कुत्रचित् तदज्ञानं मृगयते तत्र पचेत्यादौ कामिकार्ये इष्टसाधनत्वावगमादक्षतमिति । ननु पदार्थस्य पदार्थयोग्यतायाश्च शाब्दबोधे भानमुपेयते तत्रेष्टसाधनत्वस्य स्वर्गकामिनियोज्यकत्वं योग्यतात्वेन कथमिष्टसाधनत्वमविषयीकृत्य तज्ज्ञानमितिचेत्सत्यम् । स्वर्गसाधनीभूतापूर्वसाधनत्वमेव हि यागे स्वर्गसाधनत्वमित्यपूर्वं स्वर्गसाधनत्वभानस्यावश्यकतया शब्दानुपस्थितस्यापि अर्थाध्याहारवादितन्मते भानोपगमात् नहि प्रथमांतेऽपि यागविषयककार्ये स्वर्गसाधनत्वबोधो नाभ्युपेयत इति । किन्तु अस्थिरत्वात् क्रियायां कृतिसाध्यत्वान्वयात्प्रागिष्टसाधनत्वबोधो न सम्भवतीति तन्मतनिगर्वात् । अथ स्वर्गसाधनं स्वर्गकामनियोज्यक यागविषयकंकार्यमिति प्राथमिकोबोध इति तन्मतस्त्विवं तच्च न सम्भवति । अन्वयप्रयोजकरूपवत्वरूपयोग्यताज्ञानस्य शाब्दबोधहेतुतया कथं युगपदेवेष्टयोर्बोधः । स्वर्गसाधनत्वबोधानंतरं कृतिसाध्यत्वस्य बोध इति तन्मतनिगर्वादिति चेत् तन्मतेहि असंसर्गाग्रहसहितोपस्थितिरपि विशिष्टबुद्धिकार्यकारित्वोपगमात् स्वर्गसाधनत्व स्वर्गकामनियोज्यत्वादीनां पूर्वमनुपस्थितानामसंसर्गाग्रहबलादेव शाब्दबोधे भानसम्भवात् । तद्योग्यताविषय-

क तत्पदार्थविषयक शाब्दबोधस्य तन्मतेऽलीकत्वादिति । ननु तथापि साध्यत्वसाधनत्वयोर्विरोधात्कथं स्वर्गसाधनत्वकृतिसाध्यत्वयोरपूर्वे एकज्ञानविषयत्वं ननु यागे इति चेत् । वैदिकस्थले एकविशिष्टेऽपरान्वय इतिह्युत्सर्गः । उद्देश्यतावच्छेदकसमानकालीनत्वं विधेये भासत इत्यपि नियम इति इष्टसाधनत्वमुद्देश्यतावच्छेदकीकृत्य कृतिसाध्यत्वस्य विधेयतया भानं न सम्भवति । सिद्धावस्थधर्मः साधनत्वमसिद्धावस्थधर्मः साध्यत्वमिति । प्रकृतेतु एकविशिष्टेऽपरवैशिष्ट्यमितिन्यायेनेष्टसाधनत्वकृतिसाध्यत्वयोर्भानासम्भवेऽपि एकत्र द्वयमिति न्यायेन यागविषयकंकार्यमिष्टसाधनमित्यन्वयबोधे बाधकाभावः । आख्यातार्थमुद्देश्यतावच्छेदकीकृत्य बोधानुपगमात् । अन्यथा पचन् गच्छतीतिवत् पचति गच्छतीत्यत्रापि शाब्दबोधापत्तेः । नन्वेवं यागेऽपि इष्टसाधनत्वकृतिसाध्यत्वयोरेकत्रद्वयमिति न्यायेन भानस्य सम्भवेन कथं यागमादाय तयोर्विरोध इति वाच्यं । तत्र यागस्य प्रकृत्यर्थतया प्रत्ययानां प्रकृत्यर्थान्वितस्वार्थबोधकत्वनियमेन एकविशिष्टेऽपरवैशिष्ट्यमिति न्यायेनैवान्वयबोधस्य व्युत्पत्तिसिद्धत्वान्नत्वेकत्रद्वयमिति न्यायेनापि अत एव तिलकीकर्मकुर्वीतेत्यादौ तिलकविशिष्टे कर्मकरणवैशिष्ट्यमिति न्यायेनैव बोधोदयात्कर्मकरणे नियमेन तिलकसमानकालीनत्व भानात् तिलकशून्यकालीनत्वकर्मकरणस्य नैष्फल्यं । यदि चैकत्रद्वयमिति न्यायेनापि शाब्दबोध इष्यते तदा तस्य नैष्फल्यानापत्तिरिति । आख्यातार्थोद्देश्यतावच्छेदकशाब्दबोधानुपपत्त्याच विधिप्रत्ययस्थले एकत्र द्वयमिति न्यायेन बोधे बाधकाभाव एव । ननु च वर्षं जपन्निदं स्तोत्रमपुत्रः पुत्रवान्भवेदित्यादौ पुत्राभाव समानकालीनत्वं पुत्रबाधितमिति कथं विशिष्टवैशिष्ट्यमिति न्यायेन बोधे उत्सर्ग इति चेत् । तत्र नञो विरोधिलक्षणया पुत्रविरोधिनी पुत्रेच्छार्थः स्वविषयसिद्धत्वस्येच्छाविरोधित्वात् । तथाच पुत्रेच्छासमानकालीनत्वं पुत्रे भासत इति न काप्यनुपपत्तिरिति दिक् । अत्र स्वर्गकामो यजेतेत्यादौ प्रथमतः यागविषयकं कार्यमिति प्रथमो बोधः । यागविषयकंकार्यं स्वर्गसाधनमिति द्वितीयो बोधः । स्वर्गसाधनं यागविषयककंकार्यं स्वर्गकामनियोजकमिति तृतीयो बोधः । स्वर्गसाधनं स्वर्गकामनियोज्यकं यागविषयकंकार्यं स्वर्गकामकृतिसाध्यमिति तुर्य्योबोधः । ततश्चापूर्वं कृतिसाध्यत्वं यागे कृतिसाध्यत्वं विनाऽनुपपन्नमित्यनुपपत्तिज्ञानसहकारेण स्वर्गसाधन स्वर्गकामनियोज्यको

यागः स्वर्गकामकृतिसाध्य इत्यादीपादानिक यागविशेषकः पंचमोबोधः स एव च प्रवर्त्तकः। उपादनमनुपपत्ति ज्ञानं तत्सहकृतशब्देनजनितोबोध औपादानिक इत्युच्यते इति केचिदाहुः। काम्यसाधनता धीजन्यममेदं कार्यताज्ञानवत् पुरुषकार्यं यागविषयकमिति प्रथमो बोधः। ततो ममेदं यागविषयकंकार्यमिति द्वितीयो बोधः। अयमेव च नियोज्यत्वेन पुंसो अपूर्वेऽन्वयः। अपूर्वजनिका कामिकृतिस्तावन्नभवति यावद्यागविषया न भवति कृत्यंतरात्तदनुपपत्तेः। कामिकृतिश्च यागविषया न तावद्भवति। यावद्यागः काम्यसाधनत्वेन न ज्ञायते काम्यसाधनत्वेन ज्ञायमान एव कामिकार्यत्वनियमादित्येताद्दृश विमर्शानंतरं काम्यमानस्वर्गसाधनं स्वर्गसाधनताज्ञानजन्यकार्यताज्ञानवत्स्वर्गकामकार्यो याग इति तृतीयो बोधः। अत्र चाधिकारित्वेन पुरुषान्वयः। काम्यमनिष्टस्वर्गे न क्रियाकार्यत्वावगमात् ततो यागकृतिः कर्त्तारं विनाऽनुपपन्नेत्यऽनुपपत्तिज्ञानवत्वात्स्वर्गकामो यागकर्त्तेति तुर्योबोधः। स्वर्गकामस्य इदं कार्यं अहमपि स्वर्गकामस्ततो ममेदंकार्यमिति युक्तिपुरःसरं यागी यष्टुः प्रतिसन्धानं पञ्चमोबोधः। विधेः प्रवृत्ति निर्वाहकतया तावत्पर्यंतं नाकांक्षाया अपिऽपरिपूर्तेः पंचैव शाब्दानीति बहवः। मदंशोपरागेण बोधद्वयमानुमानिकं बोधत्रयमेव शाब्दमिति नव्याः। मदंशस्य शाब्दे प्रवेशेऽपि प्रथमं यागविषयकंकार्यमित्येव बोधो नतु स्वर्गकामस्य तत्र प्रवेशः अन्योन्याश्रयापत्तेः। तत उक्तबोधपंचकमिति षडेव बोधा इत्यपि प्राहुः। स्वर्गकामनियोज्यकं यागविषयक कार्यं स्थायि स्वर्गसाधनत्वेन ज्ञायमानमिति प्रथमो बोधः। नतु स्वर्गसाधनमिति स्वर्गकामनियोज्यत्वस्य स्वर्गकामस्येदंकार्यमिति बोधरूपतया तत्राज्ञायमानस्येष्टसाधनत्वस्यान्वयप्रयोजकत्वाभावात् इष्टसाधनत्वज्ञानाभावे कृतिसाध्यत्वज्ञानानुदयाच्चेति। इदं च ज्ञानमपूर्वविषयप्रयोजकं नतु यागविषयकं तस्यास्थिरत्वेन तच्चेष्टसाधनत्वस्य दुर्ग्रहत्वात् ततो मन्नियोज्यकं इदं कार्यं स्थायि स्वर्गसाधनत्वेन ज्ञायमानमिति पुनरपूर्वविषयकं मदंशोपरागेण ज्ञानं द्वितीयं। नतु संनियोज्यकं कार्यमित्याकारकं तत् सर्वत्रैवकार्यबोधे नियोज्यकत्वस्थायित्वस्वर्गसाधनत्वानां योग्यतावच्छेदकानां भानस्यावश्यकत्वात्। अपूर्वे कृतिसाध्यत्वं च यागी कृतिसाध्यत्वंविनाऽनुपपन्नं यागविषयाकृतिश्चेष्टसाधनताज्ञानंविनाऽनुपपन्ना। नहि कामीकाम्यादन्यत्काम्यसाधनतयाऽज्ञायमानं कार्यतयाऽवैती-

ति यागे इष्टसाधनत्वमुपादानेनावगत्य यागकाम्यमान स्वर्गसाधनत्वेन ज्ञायमानोऽधिकारीभूतस्वर्गकामस्य नियोज्यस्य कार्यमित्येवं तृतीयं ज्ञानं यागविषयकं अयमेवचाधिकारित्वेनान्वयः । ततश्च चैत्रः पचतीत्यादाविव स्वर्गकामः यागानुकूलकृतिमानिति स्वर्गकाम्यविशेष्यकश्चतुर्थो बोधः ततः स्वर्गकामस्येदं कार्यं अहमपि च स्वर्गकामः तस्मान्ममेदं स्वर्गकामस्य नियोज्यस्य कार्यं स्वर्गसाधनत्वेन ज्ञायमानमिति बोधपंचकमित्याहुः । केचित्तु । इदानीं तनत्वांतर्भावेण कृतिसाध्यता ज्ञानस्य विधितः साक्षादसम्भवितया परंपरयैव विधिजन्यज्ञानस्य प्रवर्त्तकत्वेन यागे कृतिसाध्यताज्ञानमपि न शाब्दं किंत्वौपादानिकमनुमित्यात्मकमेवेत्याहुः । तच्चिंत्यं । यागे कृतिसाध्यताज्ञानं विधिना जनयितुं न शक्यते तत्रेष्टसाधनत्वस्यान्वयप्रयोजकतया परंपराघटकापूर्वोपस्थितिं विना तज्ज्ञानासम्भवादपूर्वे शक्तिरिति तन्मतं तत्र यदि यागे कृतिसाध्यताबोधो न शाब्दः । तर्हि कथं तद्बोधार्थं योग्यताज्ञानसम्पत्त्यर्थमिष्टसाधनताज्ञानसम्पादनाया पूर्वे शक्तिरिति न जानीम इति दिक् । परेतु । नियोज्य स्वर्गकामीयं स्वर्गसाधनत्वेन ज्ञायमान स्थायियागविषयकं कार्यमिति प्राथमिको बोधः । नियोज्यत्वं योग्यतात्वेन स्वर्गकामे प्रकारतया स्वर्गकामस्य संसर्गतयापि भासते । ततः अपूर्वे कृतिसाध्यत्वं यागे कृतिसाध्यत्वं विनाऽनुपपन्नमित्यनुपपत्तिज्ञानात् प्रतीतापूर्वघटितकाम्यसाधनताज्ञानसहितात् स्वर्गकामीयः स्वर्गसाधनत्वेन ज्ञायमानः यागः कार्य इति द्वितीयो बोधः । ततः कृतिराश्रयं विनानुपपन्नेत्यनुपपत्तिज्ञानात् स्वर्गकामः स्वनियोज्यकस्वर्गसाधनत्वेन ज्ञायमानकार्ययागानुकूलकृतिमान् स्वर्गकामः मूनियोज्यकस्वर्गसाधनत्वेन ज्ञायमानकार्ययागानुकूलकृतिमान् स्वनियोज्यकस्वर्गसाधनत्वेन ज्ञायमानकार्ययागानुकूलव्यापारवान् वेति तृतीयो बोधः । ननु क्रियानुकूलव्यापारवत्त्वस्य कर्तृरूपतया यागे स्वर्गकामकृतिसाध्यत्वे प्रतीते तत्कर्तृत्वस्यापि प्रतीतिर्जातेति तृतीयबोधवैयर्थ्यमिति चेन्न । व्यापारमात्रशक्तस्याख्यातस्य व्यापारबोधकतया व्यापारस्य कर्तृसाकांक्षत्वात् । प्रथमांतार्थविशेष्यकबोधस्य व्युत्पत्तिसिद्धत्वाच्च अत एव तत्रैवाख्यातार्थसंख्यान्वय इति ततश्च नानधिकृतः कर्त्तेति न्यायेनावगतं स्वर्गकामस्य कर्तृत्वं यागजन्यफलभोक्तृत्वरूपाधिकारित्वं विनाऽनुपपन्नमित्यनुपपत्तिज्ञानात् स्वर्गकामो यागजन्यफलभोक्तेति चतुर्थो बोधः । ततश्च विधेः प्रवर्त्तक-

त्वं प्रवर्त्तकज्ञानजननं विनानुपपन्नमित्यनुपपत्तिज्ञानात् स्वर्गकामस्य याग: कार्य: स्वर्गकामस्य याग: कार्य्यं स्वर्गकामोयागस्य कर्ताभोक्ताचाऽहमपि च स्वर्गकाम इति प्रतिसन्धाय यागो मत्कृतिसाध्य अहं च यागकर्ता अधिकारीति प्रवर्त्तकं पञ्चमं ज्ञानमुत्पद्यते इति प्राभाकरमतमेवं वर्णयंति। ननु परमापूर्वं वाच्यं कलिकापूर्वाणि तु कल्प्यानीति तेषां सिद्धान्त: सच कथं सङ्गच्छते तथाहि। अमावास्यायाममावस्यया यजेत पौर्णमास्यां पौर्णमास्यायजेतेति दर्शपौर्णमास यागौ विहितौ तदुत्पत्तिविधयश्च षट् यदाग्नेयोऽष्टाकपालोऽमावास्यायां पौर्णमास्यां चाच्युतो भवति उपांशु यागमंतराय जतिताभ्यामेवाग्नीषोमीयमेकादशकपालं पौर्णमास्यां प्रायच्छत् ऐंद्रदधिभवत्यमावास्यायां ऐंद्रं पयोभवत्यमावास्यायामित्यनेनाग्नेयो अष्टाकपालउपांशु याग:। अग्नीषोमीय एकादशकपाल: पौर्णमास्यां आग्नेयोऽष्टाकपाल ऐंद्रदधियाग:। ऐंद्रं पयोयाग अमावास्यायां विहिता: एतेषां षण्णां दर्शपौर्णमास यागानां क्षणिकतया स्वर्गं प्रतीव परमापूर्वंप्रत्यपि साक्षाद्धेतुत्वासम्भवेन कलिकापूर्वस्यापि वाच्यत्वमुपेयमिति चेत्। अत्रोच्यते। फलस्योत्कटरागगोचरतया फलपूर्णत्वमफलशिरस्काऽपूर्वबोधक काम्यविधेरेवादौ प्रवृत्ति:। तेन च यागे साक्षात्स्वर्गसाधनत्वस्य बोधयितुमशक्यत्वात् परम्पराघटकापूर्वे बोधिते तदुत्तरं उत्पत्तिवाक्येभ्य: षण्णां आग्नेयादीनां नियोगसाधनताबोध: तावत्कालस्थायिव्यापारकत्वरूपयोग्यता ज्ञानसम्भवात्। ततश्चाग्नेयादीनां षण्णामाशुविनाशितया परमापूर्वरूपव्यापारकत्वबोधे कलिकापूर्वाणिकल्प्यंते तद्द्वारा च तेषां परमापूर्वसाधनत्वमिति। अथ प्रधानविधिना परमापूर्वबुद्धे आग्नेयादीनां परमापूर्वसाधनता उत्पत्तिवाक्यै: प्रतीयते। परमापूर्वसाधनतायाश्च साक्षादसम्भवितया कलिकापूर्वाणिकल्प्यंते इति तत्सिद्धान्त:। तन्नु कथमुपपद्यते। तथाहि। यथा आशुविनाशितया यागेन स्वर्गसाधनताबोधस्तथा परमापूर्वसाधनतापि दुर्ग्रहा। नहि परमापूर्वमाग्नेयादीनां प्रत्येकंव्यापार: तथा तत् द्वारा स्वर्गसाधनतानिर्वाहोऽपि कथं। परम्परा घटकापूर्वानुपस्थित्या परमापूर्वंप्रति श्रीरामश्रीराम परम्परया साधनत्वस्य दुर्ग्रहत्वात्। यागत्वावच्छिन्ने परमापूर्वसाधनत्वग्रहसम्भवेऽपि पदार्थतावच्छेदकाम्बयत्वाद्यवच्छिन्ने तावत्कालस्थायि व्यापारकत्वस्याग्रहात् सामन्यतो दृष्टत्वात् तथा कल्पने कालांतरभाविफलजनकाशुविनाशित्वावच्छिन्ने तावत्कालपर्य्यन्तस्थायि व्या-

पारकत्वस्यानुभवे दृष्टत्वात्परमापूर्वस्यापि वाच्यत्वं दुर्घटंस्यादिति 'अत्रो-बाध्यायाः' षण्णां षट्पुरुषक्रियमाणानां यौगपद्यसम्भवादयोग्यता धीर्नसम्भवतीति तदुत्तरं चैककर्तृकत्वेऽवगते प्रथमावगतस्वर्गसाधनत्व निर्वाहकतया कलिकापूर्वाणिकल्प्यंत इति। तत्तु चिंत्यं। प्रथमं तेषामेककर्तृकत्वस्य भिन्न कालीनत्वस्यच पाणिपिहितत्वा भावादिति। नवीनास्तु। काम्यविधिना कार्यत्वेन परमापूर्वेबुद्धे आग्नेयादीनां कार्यत्वेनोपस्थितं प्रतिहेतुता बुद्ध्यते। कार्यस्याव्यवहितोत्तरक्षणेपि संभवान्न कालांतरभावित्वप्रतिसंधानं तत्र। स्वर्गस्यच देहांतरोपभोग्यत्वप्रतिसंधानात् न यागे साक्षात्तज्जनकत्वबोधसंभवः। एवमाग्नेयादि न साक्षात्परमापूर्वं जनकमिति बाधग्रहेपि साक्षात्कर्मजनकमिति ग्रहे बाधकाभावश्च समानप्रकारक बाधबुद्धेरेव प्रतिबंधकत्वात् ततश्च कार्यांतरजनकत्ववाध प्रतिसंधाने परमापूर्वरूप कार्यजनकत्वमेव ग्राह्यं। तच्च सर्वोदीच्यतया कालांतरीणत्वेन साक्षात्तज्जनकत्वासंभवात्परंपरयैव जनकत्वमिति कलिकापूर्वाणि कल्प्यंत इत्याहुः। अत्रच दर्शत्रिकेनाकलिकापूर्वत्रिक सहकृतेनैकं समुदायापूर्वं जन्यते। एवं पौर्णमासत्रिकेनाप्रत्येक कलिकापूर्वत्रिक सहकृतेनैकं समुदायापूर्वं जन्यते। दर्शत्वेन पौर्णमासत्वेन च हेतुता लाघवात् निरपेक्षसाधनत्वस्यच तृतीयार्थत्वात्ताभ्यां च समुदायापूर्वाभ्यां फलशिरस्का पूर्वं स्वर्गजनकं जन्यते इति। न वापूर्वी वादः। तत्रकेचिदाहुः। प्रथम चितयांतर्गतस्य चरमप्रधानस्य साक्षादेवसमुदायापूर्वजनकत्व संभवे तज्जन्य कलिकापूर्वे मानाभावः। एवंच कलिकापूर्वद्विक सहितेन दर्शत्रिकेना। एवं कलिकापूर्वद्विकसहकृतेन पौर्णमासत्रिकेनासमुदाया पूर्वं जन्यते ताभ्यां समुदायापूर्वाभ्यां फलशिरस्कापूर्वं जन्यते इति सप्तापूर्वी वाद एवेति। अन्येतु। पंचजन्यापूर्व सहकृतश्चरमः साक्षादेव परमापूर्वं जनयतु किं तज्जन्यापूर्वस्वीकारेण। तेन पंचापूर्व सहकारेण स्वाव्यवहितोत्तरक्षण एव परमापूर्वजनन संभवात्। यदिच षडपूर्वी स्वीकारस्तदा तेषामेव साक्षात्स्वर्गजनकत्व संभवात्कथं परमापूर्वसिद्धिः। ननु षण्णां प्रत्येकमहेतुतया मिलितानां हेतुत्वं मिलनंच पंचानामिव षष्ठस्यापि व्यापारद्वारैव। अन्यथा केषांचिद्व्यापारतः कस्यचित्साक्षादिति नानाविधतया मिलनस्य प्रयोजकत्वे गौरवादननुगमाच्च। एवं फलस्योत्कटरागगोचरतया फलबोधकपद समभि-

व्यापृत प्रधानविधेरेव प्रथमप्रवृत्तत्वात् प्रधानस्य चाशुविनाशितया परमा-
पूर्वजनकत्वेऽस्थिते पश्चादुत्पत्तिवाक्यानां प्रवृत्तिरिति नवैः षड्पूर्वैः प्रथमक्लृ-
प्तैकविध परमापूर्वस्यान्यथासिद्धिरुपजीव्य विरोधादिति चेन्न । क्लृप्तप्रत्ये-
कधर्मावच्छिन्नकारणताकानां समाजाधीना कार्योत्पत्तिः तत्र च साक्षान्मेलना-
संभवे व्यापारकल्पनमित्येकविधमेलनस्याकिंचित्करत्वात् नहि यागस्य व्या-
पारद्वारा मेलनमिति तज्जन्यापूर्वस्यापि व्यापारद्वारा मेलनं कश्चिदभ्युपैती-
ति । तन्न । दक्षिणादानस्योत्तरांगतया परमप्रधानस्य साक्षात्परमापूर्वजनक-
त्वासंभवात् एवं षडपूर्वीस्वीकारेऽपि परमापूर्वमावश्यकं दक्षिणाचोत्तरागं
साक्षादेवपरमापूर्वहेतुः । नतु तज्जन्यमप्यंगापूर्वं कल्प्यंते इति न तत्र द्वारा-
पेक्षा । षडपूर्वीद्वारा सांगप्रधानषट्केन परमापूर्वं जन्यते । दक्षिणाया अङ्ग-
तया स्वर्गाजनिकायाः षडपूर्वीजन्यं परमापूर्वं प्रत्येवजनकत्वादित्यास्तां
विस्तरः । ननु दुरितापूर्वं कल्प्यं नतु वाच्यमिति तेषां सिद्धांतः । तथाच यथा
यो ब्राह्मणायावगोरपेतं शतेन पातयेदितिविधिना ब्राह्मणवधोद्यमस्य या-
तनारूपनरकविशेष हेतुत्वबोधानंतरं दुरितापूर्वं कल्प्यते तथा काम्यस्थले-
पिस्यादिति चेन्न । हेतुहेतुमतोर्लिङित्यनुशासनबलात्पौर्वापर्यमात्रं बुध्यते
नतु कारणत्वं किन्तु एतद्विधेर्निवर्त्तकत्वानुपपत्त्याऽवगोरणस्य नरकहेतुत्वं
कल्प्यते तच्च दुरितापूर्वं विनानुपपन्नमिति तत् कल्पनमिह च कार्यत्वशक्तो
लिङ्कार्यतामाह । कार्यत्वं विशिष्टसाधनत्वग्रहं दुर्ग्रहं साधनत्वं चान्यथा-
सिद्धिपक्षकराहित्ये सति नियतपूर्ववर्त्तित्वरूपं कार्यसहभूतत्वघटितं कार्यं स-
हभूतत्वं च क्षणिकस्य व्यापारघटितमिति काम्यस्थलेऽपूर्ववाच्यता नतु प्रकृत
इति । केचित्तु । हेतुहेतुमतोर्लिङ्त्यनुशासनबलात्पौर्वापर्यमात्रमुदासीनसा-
धारणं बुध्यते नत्वव्यवहितपूर्ववर्तित्वरूपकारणत्वं ततश्च सिद्धसाध्यसमभि-
व्याहारे सिद्धं साध्यायोपयुज्यत इति व्युत्पत्तिबलात्कारणत्वावगम इति न
दुरितापूर्वस्य वाच्यता । अथवा । यद्योगप्राथम्याभ्यां नियतपौर्वापर्यबोधानंत-
रं विधेर्निवृत्तिपरत्वग्रहेनावगुरितव्यमिति विधिः कल्प्यते तेन चावगोरणाभा-
वविषयकं कार्यमित्यन्वयबोधः । तदन्यथानुपपत्त्या चावगोरणस्य नरकहेतुत्वं
कल्प्यते । नह्यवगोरणस्यानिष्टसाधनत्वं विनावगोरणाभावविषयकंकार्यस-
म्भवतीति दुरितापूर्वं कल्प्यत इति प्राहुः । ननु स्वर्गकामोयजेतेत्यादौ लिङः
कार्ये शक्तिर्यागादेराशुविनाशितया तत्रेष्टसाधनत्वज्ञानासम्भवात् । स्वर्गका-

स्वत्रऽपूर्व्वमालम्बते एवञ्च काम्ये तु प्रशक्तिर्लिङ्नित्ये निषेधे-
चापि विधेऽपूर्व्वमाह लोके च पचेदित्यादौ अपूर्व्वतात्पर्य्यास-

---

मनियोज्यकत्वान्वययोग्यमपूर्वमेव स्वर्गकामनियोज्यकं यागविषयकंकार्यमित्यन्वयबोधे विषय इति पर्यवसितं। आस्तां तावदेवं काम्यस्थले । यत्र तु न फलं तत्र नित्यादि विधिस्थले संध्योपासनरूपक्रियायाः विषयतयान्वयाभावेऽपि अभेदेनैव कार्येऽन्वयसम्भवात् संध्योपासनीयं कार्यमित्यन्वयबोधे क्रियाया एव कार्यायाः प्रतीत्यानापूर्वविषयत्वमिति । कथं वैदिकविधौ सर्वत्रापूर्वबोध इत्यत आह । एवंचेति । अपूर्वबोधस्यावश्यकत्वे चेत्यर्थः । काम्ये स्वर्गकामोयजेतेत्यादौ। नित्ये । अहरहः संध्यामुपासीतेत्यादौ। निषेधे । न कलंजं भक्षयेदित्यादौ । अपूर्वमाहेति । लोके पचेदित्यादावनन्यलभ्यस्य शब्दार्थतया कार्यत्व एव शक्तिः । काम्यस्थले तु कामिकार्यत्वस्य विनेष्टसाधनत्वग्रहं प्रत्येतुमशक्यतया क्रियाया अस्थिरतया च तत्रेष्टसाधनताज्ञानार्थं परंपराघटकापूर्वोपस्थितये कार्ये लिङः शक्तिः कल्प्यते तच्च कार्यं वस्तुगत्याक्रियातिरिक्तमेव वैदिकविधिजन्यबोधविषय इति नित्यनिषेधविधिस्थलेऽपि क्रियातिरिक्तकार्यमेव बोधविषय इत्यपूर्वविषयक एव सर्वत्र वैदिकस्थले बोध इत्यर्थः । इदं तु चिंत्यं । निषेधस्थले कलंजभक्षणाभावीयं कार्यमित्यनुभवे कलंजभक्षणाभावस्य प्रागभावरूपस्य वस्तुगत्या क्रियातिरिक्तस्याभेदेन कार्येऽन्वयसम्भवान्नापूर्वलाभः योगक्षेमसाधारणस्य कार्यत्वस्य प्रागभावेऽपि सम्भवादिति । ननु सामान्यतः लिङ्त्वावच्छेदेन कार्येशक्तेः पचेतेत्यादावपि कार्यबोधःस्यादत आह । लोके चेति । अपूर्वे तात्पर्यासम्भवात् क्रियातिरिक्त कार्यबोधासम्भवेन क्रियायां कार्यत्वबोधाय तत्र लक्षणेत्यर्थः। अनन्य लभ्यस्यैव शब्दार्थत्वान्न तत्र कार्यत्वेऽपि शक्तिरिति भावः । ननु लाघवाल्लोकेकार्य्यत्वे शक्तिर्व्वैदेतु कार्य्ये लक्षणेत्येवकिन्नस्यात् नचापूर्व्वानुपस्थित्यातत्र शक्यसम्बन्धरूपलक्षणाग्रहासम्भवान्न लक्षणेति वाच्यम् कार्य्यत्वरूपशक्यसम्बन्धस्य सामान्यतः कार्य्येऽवगतेरिति मैवम् लाक्षणिकपदस्याननुभावकतया लिङः कार्य्ये लक्षणा स्वीकारेऽपूर्व्वाननुभवापत्तेः नच गङ्गायांघोष इत्यत्रेव यजादियदादेवबोधास्तु इतरान्वितस्वार्थानुभावकत्वात्पदानामिति वाच्यम्। वस्तुगत्येतरान्वितो

ज्ञानात्कार्य्यत्वे लक्षणेत्याहुः । अत्रोच्यते कार्य्यत्वे एव विधे-

---

यस्स्वार्थस्तदनुभावकत्वं पदेनन्वितरांशस्याप्यन्यलभ्यत्वात् गङ्गायांघोष इत्यत्रापीतरान्वितो यो घोषस्तदनुभावकत्वं घोषपदस्य नतु तीरस्यापि शाब्दबोधविषयत्वं तीरस्य तु संस्कारादेवोपस्थितस्य तटस्थतया भानं शक्या-दशक्योपस्थितिर्ल्लक्षणेति मतेन गङ्गापदेन पूरस्मरणं पूरेणच स्वसम्बन्धितीर-मुपस्थाप्यते तथाचासत्तः पदजन्यपदार्थोपस्थितिरूपतयाऽनासन्नत्वेन तीर-शाब्दबोधासम्भवात् तत्राप्यनुपस्थितेनान्वितेनाभिधानानभ्युपगमात् अपूर्व्वस्य तु पूर्व्वमप्रतीततया न संस्कारवलाज्ज्ञानसम्भवः नन्वर्थाध्याहारवादिनस्तस्य मते पदजन्यपदार्थोपस्थितिर्न्नासत्तिः एवं प्रत्ययानां प्रकृत्यर्थान्वितस्वार्थ बोधकत्वमिति नियमात् तीराधिकरणको घोषइति बोधानुपपत्तिरिति तीरस्यापीतरपदादेव शाब्दबोधविषयत्वमुपेयमिति यज्यादिपदादेवकार्य्यत्व सामान्यरूपेणोपस्थितापूर्व्वलाभाद्बोधसम्भव इतिचेत् तथापि लक्षणायां लक्ष-णीयविशेषणकस्वार्थविशेष्यकान्वयबोधजनकत्व नियमात्स्वर्ग्गकामकार्य्यविष यो याग इत्येवानुभवो यजि पदेन जननीयः नचैष आकाङ्क्षितस्तस्यकार्य्यांशे कृतिसाध्यत्वप्रकारकत्वेऽपि स्वर्ग्गकामबोधकोयागविषयकंकार्य्यमिति कार्य्यमु-ख्यविशेष्यकज्ञानस्यैव प्रवर्त्तकत्वाभ्युपगमेनाकाङ्क्षितत्वात् आहार्य्यत्वस्य तत्त-द्व्यक्तित्वरूपतया तत्तद्व्यक्तित्वावच्छिन्नप्रतियोगिताकभेदे कूटरूपस्यानाहा-र्य्यत्वस्य निवेशे कार्य्यविशेषणक भेदानामनिवेशेच लाघवसम्भवेन मुख्यविशे-ष्यताया निवेशस्य तकं सहकृतत्वात् स्वर्ग्गकामकार्य्यमित्येवज्ञानन्तु यजिपदेन जनयितुमशक्यं यागाविशेषित कार्य्यमात्रे स्वर्ग्गकामान्वयासम्भवात् परन्तु यागविषयककार्य्यविशेषविषयकं तथाच यागविशेषितकार्य्यबोधार्थं लिङश्श-क्तिरिति । अथवा लौकिकलिङः क्रियाकार्य्यत्वे शक्तिः वेदेतु स्वर्ग्गकामान्वया-नुपपत्त्या क्रियातिरिक्त कार्य्ये शक्तिः एवं चशक्ततावच्छेदकैक्याभावेन नाना-र्थन्याय इति दिक् । प्राभाकरमतं दूषयति । अत्रोच्यत इति कार्य्यत्व एव कृ-तिसाध्यत्व एव लाघवादिति कार्य्यत्वविशिष्टे शक्तिस्वीकारे कार्य्यत्वांशे शक्तेरा-वश्यकत्वात् नागृहीतविशेषणान्यायेन तत्रैव शक्तिरित्यर्थः । नन्वपूर्व्वे शक्ति-विरहेऽपूर्व्वानुपस्थिताविष्टसाधनत्वाप्रतीत्या स्वर्ग्गकामकृतिसाध्यत्वान्वयबो-

शक्तिक्लृप्तिगौरवात् अस्तु कार्य्यत्वविशिष्टे नच यागे स्वर्गकाम-कार्य्यत्वान्वयासम्भवो बाधकाभावात् नच योग्यताज्ञानवि-रहो बाधकः नह्यन्वयप्रयोजकरूपवत्त्वं योग्यता सेकान्वयि-तोयेऽपि सत्त्वात् किन्तु प्रकृतसंसर्गवत्त्वं तस्य च संशयसा-धारणं ज्ञानं हेतुः नच यागे स्वर्गकामकार्य्यत्वस्य सं-शयो न संभवति येनैवं स्याद्यच्चोक्तं इष्टसाधनत्वं न विध्यर्थः यागे तस्यच लिङापि विनोपस्थितिसम्भवात्स्यादिति तदपि न

धासम्भव इत्याशङ्कते नचेति समाधत्ते बाधकाभावादिति नचेति अन्वयप्रयोजकरूपवत्त्वरूपयोग्यताज्ञानविरहो बाधक इत्यर्थः अपूर्व्वानुपस्थित्या स्वर्गकामिकार्य्यत्वान्वयप्रयोजकरूपस्येष्टसाधनत्वस्याज्ञानान्न तदन्वयबोधसम्भव इति भावः। सेकेति। सेकान्वयप्रयोजकस्य द्रवद्रव्यत्वस्य करकादावपि सत्त्वेन करकाभिप्रायप्रयुक्तं पयसा सिञ्चतीति वाक्यमपि योग्यं स्यादिति भावः। किन्त्विति। प्रकृतसंसर्गवत्त्वं योग्यतेत्यनुषङ्गः ननु पयसा सिञ्चतीत्यादौ संसर्गस्य वाक्यार्थरूपतया तदज्ञानासम्भवाद्योग्यताज्ञानविरहात्कथं शाब्दबोध इत्यत आह। तस्य चेति। प्रकृतसंसर्गवत्त्वस्य चेत्यर्थः। संशयेति। संशयनिश्चयसाधारणं योग्यताज्ञानं शाब्दबोधे हेतुरित्यर्थः। येनेति। संशयासम्भवेन। एवंस्यादिति। अपूर्व्वे शक्तिस्यादित्यर्थः लाघवात्कार्य्यत्वे शक्तिं व्यवस्थाप्येष्टसाधनत्वे शक्तिस्वीकारे पूर्व्वमुक्तं बाधकं निरस्यति यच्चेति तस्येष्टसाधनत्वस्य बाधकाभावात्। लिङा यागे इष्टसाधनताबोधने बाधकाभावादित्यर्थः। उक्तमिति। आशुविनाशिनस्साक्षात्साधनतायाः परम्पराघटकापूर्व्वानुपस्थित्या परम्परासाधनत्वस्यापि यथासम्भवरूपबाधकमुक्तमित्यर्थः समाधत्ते। साधनतेति। साधनतात्वेन रूपेण साधनताबोधः स च साक्षात्साधनत्वासम्भवात्परम्परासाधनताविषयक एवेति भावः इदञ्च साधनतात्वं साक्षात्परम्परासाधारणमेकमित्यभिप्रायेण। यथेति। रूपवांश्चैत्र इत्यत्र रूपत्वेनैव रूपेण नीलादिविषयको बोध इति भावः। अथेति। एकविशेषबाधे। एकविशेषबाधस्थले सच्छिद्रघटस्य जलाहरणेऽन्वय बाधे छिद्रेतरत्वेन घटस्य शाब्दबोधः छिद्रेतरेण घटेन जलमाहरेत्याकारकः अत इति एकविशेषबाधे शाब्दसामान्यज्ञानस्य तदितरविशेषप्रकारकत्वनियत-

बाधकाभावादुक्तं बाधकमिति चेन्न साक्षात्परंपरात्वस्येष्टस्य साधनतासामान्यस्य लिङाबोधनाद्यथारूपवांश्चैव इत्यत्र नीलत्वादीन् व्युदस्य रूपसामान्यज्ञानं अथैकविशेषबाधे सामान्यज्ञानं तद्विशेषप्रकारकतानियतं यथा घटेन जलमाहरेत्यत्र सच्छिद्रबोधे च्छिद्रेतरत्वेन घटज्ञानमतोऽत्र साक्षात्त्वबाधे परंपरात्व प्रकारकं ज्ञानं कार्य्यम् तच्च न सम्भवति द्वारानुपस्थितेरिति चेन्न घटेन जलमाहरेत्यत्रापि योग्यतया वस्तुतो यच्छिद्रेतरस्तदन्वय नतु तदितरत्वेन तदुपस्थापकाभावात् नच लक्षणया तदुपस्थितिर्म्मानाभावात् आस्तां वाचापि साक्षादन्यसाधनत्व प्रकारेणैवान्वयः किंतच्छिन्नम् । अथ योग्यताज्ञानविरहोबाधकः तथाहि आशुतरविनाशिनः कालान्तरभाविफलजनकत्वे फलसमयपर्य्यन्तस्थायि व्यापारजनकत्वमन्वय प्रयोजकम् नचेह तथाज्ञानं सम्भवतीति चेन्न अन्वयप्रयोजकरूपवत्त्वस्य योग्यतात्वविरहात् नन्वेवं कथमपूर्व्वलाभ इतिचेत् आशुतरविनाशिनः कालान्तरभाविफलजनकत्वस्य तत्कालस्यापि भावव्यापारकत्वव्याप्तेः तदुक्तमाचार्य्यः । चिरध्वस्तं फलायालं न कर्म्मातिशयंविना सम्भङ्गोनिर्व्विशेषायां

त्वादित्यर्थः अत्र स्वर्गकामोयजेतेत्यत्र साक्षाद्बाधे साक्षात्साधनताबाधे परं परात्वप्रकारकं परम्परासाधनतात्वप्रकारकंज्ञानं कार्य्यलिङाजननीयम् तच्च परम्परात्व प्रकारकंज्ञानञ्च । द्वारेति । परम्परास्वर्गसाधनत्वं हि स्वर्गजनकापूर्व्वजनकत्वरूपमपूर्व्वानुपस्थित्या दुर्ग्रहमित्यर्थः वस्तुतः । वस्तुगत्या तदन्वयः जलाहरणे तदन्वयः तदितरत्वेन छिद्रेतरत्वेन तदुपस्थापकाभावात् छिद्रेतरत्वोपस्थापकाभावात् घट पदस्य घटत्वविशिष्ट एव शक्तेरिति भावः ननु घटपदस्य छिद्रेतरत्वविशिष्टे लक्षणेत्यत आह । नचेति । तदुपस्थितिः

छिद्रे तत्त्वेऽपस्थितिः । मानेति । वस्तुतस्त्वा छिद्रे तत्पदस्यापूर्वेणैवोपपत्ते-रिति भावः । किमिति । साक्षात्त्ववाधे साक्षादन्यसाधनतात्वरूपेणावोधेऽपि परम्परासाधनतात्वेन रूपेणावोधान्नापूर्वं वाच्यतेति भावः वाधकः साक्षादन्य साधनतात्वेनापि रूपेण परम्परासाधनताबोधे वाधकः तथाच्ज्ञानं फलपर्य्यन्त स्थायिव्यापारजनकत्वेन ज्ञानं सम्भवतीति व्यापारानुपस्थितेरिति भावः । मन्वे वमिति । एवं अपूर्वे शक्तिविरहे । तत्कालेति । तत्कालस्थायी फलपर्य्यन्तस्थायी भावरूपो व्यापारस्तत्कत्वव्याप्तेरित्यर्थः यागध्वंसस्य व्यापारत्वनिरासया भावेति तदुक्तमिति । चिरध्वस्तंकर्म्म अतिश्चयं विनाव्यापारं विना फलाय कालान्तर भाविफलाय न अलं न समर्थम् यथाऽनुभवेन स्मृतौ जननीयायां संस्कारो व्यापार इति ननु तथाप्यपूर्वे मानाभावः यागध्वंसस्यैव व्यापारत्वसम्भवात् व्याप्त-श्च भावव्यापारवत्वघटितत्वेऽप्रयोजकत्वेन व्यापारमात्र सिद्धेरिति नच फल-धारायां आपत्तिः मन्मते चरमफलस्यापूर्वनाशकत्वंनोपगमेन व्यापाराभावा देव तदनुदयादितिवाच्यम् । उपान्त्यफलध्वंसस्य फलप्रतिवन्धकत्वोपगमात् चरम-फलस्यापूर्वनाशकत्वकल्पनापच्चयाऽलघुत्वात् एवं फलजनकतदितरकारण-स्य तत्तच्चन्दनसंयोगस्य तत्तच्छरीरादेश्चासत्वादेव न धारायां आपत्तिः नच साम-ग्री सम्पादकस्यादृष्टस्य सत्त्वात्तस्याप्यापत्तिरिति वाच्यम् तत्तदृष्टकारणमात् त-त्तदृष्टकारणान्तराभाव तदृष्टकारणसम्पत्तेरभावादिति नच कारणीभूताभाव-प्रतियोगित्वं प्रतिवन्धकत्वमिति यागस्य प्रतिवन्धकत्वापत्तिरिति वाच्यम् अभावत्वेन कारणत्वस्यैव प्रतिवन्धकत्वशरीरनिविष्टत्वात् यागध्वंसत्वेन कारणतयाऽतथात्वात् नच कर्म्मनाशाजलस्पर्शोत्करतोयाविलङ्घनात् गण्डकीवा-हुतरणाद्धर्म्मः क्षरतिकीर्त्तनादिति श्रुतेः मते यागादौ तत्कीर्त्तनेच सतिस्वर्गा-दि फलाभावस्सर्व्वसिद्धस्सचभवन्मतेऽनुपपन्नः कीर्त्तनेन यागस्यनष्टत्वादेवाना-शात् ध्वंसस्यात्र ध्वंसासम्भवात् अपूर्वस्वीकारेच कीर्त्तनेनापूर्वनाशादुपप-द्यत एवेति वाच्यम् । तत्र कीर्त्तनादीनां फलप्रतिवन्धकत्वोपगमात् धर्म्मो या-गादिः कीर्त्तनात् क्षरतिफलभाङ् न भवतीत्यर्थ करणादिति प्राहुः कीर्त्त-नादीनामाशुविनाशितया फलप्रतिवन्धकत्वासम्भवादपूर्वस्वीकार आवश्यक एव नच कीर्त्तनं तत्प्रतिवन्धकं किन्तु कीर्त्तन प्रागभावविशिष्टो यागस्स्वर्गहेतु रिति वाच्यम् । कीर्त्तनसत्वेऽपि यागान्तरीय कीर्त्तनप्रागभावविशिष्टयागात् फलापत्तेः तत्क्रियोद्देश्यककीर्त्तनप्रागभावविशिष्ट तत्क्रियात्वेन हेतुत्वेच-

क्वि, यायो कीर्त्तनमप्रसिद्धं तत्र फलाभावप्रसङ्गस्तथा: कारणतावच्छेदका-गोक्रान्तत्वात् अथ कीर्त्तनध्वंससम्बन्धेन प्रतिबन्धकमिति चेन्न अश्वमेधजन्य स्वर्गम्प्रति अश्वमेधःकृत इति कीर्त्तनत्वेन प्रतिबन्धकत्वं अश्वमेधः कृत इति कीर्त्तनानन्तरं पुनरश्वमेधेकृते स्वर्गानुदयप्रसङ्गात् तदश्वमेधजन्यस्वर्गम्प्रति तदश्वमेधःकृत इति कीर्त्तनत्वेन प्रतिबन्धकत्वं चासम्भवितदश्वमेधजन्यस्वर्ग-स्यैवाप्रसिद्धेः नच यदश्वमेधमुद्दिश्य कीर्त्तनंकृतं तदश्वमेधव्यक्ति जनितफल-काश्वमेधव्यक्ति एतदन्यतरजन्यस्वर्गम्प्रति तदश्वमेधोद्देश्यककीर्त्तनत्वेन प्रति-बन्धकत्वमिति नाप्रसिद्धिरिति वाच्यम् । जनितफलकव्यक्तेर्निवेशे प्रत्येकं सर्व्वासामपि निवेशमादाय विनिगमनाविरहापत्तेः न रूपधायकतासम्बन्धे-न स्वर्गम्प्रति उद्देश्यतासम्बन्धावच्छिन्नप्रतियोगिताककीर्त्तनाभाववत्कर्म्मत्वे-न कारणत्वं नतु कीर्त्तनादीनां प्रतिबन्धकत्वमिति चेन्न कीर्त्तनादेश्शब्दरूप तयाऽऽशुविनाशित्वेन कृतेऽपिकीर्त्तने फलापत्तेः नचोद्देश्यतासम्बन्धेन कीर्त्तनवच्छिन्नकर्म्मत्वेन कारणत्वमिति वाच्यम् । तथा सतिफलोत्पत्त्यनन्तरं यत्र कीर्त्तनमाचरितं तत्र पूर्व्वं फलानुदयप्रसङ्गात् तस्मात्कीर्त्तनादिनाश्य तयाऽपूर्व्वस्वीकारश्चावश्यकः एवं प्रायश्चित्तस्य दुःखसाधनदुरितध्वंसफलके-नापि तत् स्वीकारश्चावश्यकः ननु दुःखप्रागभावपरिपालनमेव तत्फलं योगक्षेमसाधारणजन्यत्वस्य प्रागभावेऽपि सत्त्वात् सुखदुःखाभावान्यतरस्यैवपुरु-षार्थत्वेन दुःखप्रागभावस्यैव फलत्वौचित्यादितिनापूर्व्वसिद्धिरिति चेन्न त-चाग्रे दुःखानुत्पत्त्या तत्प्रागभावेऽपि मानाभावात् बलवद्द्वेषविषयाभावत्वेन दुःखाभावइव दुःखजनकदुरितध्वंसेऽपि पुरुषार्थतायास्सम्भवात् दुरितध्वंस-स्यैवतत्फलत्वमिति यत्तु परमापूर्व्वास्वीकारेऽङ्गानामपि स्वर्गादिजनकत्व मेवोपेयमिति प्रधानाङ्गभावानुपपत्तेरपूर्व्वस्वीकार इति यागेरागादङ्गे वे-धीति तदुपपत्तेः रागः फलेच्छाविधिरपूर्व्वं इति तत्तुच्छम् प्रधान कथंताप्र-वृत्तविधिविधेयत्वेनाङ्गपरिभाषोपपत्तेः केचित्तु सत्कर्म्मदानादपि फलंश्रूयते तत्रासत्कर्म्मणो न दानं तस्य नष्टत्वादकर्म्मिकायाश्च दानक्रियाया अभावाददृष्ट-दानमेवतत्पर्य्यवस्यति तेनादृष्टदानेनादृष्टान्तरं फलसमानाधिकरणं जन्यत इति सत्कर्म्मदानान्यथानुपपत्त्याऽदृष्टसिद्धिरिति तच्चिन्त्यम् यागादिकं मम फलं माजनयत किन्त्वस्येति इच्छाविशेषस्य फलजनकत्वोपगमात् दानपदस्य भाक्त-त्वोपगमस्य च तथाप्यवश्यत्वादिति दिक् तच्चादृष्टं कर्त्तरिस्वीक्रियते पुत्रकृत-

गयाश्राद्धादिस्थलेतु भोक्तुरिपितर्य्येव अत एव शास्त्रदेशितफलमनुष्ठातरीत्युत्सर्ग इति गीयते अथ दृष्टत्वावच्छिन्नम्प्रति विहितक्रियात्वेन हेतुतया यागस्थलइव तत्रापि कर्त्तर्य्येवादृष्टमुचितम् नच गयाश्राद्धं कृत्वा यत्रमुक्तः पुत्रस्तत्राशेषविशेषगुणोच्छित्तेरेवमुक्तितया तददृष्टनाशात्पितुस्स्वर्गभावप्रसङ्ग इति वाच्यम् स्ववृत्तिफलजनकादृष्टस्यैवमुक्तिविरोधितया तददृष्टसत्वेऽप्यक्षतेः नच यत्रैकं पितरमुद्दिश्य नानापुत्रैर्गयाश्राद्धं कृतं तत्र नानादृष्टस्वीकारापेक्षया एकस्मिन् पितर्य्येव तदुचितमिति वाच्यम् यत्र त्रिकोटिकुलोद्धरणेच्छया गङ्गास्नानादिकृतं तत्र नाना दृष्टस्वीकारेण तुल्यत्वादिति मैवम् अस्थिनस्य कालान्तरभाविस्वर्गोपपादनायादृष्टस्वीकार इति स्वर्गसमानाधिकरणमेव तत्कल्प्यते स्वर्गम्प्रति समवायसम्बन्धेनादृष्टस्य हेतुत्वे लाघवात् तवतु पितृस्वर्गम्प्रतिपुत्रनिष्ठादृष्टस्य व्यधिकरणतया परम्परासम्बन्धेनैवकारणतया गौरवात् नचादृष्टम्प्रतिगयाश्राद्धस्य परंपरयैवत्वया हेतुत्वस्य वाच्यतया तुल्यतेति वाच्यम् पितरमुद्दिश्य श्राद्धकरणादुद्देश्यतासम्बन्धेनैव श्राद्धस्यकारणत्वात् फलइव पितर्य्यप्युद्देश्यतायास्स्वीकरणात् ततः पितरमुद्दिश्य ब्राह्मणेभ्यो धनंददावितिरामायणश्रुतेरिति । ननु यत्र पुत्रेण गयाश्राद्धंकृत्वा संङ्कीर्त्तनंकृतं कर्म्मनाशाजलस्पर्शो वा कृतस्तत्रपितुस्स्वर्गापत्तिरिति कीर्त्तनस्य कर्म्मनाशाजलस्पर्शे च परम्परासम्बन्धेन नाशकत्वं कल्प्यम् मन्मतेतु प्रतियोगिता सम्बन्धेनादृष्टनाशम्प्रति सामानाधिकरण्यसम्बन्धेनकीर्त्तनस्य शब्दरूपस्य जलसंयोगरूपस्य जलस्पर्शस्य च कारणत्वम् । सामानाधिकरण्यञ्चैकत्रावच्छेदकतया स्वाधिकरणशरीरेऽवच्छेदकता अपूर्व्वस्य वृत्तित्वरूपं द्वितीये च समवायेन स्वाधिकरणे शरीरेऽवच्छेदकतासम्बन्धेनापूर्व्वस्य वृत्तित्वरूपमितिचेत्तत्रैथत एव फलम् त्वन्मतेऽपि पुत्रस्य बलपुष्ट्यादिकामनया यत्र पित्रा कर्म्मकृतं पुत्रेण च कर्म्मनाशा जलस्पर्शः कृतस्तत्रफलोत्पत्ताविष्टापत्तेरेवाङ्गीकरणीयत्वादिति दिक् ननु देवताप्रीतिव्यापारोऽस्तु कृतमपूर्व्वस्वीकारेणेति मैवम् प्रीतेस्सुखरूपतया सुखानुभवरूपतयावाऽस्थिरत्वेन कालान्तरभाविस्वर्गजनकत्वासम्भवात् स्वसमानविषयकफलंप्रत्येवसंस्कारस्य हेतुतया तज्जन्यसंस्कारहेतुताया दुर्व्वचत्वात्तद्देवताप्रीतेर्व्यधिकरणतया स्वर्गहेतुत्वानुपपत्तेश्चेति । अत्र केचित् देवताचैतन्यएव मानाभावः इन्द्रस्सहस्राक्ष इत्यादिस्तुत्यात्मकत्वेन प्रवृत्तिपरत्वात् मन्त्रप्रकाशितशशिशेखराद्युपेतमुद्दिश्य याज्ञिकानां

तत्रैवदेवतापहारस्तु लक्षणयाप्युपपद्यत इत्याहुः तन्न शिवाय गां दद्यादित्यादौ फलभागित्वेनोद्देश्यत्वरूपसम्प्रदानत्वं शिवस्य श्रूयते इति चेतनैव देवता यदि च वृक्षस्यापोदकमासिंचतीत्यत्रैव वास्तवसम्प्रदानत्वाभावेऽपि वैवक्षिकसम्प्रदानत्वमादायात्रापि गतिः देवतायाः स्वीकारविरहेण तत्रापि मुख्यसम्प्रदात्वविरहादिति विभाव्यते तथापि शिवादि सर्वनाम्नां पर्य्यायत्वश्रवणादर्शैक्य एव च पर्य्यायत्वेन तदनुपपत्तिः शब्दस्यैव देवतात्वेऽनेकदेवताकल्पनापत्तिश्च आराधितदेवतानां वरदातृत्व श्रुतेश्च ग्रावाणः प्लवन्तीतिवन्नात्र लक्षणयोपपत्तिः वाधकाभावादिति देवताचैतन्यसिद्धिः नतु नाना यागेष्वेकदाह्वाने एकदासन्निधानंकथमुपपद्यते इन्द्रादेरेकत्वादिति चेन्न तत्तद्बुद्धिविशेषएव हि सन्निधानं प्रतिष्ठाविधिना प्रतिमादावहङ्कारवत्। नचेन्द्रादेस्सार्व्वज्ञाभावात्सङ्ग्रामादिव्यासङ्गदशायां नानाराधककोटिभिरेकदाह्वाने कथंज्ञानमिति वाच्यम् । अदृष्टविशेषस्यारिभलिङ्गादि प्रतिसन्धानात्तत्तद्विषयज्ञानमदृष्टविशेषसहकृतमनसा वा तथाज्ञानमिति अथास्तां राजसूयादिफलत्वेन श्रुतेरिन्द्रादिश्चेतनएव देवतात्वे तु तस्य मानाभावात्। किन्त्विन्द्रायेति पदमेव देवतादेशनादेशित चतुर्थ्यन्तपदनिर्द्देश्यकत्वमेवहि देवतात्वानिर्द्देश्येति भावप्रधानो निर्द्देशः तथाच देशनयार्तद्धितादि रूपया देशितंवोधितं चतुर्थ्यन्तपदनिर्द्देश्यत्वे तच्छब्दोच्चारणं यत्र तत्तथा इन्द्रायेत्युच्चार्य्य दद्यादिति वेदेन वोधनात्। आग्नेयोऽष्टाकपाल इत्यत्र तद्धितेन चतुर्थ्यन्तपदनिर्द्देश्यत्वं वोध्यते देशनादेशितं चतुर्थ्यन्तपदनिर्द्देश्यत्वं तत्वंभवतीति नच भूस्स्वाहा धृतिस्स्वाहेत्यत्रतु चतुर्थ्यन्तस्याभावः तत्र चतुर्थ्यन्तस्य ऊहनात् नच तद्धितस्य देवतात्वमप्यर्थ्यः साऽस्यदेवतेति देवताधिकारीयत्वात् तथाचोक्तम् तद्धितेन चतुर्थ्या वा मन्त्रलिङ्गेन वा पुनः देवतासङ्गतिस्तत्र दुर्व्वलन्तु परंपरमिति तथाच देवतात्व ज्ञाने तद्धितात्मकदेशनया वोधनं देशनयाबोधनेच सतिदेशनादेशित चतुर्थ्यन्त पदनिर्द्देश्यत्वरूपदेवतात्वज्ञानमित्यन्योऽन्याश्रय इति वाच्यम् देवतात्वैकदेशस्य चतुर्थ्यन्तपदनिर्द्देश्यत्वरूपस्य तद्धितार्थत्वात् तथाच चतुर्थ्यन्तपदनिर्द्देश्यत्वरूपदेवतात्वज्ञानेसति तद्धितप्रवृत्तौ देशनादेशित चतुर्थ्यन्तपदनिर्द्देश्यत्वरूपं देवतात्वंगृह्यत इति ननु आग्नेयोऽष्टाकपाल इत्यत्राग्निर्द्देवताऽस्येति तद्धितेनाऽग्न्यादेः प्रकृत्यर्थ्यस्यदेवतात्वंवोध्यते नत्वाग्नेय इति पदस्येति

कथं तस्य देवतात्वमिति चेन्न । तत्र शब्दात्मकस्यैव प्रकृत्यर्थत्वोपगमात् अथ तथापीन्द्रायेति चतुर्थ्यन्तपदं न चतुर्थ्यन्तपदेन निर्दिश्यते येन चतुर्थ्यन्तपदमेव देवता भवेदिति चेन्न अर्थोपस्थितशब्द एव देवतेति मते देशनयादेशितं चतुर्थ्यन्तपदनिर्देश्यत्वं यस्य तद्रूपार्थोपस्थितं चतुर्थ्यन्तपदनिर्देश्यत्वं देवतेत्यर्थः नचार्थस्यापि देवतात्वं सिद्धमिति कथं देवताया अचैतन्यमिति वाच्यम् । तत्रापि विशिष्टस्याचेतनत्वात् नचेत्थमिन्द्रायेत्यादिपदमेव देवतेत्ययुक्तमिति वाच्यम् । तथापि चतुर्थ्यन्तपदस्यैव प्राधान्यात् अर्थस्योपलक्षणत्वाभिप्रायेण वा तथोक्तेरिति अग्नये इति पदेनोक्तावेव फलभागित्वं नतु वह्नये इति तस्मात् शब्दमपी देवतेति नचेन्द्राय स्वाहेति तादर्थ्ये चतुर्थ्यनुपपत्तिरिति वाच्यम् । स्वाहादियोगे उपपदविभक्तिरित्युपगमात् उपपदं समीपवर्त्ति पदं तद्योगाद्विभक्तिरित्यर्थात् मैवम् अर्थोपस्थितशब्दस्य देवतात्वे विशेषणीभूतार्थस्यैव देवतात्वमुचितम् । एवमग्नयेऽह्यवाहनायेत्यादौ देवताद्वयप्रसङ्गात् इन्द्रस्य हस्ताच इत्यपि वादस्येन्द्रमुपासीतेति विधिसमभिव्याहारेणैकवाक्यतया तस्यैवोपास्यत्वात् शिव स्वं नाददतेत्यादौ महादेवमुद्दिश्य त्यक्ते शिवस्वत्वेन शिष्टानां व्यवहाराच्च अग्नयेइत्येवत्यागो नतुवह्नये इतियत् तच्छ्रुतिबोधितत्वेन तथात्यागस्य फलहेतुत्वात् व्रीहीनवहन्तीत्यत्र नखविदलनेन तुषोद्वायसम्भवे प्यवघात नियमवत् मन्त्रकरणकहविस्त्यागभागित्वेनोद्देश्यत्वं देवतात्वमपि चेतनदेवताताया एव स्वाहादियोगे चतुर्थ्यनुशासनञ्च प्रपञ्चार्थम् नच वीजाक्षराणां देवतात्वाङ्गीकारत्तदनुपपत्तिस्त्वमतेऽपि वीजाक्षराणां चतुर्थ्यन्तत्वानियमेन देशनादेशित चतुर्थ्यन्तपदनिर्देश्यत्व रूपदेवता त्वस्यानुपपादनात् मन्त्रप्रकाशितशशिशेखरत्वाद्युपेतमुद्दिश्य हविस्त्यागभागित्वेन याजकानां तत्रैव देवतात्वव्यवहाराच्च शिवस्य मन्त्रभेदेन वीजाक्षराणां नानात्वेनाननुगतेषु शिवपदशक्तिग्रहे गौरवाच्च तस्मान्मन्त्रकरणक हविस्त्यागभागित्वे नोद्देश्यत्वं देवतात्वमिति मणिकृतः मन्त्रकरणको यो हविस्त्यागस्तद्भागित्वे नोद्देश्यत्वं मन्त्रप्रयोज्यहविस्सम्बन्धत्वे नोद्देश्यत्वमिति यावत् हविर्निष्टत्यागजन्यं फलंस्वत्वं तदाश्रयतयोद्देश्यत्वमिति वर्त्तुलार्थः स्वर्गसम्बन्धितयोद्देश्यत्वस्य यागकर्त्तरिसत्वात्तत्रातिव्याप्तिवारणाय हविरिति हविष्यपित्यागकर्म्मत्वं कोऽदात्कस्मा अदादिति मन्त्रकरणकघृतादि रूपहविस्स्व-

निश्वासैः सम्भूतैरपीति । भट्टास्तु धर्म्मिकल्पनातो धर्म्मकल्पनाया लघुत्वाद्यागादेरेव स्थायित्वं युक्तं नत्वपूर्व्वम् नचैवमिदानीं यागप्रत्यक्षतापत्तिः आत्मविशेषगुणानां द्वितीयक्षणे योग्यत्वादित्याहुः तन्न इदानीं न यजेयमिति प्रत्यक्षविरोधात् विधिभिन्नोऽर्थवादः सच त्रिविधः गुणवादोऽनुवादो भूतार्थवादश्चेति तदुक्तम् विरोधे गुणवादस्यादनुवा-

---

त्वभागितयोद्देश्यत्वस्य प्रतिग्रहीतरिसत्त्वात्तत्रातिव्याप्तिवारणाय मन्त्रपरंत्यागकर्त्तृमन्त्रपरम् न योषिद्भ्यः पृथग्दद्यादित्यादिना पार्व्वणादौ पत्न्या अपि स्वत्वभागितया तत्रातिव्याप्तिवारणायोद्देश्यत्वमिति नच शूद्रपितुर्मन्त्रकरणकत्वविसम्बन्धाभावान्नदेवतात्वं स्यादिति वाच्यम् तस्यदेवतात्वानभ्युपगमात्तज्जातीयस्य हविःसम्बन्धस्य विवक्षितत्वाद्वा प्रेतस्यापि देवतामिष्यत एव मन्त्रपदञ्चास्वधास्वाहान्यतरपरमिति केचित् तदन्यत्वेन विशेषणान्न तत्रातिव्याप्तिरित्यपरे उद्देश्यत्वञ्चोद्देश्यतावच्छेदकधर्म्मवत्वरूपंबोध्यम् तेन नशरीरानवच्छिन्नतादृशायामात्मन्यतिव्याप्तिः शरीरावच्छिन्नस्यैवोद्देश्यत्वाद्देवतात्वाच्चेति निगर्व्वः। धर्म्मीति। स्थाय्यपूर्व्वकल्पने स्थायित्वपूर्व्वयोरुभयोः कल्पनाद्वरं याग एव स्थायित्वं धर्म्ममात्रं कल्प्यतामित्यर्थः। नचैवमिति। एवं यागस्य स्थायित्वस्वीकारे इदानीं यागनाशकाले प्रत्यक्षतेति। प्रत्यक्षे विषयस्य कारणतया तत्सत्वात् मन्मतेच यागस्याशुविनाशित्वाद्विषयासत्वान्नतल्लौकिकप्रत्यक्षमिति भावः। आत्मेति। प्रथमक्षणेयोग्यत्वाद्द्वितीयक्षणे तत्प्रत्यक्षेऽपि न तृतीयादि क्षणे प्रत्यक्षमित्यर्थः विषयस्य कार्य्यकालवर्त्तितया हेतुत्वेन तृतीयादि क्षणेन ज्ञानादिप्रत्यक्षमित्यभिप्रायेण द्वितीयक्षणेयोग्यत्वाभिधानम् अन्यथातु तृतीयक्षणे योग्यत्वादिति बोध्यम्। इदानीमिति। भवन्मते यागस्यस्थायित्वेन यागस्य चिरातीतदशायां न यजेयमिति न स्यादित्यर्थः। अपूर्व्वस्वीकारेतु तस्यातीन्द्रियतया न तत्प्रत्यक्षापत्तिरिति भावः। विधिं निरूप्यार्थवादं निरूपयति विधिभिन्न इति। विधिभिन्नो वाक्यविशेषोर्थवाद इत्यर्थः विशेष इत्युपादानान्नघटमानयेत्यादि वाक्येऽतिव्याप्तिः विधौ तद्वार-

दोवधारितो भूतार्थ्यवादस्तद्भूतादपि बाधकविधामतः कृमिणो दाहरणानिआदित्यो यूपः अग्निर्हिमस्य भेषजम् इन्द्रोवृत्र-यरज्ञमुदयच्छत् सोऽयं शब्दोऽनित्यः उत्पन्नोगकारो विनष्टो गकार इति प्रतीतेः अत्र गुरवः नित्यश्शब्दोव्योमैकगुणत्वात्त-त्परिमाणवत् नचाप्रयोजकं सोऽयं गकार इति प्रत्यभिज्ञान-स्यान्यथानुपपत्तेः नचायं भ्रमः बाधकाभावात् नचोत्पत्त्या-

---

णाय विधिभिन्न इति अर्थवादं विभजते । सत्विति । अर्थवादस्त्वित्यर्थः यथाक्रमं तल्लक्षणान्याह । तदुक्तमिति । विरोधे विशिष्यतावच्छेदक विशेषण शब्दार्थयोर्विरोधी यथा आदित्योयूपोभवति यजमानः प्रस्तर इत्यादि । अवधारित इति प्रमाणान्तरेणानिश्चितार्थ ज्ञापकश्शब्दः अनुवादरूप इत्यर्थः यथाग्निदुःखेन सम्भिन्नमित्यादि वाक्यं परिणति सुरसमाम्रफलं परिणति विरसं पनसफलमित्यादिरूपं च वाक्यं तत्र प्रत्यक्षप्रमाणादिना तत्तदर्थनिर्णयादिति बोध्यम्। तद्भावादिति। अर्थभानात् तथाच तत्काले तद्गुणज्ञापकश्शब्दो भूतार्थवाद इत्यर्थः यथा जरायामयं शूरः यथा वाराज्यभ्रंशेऽप्यमात्यैरयंराजेति प्रयुज्यत इति । इयताप्रबन्धेन परिकरस्यशब्दस्य-प्रामाण्यं व्यवस्थाप्यशब्दस्य नित्यत्ववादिमतनिरासाय तस्यानित्यत्वं व्यवस्थापयति । सोऽयंशब्द इति । अनित्यः उत्पत्तिमान् ध्वंसप्रतियोगिवा तत्र-मानमाह । उत्पन्न इति । गुरवः प्राभाकराः । व्योमेति । व्योममात्र गुणत्वादित्यर्थः मात्रपदेन घटाकाशसंयोगेन व्यभिचारः तत्परिमाणवत्गगनपरिमाणवत् अप्रयोजकत्वं हेतुरस्तु साध्यमास्तु इति प्रकृतानुमानेऽनुकूलतर्कविरह इत्यर्थः अन्यथा शब्दनित्यतांविना । अनुपपत्तेरिति । सोऽयंगकार इत्यत्र हि एतत्कालीनगकारेपूर्व्वकालीनगकाराभेदोभासते । सचगकारनाशेन सम्भवति तथाच शब्दोयदि नित्योन स्यात्तर्हि पूर्व्वकालीनगकारा-ऽभेदे प्रत्यभिज्ञानविषयो न स्यादित्यनुकूलतर्क इति भावः अयम् सोऽयंगकार इति प्रत्ययो बाधकाभावात् प्रमात्वे बाधकाभावात् बाधकाभावेऽपिच भ्रमत्वे विषयव्यवस्थोच्छेदापत्तेरिति भावः। उत्पत्त्यादीति। उत्पन्नो गकार इत्यादि-

दि प्रतीतिर्व्वाधिकातस्याव्यञ्जक वायूत्पत्त्यादि विषयत्वा-
दित्याहुः तन्न गकारगतत्वेनोत्पत्त्यादि प्रतीतिः न चासौभ्रा-
न्तिः बाधकाभावात् प्रत्यभिज्ञानं बाधकमिति चेत् अनयैव
सावाधिताकिन्न स्यात् नह्यत्र विनिगमकमस्ति नन्वेवं वि-

प्रतीतेरित्यर्थः आदिना विनाशप्रतीतिपरिग्रहः बाधिका नित्यत्वे बाधिका-
तस्याउत्पत्त्यादि प्रतीतेरित्यर्थः। व्यञ्जकेति। अस्मन्मते विजातीयवायुः श-
ब्दोत्पादकःएतन्मते व्यञ्जकः तथाचोत्पन्नोगकार इत्यत्र गकारव्यञ्जकवायुरु-
त्पन्न इति वायुनिष्ठत्वेनोत्पत्त्यादिप्रतीतेर्न्नशब्दनित्यता बाधकत्वमितिभा-
वः। गकार इति। तथाच गकारउत्पन्न इत्यत वायोरभानात् गकार नि-
ष्ठोत्पत्तेरेव विषयत्वाच्च न वायुनिष्ठोत्पत्त्यादि विषयकत्वमिति न शब्दनि-
त्यत्वमिति भावः नचासावितिगकारगतत्वेनोत्पत्त्यादि प्रतीतिः बाधका-
भावात् प्रमात्वे बाधाकाभावात् प्रत्यभिज्ञानं सोऽयं गकार इत्यभेदावगा-
हिप्रत्यभिज्ञानम् बाधकम् उत्पत्त्यादि प्रत्ययस्य प्रमात्वे बाधकम् अनयैव उ
त्पत्त्यादिमत्वप्रतीत्यैव सोऽयंगकार इत्यभेदावगाहिप्रत्यभिज्ञाबाधिका किं
न स्यादित्यर्थः अत्र उत्पत्त्यादिप्रतीत्यभेदावगाहिप्रत्यभिज्ञानयोर्व्वाध्य
बाधकभावे विनिगमकमस्तीति येनप्रत्यभिज्ञानस्य बाधकत्वेनोत्पत्त्या-
दि प्रतीतेर्भ्रमत्वकल्पनाच्छब्दानित्यत्वं नसेत्स्यतीति भावः। नन्वेवमि-
ति। एवमित्यस्य विवरणं विनिगमकाभावे इतिबाध्यबाधकभावे विनिग-
काभाव इत्यर्थः विनाशादीति। एवकारेण प्रत्यभिज्ञानव्यवच्छेदः कुत इति
येन तद्बलाच्छब्दानित्यत्वं सिद्ध्येदिति भावः उत्पत्तीति। द्वयोर्भ्रमत्वकल्प-
नापेक्षया एकस्यैव भ्रमत्वकल्पनायान्याय्यत्वादित्यर्थःउभयस्यापि प्रमात्वे नो-
पपत्तिमाह अन्येत्वित्यादिना विनिगमकेति बाध्यबाधकभावे विनिगम-
काभावादित्यर्थः उभयोःउत्पत्त्यादि प्रतीतिप्रत्यभिज्ञानयोः एतद्विरुद्धार्थ-
योरुभयोः प्रमात्वमित्यर्थः अनयोरेकतरंबाध्यं विरुद्धार्थग्राहकत्वादिति
भावः प्रत्यभिज्ञानस्य स एवायं गकार इति प्रत्यभिज्ञानस्य गत्वेति इद-
न्त्वावच्छिन्ने गत्वावच्छिन्नाभेदो भासते नतु तत्तद्व्यक्त्यभेद इतिगकारव्यक्ती-
नामुत्पत्त्यादि प्रत्ययबलेन नानात्वेऽपि गत्वेन रूपेणाभेदोऽस्त्येवेतिन क-

निगमकाभावे विनाशादि प्रत्ययस्यैव कुतोबाधितत्वमिति चेन्न उत्पत्तिविनाशप्रत्यययोरुभयोर्व्वाध्यत्वकल्पनापेक्षया प्रत्यभिज्ञानमात्रस्य बाध्यत्वकल्पनायां लाघवात् ॥ अन्ये तु विनिगमकाभावादुभयोरेवप्रमात्वं कथमेतदिति चेत् प्रत्यभिज्ञानस्य गत्वावच्छिन्न भेदाभाव विषयत्वात्तथा च सतिगकारोऽयमितिवद्यान्नतु सोऽयमितीति चेन्न सोऽयमित्यस्य तद्व्-

---

स्या अपि प्रतीतेर्भ्रमत्वमिति भावः शङ्कते तथा सतीति गत्वावच्छिन्नाभेदाभावविषयकत्वे सतीत्यर्थः । नत्विति । सोऽयमित्यत्र हि इदन्त्वावच्छिन्ने-तद्व्यक्त्यभेद एव भासते नतु गत्वावच्छिन्नाभेद इति भावः । तद्वृत्तीति । सोऽयमित्यत्र तद्व्यक्त्यभेदोन विषयः किन्तु तद्व्यक्तिवृत्तिगत्वावच्छिन्नाभेदः सघव्यक्त्योर्भेदेऽपि गत्वस्याभेदात्सम्भवत्येवेति भावः । गकारोऽयमिति । गकारोऽयमित्यत्र स्वरूपतः गत्वावच्छिन्नाभेदो विषयः नतु सोऽयमित्यत्रेवतद्व्यक्तिवृत्तिगत्वावच्छिन्नाभेद इति भावः । तद्वृत्तित्वेति । तद्वृत्ति तद्व्यक्ति वृत्तित्वानवगाहित्वादित्यर्थः तथाच गत्वे तद्व्यक्तिवृत्तित्वं यत्र न भासतेतत्र गकारोऽयमित्याकारः यत्रतु तद्व्यक्तिवृत्तित्वं भासते तत्र सोऽयमितिनसोऽय मित्यत्र गकारोऽयमिति प्रतीत्यापत्तिरि तिभावः ननु व्यक्तीनां भेदेऽपि जातेरभेदेनैवाभेदावगाहिप्रत्यय इति तवानुमत मेवत्तथासोऽयमित्यस्य तद्व्यक्तिवृत्तिगत्वजात्यवच्छिन्नाभिन्नोऽयमित्यर्थपर्य्यवसानात्तज्जातीयोऽयमित्याकारापत्तिरित्याशङ्कते तथा सतीति । गत्वरूपजात्यवच्छिन्नाभेदविषयकत्वे सतीत्यर्थः । तज्जातीयोऽयमिति । तद्वृत्तिजात्यवच्छिन्नाभेदस्यैव तज्जातीयोऽयमिति प्रतीतिविषयत्वादिति भावः । जातित्वेति । यत्रजातित्वेनोपस्थित तद्व्यक्तिवृत्तित्वे नोपस्थित गत्वावच्छिन्नाभेदोभासते तत्रतज्जातीयोयमिति यत्रतु तद्व्यक्तिवृत्तित्वे नैवोपस्थित गत्वावच्छिन्नाभेदस्तत्र सोऽयमित्याकार इति न तज्जातीयोऽयमित्याकारइति भावः आहुरित्यस्वरसोद्भावनं तद्बीजन्तुसोऽयंघट इति प्रत्यभिज्ञावलाद्घटादीनांस्थैर्य्यसिद्धिः सातु घटादीनां क्षणिकत्वेऽपि घटत्वे नैक्यादेवाभेदप्रत्ययोपपत्तेर्न तत्साधिकेति स्थै

स्तिगत्वावच्छिन्नाभिन्नोऽयमित्यर्थोऽङ्गकारोऽयमित्यत्र च गत्वे
तद्वृत्तितानवगाहनात्तथा च सति तज्जातीयोऽयमिति स्या-
दिति चेन्न गत्वे जातित्वानवभासनादित्याहुः भट्टास्तु श-
ब्दो नित्यो निस्स्पर्शद्रव्यत्वादात्मवदित्याहुः तन्न उक्तदोषा-
च्छब्दस्य द्रव्यत्वे मानाभावाच्च शब्दो द्रव्यं साक्षात्सम्बन्धेनेन्द्रिया
ग्राह्यत्वाद्धटवदिति चेन्न अप्रयोजकत्वाच्छब्दस्य नीरूपद्र-
व्यत्वेन वहिरिन्द्रियग्राह्यापत्तेश्च अन्ये तु वर्णो नित्यो ध्वन्यत्य-

---

र्थमात्रमुच्छिद्यतेति तद्व्यक्त्यभेद एव सोऽयमितिप्रतीतेर्विषयो वाच्यः तथा-
चैतस्याभ्रमत्वं विनानोपपत्तिरिति यत्तु विजातीयवायुसंयोगस्य कार्य्यताव-
च्छेदकं कविषयकश्रावणत्वं शब्दनित्यत्वमते वाच्यम् तच्च विषयकत्वश्रावणत्व-
योर्विशेष्यविशेषणभावे विनिगमनाविरहः मन्मते तु कत्वमेवेति तत्तुच्छ-
म् तन्मते विषयितासम्बन्धेन कव्यक्तेरेवावच्छेदकत्वात् अगृहीतकत्वख-
त्वादिरूप जातिक शब्दस्य कोलाहलतया तत्प्रत्यक्षासङ्ग्रहेण विषयितयां-
कत्वखत्वस्यावच्छेदकता सम्भवादिति वस्तुतस्तु तारत्वमन्द्रत्वरूप विरुद्धधर्म्मा
ध्यासाद्भेदसिद्धौ तन्नित्यत्वे मानाभावः अभेदावगाहि प्रत्यभिज्ञाया असम्भवा
त् य एव तारस्स एव मन्द्र इति प्रतीतेस्तारत्वमन्द्रत्वयोरविरोधेऽपि तत्प्रति
योगिकं तारत्वं तत्प्रतियोगिकमन्द्रत्वञ्च विरुद्धमेव कत्वादिना सङ्करात् ता
रत्वादीनां कत्वादि व्याप्यानामननुगमेऽपि सजातीयसाक्षात्कारप्रतिवन्धक
तावच्छेदकशब्दवृत्तिजातित्वेन तेषामनुगमात्तार इत्यनुगतप्रतीत्युपपत्तिःस
जातीयेत्यस्य स्वाश्रयसजातीयेत्यर्थः लौकिकविषयतया मन्द्रसाक्षात्कारम्प्र-
ति स्वावच्छेदककर्णावच्छेद्यत्वरूपया समानावच्छेदकत्वप्रत्यासत्त्या तार-
स्य प्रतिवन्धकत्वमिति तारत्वे प्रतिवन्धकतावच्छेदकत्वमिति नन्वत्रावच्छेद-
कत्वं न तत्पर्य्याप्त्यधिकरणत्वं मन्द्रवुभुत्साविरहविशिष्टतारत्वेनैव प्रतिवन्धक
तयातारत्वेऽपि तत्पर्य्याप्त्यधिकरणत्वाभावात् अवच्छेदककोटिप्रविष्टत्वविव-
क्षणे च तारसाक्षात्कारम्प्रति तारवुभुत्साविरहविशिष्टमन्द्रवुभुत्साविशिष्टमन्द्रत्वे-
न प्रतिवन्धकतया मन्द्रत्वेऽतिप्रसङ्ग इति चेन्नैवम् मन्द्रवुभुत्साविशिष्टत्वेनैव प्र

तिबन्धकत्वात् मन्द्रबुभुत्सात्वेनैव सामानाधिकरण्य प्रत्यासत्त्याप्रतिबन्धकत्वे तु मन्द्रासत्त्वेपि तारप्रत्यक्षानापत्तेर्बुभुत्सितत्वेन प्रतिबन्धकत्वं तथाच मुख्यविशेष्यविधयाऽवच्छेदककोटिप्रविष्टत्वरूपावच्छेदकत्वस्य विवक्षणान्मन्द्रत्वेनातिप्रसङ्ग इति दिक् शब्दस्य द्रव्यत्वनित्यत्व वादिभट्टमतं दर्शयति। भट्टास्त्विति। निस्स्पर्शेति निस्पर्शत्वं गन्धादौ व्यभिचारीति। द्रव्यत्वादिति। द्रव्यत्वमात्रंच घटादौ व्यभिचारीति निस्पर्शद्रव्यत्वादिति विशिष्टहेत्वनुधावनम्। उक्तदोषादिति। शब्दस्य नित्यत्वे उत्पत्तिविनाशप्रत्यययोरुभयोर्भ्रमत्वकल्पनमपेक्ष्यैकस्याभेदावगाहिप्रत्ययस्यैव भ्रमत्वकल्पनायान्याय्यत्वादितिनित्यत्वे उक्तदोषादित्यर्थः तथाच प्रकृतानुमाने वाध इति भावः स्वरूपासिद्धिमप्याह। शब्दस्येति। नन्वनुमानमेव शब्दस्य द्रव्यत्वसाधकमित्याशङ्कते शब्दे इति साक्षादिति। साक्षात्सम्बन्धत्वञ्च संयोगसमवायान्यतरत्वम्। अप्रयोजकत्वादिति। अनुकूलतर्काभावादित्यर्थः प्रतिकूलतर्कमप्याह। शब्दस्येति। नीरूपेति शब्दो द्रव्यंभवेद्रूपिद्रव्यं वा भवेन्नीरूपद्रव्यम्बा तत्र च रूपिद्रव्यत्वस्य प्रत्यक्षवाधितत्वात्नीरूपद्रव्यत्वमेवेति भावः। वहिरिति। वहिर्द्रव्यप्रत्यक्षत्वावच्छिन्नम्प्रतिउद्भूतरूपत्वेन हेतुतया शब्दस्याप्रत्यक्षत्वापत्तेरित्यर्थः तथाच शब्दो यदि नीरूपद्रव्यं स्यात् वहिरिन्द्रियप्रत्यक्षविषयो न स्यात् रूपिद्रव्यत्वन्तु प्रत्यक्षवाधितमिति शब्दस्य द्रव्यत्वसाधने प्रतिकूलतर्क इति भावः वर्णातिरिक्तो वर्णव्यङ्ग्यो नित्यश्शब्दस्स्फोटः तस्यचोत्पत्त्यादि प्रत्ययाभावात् नित्यत्वेन तं दृष्टान्तीकृत्यान्येषामपिवर्णानां नित्यत्वमिति वैयाकरणमतं दर्शयति। वर्ण इति। शब्दमात्रस्यपक्षत्वे ध्वन्यात्मकशब्दे वाधः अंशतो भागासिद्धिश्च शब्दत्वसामानाधिकरण्येन साध्यसिद्धेरुद्देश्यतायान्तु स्फोटेन तन्मते सिद्धसाधनमतश्शब्द इतिविहाय वर्ण इत्युक्तम् अतएव पक्षातिरिक्तस्यैव दृष्टान्तत्वमिति मतेऽपि नक्षतिरितिध्येयम्। ध्वन्यन्येति। शब्दत्वमात्रस्य ध्वनौ व्यभिचारित्वात् ध्वन्यन्येति ध्वन्यन्यत्वञ्च घटादौ व्यभिचारीतिशब्दत्वादित्युम् अतएवेति। उत्पत्त्यादि प्रत्यक्षेणानुमानस्य वाधित्वात् अप्रयोजकत्वाच्चेत्यर्थः दोषान्तरमप्याह। दृष्टान्तेति। दृष्टान्तासिद्धिमेवोपपादयति नहीति। प्रमाणेति। प्रत्यक्षादेरभावादिति भावः सः स्फोटः। वर्णकदम्बेति। वर्णसमूहेत्यर्थः आशुविनाशितया तृतीयक्षणवृत्तिध्वंसप्रतियोगितया। मेलनेति।

भङ्गत्वात्स्फोटवदित्याहुः तदप्यतएव निरस्तम् दृष्टान्तासिद्धेश्च नहि वर्णान्य: स्फोटात्मक: प्रमाणसिद्धोऽस्तिनन्वस्तिनस: तथाहि पदानां वर्णरूपत्वे तद्रूपाणामाशुतरविनाशितया मिलनासम्भवादप्रत्यक्षत्वं तावन्निरूढम् तथाच तदप्रत्यये कुतोऽर्थप्रत्ययस्स्यात्तस्माद्वर्णाभिव्यङ्ग्य: पदस्फोट: कश्चिदभ्युपेय: यतोऽर्थप्रत्यय इति तदसत्सहि स्फोटस्तावद्वर्णव्यङ्ग्य: तावतां मध्ये यत्किंचिद्वर्णव्यङ्ग्यो वा तावद्वर्णाभिव्यक्तिव्यङ्ग्यो वा नाद्य: आशुतरविनाशिनां क्रमिकाणां तेषां मिलनासम्भवात् न द्वितीय: घकारमात्रोच्चारणे घटपदस्फोटप्रत्ययेऽर्थप्रत्ययापत्ते: वर्णान्तरवैफल्याच्च नान्त्य: तदसम्भवात् अथ

एकक्षणावस्थायित्वाभावादित्यर्थ:। अप्रत्यक्षत्वमिति। पदानामिति प्राक्तनेनान्वयिप्रत्यक्षे विषयत्वेन कारणत्वादिति भाव:। तथाचेति। पदानामप्रत्यक्षत्वे च तदप्रत्यये पदाप्रत्यये व्याप्त्याद्यस्मरणेनानुमित्यादेरप्यभावादिति भाव:। कथमिति। वृत्त्यापदजन्यपदार्थोपस्थितेरेव शाब्दबोधाङ्गत्वादिति भाव: तस्मात् पदानामप्रत्यक्षत्वात्। पदस्फोट इति। तथाच तेनैव पदार्थोपस्थितिरिति भाव:। तावद्वर्णेति। पदघटकीभूततावद्वर्णैर्व्यङ्ग्य इत्यर्थ: तावतां पदघटकीभूतानां तावतामित्यर्थ:। तावदिति। पदघटकीभूत तावद्वर्णप्रत्यक्षव्यङ्ग्योवेत्यर्थ: आशुविनाशिनां तृतीयक्षणवृत्तिध्वंसप्रतियोगिनाम् क्रमिकाणाम् तदधिकरणक्षणध्वंसाधिकरणक्षणोत्पत्तिकानाम्। मिलनेति। एकक्षणावस्थायित्वासम्भवादित्यर्थ: आशुतरविनाशिनामपि युगपदुत्पन्नानांपुरुषीयज्ञानानां मिलनमस्तीति क्रमिकाणामिति क्रमिकाणामपि घटपटादीनां मिलनमस्तीति आशुतरविनाशिनामिति आशुतरविनाशिनो: क्रमिकयोरपिज्ञानयोर्मेलनमस्तीति आशुतरविनाशिनामिति बहुवचनोपपादनं। घकारेति। टकारमात्रोच्चारणेऽपीति द्रष्टव्यम्। वर्णान्तर इति। वर्णानां नार्थप्रत्यये उपयोगित्वं किन्तु स्फोटप्रत्यय एव तस्यच यत्किञ्चिदेकवर्णेनैवोपपत्ते: वर्णान्तरोपादानवैयर्थ्यादित्यर्थ:। तदसम्भवादिति। पदघटकीभूत तावद्

पूर्वपूर्ववर्णगोचरसंस्कारसहचरितचरमवर्णोपलम्भस्तद्व्यञ्जक इति चेत्तर्हि सएवार्थप्रत्यायकोभवतु कृतं स्फोटेन अथ पदप्रतीतिबलात्तत्सिद्धिरिति चेन्न तस्यक्रमविशेषवत्तावद्वर्णगोचरत्वात् तावद्वर्णगोचरप्रत्ययएव न सम्भवतीति चेन्न तावद्वर्णगोचरसंस्कारात्तत्समूहालम्बनरूपतावद्वर्णगोचरस्मरणसम्भवात् ननु तावद्वर्णमात्रं नपदं अर्थाप्रत्यायकत्वादन्यथा नदीदीनयोः पदयोरविशेषापत्तेः किन्त्वानुपूर्वीविशेषविशिष्टतावद्वर्णरूपं नच तत्प्रत्ययस्सम्भवतीति चेन्नघो-

---

र्णाभिव्यक्तीनामेकदाऽसम्भवादित्यर्थः प्रथमं घत्वनिर्विकल्पकं ततः घत्वविशिष्टबुद्धिः तत टत्वनिर्विकल्पकं तत टत्वविशिष्टबुद्धिरिति एकदा वर्णानामिव ज्ञानानामप्याशुविनाशितया यौगपद्यासम्भवादिति भावः । तद्व्यञ्जक इति । स्फोटव्यञ्जक इत्यर्थः सएव पूर्वपूर्ववर्णगोचरसंस्कारसहितचरमवर्णोपलम्भ एव कृतम् । व्यर्थंस्फोटेनेति तद्धेतोरेवास्तु हेतुत्वं किंतेनेतिन्यायेन पूर्ववर्णगोचरसंस्कारसहकृतचरमवर्णप्रत्यक्षेणैवार्थप्रत्ययोपपत्तेर्नतदन्यथानुपपत्त्या स्फोटकल्पनमिति भावः मास्तु अर्थप्रत्ययानुपपत्त्या स्फोटसिद्धिः पूर्वपूर्ववर्णसंस्कारसहकृतचरमवर्णाभिव्यक्तिव्यङ्ग्येन स्फोटेन पदप्रतीतिर्जन्यत इति पदप्रतीत्यन्यथानुपपत्तिरेव स्फोटसाधिकास्यादित्याशङ्कते । अथेति । तत्सिद्धिः स्फोटसिद्धिः तस्य पदप्रत्ययस्य । क्रमेति । स्वाव्यवहितोत्तरवर्ती यः टः तदव्यवहितोत्तरवर्त्त्यमादिविषयत्वादित्यर्थः । न सम्भवतीति । वर्णानामाशुविनाशितया प्रत्यक्षात्मकस्तावद्वर्णगोचरः प्रत्ययोनसम्भवतीत्यर्थः प्रत्यक्षात्मकतावद्वर्णप्रत्ययासम्भवेऽपि स्मरणात्मकस्यैव तस्यसम्भव इत्याह । तावदिति । ननु तावद्वर्णगोचरस्मरणसम्भवेऽपि न तस्य पदरूपत्वं पदस्य तावद्वर्णमात्रानात्मकत्वादित्याह । नन्विति । तावद्वर्णेति पदघटकीभूततावद्वर्णमात्रमित्यर्थः । अर्थेति । केवलवर्णमात्रस्यार्थाप्रत्यायकत्वादित्यर्थः अन्यथा वर्णमात्रस्यार्थप्रत्यायकत्वे । अविशेषापत्तेरिति । दीनपदादपि नदीविषयकशाब्दबोधापत्तेरित्यर्थः वर्णद्वयस्योभयत्राविशिष्टत्वादिति भावः दीनेत्यत्राप्यानुपूर्व्याऽस्मत्वादानुपूर्वीविशेषेति तत्प्रत्ययः आनुपूर्वीप्रत्ययः आनुपूर्वीगोचरसंस्कारा-

त्तरत्वं हि टस्यानुपूर्व्वी अस्तिच तस्य प्रत्यक्षत्वं घोत्तरं टं शृणोमीति प्रतीतिरिति दिक्। नन्वर्थापत्तिरपि पृथङ् मानमिति द्वि:मानान्तरम् तथाहि पीनोदेवदत्तोदिवानभुङ्क्त इति प्रत्ययानन्तरं दिवसाभोजिन: पीनत्वं रात्रिभोजनमन्तरेणानुपपन्नमिति तत्कल्पयति नचात्र प्रत्यक्षादिप्रमाणम् किन्त्वनुपपत्तिज्ञानम् सैवार्थापत्तिरितिचेन्न केवलव्यतिरेकिणैवोपपत्ते: तथाहि देवदत्तोरात्रौभुङ्क्ते दिवाभु-

---

भावेन तत्स्मरणस्याप्यभावादिति भाव:। घोत्तरत्वं हीति। घाव्यवहितोत्तरत्वं हीतर्थ: अनादौ संसारे सर्व्वस्यापि टकारस्य घोत्तरत्वात् अव्यवहितोत्तरत्वञ्च तद्वर्त्तिध्वंसाऽधिकरणक्षणध्वंसानधिकरणत्वे सति तद्वर्त्त्यधिकरणक्षणध्वंसानधिकरणीभूतो य:क्षणस्तदुत्पत्तिकत्वम् यद्यप्येतस्य तत्तद्वर्त्तिघटितत्वादननुगमस्तथापि स्वाव्यवहितोत्तरक्षणोत्पत्तिकत्वस्यसम्बन्धेन घवत्त्वंबोध्यम् सम्बधाननुगमस्य चादोषत्वाददोष: यत्तु टस्य घोत्तरत्वं घवृत्तीच्छादिमत्वं इच्छादिमत्ताच कालिकसम्बन्धेन नतु घवृत्तिज्ञानवत्त्वं तत् अपेक्षाबुद्ध्यात्मकज्ञानस्य क्षणचतुष्टयावस्थायित्वसम्भवेन तस्याव्यवहितोत्तरत्वघटकत्वासम्भवादिति तन्न इच्छावत्त्वनिवेशेऽपि नदीदीनयोरविशेषापत्तेरवारणात् इच्छाविशेषनिवेशेच विशेषस्य दुर्न्निरूपत्वादिति तस्य घोत्तरत्वानुपूर्व्वीविशेषस्य प्रत्यक्षत्वम् अलौकिकप्रत्यक्षविषयत्वम्। घोत्तरंटमिति। घोत्तरत्वांशेऽलौकिकं टांशे लौकिकं श्रावणप्रत्यक्षंभवतीत्यर्थ:। दिगिति। पदत्वम् आनुपूर्व्वीविशेषविशिष्टवर्णत्वं तथाच शाब्दबोधे आनुपूर्व्वीविशेषविशिष्टवर्णज्ञानत्वेन कारणत्वे वर्णविशिष्टानुपूर्व्वीविशेषज्ञानत्वेन कारणत्वमादाय विनिगमनाविरहाद्वर्णज्ञानत्वेनानुपूर्व्वीज्ञानत्वेनच भिन्नभिन्न रूपेणैव कारणत्वमिति सूचितम्। पृथगिति : अर्थापत्तिरपिप्रमाणम् अर्थापत्तिपदवाच्यमपिप्रमाणं पृथगस्तिप्रत्यक्षादिप्रमाणचतुष्टय भिन्नमस्तीत्यर्थ: तेन न सिद्धसाध्यव्याघात: तत् रात्रिभोजित्वं कल्पयति। नचात्रेति। अत्र रात्रिभोजित्वज्ञाने प्रत्यक्षादीत्यादिनाऽनुमानादि परिग्रह: किन्त्वनुपपत्तिज्ञानं प्रमाणमित्यनुषज्यते। सैवेति। अनुपपत्तिज्ञानरूपैव अर्थापत्तिरिति।

ज्ञानत्वेनसतिपीनत्वाद्यन्नैवं तन्नैव यथा केवलमभोजीति अ-
र्थापत्तिपदञ्चकेवलव्यतिरेकिण एव नार्थान्तरमिति सङ्क्षे-
पः अविदितकर्तृकश्शब्दविशेष एव ऐतिह्यं नाम यदि मानं-
तदा शब्द एव नोचेत्प्रमाणमेव नेत्युभयथापि न मानान्तर
मिति सिद्धञ्चत्वारि प्रमाणानीति ननु सर्व्वमिदं प्रमात्वसि-
द्धौ स्यात् तदेवतावन्नसिद्धम् नहि तत्प्रत्यक्षं ज्ञानस्याती-

अर्थापत्तिरूपं प्रमाणमित्यर्थः तज्जन्यप्रमापि अर्थापत्तिरित्येव व्यवह्रियत
इति ध्येयम् । दिवेति । पीनत्वमात्रं दिवैवभोजिनिव्यभिचारीति दिवाभोजि
त्वेसतीति अभोजित्वस्य स्वरूपासिद्ध्यादिवाऽभोजित्वे सतीति विशिष्टमुपा-
त्तं दिवाभोजित्वमात्रं चाभोजिनि अपीनेव्यभिचारीति पीनत्वादिति। यन्नैव-
मिति । यः रात्रौ न भुङ्क्ते नासौदिवाभोजित्वेसति पीनः यथा रात्रौदिवाऽ
भोजी अपीनश्चेति व्यतिरेकिणैव व्यतिरेक्यनुमानेनैव उपपत्तेः रात्रिभोजि-
त्वज्ञानोपत्तेः नार्थापत्त्याख्यं प्रमाणान्तरमुपेयमिति भावः ननु तथासति
अर्थापत्तिः प्रमाणमिति व्यवहारः कथमतआह अर्थापत्तिपदञ्चेति। केव
लेति । केवलव्यतिरेकिविशेषस्यैवेत्यर्थः नन्वनुमिनोमीत्यनुव्यवसायवद-
नुपपत्तिप्रभवतादृशज्ञानोत्तरमर्थापयामीत्यनुव्यवसायादर्थापत्तित्वजाति-
सिद्धौ तदवच्छिन्नकरणतया प्रमाणान्तरत्वस्वीकारआवश्यकइत्य आह। सङ्क्षे-
प इति। अर्थापत्तित्वस्यानुमितित्वव्याप्यत्वोपगमादतएव तादृशज्ञानोत्तरं
नानुमिनोमीति न धीरिति दिक् ऐतिह्यप्रमाणान्तर वादिमतं दूषयितुमा-
ह। अविदितेति। विशिष्यानिर्णीतकर्तृकश्शब्दविशेषः इतिहासादि रूपः स
एव ऐतिह्यमिति व्यवह्रियते तस्य प्रमाणान्तरत्वं दूषयति । **यदीति ।**
शब्द विशेषः यदि प्रमाणम् यदि प्रमितिकरणं तदा शब्दएव प्रमाणं
नत्वतिरिक्तं नोचेत् प्रमाणं न चेत् प्रमाणमेव न प्रमाणपदवाच्यमेव
न उभयथा प्रमितिजनकत्वाजनकत्वाभ्याम् न मानान्तरम् न प्रत्य-
क्षादिप्रमाणेभ्यो भिन्नं सत्प्रमाणमित्यर्थः । चत्वारीति । प्रत्यक्षानु-
मानोपमानशब्दाएव प्रमाणानि नत्वतिरिक्तानीत्यर्थः इयता प्रबन्धेन
प्रमाणं निरूप्य प्रामाण्यस्य परतोग्राह्यत्वं साधयितुमाह । नन्विति ।

न्द्रियत्वादन्यथाज्ञानं ज्ञानं तज्ज्ञानानां ज्ञानमित्येवंस्यादनन्तु-
विषयान्तरसञ्चार इति अत्रगुरवः स्वप्रकाशमेवज्ञानं घ-
टादिकमिवस्वात्मानं स्वाधिकरणमात्मानञ्चविषयीकरोति अ-
त एव सर्व्वमेवज्ञानं घटमहंजानामीत्याकारकम् इत्थञ्च
ज्ञानस्यमिति मातृमेयतयैतिद्विः विषयत्वात् त्रिपुटीप्रत्यक्ष-
तेति प्रवाद इत्याहुः तन्न चक्षुर्ज्जन्यघटज्ञानादिस्वात्म-
नोविषयीकर्तुमशक्यत्वाच्चक्षुषादिज्ञाने विषयेन्द्रियसन्निक-
र्षयोरपि हेतुत्वात् नचोत्पद्यमानं ज्ञानंपूर्व्वमस्तिसन्निकृ-

सर्व्वमिदंप्रमाकरणनिरूपणम् प्रमात्वसिद्धौ प्रमात्वज्ञानं विशिष्टबुद्धिं प्रति वि-
शेषणज्ञानस्य हेतुतया प्रमात्वज्ञानं विनाप्रमाकरणत्वज्ञानासम्भवादिति भा-
वः तदेवतु प्रमात्वमेवतु कुतस्सिद्धम् किंजन्यज्ञानविषयः तत्प्रमात्वम् प्रत्यक्ष-
म् प्रत्यक्षगम्यम् तत्प्रत्यक्षं प्रमात्वप्रत्यक्षमिति वा तदर्थः। ज्ञानस्येति। प्रमा-
त्वाश्रयज्ञानं विनाप्रमात्वज्ञानासम्भवात् प्रमात्वस्य ज्ञानघटितत्वादिति भा-
वः ननु ज्ञानातीन्द्रियत्वमेव कुत इत्यत आह। अन्यथेति। ज्ञानस्य प्रत्यक्ष-
त्वे विषयतत्सन्निकर्षयोस्सत्वात् ज्ञानधारैवस्यान्नतुघटपटादि विषयान्तरविष-
यकंज्ञानं कदाचिदपिस्यादित्यर्थः अनुव्यवसायान्तरकल्पने प्रतीत्यनवस्था-
पत्त्या व्यवसायएवानुव्यवसायः नत्वतिरिक्त इति ज्ञानस्य प्रत्यक्षत्वमेवेति
गुरुमतंदर्शयति। अत्रगुरवेति। स्वं प्रकाशते भासते यत्र तादृशं ज्ञानंस्वात्मा-
नं स्वस्वरूपं स्वाधिकरणं स्वस्यज्ञानस्याधिकरणं आत्मानंविषयीकरोतीत्य-
र्थः। अतएवेति। ज्ञानस्यघटादिविषयज्ञानात्मविषयकत्वादेव। इत्थञ्चेति।
सर्वस्य व्यवसायस्यानुव्यवसायात्मकत्वे च ज्ञानस्य सर्व्वस्य ज्ञानस्य। मि-
तेति। मितिर्ज्ञानम् माता आत्मा मेयंघटादि तद्विषयकत्वात् मिति मातृ
मेयानां ज्ञानस्यैकसामग्रीकत्वादिति भावः। त्रिपुटीति। त्रयाणांपुटानां समा-
हारः त्रिपुटीमिति मातृविषया इतियावत् तत्प्रत्यक्षतेत्यर्थः। चक्षुरिति। च-
क्षुर्ज्जन्यंयत् घटज्ञानादि तेन स्वात्मनश्चक्षुर्ज्जन्यघटज्ञानस्वरूपस्य। विषये-
ति। विषयस्य विषयेन्द्रियसन्निकर्षस्यच हेतुत्वादित्यर्थः विषयस्यासत्वमाह।
नचेति। नहीत्यर्थः उत्पद्यमानं घटज्ञानादि। पूर्वमिति। पूर्व्वभाविन

ष्टं वा कथं चाक्षुषाऽऽत्मविषयकं ज्ञानं जायते चाक्षुषादि-ज्ञाने उद्भूतरूपवत एव द्रव्यस्य योग्यत्वादन्यथाऽऽका-शस्यापि चक्षुषाग्रहापत्तेः भट्टास्तु ज्ञानं तावत्स्वविषये ज्ञातताख्यं फलं जनयतीति निरूढं तेनैवानुमेयं ज्ञानमित्या-हुस्तदपि नज्ञाततया निरस्तत्वा अज्ञानरूपस्य साध्यस्याप्र-

---

एव कारणत्वादिति भावः सन्निकर्षस्यासत्वमाह । सन्निकृष्टञ्चेति । यत्र विषयतया प्रत्यक्षं तत्पूर्वक्षणे तत्रविषयस्य सन्निकर्षस्यचापेक्षणो-यत्वेन उत्पद्यमाने तत्र तत्पूर्वक्षणावच्छेदेन तयोरभावात् अवच्छे-द्याधिकरणे सम्बन्धस्यावच्छेदकत्वानङ्गीकारादिति भावः ननु तन्मते ज्ञाने-न्द्रियसन्निकर्षस्य ज्ञानप्रत्यक्षहेतुत्वानभ्युपगमेन विषयतत्सन्निकर्षाद्य-घटितायाएवसामग्रीव्याप्तेरूपगमाद्ज्ञानस्य स्वप्रकाशकत्वेबाधकाभावः नचे-च्छादिप्रत्यक्षानुरोधेनात्मसमवेतमानसत्वावच्छिन्नम्प्रति मनस्संयुक्तसमवायस्य हेतुतया ज्ञान प्रत्यक्षे व्यभिचार इति वाच्यम् कार्य्याव्यवहितपूर्व्वक्षणा वच्छेदेन कार्य्याधिकरणे कारणाभावस्यैव व्यभिचारतयाऽवच्छेद्याधिकरणेऽ सम्बन्धस्यानवच्छेदकतया कार्य्याधिकरणेज्ञाने पूर्व्वक्षणावच्छेदेन कारण सत्वस्येवकारणाभाव सत्वस्याप्यनङ्गीकारेण व्यभिचारासम्भवादित्यत आह कथञ्चेति । चाक्षुषादीत्यादिनास्पार्शनपरिग्रहः स्पार्शनेऽप्युद्भूतरूपस्य प्रयो-जकत्वात् वायोरप्रत्यक्षत्वादितिभावः । अन्यथेति । रूपशून्यसम्बन्धस्यापि चक्षु षःग्रहे चक्षुषेत्युपलक्षणं त्वचापि ग्रहापत्तेरित्यपिद्रष्टव्यम् । केचित्तु चाक्षु-षादीत्यादि पदात्स्पार्शन परिग्रहः उद्भूतरूपवतदत्युपलक्षणमुद्भूतस्पर्शव-तदत्यपिद्रष्टव्यम् । स्पार्शने उद्भूतस्पर्शवत एव द्रव्यस्ययोग्यत्वादितिभावः तेन नात्मनोघटादि स्पार्शनेऽपि भानसम्भवं इति व्याचक्रुः ज्ञानं न प्रत्यक्षं अन-वस्थापत्तेः किन्त्वनुमिति ग्राह्यमिति भट्ट मतमाह । भट्टास्त्विति । स्वविषये ज्ञानविषये घटादावित्यर्थः । ज्ञाततेति । ज्ञातो घट इति प्रतीतेरितिभावः तत्र चज्ञानंनिमित्तकारणंघटादिकं समवायिकारणमसमवायिकारणन्तु नापेक्षि-तं भावकार्य्यस्य सा समवायिकारणकत्वमितिनियमस्यतु तैरनङ्गीकारादिति बोध्यम् तयैव ज्ञाततयैव ज्ञाततया इति नष्टे घटेऽपि ज्ञातोघटइतिप्रतीतेस्त-

सिद्धावनुमानासम्भवाच्च उच्यते मनसैवज्ञानं गृह्यते योग्यत्वा-त् नचैवं तज्ज्ञानमपिस्यादेवं तज्ज्ञानमर्थीत्यनवस्था वि-षयान्तरसञ्चारसामग्र्याः प्रतिबन्धकस्यचिज्ज्ञानस्यम-नसाऽग्रहात्तत्प्रतिबन्धकत्वे किंनियामकमिति चेत् फलानु-दयएवेति सङ्क्षेपः तथापि तस्य प्रामाण्यं केन गृह्यते न तदनुमान गृहीतुंशक्यं साध्याप्रसिद्धेः अत्र भट्टाः ज्ञाततया ज्ञानानुमितिर्ज्ञायमानाप्रामाण्यमपि विषयीकरोतीत्या-

---

त्रसमवायिकारणस्य घटस्यासत्वेन ज्ञाततायाजननासम्भवात् स्वरूपसम्बन्ध-रूपंज्ञानविषयत्वमेव ज्ञातो घट इति प्रतीतिविषय इति ज्ञाततायां प्रमाणा-भावेन तेन हेतुना ज्ञानानुमानासम्भवादिति भावः साध्याप्रसिद्धिमप्याह। ज्ञा-नरूपस्येति। साध्यप्रसिद्धिर्हि अनुमानाङ्गम् प्रकृतेतु ज्ञानरूपस्य क्वचिदप्यप्र-सिद्ध्याज्ज्ञाततायां तन्निरूपितव्याप्तेरग्रहात्तया तदनुमानसम्भव इतिभावः त-स्मादज्ञानस्याप्रत्यये तद्घटितमूर्त्तिकस्य प्रमात्वस्य दुर्ज्ञेयत्वमिति पूर्व्वपक्षे स-माधानमाह। उच्यत इति। योग्यत्वात् मनसो योग्यत्वात् नचैवं ज्ञानस्यम-नोयोग्यत्वे तद्ज्ञानमपि ज्ञानज्ञानमपि एवं तद्ज्ञानज्ञानमपि ज्ञानज्ञानज्ञान मपि। अनवस्थेति। सर्व्वत्रविषयतत्सन्निकर्षरूपायास्सामग्र्यास्सत्वादितिभावः उत्तरयति। विषयान्तरेति। घटादिविषयकज्ञानसामग्र्याः प्रतिबन्धकत्वेनेत्य-र्थः मानससामग्र्यादुर्व्वलत्वादिति भावः। फलेति। सर्व्वत्रमानससामग्र्यास्स-त्त्वेनइतरसामग्र्यपेक्षया तस्या एव दुर्व्वलत्वोपगमादितिभावः शङ्कते। तथा-पीति। तथापि ज्ञानस्य प्रत्यक्षगम्यत्वेऽपि तस्यज्ञानस्य तत्प्रामाण्यमनुमानेन इदं ज्ञानं प्रमासमर्थप्रवृत्तिजनकत्वादित्यादिरूपेण। साध्येति। साध्यस्य प्रामाण्य-स्य। ज्ञाततयेति। घटो ज्ञानवान् ज्ञाततावत्त्वादित्यादिना ज्ञानविधेयकानु-मितिर्ज्ञायमाना घटत्ववतिघटत्वप्रकारकत्वरूपप्रामाण्यमपि विषयीकरोती-त्यर्थः ततः ज्ञानमात्रनिरूपितव्याप्तेः नतु तत्प्रमात्वमपि तस्यज्ञानस्य प्रमात्व-मपि सिद्ध्येदित्यनेनान्वयि ननु ज्ञानत्ववत् प्रमात्वग्रहे बाधकाभाव इत्यतआ-ह। साध्यतेति। ननु रूपान्तरेण नतु साध्यतावच्छेदकरूपेण ननु तद्विधेयकानु-मितौ तद्व्याप्यवत्तापरामर्शो हेतुः नतु तद्धर्म्मावच्छिन्नविधेयकानुमितौ इतिरू

ऊस्तन्न ज्ञाततायाहि ज्ञानमात्रस्य व्याप्तिर्गृहीताप्रमात्वावि-शिष्टस्य वानाशः ततो ज्ञानमात्रं सिध्येन्नतु प्रमात्वमपि साध्यतावच्छेदकरूपेण साध्यं व्याप्त्यासिध्येन्नतुरूपान्तरेण अन्यथावन्हिव्याप्योधूम इति ज्ञाने द्रव्यत्वेन दीपत्वेन वा दहनसिद्ध्यापत्तेः नान्यः व्यभिचारात्साध्याप्रसिद्धेश्च गुरवस्तु-स्वप्रकाशमहिम्ना स्वमिवस्वप्रामाण्यमपि सिध्यतीत्याहुः तन्न स्वप्रकाशताया असिद्धेः किञ्चैवं ज्ञाने प्रामाण्यसंशयोऽपिनस्यात् ज्ञानग्रहे प्रामाण्यानिश्चयान्निश्चिते च संशयायो-

---

पान्तरेणापि तज्ज्ञानमतआह । अन्यथेति। अन्यथा साध्यतानवच्छेदकरूपेणाप्यनुमितौ भाने । दहनेति । इदन्तु लाघवज्ञानेतर वाधातिरिक्तस्थले बोध्यम् तेन वन्हिव्याप्यधूमवान् पर्व्वत इति परामर्शादपि महानसीय वन्हौलाघवमिति लाघवज्ञानवलान्महानसीय वन्हिभिन्नवन्ह्यभाववानितीतर वाधज्ञानवलाच्च महानसीयवन्हित्वादिनाऽनुमितावपि न क्षतिः तत्र वन्हित्वादिना महानसीयवन्हिभानोपगमे पर्व्वतो महानसीयवन्हिमान्नवेति संशयापत्तेरितिध्येयम् । व्यभिचारादिति । भ्रमाहितज्ञाततायां व्यभिचारादित्यर्थः नच ज्ञानतेव प्रमिततापि स्वीकार्य्येति वाच्यम् । एवं सत्यप्रमिततामपि स्वीकृत्याप्रामाण्यस्यापि स्वतोग्राह्यत्वापत्तेरिति एवं प्रमात्वस्य कुत्रापिदुर्ग्रहत्वेन तद्धर्म्मविशिष्टनिरूपित व्याप्तेरपिदुर्ग्रहत्वमाह साध्येति । स्वमिवेति । ज्ञानमिवस्वप्रामाण्यमपि स्वनिष्ठं प्रामाण्यमपि विषयी भवतीति मितिमात्रमेवरूपत्रिपुटीप्रत्यक्ष वादि मते घटत्ववतिघटत्वप्रकारकत्वरूप प्रामाण्यमपि भासतएवेति भावः । स्वप्रकाशतायाइति । विषयतत्सन्निकर्षयोः प्रत्यक्षहेतुतया स्वस्मिन्स्वविषयकत्वासम्भवादितिभावः । किञ्चैवमिति । एवं प्रामाण्यस्यस्वतोग्राह्यत्वे । ज्ञानइति । इदं ज्ञानं प्रमा नवेतिप्रामाण्यसंशयो न स्यादित्यर्थः ननु तत्र प्रामाण्यानिश्चयान्न संशयानुपपत्तिरतआह । ज्ञानग्रहइति । निश्चयात् प्रामाण्यस्य निश्चयात् अयं घट इति ज्ञानोत्तरंहि इदंज्ञानं प्रमा नवेति प्रामाण्यसंशयः तत्रायंघट इति ज्ञानस्य स्वप्रकाशतया स्वविषयकत्वेन स्वनिष्ठ-

गाद्ग्रहे स्वप्रकाशताव्याघाताद्धर्म्मिज्ञानाभावाच्च समानधर्म्मवत्तया धर्म्मिज्ञानस्यान्वयव्यतिरेकाभ्यां संशयहेतुतावधारणात् । मुरारिमिश्रास्तु तद्विशेष्यकत्वे सतित त्प्रकारकत्वं प्रामाण्यम् तच्च प्रथमानुव्यवसायिनैव गृह्यते तथाहि घटत्ववाँस्तावद्व्यवसायोपनीत: अत: तद्विशेष्यकतासंसर्गरूपाज्ञाने मनसागृह्यते तद्विशेषणस्य तद्वत: पूर्व्वमुपस्थितत्वात् नहि मनसोवहिरर्थ प्रकाशकताऽसामर्थ्यमुपनयस्य सहकारेण तस्य वहिरर्थ प्रकाशकत्वात् कथमन्यथा कविकाव्यमू-

---

प्रामाण्यस्यापि निश्चयादितिभाव: निश्चिते प्रामाण्ये संशयायोगात् प्रामाण्यस्य संशया योगात् तन्निश्चयस्य तत्संशयप्रतिवन्धकत्वादितिभाव: ननु यत्र प्रामाण्यसंशयस्तत्रजातमपि घट ज्ञानं न स्वविषयकमिति तत्र प्रामाण्याग्रहेन दोषइत्यतआह । अग्रहइति । ज्ञानस्याग्रहे इत्यर्थ: । स्वप्रकाशतायाइति । यदि तत्र घटज्ञानं न स्वविषयकं तदा त्रिपुटी प्रत्यताव्याघात इत्यर्थ: तुष्यतुदुर्ज्जन इतिन्यायेनाह । धर्म्मीति । इदं ज्ञानंप्रमा नवेतिसंशये घटज्ञानरूपधर्म्मिज्ञानाभावात्तद्धर्म्मिकप्रामाण्य संशयासम्भवादिति भाव: ननु तद्धेतोरिति न्यायेन धर्म्मीन्द्रियसन्निकर्षस्यैव हेतुत्वं नतु धर्म्मिज्ञानस्येत्यतआह । समानेति । तत्कोटि साधारणधर्म्मवत्तया धार्म्मि ज्ञानस्य तत्कोटिसंशयहेतुत्वावधारणादित्यर्थ: । अन्वयेति । तुरगादौ वेगेनगच्छतोऽनेकवृक्षेन्द्रिय सन्निकर्षेऽपि यस्यैवधर्म्मिणोज्ञानं तत्रैव पनसत्वादिसंशयो नान्यत्रेति संशये धर्म्मिनियमार्थं धर्म्मिज्ञानहेतुत्वादितिभाव: नच तत्रापि विषयमाहात्म्यादेरेवधर्म्मिज्ञानहेतुत्वमुपेयं तदेवसंशयहेतुरितिवाच्यम् । तथापि यत्कोट्यासह भूयस्सहचारी यस्मिन् धर्म्मोगृहीत: यत्कोटिसहचरितानेकधर्म्मोपलम्भो वा यत्र तद्धर्म्मवत्ता धर्म्मिज्ञानस्योत्कटकोटिकसंशयम्प्रति हेतुतया यद्विशेषयोरिति न्यायेन संशयसामान्ये धर्म्मिज्ञानस्य हेतुत्वात्प्रामाण्यांशेउभयकोटिकसंशयम्प्रति धर्म्मिज्ञानस्यहेतुत्वावश्यकत्वाच्चेति तथाच धर्म्मिज्ञानस्य संशयहेतुतया संशयपूर्व्वं ज्ञानग्रहआवश्यकस्तेनच प्रामाण्यस्य विषयीकरणे संशयायोग: अविषयीकरणेतु तदप्रामाण्याग्राहक यावद्ज्ञानग्राहकसामग्री-

त्त्वभूतं ज्ञानं कथञ्चाऽनुव्यवसाये विषयभानं घटत्वमपि व्यवसायोपनीतमतस्तत्प्रकारताविषये तावत्सुग्रहेत्युभयस्यैकत्रग्रहेण गृहीतप्रामाण्यमिति तदपि न. एवंहि तद्वद्विशेष्यकत्वं तत्प्रकारकत्वञ्च गृहीतं नचैतावदेवप्रामाण्यं किन्तु तद्वद्विशेष्यकत्वविशिष्ट तत्प्रकारकत्वम् नच तद्वद्विशेष्यकत्ववैशि-

---

ग्राह्यत्वरूपंस्वतस्त्वं न प्रामाण्यस्येति भावः तच्च तद्वद्विशेष्यकत्वेसति तत्प्रकारकत्वरूपं प्रामाण्यञ्च। प्रथमेति। ग्राह्यप्रामाण्याश्रय विषयकेनघटमहंजानामीत्याकारकप्राथमिकज्ञानेनेत्यर्थः विशेष्यकत्वप्रकारकत्वांशग्रहेऽविवादात् प्रामाण्यग्रहस्तद्वत्वग्रहपर्य्यवसन्न इति तद्ग्रहमेवादावुपपादयति। तथाहीति। व्यवसायेति व्यवसायएवात्र प्रत्यासत्तिरितिभावः अतः घटत्ववतः प्रागुपस्थितेनेत्यर्थः तद्वद्विशेष्यकताघटत्ववद्विशेषकता संसर्गतारूपा,घटत्ववद्विशेष्यकतासम्बन्धेन ज्ञानोपरिभासते विशेषणस्यतद्वतः घटत्ववतः इदन्तु सामान्यतो विशिष्टबुद्धौ विशेषणधियो हेतुत्वादनुपस्थितयोर्विशेष्यत्वप्रकारकत्वयोर्भानानुपगमाभिप्रायेण वस्तुतो प्रतियोगित्वयोरिवानुपस्थितयोरपि तयोः प्रकारतया भाने वाधकाभाव इति ध्येयम्। नचेति। वह्निः पदार्थविषयक ज्ञानासामर्थ्यम् अन्यथोऽभयस्यापिं विप्रकृष्टघटोपलब्ध्यापत्तेरिति भावः अन्यथा उपनयसहकारेण वह्निर्व्विषयकज्ञानजननासामार्थ्ये। कथीति। वाक्यप्रयोगे वाक्यार्थज्ञानस्य हेतुतया मनसैव तत्र वाक्यार्थज्ञानादिति भावः अनुव्यवसाये घटमहं जानामीत्याकारकानुव्यवसाये। विषयेति। घटादेर्भानमित्यर्थः घटत्ववद्विशेष्यकत्वग्रहमुपपाद्य घटत्वप्रकारकत्वग्रहमुपपादयति घटत्वमपीति विषये विषयावच्छेदेन। सुग्रहेति। संसर्गरूपासुग्रहेत्यर्थः उभयस्य घटत्ववद्विशेष्यकत्वस्य घटत्वप्रकारकत्वस्य च एकत्र ज्ञाने ग्रहेण ग्रहसम्भवेन एवंहि उक्तप्रकारेण हि एतावदेव तद्वद्विशेष्यकत्वं तत्प्रकारकत्वमेव। किन्त्विति। अन्यत्र घटत्ववद्विशेष्यकत्वस्यान्यत्र घटत्वप्रकारकत्वस्य च प्रामाण्यापत्तेः सामानाधिकरण्यसम्बन्धेन तद्वद्विशेष्यकत्व विशिष्टं तत्प्रकारकत्वमेव प्रामाण्यस्वरूपमितिभावः। पूर्व्वमिति। विशिष्टबुद्धौ विशेषणधियो हेतुत्वादिति भावः विशेष्यताप्रकारतयोः प्रकारतया भानस्यैव प्रामाण्यभानतया

ष्टमनुव्यवसायो गृहीतुमर्हति तद्वद्विशेष्यकत्वस्य पूर्व्वमनुपस्थितेः संसर्ग्गविधया हि विशेष्यताप्रकारताच भासते किञ्चैतदपि न प्रामाण्यम् वह्निगुञ्जयोर्ग्गुञ्जावह्नी इति भ्रमेऽतिव्याप्तेः आस्तां हि तत्र वह्निविशेष्यकत्वं वह्नित्वप्रकारकत्वञ्च किन्तु तद्वद्विशेष्यकत्वावच्छेदेन तत्प्रकारकत्वमित्युक्तम् नचावच्छेद्यावच्छेदकभावः प्रथमं गृहीतुं शक्यः तद्वद्विशेष्यकत्वस्य पूर्व्वमप्रतीतेः अत्रोच्यते आस्तां तावत् प्रथमानुव्यवसायेन प्रामाण्यग्रहो द्वितीयेनतु स्यात्तद्वद्विशेष्यक-

---

संसर्ग्गविधया तज्ज्ञानेऽपि न प्रामाण्यभानमितिभावः ननु प्रकारताविशेष्यतयोः संसर्ग्गतया भानमेव प्रामाण्यभानं वाच्यमतआह । किञ्चेति । एतदपि तद्वद्विशेष्यकत्वविशिष्टं तत्प्रकारकत्वमपि । वन्हीति । यत्र वन्हौ गुञ्जात्वभ्रमः गुञ्जायाञ्चवन्हित्वभ्रमस्तत्रातिव्याप्तिरित्यर्थः अतिव्याप्तिमुपपादयति । अस्तीहीति । वन्हिविशेष्यकत्वं गुञ्जात्वप्रकारकत्वावच्छेदेन गुञ्जाविशेष्यकत्वावच्छेदेनच वन्हित्वप्रकारकत्वम् । किन्त्विति । तत्प्रकारकत्वं प्रामाण्यमित्यनुषज्यते वन्हिगुञ्जापुञ्जयोर्गुञ्जापुञ्जवन्हीतिभ्रमेच गुञ्जाविशेष्यकत्वावच्छेदेन वन्हित्वप्रकारकत्व सत्वेऽपि वन्हित्ववद्विशेष्यकत्वावच्छेदेन वन्हित्वप्रकारकत्वाभावान्नातिव्याप्तिरितिभावः । तद्वदिति । प्रकारतया संसर्ग्गतया वा विशेष्यकत्वस्य प्रकारकत्वस्य चानुव्यवसाये भानेऽपि विशिष्टे वैशिष्ट्यमिति न्यायेन विशिष्टवैशिष्ट्यबोधे विशेष्यतावच्छेदकप्रकारनिश्चयस्य हेतुतया तद्वद्विशेष्यकत्वप्रकारकनिर्णयं विना तद्वद्विशेष्यकत्वावच्छेदेन तत्प्रकारकत्वरूप प्रामाण्यभानं सम्भवतीतिभावः स्वमतेन प्रामाण्यग्रहमुपपादयति अत्रोच्यतइति । द्वितीये नत्विति । अनुव्यवसायेनेत्यनुषज्यते प्रथमं अयंघट इति ज्ञानं ततो ज्ञानज्ञानत्वे इति निर्व्विकल्पकं ततो घटमहं जानामीत्यनुव्यवसायस्ततो व्यवसायस्य नष्टत्वाद्घटोऽयमिति व्यवसायस्तत्र घटमहं जानामीत्यनुव्यवसायस्तेनप्रामाण्यंगृह्यत इत्यर्थः । उपस्थितेरिति । तथाच तद्वद्विशेष्यकत्वावच्छेदेन तत्प्रकारकत्वग्रहे बाधकाभाव इति भावः अवच्छिन्नत्वञ्च स्वरूपसम्बन्धरूपं बोध्यम् । नचैवमिति । धर्म्मिज्ञा-

त्वस्य पूर्व्वं प्रथमानुव्यवसायेनोपस्थितेः नचैवं प्रामाण्यस्यानु-व्यवसायगम्यत्वे प्रामाण्यसंशयो न स्यादितिवाच्यम् दोषव-शाद्यत्रप्रामाण्यं नानुव्यवसायेन गृहीतं तत्र संशयसम्भवा-त् अन्यथा पुरुषत्वसंशयोपि न स्यात्तस्य चक्षुर्जन्यत्वात् न-चैवं प्रामाण्यस्य स्वतोग्राह्यत्वमागतं असतिप्रतिबन्धके या-वत्स्वाश्रयानुव्यवसायग्राह्यत्वं हि मिश्रमते स्वतोग्राह्यत्वं त-च्च न प्रथमानुव्यवसायेनाग्रहात् एवञ्च साध्यप्रसिद्धावनुमान-

---

नस्य संशयहेतुतया ज्ञानग्रहे प्रामाण्यग्रहात् संशयो न स्यादित्यर्थः। दोषेति। अनभ्यासदशापन्नत्वरूपदोषेत्यर्थः । संशयेति। प्रामाण्यसंशयेत्यर्थः ननु साम-ग्रीसत्वे कुतोन निश्चय इत्यतआह । अन्यथेति । तद्योग्यस्य तेनावश्यं ग्रहे इत्य-र्थः तस्य पुरुषत्वस्य चाक्षुषसामग्रीसत्वे पुरुषत्व चाक्षुषसामग्रीसत्वे पुरुषत्व चाक्षुषोत्पत्तौ पुरुषत्वसंशयो न स्यादित्यनायत्यासंशयजनकदोषस्य निश्चयवि-घटकत्वं वाच्यमितिभावः नचैवम् असतिदोषे अनुव्यवसायग्राह्यत्वे उत्तरयति असतीति ! यावदिति । स्वाश्रयाः प्रामाण्याश्रयाः तदनुव्यवसाययावत्तस्त-दग्राह्यत्वं मिश्रमते स्वतस्त्वमित्यर्थः द्वितीयानुव्यवसायेन प्रामाण्यागृहान्नै-यायिकमते सिद्धसाधनमतो यावदिति प्रामाण्याभाववत्तानिश्चयकाले प्रा-माण्यागृहाद्बाधवारणायामति प्रतिबन्धक इति इत्यञ्च प्रामाण्यगृहप्रतिब-न्धकाभावकालीनयावत्स्वाश्रयानुव्यवसायग्राह्यत्वं मिश्रमते स्वतस्त्वं बोध्यम् । तच्च ईदृशं स्वतोग्राह्यत्वञ्च नास्मन्मते इतिविशेषः एवञ्च द्वितीयानुव्यवसायेन क्वचित्प्रामाण्यगृहेच साध्यप्रसिद्धौ प्रामाण्यरूप साध्यप्रसिद्धौ तद्ग्राहकम् प्रा-माण्यग्राहकम् । इदमिति । द्वितीयानुव्यवसायेनागृहीत प्रामाण्यकंपुरुष-ज्ञानमित्यर्थः प्रमापुरुषत्ववति पुरुषत्वप्रकारकम् । करादिमतीति । करादि-मद्विशेष्यकत्वे सति पुरुषत्वप्रकारकज्ञानत्वादित्यर्थः स्थाणौ पुरुषत्वभ्रमे व्य-भिचारवारणाय करादिमद्विशेष्यकत्वे सतीति पुरुषविशेष्यकद्रव्यत्वप्रकारक-ज्ञाने व्यभिचारवारणाय पुरुषत्वप्रकारकज्ञानत्वादिति विशिष्टहेत्वनुधावन-म् । सम्प्रतिपन्नवत् द्वितीयानुव्यवसायेन गृहीतप्रामाण्यकपुरुषज्ञानवदित्यर्थः पुरुषज्ञानभिन्नस्य दृष्टान्तत्वे चान्वयदृष्टान्ताभावाद्व्यतिरेकीत्याह । यद्वेति ।

मपि तद्ग्राह्यम् तद्यथा इदं पुरुषज्ञानं प्रमाकरादिमति-पुरुषत्वप्रकारकज्ञानत्वात्सम्प्रतिपन्नवत् यद्वा यन्नैवं तन्नैवं यथा घट इति केवलव्यतिरेकी अन्ये तु प्रथममप्रामाण्याभाव एव प्रामाण्यं व्यतिरेकिणा साध्यं नच साध्याप्रसिद्धिः नहि व्यतिरेकिणा साध्यहेत्वोर्व्याप्तिर्गृह्यते किन्तु तदभावहेत्वभावयोः किं तदप्रसिद्ध्या नच साध्याप्रसिद्धौ तदभावाप्र-

---

यत्रपुरुषत्ववति पुरुषत्व ज्ञानं तत्र करादिमतिपुरुषत्वज्ञानं यथा स्थाणौपुरुषत्वभ्रम इति व्यतिरेकीत्यर्थः । प्रथममिति । द्वितीयानुव्यवसायेन प्रामाण्यग्रहात्पूर्वं तदभाववतितत्प्रकारकत्वरूपभावरूपा प्रामाण्याभावएव व्यतिरेकिणासाध्यतइत्यर्थः तदप्रसिद्ध्या साध्याप्रसिद्ध्या तदभावाप्रसिद्धिः साध्याभावाज्ञानं तस्य साध्याभावस्य प्रतियोगिरूपत्वात् अप्रामाण्यरूपत्वात् । नचेति । नहीत्यर्थः तथाच तदभावत्वनैव ज्ञानेप्रतियोगिज्ञानंकारणमिति भावः नन्वेवं कथमप्रामाण्याभावानुमितिरत आह । एवञ्चेति । यद्व्यापकतया यस्यभावरूपा प्रामाण्यस्य व्यापकतया हेत्वभावो गृह्यते तेन हेतुनातस्याभावः अप्रामाण्यस्याभावस्सिध्यतीति अप्रामाण्याभावज्ञानं विनाप्यप्रामाण्याभावानुमितिरिति भावः । नचसाध्येति । विशिष्टबुद्धौ विशेषणधियो हेतुत्वादिति भावः । अप्रामाण्येति । ज्ञानेऽप्रामाण्याभाव इत्याकारिकायामित्यर्थः साध्यविशेष्यकानुमितौ साध्यप्रसिद्धेरनङ्गत्वादिति भावः । आस्तामिति । प्रथममप्रामाण्याभावानुमितिरास्ताम् तद्वतीति । उक्तैवेति । द्वितीयानुव्यवसायेन प्रामाण्यग्रहानन्तरमन्वयिना प्रामाण्यानुमितिरेकगतिरित्यर्थः अयभावः निष्फलप्रवृत्तिम्प्रति गृहीतप्रामाण्यकनिश्चयत्वेन हेतुत्वेऽभावरूपप्रामाण्यनिवेशे गौरवात् भावरूपं तद्वति तत्प्रकारकत्वरूपं प्रामाण्यमेव निवेशनोयम् । तस्यच प्रथमं साध्याप्रसिद्ध्यादिना दुर्ग्रहत्वान्नानुमानेन प्रथमंप्रवृत्त्युपयोगिप्रामाण्यग्रह इति ननु ज्ञानं हि द्विविधं तदभाववति तत्प्रकारकं तद्वतितत्प्रकारकंच तत्र तदभाववतितत्प्रकारकत्वाभावरूपाप्रामाण्याभावस्सिध्यस्तद्वति तत्प्रकारकत्वमादायैवपर्य्यवस्यति । व्यापकतानवच्छेदकरूपेण भानानुपगमेतु तत्प्रकारके तदभाववति तत्प्रकारकत्वाभावस्य तदभावद्विशे-

सिद्धिः प्रतियोगिज्ञानसाध्यत्वादभावज्ञानस्येति वाच्यम् तस्य प्रतियोगिरूपत्वात् नच प्रयियोगिज्ञानेऽप्यभावज्ञानं कारणं प्रमाणाभावात् एवंचज्ञानव्यापकतया हेत्वभावोगृहीतस्तेन हेतुना तदभावः सिध्यतीति नच साध्याज्ञाने कथं त-

---

ष्यकत्वाभावमात्रपर्य्यवसायितया तदभाववद्विशेष्यकत्वेसति तद्विशेष्यकत्वेन हेतुना तद्वतितत्प्रकारकत्वं तद्वद्विशेष्यकत्वमात्रं पर्य्यवसन्नं सिध्यतीति चेन्न तथापि तद्वद्विशेष्यकत्वरूप साध्याप्रसिद्धेः। प्रागभावीयसंस्कारादृष्टविशेषोद्बोधकसहकृतात् स्मृत्युपगमेतु समर्थप्रवृत्तिजनकत्वरूपान्वयेनैवोपपत्तौ किमनयाकुसृष्ट्या। अपूर्व्वं चैत्रत्वादिघटित प्रामाण्यग्रहे प्रागभवीयसंस्कारासम्भवाच्च नकिञ्चिदेतत् किञ्चप्रामाण्याभावरूपमपि प्रामाण्यं प्रथमं हेत्वज्ञाने दुर्ग्रहमित्याह। किञ्चेति। करादिमद्विशेष्यकत्वेसति पुरुषत्वप्रकारकज्ञानत्वं हेतुः अप्रामाण्याभावग्रहे हेतुः केनग्राह्यं किंजन्यज्ञानविषयः। अनुव्यवसायेनेति। उक्तन्यायेन द्वितीयानुव्यवसायेनेत्यर्थः तत्प्रकारकत्वग्रहः पुरुषत्वप्रकारकत्वग्रहः। यत इति। करादिमतिपुरुषत्वज्ञानत्वग्राहकेणानुव्यवसायेन पुरुषत्ववतिपुरुषत्वप्रकारकत्वग्रहसम्भवादित्यर्थः तमपहाय हेतुग्राहकेण पुरुषत्ववतिपुरुषत्वप्रकारकत्वग्रहमपहाय। एषकुसृष्टीति। अनुव्यवसायेन करादिमद्विशेष्यकत्वेसति पुरुषत्वप्रकारकत्वग्रहेसति तेन प्रामाण्यानुमानमिति अनुमानकुसृष्ट्यादर इत्यर्थः सर्व्वज्ञानानां यथार्थत्वात्तत्प्रकारकज्ञानत्वमेव प्रमात्वमिति प्राभाकरमतं दर्शयति। अन्येत्विति। तत्प्रकारकज्ञानत्वमेवेत्येवकारेण तद्वतीत्यस्यव्युदासः। नचेति। शुक्ताविदंरजतमिति ज्ञानस्यापि रजतत्वप्रकारकत्वेन तदपि रजतत्वांशे प्रमास्यादित्यर्थः। तदसिद्धेरिति। रजतत्वप्रकारकशुक्तिज्ञानासिद्धेरित्यर्थः तदसिद्धिमेव विवृणोति। नहीति। शुक्तौ रजतत्वं नास्तीति कथं तत्ररजतत्वप्रकारकंज्ञानम्। विषयाभावेन लौकिकप्रत्यक्षाद्यभावादिति भावः मानमस्ति प्रमाणमस्ति व्यवहारानुपपत्तिरेव मानमिति शङ्कते। कथन्तर्हीति। रजतत्वप्रकारक शुक्तिज्ञानासिद्धावित्यर्थः व्यवहारः शब्दप्रयोगः तत्र व्यवहर्त्तव्यज्ञानस्य हेतुत्वादिति भावः। तत्रेति। व्यवहर्त्तव्यतावच्छेदकासंसर्गाऽग्रह एव व्यवहारेकारणं नतु व्यवहर्त्तव्यतावच्छेद-

द्विशिष्टज्ञानरूपानुमितिः अप्रामाण्याभावविशेष्यकायाएवानु-
मितेरभ्युपगमादित्याहुः। आस्तां तत्तथापि तद्वतितत्प्रकारक-
त्वग्रहे उक्तैवगतिः किञ्च करादिमतिपुरुषत्वज्ञानं केनग्रा-
ह्यं अनुव्यवसायेनेति चेत्तर्हि पुरुषवतितत्प्रकारकत्वग्रहः के-
नवार्य्य तांश्चवस्तद्ग्रहमपहायैव कुसृष्टयादर इति अन्येतु त-
त्प्रकारकज्ञानत्वमेवप्रामाण्यम्। नच रजतत्वप्रकारकशुक्ति-
ज्ञानमपिप्रमाणंस्यात्तदसिद्धेः नहियत्र यन्नास्ति तत्तत्-
त्प्रकारकज्ञाने मानमस्ति कथंतर्हि शुक्ताविदं रजतमिति व्य-
वहार इतिचेत् तत्र व्यवहर्त्तव्यतावच्छेदक रजतत्वासंस-
र्गाग्रहात् रजतत्वप्रकारिकाशुक्तौ प्रवृत्तिरपि तत्रेष्टताव-

कप्रकारकंज्ञानं कारणमितिभावः ननु प्रवृत्तिम्प्रति पुरोवर्त्तिनीष्टतावच्छेदक
प्रकारकज्ञानस्य हेतुतया शुक्तिगोचररजतत्वज्ञानाभावे कथंतत्र रजतार्थिप्र-
वृत्तिरतआह। रजतत्वेति। तत्रेष्टतेति पुरोवर्त्तिनीष्टतावच्छेदकासंसर्गाग्रह
एव प्रवृत्तिहेतुः नत्विष्टतावच्छेदकप्रकारकज्ञानं तद्धेतोरिति न्यायादिति
भावः। अथेति। भ्रमप्रमासाधारणप्रवृत्तिसामान्ये रजतत्वप्रकारकज्ञानस्यसत्य-
रजतस्थले प्रवृत्तिहेतुत्वेनावधारणात्कथं तेनविनाभ्रान्तप्रवृत्तिरिति भावः तेन
विनाशुक्तौ रजतत्वप्रकारकज्ञानेनविनाशुक्तौप्रवृत्तिः रजतार्थिप्रवृत्तिः। तथा-
पीति। प्रामाण्यस्थलेऽपीत्यर्थः। रजतत्वेति। पुरोवर्त्तिनीष्टतावच्छेदकासंस-
र्गाग्रहस्यैव हेतुत्वादित्यर्थः नत्विष्टतावच्छेदकप्रकारकज्ञानस्येतिभावः। अ-
विशेषादिति। कारणविशेषएवहि कार्य्यविशेषेनियामकः तथाच तदविशेषा-
त्कथं प्रवृत्तेः सम्वादित्वविसम्वादित्वनिर्व्वाहः मन्मतेच प्रवृत्तिसामान्ये इष्टता-
वच्छेदकप्रकारकज्ञानत्वेन सम्वादिप्रवृत्तिम्प्रति इष्टतावच्छेदकप्रकारकप्रमा-
त्वेनविसम्वादिप्रवृत्तिम्प्रतिच इष्टतावच्छेदकप्रकारकभ्रमत्वेन हेतुत्वमित्यन्य-
थाख्यातिसिद्धिरिति भावः सम्वादिनीविषयसम्वादिनीअवाधितविषयेति या-
वत् एवं विसम्वादिनी वाधितविषयेत्यर्थः। तद्वतीति। सत्यरजतस्थले रज-
तत्ववतिरजतत्वासंसर्गाग्रहस्य विद्यमानत्वात्सम्वादि प्रवृत्तिः शुक्तिरजत
स्थलेतु रजतत्वाभाववतिरजतत्वासंसर्गाग्रहस्य विद्यमानत्वाद्विसम्वा-

च्छेदकरजतत्वस्यासंसर्गाग्रहात् अथ रजतप्रकारकप्रवृत्तौ रजतत्वप्रकारकं ज्ञानं प्रमास्थले कारणं क्लृप्तम् तथाच कथं तेन विना शुक्तौ प्रवृत्तिः स्यादिति चेन्न तत्रापि रजतत्वासंसर्गाग्रहस्य हेतुत्वात् अन्यथासंसर्गाग्रहस्याविशेषात् क्वचित्संवादिनी प्रवृत्तिः क्वचिद्विसंवादिनीति कुतोऽनियम इति चेन्न तद्वति तत्संसर्गाग्रहस्य तत्प्रकारकतत्सम्वादिन्यां तदभाववति तदसंसर्गाग्रहस्य तत्प्रकारक विसम्वादिन्यां प्रवृत्तौ हेतुत्वात् अत्रोच्यते लाघवाद्रजतत्व संसर्गग्रहो रजतत्वप्रकारकप्रवृत्तौ हेतुर्न तु रजतत्वासंसर्गाग्रहो गौरवात् नच शुक्तौ तदसम्भवः विशेषणज्ञानं विशेष्येन्द्रिय

दिनीप्रवृत्तिः अतएव सम्वादिप्रवृत्तौ अविद्यमानासंसर्गाग्रहः विसम्वादिप्रवृत्तौ तु विद्यमानासंसर्गाग्रहो हेतुरितिगायन्ति अविद्यमानो योऽसंसर्गस्तदग्रहः विद्यमानोयोऽसंसर्गस्तदग्रह इतिच तदर्थोऽवसेयः। लाघवादिति। इष्टतावच्छेदकासंसर्गाग्रहत्वापेक्षया कारणतावच्छेदकलाघवात् इष्टतावच्छेदकप्रकारकज्ञानमेव रजतत्वप्रकारकप्रवृत्तत्वौ हेतुरित्यर्थः एतेन तद्वेतोरितिन्यायोऽपि परास्तः अवच्छेदकलाघवेनतन्न्यायस्याप्रयोजकत्वात्। अनुमितौ परामर्शवदिति। तदसम्भवः रजतत्वसंसर्गाग्रहासम्भवः समाधत्ते। विशेषणेति। अत्रापि भ्रमस्थलेऽपि तयोः शुक्तिरजतत्वयोः। असंसर्गाग्रहश्चेति। सच दोषाधीनइति भावः। रजतत्वेन्द्रियेति। पुरोवर्त्तिनिरजतत्वाभावेन संयुक्तसमवायरूपसन्निकर्षाभावादित्यर्थः। कथमिति। तत्प्रकारकम् रजतत्वप्रकारकन्तत्प्रकारकमितितु प्रकृताभिप्रायेण सन्निकर्षस्य सामान्यतः रजत्वप्रत्यक्षे एव हेतुत्वादित्यवधेयम्। सन्निहितमिति। प्रत्यक्षंहिद्विविधं लौकिकमलौकिकञ्च प्रकृतेसंयुक्तसमवायरूप लौकिकसन्निकर्षाभावाल्लौकिकप्रत्यक्षविरहेऽपि ज्ञानलक्षणारूपालौकिकसन्निकर्षसत्वादलौकिकप्रत्यक्षे वाधकाभाव इति भावः। रजतत्वेति। शुक्तौ रजतत्वप्रकारकं प्रत्यक्षमित्यर्थः तत्रैव शुक्तौ रजतत्व प्रकारकप्रत्यक्ष एव। तत्प्रकारिकेति। शुक्तौ रजतत्वप्रकारिकाप्रवृत्तिरित्यर्थः प्रवृत्तौतु इष्टतावच्छेदकप्रकारकज्ञानत्वेन हेतुता-

सन्निकर्षस्तयोरसंसर्गाग्रह इत्येवंविशिष्टज्ञाने हेतुः । अस्ति चात्रापि विशेषणस्य रजतत्वस्य ज्ञानं विशेष्यशुक्तीन्द्रियसन्निकर्षस्तयोरसंसर्गाग्रहश्च अथ रजतत्वेन्द्रियसन्निकर्षाभावात्कथं तत्प्रकारकं प्रत्यक्षमिति चेत् सन्निहितं यत्र रजतं तत्र संयुक्तसमवायस्यान्यत्र ज्ञानस्य सन्निकर्षस्य सत्त्वात् ज्ञानस्य सन्निकर्षत्वे किं मानमिति चेत् रजतत्वप्रकारकप्रत्यक्षमित्यनेहि तत्रैव किं मानमिति चेत् तत्प्रकारकप्रवृत्तिरिति सङ्क्षेपः ॥ इति श्रीतार्किक श्री जानकीनाथभट्टाचार्य्य विरचिता न्यायसिद्धान्तमञ्जरी समाप्ता ॥

याव्यवस्थापितत्वादिति भावः इदं रजततया जानामीत्यनुव्यवसायोऽपि शुक्तिगोचररजतत्वप्रकारकप्रत्यक्षसाधकोऽवसेय इति ॥

अतिकर्कशतर्के यत्पृष्टदत्तं स्फुरितं मम ।
सिद्धेश्वरीपदद्वन्द्व वरस्यैतद्विजृम्भणम् ॥ १ ॥
धीमता विश्वनाथेन काश्यां समुदपादि यः ।
तस्य श्रीकण्ठकृतिनः कृतिः कलयतां मुदम् ॥ २ ॥

इति विश्वनाथात्मजदीक्षित श्रीकण्ठ शर्म्म विरचिता
तर्कप्रकाशाभिधा सिद्धान्तमञ्जरी दीपिका
समाप्ता ॥